~修订版~

西域考古图记

[英]奥雷尔·斯坦因 / 著

中国社会科学院考古研究所 / 主持翻译

XIYU KAOGU TUJI

· 第四卷 ·

GUANGXI NORMAL UNIVERSITY PRESS

广西师范大学出版社

· 桂林 ·

总　策　划：张艺兵
出版统筹：罗财勇
责任编辑：罗财勇
　　　　　冯爱琴
助理编辑：王小敏
责任技编：李春林
整体设计：智悦文化

图书在版编目（CIP）数据

西域考古图记：修订版：全5卷／（英）奥雷尔·斯坦因著；
中国社会科学院考古研究所主持翻译. —2 版. —桂林： 广西
师范大学出版社，2019.3（2020.6 重印）
　ISBN 978-7-5598-1510-1

　Ⅰ. ①西… Ⅱ. ①奥… ②中… Ⅲ. ①西域－考古－图集
Ⅳ. ①K872.4-64

　中国版本图书馆 CIP 数据核字（2018）第 289523 号

广西师范大学出版社出版发行

（广西桂林市五里店路 9 号　邮政编码：541004 ）
　网址：http://www.bbtpress.com
出版人：黄轩庄
全国新华书店经销
广西民族印刷包装集团有限公司印刷
（南宁市高新区高新三路 1 号　邮政编码：530007）
开本：720 mm × 1 020 mm　1/16
印张：228　　插页：4　　字数：3850 千字
2019 年 3 月第 2 版　　2020 年 6 月第 2 次印刷
定价：1980.00 元（全五卷）

目　录

插图目录

附图目录

16. 尼雅遗址 N. XXIX 房址平面图

17. 尼雅遗址 N. XXXV、XXXVI、XXXVII、XXXVIII 房址平面图

18. 尼雅遗址 N. XLI 房址及周围地面与河床平面图

19. 安迪尔河附近比勒尔孔汗村庄废址平面图

20. 安迪尔遗址唐代古堡遗迹平面图

21. 安迪尔遗址古建筑遗迹平面图

    安迪尔遗址 E. iv 与 E. v 出土的木柱立面图

    房间 E. viii 泥制火炉的立面图与地表平面图

    安迪尔遗址南部古堡遗迹平面图

    瓦石峡北部的古建筑遗址群平面图

22. 楼兰 L. A 与 L. B 遗址平面图

23. 楼兰遗址 L. A 古驿站遗迹平面图(在 1914 年的平面图上增加了一部分)

24. 楼兰遗址 L. A. I、IV 与 VII 房址平面图

25. 楼兰遗址 L. A. II、III、V 与 VI 建筑遗址平面图

26. 楼兰遗址 L. A 建筑群的佛塔平面图与剖面图

    楼兰遗址 L. A 与 L. B 之间的建筑群中佛塔平面图与草图

27. 楼兰遗址 L. B. I～III 建筑遗迹平面图

28. 楼兰遗址 L. B. IV 与 V 房址平面图

29. 米兰遗址平面图(在 1914 年平面图上增加了一部分)

30. 米兰 M. I 吐蕃戍堡平面图

31. 米兰 M. II 佛寺平面图

32. 米兰 M. III 佛堂遗址立面图和平面图

    米兰 M. V 佛堂遗址立面图和平面图

33. 古代敦煌西部地区详细地图

34. 古代敦煌北部地区 T. XXV、XXVII、XXIX 烽燧平面图

    T. XXVII 烽燧与土冈关系的剖面图

第二十八章　哈密和吐鲁番之行

第一节　从安西到哈密：玄奘穿越沙漠

在安西的十二天里，我忙着处理各种紧急事物，这些均记录在我的传记中。① 这里最值得一提的是，在蒋师爷的特别关照下，我们妥善地安排了从千佛洞藏经洞中精心挑选出来的那些秘密经卷。此外，还要一份详尽的工作总结，主要向政府汇报以往的工作情况，包括提出建议和经费问题等。拉伊·拉尔·辛格即将要结束调查，由和田返回，前往印度，而我也要做好一切安排等。当时，我一收到这额外的四骆驼珍贵的经卷，就立刻同R. B.拉尔·辛格启程，开始沿天山向哈密和吐鲁番走，最终抵达了目的地焉耆。然后开启我第二次在冬季向塔克拉玛干大沙漠的挑战。

▷第二次在安西停留

为了节省时间，以及保证那些沉重的珍贵文物安全运输，我只好选择了这条（中国的）现代山道去哈密。走此道必须穿过北山砾石沙漠地带，人概需要行走一段艰难的里程，合计约218英里，方可到达哈密。欧洲旅行者经常走这条道，主要是为了收集一些有关地质方面的详细资料。然而，对那些

▷安西至哈密的山道

---

① 参见斯坦因《沙漠契丹》，第二卷，338页等。

非地质学家来说,在这片广阔、荒凉的砾石戈壁上能观察到的地形特征恐怕就少得可怜。这条道在那些严重风化、最高峰达 7 000 英尺的山脊上蜿蜒崎岖,打破了山脉的单调和宁静。山脉之间有较宽且充满碎石的山谷或高原,它们距此道仅几百英尺之遥。但这种真正的戈壁通道也会激发那些研究古代地理学的学者们的兴趣,此外这条道在历史上所起到的重要作用也值得重视。

公元 73 年后 ▷
"北道"的重要
性

我们路过一个又一个破烂不堪的路边驿站,每一个驿站都建有简陋的小泥屋和微型瞭望塔。此外,到处都可以看到一些类似井或水渠的浅坑,都因缺水而枯竭,填满了一堆一堆的垃圾。同样,我们偶尔也能看到大片不毛之地,没有任何灌木、芦苇或杂草之类的植被。我认为,我们观察到的这种交通状况本应有所改变,但古今变化却很小。公元 73 年,自从东汉王朝首次在哈密立足后①,这条"北道"才有所改观,增加了西起敦煌、东自肃州和疏勒河流域的几条可通行的支道。这条北道若称不上是主要通道,也可称得上是通往天山南北两麓各地区和塔里木盆地的重要交通路线,确实起到了很重要的历史作用。每当东汉王朝的统治势力扩大到这些地区,并能抵御北方野蛮人的袭击时,这条北道一定犹如今日一样繁忙。根据仅有的汉文文献资料和后来西方的有关资料可得出这样的结论,即由敦煌直接抵达楼兰和塔里木盆地北部绿洲地带的道路在公元 4 世纪被彻底废弃后,这条通往哈密的"北道"一定如同今日一样的适用,成为中国与中亚之间商贸和军事活动的主要干道。

---

① 参见沙畹《后汉书》,载《通报》,156 页,1907。

　　不管是在安西通往哈密的干道,还是在上述任何一条与 ◁饲料、牧草和
之大致平行的支道上,这些道路的地形特征都非常接近。① 水的极度短缺
走这些道的军队和运输队始终都为他们的一大群牲畜所苦
恼,因为他们无法找到足够的芦苇秆来喂饱它们,有些地方甚
至连水都找不到。他们还面临着极度缺水和燃料等困境,这
些困难严重阻碍了他们的行程。燃料问题在此显得同样重
要,因为北山高原上那冬季冰冷的气候,以及春季盛行的卷着
雪花的东北风,使他们感到无可奈何、寒冷无比。在这次旅行
中目睹以及听取那些在世的目击者的回忆,自然使我联想到
清朝花费了多么大的代价,在平定了回民叛乱后,又从甘肃出
发,在哈密集中了较强大的军队,从而很快威慑和摧毁了阿古
柏的统治。

　　汉唐时期的远征活动所面临的各种困难,也同样非常严 ◁翻越北山经历
峻。即使是因为气候干旱化,使得水源、牧草和燃料减少,但 的重重困难
我们有很多证据可以证明北山的中央地带在那时也是一片戈
壁,难怪汉人一提起来就害怕。我们应该记得,中国在他们的
统治区最初开辟和保护这条交通要道时,经常与令他们生畏
的敌人展开激烈的斗争。这不仅仅是因为敌人拥有较强的军
事力量,而且因为他们是游牧民族。对于那些已习惯于四处
流浪、穿越大片荒野、爬山和长途跋涉的游牧民族诸如匈奴、
突厥和蒙古族牧民来说,穿越沙漠算不了什么。然而,对中国
人来讲,即便是今天穿越也只有屈指可数的几口井或泉眼和
几片草地的沙漠也是相当艰难。我从此次旅行中获得的经

---

　　① 东边的一条道上的地形特征的详细描述参见《荒漠戈壁地理概略,彼得曼报告》(*Geographische Skizze der Wüste Gobi*,*Petermann's Mittheilungen*),增刊,第 139 号,3 页等,这次旅行情况的图示见同书的 30 页等。

验,以及 1914 年末我考察曾被调查过的由肃州河至哈密东北部的道路时,所获得的具有指导意义的经验,促使我更好地认识到,在北山西面的沙漠地带因极度干旱而完全不能通行之前,古代匈奴部落是如何翻越天山南下袭击敦煌石窟。北方大批的偷袭者由于人畜早已习惯了游牧生活,且熟知当地的地理条件,即便是现在,他们也能迅速地穿越这条介于北山中央和东部的巨大的自然屏障,对南部地区发动袭击。

玄奘穿越沙漠▷
到哈密

　　因中国人拥有固定的观念,所以对他们而言,穿越沙漠始终反映的是大自然巨大的威慑力和危险的一面,不管他们是军人、商人还是普通的旅游者。这一观点在玄奘《生平》中得到了彻底的反映。《生平》中记载了玄奘伟大的取经路上的历险经历,其中提到了他从瓜州出发,穿越沙漠,到达伊吾或哈密的传奇故事,写法也很特别,读来津津有味,文字也有特点。关于这次冒险旅行的起点和玉门关站当时的确切位置,我在前面已详细讨论过。① 而且我还表明,我坚信玄奘是从疏勒河的某处出发穿越沙漠②,这一地点一定距今安西很近,并距现在横跨这条河流的主干道不会太远。出于水源问题的考虑,这条道除了在大泉和沙泉子之间有一条弯道,由安西或瓜州到哈密绿洲的道路均为直线。由此推测,伟大旅行家玄奘选择的这条古道,正如《生平》中所记载的,玄奘走了前四段路程后,偏离了这条道。而且我坚信此地点一定距现代的道路不会太远。

---

　　① 参见《彼得曼报告》,1097 页等。
　　② 根据儒连《生平》,14 页,注①,玄奘是在贞观三年的八月(约相当于公元 629 年 9 月)离开都城长安的。至少经过了两个月的旅行,其中包括临时停留,从西安府到瓜州旅行,如果将在凉州和瓜州各停留了一个月计算,那么从瓜州出发前往哈密的时间就应该是公元 630 年初冬。但从缺乏经受严寒痛苦的记载,以及从旅行者丢掉他的水袋的事件中可知(儒连《生平》,29 页),好像是在同年较晚的季节。如果是在 12 月到 2 月间用水袋装水翻越北山,袋中的水肯定会结冰。

地理因素在探险中非常重要,历史上那些勇敢的探险者◁安西至哈密道
的地形特征
险些因过度干渴而半途而废。因此我们先了解这方面的情
况,然后才出发追寻他们的足迹探险。下面我最好还是简要
地说明一下现代这条山道上主要的地形特征。由安西出发走
的前五段路程,需要翻越许多狭小的山脊。它们大体上都是
东西走向,距山脉间很宽的高原似的山谷略高一点,那些供水
的驿站均位于山脚附近。在前三站(白墩子、红柳园、大泉)我
们发现农民通过引水渠来灌溉土地,而在马莲井和星星峡挖
6~8英尺深就能见水。这些地区不仅水质较好,而且还有一
些牧草。因此将甘肃和新疆两省的边界定在星星峡①,看来
不是没有原因。再往西行,地理条件就发生了变化,情况明显
恶化。如通往沙泉子和苦水的两段路程多为光秃秃的岩石和
砾石堆,这些地方的海拔高度与前述的几个地点的平均海拔
高度相比较,这里已逐渐降低到了2 000英尺左右。这里植被
也越来越少,水的碱性变大,"苦水"这一地名所蕴含的意思
恰如其分地说明了这一点。

下一站是烟墩,这是我们在中国境内旅行时,走过的道路◁苦水以西的艰
难旅程
中条件最差的一段。它长约有35英里。这条道从荒凉的砾
石坡地一直可达低于苦水1 500英尺的盆地终端,一路上不仅
没有水,更找不到任何可栖身之处,同时,这段路程还因夏日
的酷热以及秋冬季东北风的严寒刺骨而充满着艰险。正如我
1914年的调查所证实的那样,这个大盆地或烟墩通道向东延
伸了很远,并充当了由蒙古南部穿越东库鲁克塔格山向南抵
罗布泊盆地的冬季刺骨的寒风的主要通风道。从苦水出发,

---

① 星星峡本身就是一座烽燧,是哈密的卫戍区,有较多的人看守。它也有一座寺庙(见《沙漠契
丹》,第二卷,图257)。

一路上都有运输队牲畜的死尸,或者是不为人知而丧生的人骨架作路标。从烟墩再向前走的一段路程,同样是砾石戈壁,但距离相对较短,它一直可通到一条很宽的黄土地带南缘的长流水渠。这条渠的水源来自卡尔里克塔格山上的雪水,河床上长满了茂盛的灌木和芦苇。此外,我们还看到了哈密的第一片种植区,面积相对比较小。再向前走两段较平坦的路程,我们便抵达了位于绿洲中央的城镇哈密,又称"库木勒"(Kumul)。

玄奘西行的记▷载

上面描述的由安西至哈密道的地形特征,与《生平》中记载有关玄奘西行穿越沙漠的故事中描述的那些地形特征的主要部分几乎完全一致。这些一致的描述很重要,因为在此我们无法通过《西域记》来把握《生平》中的部分阐述是否准确,因为玄奘明确说他的旅行是在他离开高昌或吐鲁番之后才开始。《生平》中有一个明显的漏洞,我们现在仍能发现,但不会为之感到惊讶,因为我们知道慧立的《玄奘传》(即慧立、彦悰《大慈恩寺三藏法师传》——译者)在出版前内容上曾经过很大改动。① 该书有许多明显不足的地方,需要后人批判、客观地对待。从书中描写的许多细节和个人情感可以判断出,认为这部图画般的沙漠历险记的素材,是慧立直接从其师父玄奘那里收集到,然后他再将这些故事用很肯定的语气复述出来。我们对玄奘虔诚的热情和率真的笃信了解得太多,使我们不能不相信书中记载的那些奇迹。它们反映的是他们当时真实的意识。在那种极度紧张和危险的情况下,极可能产生这种虔诚的笃信和热切的心理。

---

① 参见儒连《生平》,前言,1~28页等。

慧立描述的有关玄奘西行的情况是这样的:从疏勒河畔 ◁玄奘在烽燧附
出发不久,玄奘就被他那年轻的当地向导所抛弃。玄奘就以 　近的历险
那些动物死尸和马的粪便为路标①,继续向前走。当他看到
远处有许多军队时,感到非常恐惧,一旦走近,他们就消失了,
这便是著名的"海市蜃楼",这显然是一种幻觉。在我离开安
西之后,行走的几段路程中,除了在这样的季节竟然还能在沙
漠中感觉到秋季般凉爽,还常能观察到这种海市蜃楼的景观。
走了大约 80 里后,玄奘到了第一座烽燧。为了不被发现,安
全地通过那里,他一直等到夜幕降临。当他在烽燧旁准备灌
满他的水袋时,却不幸被烽燧上放哨的卫兵射中了一箭。因
为他称自己是从都城长安来的僧侣,所以就被带到了烽燧的
校尉面前。这个校尉是敦煌人,名叫王祥,待玄奘很友好,在
未能说服让玄奘返回都城后,第二天一早他就告诉玄奘如何
能走到第四座烽燧,这座烽燧由王祥的一个亲戚负责管理。
玄奘到达第四座烽燧的当夜,又经历了同样的遭遇。在遭到
卫兵的射击后,他才被带到了校尉面前。校尉见到王祥的信
函后,表达了对他的热情欢迎,同时,还警告他不准接近第五
个和最后一座烽燧,因为那里的卫兵脾气暴烈,恐出意外,但
允许玄奘到百里以外叫"野马泉"(意为野马的泉)②的地方去
灌满他的水袋。

"玄奘离开第四座烽燧,走了一小段路程,不久就进入了 ◁玄奘在莫贺延
长约 800 里的莫贺延沙漠③,古时称其为沙河,意为沙漠之河。 　迷路

---

① 参见儒连《生平》,23 页以下。比尔翻译的《玄奘传》17 页等,似乎是儒连的唯一看法,除了纠正
莫贺延沙漠长度错误,其他没有任何帮助。
② "野马泉"这个名字仍指甘肃境外的沙漠地带,是从道路旁的一处泉眼而得名的,是我 1914 年随
毛梅和卡尔克塔格的那条道。
③ 这是这个名字的正确发音,见儒连《记》,第二卷,516 页;沙畹《西突厥》,74 页,注③。比尔《玄奘
传》21 页重复了儒连错误的拼写 Mo kia-yen,但纠正了儒连"四百里",经常弄错的中国最大的长度单位之
一,正确的应为 800 里。

这里既看不到飞鸟和走兽,也看不到水和牧草。"玄奘因再度
被海市蜃楼的幻觉所困扰,他在沙漠中迷失了方向,没能找到
那个"野马泉"。更不幸的是,他把从第四座烽燧得到的装水
的大皮囊掉在了地上,其内的水也全部都漏光了。① 此外,因
为偏离那条道太远,他再也不知道该朝哪个方向返回。最后,
他决定向东走,回到第四座烽燧②,大约走了 10 里路,他突然
想起他曾发过誓,在到达印度之前决不向东行。他马上"虔诚
地向观音菩萨祈祷,希望指引他向西北行"。他环视四周,只
见一望无际的平原,没有任何人或马的痕迹。他夜间经受磷
火(鬼火,原文为"妖魑举火"——译者)的惊恐,白日又遭遇
可怕的沙漠风暴的袭击,同时要忍受饥渴的痛苦和折磨,玄奘
行走了五天四夜,没喝一口水,最后终于支撑不住,精疲力竭
地躺倒了。第五天半夜,玄奘虔诚地向观音菩萨祈祷之后,感
到一阵凉风使他清醒,这时才发现自己已小睡了一会儿,并梦
见一种神力促使他继续向前走。大约又行走了 10 里路,他的
马大概也想歇歇脚,突然朝另一方向跑去,跑了几里后,就把
他带到了一片绿草地带。玄奘在这里喂完马后,准备继续向
前进,这时他突然又发现了一滩清水,感到有救了。他在那停
留了一天后,带着鲜水和马草料继续他的旅行,最终走出了沙
漠到达伊吾。

玄奘《生平》中▷
的漏洞

　　如果我们将玄奘穿越沙漠的情况与前文谈到的从安西至
哈密道上的地形特征作个比较,就不难发现有些关键特征颇
为一致,由此也可看出《生平》中的漏洞,即描述玄奘从第一
座烽燧走了一段路后便直接到达了第四座烽燧,这显然与前

---

① 由儒连的描述可知,显然是水袋或皮水袋(Mussuck)。
② 参见儒连《生平》,29 页。

边引用的《生平》中的内容相矛盾。下面这些是玄奘在瓜州时,给他提供的有关这条道路的情形的记载:"距自然屏障较远处,在其西北部有五座委托卫兵驻守的烽燧,每座烽燧之间相距100里。"①因此,我们认为玄奘从河边应该走了四段路程后才能到达第四座烽燧,然而在自传冗长的叙述中有两段路程没有记载。

这些漏洞,目前还无法得到合理的解释,我们发现在《生平》中这种漏洞比比皆是。这些漏洞如果忽略不计,那么《生平》中沙漠旅行的有些地段和事件的记载与实际地形特征非常吻合。也就是说第一座烽燧的位置在今天的白墩子,正是前面叙述的由安西出发走的第一段旅程一样。② 从疏勒河到第五座烽燧的里程合计为480里,这与我们由疏勒河至星星峡旅行时测量的距离惊人的一致,是现代这条道路上的第五站。《生平》中记载的第五座烽燧以外的莫贺延沙漠的荒凉景象,与我们离开星星峡之后看到的地形变化完全一致。同样,也不难看出,如果将书中的记叙的玄奘沙漠旅行地形情况加以整理,那么书中记载的地形特征与我们在地图上看到的没有什么差别。

▷与记载的地形特征相一致

据说玄奘曾被警告不准去第五座烽燧,具体是指星星峡。他从第四座烽燧开始偏离主道,去寻找100里以外的"野马泉"。他没找到野马泉,就试图沿原道再返回第四座烽燧。据他讲他是向东往回走③,这表明,给他指的"野马泉"的位置必定在此以西的某个地方。现在我们参考一份穿越边境的俄国

▷玄奘与野马泉

---

① 参见儒连《生平》,17 页,1907。
② 参见见儒连《生平》,1098 页。在安西时李先生告诉我这个地名应为"白墩子",比地图中见到的 Pi-ting-tzǔ 要准确。
③ 参见儒连《生平》,29 页。

地图上标明的由敦煌通往哈密的道路（是罗伯罗夫斯基上尉的探险队调查时绘制），由马莲井向西走大约30英里，从苦水进入安西至哈密道之前①，向马莲井的西—北西走约30英里，的确有一个地方有水草。因此，这个古代和现代一直存在的泉眼很可能就是玄奘徒劳寻找的"野马泉"的所在地。玄奘因无向导而没发现这个泉眼，对我来说的确是一个经验。因此，1914年9月我在北山东面穿过未经调查的那片地区时②，始终以此提醒自己，并尽力去熟悉周围的环境。

玄奘离开马莲▷
井后的行程路
线

　　即使是今日去哈密的旅行者，要想回避星星峡，最好在马莲井就离开主道向西—北西走。为此他必须翻越一座又一座北山山脊的最高峰，因为出星星峡之上这条主道要经过一条崎岖的峡谷。因此在这种地方，当然不可能沿直线行走。这种地理环境完全可以解释《生平》中的那一段话："偏离主道越远，就越弄不清该朝哪个方向走了。"③据说，玄奘寻找"野马泉"未成功之后，就决然向西北走，他没有被饥渴和沙漠中的各种艰难险阻所吓倒，勇敢地前进。他是出于宗教信仰才选择了这条道路，同时也显示了一位伟大旅行家的胆略。对于那些知道如何保持不迷失方向的人而言，这是一条光明之道，是一个很明智的决定。玄奘完全拥有指南针般的直觉，这是人在任何情况下都有的意识，这一点我们从流传下来的玄奘的著作《西域记》中记录的地形特征上，能够得到充分证实。

走在茫茫的沙▷
漠中

　　如图所示，由这条道往西北方向，旅行者将经过苦水周围大片荒凉的砾石带，到达烟墩洼地，由此再向东南方向走，可

----

　　① 参见穿越亚洲边界图的XXI（40∶1英寸）；以及俄国地理协会发表的有关罗伯罗夫斯基上尉的考察团的图Ⅱ。

　　② 参见斯坦因《第三次探险》，载《地理学刊》，1916年第48期，200页。

　　③ 参见儒连《生平》，29页、1144页。

到达库鲁克塔格山雪水灌溉的农耕黄土地带。据说在穿越莫贺延沙漠时，玄奘没喝一口水，熬过了五天四夜，直到第五天夜里经过歇息后，蹒跚前进了几英里后才到达一个有牧草和水塘的地方。在此，我们又一次发现《生平》中记载的这一段距离的长度，正如我们所预料的那样，与实际的地理距离很接近。我们从现代旅行路线中可知，由"马莲井"即第四座烽燧到哈密境内的第一个有水草的"长流水"的地方，需要行驶五段里程，全部里程合计约 106 英里。同现在一样，那时从第五座烽燧到哈密常用的道路上一定会有不少水井，也就是说在沙泉子、苦水、烟墩等相应的地方，或在其附近。对玄奘来说，不是找不到这些井，而是因为他离开了旅行路线，再去寻找那些井恐怕就非常困难了，我在同一沙漠带的旅行经历使我深知其中的痛苦。玄奘选择的道路恰好与主干道平行，尽管它们之间只相隔几英里，但对玄奘而言，却始终是一个谜。

　　我相信是因马的嗅觉或本能使得玄奘在即将渴死和精疲力竭的时候，最终抵达救命泉，慧立描述的这一情景是真实的。据说玄奘从瓜州出发开始他的冒险旅行之前，为了自身的安全，他明智地与一个当地人交换了马，因为这匹马已往返哈密 15 次以上。① 众所周知，马和骆驼在沙漠中从遥远的地方就能嗅到水和草的味道，或有特殊功能，走过一次就能准确地记住水草的确切位置，所以无须我本人再测试这匹马了。②

▷玄奘《生平》记载的真实性

---

　　① 参见儒连《生平》的 21 页"主人"，那位老人说："你既然决定出发，就必须骑上我的马，因为它现在已经由此往返伊吾 15 次了。看它很健壮而且又认识道，相反你的马很弱，可能永远到不了那里。"

　　② 参见斯坦因《沙漠契丹》，第一卷，422 页。我有必要在这里附带说明一个事实，一个经过在沙漠中旅行训练的马，可以五天不喝水在沙漠中走，而且身体不会有任何异常反应。我们穿越塔克拉玛干到克里雅河时，我们的马几乎四天都不能饮水，但从它们的身体条件判断似乎还可以再走几天。还必须说明，相对于穿过塔克拉玛干中沙丘覆盖的地区而言，翻越北山同样的砾石山坡和高原，对马来说不算是太艰难的事，而且对于人来说也不算太困难。

慧立描述(指在《大慈恩寺三藏法师传》中的描述——译者)
的准确性是能够自圆其说的,玄奘在途中花了两天多时间才
到达哈密,这与现在由长流水到达哈密需要走的两段路程相
一致,距离约 35 英里。因此,我们认为《生平》中的记载,包括
那段伟大的旅行是十分令人满意和信服的,虽然对其危险的
经历有些夸张和虚构,但是慧立的描述的确应是出自玄奘
之口。

第二节　哈密的历史地位

哈密的重要性▷　　哈密在中国与中亚的关系史上起到了重要作用,所以这
次能够选择北道返回塔里木盆地,亲眼看看哈密让我感到特
别高兴。但我在哈密绿洲的停留的时间都太短,几个偏远村
庄也是匆匆而过,我无法确切了解现在和过去这块土地的一
些情况。我对哈密和哈密人的个人印象,可参考我自传中的
记录。[①] 在这里,我想把主要精力放在那些重要的地理因素
上。因为这些能够说明哈密的历史地位并解释其重要性,尽
管这里自然资源匮乏。

楼兰与哈密地▷　　大家都知道哈密在突厥语中称为库木勒。[②] 有关哈密的
位的相似性　文献明确指出,自汉代后期,随着中国贸易扩大到中亚,哈密
在北道上占据的位置日益重要。而楼兰在中国开始向西部扩
展时,以及它于汉代前期在南道上的位置也是同样的重要。

―――――――――

① 参见斯坦因《沙漠契丹》,第二卷,342 页。
② 哈密这一汉名的使用是从元代开始的,很可能源于蒙古语 khamil,参见尤尔《马可·波罗》,第一
卷,211 页注释;布雷特施奈德《中世纪研究》,第二章,20 页;英保特·霍特(Imbault-Huart)《哈密》(Le pays
de 'Hami ou Khamil'),10 页等,1892,巴黎。
　　库木勒似乎是该地区的突厥语名称,是早期西方旅行者最初在使用的,见尤尔《马可·波罗》,第一卷,
209 页;见尤尔考德尔中的马里诺力(Marignolli in Yule-Cordier),斯坦因《沙漠契丹》,第三卷,265 页;第一
卷 273 页;第四卷,239 页;这个名字当地人的发音就是库木勒。

仔细琢磨一下地图，就能明白这种比较非常恰当。如果没有楼兰在罗布泊沙漠西部作为桥梁和基地，利用最直的路线到达塔里木盆地在体力上对中国人来说是不可能的。同理，如果没有在哈密可耕种区即北山沙漠西北部设立一个自然的立足点，开辟和保护直接通往东天山南北各地区的道路，对他们来说就更加困难了。

　　哈密可耕地有限且水源也极度缺乏，在古代这些现象恐怕比较常见。然而，在汉族军事屯垦者的帮助下，哈密的农业资源得到了发展，这些一次次证明中原王朝对中亚的策略尤为重要。公元73年以后，每当中原王朝势力强大并企图重新统治中亚时，哈密就自然成为汉族军队的一个聚集点或基地，为推翻北方游牧民族如匈奴、突厥的政权，镇压公元1876—1877年的准噶尔（Dzungars）叛乱时，都将它作为军事基地。从古到今，人们发现对各种商贸和运输活动来说，北山沙漠始终是一道难以逾越的自然障碍，所以哈密就成为旅行队伍再储备食物和让牲畜好好歇息的地方。①

◁哈密是重要的前沿基地

　　哈密绿洲能够存在的重要原因是从其附近引来了灌溉水源，即从卡尔里克塔格山引到了天山最东部地区。正如这座山名暗含的意思，山不仅高而且能获取足够的湿度，确保终年积雪。这部分天山上积雪覆盖的山脉不长，山顶上的长度约25英里，从山脊上流下来的水的总量也有限，因此无法通过

◁哈密水源缺乏

　　① 马可·波罗详细地描述了哈密在这一方面的重要意义，尽管他本人未曾亲自到过那里。"哈密省过去是一个帝国，它拥有无数城镇和村庄，但它的主要城市的名称为哈密。这个省位于两个沙漠带之间，一边是罗布泊大沙漠，另一边的小沙漠带最多有三天的里程。这里的人们均为宗教崇拜者，并使用一种特殊的语言。他们有很多果树，他们主要靠果子生活，而且还可以卖给来往的行人。"参见尤尔《马可·波罗》，第一卷，209页等。

　　"那片有三天里程的小沙漠带"是指前往最近的一片绿洲巴里坤（Bar-kul）时，途中要经过一片光秃秃的地带，大概需向北走三段相当长的旅程。他谈到的人们的"害羞的习俗"似乎像"旅行者"的传奇故事，描述的热情和随和的习惯至今在哈密人中可以见到。

其南部山麓的砾石坡地的地表,除非偶尔下暴雨,导致山洪暴发时才能流到这里。大量的水在地表流淌的途中就会蒸发殆尽。因此,只有在地下流水,即通过在砾石坡地的下段开挖水渠的形式来浇灌才会奏效,就像和田和于田地区的喀拉苏河流一样①,使其下段的可耕种的黄土地带的灌溉水源始终有保障。如果要从前面谈到的位于低洼地的水源挖水渠来进行灌溉,那么就必须放弃卡尔里克塔格山内隐蔽的几小片可耕地,这样就使哈密地区的种植区局限在那条狭长的可耕种的肥沃土地带。因为沼泽地或其他缘故以及大片无法耕种的土地,使哈密主要绿洲种植区最宽处也不过 5 英里。在河流的出口处,同和田、莎车和库车等地一样,没有一条足够大的河流能够灌溉相应大小的冲积扇。尽管所有的汉文献都强调哈密土地肥沃,气候条件适宜,然而哈密的种植区的人口数量却一直非常有限②,这方面的情况与楼兰也极其吻合。

哈密与楼兰的▷比较　　由此,楼兰和哈密理所当然地成了中国人的桥头堡,在以后的几个世纪中,中国人从这里穿越沙漠,进入中亚。如果此说不误,那么,这两个地区地理位置上的差异,应该在其他方面表现出来。在谈论楼兰,或甘肃至楼兰的古道时,我曾指出这条道尽管受到北方敌人的骚扰,但保护得很好。宽阔的沙漠带和库鲁克塔格山寸草不生的高原形成了有效的自然防御工程,从而阻碍了天山北部敌人的入侵③,因为匈奴或他们的游牧继承者在这里无法找到牧场。另一方面,我们也注意到

---

① 参见斯坦因《古代和田》,第一卷,94 页、126 页、204 页。因此中央绿洲的一个主要供水资源位于低洼的沼泽带的水渠中,即苏巴什,在哈密镇北部约 2 英里处。在其东北部,靠近艾迪拉(Edira)和卡拉喀普钦(Karakapchin)河流的泛滥的河床上也有一个同样的地区。

② 参见英保特·霍特《哈密》,18 页等,1892 年。这本书收录了现代中国人对哈密介绍的长篇提要,大概是乾隆皇帝时期编纂的。据统计那时哈密地区的人口是 12 000,如果除去那些占相当数量的流动的商人、牧民等外,哈密的人口似乎没有超过这个数字。

③ 参见英保特·霍特《哈密》,584 页等。

由于特殊的地理条件给灌溉带来的重重困难,使用这座桥头堡从一开始就很危险。这些往往与对沙漠中遥远的绿洲地区的控制有密切关系,可能受持续干旱的影响,正如我们所见到的,楼兰最终在公元4世纪被废弃。[①]

　　然而,我们在哈密发现的情况却完全相反。虽然这里灌溉种植区的自然水源极度短缺,历史时期尽管气候的变化或三角洲地带特别容易发生河道变迁,但均未严重到威胁哈密存在的地步。另一方面,因为哈密北方无天然屏障,所以北方游牧民族很容易入侵。由于这里的气候不太干旱,所以这一地带的天山北部坡地上草木茂盛。1914年我到巴里坤和奇台(Guchen)时,曾对这一点有了充分的了解。必然是这个原因吸引了大量的游牧民族,并导致入侵。从汉唐时期的汉文历史文献记载中,我们可以找到大量的证据,证明匈奴及其游牧继承者(追随者)在此势力不仅强大,而且他们统治的时间也比较长。这里四季都能通行,无论是向库鲁克塔格山以西还是以东地区,并为由北部通往哈密平原提供了通道,无疑大大便利了入侵。而且,马车能轻易通过巴里坤达坂,只要走一天即可抵达中央绿洲地带。

<blockquote>哈密北部无天然屏障</blockquote>

　　每当中国在中亚的势力减弱时,哈密就要遭受到来自北方势力的侵略。北方势力的不断入侵说明哈密交替变换的历史,如同《史记》记载的那样,甚至延续到了我们这个时代。要想弄清伊吾命运突变的原因,就如同哈密从汉至唐代就为中国人所知的那样,不属于我的探讨范围。[②] 关于哈密的早期

<blockquote>汉代后期至唐代的哈密</blockquote>

---

　　① 参见英保特·霍特《哈密》,426页等。
　　② 关于哈密的详尽历史的说明,从元代开始才特别有价值,见英保特·霍特《哈密》,28页等。准确记载哈密更早时期的历史的文献可参见沙畹《后汉书》(《通报》,156页等,1907)及《西突厥》169页等和附录。里特已清楚地意识到了哈密在历史上的重要性,他从《亚洲》第二卷357~358页中获得的详细的分析,至今作参考还会受益。

历史,我们知道公元73年东汉王朝在哈密建立了第一个军事屯垦区,在后来的四年中伊吾又一次沦陷到了匈奴手中。① 公元90—104年又被匈奴占领,哈密遭受了同样的命运。② 据记载,东汉王朝于公元131年在此再度建立军事屯垦区,可知东汉王朝的这一举措完全是出于哈密的战略地位。③ 随着东汉王朝在西域的统治势力的瓦解,公元2世纪中期之后,东汉王朝终止了对哈密的控制。公元608年哈密向隋代最后一个皇帝投降后,中原王朝对它的统治时间同样持续不长,不久西突厥就重新征服了哈密。④ 公元630年,唐太宗向西突厥发动了一系列攻势,此后20年内唐朝一直向西域扩大其统治势力,最后达到统治西域及其以远的地区。其间,我们发现哈密的主要首领是最早投奔唐朝寻求保护者之一。⑤

中国重新统治▷
西域后的哈密

在公元8世纪的混乱时期,即北方的突厥和南方的吐蕃都十分嚣张时期,哈密是怎样的恐慌,我们了解甚少,或根本不知道。那时唐朝为了竭力保护与西域各国的交流,最终还是被彻底切断了。大约一千年后,康熙皇帝发动的平定准噶尔的战争,使中国又一次向中亚扩张其势力,哈密作为双方争夺交战的地区又一次遭受践踏。⑥ 要始终保住哈密这开放的桥头堡,对中国人来说是相当困难的,因为那时还未完全统治其北部领土。在东干人叛乱期间甚至使哈密再次失陷。之

---

① 参见沙畹《通报》,156页、158页,1907。

② 参见沙畹《通报》,158页、160页,1907。

③ 参见沙畹《通报》,167页,1907;特别谈到了匈奴对哈密进行掠夺性侵略的优势。《后汉书》中(沙畹《通报》,169页)描述通过伊吾的北道时,列举了哈密的产品,并强调哈密同吐鲁番盆地一样土地肥沃。"为此,汉人才经常与匈奴争夺车师和伊吾(Chu-shih,是目前吐鲁番地区或奇台和哈密),主要为了统治西域诸国。"

④ 参见沙畹《通报》,169页等,1907;英保特·霍特《哈密》,31页。

⑤ 参见沙畹《通报》,170页等,1907;英保特·霍特《哈密》,32页。

⑥ 参见英保特·霍特《哈密》,44页等;里特《亚洲》,第二卷,370页等。

后,这片绿洲被汉人和来自巴里坤的回民交替统治,甚至有些年几乎完全被抛弃。

哈密地理位置的重要性,促使我很想揭开历史上的困惑。◁非汉族先民所
开辟的哈密道我是指通往哈密的北道,尽管它在地理上较通往罗布泊沙漠和楼兰的道路容易得多,但为何直到公元 2 世纪后才被汉人开辟利用呢? 显然,中原王朝的统治者们充分认识到,只要北方匈奴的势力没被摧毁,要占据如此开放的前沿基地确实有相当大的困难。因为他们认为与自然环境的困难斗争要比与对难以捉摸且不可征服的匈奴的斗争要安全得多。后来汉人觉得的确有必要寻找一条通往"车师后部"的道路,即与吐鲁番相接壤的现代的古城地区的直线通道,它不是公元 2 世纪开辟的通过哈密的道路,而是一条由古代玉门关北部出发的沙漠之路,在《魏略》中描述为"新北道"①(《魏略》原文称"新北道"——译者)。在探讨上述问题时,我们会明白这条道一定距哈密较远,而且相信受无水的沙漠荒野的自然保护。

也许同样是由于地理位置的因素,以及哈密经历的政治◁哈密的人种混
杂上的变化,哈密人没有鲜明单一的民族特征和地方文化。正如和田、库车和吐鲁番地区的文献、遗迹和尚存的重要人种特征所证实的那样,尽管从地理位置上观察,这些地区散居各处,却保持着一致性。据我所知,与新疆其他任何地区相比较,我认为现代的哈密人从语言、举止和穿着上都深受汉人的影响。同时在体质特征上,我认为他们表现出纯种突厥人成分的混合,与那些在塔里木盆地的绿洲地带定居务农、说突厥

---

①　参见英保特·霍特《哈密》,418 页,705 页等。

语的居民相比较要明显得多。① 通过鉴定我搜集的人骨标本，乔伊斯先生证实他们原为阿尔卑斯类型的伊朗部占优势，他在结论中指出哈密人明显具有混合特征。②

哈密的新垦殖▷者

哈密的历史就足以证明这里人种之混杂。这一绿洲地区一直作为中国和中亚之间的交通要道的一个重要驿站，大约已过去了 1 500 多年。这里肥沃的土地一定大大刺激了新的农业垦殖者的入侵，经过一次次破坏性的袭击之后，这里的人口数量急剧增加，有来自中国内地的，也有来自吐鲁番和塔里木盆地的。纯突厥人种成分的混合，被解释是其北部附近有一个对游牧民族如突厥有强大吸引力的地方，同时库鲁克塔格山谷也为他们定居耕作创造了条件。③ 至今哈密还拥有纯汉族农业区，他们是平定回民暴动时派到这里来的，现在他们与当地说突厥语的维吾尔族人一起生活着。

哈密的世袭首▷领

这些维吾尔族人由他们自己的世袭首领来管理，从 17 世纪后半叶在清王朝的有效治理后，哈密的首领就从准噶尔统治转到了维吾尔族人的手中，然后世袭相传。现在他们的首领是哈密新统治者中唯一一个地方民族首领。地方首领的保留是为了在中国的政治控制下保留地方自治方式的习俗。据史书记载，以往中国统治西域各地都采用这种自治方式。

---

① 见图 263 来自阿拉塔木的一群哈密农民。

② 参见乔伊斯的附录 C《中国新疆及帕米尔地区的体质人类学研究笔注》，载《皇家人类社会学学会会刊》，第 42 期，462 页、464 页；关于基本的阿尔卑斯类型，出处在 468 页。

③ 1914 年我沿卡尔里克塔格山北部的坡地旅行时，曾经有机会观察到人们的这种转换，要么定居务农，要么还过着游牧生活，他们都是同一突厥部族。天山西部的柯尔克孜居民，似乎与喀什和其他地区的人更为接近。

第三节 阿拉塔木(Ara-tam,即上庙尔沟)和 拉布楚克(Lapchuk,即四堡)遗迹

晚至马可·波罗时期,哈密人还在信仰佛教。一个多世纪之后,沙鲁赫(Shāh Rukh)的使节在哈密看到"一座富丽堂皇的清真寺旁建有一座精美的佛教寺庙"①。现在,在哈密绿洲根本找不到伊斯兰教传入之前的宗教建筑遗迹。然而,在哈密城外,却可以见到年代相对较晚的佛教建筑遗迹。由于时间紧张,我匆匆调查了其中两个不同地点的遗迹。10 月 24日开始启程,直接向东北前进,这促进了拉尔·辛格实施穿过卡尔里克塔格南部山口和山谷的地形调查任务。 ◁哈密城外的佛教遗迹

我们走的第一段路,向北要穿过一大片山麓砾石地带,然后到达山脚下的一个小村庄托鲁克(Töruk,即石城子),这样我就有机会亲眼看看途中被称为"阿克其克喀热勒"(Akchik-karaul)的巨大烽燧了,哈密人都把它视为古迹。它用晒干的土坯建造而成,非常坚固,底部约 40 平方英尺,高度也约 40英尺,其表面为斜坡状(分层次)。夜幕降临之前,我很快地看了一遍,没有找到能够确定其年代的任何有力线索。但毫无疑问比环绕它的那些石块筑造的围墙要早得多。围墙遗迹的面积约 90 平方英尺。这座烽燧的功能主要是用来传送信号的,此外当敌人翻山发动突然袭击时也可躲避用。而且,其位置也是为此目的精心选定,因为在此能够清楚地看到前往巴里坤和从土尔库勒(Tör-kul)关口下来的道路。 ◁巴里坤道路上的烽燧

从托鲁克我沿着西南部光秃秃的山脚向阿拉塔木走,据报告在八大石(Bardash)河流的出口处有寺庙遗址。它们所 ◁阿拉塔木的地理

---

① 参见尤尔、科尔迪耶《沙漠契丹》,第一卷,273 页;另一方面,如尤尔在《马可·波罗》第一卷 211页注①中指出,哈吉(1550 年)说"从中国开始旅行的途中遇到的哈密是第一座伊斯兰城市"。

在的村庄,是哈密王或首领居住的地方,风景秀丽,周围是一望无际的果园,生产的水果闻名遐迩。繁茂的植被是遗址的一道风景。这一点我在自传中已谈得很详细。① 背面是陡峭、寸草不生的红色沙石山,八大石山下来的雪水河流,穿山而过,形成了曲折、无法通行的峡谷。图192中它的全貌即可说明这一点。这里的风景是我在中亚进行考古调查生涯中,看到的最美丽的风景,以前我工作过的那些地方,它们大都在沙漠中,情况就大不相同了。可惜这里没有更多的工作可做,要不我真想多逗留几天。

河流出口处的▷佛寺遗址 从附图48中已标明的遗址的位置和它们的特征来看,这是一座佛教寺庙集中的圣地。它们矗立在河流的出口处,这是因为其神圣的地位可以体现这条河流对农业人口是多么珍贵。在牛角山(Gośṛṅga,考斯尔格)情形也相同。牛角山即现在和田的阔玛里(Kohmārī),我曾经解释过,那里的地方崇拜是多么的古老和执着。那里的种植者从古到今都习惯为他们的繁荣而祈祷,也为他们有充足的水源来灌溉农田而祈祷。② 从1907—1908年和1915年我访问吐鲁番、库车和天山南部山麓的其他绿洲地区之后,看到很多在河流上游附近修建寺庙的实例,发现这种现象极为普遍,这里恰好被命名为"苏巴什"(Su-bāshi)即"水的源头"。③ 那条在阿拉塔木果林大坡上形成了小瀑布的清澈河流,从地图上很容易看出,这里值得修

---

① 参见斯坦因《沙漠契丹》,第二卷,347页等。
② 参见斯坦因《古代和田》,第一卷,189页等。
③ 这里必须指出吐鲁番地区的这类遗址如吐峪沟(Toyuk)、胜金口(Sengim-aghzi)和布鲁尤克(Buluyuk);库车附近的有苏巴什以及库木吐拉(Kum-tura)上面的一些遗址;还有铁扎克喀格(Tezak-kāghe)上面的巴依(Bai)遗址和若羌(Charkhlik)上面的巴什库玉马勒(Blāsh-koyumal)遗址。
　　我在此认识到,在哈密镇附近许多成组的现代汉族寺庙位于河流的源头(Sai-bāshi),它们的特征均表明可能是较早的佛教遗迹。

图 253　壕山口峡谷，向东北方眺望黄桃营村

图 254　新城子附近肃州北部古老的长城

图 255　山岭上分布的阿拉塔木遗址 A. III 废殿群, 自西望

图 256　阿拉塔木遗址废寺 A. I、II, 自东南望

图 257　阿拉塔木遗址洞窟内殿 A.III.iii 内部

图 258　阿拉塔木遗址洞窟内殿 A.Ⅲ.ii 北墙

图 259　万佛峡洞窟 XVIII 前厅西北墙的壁画,展现坐佛下的祭坛(局部)

图 260　阿拉塔木遗址洞窟内殿 A.III.ii 东北角

建寺庙。除了满足在河流出口几百个地区大量种植果树和葡萄树所需水量，它还灌溉了塔夏尔（Tāsh-ara，即下庙尔沟）地区的农田，再向下游流到喀尔木克其（Karmukchi，即一棵树）村庄前后的大片土地。①

　　阿拉塔木的佛寺遗址主要可分为两组。如图 192 所示，这两组寺庙遗址均位于哈密王的花园宫殿的西面，靠近最陡峭的山脊的山脚。在附图 47、48 中，包括 A.I、II 寺庙的那一组遗址距哈密王的宫殿约 300 码，坐落在一排砾石覆盖的小山丘的最东面山顶上，其旁还有一些严重坍塌的较小的建筑遗址。如图 256 中所示，这些山丘的顶部高出最近的灌溉耕地 120 多英尺，沿山丘的南脚是一块很宽的砾石台地，可以看到是在图 192 的最左边，它高出地表约 40 英尺。在台地的东面边缘，我们发现了几个用土坯建造的佛殿，几乎完全倒塌。台地上一条窄长的部分是人工修建的台阶，它是在砾石筑的底层建筑上建造的，现在只残存上部。由此一直可到达被 A.I 主要寺庙占据的（图 256、附图 47）平台上。平台西南角的围墙部分高出自然坡地约 16 英尺。　　　　　　　　　　　　　◁佛寺遗址

　　这座破败的寺庙包含一个前殿、一个内殿和两个无法进入的侧室，前殿长 33.5 英寸，宽 20 英尺，内殿呈长方形，长 23.5 英寸，宽 13 英尺。这里和 A.II 佛殿的墙壁厚 1 英尺 8 英寸至 2.5 英尺不等，均用长 12 英寸、宽 6 英寸、厚 4.5 英寸的易碎的土坯修筑。这些土坯都是平铺，在不同的层中土坯的宽面和窄面交替向外垒砌。整个寺庙内部均被土坯残片所填充，厚达 3 英尺余，其上在佛殿内发现了建造的隔开的晚期墙壁，证实了该遗址在废弃后又重新被利用过。同时，由这组遗 ◁A.I 寺庙遗址

───────────────

　　①　在后面的部分的第二段中，阿拉塔木应为塔什阿拉（Tāsh-ara）。

址而得名的阔纳铁喀热勒（Kōne-karaul），即为"古哨卡"之意，本身也就说明了这一点。

A. I 中残留的▷
土坯残块

在清理 A. I 的内部时，我们在佛殿内发现了一个高 14 英寸的马蹄形佛像座和一大堆彩绘的浮雕塑像残片。在遗物表中的标本 A. I. 001、0012 可以看出①，这些残片大多都属于装饰佛殿墙壁的小浮雕塑像。在佛座最东端的前部发现的真人大小的泥塑像的下半身破坏较甚，其表面的彩绘大部分也都脱落，但身上披的袈裟的褶皱仍清晰可辨。那些曾用来装饰佛殿墙壁的壁画有很少一部分得以保存（见 A.001～0013）。在 A. I、A. II 内均发现了许多完全烧焦的木头残片，这些足以证明这两座佛殿均被火烧毁。然而，那些残存的灰泥浮雕佛像的残片和几乎被全部破坏的壁画残块清楚地表明该遗址曾遭受过极大的破坏。据说在阿拉塔木冬季偶尔也能下 6～8 英寸厚的雪，但只能保持几周。然而，在离山谷约 8 英里的八大石，每年冬季积雪覆盖的时间长达几个月，夏季还经常下雨。

A. II 寺庙的清▷
理

A. II 寺庙的清理结果并不理想。该寺庙包括一个面积为 32 平方英尺的前殿，其中殿内一半的地面高出其他部分 3 英尺；还有一座长 13 英尺、宽 14 英尺的内殿。彩绘的浮雕塑像残片表明，沿内殿墙壁修筑的底座上以前均有泥塑像。在清理 A. II 的两边时，各发现一个用生土直接挖成的方形底座（附图 47），上面以前可能都有小佛塔。

在土山脊上开▷
凿的洞窟寺庙

附图 48 中所示的 A. III 为第二组遗迹，它包括一群在沙砾土山脊上开凿的洞窟寺庙，由东向西延伸分布，总长度约 400 英尺，如同图 192 和图 255 中所看到的。这座山脊与北部

① 参见图版 CXXXIX 中的 A. I. 008，是人像的下半身。

岩石山的山脚完全分隔开,它东端最高处达 60 英尺,曾修建两条通往山顶的台阶通道。在山脊南面表面开凿了五个洞室,如图 257、258、260 所示,这些洞室一半是直接利用生土作墙壁,一半是用土坯人工建筑墙壁。洞室的顶部,原本为穹隆状,几乎全是用土坯建造。每个洞室内似乎都有一尊巨大的佛像,这些佛像主要用岩石雕刻而成,也有用木片黏合制成的佛像,它们都被安放在后面的土坯墙内,因此有些得以保存下来。

在这些面积平均在 20~25 平方英尺之间的洞室中,A.III.i 第一个洞室位于山脊西面山脚下,它的墙壁几乎全部用土坯建造,但现在全部遭破坏。如图 258、260 所示,第二个洞室的墙壁表面用土坯垒砌,在北壁上至今仍残留部分壁画,还包括穹隆顶的部分。紧靠北壁修建的大佛像全部都已消失。泥墁的墙壁表面用蛋白调和颜料进行彩绘,东北角残存的那部分彩绘壁画(图 260)是在菱格内绘的一幅小坐佛像。小佛像高 8 英寸,它在淡绿色底上用红色和棕色线条交替绘成,壁画的整体风格与敦煌千佛洞墙壁上很普遍的菱格形装饰十分接近。方形墙壁四角安置的很薄的突角拱上残存较草的花卉图案装饰的痕迹,其风格也均与千佛洞中见到的相似。

▷壁画遗存

在 A.III.iii(图 257)洞室中,仍可以找到大型雕塑的底座及在岩石上雕刻的背光,其后是一条狭长的回廊。雕塑的上部可能都是用土坯建造,其外再涂一层很厚的灰泥,在图版中仍可以看到曾经用来支撑头部的木骨。从照片上可以看到,残留的壁画相当少。在东北角的右边是深红和绿色的卷云纹图案,很可能是一个大背光的火焰纹边。在突角拱上能辨认出一些神的形象,衣服飘动,大部分是浅绿色,很可能是护世天王。它与在千佛洞洞窟内拱顶的相应位置上发现的塑像一

▷大型泥雕塑像
  残片

样,周围均是花卉装饰的条带构成的团花。圆拱的根部是几条凸楞,系用芦苇捆上抹泥制成,与丹丹乌里克及其他地方的寺庙内发现的同类装饰相同。IV 洞室的布局与前者相同。巨佛像后面是平整的墙面和回廊,不过这里佛像是在岩石上凿成的,从残迹来看,它是坐佛。墙壁上抹的泥早已剥落。V 洞室的情况与之完全相似,主要原因是山顶上的雨水向下流冲刷墙面。南墙壁已完全塌毁。原来八角顶下面还保存有一些凸楞,从最低的凸楞的高度来看,这座洞室比其他的洞室都要高。此外,现存的一块突起的岩石也说明了这一点,这块岩石原来是佛像的骨干部分,说明这是一尊巨佛像。

A. III 洞室▷　　洞室已坍塌,里面堆满了土坯残片和浮雕残片,要想完全清理出来,需要花费很多的时间和精力。考虑到洞室严重潮湿,因此花费那么大的精力不一定能挖出像样的泥塑或其他更好的遗物。但在山脊顶部的东端建有许多小型建筑,或许是洞室,或许是僧房,我清理了其中的 VI 和 VII。VII 殿堂内出土的一些彩绘泥墙面说明这里也是做礼拜的地方。平面图中所见的墙,可能是用来加固建筑地面。此外,在山的东北边,还有一些平台,高出地表 20~30 英尺。这些平台上以前可能修建有小型建筑。

　　阿拉塔木遗址中保留下来的建筑有六个小洞室,这里简单地说一下。其中几个只有几平方英尺,它们均成行排列,如图 192 和附图 48,建于小山包上,从山脚一直延伸到 A. III 的北面。两年前勒柯克博士跟随格伦威德尔教授的勘察团去东部勘察时,他首先很快地跑了一趟阿拉塔木,把洞室内的遗物洗劫一空。所以我就一无所获了。

阿拉塔木寺庙▷　　我在此遗址调查的过程中,没有获得任何可确定年代的
的年代　　遗物。但观察在岩石上直接开凿的洞窟内的壁画装饰残片,

发现它们与千佛洞晚期洞窟内的壁画图案很相似。因此,我认为阿拉塔木遗址的年代应属回鹘统治时期(公元 9—12 世纪),此时哈密似乎正好处于长期和平和繁荣阶段。如要推断佛教在该遗址中停止信仰的确切年代的确很困难。我们知道沙鲁赫派遣大使时期(公元 1420 年),佛教仍在哈密的伊斯兰人中公开信仰。如果要确定在沙漠中废弃的一个遗址的年代,相对而言其确切年代的依据比较容易获得。然而,在一个水源丰富和土地肥沃的地方,可能就没有必要有意识地去寻找清楚的年代序列的证据,因为这样的地方一定会被长期占据着。在天山南麓农耕区分布的遗迹因为远离沙漠,给考古工作带来了很多便利,不过给古遗迹和遗物的研究带来了不利因素。这是我首次从阿拉塔木遗址周围宜人的环境中学习到的经验。

　　我从千佛洞中意外获得的文书或经卷,以前都在装在大袋子里,没有什么保护措施。这次我把它们装在 12 只木箱中,于 11 月 2 日离开哈密,前往吐鲁番。为了方便运输和我们的调查工作,促使我选择这条靠近天山脚的比较迂回的山路①,因为在这条道上有一些井和牧草。在可能的地段我就

◁从哈密到托和齐（Toghucha,即三堡）

---

　　①　沿山路的第一部分,远至七角井(Ch'i-ku-ching),就有哈密至古城和沿天山北脚分布的肥沃的地区(即以前的车师,后来的北庭)的最近的通道。每当汉人安全统治时期,从哈密西行的运输队一般夏季都采用此北道,与通过吐鲁番的道路相比更便捷。通往西部的山路的下一段一直到七克台(Chik-tam),都是光秃秃的砾石坡地,但有几处有水草的驿站。

　　从哈密至吐鲁番的更直的道路上现在已没有任何有水的地方了,在离开山路,开始穿越寸草不生的小山和高原到七克台(参见罗伯罗夫斯基上尉探险队首次调查此地时测量的,俄国出版的地图 II)。前往吐鲁番的驴运输队冬季常用此道。公元 981 年宋朝使者王延德(Wang Yen tê)就是走的这条道,见沙畹《通报》,530 页注释,1905。

　　再往南有一条小道,根本没有水,从哈密西南部的疏纳淖尔(Shona-nōr)洼地通到七克台。1895 年科兹洛夫首次使用这条道,1914 年在我的指导下穆罕默德·亚库布(Muhammad yaqūb)又对其进行了一次调查。从当地的报告看,在俄国穿越边境的图中的第四条道是从疏纳淖尔到吐鲁番盆地西南角的迪坎尔(Dēghar),拉尔·辛格 1915 年在东库鲁克塔格山的荒地上发现了这条道的痕迹。曾经被猎人狩野骆驼时使用过此道,现在已无法通行,因为仅有的几条盐湖现已干涸。

加速前进,以弥补偏离大道而损失的时间,争取七天之内走完195 英里,到达位于吐鲁番绿洲最东边的鄯善。我们首先到了托和齐绿洲,汉语称为三堡(第三个有院落的村庄),距哈密约 33 英里。途中经过的绿洲村庄有苏木喀尕(Sumkāgho)和阿斯塔那(Astīne),汉语名称为头堡和二堡,这两个地方至今仍有围墙遗迹。汉人曾居之以为军事据点,抵住了阿古柏军队的进攻,保卫了哈密。此外,在上一次东干人叛乱中,又以之作据点,保护了回民。

坎儿井▷ 在苏木喀尕我第一次看到了坎儿井(或灌溉渠道),它通过在地下挖井再连接成渠,能够与天山脚下砾石戈壁的地下河流相连接。目前在吐鲁番种植区这种坎儿井依然起着决定性作用。这种特殊的灌溉系统据说是从伊朗传入,将其引到哈密的主要绿洲地区恐怕是迟早的事情,可能还可以提高当地的农业产量。①

依里库勒寺院▷
遗址 停留两天之后,我从托和齐出发踏访了两个遗址,这些是我在哈密期间听说的。其中之一,位于依里库勒村庄东面,距托和齐西南部约 3 英里。这个遗址包括一群佛教寺院和洞窟,格伦威德尔教授 1906 年 9 月在此停留过两次,对这些遗址都曾调查过,并清理了其中的一部分。② 格伦威德尔教授对该遗址及清理发现的遗物作了详细描述,读者可以参考,因此我就没有必要再对我看到的遗迹现象进行描述。这里值得一提的是在一些洞窟内暴露在外的装饰壁画,它们在风格上与我们在阿拉塔木发现的壁画很相似。我立刻得出这样的结论,该遗址也应该是从回鹘统治时期开始使用,这一点后来从

① 有关吐鲁番的坎儿井灌溉的说明,以及它与干旱问题的关系可参见亨廷顿《亚洲脉搏》,307 页等。
② 参见格伦威德尔《古代佛教寺庙》,217~223 页。

格伦威德尔教授报告中的描述,以及从东北部那一组洞窟遗
存内获得的回鹘和吐蕃文书中得到了证实。① 还要附带说明
一下,依里库勒寺庙所在的黄色台地,由此可以眺望到发源于
东北约 1 英里的泉眼的清澈的河流的出口,这条河是我们将
要谈到的拉布楚克大村庄灌溉的主要水源。该遗址的魅力在
于其充足的水流和茂盛的植被,还有一些泉水从两遗址间山
坡下面的浅沟内流出。选择此处作为当地做礼拜的场所,无
疑因为它是苏巴什(水的源头),或灌溉拉布楚克大村庄种植
区的水源源头。

　　在 11 月 3 日前往托和齐南部的长途旅行中,我在通道式
的宽山谷两侧发现了大片很有趣的遗迹。位于平缓的砾石山
的两侧,发源于托和齐和依里库勒附近的河流由这条山谷通
过,它的下端则是呈长条形分布的拉布楚克和喀拉多拜
(Kara-döbe)村庄,它们是哈密主要绿洲区之外最大的肥沃的
种植。在托和齐距山路约 1 英里的一座小石山脊上,发现
一些保存较好的穹隆顶建筑,从外部测量面积约 30 平方英
尺,经仔细勘察我们认为这是一座佛教寺庙遗址。它包括一
个东面开门的方形佛殿,还有一条西面开门的封闭式回廊。
我们发现佛殿内一无所有,但在殿的穹隆顶泥墁的壁上仍可
见彩绘的菱格纹痕迹,有成排的着红色或棕色袈裟的小佛像,
堆放零乱的土坯呈线条状一直延伸到南面,看起来似乎表明
这里以前可能摆放着一排小佛塔。沿着这条通往拉布楚克的
道路再向下走 2 英里,我遇到了另一个称为"塔孜干楚克拱拜
孜"(Täzganchük Gumbaz)的小遗址。在该遗址下端有源于托

◁托和齐下端的
佛殿

―――――――――

　　① 参见格伦威德尔《古代佛教寺庙》,223 页。在此我要补充,我在依里库勒遗址看到的土坯的大小
与阿拉塔木寺庙 I、II 中使用的完全相同;参见格伦威德尔《古代佛教寺庙》,1152 页。

图 261　哈密拉布楚克北部佛寺Ⅰ

图 262　拉布楚克古城墙,东北角为一座塔,自内向外望

图 263　在哈密阿拉塔木对村民进行人类学测量

图 264　在吐鲁番交河故城对村民进行人类学测量

Refuse heap ii

图 265　吐鲁番大阿萨沿西北墙一侧和西角的拱顶居址遗迹，自北望

Refuse heap ii

图 266　大阿萨沿西南墙一侧的佛殿和居址遗迹，自北望

和齐和亚尔巴什（Yār-bāshi）的水汇集于此，成为一条湍急的清澈的河流，一直流到喀拉多拜地区。^① 这里的洞窟内部面积5英尺3英寸见方，并有一条封闭的回廊，宽2英尺，东面设门。

从这里砾石覆盖的浅沟就逐渐加宽了许多，在沟的中间开挖了两条渠的河床，蜿蜒而下，把托和齐和依里库勒下来的水流能够分别输送到喀拉多拜和拉布楚克。^② 在这两条河流自然交汇地土玛（Tuma）附近有一排小佛殿，形制与前述的小佛殿相同。因时间限制，我没能对这些佛殿进行考察。从塔孜干楚克再向下行3英里，便能看到一群显著的遗存，基本在拉布楚克村的范围内。其中一个遗址，在附图49.B和图261中标明 I，它包括一间中央佛殿，内部长约10英尺，宽9英尺，其两侧各分布一间小佛殿。三间佛殿原本都是穹隆顶，但现在只有西边的一间佛殿的顶部仍存。这三间佛殿的门均设在南边，中央佛殿有一个拱顶前室与其相通。前室内有一条宽6英尺的封闭式回廊，回廊也为拱形顶。在回廊的墙壁上有壁画装饰的痕迹，很可能是故意又墁一层泥或将墙刷白使其消失。整个建筑在一块台地上建造而成，台地看起来似乎是直接将生土的边缘修整而成，并有迹象表明此处停止作为佛教圣地使用之后，曾有人居住过。

在此遗址以西约40码的地方有一座显著的寺院佛殿，佛殿建在两层高台基上，如平面图中标明的 II。这座佛殿内部面积约10平方英尺，大部分穹隆顶至今仍存，高约15英尺，

◁拉布楚克附近的佛教遗址

◁在两层台基上建造的寺院佛殿

---

① 塔孜干楚克（Tazganchük）（图中 Tazgan-chük 是错误的）这个名称似乎是从一条河流上演绎来的。塔孜干（Tazgan）也叫"塔孜洪"（tōzghun），是突厥语中常用来解释河流水流之急之意，也可指洪水；楚克（chük）是一个大家熟知的形容词的后缀。

② 这张图中的两条河流似乎只有一条河床，是因为该图的比例太小，它们绝对不应该是这样，因为人们不会使用两条并行的河流进行灌溉。在拉布楚克古城遗址的西端，源于依里库勒的河流穿过一条源于托和齐的河流，是用来灌溉喀拉杜布的（在附图49.B 中可观察其细部）。

南边入口处略有残损。这个遗址所使用的土坯长 15 英寸,宽 7.5 英寸,厚 3.5 英寸或长 12 英寸,宽 8 英寸,厚 4 英寸。佛殿建造在一块高 14 英尺的夯土台上,这个夯土台又建造在一个更大的台基上,高约 5 英尺,似乎是生土直接修整而成。通到佛殿顶部的台阶现大都遭破坏,是从南边的部分拱顶的斜坡向上攀登。在距此遗址南端约 200 码的地方,我们在一个完全被毁坏的建筑遗址内发现了一座佛殿。该建筑遗址长 63 英尺,宽 53 英尺。这里也是采用修整生土建造成一个台基的方法。在该遗址的东面和东北面的小砾石山坡上,我们还看到有几个建筑遗迹,由于时间关系没对它们进行考察。

拉布楚克镇被▷
毁的院墙遗址

　　在刚谈到的 I、II 遗址的西南面延伸出一块被侵蚀的土台,上面 800 码以上的部分被伊斯兰教墓葬和拱顶小拜孜遗址所占据,这种拱拜孜的形制与现代的突厥墓地中常见的相同。在此遗址外矗立着一座建有防御院墙的小镇,形制基本为方形,门向东。院墙基本是在高台地上夯筑而成,如图 262 中所示,以抬高城墙的高度形成自然壁垒。南面和东面城墙的表面长分别约 185 码和 120 码。在城墙东北和西南角附近能辨别出设门的痕迹。在城墙的东南角有一座高约 40 英尺的巨大的方形塔楼(见图 262 的右边),塔顶部的土坯结构明显表明其年代较晚。除了在西南角附近有一座残破的清真寺,城墙之内的遗存基本上都是地面建筑。许多生土台上以前一定是地下室或居住遗址的基础,现已被狭长的矮墙通道所分割。在这些类似地下室的台基上有许多直径 2~3 英尺的小圆洞,这些小圆洞显然是用来储藏粮食等物的窖穴。用来分隔这些建筑群的狭长通道如同古罗马时由小建筑建在一起形成街坊的建筑群的狭长的通道一样,一定是在生硬土上直接挖成。我后来在交河古城即吐鲁番的都城遗址中看到了同样是生土上直接建造的通道后（图 273），就自然理解了这些，但是交河古城的通道与此比较只是相对较高较宽一些。北墙和西墙附近有一条发源于依里库勒的河流通过，主要灌溉拉布楚克田地。这条河流以外就是该村庄的墓地，使用的时间很长。在南墙附近的田野内散布着一些居民住宅。

　　我没有获得有关这座古城镇的任何有价值的资料。尽管这里建筑遗迹范围较大，但其内部的居住遗址却极度缺乏。从城墙保存极差的情况分析，我认为城墙的建筑年代似乎要更早一些，尽管时间不会太早，也许可以算得上是第一个伊斯兰教建筑遗迹。这座有防御功能的古城以及其北部的佛教寺院遗迹与依里库勒的遗迹一样都是属于回鹘统治时期的产物。这些遗迹的存在对于伯希和教授最近研究的成果具有特殊的历史意义，他认为拉布楚克即为汉文文献中记载的纳职①。从文章中可以看出，他经过仔细分析和研究有关纳职的资料，认为《唐史》中提到的公元 630 年纳职是作为一个附属地区的，其他的汉文文献记载，包括公元 9 世纪前期的记载，均表明它在哈密西部或西南部②，它是许多来自鄯善即为现代的罗布地区的移民于公元 6 世纪建立的一个垦殖区。伯希和进一步阐明汉语的纳职，与这个词的古代发音规则相一致，是罗布楚克（Lop-chuk）旧形式的再生，我认为这一点比较有说服力。这就是罗布的构成，即鄯善别名的由来。这些可

▷拉布楚克据汉文文献记载为纳职

---

　　① 参见伯希和《沙州都督府图经及蒲昌海之康居聚落》，载《皇家亚洲学会会刊》，1916 年 1—2 月号，117 页以下。

　　② 公元 806—814 年出版的《元和郡县图志》（*Yüan ho chün hsien t'u chih*），将纳职附属地区置于伊州或哈密西南部 120 里的地方；见沙畹《通报》，532 页注，1905。

　　另一方面，我从千佛洞获得的重要文书中的 No.917 文书，伯希和在描述纳职附属地区及其渊源时曾使用，并说明它在伊州以西 320 里的地方。如果参见地图即可知他所提供的位置基本正确，但距离似乎夸大了一点，因为走山路从拉布楚克到哈密镇的距离要少于 40 英里。沙畹先生引用的其他一些注释中的距离似乎更接近实际数据，但西南部的方位是错误的。

以从米兰和玄奘的纳缚波中获得的吐蕃文书以及众所周知的突厥语后缀楚克中得到证实。因此拉布楚克这个地名本身是罗布人移民到哈密后建立的统治区的称呼。

▷ 拉布楚克村庄的范围

刚才提到的院墙就是遗址的最北限,说到遗址的年代,这里还要补充几句。我沿山谷向下走时,发现了一些有意思的现象。拉布楚克的居住遗址,约有百余所住宅,均散布在花园和树木葱郁的果园内,并一直延伸到该遗址下面约 1 英里的地方。而属于该村庄的田地则一直向下延伸了 3 英里多,两侧为砾石山。然而,大多数大片、仔细平整的种植区现在每三年才种植一次,主要是因为无法获得充足的水源来灌溉整个地区。此外,似乎还没有足够的劳力来耕种和施肥,因此造成现代这种种植区有限的局面。

▷ 喀拉多拜的广阔种植区

离开变宽的山谷,即可进入喀拉多拜大村庄,它向西南延伸的距离大约有 10 英里。由托和齐流到此处的河流的水流量要比上述古镇遗址中的大。水量增大的原因是河流经过拉布楚克村的深挖的河床或其附近时,常有大量的泉眼出现。我们穿过的富饶的花园和果园的道路长约 4 英里,而且这里农场的数量与拉布楚克相比几乎要多一倍。在喀拉多拜我受到了热烈的欢迎。我发现这里的村民距山路太远,没有受到汉人的任何影响,他们很容易交流。他们除了谈到两座烽燧遗址,没能提供其他任何遗迹。这两处遗址在南面或东南面就能够看见,距离较远,它们矗立在沙漠的出口处,可以眺望到宽阔的山谷。由山谷向下一直可以延伸到疏纳淖尔洼地,这一点从地形上即能看出。很明显现已确定没有水源到达此地了。然而,那些隐蔽的在沙漠中指引道路的烽燧,可能会被从南面发动袭击的人所利用。

阿拉塔木遗址出土遗物

A.001.　壁画残片。是墙壁的边缘部分。白色底上绘两条黄色带纹,饰浅粉色彩,上面有模糊的蓝色斑,图案的轮廓为黑色,一端呈螺旋形。严重褪色。6 英寸×$3\frac{1}{2}$英寸。

A.I.001、002.　泥塑残件。五片叶子的两片棕榈叶尖饰。上面的三片是直的,下面的两片呈螺旋形。叶子为绿色,边缘为巧克力色。圆形边廓,表面为红色底。002 的下部已残,已褪色。泥质较细,灰胎。3 英寸×$2\frac{1}{4}$英寸;$2\frac{1}{2}$英寸×2 英寸。

A.I.003.　泥塑残件。珠饰,中央为圆形凸饰,边缘用花卉装饰。上面残留绿色彩绘。泥质较细。直径 $1\frac{1}{2}$英寸。

A.I.004.　泥塑残件。头饰上的圆雕饰,是由卷云纹线条构成的复杂图案。表面残留许多红色彩。严重残破。泥质较细,有木骨。$2\frac{3}{4}$英寸×$2\frac{1}{2}$英寸。

A.I.005.　泥塑残件。带饰,有黄色彩绘残留。泥质较细,灰胎。$2\frac{3}{8}$英寸× $1\frac{1}{8}$英寸。

A.I.006.　泥塑残件。壁画的边廓部分,边缘为蓝色,表面为蓝色底。边框是白色底上饰红色彩,角上有朱红色。残破且已褪色。抹两层泥,红色泥上再涂一层灰色泥。泥质较细,内掺纤维。$3\frac{1}{2}$英寸×2 英寸。

A.I.007.　泥塑残件。衣纹。向左和右打的衣褶,饰蓝色彩。下端中间有一个较大卷云纹,饰红色彩。褪色。抹两层泥,红色泥上再涂一层灰色泥。

泥质较细,内掺纤维。6 英寸×5 英寸。

A. I. 008. **泥塑残件**。人像,存腰部以下,向左侧,右膝盖抬起,作攀高状。从大背光上脱落,背光轮廓为火焰纹,仅存的双脚以下部分显示。缠腰带均为绿色,下部衣纹为红色,衣褶用黑色斑纹表示,鞋为粉色。双圈火焰纹边框,内圈为绿色,外圈为红色。泥制,黄褐色胎。7 英寸 × 4 英寸。图版 CXXXIX。

A. I. 009. **泥塑残件**。三色丝带交织在一起(蓝、红和绿),仅残存颜色。抹两层泥,红色泥上再涂一层灰色泥。泥质较细,内掺纤维。4 英寸×$2\frac{1}{2}$ 英寸。

A. I. 0010. **泥塑残件**。头饰上的结,与 Mi. 003 相同。抹两层泥,红色泥上再涂一层灰色泥。泥质较细,内掺纤维。3 英寸×$4\frac{1}{2}$英寸。

A. I. 0011. **泥塑残件**。衣褶的末端,呈蓝色。抹两层泥,红色泥上再涂一层灰色泥。泥质较细,内掺纤维。2 英寸×$1\frac{3}{4}$英寸。

A. I. 0012. **泥塑残件**。背光的边缘(？),有绿色和黑色卷云纹。泥质较细,灰色胎。$1\frac{3}{4}$英寸×$1\frac{1}{2}$英寸。

A. I. 0013. **壁画残件**。白色底上绘缠绕或飘拂的围巾,呈绿色,图案轮廓为黑色或橄榄色,上带蓝色带纹。下端有人的四个脚趾头,趾头为白色,边缘为黑色,趾尖为橙黄色。工艺粗糙。下端边缘残留橙黄彩(不易辨认的),背景为散布的花朵。严重褪色。7 英寸×5 英寸。

A. II. 001.a、b. **泥塑残件**。a. 人物头饰的左半部分,与 Mi. xi003 相同,饰黑色彩。$3\frac{1}{2}$英寸×2 英寸。b. 同样的头饰,残存黑色彩绘。红色细泥质,内掺大量麦草。$3\frac{1}{2}$英寸×3 英寸。

A. III. vii.001.　　**板饰残件**。红色草拌泥块,剖面为楔形,每一面都有粗绘的花卉图案,饰红和绿色彩,图案轮廓为黑色。两端均残。1 英寸×6 英寸×$1\frac{3}{4}$~$\frac{5}{8}$英寸。

第四节　吐鲁番遗迹考察

从托和齐走山路经过六段快速行程,我们于 11 月 10 日到达鄯善绿洲地区,它是吐鲁番盆地中的最东端的最肥沃的地区。众所周知,该地区在历史和地理方面一直都有很重要的意义。自从俄国探险家首次发掘吐鲁番丰富的遗迹,吐鲁番的古代遗迹就引起了所有对中亚古代文明有兴趣的学者的极大关注。格伦威德尔教授和勒柯克率领的德国探险队相继在 1902—1907 年间在吐鲁番进行了长期的探险调查,获得了丰硕的考古成果。

◁吐鲁番的重要遗址

由于往西还有工作要做,因此我在吐鲁番最多只待了几个星期。我知道这里的遗迹数量较大,而且分布很广,所以就不得不精心安排在此地的考察方式,这与我在其他地方调查惯用的方法有很大区别。德国探险家曾经的做法是,在此多找一些有经验的长期劳力,即那种时间充裕并具有丰富当地经验的人,去发掘那些尚未完全被洗劫一空的遗址,这些我都无法效仿。在有限的时间内,我发现如何能使自己尽早熟悉这里特殊的地理条件和地形特征尤为重要。这个地区占地面积虽小,却为何在整个塔里木盆地中曾经那样活跃,并在历史上起到决定性作用。为此,我们对地形特征的调查工作有助于解决这些问题,是个绝好的契机。此外,参观不同的遗址,促使自己对这些遗址特殊的建造方式有个直观的认识。在原

◁在吐鲁番做的有限工作

位置遗留下来的艺术品以及任何其他东西，都能使我更好地了解吐鲁番盆地中发现的遗物的意义和重要性，并从中受益，得出我自己的结论。

吐鲁番盆地的▷调查

我这次在三个星期之内完成了对以下遗址的调查，即从吐鲁番盆地的东南部边缘至西部的古代都城遗址的区域（交河古城）。调查与旅行是同时进行的，在拉尔·辛格的督促下，我们向南部和北部的调查均到达远离居住区的地方，使这些有趣的地区在地图上的范围较以前的地图记录得更加准确和更加详细。在吐鲁番做的许多调查都很有价值，我努力收集与该盆地主要的地理特征和经济条件方面有关的资料，其中一些资料可参考我在自传中的记载。① 我从这次旅行中总结的经验对我后来的考察工作帮助很大，特别体现在 1914—1915 年秋和冬季我在吐鲁番进行长期的考古调查计划的安排与实施方面。其中最为重要的因素是我的第二次调查为期近四个月，时间相对较长，另外在调查吐鲁番盆地以外地区的地形特征前后又增加了一些时间。这些地区与吐鲁番在历史和地理上有着密切的联系，因此可以解释我的调查工作不仅局限在吐鲁番的原因，也就有必要收录在我现在的记录中。

1914—1915 年▷的探险调查

1914—1915 年的探险，我们获得了大量有关吐鲁番的历史和现代精确资料。② 如果弃之不用，仅仅利用 1907 年 11 月短期调查获得的地理和遗物资料进行研究，那么得出的结论的科学性就肯定要大打折扣了。然而，精心地完成这一项任务需要花费很多时间，所以我希望能在第三次探险的报告中

① 参见斯坦因《沙漠契丹》，第二卷，354~363 页到处可见。
② 这些巨大的额外发现对于我们在 1914—1915 年待在吐鲁番考察地形以便测绘一幅更详细的、包含整个无人居住区的地图是最好的补充，这幅以 1 英寸比 1 英里的地图是以一系列准确的勘察为基础绘出的。

图 267　大阿萨的堡垒和角楼,穿越外围墙自东北望

图 268　大阿萨的古角楼,自西望

图 269　小阿萨殿址 I~III，自南望

图 270　小阿萨古塔和神殿 I，自东望

图 271　吐峪沟峡谷低处的洞窟和异化,自东南望

图 272　吐鲁番高昌有阶梯的佛殿遗址,自东南望

详细报道这些。在这次出版的报告中,我必须根据情况放弃我对吐鲁番地区的地理和历史方面整体情况考察的阐述,以及对考察中发现的许多有趣和复杂问题的探讨。在此,我只能集中精力记录我有机会在几个小遗址内所做的考察工作,以及在其他地方获得的一些遗物的来源问题等方面的研究。

从鄯善到鲁克▷沁(Lukchun)

我希望能从地形学和考古学方面对柳中进行研究,因为这对该地区的干旱问题的研究有帮助。由于干旱问题在吐鲁番地区及古代塔里木盆地的统辖区内都很重要,这才促使我决定从盆地东南部边缘出发,开始我的探险旅程。在罗伯罗夫斯基的地图中标明的大阿萨(Chong-hassār,大阿萨协亥尔,又称"穷阿萨","Chong"维吾尔语意为"大"——译者)遗址的位置,当地语意为"大城堡",又叫"阿萨协亥尔",或"协亥尔阿萨",距沼泽盐湖东岸边缘不太远。盐湖是吐鲁番盆地中的最低的洼地,几乎所有地表上遗留的水流都注入此湖。大阿萨遗址是我鄯善的资料员向我报告的,据说它曾经建造在地面上,现地表已被沙漠覆盖。完全是出于对地质考古方面的偏好,我决定去考察此地。11 月 13 日的旅程,我们首先到达了荒凉狭窄的山谷地带,就是在这里鄯善地区的水消失在光秃秃的山脊和流沙之间的地带。后来到达水源主要来自拉津(Lamjin)河流的茂盛的绿洲带柳中。在汉代它就以柳中之名占据着西域诸国中的长使(Chang-chih)的位置,而且还是中国对西域统治的主要立足点。[①] 经测量,柳中的海拔高度只有 50 英尺。

灌溉方式的改▷变

我们向西南走的第二天所经过的有趣的地理现象,均可参阅我在自传中的描述。[②] 这里值得一提的是新的灌溉方式

① 参见沙畹《通报》,169 页、211 页,1907。
② 参见斯坦因《沙漠契丹》,第二卷,355 页等。

坎儿井已逐渐取代了过去不确定的水渠的灌溉方式。多年来，一些边缘地区都是依靠柳中水渠引水来灌溉耕种区，一旦柳中水渠缺水，这种灌溉方式就没有了保障。在吐鲁番多数居住区内广泛实施了坎儿井的灌溉方式，这一变化主要是由当地人口的迅速增长所致。同时，也与中国政府重新收复该地区之后，该地区恢复和平和繁荣景象有很大关系。但应该承认修建坎儿井对吐鲁番地区而言可谓是一项现代革新，最早修建的年代也不过是 18 世纪末期。通过一系列考古和历史文献资料中对该地区的记载，我们可以确定古代该地区人口比现代要多，由此可以推断早期这里的地上水源较现代一定丰富得多。①

　　接近拜什塔木（Besh-tam）遗址时，就能发现干旱问题对此地的影响较大，必然就会考虑导致干旱的原因、干旱出现的时间及其持续的时间等问题。距柳中广阔种植区南缘 7 英里处的拜什塔木农场，只剩下最后几小片坎儿井灌溉的土地。此后，我们经过了被遗弃很久的田地，其上现已长满了沙漠中常见的骆驼刺；之后又穿过了一条浅河床地带，即柳中水渠的水勉强由此流抵终端的盐湖，冬季这条渠常放弃不用。由于水本身蒸发和被土地吸收，当绿洲地带春季特别需要水时，水就无法流到如此远的地方，或当吐鲁番夏季干旱时期水流到此处也很困难。除非是在雨水充足的情况下，导致远处的山洪暴发，这里才有获取水源的希望。在这条季节性河流的南部是大片长满骆驼刺的宽阔的沙石平原和生长着红柳树的小沙丘，在流沙出现的地带，就有被风沙侵蚀将硬土地切割成小

▷干旱问题在拜什塔木遗址中的反映

---

　　① 在吐鲁番盆地观察到地形特征中所体现的干旱问题的详细探讨，可参见亨廷顿《亚洲脉搏》，309 页等。

沟和1~2英尺高的雅丹地貌。这种地形由西面延伸至东面，春季在吐鲁番盆地常刮的猛烈的大风，将那些风蚀的流沙刮成小山包似的沙丘，在东边洼地形成边界。现在，远处大阿萨遗址的城墙进入我们的视线，此外，还可以望到却勒塔格（Chöl-tāgh）山脚下一道道闪亮的白色盐湖的湖畔。

大阿萨遗址▷　　从拜什塔木到大阿萨遗址距离只有6英里，且水源相对较近，附近的牧草也很丰富，发掘者能找到较好的住处。这座遗址无疑成为试图停留的好地方，正如我鄯善和柳中的信息员描述的那样。遗址周围的沙漠不仅范围较小，而且显得很柔和，但我同时确信这地方毫无疑问也发生了很大变化，否则就不会被遗弃。如附图50所示，这个遗址包括一座小的长方形堡垒及一条外部围墙，外围墙的形状不规则。整个遗址在一个自然矮土台地上修建而成，建筑基本用土坯建造。在长方形堡垒的东北角内（其外部长200英尺，宽150英尺），在高土台上建有一个庞大的类似烽燧的建筑，图268中可以看到，部分则在图267中。

拱顶房屋和炮▷
台　　　　　　我第一印象最深的特点是，在堡垒内分布有大量的类似兔子窝的小拱顶房屋和炮台（图265~267），而且在外部围墙内这种房屋也密集分布。许多地方的这种房屋一间建在另一间之上，都不甚规整。房屋墙壁和顶部坍塌的碎土坯已把那些较矮的入口阻塞，甚至有些底层的房屋内也被填满土坯块等。这些房屋的长10~16英尺，宽6.5~8.5英尺。显而易见，这里的建筑特征较吐鲁番更特殊，而且还可以看到有些特征在现代的村庄和城镇中沿用。这些被称为"坎买尔"（Kemer）的拱顶房屋以及那些建造在房间底层的房屋，受到无论是穷人还是富翁的同样青睐，因为他们就是靠这些房屋来度过酷热的夏季。除了春季用来避免狂风的袭击，同时冬季这些房屋还很温暖、舒适,可御寒。因吐鲁番绿洲木材短缺,所以这种拱顶建筑在整个地区都非常普遍。经济而且适用的胡杨树,在塔克拉玛干周围各片绿洲地区随处可见,但这里却完全不见。

在吐鲁番地区无论是过去还是现在经常使用的拱顶是真正意义上的拱形,因为人们通常将土坯纵向按拱形砌筑,而且常变换成垂直状砌筑。这种便利的避暑房屋是为了节省木架结构的材料才集中分布。[①] 通过水银气压计测定的数据确定大阿萨盆地低于海拔 360 英尺,这里夏季非常炎热,这自然就能解释这里普遍使用拱顶建筑居室的原因了。 ◁ 吐鲁番的拱顶建筑

让我特别注意的建筑除前面谈到的那种类似兔子窝的建筑外,还有一座小佛教寺庙,它紧靠长方形堡垒的西南墙壁建造(附图 50 中标明 i),几乎对着由外围墙进出的门。如图 266 右侧所示,从北部还可看到沿西南墙壁分布的居住遗址。寺庙包括一个小佛殿,内部长约 8.5 英尺,宽 6.5 英尺,有一条宽约 3 英尺的封闭式的拱顶回廊。在其东北部还有一间类似前室的建筑,长 19 英尺,宽 4 英尺。佛殿的墙壁厚约 3 英尺,残存高度仍有 14 英尺。回廊的外面的围墙破坏较甚,其拱顶是在高约 7 英尺的位置开始起券。佛殿和前室已被发掘过,但没有完全清理干净。我在柳中获得的资料说明,这些是德国探险队路过该遗址时匆忙调查过的。在清理东面一小房间的通道时,发现了彩绘壁画残片,它们显然是从墙壁上垮塌下来,这些均是德国探险队调查时扔出来的,或者是后来的当地人"掘宝"时所为。 ◁ 佛殿遗址

---

① 我在锡斯坦(Sīstān)发现现代和中世纪建筑都采用了这种建筑方式,原因也是相同的。在赫尔曼德河终端盆地的建筑外形特征相对丰富,数量也比较大。

佛殿中出土的▷
装饰遗物

佛殿和前室内均保存有一层未破坏的细泥墙面,通过仔细的清理,我们获得了许多壁画,还有泥塑残件,都是小的坐佛像,显然原先是佛背光上面的。从佛殿墙壁上遗留的突出的泥塑模块可以确定,现有三个背光的轮廓痕迹。还出土了巨型塑像的手臂和手指残块等,这些遗物均在文后的遗物表中具体描述。① 这些浮雕残片中的 H. A.009、i.0021,分别表现了一个跳舞的小孩和一个观音菩萨的身躯(图版 XII)。这些浮雕塑像的残片中有一个雕刻逼真的、大小同常人一样的手臂模型(图版 CXXXIX)。② 在东南面的通道内我们发现了大量微型浮雕佛像,均未被破坏,显然是用来装饰墙面,某些墙面上还有壁画痕迹。在壁画残块下面垫了一层苇子,表明这座佛殿在被废弃之后又被重新利用过,也许是那些放牧人使用的,这种现象同尼雅、楼兰和米兰遗址中所流行的如出一辙。H. A.i.0023 是一块大彩绘残片,尽管残破严重,但两面都能辨别出在很厚的白色底上彩绘的一幅立佛像,这种绘画技术在吐鲁番绘画遗物上很常见。H.A.i.0031(图版 CXII)丝织品残片上的图案,其圆形大团花就足以说明是萨珊风格。

回鹘文文书残▷
片

需要补充的是,除了在两件彩绘泥块(H.A.006、0016)旁边有很模糊的回鹘文题记,我们还发现了几件回鹘文文书残片,以及一部回鹘经卷的下端残部和两小片汉文文书。这些遗物说明这些佛殿到了回鹘统治时期仍在使用,同样其中出土的装饰遗物也自然就归结为这一时期的杰作。通过清理充满垃圾堆的一间房屋(ii),它与西南围墙相连,即在堡垒(图265)西角附近,所得到的结果与上述结论是相一致的,因为它

① 清理前室及相连的房屋所获得的遗物基本用 H. A 来表示;从神龛和回廊中出土的遗物为便于区别用 H. A. i 来表示。

② 参见 H. A. i.0015,图版 CXXXIX。

们是一个建筑群。这间屋子顶部可能很早就已被毁坏，后被当作垃圾场使用，同我们在米兰堡垒所发现的情况类似。

在大量的麦草和生活垃圾中出土了 18 件回鹘文文书残片，从潦草的笔迹和其中的一两件文书上的红色印章判断，它们全部是信函或文件。对同一面墙上修建的上层小屋内的垃圾堆的清理，可谓一无所获。在清理沿西南墙分布的另外一层房屋的上层房间内，地表上的一层较薄的垃圾时，没有任何收获。同样，清理西北面墙上的一间小房屋和堡垒北角的一个大拱顶居室，也都没有出土任何有趣的遗物，这两间屋子中均充满了很厚的泥块和流沙。以上这些收获不能让我们抱有更大的期望，让我们再投入大量的时间和劳力来清理所有拱顶建筑以及佛殿，以求获得更大的收获作为对我们的付出的回报。我们在冬季常居住的某些上层房屋内发现了炉灶。

◁垃圾堆中出土的回鹘文文书

占据堡垒东角的巨大的堆积 iii，如图 268 所示，起初使人对其建筑风格和结构特征产生疑惑。在毁坏严重的西北墙面上有五个洞，类似壁龛，在其东南面有一组拱顶通道与它们相连，现基本上都已被土坯残块完全填满。坍塌的大量的土坯块堆积使得室内调查大大受阻。经过实验性的清理其中的一部分房屋并不断琢磨，才可能绘出下层房屋结构的平面图，见附图 50。西南面的外墙的底基部分堆积的坍塌的土坯残块比较少，但也达到了 24 英尺的高度，到处都有一个明显的向内倾的斜度。这些遗址用坚硬的土坯建造，土坯长 18 英寸，宽 8 英寸，厚 4 英寸，有些土坯还经火烧。而向东南的墙壁厚 6 英尺 4 英寸，而西南面没有被毁坏的较长一部分墙壁的厚度为 7 英尺。整个建筑犹如建在一个方形台基上，外部长 62 英尺，宽 53 英尺。地下的一层建筑仍残留一部分，里面包括一个拱顶中央大厅，长近 40 英尺，宽约 11 英尺，从西南面一直

◁坍塌的土坯堆积

延伸到东北面,前面原先显然有一个入口。在这个大厅的长边上各有五个小窄室,长 15 英尺,宽 4 英尺 2 英寸,由于室内地下堆满碎土坯,因此在有限的时间内无法测量出拱顶的准确高度。拱顶通道穿过大厅 4 英尺厚的墙壁可通行,其顶部大约较侧室的拱顶升起部分矮 3 英尺。在对面窄墙上的这些小室,可以从拱顶顶部旁挖穿外墙的圆孔采光和通风。

用来守卫道路▷
的建筑

　　显然,如此庞大的地下基础一定能够承受在其上部修建高大且坚固的地面建筑。然而,这个地上建筑只残存西北部的一部分,它的高度比达到侧室拱顶的建筑还高出近 10 英尺。侧室基本是用作储藏室等的,而大厅则是现代的坎曼尔类型的建筑,主要为那些守卫这座大塔的人或守护者提供一个荫凉处,如此看来它的功能是服务。这个堡垒的东南面和东北面的墙只是与它相连的 iii 墙壁的延续,这说明它是早已建造而且是相对独立的建筑。这个建筑相当高,矗立在一块平地上,平地由此一直延伸到湖畔为终端和库鲁克塔格山的砾石地带,表面特征未遭到任何的破坏。就目前的保存状况看,还能眺望很远。因此这是观察通往柳中或高昌(高昌古城)绿洲地带通道的绝佳位置。在距此遗址东面不远处,有一条从柳中到辛格尔的道路。辛格尔是一个较小但战略上非常重要的库鲁克塔格山西部的一片绿洲地区,在此有数条分道可以通向塔里木盆地的下部、古楼兰和焉耆地区。①

后期修建的围▷
墙

　　这一事实就可以解释为何开始就将这座堡垒修建在此地。它一定是后来为保护那些在附近地带耕种的人们而附加

① 这个塔被称作毕占土拉(Bējān-tura),现在绝对是用来起连接作用的,在从辛格尔到吐鲁番的直线通道上。1915 年 2 月我有机会对它进行过调查,认为它的年代似乎不会太久远。毕占土拉在终端盐湖的现代的西部边界附近,即在大阿萨下端近 400 英尺处。其北部为沼泽地带,早期盐湖较现在要大一些,可能根本无法通过。因此辛格尔所有的运输队都必须通过大阿萨。当我造访此遗址时,弄清了它究竟能望多远,尽管只有 25 英里,却能清楚地看到堡垒遗迹和烽燧。

上去。东北部与堡垒相接的不规则的外部围墙很明显也是后来扩大的部分,这部分围墙不太坚实。在堡垒和烽燧周围以前一定建有一个同样大的居住区,这一点似乎可以从附近的耕种区就能说明,在我离开此遗址之前观察到的遗迹现象证实了这一点。我发现了破坏严重的夯筑的更大些的方形围墙遗迹,但无法很准确地进行调查。围墙厚约 2.5 英尺,因风蚀已变成较矮的土墩了,多处的围墙部分已荡然无存。但仍可清楚地看到在堡垒的北面有一条从东到西延伸长度约 700 码的围墙痕迹,位于高 1~2 英尺的雅丹地貌的顶部。它距堡垒的北角约 100 码,其西面和东面的表面只剩余一小部分,基本都被风侵蚀;南边的部分因时间关系我没有能寻找。

　　这种不太坚固的围墙的功能,同过去一样只作为军事目的使用。在这一方面它似乎可以与目前仍可见到的那些易损坏的墙壁进行比较,即在吐鲁番的几个镇和村庄周围常见的。这些对已习惯于用更加坚固结实的壁垒进行防御的中国统治者是不会起决定作用的。大阿萨周围的黄土地都很肥沃,没有被盐碱化,而湖畔北部大片很厚的土地现都已被盐碱化,因此需要引水灌溉才可以。如同现在柳中季节性河流流到 4 英里以外的遗址所在地一样,我推测大阿萨在回鹘统治时期或更早一些时候一定有农业居住区,而且还有充足的水源可供灌溉,后来因气候干旱才导致了地表上的变化。 ◁早期的农民居址

　　我从大阿萨的大本营对一组称为"小城堡"(又称"克其克阿萨")的有趣的小佛殿遗址进行了仔细调查和清理,这项工作是在拜什塔木轻易找到的劳力的帮助下完成的。小阿萨(Kichik-hassar)位于大阿萨东北 2 英里多的地方,其范围一直到达种植区不断减少而且地表被风蚀严重的地带。这里肥沃的黄土地因风蚀形成的沟壑从东面一直延伸到西面,有些地 ◁小阿萨的佛殿遗址

方的沟深达5~8英尺。在即将到达遗址时,我们又看到了流沙堆积成高 8~10 英尺的大沙包(Barkhāns),也许是由于这些大沙包的保护才使两处佛殿遗址得以保存其基本特征。如附图 50 和图 269 所示,遗址包括一群小塔及与其相连的穹隆顶小佛殿,附近还有一些严重毁坏的小建筑遗址,可能是用来为寺院服务。

塔提类型的地▷
区

　　该遗址占据的地区由西北至东南约 120 码,这一方向的距离是最长的。在这个区域内地表特征表现为典型的塔提类型,地表因风蚀作用,小陶片和碎骨头随处可见,其中大部分是人骨。所有的建筑遗址都位于风蚀形成的台地上,台地的高度高出相邻的地面 4~5 英尺。在其东面或遗址保存较好的部分,流沙已堆积成高 10 多英尺的沙包(图 269、270)。建筑遗址使用的土坯都是晒干的,比较坚硬,尺寸基本在 18 英寸×8 英寸~9 英寸×4~4$\frac{1}{2}$英寸,与大阿萨遗址中发现的一样。墙壁砌得很规整,所有的土坯均是平铺的,长面和短面交替向外。这些建筑的所有细部特征似乎说明它们是同源的。

塔、穹隆顶佛▷
殿 I

　　遗址中最大的混合建筑在西面,是图中标明 I 的遗址。它包括北边保存相当好的一座塔、一座佛殿及与其连接的穹隆顶的前室(图 270)。再向南有一个长 47 英尺、宽 23 英尺的大厅或院落,很可能也是木质屋顶。西边墙壁上的小穹隆顶龛的用途不明。西南面与其相连的毁坏严重的一组房屋可能是僧侣们的住所。北部的那座塔建造在一个 24 平方英尺的台基上,高度为 5 英尺,台基的一半都已被沙子覆盖。其上又置一个圆形台基,直径为 15 英尺,高度是 4 英尺 6 英寸。在此台基上还有一个类似塔结构的遗存,高 10 英尺,代表第三层,其上是逐渐变高的分三层建造的塔。此塔的基座的设计

图273　吐鲁番（交河）全景，自古城中部向西北和北望，稍远为大佛寺

图274 硕尔楚克明屋遗址东南面西北部中部建筑群的废殿，自西望

图 275　正对废寺的交河城中心大道以及故城东面，自西北望

图 276　交河故城中部，佛寺正对中心大道，自东南望

与热瓦克塔的基座完全一致。① 该塔是呈十字形建造在一个方形台基上，整体有 20 个突出的角，有一个用莲花叶装饰的低浮雕高约 1 英尺的圆形底座，其上为圆柱形的穹隆顶塔，现顶部已残。塔的整个高度约 24 英尺。

塔 I 的室内结▷
构

塔的东边挖有一个洞，深至第三层，系很久以前"掘宝者"所为，塔内被洗劫一空。塔的特征很有趣，形状为一个小内室。小内室的面积 3.5 平方英尺，它建造在一个圆形基座上。这个神秘的小室或井原本有一个宽 2 英尺的口可供出入。小内室盗洞上部残存有墁泥的穹隆顶的部分。该室的敞口或窗户原先只有 3 英尺深，后来被探宝者挖深至 6 英尺。由于盗洞的影响，使我无法确定古代的敞口后来是否以某种方式筑有墙壁或者是彻底将其封堵。敞口用途主要是为了定期对室内储存的祭祀物品进行检查，确定它们是否完好无损。我在此需要补充说明的是，第 III 组塔（附图 50），其建筑特征除了在面积上略小一些，其他特征则完全是上述那座塔的翻版。它也有一个面积 3.5 平方英尺的内室。由于其东面毁坏严重，无法弄清楚原先挖的敞口的痕迹。在塔 I 的遗址中，那些盗贼并没有满足只在其东面挖开一个通往内室的洞，而且在其北面也挖了一个洞，直抵圆形台基的底部。

佛殿 I.V 内的▷
壁画

佛殿 I 中的小殿 V，其南面紧接一座佛塔，内部面积 8 英尺 4 英寸见方。其内部地表被厚 2 英尺的沙子和泥块覆盖，未被盗掘过。烟熏或火烧的墙壁和屋顶以及残存的墙面上到处有乱画的痕迹，表现出对佛殿内的装饰不满的态度。在穹隆形上面的球形屋顶部仅有壁画残存，描绘的是成排的小佛

① 参见斯坦因《古代和田》，第二卷，图版 XL。

像。沿东墙和西墙的底部,在保护层的下面可以看到一些残
留壁画的下半部,色彩依然很鲜艳。在东南角附近可以辨认
出一幅出行图,绘的是两匹完全相反的马,马上的骑士均已
失,其后为步行随从。中间的一匹马因受惊而双腿高抬;其后
是一个随从牵着的红棕色动物,可能是豹或羚羊。① 西壁上
残存同样的壁画,毁坏更加严重,揭下来的标本残片 H. B. 006
为红色底上彩绘的其他颜色,整体壁画色彩非常艳丽。佛殿
北墙上残存一大片彩绘的背光,以前一定包含一个浮雕塑像,
其右侧有一个穿着华丽立在莲花座上的人物的下身。② 除在
佛殿和前殿内发现的浮雕人物残片外③,还在佛殿内找到了
一座小佛塔的模型和一个浮雕佛像,均为泥制,显然是供养人
像(H. B. v.004、005)。在清理佛殿时还发现了几片纸,是汉
文佛经残片。④

　　在前述的佛塔和佛殿的东南面被严重风蚀的建筑 II 内, ◁ 穷隆顶佛殿
如图 269 底部所示,除墙基部分外,还出土少量遗物。但在其 III.i 内的出土
南面 50 英尺处的一组小寺庙 III 则保存得比较好,其内出土 遗物
了不少有趣的遗物。穷隆顶佛殿 i 面积约 7 英尺 2 英寸见方,
明显已被牧民或其他人长期作为住所使用,其内残存的壁画
很少。但在与其东北面相连接的充满泥土坯的窄甬道内,发
现了三片麻布画残片。H.B.i.003 为一个千手佛,它的上面有
成排的小佛。尽管该麻布画上的色彩几乎都已褪去,但整体
上它不愧为一幅精美的工艺品。从曾经修补过的痕迹来看,

---

①　如要将这块壁画移走是相当困难的,其残片可参见遗物表中的 H. B. v.006 和图版 CXXV。
②　这块壁画的详细描述参见遗物表,它被错误地编为 H. B. i.002,还有图版 XIII。在该佛殿和前殿
中发现的其他较小的壁画残片可参见遗物表中的 H. B. 007~009。
③　前殿中出土的壁画残片可参见遗物表中的 H. B. 001~005,0010。
④　参见沙畹《文书》,第 988、989 号,图版 XXXVI。

此画年代久远,是后来被供奉到此处的。在北部与佛塔连接的另一座佛殿中,我们发现了无数块模制精良的浮雕塑像残片。除了中央佛像基座附近的各角落的一层薄沙下面发现的许多壁画残片,大多都是金色。在此,我们还发现了几块汉文佛经残片①和旁边用回鹘文作注的中亚婆罗谜文小残片。

塔 III 院墙内▷
的遗物

塔周围曾经筑有小围墙,大部分院墙都因风蚀被毁坏殆尽。在塔 iii 附近的泥沙中埋有许多层泥墙面残块,其中还出土了一个木雕的坐佛(H.B.iii.001,见图版 CXXXVIII)。木雕佛像的背面的平面上残留的木钉表明,它以前固定在塔基座上,这与其出土的位置正好相符,它在距地表高约 2.5 英尺处出土。在塔基座的南面的底部出土了几百块回鹘文文书残片,上有红色印章痕迹,明显是故意撕碎。但是否同安迪尔寺庙的一样②,是供奉储存于此还是那些野蛮人破坏所致,其目的均不明确。值得一提的遗迹还有一座小寺庙 iv,它包括一座破坏较甚的塔,它位于中央遗址 ii 东北 30 码处,见图 269 的右侧。这座塔仅存底下的两层台基,其余部分被"探宝者"毁坏。在被土坯块填满的佛殿内出土了一些浮雕塑像残片,其中一些是与真人同大的浮雕塑像的组成部分。此外,还出土了几块彩绘壁画残片,其中两块上有回鹘文字迹和一个小且保存完好的吐蕃文文书残片。在塔基周围的土坯堆中出土了大量的吐蕃文和回鹘文文书残片。

寺庙 iv 出土的▷
回鹘文文书

小阿萨遗址的▷
位置

在小阿萨寺庙遗址中出土的回鹘文文书证明该遗址是回鹘统治时期的佛教圣地。同时还可以断定它一直被当作佛教

---

① 参见沙畹《文书》,第 985~987 号。佛殿中出土的与之类似的一件汉文文书,背面书有回鹘文,可参见同书中的第 984 号遗物,H. B. 1。

② 参见斯坦因《古代和田》,第一卷,425 页。

寺庙使用,直到大阿萨占据此地,此时其功能很可能依然未变。考虑到甚至在沙鲁赫大使时期,吐鲁番大部分地区的人们仍然信仰佛教①,再结合其他地方的当地信仰的经验,当地的崇拜一般与遗址紧密相关,否则它就会被遗弃。但是,如果要确定这些寺庙遗址迎接其最后一名虔诚的崇拜者的具体时间是非常困难的。我在其附近没有找到任何居住遗址的痕迹。但考虑到我在此逗留的时间较短,而且发掘时还必须守在遗址旁,风蚀的地面上发现的塔提遗址可能相对独立存在于农民的聚落遗址区,或者因没注意,在矮土墩中被忽略。由于从柳中到辛格尔的道路从遗址的东边穿过,这也许就能够说明寺庙相互隔开的原因了。

　　11 月 18 日离开拜什塔木后,我就向北走,最后到达因葡萄而闻名的小镇吐峪沟。在吐峪沟上面风景如画的峡谷中,有成排的佛教寺庙和洞窟(图 271)。我开始了一系列的旅行调查,这使我很快熟悉吐鲁番地区的著名遗址。其中我踏访的喀拉霍加(Kara-khōja),即高昌古城,是唐代和回鹘统治时期吐鲁番的都城,现已成为废墟(图 272、277)。由木头沟(Murtuk)和胜金口向下的峡谷中散布着一群重要的佛教寺庙和石窟寺,其中伯孜克里科洞窟有精美的壁画。后来又从吐鲁番镇到布鲁尤克东部沿小山脊坡地分布的小遗址。1914—1915 年,我在此地的停留使我对大部分上述遗址更加熟悉。由于我在这一部分的开头谈到的原因,有关这些遗址的材料我将收录在另一本著作中出版。考虑到当地的条件对考古工作有影响,以及当地人提供的发掘工具几乎是破坏性的,这些

◁踏访吐鲁番遗址

---

① 参见尤尔、科尔迪耶《契丹》,第一卷,272 页。

可参见我在自传中的详尽报道。① 我调查时采集的或者是收购的文物均在下面的遗物表中进行了详细的描述。②

交河古城▷
（Yārkhoto）

为去西库鲁克塔格山搞地质探险准备交通工具等，我在吐鲁番耽搁了一个星期。在吐鲁番绿洲逗留期间，我曾抽空再度访问了著名的交河古城遗址，直至唐代它一直是吐鲁番的都城。其特殊的地理位置，即它居于两条很深的亚尔（Yar）沟壑之间，就是由此而得其现代名称亚尔和屯。它一半是突厥语区，一半是蒙古语区，古代汉语将其解释为交河，即"交叉的河流"之意。附图49中重绘的草图的上端就是该遗址，这有助于说明该遗址在吐鲁番镇的位置，它占据着狭长的类似岛屿的高地的南半部。该城具有布局严谨的面貌特征，并把巨大遗址分隔成了不同部分，见遗址全景图（图273、275、276），它们展示的是其主要街道两旁的城址的中央部分，这可能会给你留下深刻的印象。

裸露的居住遗▷
址

聚落遗址占据的广阔的地域，以及这些房屋令人迷惑不解的分布方式，其中大部分房屋均用生土切割建成，无论什么时候对遗址进行全面、系统的调查都是一件既漫长而又非常艰难的工程。也许这种代价并不能够带来相应的收获或结果。就是随便看一眼即可明白这座死亡城镇是多么缺乏保护措施，将它抛弃在沙漠中所造成的破坏就足以说明了这一点。在该遗址停止使用后，没有流沙袭击造成遗物被沙石覆盖或被移动的现象。但是，附近种植区内的村民经常到此挖土做

① 参见斯坦因《沙漠契丹》，第二卷，359页。
② 此外，从当地收购了一些回鹘文文书残片及从高昌和其他地方获得的文书都有待研究。在吐峪沟遗址我捡了很多汉文文书残片，是从土坯堆中出土的汉文经卷的部分，可能是前面的探险者从上面的寺庙中扔下来的。这些文书的标本可参见沙畹《文书》第990、991号，图版XXXVI。

肥料,使得大部分大大小小的房屋只残留光秃秃的自然硬土
部分。该遗址地理条件与那些在城镇北部边缘及其以远的空
地上(图278、279)发现的寺庙遗迹比较,更适宜考古发掘。
寺庙建筑的墙壁均已倒塌,其内堆满了被毁坏的土坯。这就
能解释为什么以前的欧洲探险家所清理的部分,似乎主要局
限在寺庙遗迹内了。

附近村庄的村民们常来向我兜售文物,我了解到这些文 ◁居住遗址的发
物均是他们从附近遗址中挖出来。① 我选了两个普通遗址进 掘
行试掘,以便能在相对短的时间内清理完毕。挑选的第一个
遗址是一所小住宅(附图49中的i),它下面一层建筑是在自
然生土上切割修整建成,其内遗留了很厚的一层未经扰乱的
泥土坯,没有被挖肥者运走。

在地表上我们就捡到了四枚唐代"开元"铜钱。向下挖 ◁发现的唐代钱
了几英尺,在距地面5英尺高的地方,我们发现了96枚串在 币
一起的铜钱。其中93枚有"开元"铭文,是唐代第一个皇帝在
公元618—627年首次铸造,此后他的继承者又都继续使用,
一直沿用了一个世纪多。另外两枚是"乾元"通宝(公元
758—760年),还有一枚是公元600年前的五铢钱。从这些铜
钱出土的情况分析,它们均属于唐代晚期的钱币,可能以前是
放在上层房屋的墙壁上,后来因墙壁倒塌才使它们出现于此。
另发现一把铜刀柄(Y.K.i.001,图版 VII),有精美的浮雕花形
卷云纹装饰。东南面与此下层建筑相接处发现了许多毁坏严
重的小型寺庙 ii 的墙面,寺庙面积约4平方英尺,内有一条宽

---

① 参见这样一个小铜佛像,Y.K.005~007,图版 VI、VII。在交河古城还获得了一些回鹘文文书残片
和汉文佛经残卷。

1.5 英尺的封闭回廊。填满回廊的土坯中出土了一张纸片,两面均书有密密麻麻的回鹘文。

Y.K.iii 佛殿遗▷
址出土的遗物

由此寺庙遗址向西南行不足 200 码处,与雅尔西边连接的最近修建的城镇的北边,有一大房屋 iii。它在一座发掘了一半的佛教寺庙附近,似乎逃脱了最近那些运肥者的手,它却引起了我的注意。在房间内我发现了有趣的透雕铜装饰品 Y.K.iii.002(图版 VI),明显是从一个大东西上分离出来,是一个小佛坐在一个从莲花座上升起的茎上,镀金的。此外,还有与喀达里克遗址发现的形制相同的木钥匙①,用鳞状图案装饰的精织的棉鞋 Y.K.iii.001。在同一地点还发现了两枚铜钱,一枚的年号是建中(Ch'ien-chung,公元 780—784 年),另一枚是开元通宝。前面提到的在 Vi 佛殿南边的寺庙建造在一个高台地上。台地是直接修整生土建造而成,这是该遗址中惯用的方式。以前来此探险的人们没有发掘安置佛像的中央平台后部的通道,经清理,我们在此获得了很多模制精良的浮雕塑像残块,其中包括一个与真人大小相当的浮雕佛像的面部 Y.K.iv.001。曾经用来装饰中央平台地基的精美的壁画仅存一块小残片 Y.K.iv.006、007。

我要补充说明,我在交河古城作了有效的考察,我对邻近村庄的许多人进行了人骨测量(图 264)②,并确定他们属于不同的种族成分,与历史上吐鲁番盆地人种恰好有关,这些为人类学研究搜集到的大量的、难得的珍贵材料是我渴望得到的。

---

① 参见 KHa.v.006;本书第五章第三节。
② 这些测量见下面乔伊斯的附录 C。

图 277　吐鲁番高昌故城里的"可汗宫殿"遗迹,自东南望

图 278　交河大佛寺庭院部分及主寺遗迹,自南望

图279 交河最北面佛教寺院的中心佛塔林

图280 硕尔楚克明屋遗址墓碑Mi.xxii，外墙有一个弯灰瓮

吐鲁番遗址出土和搜集的遗物

大阿萨的堡垒遗址中的出土遗物

H.A.001.　大口罐口缘残片。轮制,表面磨光精细,灰褐色胎,窑中烧制。质地坚硬但胎较薄,方唇,口缘上有一道凹槽。表面粗饰水波纹。原直径 9 英寸,残片 $6\frac{1}{2}$ 英寸×4 英寸。

H.A.002.　大口罐口缘残片。轮制,表面磨光精细,灰色胎,窑中烧制。方唇,卷沿,口缘下粗饰水波纹。$4\frac{1}{2}$ 英寸×$2\frac{1}{4}$ 英寸。

H.A.003.直腹罐残片。轮制灰色黏土烧制。磨光粗糙,表面光滑。口缘内薄外厚,唇上有凹槽。颈部饰一周较粗的蓖形水波纹,其下为两周凹弦纹夹一周凹弦纹。4 英寸×3 英寸,厚约 $\frac{1}{2}$ 英寸,原直径约 $9\frac{1}{2}$ 英寸。

H.A.004.　泥塑残件。坐佛,可能是大型背光上的。H.A.004 为其中的一件。佛坐于莲花上(粉色和绿色),作沉思状。左臂和左肩、右肩和右上臂均着以红色袈裟,内衣(绿色、红边)由左肩斜披下来,双手露在外面。肤色灰白,细部用红色描绘,眼睛、眉毛和头发为黑色。背光为淡朱红色,无头光。坐佛加莲花座高度为 $5\frac{3}{4}$ 英寸。所有的塑像均被毁坏,仅一件头部保存完好。背光仅存残片。褪色严重。

同一范制作的还有:H.A.i.001、002、003、004、005、007(仅存头部),H.A.i.001、002(头部完好),H.A.i.E.001。均为草拌泥制,未经火烧。参见 H.A.i.003、004,头部和左半身已残。$3\frac{7}{8}$ 英寸×$2\frac{1}{4}$ 英寸。

H.A.005.　泥塑残件。背光的边缘部分。系两周火焰纹,呈螺旋状。两周火焰纹之间为两周凸弦纹。残存红彩。泥胎质松软,掺有大量纤维。$5\frac{1}{2}$ 英寸×$3\frac{1}{2}$英寸。

H.A.006. **楔形泥块**。上有铭文。泥块内掺纤维,两面均涂白色。一面墨书9行(毁坏)回鹘文字。在另一面绘三个红色果子(?),带绿叶,底为黄色,图案轮廓为黑色。此外,还有两朵花。一朵为橘黄色和黄色,另一朵为红色和绿色,仅存部分。$8\frac{1}{2}$英寸×$8\frac{1}{2}$英寸(刻铭文的一面);$8\frac{1}{2}$英寸×$4\frac{1}{2}$英寸(彩绘的一面);底厚$2\frac{3}{4}$英寸。

H.A.008. **铜环**。底部平整,上有珠饰,发现15件。xi.07.直径$\frac{1}{2}$英寸。

H.A.009. **壁画残片**。发现在墙的凹面上,线条上下弯曲。上面画的是一个正在跳舞的童子(较胖),戴项链,穿棕色鞋子,着绿色披肩和橙色宽松裤。他正在击打用绳子拴在颈部的鼓,用手掌拍击。鼓呈圆柱形,中间细。饰褐红色彩。肤色为粉红,轮廓和五官用印度红色,其他部位的轮廓和头发呈黑色。左侧为另一个人物像,只残存橘黄色衣纹。类似的舞蹈童子题材见Ch.Lii.003壁画。绘画草率,表面褪色较甚。8英寸×10英寸。图版XII。

H.A.0010. **壁画残片**。菩萨像,残存左臂和躯干部分。着灰褐色袈裟(褪色),饰几周花状的褶边,褶边轮廓为黑色,接着饰几条红色条纹。项链、手镯和臂环镶以尖头的珠宝。披肩由肩膀垂到前臂下部。肤色为淡粉,左手置胸前。所有图案的轮廓为黑色。参见 H.A.0011。磨损严重。$7\frac{1}{4}$英寸×$5\frac{1}{4}$英寸。

H.A.0011. **壁画残片**。菩萨像,残存有左上臂、肩和手腕部分。臂环较大,镶以绿色大宝石。此外,戴手镯、项链、耳环。耳环,圆形,垂至肩部。从肩上垂下的耳环部分为一朵含苞欲放的莲花,其下端坠一颗大绿宝石。深粉色披肩由肩后盘绕而下,搭在前臂上。手举至胸部。图案轮廓均为黑色,磨损严重。$4\frac{1}{2}$英寸×$5\frac{1}{4}$英寸。

H.A.0012. **壁画残片。**宽边,由两条纹夹一条白色细纹带组成。H.A.0012 是其中的一部分。一条宽带底色为红色,上绘半朵四瓣花,与之斜向对应,在白色纹带上也有半朵四瓣花,因此可见一片完整的叶子和两片半个叶子。这些花朵都是三叶的,灰色加白边,深灰色底,上有一个黑点。中央的花瓣与外部的花瓣相协调,色调简单,红色加白边,花瓣中央为黑色。在另一条宽带上绘粗线条的花卉图案,呈绿色,底为黑色。所有图案的轮廓为黑色。在红色纹带的边缘上还有一小段白色细纹带。泥中掺麦草和纤维。保存较好。$6\frac{1}{4}$英寸×9英寸。

H.A.0013.a~c. **壁画残片。**红色卷云纹图案,米色底,黑色边。质地松脆。泥中掺纤维。最大残片 $3\frac{3}{4}$英寸×$2\frac{1}{8}$英寸。

H.A.0014.**壁画残片。**人像的手,大拇指和食指捏着披肩,戴手镯。盘绕的披肩呈灰色和绿色,露于指下,红色底,黑色轮廓。磨损严重。$3\frac{7}{8}$英寸×$2\frac{7}{8}$英寸。

H.A.0015. **壁画残片。**袈裟的衣纹细部。袈裟呈深红色,米色底。绘画似乎未完成。所有的轮廓,包括看不清楚的图案,都用淡灰色勾勒。轮廓原应为黑色实线,但未完成。衣褶用深红和浅红色表示,其上部仍为淡米色。磨损严重。$6\frac{1}{8}$英寸×$3\frac{3}{8}$英寸。

H.A.0016. **壁画残片。**米色底,上写 6 行回鹘文字,无法释读。6 英寸×$4\frac{1}{2}$英寸。

H.A.0017. **壁画残片。**可能是菩萨的前额、头及头饰部分(?)。黑发,用白色发带紧束,发带上挂着白色珠串。发带上边有圆形珠宝圈,呈米色和红色(仅存部分)。发带的下端为肉色,用浅和深粉色晕染。$3\frac{3}{8}$英寸×$1\frac{3}{4}$英寸。

H.A.0018～0020. **壁画残片**。卷云纹等图案的细部,很难辨认。绘制粗糙。泥中掺麦草。最大残片$3\frac{1}{4}$英寸×$2\frac{3}{4}$英寸。

H.A.0021. **壁画残片**。系衣服的细部,着红色、米色和绿色,轮廓为黑色。局部有红色和米色或红和绿色的方格纹。磨损严重。$2\frac{1}{2}$英寸×$2\frac{1}{4}$英寸。

H.A.0022. **壁画残片**。难以辨识。表面绘几条带纹,宽窄不等,之间以黑色线条分隔。上数第二条带上有一绿色卷叶纹,底色一半为红色、一半为浅粉色。它下面的带纹,原来可能是蓝色的,上面草绘一只人脚,轮廓为黑色,脚趾向下,压在下面一条红色带纹上。这条带纹呈红色,上绘有三叶草,灰色,间隔2英寸,再重复此图案。再往下是两条米色或灰色的带纹,上面残存绿彩。绘制粗糙。6英寸×$4\frac{3}{4}$英寸。

H.A.0023. **泥塑残片**。右手,只保存有背面,手原来粘在木骨上,木骨已失。拇指和其他手指均伸直,原来可能是双手合十,作礼拜状。模制较粗。红色胎,质地松软。长$2\frac{1}{8}$英寸。

H.A.0024. **泥塑残片**。凸饰,表面呈白色,上面涂金色。红色胎,质地松软。3英寸×$1\frac{1}{4}$英寸。

H.A.0025.陶片(?)。圆形钮,钻孔。米色胎,饰蓝色彩。长$\frac{3}{8}$英寸。

H.A.i.003. **泥塑残片**。坐佛像,是大背光上面的,与H.A.004很相似,只是略小一些。佛像的表情、衣纹和着色都与H.A.004相同。佛像的头部不见,

躯干高度 $3\frac{1}{2}$ 英寸。莲花座底至单圈背光的顶部高度为 6 英寸,背光呈粉色和绿色,莲花座为白色(?)。

出自同一范的还有 H.A.i.006、008(仅存头部)、009(背景残片)、i.E.001、002 等塑像残片。塑像由两层泥制成,内层为草拌泥,上面再抹一层灰泥。颜色只残留部分。$3\frac{3}{4}$ 英寸×$3\frac{1}{4}$ 英寸。

H.A.i.0010、0011. **泥塑残片。**人像的两个手指与真人手指的大小相同。0010 饰粉色,带指甲;0011 指尖残,呈白色,上面的彩绘已褪。质地松软。0010 长 $1\frac{5}{8}$ 英寸;0011 长 $1\frac{3}{4}$ 英寸。

H.A.i.0012. **墙面残块。**表面呈曲线状,上面涂金色。泥中掺纤维。$2\frac{1}{2}$ 英寸×2 英寸。

H.A.i.0013. **木质矛头。**窄长刃,中脊尖,肩部有圆形柄,较长,柄的末端呈圆环状。木质矛杆从圆环部断裂。白色底上饰蓝黑色彩。很可能是从人物塑像上脱落的。$8\frac{7}{8}$ 英寸×$\frac{3}{4}$ 英寸。

H.A.i.0014. **木雕残块。**形制呈拱形,边缘为扇形。采用了浮雕和透雕相结合的雕刻技法。上面残留蓝色彩。$4\frac{1}{2}$ 英寸×$2\frac{1}{2}$ 英寸。

H.A.i.0015. **泥塑残片。**人像的右手,干瘦,并有很多节。手指弯曲似乎在紧握着某种东西,拇指残失。只雕刻了手背部分,上面饰红彩。保存较差。泥中掺麦草。7 英寸×$3\frac{1}{2}$ 英寸。

H.A.i.0016. **泥塑残片。**人像的左手,手指关节部位弯曲。拇指残失,皮肤为白色,指甲呈红色。泥中掺纤维。3 英寸×2 英寸。

H.A.i.0017.a. **泥塑残件。**手指,两头均残。上面饰粉色彩。泥质细软。

长 2 英寸。

H.A.i.0017.b.　**泥塑残件。**人像的手腕部分，戴手镯。肤色为粉色，手镯呈双环状，上面带珠串饰。$2\frac{1}{2}$英寸×$1\frac{1}{2}$英寸。

H.A.i,0018、0019.　**泥塑残件。**人像的两个手指，大小与真人手指一样。上涂白色。0018 的指尖残失。长 $2\frac{1}{2}$英寸和 $3\frac{1}{4}$英寸。

H.A.i.0020.　**壁画残片。**头部和右肩部，可能是护世天王的残部。头发绿色，在前额上盘花髻，呈涡卷形并用红色串珠装饰，其上头发向上竖立。肤色淡米色。双眉在鼻间紧连且斜直向上翘。眼睛略斜视，其他面部器官已失。肩部红色条带状的衣饰，其上有很多圆片装饰的耳环及绿色和红色珠宝。肩后部有一个绿色火焰纹（可能是背光）。相似的见 CH.0098，掺麦草的泥制。严重磨损。$9\frac{1}{2}$英寸×$6\frac{1}{2}$英寸。

H.A.i.0021.　**壁画残片。**站立菩萨像的残件。腰部以下着红色长袍（缠绕臀部和腰部），翻边为灰色和深红褐色。腰部裹着白布，末端在中间下垂。绿色腰带在腹前打结，末端左右飘拂。两臂缠绕红色围巾，并从两肘直垂到地面。戴臂环。右臂弯曲，抬至胸部，手里握着一个棕色的东西，类似棍子，向上举着，手绘得很粗糙。左臂举得更高，像是握着同样的东西。腰部以上为裸体，但胸前垂着绿色围巾。右侧为深粉色的右臂和右手，戴手镯。手里抓着一根绳子，掌心向外，指尖向下，姿势僵硬。粉色和红色卷云纹位于主要人物的臀部两侧，向左延伸到 H.A.i.0024。背景为绿色，上绘土黄色圆圈。人物的轮廓均为黑色。$8\frac{3}{8}$英寸×8 英寸。图版 XII。

H.A.i.0022.　**亚麻布残片（大麻纤维?）。**很小，可能作旗帜用。上端呈三角形，镶边，上面一定间隔就置一圆环，以便悬挂。上面的彩绘已褪，但仍然可以看到一个坐着或跪着的菩萨，有棕色头光，肤色为白色，戴红绿色披肩。

$5\dfrac{3}{4}$ 英寸×$3\dfrac{3}{4}$ 英寸。

H.A.i.0023. **亚麻织物残片（大麻纤维?）。** 粗织,白色底,两面均饰很厚的彩,现几乎都已脱落。但在一面仍能辨认出有一个菩萨,站立于粉色莲花上,左手叉腰。穿红色袈裟,裹绿色腰带,戴红色披肩。头饰上有绿色飘带下垂(?)。其后还站着一个人物,残留的部分有灰色腰带、垂于右臂上的红色披肩、胸前的深蓝色衣纹等。图案的轮廓均为黑色。腐朽严重。1英尺6英寸×$9\dfrac{1}{4}$ 英寸。

H.A.i.0024. **壁画残片。** 灰色和红色卷云纹,背景为绿色,上面饰黄色圆圈。与 H.A.i.0021 是一体。4 英寸×$4\dfrac{3}{8}$ 英寸。

H.A.i.0025. **壁画残片。** 有卷云纹和其他无法辨认的图案,背景为绿色,上面用深色圆圈装饰。可能是 H.A.i.0021 的一部分。破损较甚且严重褪色。4 英寸×3 英寸。

H.A.i.0026、0027. **壁画残片。** 两片,背景为深栗色,上面绘白色卷云纹,轮廓用黑色勾勒。用橙色和红色晕染。绘制粗糙。磨损。0026 为 $6\dfrac{1}{2}$ 英寸×4 英寸;0027 为 $3\dfrac{1}{2}$ 英寸×$3\dfrac{1}{4}$ 英寸。

H.A.i.0028. **壁画残片。** 衣纹的细部,用紫红、红色和绿色精心描绘,再用黑色线条勾勒轮廓。易碎,无法辨认上面的图案。底色保存较差,褪色严重。泥中掺麦草。$2\dfrac{1}{4}$ 英寸×$2\dfrac{1}{4}$ 英寸。

H.A.i.0029. **壁画残片。** 衣纹的细部,用黑色勾勒轮廓,绿色晕染。图案难以辨清。$2\dfrac{1}{8}$ 英寸×$1\dfrac{5}{8}$ 英寸。

H.A.i.0030. **壁画残片。** 小装饰品的细部,残留红色、绿色、粉色和黑色彩。无法辨认,但可以看出是精心描绘的作品,具有一定的工艺技巧。$1\frac{1}{2}$英寸×$1\frac{1}{2}$英寸。

H.A.0031. **丝织品残片**。腐烂较甚,易碎。织法为经斜纹。经线较细,纬线粗直,与千佛洞中出土的织锦(Ch.009)相同。上面的图案很难辨清,但好像有大圆盘,里面有许多小花朵和花蕾。底色为白色,花朵和花蕾为深蓝色和金色。纬线中有绿色和淡红色纱线。8英寸×2英寸。图版CXII。

大阿萨遗址出土回鹘文文书

H.A.i.3. **回鹘文文书残片**。写在棕色软纸上,表面很脏,纸已被撕破。正面有5行回鹘文,字迹很重。反面空白。$5\frac{1}{2}$英寸×$3\frac{1}{4}$英寸。

H.A.i.4. **回鹘文文书残片**。两片,写在米色纸上,纸张很薄,上面还有涂改标记。纸张有些地方被虫蛀,但保存较好。正面书8行和7行文字,笔迹清晰。反面空白。最大的一片$5\frac{1}{2}$英寸×$4\frac{1}{4}$英寸。

H.A.ii.1. **回鹘文文书残片**。写在棕色草纸上,一面只有几个字。最大残片$1\frac{1}{2}$英寸。

H.A.ii.2. **回鹘文文书残片**。写在棕色软纸上(包裹着沙子),正面有5行字,反面有2行字。中间被撕开。3英寸×2英寸。

H.A.ii.3. **回鹘文和汉文文书残片**。写在米色纸上,纸张非常薄,而且很光滑。正面书写几个汉字,是在固定的线条内书写的。反面有4行回鹘文字,字迹很淡。另外一些书有同样文字的残纸片都粘成了一团。$3\frac{3}{4}$英寸×$4\frac{1}{4}$英寸。

H.A.ii.4. **回鹘文文书残片**。写在棕色软纸上,一个角上还有一个戴帽子的人物素描。正面有 7 行字,反面空白。3 英寸×3 英寸。

H.A.ii.5. **回鹘文文书残片**。写在棕色草纸上,正面有 7 行字,反面有五六行字,几乎都被抹掉。9 英寸×4 英寸。

H.A.ii.6. **回鹘文文书残片**。写在棕色软纸上,纸张腐朽严重。正面有五行字,反面有四行字。还残存蓝色素面丝绸残片。$5\frac{1}{2}$ 英寸×$2\frac{1}{4}$ 英寸。

H.A.ii.7. **回鹘文文书残片**。写在棕色软纸上,正面有 7 行字,字迹比较清楚。反面空白。还有两张纸片,长不及 1 英寸,上面残留几个回鹘文文字。另外有一些空白纸片。主要的文书残片 $4\frac{1}{4}$ 英寸×4 英寸。

H.A.ii.8. **回鹘文文书残片**。写在棕色草纸上,正面有 6 行字,笔迹潦草。反面有 3 行同样的文字,字迹较清晰,上面还有红色印章的局部。6 英寸×$4\frac{1}{2}$ 英寸。

H.A.ii.10. **回鹘文文书残片**。写在棕色草纸上,纸张较薄,并且腐朽严重。正面有 8 行黑字,字迹比较清楚。反面有 5 行字,保存较差。$7\frac{1}{2}$ 英寸× $3\frac{3}{4}$ 英寸。

H.A.ii.11. **回鹘文文书残片**。写在棕色软草纸上。正面有 7 行字,字迹非常潦草。反面空白。4 英寸×$2\frac{1}{2}$ 英寸。

H.A.ii.12.a、b. **回鹘文文书残片**。2 片,写在棕色软纸上。a 正面有 6 行字,反面有 3 行字,保存较差。b 正面有 5 行字,反面有 3 行字,保存较差。$10\frac{1}{4}$ 英寸×5 英寸;4 英寸×$3\frac{1}{2}$ 英寸。

H.A.ii.13.a~d. **回鹘文文书残片**。4 片,都写在柔软的淡米色纸上,纸张较薄,上面有涂改的痕迹。a 正面有 8 行字,反面也有 8 行字,保存一般。

$7\frac{1}{4}$ 英寸×4 英寸。b 正面有 8 行字,反面也有 8 行字,保存一般。3 英寸×4 英

寸。c 正面有六七行字,几乎每个字都叠压在一起。反面空白。$2\frac{1}{2}$ 英寸×$1\frac{3}{4}$

英寸。d 正面的字迹无法辨认,反面空白。最大残片 $1\frac{3}{4}$ 英寸。

H.A.ii.14. 回鹘文文书残片。写在棕色软纸上,正面有 12 行字,保存一

般;反面空白。$3\frac{1}{2}$ 英寸×$4\frac{3}{4}$ 英寸。

H.A.ii.15.a、b. 回鹘文文书残片。2 片,都是在棕色纸上书写的,正面有

两行字,几乎被脏东西涂掉;反面空白。最大残片 6 英寸×$1\frac{1}{4}$ 英寸。

H.A.ii.16. 回鹘文文书残片。写在柔软的棕色纸上,正面有 7 行字,保存

一般。反面空白。$6\frac{1}{2}$ 英寸×$3\frac{1}{2}$ 英寸。

H.A.ii.17.a、b. 回鹘文文书残片。两片,都写在柔软的淡米色纸上,纸张

较薄。a 正面有 3 行字(最边上的一行文字不完整),字迹很脏;反面空白。

b 正面有 3 行字,反面有一行字,无法辨清楚。最大残片 $8\frac{1}{2}$ 英寸×1 英寸。

H.A.ii.18.a~g. 回鹘文文书残片。6 片,笔迹不同,纸张质量也不相同。

均为碎片,保存一般。a、b 残留 6 行和 2 行字,字迹清楚;c 有 4 行字,笔迹较

轻;d~f 有 1~3 行字,笔迹与 c 相同。所有的残片反面都是空白。最大残片 a

为 $3\frac{3}{8}$ 英寸×$1\frac{5}{8}$ 英寸。棉布残片 g 是用来包裹漆器的。$2\frac{1}{4}$ 英寸×1 英寸。

小阿萨佛殿遗址出土遗物

H.B.001. 泥塑残件。人像的右脚,呈粉色,脚背裂开。模制,中空。内

有一片折叠的棕色毛织物(?)。泥塑 $3\frac{1}{8}$ 英寸×2 英寸×1 英寸,(织物)$7\frac{1}{2}$ 英

寸×5$\frac{1}{2}$英寸。

H.B.002.　**浮雕泥塑残片**。坐佛。佛坐于莲花上,头部和右半身残失。内衣上有绿彩。莲花座制作比较粗糙。佛像的形制和神态与 H.A.004 相同。泥质细软。3$\frac{3}{4}$英寸×3$\frac{1}{4}$英寸。

H.B.003.　**浮雕泥塑残片**。衣饰末端,白色,工艺大胆且优雅。3 英寸×1$\frac{3}{4}$英寸。

H.B.004.　**泥塑残件**。两条带纹,边上有串珠饰。可能是贴花首饰的残片,表面内弯,可能是扣合在凸面上。表面残留白色。泥质细软,内掺纤维。3 英寸×$\frac{3}{4}$英寸。

H.B.005.　**泥塑残件**。镶珠宝的条带残片,饰绿色彩,白色底上涂金色。泥质细软,内掺纤维。1$\frac{3}{4}$英寸×1$\frac{1}{4}$英寸。

H.B.006.（v.008）　**壁画残片**。背景为鲜红色,上面绘一个类似花瓶的东西,形状呈球形,饰白色。紧挨着花瓶绘一只人脚,用红色勾勒轮廓。此外,还残留飞天衣纹的下部(?)和飘拂的围巾的末端。红色背景上散布着许多蓝色和红色串珠。残片太碎,已无法复原。衣纹与 H.B.002 比较,装饰的要随意一些,但也有晕染。色彩鲜艳。11$\frac{1}{4}$英寸×8$\frac{1}{2}$英寸。

H.B.007.　**壁画残片**。磨损严重。描绘的似乎是镶嵌装饰的小道。是用不规则的直线条表现的,直线的颜色有红色、绿色或米色。外廓彩绘卷云纹图案,颜色较深。"花砖"之间用米色带纹分隔。在小道的一侧残存的遗物,可能是莲花座,因太残而无法确定。10$\frac{3}{4}$英寸×6 英寸。

H.B.008.　**壁画残片**。深米色和白色底,上绘黑色和红色带纹。图案不明。2 英寸×$1\frac{1}{2}$英寸。

H.B.009. **壁画残片。**佛头像,绘在浅红色底上,现只存部分。肤色为米色,所有图案的轮廓均为黑色。头发也为黑色,短发。眼睛平视,目光呆滞,表情沮丧。坚固,制作工艺较精。$1\frac{3}{4}$英寸×$1\frac{3}{8}$英寸。

H.B.0010. **泥塑残件。**人像的手指,较小。指头的接缝处雕琢精细,并向后弯曲。整个手指略微弯曲。底色为白色,上用米色绘制。泥质细软,内掺纤维。$1\frac{3}{4}$英寸×$\frac{5}{16}$英寸。

H.B.i.001. **泥塑残件。**火焰纹,背光上的装饰(?)。朱红色。泥质细软。$1\frac{1}{2}$英寸×$\frac{3}{4}$英寸。

H.B.i.002.(H.B.v.007). **壁画残片。**佛像,站立在莲花上,仅存佛像的脚和下部衣纹,上部不见,边缘残破,并经过火烧。双脚侧向左面,光脚,戴有许多脚镯。脚镯厚重,向上卷曲,上面穿有绿色圆珠。衣服裙摆垂至小腿,衣边较宽,饰卷云纹,深米色底,轮廓为黑色。衣纹都做成正统的花褶,做工规整,分布均匀。每个褶都用黑线表示,褶间为浅灰色阴影,其上再涂粉色。衣服普遍施淡粉色。腰带上悬挂两条带子,缠绕在一起,带子中间的两侧各有一条黑线垂下,间距为$\frac{1}{8}$英寸。左侧可见粉色围巾的末端。腰带上挂着珠串,这种珠串有时也见于浮雕装饰上。

莲花座中央为绿色,内层花瓣向上卷曲,灰色加浅灰色边,花瓣中心为黑色。外层花瓣向外卷,浅红色加黄色边,花瓣中心为栗色。背景一般为深红棕色。所有图案的轮廓为黑色,包括皮肤。但脚镯和浮雕装饰品除外,轮廓均为红色。总的来看,这幅壁画表现出极为明显的简化倾向,尤其表现在衣纹处理非常单调。壁画出自东北角的佛殿中,H.B.v(标记有误)。1 英尺8$\frac{1}{2}$英寸×

1 英尺 1 英寸。图版 XII。

H.B.i,003.a~c. **麻布画残片。**三件残片,背面原先用类似深红色的织物缝补过。较大残片 b 和 c 上绘的是一个人物,似乎是千手观音。b 上可见头部,黑色头发,头戴花冠和圆形光环。光环呈绿色,边缘为红色和米色。皮肤为粉色,轮廓为红色。头向左侧四分之三。双手高举,右手举一圆环。圆环呈红色,上绘黑色射线,可能代表太阳。左手举蓝白色圆环,代表月亮。c 为人物的胸部,上有红色衣褶,双手作礼拜状。右侧残留千手痕迹,米色背景。背景上绘黑色线条的小菱格纹。壁画 a、b 的上部绘成排的微型坐佛。坐佛头发为黑色,穿粉色和红色袈裟,背景为深蓝色。坐佛之间有朱红色长方形框,供题写之用。在 a 的下部,千手观音的旁边有另外一个人物的华盖,背景是壁画中常见的开红色花朵的树(如 Ch.lii.003)。华盖的顶部为三个高浮雕状的珠饰,周围是向下翻的花朵,呈红色和栗色。华盖顶部有珍珠和圆锥形火焰纹。左下部背景为红色,上面绘有图案,呈米色,轮廓为红色,上有蓝色和绿色珠串饰。下面的红色背景上是黑色水波纹,上面绘白色小花瓣。褪色严重。制作工艺精湛。1 英尺 2 英寸×1 英尺 7 英寸。

H.B.ii.001、002. **泥塑残件。**人像的双脚,脚背残破。脚上有黄色彩,在白色和绿色(莲花座?)底上也饰黄色彩。脚下伸出木骨,用来固定在他物上。泥质细软,内掺纤维。$3\frac{1}{8}$ 英寸×2 英寸×$1\frac{1}{2}$ 英寸。

H.B.ii.003. **泥塑残件。**小手指,弯曲。表面残留有大量的金色痕迹。泥质细软,内掺纤维。一端至另一端长 2 英寸。

H.B.ii.004. **泥塑残件。**衣纹,与 H.B.ii.006 相同。向下垂,末端已残。有金色痕迹。泥质细软。$3\frac{1}{4}$ 英寸×$1\frac{1}{8}$ 英寸~$\frac{7}{8}$ 英寸。

H.B.ii.005. **泥塑残件。**衣纹,向下垂,呈之字形。底色为绿色,上面涂金色。泥质细软,内掺纤维。2 英寸×$1\frac{3}{16}$ 英寸。

H.B.ii.006. **泥塑残件**。衣纹的末端,直线下垂,类似两条互相平行的深槽之字形,与 H.B.ii.005 相同。外边的褶为金色,中间的褶为绿色和金色,边缘为红色。泥质细软,内掺纤维。6 英寸×$1\frac{3}{8}$英寸。

H.B.ii.007. **泥塑残件**。衣纹,褶呈波浪形。有金色痕迹。泥质细软,内掺纤维。3 英寸×$1\frac{1}{2}$英寸。

H.B.ii.008. **泥塑残件**。人像的手腕,与真人的手腕大小相同。戴手镯,手镯上有三圈珠饰,边廓没有装饰。有金色痕迹。中空,可以看到用芦苇做的骨。泥质细软,内掺纤维。长 2 英寸,直径 $1\frac{3}{4}$英寸,手镯 $1\frac{1}{4}$英寸。

H.B.ii.009.a~c. **泥塑残件**。衣纹,三块,与 H.B.ii.006 相同,但末端不存。泥块用木棍上缠绕杂草作骨。b 是一个十字形木钉。两个凹槽表示衣服中间的金色带纹,外面的带纹用蓝色和绿色 c 晕染。泥质细软,内掺纤维。$3\frac{5}{8}$英寸×$3\frac{1}{2}$英寸;$4\frac{3}{4}$英寸×$1\frac{1}{4}$英寸。

H.B.ii.010. **泥塑残件**。衣纹的末端,向下垂,饰金色。旁边有用来固定的木钉。$3\frac{1}{2}$英寸×2 英寸。

H.B.ii.011.a~d. **壁画残片**。坐佛群像,佛坐于莲花上,可能是一个大东西的背景,或一个菱格纹上的图案。在淡赤色底上绘一群坐佛。佛均着米色袈裟,上面有朱红色横竖相交的带纹,带纹的轮廓为黑色。a 内衣为米色,加绿色边。双手好像重叠而置,部分被外衣袖覆盖。头发、肉髻和所有图案的轮廓均为黑色。嘴唇饰粉色。头光为蓝灰色,外圈饰朱红、粉色和绿色边。背光为绿色,边缘饰朱红色。朱红色与绿色交替使用来描绘莲花座,并用粉色和米色勾勒轮廓。在佛像之间的背景上,绘朱红色莲花,类似流苏。莲花上有两根相缠的棕色茎,茎的末端都有一瓣叶子。磨损且已裂缝。a 保存很好。最大片$7\frac{1}{2}$英寸×$7\frac{1}{2}$英寸。

H.B.ii.012.　**壁画残片**。三边均残,第四个边保存完整,且两面都有绘彩。表面绘一个长方形框(米色),上面残留回鹘文文字(?),字迹模糊,难以辨认。底色为红色,侧面似乎没有绘彩。3英寸×$1\frac{5}{8}$英寸。

H.B.ii.013.　**壁画残片**。可能是墙壁的边缘,有两个彩绘面。一面(侧面),较小,饰淡红色彩。正面是黄色轮廓,边缘加红色条带,饰绿色和粉色斑纹。可能是莲花座的上部。磨损。$3\frac{1}{4}$英寸×$1\frac{3}{8}$英寸。

H.B.ii.014.　**泥塑残件**。莲花座,模制。泥质较硬,内掺麦草。上涂一层很厚的白色石膏,其上再绘彩。只有一个边完整,可以看到其侧面。绘彩的两个面均为凸面,表面绘很淡的回纹,还残存两片莲花瓣。一个花瓣为粉色心绿色边,相连的另一片花瓣(与其角连接)为红色心,黑白色边(?)。两片花瓣之间有一个萼片。背景为红色。3英寸×3英寸。

H.B.iii.001.　**木质雕塑**。坐佛像,立于莲花底座上,作沉思状,底座分三层。只粗雕出了佛像的正面和边缘的轮廓。背面平滑,以便用木钉固定在墙壁上或其他东西的表面。还残存几颗木钉。此外还有一块木头,形状类似舌头,原竖立于底座上,现已脱落,被固定在背面下端的相应位置上。佛像两耳垂较大,耳朵钻孔,有肉髻。袈裟上的褶用半圆形凹槽来表示,很传统。从裂缝中可以看出,佛像原先饰有一层很厚的白色石膏,其上再绘红彩。头发饰黑色。佛像多处出现裂缝,表面已褪色。11英寸×$6\frac{1}{2}$英寸×$3\frac{7}{8}$英寸。图版CXXXVII。

H.B.iv.001、002.　**泥塑残件**。两片,手臂,与真人手臂大小一样,戴手镯(已残失)。手镯上悬挂链子,链子末端有棕榈叶形装饰,上面涂金色。它与H.B.iv 006是一对。泥质细软,内掺麦草和纤维。手臂内的木骨已失。001 长

$5\dfrac{1}{2}$英寸;002 长 $2\dfrac{3}{4}$英寸;直径 3 英寸。图版 CXXXIX。

H.B.iv.003. **泥塑残件。**莲花饰,饰朱红色彩。泥质细软,内掺纤维。直径 $1\dfrac{3}{4}$英寸。

H.B.iv.004. **泥塑残件。**错综卷曲的花卉。泥质细软,内掺纤维。最大残件 3 英寸。

H.B.iv.005. **木雕残片。**螺旋纹,上面涂金色。保存较差。$1\dfrac{5}{8}$英寸×$1\dfrac{1}{4}$英寸。

H.B.iv.006. **泥塑残件。**手臂,戴手镯。手镯上悬挂着许坠装饰,诸如鸢尾珠串等。手臂表面涂金色,保存较差。它与 H.B.iv.001、002 是一对。泥质细软,内掺纤维。$7\dfrac{1}{2}$英寸×$2\dfrac{1}{2}$英寸。

H.B.iv.007. **泥塑残件。**模制的莲花座,只残存一片叶子,中间为紫红色,边缘为赤褐色,外廓由蓝色变成浅灰色。底色为赤褐色。3 英寸×$2\dfrac{3}{4}$英寸。

H.B.iv.008. **壁画残片。**一大片黑色,边缘呈波纹,并以传统的绿色花环为界,花环的轮廓为黑色。黑色背景上绘两朵三叶卷云纹,呈米色;花环在最窄的部分有米色束带。外边是深棕色边界,带红色标记,再向外是白色框。泥质细软,内掺纤维。$5\dfrac{1}{2}$英寸×$3\dfrac{1}{2}$英寸。

H.B.iv.009.a、b. **壁画残片。**两片,粉米色底上书写黑色回鹘文字,a 有 4 行字;b 有 2 行字。$2\dfrac{3}{4}$英寸×$2\dfrac{5}{8}$英寸;2 英寸×$1\dfrac{3}{4}$英寸。

H.B.v.001. **泥塑残件。**阿罗汉的头像,没有头发,但头上均饰黑色。面部表情温和,微笑,耳垂较小,前额突起。泥质细软,内掺纤维。下颏至头顶 $2\frac{1}{8}$ 英寸。

H.B.v.002. **泥塑残件。**人像的右耳朵,耳垂较小,戴耳环,上饰浅蓝色。泥质细软,内掺纤维。$2\frac{3}{4}$ 英寸 $\times 1\frac{1}{4}$ 英寸。

H.B.v.003. **泥塑残件。**一缕卷曲的头发,较紧密,饰深蓝色。$2\frac{5}{8}$ 英寸 $\times \frac{7}{16}$ 英寸。

H.B.v.004. **泥塑像。**坐佛,坐于莲花上,背景为椭圆形。佛像腰部以上残,但左肘部尚存。可见背光上的火焰纹。莲花座较平且很传统。有白色背景,待绘彩。类似的佛像见 Kha.i.007。膝盖宽 $2\frac{1}{8}$ 英寸,背景 $3\frac{1}{4}$ 英寸(残)$\times 3\frac{1}{4}$ 英寸 $\times \frac{1}{18}$ 英寸。

H.B.v.005. **泥佛塔。**圆锥形,严重残破,无法显示建筑细部。圆形基座周围的铭文难以辨认。与 So.a.006 相同。高 $2\frac{1}{4}$ 英寸,直径 $2\frac{1}{8}$ 英寸。

H.B.v.006. **几块壁画残片。**从东壁上脱落。绘的是一匹白马向左奔跑,马鞍(后端高)上的毛毡(绿色)上有圆形物(米色)。骑士的外衣为粉色,米色边,带浅绿色衬里。外衣下垂至马鞍的后部。骑士胸前穿的东西很可能是铠甲,下边为灰色。鞋装饰华丽,尖头,米色,置于绿色马镫上,马镫用皮带吊挂。马甲为米色,是用花卉和条带装饰的。马的颈部前面有一个巨大的流苏。马的每条腿自膝盖至蹄部都用无数的花结装饰。花结用绿色和白色布做成,其末端有垂饰。长尾,有两处打结。马后有一个男侍,用手抚摸着马尾。

骑士背着一个大弓箭袋,着紧身甲,戴披肩,下穿镶边的虎皮裙子。头部已完全褪色。他身后站立着一个仙女(?),着米色束腰外衣,带灰色边,内穿长裙。长袖米色带灰色条纹,自腕部下垂至膝盖,里边是白色略窄的袖子。腰带在前面打结,白色,末端垂到地上。双手举到胸前,好像举着供品。绿色长围巾由肩部垂到前臂上。每一个马蹄下踩的可能是魔鬼。右后腿下残留一个黄色面部,两个前腿下可见魔鬼的竖发。在男侍从的前面走着一只动物(豹子?),呈砖红色。

残片上部均被火烧且已完全褪色。整个表面都磨损严重,色彩都消退殆尽。整个画面轮廓为黑色,边缘为柔和的灰色线条。整个画面上随处可见鲜朱红色痕迹。壁画残破成数片,现已拼合了一部分。2 英尺 4 英寸×1 英尺 1 英寸。图版 CXXV。

小阿萨遗址出土回鹘文文书

H.B.ii.1.a、b. 回鹘文文书残片。两片,文字写在浅米色软纸上。a 为一边有 $1\frac{3}{8}$ 英寸的边框。a 正面有 6 行字,b 正面有 3 行字。书写得很规整,但比较生硬。字迹黑色,清晰。反面空白。回鹘文的行距合适,并有婆罗谜文(?)注释隔开。$4\frac{1}{4}$ 英寸×3 英寸;3 英寸×3 英寸。

H.B.ii.1.c. 回鹘文(?)文书残片。文字书写在淡米色纸上,纸张较薄。书写很规整,字迹的大小一致。正面有 9 行字,还有破洞,反面空白。$5\frac{3}{4}$ 英寸×$3\frac{1}{2}$ 英寸。

H.B.iii.1. 回鹘文文书残片。一堆文书残片,其中有几个汉字文书。字迹保存较好,但每张残片上都只有几个字。有两张(a、b)较大的回鹘文残片,一张有 6 行字(正面和反面),另一张有 4 行字(正面和反面),c 正面有两行红色和两行黑色文字,反面有两行黑字。最大残片 a 为 $3\frac{1}{2}$ 英寸×3 英寸。

H.B.iii.2. 回鹘文文书小残片。与前述文书相同,笔迹黑色。最大的一片正面有 5 行字,反面有 3 行字。$3\frac{1}{2}$ 英寸×2.5 英寸。

H.B.iv.2.a.　**回鹘文文书残片**。文字书写在淡米色软纸上,纸张较薄。正面有五行字,反面有四行字,笔迹潦草。4 英寸×$2\frac{1}{2}$ 英寸。

交河古城获得的遗物

Y.K.001.　**泥塑残件**。一个巨型人像的颈部,只残存前半部分。表面涂金色,一端颜色部分已褪。颈上面有两道浅槽。灰胎,上面又抹一层红泥。泥质细软,内掺纤维。木骨不见。$6\frac{1}{2}$ 英寸×$3\frac{3}{4}$ 英寸,厚 $2\frac{1}{4}$ 英寸。

Y.K.002.　**泥塑残件**。人像的右耳朵,耳垂残失。涂金色,褪色。泥质细软,内掺纤维。$3\frac{1}{2}$ 英寸×$1\frac{7}{16}$ 英寸。

Y.K.003.　**泥塑残件**。可能是 Y.K.001 的一部分。涂金色,残留的颜色极少。4 英寸×$1\frac{7}{8}$ 英寸。

Y.K.005.　**铜像**。观音菩萨像,头部和脚不存,镀金。左腿单腿站立,右膝盖略弯曲,身体右倾(左臀部突起),平肩。腰部以下有衣饰。披肩缠裹胸部,然后从右肩下垂至右臂,缠绕右前臂,一直下垂至地上。右臂置身旁,手握长颈瓶的颈部;左臂肘部弯曲,手握披肩举至肩部(?)。铜像背面扁平,粗雕,而表面精雕细刻,工艺精湛。铜像自腰部断裂,现已修复。$1\frac{7}{8}$ 英寸×1 英寸。图版 VI。

Y.K.006.　**铜像**。观音菩萨像,完整,镀金。菩萨站立在圆形底座上,底座由双莲花组成。双腿很直,身体略左倾,腰部以下有衣饰。披肩胸前盘绕,它穿过后臂,在肩部向下垂,两头垂至地上。右手紧握披肩,并举至肩部;手置身旁,手中握一个长颈瓶。头光,呈火焰状。高发髻,耳朵较长。底座下面有突起的小支脚。细部雕刻较粗,保存较好。收购品 29.ix.07,$2\frac{3}{4}$ 英寸×$\frac{7}{8}$ 英寸(宽度包括光环)。图版 VI。

Y.K.007. **铜像**。跪着的人像,镀金。双膝盖叉开,身体笔直,头略后仰;双手并列向前伸出,手掌向上,似乎在供奉物品。颈和肩部佩披肩,大腿部以下着袍。上臂戴臂环,高发髻,耳朵同常人大小。浇铸与雕刻相结合,原工艺较差。磨损。收购品 26.xi.07,高 $2\frac{15}{16}$ 英寸。图版 VII。

Y.K.008. **泥塔**。参见 So.a.006,与 So.a.009 非常相似。底座呈凹形,取代了凸形座,塔顶部已残失。底座直径约 $1\frac{7}{8}$ 英寸,高 $1\frac{1}{8}$ 英寸。图版 CXXXIX。

Y.K.0013. **木塔**。有四个面,顶部较平,并有孔垂直穿透中心。底部刻出浅凹槽。上半部和顶部饰红色彩,其他部分则饰黑色。孔内部较粗且完整。高约 $\frac{7}{8}$ 英寸,底座 1 英寸×$1\frac{3}{16}$ 英寸。

交河古城发掘出土遗物

Y.k.i.001. **浇铸铜刀柄(?)**。由两个半圆形扣合而成,比较长,空心,一端呈方形,另一端呈尖头(一端的方形已残)。表面浮雕精美的花卉及卷曲纹图案。尖头旁有铁铆钉,方形末端上有完整的铁铆钉,半圆形中央也有一个残损的铁铆钉。方头不留空,为实心,因此这两个半圆形扣合较好,不过两者之间还可以插入薄刀刃。锈蚀。总长 $3\frac{1}{4}$ 英寸;残长 $2\frac{3}{8}$ 英寸,宽 $\frac{3}{4}$ 英寸。图版 VII。

Y.K.iii.001. **棉布鞋(?)**。米色,结实。两层或三层用线缝缀在一起,鞋底和鞋面为一体,并在脚趾中央合并呈尖头,后跟部缝有皮革,有鞋带。两层布比较结实。尖部上翘,上面用锦面口部包缝边,并有蓝色丝带束缚。鞋底上打有许多结,那些缝在一起的皮革块是鞋面或补丁。精织。脚趾的鞋底部分残失。$8\frac{3}{4}$英寸×3英寸。

　　Y.K.iii.002.　铜装饰品。浇铸,透雕。三个向上的水波形莲茎上有三朵花,每朵莲花上都有一个小金色坐佛。坐佛两手重叠,带头光。可能是一块大件上的残片。锈蚀。$2\frac{1}{8}$英寸×2英寸。图版VI。

　　Y.K.iii.003.　木质钥匙。与 Kha.v.006 同一类型,柄头折断。有三个锁眼,一个锁眼有钉和用来固定的小木片。钥匙从第三个眼裂至匙头,匙头旁开槽,绑紧。匙头上也有半圆形槽。$3\frac{7}{8}$英寸×$\frac{11}{16}$英寸。

　　Y.K.iv.001.　泥塑残件。佛头像,比真人头大。头发和耳朵及右半脸上有裂痕。眼睛细长,斜视,略弯曲。小口,嘴唇较薄,嘴角深。面部都饰粉色,眼珠饰白色。瞳孔现在已空,圆圈可能是用石头填充或绘白色。嘴唇下部可见一小圆洞,周围白色底上饰蓝色。泥质细软,内掺纤维。鼻子、前额和左半个脸残失。长 $10\frac{1}{2}$英寸,眼睛上部宽 8 英寸。

　　Y.K.iv.002.　泥塑残件。人像前臂和手(指关节)。手腕有双环形手镯,手镯上带扣。手背上有两个玫瑰花形装饰。肤色为粉色,装饰品均饰浅绿色。泥质细软,内掺纤维。木骨。长 $6\frac{1}{8}$英寸,含木骨长 $8\frac{3}{4}$英寸,手臂直径 2 英寸。

　　Y.K.iv.003.　泥塑残件。佛头像上的 7 股鬌发。锥形,模制成螺旋状,饰黑彩。泥质细软,内掺麦草。平均长度 $\frac{3}{4}$英寸,底部直径 $\frac{3}{4}$英寸。

　　Y.K.iv.004.　泥塑残件。衣纹,饰淡红色彩。泥质细软,内掺麦秆。约 9 英寸×$4\frac{7}{8}$英寸。

Y.K.iv.005.　泥塑残件。 左耳朵,长耳垂(残破)。饰粉色,耳垂上残留白色。泥胎粉色。$3\frac{5}{8}$ 英寸 $\times 1\frac{1}{2}$ 英寸。

Y.K.iv.006.a~f.　壁画残片。 六块,表面涂金。泥质细软,内掺纤维。泥块表面先涂一层 $\frac{1}{16}$ 英寸厚的白色石膏面,顶部涂金色。保存较好。个别残片上饰红色和黑色彩。2~5 平方英寸。

Y.K.iv.007.　壁画残片。 人像,男性,仅存躯体的中间部分,即肩部至腰部。身体略向左倾,身着紧身赤色衣,佩交叉的肩带,臂有白色饰物。左肩和右臂上有深栗色围巾。左手在胸前弯曲,手中举着一个矛(?)。右臂略上举,肘部弯曲,手已残失。前臂上有灰白色衣纹,胸前挂着白色珠宝项链。图案的轮廓均为黑色。左上角的壁画墙面残失。泥质细软,内掺麦草。4 英寸 $\times$ 3 英寸。

交河古城获得的各种文书残片

Y.K.0010.　汉和回鹘文文书残片。 3 片,收购品。29.xi.07,文字书写在发白的米色纸上。正面为汉文佛经,字迹黑色。反面残破,书有回鹘文字(大残片上有 7 个字),墨已发白,字体较大,很均匀。最大残片 4 英寸 $\times 5\frac{1}{2}$ 英寸。

Y.K.0011.　回鹘文文书残片。 6 片,文字书写在米色软纸上,严重腐朽。购于交河古城。29.xi.07,正面书有 11 行回鹘文字(大残片上有 6 个字),残破,墨迹,字体规整。最大残片 7 英寸 $\times$ 3 英寸。

Y.K.0012.　回鹘文文书残片。 5 片,文字书写在米色软纸上,腐朽。购于交河古城。29.ix.07,正面书有 11 行回鹘文字(大残片上有 4 个字),字体较大,行距分隔合适,字迹黑色。有两个红色汉文印章的痕迹(?)。最大残片 5 英寸 $\times$ 3 英寸。

Y.K.0013.a.　残木碟。 圆形,平底,粗刻。碟内底部有 4 行回鹘文字,外表有 5 行文字,字迹严重褪色。碟边缘有两孔,有穿线残迹。在交河古城 N 寺庙附近出土。直径 4 英寸。

Y.K.0014. **回鹘文文书残片**。文字书写在棕色软纸上,有标记,被虫蛀,但保存比较完整。正面书有 19 行文字,字迹黑色,有些潦草。上有两个黑色印章的痕迹(?),一个在中央,另一个在末端。反面书有一行文字,字体很大。13 英寸×12$\frac{1}{2}$英寸。

Y.K.0015. **回鹘文文书残片**。文字书写在米色软纸上,正面书有 19 行文字,字很小,黑色,清晰。反面书有 18 行文字。6$\frac{1}{2}$英寸×5$\frac{1}{2}$英寸。

Y.K.0016. **回鹘文文书残片**。文字书写在发白的纸上,纸较薄,边缘残。字迹保存较好。正面书有 6 行汉字,反面书有 8 行回鹘文字。4$\frac{3}{4}$英寸×4$\frac{1}{4}$英寸。

Y.K.0017. **回鹘文文书残片**。3 片,文字书写在棕色纸上,纸较厚。正面书有 15 行回鹘文字,字迹已被抹掉。小残片上可能有 5 行或 4 行文字,反面空白。最大残片 4$\frac{1}{2}$英寸×8 英寸。

Y.K.0018. **回鹘文文书残片**。3 片,文字书写在棕色纸上。纸张光滑,表面干净,保存较好。边缘均不完整。正面书有 5 行字,其他残片上有 4 个或 4 行字,书写规整,行距合理。反面空白。最大残片 5 英寸×2$\frac{1}{2}$英寸。

Y.K.0019.a~d. **回鹘文或汉文和回鹘文文书残片**。4 片,可能属不同的文书残片。a 文字书写在淡米色纸上,纸张光滑。正面书有 8 行汉字,是佛的名称。反面书有 9 行回鹘文字,不甚清楚。5$\frac{1}{2}$英寸×2$\frac{1}{2}$英寸(平均高)。b 文字书写在浅棕色纸上,正面书有 5 行汉字,字体漂亮,保存很好。反面书有 5 行回鹘文字,字迹不清。4 英寸×2$\frac{3}{4}$英寸。c 文字书写在棕色纸上,纸张较薄。正面书有两行汉字,字体很大,清晰;反面书有 5 行回鹘文字,残破。2 英寸×4 英寸。d 正面只有回鹘文字,共 4 行,反面空白。$2\frac{3}{4}$英寸×$1\frac{3}{4}$英寸。

吐鲁番各遗址中出土或获得的遗物

Toyuk.001. （小山）泥塑残片。人像,男性,仅存躯干部分。右臂和胸部裸露。左袈裟盘绕臂,并从右手下面穿过,覆盖身体的其他部分。肤色为粉色,袈裟为红色。塑像的颈部和臀部残破,右臂自二头肌残失,左臂自肘部残。工艺很粗,泥质细软,内掺纤维。$4\frac{1}{2}$英寸×$4\frac{1}{4}$英寸。

Kara-khoja. 001.　铜像。浇铸,立佛。身披袈裟,下垂至脚踝。袈裟上部覆盖双肩和臂,并紧贴身体前部。衣服的皱褶用凹槽表示,很传统。右臂放在身旁,不完整;左臂高举至肩部,手已残失。耳朵略长,无头光。背面没有细部描绘。圆形底座上有中空的莲花瓣,佛站立其上。保存较好。收购品,20. xi.07,高 $3\frac{7}{8}$英寸。底座直径$1\frac{3}{8}$英寸。图版 VII。

Sassik-bulak.001、002.　泥塑像。两个坐佛,模制。呈梨形,后部突起。背景为圆雕佛像,表面被浅浮雕的铭文覆盖,文字很模糊。保存较差。同样的见 Kha.ii.0067,$2\frac{1}{4}$英寸×$1\frac{7}{8}$英寸。图版 CXXXIX。

吐鲁番各遗址中获得的各种文书残片

Toyuk.002.a~c.　回鹘文文书残片。3 片。文字书写在淡米色软纸上,纸张光滑,是在 E 组洞窟外发现的,可能是被盗掘者当垃圾扔出洞外的。a 正面只有 6 行文字,黑色,字体规整。3 英寸×$3\frac{5}{8}$英寸。b 正面有 4 行不规整的文字;反面有 7 行文字的残部,字体较小,很潦草。$3\frac{1}{2}$英寸×$1\frac{7}{8}$英寸。c 正面有几个汉字;反面残存 4 行字的末端,字体很大,不干净。4 英寸×$1\frac{3}{8}$英寸。

Toyuk.003.　**回鹘文文书残片**。3 片。文字书写在米色软纸上,正面有 7 行、5 行和 2 行字,有些残破。反面空白。发现于盗掘者当垃圾扔出的堆积物中。最大残片 5 英寸×3 英寸。

Toyuk.004.　**粟特文和汉文文书残片(?)**。文字书写在淡棕色纸上,纸张比较薄。正面有 5 行汉字,反面有 7 行粟特文字。保存较好。$3\frac{3}{4}$英寸×$2\frac{1}{2}$英寸。

TaLik-bulak.001.　**回鹘文文书残片**。文字书写在棕色纸上,褪色严重。字迹黑色,笔迹规整。正面有 5 行字,反面有 5 行字。约 6 英寸×3 英寸。此外有一些汉文和回鹘文文书残片,大多都粘在一起,无法辨认。

第二十九章 焉耆及其周围的遗存

第一节 焉耆的历史地理

吐鲁番至焉耆▷
之道

12 月 1 日,我离开吐鲁番前往焉耆——在穿越塔克拉玛干沙漠向西南行进,为给在塔里木盆地东北角的最后发掘节省点时间,我迫不得已选择了走山路。此路首先沿吐鲁番盆地西缘而行,至托克逊(Toksun)绿洲,之后南下,穿过峻峭的苏巴什(Su-bāshi)隘口,最后爬上荒芜的小山脊和高原地带,即西库鲁克塔格山与乌鲁木齐南部天山山脉的连接部。此路向西经过水和牧草极度缺乏的地区才能到达距离吐鲁番 140 英里、广阔的焉耆盆地中的第一个种植区——乌什塔拉(Ushak-tal)小农作区。沿此道,除了在托克逊西北部矮灌木丛生的盐碱地平原上,发现了一座称作"乌依塔木"(Oi-tam)的烽燧,再没有发现其他任何重要的考古遗存。从烽燧高大的夯土墙来看,可推断其年代一定较早。毫无疑问,此道一直是吐鲁番通往焉耆和塔里木盆地北部绿洲的一条主要通道。沿着此道向东还可到达罗布泊,虽然从直线距离来说并不最短,但在古代一直是连接吐鲁番和罗布泊地区的一条便利通道。①

在前述的这条山路的沿线，虽然未能找到任何古代遗迹，但可从《唐书》中找到不少相关的文献记载。② 从沙畹先生翻译过的与今天这条路线有关的资料来看，许多与实际相符。因此我仅在一些细微之处进行补充说明。从西州或交河古城出发，向西南行约 120 英里，便可抵达天山镇。我们有把握说天山镇就是现代的托克逊。"再向西南行，穿过一个峡谷和充满礧石(Lei-shih)的沙漠带"，这个礧石就是苏巴什上面狭窄的隘口，就是"在银山(Yin-shan)道砾石沙漠中走 220 英里后到达的地方"。沙畹先生根据《西域水道记》记载，准确地认为这就是指银山，即现代库米什(Kumush)附近的沙漠高地，其名称在突厥语中意为"银子"。③ 其记载的从托克逊至库米什的距离，与我实际测量的 56 英里完全吻合。距此 40 英里的焉耆边界的"吕光馆"，肯定是一处驿站，位置应在现代喀拉克孜勒(Kara-kizil)或其附近。这里只有一口深井可供水，由此也可以越过焉耆的天然屏障，即博斯腾(Bagrash)湖的分水岭，进入焉耆。因此，离开盘石地区，再行 100 多里，就能够到达张三城(Chang-san-mieh)守捉。该地无疑就是指乌什塔拉农作区，虽然距喀拉克孜勒的实际路程不超过 30 多英里。"向西行 145 里便可路过一个称为新城(Hsin-ch'êng)的路边驿站，再穿过淡河(Tan River,指开都河)就能到达焉耆镇的戍

◁《唐书》中记载
的道路

---

① 我指的是从孤寂的吐鲁番乌杰目墩(Üjme-dong)站直线向南至焉耆的山道，途径硝尔布拉克(Shōr-bulak)和破城子(P'o-ch'êng-tzŭ)，最后抵达辛格尔小绿洲。在古代，沿着这条连接西库鲁克塔格山和楼兰的重要通道，能轻易到达罗布泊地区最北端的铁干里克(Tikenlik)。

这条通道已由科兹洛夫调查团的罗博罗夫斯基标注在地图 II 中。我在进行第三次探险和考察西库鲁克塔格山的通道时，曾对其进行过调查。公元 1877 年清朝收复新疆后，此道才能通行马车，而且沿道还修建了烽燧，现已完全被废弃。从辛格尔到吐鲁番和柳中的通道因缺水，即使在夏季时通行也非常困难。

② 参见沙畹《西突厥》,6 页。

③ 目前仍在西库鲁克塔格山开采银矿，但开采量有限。

地。"根据方位和距离判断,在新城的附近,即大致在现代焉耆镇的位置上应当还有一座城。下面探讨古代焉耆首府的位置。

玄奘遇到的救▷
命泉

《西域记》中记载,玄奘是从焉耆(Yen-ch'i)或阿耆尼(A-ch'i-ni)出发开始他的旅行,他将喀拉沙尔即今焉耆称为阿耆尼。遗憾的是他并没有记述他是通过哪条道路从高昌或吐鲁番到达此地。从《生平》中我们可以得到他的关于这段旅行的记载①,但不如这位大旅行家(《大慈恩寺三藏法师传》)记录得那么清楚。沙畹先生曾经推测玄奘走的是《唐书》中记载的那条道路②,而且从整个地形情况看有这种可能。具体的历史情况却不甚明了,但可以肯定这条山道不是从吐鲁番通向焉耆的唯一通道。③ 如果玄奘选择的是这条最容易通行的主道,那我们就可以认定那神奇的"阿父师泉"的位置。关于"阿父师泉"的渊源,《生平》中讲述了一个很长的故事。它就是大峡谷中悬崖上流下来的泉水,沿山道从阿尔盖布拉克(Arghai-bulak)站流下大约1英里后就到这里,泉水的名称可能就是由此而来。由此往上直至库米什,都找不到有水之处。但必须指出,《生平》中谈到的泉水是发源于道路南面的沙山;而阿尔盖布拉克则源于一个类似花岗岩或片麻岩的峭壁,位于这条道路的西侧。此外,文献中说,他与同伴在泉旁度过一夜后,于黎明时出发,当天穿过了又高又大的"银山"。这与上面谈到的阿尔盖布拉克至库米什之间漫长的高原路途相吻合。伟大的旅行家在此山的西面赶路时,曾遭强盗袭击,这与库米什以外的山路的地形非常吻合。那里

① 参见儒连《生平》,46页等。
② 参见沙畹《西突厥》,6页等。
③ 罗博罗夫斯基在山脉的更西部中选择了另一条道路,在托克逊西南部的小山中可能还有其他道路。

有一个山口,后面是更高的山谷,再往北是优良的草场。草场的牧民翻过山谷后,很容易袭击来往的行人。①

　　我在焉耆停留的时间太短,仅跑过主要通道沿线的几个地方和几个遗址,所以无法在这里作系统的地理介绍,也无法整理我们掌握的古代历史资料。不过,在地形方面,焉耆有几个特殊的地方非常重要,能决定其历史面貌,有必要简要叙述如下。

　　焉耆的某些地理特征是塔里木盆地中其他地区所没有的。它的东北部直接与大片平地相接,而且一直延伸到塔里木盆地的中央。塔里木河从焉耆的东部流到西部(上述方位似误——译者),直抵下游的塔里木河三角洲,形成了一个独特的盆地。这个焉耆盆地,如同任何一张地图中标明的那样,北部被中部天山山脉的一段所包围,即从吐鲁番盆地的西部边缘一直向西延伸到裕勒都斯(Yulduz)高原的那段,东部和南部由光秃秃的库鲁克塔格山脉的小山脉所环绕。小山脉的西端与天山山脉的最南端相接,恰好是从库尔勒与库车之间的塔里木河流域的边缘。天山山麓和库鲁克塔格山最西端之间有一个狭窄的隘口,那里正处于库尔勒绿洲的上部,连通焉耆湖或博斯腾湖的阿尔盖布拉克河由此穿过(应指孔雀河——译者),直抵达塔里木平原。

　　焉耆地形中最主要的特点是拥有一个大湖——博斯腾湖。根据罗博罗夫斯基的可靠调查,湖边沼泽地从东至西延伸长达50多英里,最宽处为30多英里。湖水虽不是很深,但其水量是该地区最大的。水源主要来自开都河(Khaidu-gol),

◁焉耆地区的位置

◁焉耆盆地的大湖

---

　　① 阿尔盖布拉克上部隘口的两侧,是无法翻越的山脊自然屏障,对山谷中道路的安全通行起到了重要的保护作用。自此地直到库米什,地表大多为光秃秃的砾石萨依地形。这就排除了突然袭击的可能。

河里有很多鱼。开都河是一条源于裕勒都斯高原及天山山脉的大河流，其水量在焉耆上游就增大，原因是此处北面有一条源自焉耆和乌鲁木齐之间雪山的支流汇入开都河。① 开都河山谷在焉耆镇的上首，开都河谷加宽，最宽处达 60 多英里，成为焉耆盆地西北部的重要水源地。

充沛的水源▷ 　　该盆地最大的优势是水资源充沛，此可从该地域湖水的覆盖面积和长期流入孔雀河的稳定水量中得窥一斑。孔雀河的水源来自博斯腾湖并通过上述库尔勒上端的峡谷。② 就我的观察而言，在塔里木盆地中恐怕再找不到一个面积与之相当、拥有如此丰富的水源和灌溉便利的地区了。除此优势条件外，该盆地的气候条件也非常适宜。根据观察到的各种现象分析，其中包括我在硕尔楚克（Shōrchuk）北部遗址中停留期间的个人经历，证明该地区的湿度较塔里木盆地北缘和塔克拉玛干南缘的绿洲要大一些。这些自然优势（特别是气候）造就了在博斯腾湖周围随处可见并一直延伸到山麓的植被带③和理想的冬季牧场。

种植区的有限▷
和忽略 　　焉耆的地理条件特别适宜耕种，又能从焉耆河中引流充沛的水量，所以盆地西北辽阔的土地都适于开垦。然而，我们在此发现注意到，长期居住区的面积和数量都非常有限，与上述有利的自然条件形成强烈的反差。每当我踏入焉耆盆地，都会被有限的耕种区和广阔的待耕地之间的不相称而感到惊讶，这些广阔的可耕地为何被人们完全忽视呢？

---

① 这条开都河支流的出口，如罗博罗夫斯基的地图 II 中所示，海拔高度在 12 391 米和 11 211 米之间。拉尔·辛格从远处就望见了这个山谷。其北部的河谷是蜿蜒、深切的峡谷，一直没能进行调查，故至今也未在我们的地图中标明其准确位置。

② 参见赫定《中亚之旅》，68 页，除去在库尔勒镇上首河流两边因挖渠引水而造成的水量减少之外，估计这里的水量大约 72 立方米/秒。

③ 湖北这片长满灌木、胡杨树和芦苇的地带。1915 年的调查表明，湖的南面也有大量的植被，但宽度较北部略小一些。

　　这种不协调的现象和该地区人口构成的特殊因素之间有　◁人种混杂
密切关系。这里的人口主要是蒙古人，他们才开始从事农业
活动，现在依然过着半游牧的生活。汉人是中国收复该地区
后才移民到此。此地的其他居民还有最近被迫在此务农的回
民(Tungan，东干)以及少量的主要来自塔里木盆地北部绿洲
的维吾尔族小商小贩。北部山脉中到处都是蒙古人，他们以
传统的方式过着游牧民族的生活，维吾尔族人称他们为卡尔
梅克，是属于土尔扈特(Torgut)的不同部落。在公元 18 世纪
的有关焉耆的汉文资料中①，特别强调了他们骚乱的本性和
掠夺的癖好。因为很难与这些好事的游牧民族为邻，所以当
地的维吾尔族人才放弃了这片肥沃的土地，逃奔他乡。同时，
还有材料报道，自从 19 世纪准噶尔叛乱赶走了维吾尔族土著
居民后，焉耆常住人口锐减也导致了农业的衰落。

　　目前在焉耆观察到的情况清楚地表明，该地区各方面的　◁游牧民族入侵
自然条件虽非常优越，但在其地理位置方面一直是一个严重　　之便利
的缺陷。由于焉耆距山道较近，而且山区的道路自古以来就
便于通行，所以引起了游牧民族的特别关注。在乌孙和匈奴
之后，天山一线经常为一些中亚移民圈的大游牧部落所占领，
这些部落时常南下骚扰著名的裕勒都斯高原牧场。这些旧事
此处就不一一细说了。焉耆位于裕勒都斯高原下面的大山谷
的山口，外似一道大门，欢迎那些来这牧草茂盛的高原欢度夏
季的人们，而他们又必然将南部绿洲视为可入侵和勒索的富
饶之地。每当中原统治势力从吐鲁番扩大到焉耆或更远之处
时，这道大门就能太平无事。同样，每当游牧民族内部长期不

　　① 　参见里特《亚洲》，第二卷，436 页，有关土地肥沃的自然条件、以前繁荣的景象和蒙古族不擅长利
用其自然优势等方面的情况在汉文文献中均有准确记载。

和或出现矛盾时,北部的游牧部落力量削弱,这扇大门就会被关闭。然而,这挡不住危险的随时发生,焉耆时常遭受其害。其西边的绿洲不时地被入侵者强征。此外,游牧民族也曾在此长期居住,因为这里是天然的优良牧场,足以养活一个规模很大的游牧部落。

早期汉文文献▷中的焉耆

如果想了解焉耆在新疆古代历史上所起的作用,必然要考虑焉耆上述的特殊地理环境,即重视其地形特征。无论是在政治上还是在佛教文化方面,焉耆似乎都不像与其有联系的库车、喀什、和田或莎车那样重要。在《汉书·西域传》中,焉耆的确是西域诸国中一个人口较多的国家。① 同时,焉耆的政治命运始终与其东部和西部毗邻的势力较强的地区有密切关系,即库车和吐鲁番。《后汉书》中对焉耆是这样记载的:"其国四面有大山,与龟兹相连,道险厄易守。"最后那句话是指那些道路,即从中原王朝统治的其他地区到达焉耆的通道。关于"有海水曲入四山之内"的记载也属实,文献记载的都城的位置与我们目前看到的也是一致的。《晋书》中有关焉耆的记载基本是重述了上面谈到的几个重要方面,同时强调通往焉耆的那些道路极为险要,并补充说明"如果有 100 个人守护,1 000 个人也无法通过"②。

法显和玄奘的▷叙述

大约在公元 400 年法显从鄯善出发访问了焉耆,他称焉耆为"乌夷",他只谈到焉耆有 4 000 名小乘僧徒。③ 玄奘对焉

---

① 参见怀利《大不列颠及爱尔兰人类学学会会刊》,第 6 期,101 页等;沙畹《通报》,208 页,1907.

② 参见斯坦因《古代和田》,第一卷,542 页,沙畹文。关于吐鲁番道上难以通行的山谷以及库尔勒上部的铁门关的情况,参见本章第五节。《晋书》也同样记载了王子会,他是焉耆首领的儿子,他的妻子是猃胡部落的,后来他自封为库车王,并逐渐统治了整个塔里木盆地,大约是在公元 3 世纪末期。

③ 参见莱格《法显》,14 页等。乌夷 Wu-i(在其他一些佛经中也写为 Wu-chʻi 乌耆)这个名称见沃特斯《玄奘》,46 页;沙畹《通报》,564 页,注②,1905。悟空(Wu-kʻung)于公元 788 年曾在焉耆停留过,他也称之为偽耆(Wu-chʻi);见《亚洲学刊》,1895 年 9—10 月号,364 页。

耆的描述就没有库车和其他更重要地区那样详细①,他对地形特征的描述似乎是从《后汉书》中抄录下来的。但他特别谈到焉耆灌溉水源丰富,土产种类繁多,以及气候宜人等。他在此看到"伽蓝十余所,僧徒二千余人,习学小乘教说一切有部(Sarvāstivādin)……戒行律仪,洁清勤励"。

　　《唐书》中有关焉耆的记载比较长,据此得知这个国家"一直都受到西突厥的控制"。② 唐代在此建立其地区最高统治政权之前③,焉耆发生的各种事件充分说明了这一点,从上面谈到的焉耆的地理位置等方面也容易得到解释。无疑是由于其战略位置上的重要性,使得焉耆从公元 719 年就被列为"四镇"之一,用来确保中国对今新疆的控制。这个镇比较小,而且人口不多。④ 然而,《唐书》中记载这里有 4 000 户,士兵为 2 000 人,表明当时焉耆的人口比现代还要多,并有渔盐之利,现代也依然如此。 <i>◁《唐书》中记载的焉耆</i>

　　我们在焉耆地区地表上发现的古代遗址的数量比较少,原因主要是该地区相对比较潮湿和古代遗迹不断被破坏。我首先参观的古老城墙遗址,被称为大湖,当地汉语称之为"大涝坝"(Ta lao-pa),它在乌什塔拉以南约 6 英里处。它位于茂密的灌木丛和胡杨林中,距现代种植区的边缘只有 1 英里之遥,距与其相连并被抛弃的荒废的耕地很近。城墙呈长方形,四角大致定向,西南面约 270 码,东北面为 308 码。城墙原先是夯筑,现在已经风化成土墩,城墙高出地面 20~25 英尺,而 <i>◁穷库勒(Chong-köl,意为大湖)的城墙遗迹</i>

---

① 　参见儒连《记》,第一卷,1 页等;沃特斯《玄奘》,第一卷,48 页等。
② 　参见沙畹《西突厥》,110 页等。
③ 　参见沙畹出处同上,附录 S.V 焉耆。
④ 　参见沙畹出处同上,113 页。四镇中的其他三个分别是库车、喀什和和田,这些地区的资源都很丰富。

且其上不同的地方还能见到厚薄不等的一层一层的灌木和芦苇,墙顶部厚 15 英尺。在距离不等的地方都有夯筑的马面以加固城墙。城墙因潮湿发生倾斜,在墙内也形成了一层很薄的盐碱。城墙内看不到建筑遗存,唯一的遗迹是东北部城墙附近的一个垃圾堆。清理城墙内部地表,仅发现与生活垃圾和木屑相混合的麦草、谷物等。在西南城墙的地表捡到一个保存较好的钱币,铭文为"乾元"(Ch'ien-yüan)的年号(公元 758—760 年)。城墙内的这种地表情况恐怕不会有任何考古收获。坚固的城墙很可能是早期伊斯兰教时期建造,后来似乎又曾被间断性地被使用过。① 在俯瞰乌什塔拉小溪出口的小山脊上有一个大洞窟,其位置就在村庄西北部约 3 英里处,据说已被格伦威德尔教授调查过。由于冬季白天较短,因此在去曲慧(Chokkur)的途中也未能挤出时间去看看。

曲慧的围墙遗▷
迹

最后要提到的那个地方即向我们报告的那个遗址,经证实形制与大湖带围墙的遗迹完全相同。夯土建造的马面,大多长 25 英尺,宽 19 英尺,间隔一小段就建一条马面来加固围墙。围墙的厚度只有 7 英尺,两个坡面都被坍塌的泥块所覆盖着。围墙内部地表不见任何幸存的建筑遗址,又因挖土施肥,农民们已将那些能够辨认其建筑结构的地面遗存完全破坏掉了。一个直径约 50 英尺的土墩,似乎标明了中央建筑基址的位置所在。在一个灌溉良好的小种植区的中央坐落着一个要镇,周围绵延茂盛的胡杨林和牧草。我们就是经过这种地形,或是距博斯腾湖岸较近的同样茂盛的芦苇滩,又行走了 30 英里后,到达了焉耆镇,那天是 12 月 8 日。

---

① 陶瓷器标本中有一个明显是中国产的,带有绿色釉,详见下面的遗物表。

从这里我调查了博格达沙尔（Baghdād-shahri）遗址。除了硕尔楚克附近的明屋，它是这片地区能够了解的唯一的一个古遗址。沿山路前往库尔勒，需要通过距镇 0.5 英里的宽河床，再穿过一片宽阔的平原，这里土地肥沃，散布一片片新的种植区。此外，这里水源充沛，足能开辟几条新渠，但因人口较少，所以没有在河畔的右岸出现比它旁边的小镇绿洲更大的绿洲带。博格达沙尔遗址，距后者约 9 英里之遥，旁边则是一条长且窄的种植区的东部边缘，该种植区的中心是路边驿站旦几尔（Danzil）。遗址巨大的长方形城墙表明它是一个重镇所在地。 ◁博格达沙尔遗址

这个镇的各角都大致定向的，西北面约 1 030 码，西南面约 935 码。除了西角附近围墙残留，其余部分都遭到严重破坏。由此可以看出围墙是夯筑而成，夯层厚 3 英寸，围墙厚约 9 英尺。宽阔的防御土墙高出附近地面 12～15 英尺。在城墙的北角有一个形制不明的大夯土墩，高约 25 英尺，其平顶宽约 25 码，除此之外，围墙内没有残存任何建筑基址。在距西南面围墙中间不远的地方也有一个形状不规则的土墩，整个地表都有一层盐碱，上覆矮垄和小丘。顶部发现有一个方形围墙的痕迹，其年代较晚。在地表上还发现了一枚带"建中"（Ch'ien-chung，公元 780—784 年）年号的钱币，在斜面上我们还发现了许多破粗陶片。在前述的土墩上面还捡到了一枚唐代开元通宝（K'ai-yüan）的残片。 ◁带围墙的城镇的遗址

一看到这盐碱化的土地，就可明白这里的地下渗水和地面上的潮湿一定破坏了这里的古代遗迹，只有那些可抵抗侵蚀的坚硬的物体除外。对这种遗址进行系统的清理，恐怕不 ◁古代的都城遗址

会有太大收获,附近居民中无人曾到此地探宝的事实就足能说明这一点了。尽管缺乏直接的考古证据,但还有许多证据支持带围墙的博格达沙尔遗址就是焉耆的首府所在地,至少在唐代时是在这里。从上面探讨过的《唐书》的记载中可以看出,其位置应在焉耆的右河畔。① 《唐书》中的另一段证实了这一点,并表明首府一定就在博斯腾湖畔,据说湖曾经保护首府抵住了袭击,其城墙至少起到了一定的守护作用。②

博斯腾湖的周▷
边情况

上一段文献(指《新唐书·焉耆传》——译者)估计首府焉耆方圆大约是 30 里(不是带围墙的镇本身),比博格达沙尔遗址的实际范围要大些。但另一方面,玄奘说他看到的首府范围只有 6~7 里,与我们的测量数据相差约 2 英里。由于博格达沙尔遗址距博斯腾湖的沼泽地带非常近,盐碱化程度非常严重,已深入遗址内部,故我在此调查时就已无法据以确定湖的边缘和东部。因冬季湖水结冰,湖边缘向内萎缩较甚。③焉耆当地的汉人——我无法弄清楚这是传说还是论证的结果——将遗址定为唐代,我在那里发现的两枚唐代的钱币明显地支持了这一观点。但在我看来,《唐书》和《玄奘》中记述的地形特征最为重要和具有说服力,此外,在湖的西畔没有发现任何围墙遗迹也可作为旁证。

---

① 参见本书第二十八章第四节。

② 参见沙畹《西突厥》,112 页。有关城镇位置的描述与《后汉书》中记载的完全一样。参见沙畹《通报》(208 页,1907):"距城三十里有一湖蜿蜒在四座山脉中。"

上面引用的《唐书》中的记载,公元 644 年,郭孝恪(Kuo Hsiao-k'u)从吐鲁番通过主要通道向焉耆进军,征服了其首府,在到达首府之前,必须首先经过一条河流,然后就可以袭击暴露在地面的城镇。这些似乎说明这个镇是在湖中突起的一个半岛上修建的。

③ 作为彼维佐夫探险队(Peivzoff)(1889—1890 年)的一名地形学家,罗博罗夫斯基详细调查了博斯腾湖遗址,表明博格达沙尔遗址就在博斯腾湖北部的一个小湾上。这表明当湖水上涨时,该镇的两面都能够得到自然保护。

大湖(乌什塔拉)、博格达沙尔和焉耆遗址出土的遗物

Ushak-tal. 001.　**残陶器**。手制,磨制较细。泥质。灰胎,火烧色。表面施黄褐釉。$2\frac{1}{2}$英寸×$1\frac{7}{8}$英寸。

Ushak-tal.002.　**陶器残片**。轮制。黄胎,表面为红棕色,上饰树叶纹图案。$2\frac{3}{16}$英寸×$2\frac{1}{16}$英寸。

Ushak-tal.003.　**碗口缘**。灰胎,内壁和外壁均施透明绿釉,饰波浪形篦纹,外壁饰一条素色宽带纹。中原地区烧造。$1\frac{3}{4}$英寸×$1\frac{5}{8}$英寸。

Ushak-tal.004.　**蓝白色透明玻璃杯**。残碎。最大片$1\frac{3}{4}$英寸。

Baghdād-Shahri.001.　**陶器残片**。手制,红色胎,表面有黑色陶衣。陶衣可能是熏黑的,胎色未变。口缘上有附加堆纹一周,上面拍印 V 形图案。$1\frac{7}{8}$英寸×$1\frac{5}{8}$英寸。图版 IV。

Baghdād-Shahri.002.　**陶器残片**。手制,磨制精细。窑内烧制。烧后陶胎呈砖红色。$1\frac{9}{16}$英寸×$1\frac{1}{2}$英寸。

第二节　硕尔楚克北部的明屋遗址

12 月 11 日我离开了焉耆镇,经库尔勒山道前往焉耆西南　◁抵达遗址
16 英里的硕尔楚克小站。[①] 当天我就调查了位于其北部 4 英

---

① 格伦威德尔教授和伯希和认为"硕尔楚克"是标准的当地名称是从硝尔一词中衍生的,在周围坡地上常见的盐碱地在突厥语中是如此表达。但从库尔勒的伯克和我的民工那里听到的发音却是乔尔楚克(Chōrchuk),与地图中标注的名称一致。

里处的庞大的佛教寺庙遗址,当地的突厥语称之为"明屋"(Ming-oi),意为"一千间房屋"。在遗址的西北方向约 3 英里的范围内,是分散的蒙古族表耕区七个星(Shikchin)。欧洲的旅行家们,包括赫定博士,曾数次来此遗址调查。[①] 据我所知格伦威德尔教授于 1906—1907 年曾两次到过这里,为了调查遗迹,他在这里待了好几周。但在吐鲁番得到的消息说,他的探险队主要将精力都投入到了遗址北部的洞窟的清理上,对于遗址他只进行了仓促的调查,因此给我们留下许多可以进行系统发掘的遗迹。此外,当地在建营地和安排劳力等方面条件的限制,迫使格伦威德尔教授等必须快速完成对遗址的调查,不能拖延和浪费时间。

遗迹的位置▷ 　遗迹的主体部分分布在小砾石覆盖的山脊的顶部和斜坡上,以及高于绿洲平原的砂石高地上,如图 281~285 所示。这些山岭都是南面开都河山谷两侧山脉延伸的余脉。遗址附图 51 中展现的这些高度适中的小高地,从东北延伸到东南,遗迹占据部分为 0.33 英里。建筑遗存覆盖的地域宽 200~300 码不等,大致在其中央有一片洼地,将遗址分为西北和东南两部分。最西端两山脚深沟中的两股泉眼汇成一条小渠向东流去,不久便消失在灌木覆盖的绿洲平原之中,洼地中的浅排水沟(见图 281~283 中间)在山地与台地之间蜿蜒。

遗迹的分布▷ 　位于台地东南的三组遗迹很容易识别,在图中以 I~III 来表示[②],每一组都有排列紧凑的建筑基址,西北部遗迹分布极不规则。俯瞰深沟的中央台地上有一大群寺庙 xi~xvii,包括几座很大的寺庙遗址,非常引人注目。在其北部的缓坡上,以

---

① 有关洞窟的简要介绍参见赫定《中亚之旅》,67 页。
② 图 281 中标明的 I、II 组的部分,是从南面拍摄的。图 274 的背景中也有上述两组遗址,是从西面拍摄的。在图 283 中可以看到位于第三个山脊的 II、III 组拱顶建筑。

及向东和南延伸的狭窄小土墩上，散布着无数其他建筑遗址，规模均较小。① 最西边的山脊不仅陡，而且其顶部比较狭小，因此仅有一两组小佛殿，其中一间就在泉眼之上。

上面谈到的洞窟寺庙位于其西北部 0.75 英里处。遗址中心所在的山岭和台地向东延伸到这里，在沙砾石山西边的陡坡山势较高的山脚下，发现有密密麻麻的洞窟。除了一个洞窟，其余都集中在这里。这里共有九座石窟寺，与其相邻的还有一些可能是石墓的洞穴。关于这些遗址的位置、详细的特征，最好参考格伦威德尔发表的材料，因为他曾对这里进行过系统的调查，并详细报道了整个调查。② 那些规模相对较小且遭野蛮人严重破坏的石窟，仍残存一些壁画以及一些浮雕塑像，都具有较高的肖像学价值。

◁ 早期盗掘的洞窟寺庙

主要遗址中分布着大量的建筑物，其中有许多规模相当大的寺庙建筑，如要发掘这些遗址所需的劳动量极大，因为它们内部都被流沙和坚硬的土坯所填满，所以一开始我就表明，无法抽出很多时间对整个大遗址进行彻底的清理。为了确保对每个遗址的调查都能够理想且完整，减少调查数量显得很必要。同时，在众多寺庙中很容易辨别出有几种不同的形制，而且必须精心挑选一些具有代表性的进行发掘。值得庆幸的是大多数遗址都是成行排列且连接着的小佛殿，或者是相距较近但分隔开的成组的佛殿相互之间可以通行，以利于大量劳力的使用和监督的方便。同时，有利的工作条件可促使他们迅速、紧张、稳定地工作。

◁ 遗址调查的安排

---

①　在图 285 中可以从南面看到远处中央建筑的整体。图 281、282 的连接背景中展现了遗址的整个西北部分。图 284 中我们可以看到中央建筑群组中的两个寺庙遗址的西面，东面和北面散布的一些寺庙遗址见图 287。

②　参见格伦威德尔《古代佛教寺庙》，192～211 页。

政府方面的大▷
力支持

焉耆是我的老朋友和保护人——阿克苏道台潘大人
(Tao-t'ai P'an Ta-jên)的管辖地区,由于他的力荐,焉耆最有
势力的一位官员蒋大成(Chiang T'ai-chin)给我们提供了许多
必要的帮助。距遗址较近的库尔勒人口稠密,我们仅在一天
内就召集了大量的自愿劳力,基本都是那些会使用坎土曼的
维吾尔族村民。同时,我们还迅速地从绿洲地带的军屯基地
弄来了一些镐头,用来对付那坚硬的瓦砾。一些仍残存有穹
隆顶的建筑遗址,可供夜宿,在天气恶劣时人们可以用来遮
风、避寒。在库尔勒工头的帮助下,我们管理这一群劳力相对
也比较容易,他们从冬季寒冷的黎明就开始工作,一直到夜幕
降临时分才停歇。经过一段艰苦的野外劳动后,我们就尽量
用新人来替换已经疲惫不堪的民工。

清理寺庙遗址▷

在 N.拉姆·辛格、蒋师爷和来自库鲁克塔格山的拉尔·
辛格(R.B.Lāl Singh)的帮助下,我在遗址上停留了 12 天,清
理了大部分寺庙和其他遗址,如图中使用的特殊箭头标明的
地方(附图 52、53)。清理工作较为彻底。在清理了几个大寺
庙遗址的局部之后,发现了一大堆被火焚烧过的坚硬的土坯
和瓦砾,显示出寺庙在遭火灾之后,厚墙向内坍塌。因此,我
们想挖出一些有价值的遗物的希望算是到此破灭了,于是停
止了工作。

遗址建筑形制▷
及材料

主要遗址区内的单座寺庙共计有 100 多座,它们的面积
差别较大,最小的长 4 英尺,宽 6 英尺,而最大的长方形寺庙
仅一边就长达 80 英尺。从参考线图和图版可以看出,它们的
建筑风格,包括内部设计和装饰,几乎完全相同(除几种典型
形制外)。这些建筑普遍使用土坯建造,最常见的土坯长 12
英寸,宽 6 英寸,厚 3~4 英寸。一些大型寺庙在砖石之中还砌

筑了使用了大量的木材,使之更加坚固。高台上的一些建筑,如 xvii、xxvi,在墙里还夹了几层薄杂草。所有这些都表明,当时的气候条件与现在相同,仅用土坯来建筑是不能保证其坚固性的。

首先,我们将简要描述遗址中最常见的几种形制的大致特征,其细部特征留待我们描述每个具体佛殿时再充分说明。小寺中最典型和普遍的形制是简单的佛殿,或者是正方形,或者是长方形。它们一般坐落在台地上,与其他佛殿相接排列,有时可通过门廊出入。因在 I 和 II 组寺庙北部附近残存一些拱顶建筑,所以我们有理由相信这些佛殿过去一般都是穹隆顶。其他地方也可以看到土坯建筑的基址。另一个大类型,佛殿前有券顶窄室,窄室前的墙壁正对着通道。这种形制在 xiii(附图 53)遗址上表现得淋漓尽致。侧面墙上有几处低券顶的通道,由此可以进入窄室或通道,绕行中心塑像。中心塑像原来放在面对通道的墙面上。通道的后部也是拱形,装饰有壁画或浮雕塑像。同样的地面建筑在该遗址中的石窟寺中也相当普遍。①

第三种类型,代表大型寺庙类型,与和田遗址(丹丹乌里克、喀达里克等)中的佛教寺院中流行的形制很相似。在此我们发现了一个佛殿,大体呈方形,通过前通道进入,其他三面封闭,回廊可环绕,作为右绕(Pradakṣiṇā)之用。在这种形制的大寺庙中,如 x ~ xii,xxvi(附图 52、53)那样,佛殿的后部通道变宽,形成一个有雕塑的房间,而通道的其余地方常仅用壁画装饰。

▷穹隆顶寺庙佛殿

▷有封闭回廊的佛殿

---

① 参见格伦威德尔《古代佛教寺庙》,195 页等,图 449、454、458。

图 281　硕尔楚克明屋遗址全景，自靠近佛寺 Mi.xxvi 南望

图 282　全景，前景是延续至建筑群 I、II 的北端，左面为西北部中心建筑群的佛殿

图 283　硕尔楚克明屋遗址东南端佛殿群 II、III，自西望

图 284　硕尔楚克明屋遗址西端中心部佛殿群 Mi.x～xiii，自西望

埋葬遗迹▷　　第四和第五种类型很可能是具有某种埋葬特征的墓葬。第四种类型从外表看像大佛塔,圆柱形穹隆顶,直接从矮平台上或不同形状的地基上开始建造,平面呈圆形、长方形或方形,通常都有一圈正方形围墙。附图 52、53 和图 287、288 中的草图能帮助说明其形制。这些佛塔形制的特殊之处是其内部一律是空的,那些保存较好的遗址上仍能看出有通往内室的拱顶入口。调查或清理过的拱顶圆形室内,没有发现任何祭祀遗物和人骨。第四和第五种类型的寺庙和在交河古城外部的阔什拱拜孜(Kosh-gumbaz)发现的佛塔完全相同(格伦威德尔教授已经调查并详细记述过①),可以确定它们都是用于埋葬。第五种类型的类似中心柱的建筑(图 280、288)底部发现的骨灰罐和盒子,就明确地证实了这一点。无论是方形的还是其他多边形的,这些塔都有围墙,而且其上部逐渐变小,其外形使人联想到古代罗马的墓葬。②

影响遗迹的气▷候条件　　在介绍几个地点的发掘收获之前,我想最好还是先谈谈我观察到的影响这些遗迹的气候条件。这些暴露在外的遗址饱受了雨雪的严重破坏,这一点可以一目了然。与塔里木盆地中央地区或与之相似的吐鲁番盆地相比较,焉耆山谷的气候不算太干旱。据说山谷中夏季常有暴雨③,我们曾踏访这些山谷,获得了丰富的考古证据。一些墓葬建筑的外墙浮雕壁画的表面灰层几乎全部被侵蚀,寺庙外墙壁面涂抹的白灰色几乎被冲刷殆尽。

① 参见格伦威德尔《兴都库什》,110 页等;格伦威德尔《古代佛教寺庙》,336 页。
② 交河古城的阔什拱拜孜遗址中的类似建筑可参见格伦威德尔《兴都库什》,105 页、108 页等。在此格伦威德尔教授看到了仿罗马墓葬的风格(《古代佛教寺庙》,336 页)。
③ 参见格伦威德尔《古代佛教寺庙》,192 页、206 页。

　　沙石台地上的建筑遗迹,位置虽然很低,但可以免受周围 ◁博斯腾湖上的
平原地下水位的侵蚀,幸运地逃过了盐碱的影响,没有被严重 薄雾
风化。盐碱的风化作用在焉耆的其他遗址中特别严重。由于
遗址位于博格达沙尔 6 英里范围内,距离博斯腾湖很近,所以
无法避免湖中和沼泽地潮湿空气对其缓慢而长期的危害。尽
管 12 月对新疆来说是最干旱的季节,但我们还是感受到了其
潮湿空气的影响。我们在遗址停留期间,从南边湖上升起的
寒冷薄雾笼罩了整个遗迹和营地;同时零下 42 摄氏度的最低
气温也给我们的工作带来了很大的难度。夜间的白霜实际如
同一场小雪,覆盖大地,甚至太阳高照时它仍不融化。因此,
拍照时经常遇到光线不足的情况,往往到了最后的一天或两
天,天气晴朗,雾霭完全消失,我们就立刻将那些遗留下来的
遗物进行拍照,但照片上的白霜仍清晰可见。

　　我们发掘了一段时间后,发现相较潮湿而言,火烧对寺庙 ◁被焚毁的寺庙
的破坏作用可能要大得多。整个遗址焚毁于一次大火灾是肯
定无疑的。遗址中的大型寺庙由于大量使用了插入墙壁的木
材和其他一些易燃材料,所以火灾造成的后果就看得更清楚。
大量从墙壁上坍塌的土坯经焚烧变得非常坚硬,加大了发掘
难度,延缓了发掘进程。所幸的是,火烧以后许多易碎的红陶
小雕像变得更加坚硬,因而得以保存下来。而大型雕像或已
完全粉碎,或受潮气腐蚀而根本无法搬动。而小型佛殿并未
遭受蓄意的火灾破坏,土坯仍保存较好。

　　在佛像基座旁下面其他地方发现了无数供奉的铜钱,都 ◁遗址的破坏
是中国铜币,年代都不晚于公元 8 世纪末期。① 此外,发现回

---

　　①　从附录 B 中可以看出,遗址中出土的 32 枚铜钱中,有 31 枚是在寺庙中发现的。只有 5 枚是早期
的(有五铢和货泉的铭文);8 枚有开元铭文,是唐代一直流通的;6 枚是大历(Ta-li)年间的(公元 766—779
年),至少有 14 枚有建中年号(公元 780—783 年)。值得注意的是,这里发现的最晚的钱币年代与和田遗
址中出土的最晚的唐代钱币相差不远,见斯坦因《古代和田》575 页等的遗物表。

鹘文残文书和五彩壁画墙面表明,在回鹘统治早期(公元9—10世纪)仍有人们来朝拜这些寺庙。因此,这些事实表明,这场火灾可能发生在公元10世纪下半叶,当时反对偶像崇拜的早期伊斯兰教的葛逻禄突厥族入侵此地,他们蓄意纵火焚烧了这处寺庙群。下面我将介绍高耸于开都河谷的霍拉(Khōra)寺庙遗存,该遗址也是被大火焚烧的,因此上述寺庙遗址毁于一场火灾的推测是可以成立的。

最西端的一组▷
佛殿 xxv

下面我将按照地理顺序来叙述已发掘的几处基址和遗物。每一组都从西南面开始叙述。I 组佛殿沿前述三条山脊的最西端分布。寺庙xxv(附图52中的xxv)位于它的南面,看起来这座寺庙因为潮湿而破损不堪。佛殿面积大约20平方英尺,前面有一间大前殿。前殿建在一块台地顶上,台地背依山坡,通过台阶可以上下。佛殿和前殿的部分迹象表明,格伦威德尔教授曾经对此进行过清理。佛殿内的土坯堆高达7英尺,填满了佛殿和周围封闭的通道。我们对佛殿的一部分和北面通道内部地面进行了发掘。在通道中我们发现了10多件小型带彩的塑像残块,因潮湿大多都已严重侵蚀。此外,还发现了一些上有彩绘佛像的拱形小木头残片 Mi.xxv.001、002(图版 CXXVIII)。其他各种次要的小件将在下面的遗物表中进行详细的叙述。

在 v、v.a.佛殿▷
内的发现

我们对北部两间小佛殿进行了彻底清理,结果令人满意。在佛殿 v 中发现了用来装饰墙壁的彩绘木雕。其中值得注意的是,雕刻在小木拱小件 Mi.v.003(图版 CXXVIII)上的小型画像残部,刻画了一幅类似二龙戏珠的图案。木版 Mi.v.008 则是在深红色底上绘有银色的网格纹。Mi.v.009 木版画上粗雕了一头大象的头部。这些木雕中大约有12块木板有粗雕的莲花图案,Mi.v.006、0010 就是其中的两件。与 v 相邻的小型佛殿v.a,面积约9平方英尺,每一面墙壁都有四个浮雕的菩萨像。尽管佛像上又涂了一层灰泥,但仍可看出它们的胸部和臂都精心装饰过,衣服上还保留有许多鲜艳的色彩。一个大型坐佛像,可能原来放在中央基座上,现已几乎全被毁。

在遗址西北方向的四间房屋中,没有发现任何遗物。最后一座佛殿的前殿vi的几面墙,都依坡地而建,虽因坡地的风化,墙体都坍塌了半截,但每面墙仍保存了大型塑像的莲花座。用巨兽头部装饰的大型雕像的上臂,与Mi.xvii.003(图版CXXXVIII)很相似,可能是像千佛洞护世天王铠甲那样的肩部铠甲的残余。泥塑残块因遭严重侵蚀而无法搬移,但还可看出原先是用来安放护世天王的基座。与vi西北部相邻的一座低矮土丘,形状很不规则,应是佛殿vii的所在。这座佛殿设有前室,破坏非常严重,仅存留墙壁的地基部分,但在遗留的大堆土坯下面仍出土了许多有趣的遗物。在下面松软的土层和烧焦的木头残片中,首先出土了一块窄木板,沿其斜边彩绘有许多色彩艳丽的花卉图案,上面还有五行分别用中亚婆罗谜文和当地语言书写的文字,可能是灰膏壁画画框的一部分。在它附近还出土了若干块木板,但已无法辨认其上装饰的图案残块(标本见Mi.vii.024)。

◁vi、vii佛殿的
清理

遗物的旁边是一个小壁龛。在壁龛内的佛像基座底部发现了精美的彩绘木板Mi.vii.0019,图版CXXIV,虽已破裂成三块,但仍可以拼合。板上绘有一个欧洲风格的菩萨,菩萨坐在马蹄形拱门下面的宝座上。菩萨像及衣纹的画法呈现出犍陀罗艺术的风格,所绘的支撑拱门柱子的装饰,使人联想到古希腊罗马晚期的建筑式样。在同一地点还出土了两块版画,上面均绘有立佛。这些版画的制作工艺精湛,但遗憾的是都遭到了磨损和火烧的破坏。三块版画的高度相同。

◁犍陀罗风格的
彩绘版画

Mi.vii.0019 版画的每个边证实它原先与其他两个版画呈直角相连,可见这三块木版画属于同一整体。Mi.vii.0019 顶部和底部空白无饰,可能是盖板部分,将上述所有木板拼接起来,就形成了一个可以放置小塑像的基座。还发现许多泥塑残片(Mi.vii.001~014.0020~0023),其中一些残片源自大型佛像,其他均为墙壁中楣上的浮雕,留待后文叙述。佛殿 vii 后面较薄的隔墙上,残留有供养人像的小型壁画。

浮雕的木板▷　　与 vii 相邻的佛殿 viii 中只出土了几块木板,它们连为一体而无任何装饰,很可能是一个塑像的基座。后来清理的三座寺庙,虽经过大雨的冲刷,但其佛殿的墙壁仍存有一定的高度,殿内部充满了坚硬的泥土坯,高达 3 英尺。在土坯堆里没有发现任何重要遗物,唯在 ix 小寺中发现了一件保存完好的精制的木板 Mi.ix.001(图版 CXXVII),上面精细雕刻了成组的浮雕像,具有纯正的犍陀罗风格。该木板高 11 英寸,背部为半圆形,其上仍保留紧附的铜钉,可见该板是用钉子固定在墙壁或其他背景上。木板正面的平面上有一上一下的两幅画,内容情节都源于佛教传说。木板下端的突起部分分隔成两龛,右龛内有两个跪拜者,可能是供养人,左龛内是手持神杖站立的佛像。上面两幅画中的佛像都有头光,除缠腰布外,身上无其他衣饰,其表达的情节主旨尚不清楚。但下面那幅画的情节是一位朝拜者头戴王冠,以头触地,匍匐在佛足下,表示的是犍陀罗浮雕中典型的燃灯佛本生(Dīpaṅkara-jātaka)的故事。[①] 人物造型和整体的制作手法与犍陀罗雕塑艺术风格极为接近。如果不是两位朝拜者的头饰具有中亚特色,简直就可以认为这些小雕像直接来自印度河流域,因为遗址中其

①　参见富歇《犍陀罗艺术》,第一章,273 页以下。

他佛殿出土的大量泥塑残片都具有强烈的希腊化佛教艺术的特征。在同一间佛殿内还出土了一件雕刻精美的木托架 Mi.ix.002(图版 CXXVIII)。

I 组其余佛殿的清理中没有什么特别有趣的发现。然而 ix 寺庙规模较大,属于第一种类型,只清理了一部分,在中心塔柱的回廊中发现了一些浮雕塑像,因潮湿大多已受侵蚀毁坏。[①] ◁ I 组中其余的佛殿

II 组佛殿主要分布在冈丘中腰,主要发现多出自南面小佛殿。这些佛殿的墙壁破坏较严重,显然很早就坍塌。与佛殿 i 以狭窄通道相连接的是一排损毁的佛殿,其中最南面的小佛殿中出土了大量的灰泥制帷幔饰残片 Mi.i.004.a~h(图版 CXXVII),其用途是用以装饰突角边缘。帷幔顶部都有花形镶边,下面是成排的三角形垂帘及流苏,与尼雅遗址中央大殿 NIII 的墙壁上精美的彩绘帷幔图案非常相似。[②] 另外还发现一些可能位于通道墙壁突起中楣上的小型泥塑残片,其中值得一提的是精巧的模制佛像面部 Mi.i.001(图版 CXXXII)。在 I 组的一间小佛殿前面,还残留一个莲花座的基座,附近出土了四枚保存完好的唐代钱币,似乎是因供奉而留存于此。其中两枚有开元铭文,另外两枚是大历年号。在 i 通道的北部另有一座佛殿 ii,破坏较甚,其内出土了许多小雕塑残片,有些当属于与真人大小相当的塑像(见 Mi.ii.007,图版 CXXXIX),另外还发现有两只逼真的木雕手臂(Mi.ii.001、009)。 ◁ II 组的 i、ii 佛殿

此外,在一条狭窄的通道 xxiii 还发现了小塔基座的回廊,现在已完全被毁,但残存有相当数量的遗物。诸如装饰的托架 ◁木雕刻装饰和方砖

① 这个寺庙与格伦威德尔的第 3 号寺庙相同,参见《古代佛教寺庙》,192 页,文中并提到虽仔细发掘但无任何特别发现。

② 参见斯坦因《古代和田》,第一卷,333 页;第二卷,图版 VII。

Mi.xxiii.008~011（图版 CXXVIII），上有两个风格各异的龙头；带有精美花卉图案的木版如 Mi.xxiii.0015（图版 CXXVIII）；Mi.xxiii.0012 立柱部分，使人不禁联想到楼兰相同的设计。车床加工的柱头的支柱 Mi.xxiii.0013、0019~0022，可能是塔周围的栏杆的构成部分。精制的方砖 Mi.xxiii.1（图版 CXXIX），为烧制均匀的泥质材料，上面浮雕一个菩萨的头部，其外有方形框，菩萨像是纯正的犍陀罗风格。在其他遗址中也发现了无数同样的或类似的残片。一件陶容器残片 Mi.xxiii.026 引人注目，因为该器皿刻有一小段吐蕃铭文，极为重要。

制作浮雕像的▷
范

　　北部稍远的两个佛殿 xxiv、xxvii，除六片婆罗谜文书写的菩提叶外，还发现有浮雕饰板 Mi.xxiv.001（图版 CXXXVII）和一块残损严重的木版画残片。在这些佛殿外，还延伸分布有一座寺庙，墙壁仍保存一定的高度，内部遭受潮湿侵蚀较严重。值得一提的是希腊式的石膏模范 Mi.iv.001（图版 CXXXVII），是模制小坐佛和大佛像鬈发和之字形头发。同时，这种特殊的发现使我们确定它是用来制作在寺庙遗址中发现的浮雕塑像的范。格伦威德尔教授也有重大发现，他的队伍在 II 组的两座佛殿内发现了 30 多件同样的石膏范[1]，有助于了解其特性。我在喀达里克获得的那种范与此完全相同，在前文已述及。[2]

III 组 xxi 佛殿▷

　　在 III 组中清理的那些寺庙都是沿山脉的最东部分布。在已清理的三组寺庙内，除 xxi 佛殿外，其他较大的寺庙中（如 xxvi）都没有任何发现。佛殿 xxi 中有一根八边形柱子，柱子的每一面都有一行婆罗谜文。如图 288 所示，在一个四周

---

[1]　参见格伦威德尔《古代佛教寺庙》，192 页。
[2]　参见本书第五章第一、三节。

有围墙的平台上矗立一座庄严富丽的大寺庙建筑,平台的顶部尺寸长约 80 英尺,宽 68 英尺;以前一定通过东北面延伸的台阶攀登进入,但现在这些已完全被土坯覆盖,而且在有限的时间内无法清理完毕。佛殿面积 22.5 平方英尺,外围有 3 英尺厚的围墙,因火烧的缘故,现颜色已变红,也更结实了,内部被同样的土坯充满,高 8 英尺。通道宽约 6 英尺,靠窗户采光,可从西北和东南面通到大约 11 英尺宽的后室中。一般通向佛殿的通道都要经过面积较大的前堂或前厅,通道进深约 37 英尺,而且这个厅的左右侧面都有一个小侧室,面积均约 8 平方英尺,是另一种较特殊的类型。

　　清理前厅只发现少量的浮雕塑像残片,其中包括两个小 ◁浮雕塑像残片
头像 Mi.xxvi.001.004。在清理掉佛殿内一半烧硬的土坯后,只获得了几块小雕塑残片,仍可辨其形制的只有 Mi.xxvi.002、0010。外面的通道墙壁逃脱了火烧,沿其西—北西出土许多浮雕塑像残片,包括彩绘木板 Mi.xxvi.008、009(图版 CXXXVII),上有镶嵌的花形饰边。它们一定是外墙壁上中楣装饰画上掉下来的残片,同将要介绍的 x～xii 佛殿一样。某些地方这种墙壁上仍残存有木钉,木钉用来固定墙壁上的版画,并托起这些中楣。台地东南角(寺庙 xxvi 所在台地的东南角),发现一个粗陶罐制的舍利盒,内装已朽的人骨。

　　在 III 组寺庙的东北和东南面较矮的地面上,有前文述及 ◁墓葬建筑
的两种形制的墓葬建筑,所有的墓葬都有较矮的长方形围墙。这种圆顶形的佛塔与柯尔克孜(Kirghiz)和蒙古族的白毡房(Ak-ois)有惊人的相似之处。这些墓葬没有任何被焚烧的迹象,但那些容易出入的墓室曾被"寻宝人"一次又一次地搜查过。距离 xxvi 遗址最近,且保存最好的一座墓葬(图 288),有一个直径约 13 英尺的穹隆顶墓室,清理时没有任何发现。

图 288 中看到的 xxii 遗址是第五种类型,几乎没有遭扰,破坏程度最轻,其顶部用不封顶的土坯砌建筑而成,高度仍有 18 英尺。一间方形小墓室的地面有两层,之间有 1 英尺 5 英寸的空隙,表明很久以前已被洗劫一空。

舍利罐和盒▷　　在围墙内,靠近塔基的地方发现了五只舍利罐,高约 1 英尺(如图 280 所示),陶质较粗,陶胎有红、黑两种,罐内都装有骨灰或被烧焦的骨头。此外,还发现了包裹在一个很薄的类似纱的织物里的两件制作较粗的小木盒,木盒长约 15 英寸,宽 4 英寸,高 4 英寸,也装有碎骨头。在盒上和罐上都没有发现铭文。

第三节　明屋遗址西北部发现的泥塑和壁画

中心寺庙的最▷
西端
　　我现在要叙述遗址西北部的寺庙遗址,此处发掘收获颇丰。台地中央是一组较大的寺庙,部分已延伸到南边的坡地上(图 281、282,附图 53)。这些寺庙面对横切遗址的浅沟,可俯瞰南坡上的一组小寺庙。中央寺庙西面的一半建造在带围墙的台地上,从图 291 中可以看到其前部,经过清理后,在图 284 中可以看到其后部。佛殿周围的墙厚 4 英尺,外围墙厚 5 英尺,围墙现存高度 16 英尺。因为围墙内有至少不低于 6 英尺高的土坯堆,有些地方甚至更高,所以我们推测围墙的原高度一定比现在还要高得多。这座寺庙包括一间佛殿,面积 20.5 平方英尺,有一条宽 6 英尺的回廊,回廊的后部宽达 10 英尺。经过前殿进入佛殿的通道,全长计 40 英尺,高度不详。前殿前面开门。

Mi.x 中发现的▷
浮雕塑像
　　在清理 x 前殿时,出土了无数灰泥浮雕人物小塑像,这就预示着在佛殿和后室中一定有丰富的塑像等待着我们去清理。前殿中出土的塑像残片与我们后来清理的佛殿和后室中出土的塑像没有任何差异，因此，最好将它们一并放在后边讨论。此外，我们在地面高 1~4 英尺的土坯堆中发现了 14 枚中国铜钱，其中 10 枚是唐代钱币，其他均为锈蚀严重的五铢钱。从它们出土的位置来看，它们原先供奉于此，放在墙壁上突出的架子上，同这座寺庙中其他地方一样，这里也有浮雕中楣。在佛殿入口处附近我们发现了四块玻璃片 Mi.x~xi.001~004（图版 IV），这非常有趣。因为这些都来自一个制作串珠的车间，由此可以确定当地存在玻璃制造业。

xi 佛殿储存了大量不同类型和大小各异的浮雕塑像。这些塑像似乎都被火烧过，可能是经火烧变硬才得以保存下来。此外，也因为火烧，几百件泥塑中只有几件还残留以前的彩绘图案。 ◁ Mi.xi 佛殿的浮雕塑像

整座寺庙中缺乏大塑像或佛像基座的特点表明，其内装饰主要是覆盖墙壁的浮雕中楣，这一点我们从墙壁上残留的三排方形木钉孔中可以得到证实。方形孔径约 3 英寸，间距为 2 英尺。每排孔的间距约 5 英尺，最低的一排距地面约 2 英尺，这些孔都是用来固定支撑中楣的木构件（图 291）。由于放置浮雕的中楣是随佛殿长度延伸分布，所以各处遗物出土的数量不同。 ◁ 浮雕中楣的位置

大多数浮雕塑像都是沿东墙发现的，特别是在东南角；而西边出土最少。① 这表明火灾是从西边开始，在那些泥塑像被火焚烧变硬之前，那面墙壁上的中楣就已塌落并被摔碎。东壁上的浮雕被火烤的时间可能要长一些，因为支撑浮雕的木架等被火烧毁，致使其上的所有雕塑坠落粉碎，这是需要一 ◁ 火灾的影响

---

① 这个寺庙不是朝东的，为表述简便才使用东、西等词，谨此说明。

段时间的,这可被东墙壁上的两个孔内残存的木桩子所证实。同样因为这个原因,大多数浮雕泥塑残片可能属于墙壁上楣。佛殿中出土的三枚铜钱是唐代钱币。

xii 佛殿后室出▷
土的泥塑

同前述其他寺庙一样,围绕佛殿的回廊似乎逃脱了火灾的洗劫,却未能避免潮气的破坏。东面和西面的通道内似乎没有浮雕泥塑装饰,又因墙面已完全被破坏,所以根本没能找到任何装饰墙壁的壁画痕迹。最令人满意的是,xii 佛殿后室出土了大量的雕塑装饰品。在认真清理之后,我们发现了一组衣纹丰富的浮雕塑像,均为高浮雕作品,几乎都与真人同大,分布在西北和东北角的外墙根的低平台上(图294、295)。同时这里还出土了大量有趣的小雕塑,都是从北侧外墙面上距地面高9英尺的中楣上跌落下来。由于潮湿的缘故,所有的泥雕塑都很容易碎,根本无法搬移。甚至在土坯堆中清理出的三四件泥塑头像也是如此。它们一定很早就塌落下来,因都处于非常易碎的状态,所以根本无法安全搬移。在东北部的一组造像的脚下发现两件高6英寸的小人物塑像也是如此,他们可能都是供养人,或朝拜者。

通道角落的泥▷
塑像

通道两个角落的每一面都有一组塑像,包含五六个排列紧凑的站立的人物像,最外边的塑像破坏较甚。有些塑像已被破坏,但从残留的木骨和草捆可以确定其位置,因为塑像一般是以这些做骨,然后再泥塑。从服饰和姿势上判断,多数塑像是佛像。然而,对图294、295最左边的那些塑像,我至今仍有疑惑。所有塑像都呈希腊化佛教艺术风格,将它们与1901年我在热瓦克佛寺发掘的那些巨大的塑像的图版比较,就会发现它们在细部和制作程序上都是惊人的相似。① 东北角上

① 参见斯坦因《古代和田》,第一卷,图61~68,图版 XIV~XVII。

出现的一个前来朝拜人物非常有趣,他抬头挺胸,我对塑像学的知识的匮乏使我无法对此提供具有说服力的解释。在东边和西边外墙上的壁龛中安放成组的雕像时,显然是考虑了回廊的空间后,才确定它们的位置。同样,各个角落的整组塑像的位置也能说明这一事实,因为只有在这些地方,它们才能从旁边的通道中获得充足的光线。

值得注意的是,北墙上的泥上楣,原先有一排小塑像,清楚地展示了这些塑像中楣固定在 xi 佛殿中和该遗址其他地方的方法。从图 295 中可以看到上楣最下面的部分,突起约 6 英寸,是用木框和草拌泥框模制成的,高约 2 英尺。上面遗留几排木钉孔,以便把中楣的各个小塑像都固定在上楣上,由此我们不但可以了解到中楣的建造技术,还能够利用清理出的泥塑残块复原整个中楣上的浮雕图案。其中的一些比较重要且保存相对较好,数量较多,有必要在此专门介绍,尤其是 xii 佛殿中出土的小塑像,多数还保留着原来鲜艳的色彩,因此显得更加珍贵。

◁中楣上的小浮雕塑像

中楣上的塑像表现的是一个内容还是几个内容,是神圣的,还是半亵渎的,都无法探究了。不过可以肯定的是这些残片有相当一部分是属于武士塑像上的。图版 CXXXV 所展现的就是由这些残片复原的(Mi.xii.008、0010、0015、0017)一件武士像。我们看到武士的头和身体均用鱼鳞形的盔甲保护起来,其铠甲外形与米兰吐蕃要塞出土的上漆的皮盔甲非常相似。[①] 盔甲上尤为引人注目的地方是胸甲,其表现方式也是多种多样。一件是模仿皮制的,圆形,且贴有五片凸饰

◁中楣上的武士

① 参见本书第十二章第四节。这个武士所佩戴的盔甲的详细情况可参见文后的明屋遗址出土遗物表,见 Mi.xi.0019。完整的高度应为 16 英寸。

浮雕希腊女神▷
像的盔甲

（Mi.xii.0018，图版 CXXXV）。另一件，很可能是模仿金属制的，中央有一个精美浮雕的希腊女神像（Mi.xii.0020，图版 CXXXV），可以肯定是古典雕塑的雏形。更有意思的是，从这件盔甲可以看出，约特干与和田遗址中常见的砖红色瓶上的贴花图案，直接源自古典希腊女神头像。①

用模子生产的▷
方法

需要提到的其他人物塑像中，有一个是模制的菩萨像 Mi.xii.001（图版 CXXXIV），具有纯犍陀罗艺术的风格。还有一个盘腿坐的男性像 Mi. xii. 007，姿势非常优美（图版 CXXXV）。Mi.xii.006（图版 CXXXII）头像特别令我们注目，因为从它身上可以了解到这些塑像是如何模制，并怎样巧妙地表现各种神态。该像的面部无疑是模制的，出自武士塑像头部的一类模范；前额上依然保留有头盔的痕迹。然而，有的塑像头上以一束上梳的头发替代了头盔，表现出一种奇特的变化。模制得最出色的一个头像是 Mi.xii.0028、0030、0031（图版 CXXXVII），脸（无疑属蒙古人种）的表情呈现出哭丧样，但头上戴有精美的印度头饰，这种头饰在犍陀罗风格的塑像上很常见。

逼真的动物图▷
形

艺术家们还将制作塑像模子的技术应用到了制作动物塑像方面，模制出了各种生动的动物形象，这可从下面的动物雕塑中可见一斑。如雕刻精细的骆驼头部 Mi.xii.0025，以及奔马的前腿 Mi. xii. 0023、0024（均见图版 CXXXVI）。此外，Mi.xii.0028、0030、0031 图版 CXXXVII 都属建筑构件的残部，也是犍陀罗风格的雕塑中常见的，显然是从古典艺术中借鉴和发展而来。从一座小型木佛塔 Mi.xii.0027（图版 CXXVIII）的顶饰中，我们可以看出它是精心仿制的，细部雕刻竟与我们

---

① 参见标本图版 I；斯坦因《古代和田》，第二卷，图版 XLIII、XLIV。

在印度西北边境看到过类似的用石头修建的微型塔的构件很接近。

当我们看到这些雕塑时,自然就想了解其出土地点和制作(复制)方式。我们觉得还有必要对其起源的年代进行推测,大体认为应接近于希腊化佛教的犍陀罗风格塑像模型出现的年代。我们有必要重视寺庙中出土的带铭文的钱币的年代,并依此对浮雕塑像装饰的寺庙的最晚的使用年代进行判断。在西北角的佛像基座上我们发现了七枚中国钱币,可能是无意中被脚踢到此处,也可能是有意藏在此地。 ◁ 雕塑的年代

其中一枚钱币有"货泉"铭文,是王莽时期使用的钱币,年代为公元 14—19 年。但我们知道,在中国不同类型的钱币通过再铸造会长期沿用,因此以另外三枚带有大历和建中年号的钱币以及一枚开元通宝为依据,可以确定这些特殊的造像一直被人们虔诚地朝拜到公元 8 世纪末期,或者更晚。当然,因为这里的气候条件与焉耆相同,所以我们很难想象那些用泥制作的易碎的雕塑能够延续如此长的时间,而无须任何修补。同样,难以使人相信在如此长的时期内,雕塑的风格竟然一直没有任何变化。 ◁ 发现唐代钱币

这些也许是考古学和艺术史上的难题,可欣慰的是,我们并不需要费力去猜想了。格伦威德尔教授记录的像范和我们发现的像范都明白无误地告诉我们,这些寺院的塑像无论是制造、修补,还是更换,在很长一段时间内,其风格与艺术做法都不会出现明显的变化。 ◁ 雕塑年代的推测

佛殿 xi 和与之相连的前殿中出土的塑像残片的数量更多,但保存较差一些。看了这些残片,进一步加深了我对佛殿 xii 中出土的塑像残片的艺术水平的印象。佛殿 xi 出土的塑像残片样式很多,可以说与它们的个体数量不相上下。然而, ◁ Mi. xi. 佛殿中出土的雕塑类型

这些雕塑残片不过是所有雕塑品中的一部分,三个楣上原先应有的塑像肯定还要多很多。它们所要表现的内容,我们已无法形成任何明确的概念,不过如果假以时日,把它们与其他地方发现的图像遗物进行对比,或许图像专家还能够找到某些塑像人物之间的联系。其中菩萨一类的塑像尤其多,与我们的预料的相同。参见图版 CXXXIV,我们可以看出这些雕塑在大小和细部方面各不相同。附录遗物表中的 Mi.xi.00,详细解释了这些变化的表现形式,主要是应用不同的模型分别制作不同的部位,如躯干、头饰、人物等。模制的头和身体基本上是模仿了犍陀罗雕塑固有的类型,同样从图版 CXXXIII 展示的标本 Mi.xi.0064、0083 中的年轻仙女的侍从雕塑上,也能够看到很多类似的特点,甚至是具有犍陀罗风格的飞天像也是如此(见 Mi.xi.0069、0085,图版 CXXXV)。尽管这些雕塑毁坏严重,但还是可以看出其重复出现的数量很大。一个骨瘦如柴的男性雕塑 Mi.xi.0096、0097(图版 CXXXIII)非常奇特,但无法解释它的表现意图,或许是那些苦行僧们的真实写照。另外一些衣饰精美的女性塑像也非常有趣,参见图版 CXXXIII、CXXXV 中标本 Mi.xi.3、0051、0072。其中,最引人注目的是一件雕刻生动、开怀大笑的头像。不过,与前述那些雕塑相比较,佛殿中出土的穿盔甲的武士雕塑变化则较小。

头像的自然特▷
征

出土的大量没有躯体的头像明显是火烧后迅速变硬的。图版 CXXXII、CXXXIII 中所呈现的标本中有一组非常有艺术价值,表现出超凡的雕刻技巧和自然流畅的雕刻形式,作风自由,丝毫没有受到宗教的约束和影响,这一点在精心雕刻的头像 Mi.xi.00102~00104 上表现得尤为明显。这些头像的模范通过犍陀罗传播而来,具有古典风格。第二个头像与第一个

图 285　硕尔楚克明屋遗址西北部佛殿，建筑群 II 末端，自南望

图 286　石窟寺主体，远处为硕尔楚克明屋遗址，自西望

图 287　硕尔楚克明屋遗址北端的佛塔和佛殿，自西北望

图 288　硕尔楚克明屋遗址东南端墓群，自南望

Fresco Mi. xvi. 0014

图 289　硕尔楚克明屋遗址古殿 Mi.xviii 前厅北角和相邻的内殿一端,自南望

图 290　硕尔楚克明屋遗址古殿 Mi.xviii 外部内殿出土的灰泥浅浮雕塑像和圆形塑像基座

图 291　硕尔楚克明屋遗址西北部的佛寺遗址 Mi.x～xii, 自东南望

图 292　库车城北部苏巴什遗址佛塔

图 293　硕尔楚克明屋遗址西北部石窟寺 A 入口处暴露的灰泥浮雕像

图 294　硕尔楚克明屋遗址佛寺 Mi.xli 过道东北角的灰泥浮雕塑像

头像出自同一个范。雕塑家们的这种技术虽然简单，却能够统一他们的作品风格。因为他们是纯粹的工匠。

模制后头像的▷
变化

此外，我们还获得一个面部表情完全被改变的头像，是在模制完毕后又在其上刻画了一些条纹。在图版CXXXII的第二排中，我们还可以看到头像的更有趣的变化形式，四个头像都出自同一模型，但其发型、头饰和珠饰等都有变化，模制和安装时的巧妙变化，把一个自然主义的俗人头像（Mi.xi.0056），变成具有古典希腊神风格的头像（Mi.xi.00107）。仔细对比Mi.xi.0058与Mi.xi.0063，注意其表情的变化，尤其是眼神的变化，前者双目凝视，后者雕刻细致，眼神自然、柔和。

情感的自然表▷
露

Mi.xi.0099是模制的年轻女性的漂亮头像，其面部表情非常自然，使我们联想起哥特式的艺术风格，她向后梳的头发上还扎了一块头巾。在那些浮雕头像中面部表情的表现非常自由，惊人地体现向现实主义雕刻手法转变的趋势，然而这些在犍陀罗风格中则极为少见。其中最出众的杰作是一个大笑的老妇的怪诞头像（Mi.xi.0019），与之媲美的还有一件精心雕刻的大笑状的头像（xi.00100、00125，图版CXXXIII）。一件哭泣状的男性头像也可称为佳作（Mi.xi.0018）。现实主义与丰富想象力大胆结合的作品属Mi.xi.0095（图版CXXXIII），表现的是一个半人半兽的古怪头像，口中正吐着一个骷髅盖骨。

摩诃衍那晚期▷
造像

摩诃衍那（Mahāyāna，大乘）晚期造像中清楚表现的戴着头盖骨制项链的主题，在类似菩萨像中也有所表现，如Mi.xi.0098（图版CXXXIII）。当地艺术家敏锐的自然观察力，从那些雕塑精美的马像（Mi.xi.00138、00139）身上可见一斑（图版CXXXVI），即使是表现他们并不熟悉的大象时，也毫不逊色（Mi.xi.00126、00127，图版CXXXVII）。

最后我们注意到 Mi. xi.00120（图版 CXXXVII）是希腊风 ◁古典的细节
格的瓶子，此外，我们在建筑残片 Mi. xi.00126、00127（图
版 CXXXVII）中也可看到我们熟悉的希腊化佛教艺术的山尖
饰（acroteria）表征和其他经典细节。

还有一座属于第三种类型的寺庙，位于前面所谈的寺庙 ◁东面寺庙遗址
的南面，并与它呈直角。由于上面堆满较厚的土坯，所以就没
有发掘，但大火焚烧而造成的破坏痕迹很清楚，甚至影响到了
通道。我们还对其东面的一个隔开的建筑遗址进行了清理，
其墙壁破坏较甚，内部没有发现任何遗物，其建筑用途尚不清
楚。该遗址以东矗立着许多大殿和房屋的混合建筑，其中最
近的 xiii 建筑可辨认出属于第二种类型的寺庙。它的佛殿面
积为 17 平方英尺见方，内部堆满了烧火过的土坯块。它的前
殿似乎已被人清理过，通往佛殿的入口处的两侧各有一个高
约 2 英尺、宽 15 英寸的造像基座，其上仍残留塑像躯干的部
分残片。

佛殿后面有一间窄室，宽 4 英尺 8 英寸，经发掘在外墙底 ◁iii 穹隆顶室中
的壁画
部发现了大量的装饰壁画。室内东半部残存长约 12 英尺的
类似墙裙的木板（附图 53），未遭扰。主要因为这半部的穹隆
顶仍存，防止了湿气的入侵。然而，除了角落中出土的平面图
中标明 II 的木版画，以及西墙底部的木版画残片，由于西边的
穹隆顶和大多数墙壁早已坍塌，墙壁底部的多数壁画也都已
褪色。在此有两条较矮的拱顶通道可通入佛殿，每条通道宽 4
英尺，高 4 英尺 5 英寸。发现通道内土坯堆积至顶，其中还掺
杂一些从相邻的佛殿塌落进来的泥塑像的残片，如标本 Mi.
xiii.001～005。从西边通道外墙上残留的大量的壁画残片
（Mi.xxxi.10，图版 CXXIV）中，我们可以断定在大火焚烧到佛
殿之前，这两条通道就已被坍塌的土坯所封堵。

壁画的题材▷　　　通道和佛殿中出土的壁画,都是在草拌泥墙面上用颜料绘成。图版 CXXV、CXXVI 是这些壁画的全幅照片,在图版 CXXIV 是彩绘壁画的标本,这些壁画的详尽描述见文后的遗物表。图版 CXXV 上是一组连续的壁画(Mi.xiii.5~9),在窄室北墙上发现。画面用黄色条带分隔为两组:一组表现的是经师与众比丘;另外一组画面展现了一排隐居在森林中的洞窟内的僧侣正在抄写经卷。依据右绕(Pradakṣiṇā)的方向,观看顺序应该是从左向右,西面墙壁的壁画(Mi.xiii.11、12)在前,东墙上的壁画(Mi.xiii.1~4)在后①,东壁上的壁画(图版 CXXVI)是前面提到的北壁壁画的延续,内容被分隔成了三组,各组之间都用黄色条带相互分隔。左边的一组画面表现的是一位手持笔和菩提叶(Pōthī leaf)的坐姿经师,年轻的比丘都跪在他面前,从天空中飘下的一名正在散花的仙女可能是乾闼婆。在中间的一组画面上可以看到一位面对许多合掌比丘的年长坐姿经师以及一位从天而降的乾闼婆。右边的一组画面描绘了一位比丘正在乘云升天,下面两侧分别有正在跪拜的五位年轻比丘和三位具项光的菩萨。最后,在东壁上面朝北的龛中我们发现了一块窄木版画(Mi.xiii.1),上面描绘两位跪着的菩萨(Bodhisattvas),上下分布。在西墙相应的壁龛中发现的木版画 Mi.xiii.II 上,上部描绘了一位比丘,下部是一位跪着的菩萨。与之相连的西壁上的壁画几乎全部毁失,西北角的壁画也已荡然无存。但中间还保存一块壁画(Mi.xiii.12,图版 CXXVI),左边描绘了一位正在供佛的小比丘。上面是一位乘云而下的比丘,右前部跪着一位穿着艳丽

---

① 每块壁画上的标号主要标示在墙壁的位置。这些标号以及附图 53 中的平面图可以准确地反映出这些壁画在墙壁上的原位置。但这些标号不代表画面是从左向右的排列顺序,同样也不表示相反的方向。

的男孩,很可能是一排均面右的拜佛者中的最后一个,现已失。

　　一组木版画描绘的是同一个和同样的佛教故事是非常可能的,不过只有那些造诣深厚的图像专家才能断定。东壁上的木版画显示,故事的结尾是两个年迈的"法师"转变为佛教中的天神如阿罗汉(Arhats)或菩萨。最后的版画 Mi.xiii.i 再现的可能就是这两个神。尽管整个版画的工艺较粗糙,使用色彩也很有限,但风格很大胆、粗犷。考虑到窄室中暗淡的光线——没有发现窗户——要求仔细描绘,并刻画细节不太可能。不过人物特征还是比较明显,尤其是老经师的头部。这些壁画的年代比前面谈到的制作雕塑而发明的模范的年代要更晚一些,这一点没有疑问,至于更确切的年代范围,还有待那些专门从事库车和吐鲁番绘画遗存研究的学者来确定。 ◁佛教故事题材的版画

　　这些壁画有可能是回鹘统治时期的作品,证据就是壁画残片 Mi.xviii.0014(图版 CXXVI)。[①] 此外,该遗址发现的另一块壁画,风格罕见,很特别。具体是指北墙和西墙上所绘的正在写字的经师握笔和持菩提叶的姿势。从遗物表的描述可知,壁画中人物握的笔为毛笔,与菩提叶呈直角。叶子的尖头冲向书写者,其姿势正好适合纵行书写的形式。这种形式书写的文字要么是汉语,要么是回鹘文。由于没有找到任何迹象说明这些壁画是出自汉人之手,所以出自回鹘人的可能性似乎更大。但这一观点并非完全可靠,因为我们还不清楚绘画者所描的是哪种范木。 ◁回鹘统治时期的绘画

　　尽管西通道外墙上的壁画也属同一时期(Mi.xiii.10,图版 CXXIV),但属于不同工艺,其绘画技术更加娴熟。该壁画 ◁西通道墙壁上的画

---

　　① 参见本章第三节。

描绘的是两排佛徒,尽管他们的头没有剃光,而且外衣的颜色和装饰也是五花八门,但他们都是比丘。从上面一排比丘的面部所绘的胡须上可以断定,他们都是年长者。这些壁画不仅轮廓清晰,而且画法也很简练。不过与前室中大量出现晕染现象大不相同的是,这里没有发现像佛殿中所描人物常见的皮肤晕染的现象。这些壁画通过人物表情和头饰等方面的细微变化,突破了题材上的单调。然而,那些袈裟上彩绘花卉的画法极其拙劣,根本就没有考虑衣服上的皱褶,反映出整个作品制作工艺上的草率。

xiv 佛殿中出▷
土的木雕制品

穿过 xiii 佛殿南面露天大厅(M.xiii.10,图版 CXXIV),我们发现一组相连的小佛殿。在最北面的佛殿 xiv 中我们发现了几块精美的木雕制品。上面曾绘彩的金色顶饰(Mi.xiv.002,图版 CXXVIII)很可能是小型寺庙的建筑构件。小型且雕刻精细的残木片 M.xiv.003(图版 CXXVIII),来自一个雕花的圆形小盒,表现了拱形龛中的一个坐佛像。印度—爱奥尼亚型(Indo-Ionic)柱子、马蹄形龛、拱肩上升起的半身雕塑像以及其他一些细节属纯希腊化佛教艺术风格,而且都可以在犍陀罗浮雕艺术品中找到相对应的石雕制品。这些作品无疑是早期制作的,但木头的保存状况都特别好,所以即便是现在我们也会相信,在几个世纪前这个完整的小盒子一定是作为珍品供奉到此地。在此佛殿中还出土了一块菩提叶的残片,可能是一块婆罗谜文书的残片,显然是梵文。

xv 寺庙中的浮▷
雕塑像

紧挨着的那些佛殿中没有任何发现,但在清理位于南坡低台上的一组小建筑时,却收获颇丰。xv 是一座普通的寺庙,面积大约 12 英尺,出土了无数浮雕塑像残片,它们在风格上与 x~xi 中出土的同类遗物有密切联系。此外,还出土了一些有价值的辅助性残件。① 其中最精美的是一件菩萨大头像（Mi.xv.0010,图版 CXXIX）,模制优美,精心加工,甚至能与犍陀地区罗最好的同类雕塑相媲美。所有浮雕塑像都因火烧而变得坚硬,因此也失去了原来的色彩。

在该佛殿的土坯堆中我们发现的两件木雕制品,是该遗址出土的最为精致的木质遗物。一件是保存完好的拱形雕刻木头（mi.xv.0029,图版 CXXVIII）,表现的是一组坐佛形象,上面的金色非常艳丽。这块木雕的一端有凸榫,另一端有榫眼,很可能属于一个大背光的边廓,形制与我们在热瓦克和其他地方的雕塑上发现的同类遗物相一致。② 另一件备受大家重视的木雕是一件精美的雕像（Mi.xv.0031,图版 CXXVII）,高度近 10 英寸,表现的是护世天王的形象,呈现出唐代最典型的风格,特征鲜明且很威严,无疑是出自一位唐代艺术家之手。从中我们可以感觉到来自远东的反向影响。这种影响,在中亚地区佛教灭亡之前的几个世纪里日益明显。

◁ 佛雕像

◁ 护世天王像

在分隔 xv 佛殿与南面佛殿的一堵墙壁上的小龛以及进入 xvi 殿平台的通道中,我们发现了大堆遗物,共计有 17 块火烧后变硬的砖,中心都有高浮雕的菩萨头像。这些砖与我前面描述的 Mi.xxiii.1 砖的形制和大小基本相似。图版 CXXIX 所见的就是这些菩萨头像的标本（Mi.xvi.004、008）。壁龛所在的墙壁实际高度为 3 英尺,表面为鲜红色,第一眼看上去就像是用来烧制这类砖的窑壁一样,此处残留了许多畸形或被扔掉的浮雕残片。这里也发现了一些偶然失火的迹象,因此作其他解释也是有可能的。在 xv 的西边延伸出一排小寺庙,

◁ 有菩萨头像的方砖

①　参见 Mi.xv.005（女塑像的身躯,图版 CXXXV）;Mi.xv.0013~0017,图版 CXXXIII;Mi.xv.0019、0020,图版 CXXXVI。

②　参见斯坦因《古代和田》,第二卷,99 页,图版 LV;R.ii.2,图版 LXXXIII;R.08,图版 LXXXVII。

因部分直接利用土坡建造,所以形制极其独特。对拱形通道的局部清理表明,填充寺庙内部的泥土比较潮湿,其内的壁画装饰几乎完全毁失。

部分清理的▷
xvii 寺庙

中央寺院东北部较高的台地上坐落着一座引人注目的寺庙 xvii,它包括一座方形佛殿,图 287 的右边拍摄的是其西北部,佛殿内土坯堆积很高,经火烧后变得坚硬。在佛殿入口处清理到一半时,出土了许多浮雕塑像残片,其中包括一些模制的精美头像,几乎都与真人同大(Mi.xvii.003~005,图版 CXXX、CXXXI),与此处发现的其他浮雕塑像相同,在风格上与 Mi.x~xi 很接近。然而,始终没有发现属于这些头像的身躯部分。因为在被大火烧硬之前,绘画的墙面就已坍塌,所以几乎都变成了碎片。此外,在入口处附近还发现了一枚开元通宝铜币。

xix、xx 组佛殿▷

在 xvii 北部的一组紧紧相连的小佛殿和佛塔中,仅两处出土有遗物。在小佛殿 xx 中发现的铜装饰品残件(Mi.xx.001、002,图版 CXXVIII)是雕刻精美的木柱子顶部,带叶板装饰,呈现出印度—科林斯式的风格。在几乎被毁坏的佛塔 xx 的基座上,出土了一页残纸片,上面有潦草的字迹,看起来像突厥的如尼北欧古文书,具体性质尚未确定。

xviii 寺庙的建▷
筑特征

在上面提到的那组佛殿的西边散布着十多座佛塔和佛殿。图 287 的左边可看到其中一部分,位于遗址的西北边。除了下面写上要描述的 xviii 佛殿,其他佛殿中没有发现任何有价值的遗物。xviii 佛殿的结构呈现出一些特别之处:首先,值得注意的是该遗址没有任何被火焚烧的痕迹,而被故意破坏的痕迹很明显。从一个面向东北的院落或走廊可进入一个面积大约 17 英尺见方的前室(图 289),原来室顶似乎不是拱形,室内堆满土坯,堆高约 3 英尺。从西墙角出土的壁画判断,这个前室以前应该有顶。因此,我猜测它的顶一定是用木头建造,虽没有被火烧,但在该遗址遭破坏后,可能被搬到别处作为他用了。前室对面是一间小佛殿,$9\frac{1}{2}$英尺×6英尺,三面被一条宽4英尺多的拱顶通道所环绕,虽保存较好,但非常遗憾的是其墙面只经过刷白,而没有任何壁画。

在前厅的角落,即入口处的两侧各残存一件浮雕塑像基座。基座前部出有各种麻布和丝绸品残片,可能是供奉之物,这将在 Mi.xviii.0012 遗物中进行具体描述。在清理佛殿中的土坯堆时,还发现了更多有趣的遗物。沿西墙延伸的大平台上原先放置有塑像,现在只残留了泥塑像的木骨部分。发现的带有各种装饰的圆形基座,在图 290 中可以看到其全貌,直径大约16 英寸,Mi.xviii.001 中一半已被安全运走(图版 CXXXVIII)[①]。该基座用浮雕的花卉图案装饰,而且前后半圆座上的图案均相似,其色彩绚丽而和谐,保存得相当好。图案主题中央为一个瓶子,沿中水平方向散布类似康乃馨(carnations)的花朵和叶板。同样的色彩也见于两件坐姿和立姿的真人大小的菩萨像上(Mi.xviii.002、009,图版 CXXXVIII)。

◁前室和佛殿中的发现

在图 290 中展现的是一件保存较好的模制精美的浮雕塑像,表现的是一位穿着刺绣华丽外衣、站立在莲花座上的菩萨像。她上身较短的外衣和覆盖双腿的袈裟上的花卉图案风格非常自然,使人联想到中国制造的彩色丝绸工艺。这尊大塑像发现时被扔在北部的通道中,可能是从佛殿的相应位置的台座上扔下来。因为塑像太重,我们无法搬动。因此,与处理

◁浮雕的菩萨塑像等

---

①　因为整个基座太大,无法通过喀拉库拉木(Kara-koram)隘口运输。即便是运走基座的一半,也需要掏空后才能安全打包,抵约一匹骆驼驮载量的一半。

图295 明屋遗址佛寺Mi.xii过道西北角的灰泥浮雕塑群

图296 法哈特伯亚依拉克神殿F.XII，东北墙的灰泥浮雕
和蛋彩壁画遗迹

图 297 霍拉遗址的佛殿,自东南望

图 298 硕尔楚克明屋遗址北部石窟 A 的入口

发掘的其他佛殿一样,当我们再度掩埋这座佛殿时,为了安全起见,我将它放置在拱顶通道内。两尊硕大的站姿塑像身躯(图290)在被我们发现时,平卧在佛殿前面,而且都遭受过严重破坏,可能是门神(Dvārapālas)像。出土的与真人手臂同大的泥塑手臂(Mi.xviii.003,图版CXXXVIII),在近肩部处雕饰有形状古怪的精美兽头,因此可能是护世天王的残臂,其他残留的彩绘浮雕残片中,值得一提的还有一个与真人头大小相仿的菩萨头像(Mi.xviii.0010,图版CXXXI)、一个天真烂漫表情的童子塑像(Mi.xviii.006,图版CXXXV)和一只举有圆雕佛像的大手(Mi.xviii.005,图版CXXXVII)。

前室中出土的▷
壁画残片

拱顶通道的外墙面,除西角残留外,其他已几乎毁尽。在墙壁底部幸存的一些奇特的壁画残片(Mi.xviii.00140),可参见图版CXXVI。其中两块壁画上描绘的主题内容可参考遗物表中的描述。这里需要指出上面所述的那件作品,描绘的是一条生机勃勃的龙从波浪中升起,准备袭击一个赤足的男人,尽管制作仓促,但表现出了大胆和高超的技艺。在其下面的那一块壁画中,有9行较短的回鹘文,书写在供养人像旁边,内容仍待释读。此外,上面那件壁画的内容也尚待解释。这里需要补充说明的是,在佛殿入口左侧的矮基座上也发现了回鹘文文书残篇。

遗址北部的古▷
代烽燧

在离开明屋遗址之前,我必须简要介绍那座显目的烽燧(附图51),它位于遗址北部狭窄的山脊上,可俯瞰到遗址北部主要的一组洞窟。如图281所示,由于烽燧的地理位置显要,所以在遗址中就可以望见。燧体用土坯建造,非常坚固。底座约24英尺见方,高度仍达25英尺。我在匆忙调查洞窟的途中,对该烽燧进行了勘察,发现土坯建造的墙壁上每隔一定距离就在土坯之间夹入一层很薄的芦苇。这些不由得使我想起了我所熟悉的古代敦煌烽燧中较普遍的构筑方法。当时我并没有意识到这一发现的重要意义,直到我们从霍拉遗址向库尔勒前进时,路过了又一个同样坚固的烽燧。其结构与前者完全相同,位于山脊的一段高突壁上,与前者南面相距约3.5英里。我必须深入研究并寻找这些烽燧的渊源,同时还有必要在这里补充说明。天气晴朗时,站在明屋的烽燧上,可以一眼望到焉耆山谷以远的地方。在直线距离大约5.5英里外的博格达沙尔,也能轻易地望见烽燧。烽燧的北墙与一道破坏较甚的小围墙相连。从最近对这座坚固的土坯烽燧的盗掘痕迹来看,可能它被误认为是佛塔了。

第四节　明屋、硕尔楚克和焉耆遗址的出土遗物

Mi.i.001. **泥塑像残件。** 为佛像的面部,与真人同大,耳朵和头发残失。圆脸,眼睛直视,肤色惨白。眉毛、眼睛的轮廓和眼球均为黑色,上眼皮和嘴唇为红色,胡须为蓝色。前额上有一个红色圆圈,周围是红色圆点(残)。类似遗物的参见 Mi.i.002,vii.003。下颌至头顶为 $3\frac{3}{4}$ 英寸(图版CXXXII)。

Mi.i.002. **泥塑残件。** 为佛像的面部,与 Mi.001 相似,但较大些。右半部仅存眼睛以下,左半部仅存鼻子和嘴巴。有黑色胡须。保存较差,表面涂的白色石膏大部分已失。嘴唇为红色。泥质细软,内掺纤维。下颌至鼻子4英寸。

Mi.i.003. **塑像砖残件。** 头像砖残部,与 Mi.xxiii.i 相同。右下角残存菩萨的右耳和耳环。5 英寸×$4\frac{3}{4}$英寸。

Mi.i.004.a~h. **泥塑残件。** 为帷幕残部(纺织物),是突起的上楣边上的残片。b、h 是悬挂帷幕的平边,彩绘。帷幕中央绘有一朵花,花蕊为白色,有五片绿色花瓣,边廓为白色和朱红色。花朵外面的两侧有扇形花瓣,底色为玫瑰红和乳黄色,中央为褐色,轮廓为朱红色。再向外是一系列的月牙形图案,蓝色、白色(饰以朱红色边)、褐色、玫瑰红、白色(饰以朱红色边)和绿色垂直

排列。h 上的图案保存完好。

下面是帷幕的顶端,由成排的方形浮雕间以两条平的朱红色线条构成(a、f 保存完好)。

其下为帷幕:一排下垂的三角形浮雕垂带与流苏交替排列(c、d 保存完好)。三角形垂带的外缘用浅绿色火焰纹装饰。在三角形纹内,有与帷幕顶端图案相同的边,均为红色,中央有三角形图案,三角形内绘白色花朵,有四片花瓣。垂带从红色绳索下垂形成由线条构成的圆形边。垂带由以下部分组成:首先是两个红色圆环,其下为一排青色花瓣,再下面又是两个圆环,最下面是一排淡绿色铃。下垂的三角形与垂带之间的底色为棕红色。

15 个下垂的三角形仅存两个,15 个垂带仅存两个,a 与 b 相连,泥中掺有许多纤维。

连接起来的长度为 4 英尺 $6\frac{1}{2}$ 英寸,宽 6 英寸,平滑的边宽 $1\frac{1}{2}$ 英寸。g、h 见图版 CXXXVII。

Mi.ii.001. **木雕像**。右手半握,参见 Mi.ii.009。手上没有凹槽,表面涂有很厚的白色石膏,其上可能以前涂过金色或绘过彩。手指是分别制作的。最大 $2\frac{1}{4}$ 英寸,指关节宽 $\frac{7}{8}$ 英寸。

Mi.ii.002. **塑像砖残块**。仅存砖的残部,与 Mi.xxiii.1 相同,是同一范制作。表面为菩萨头像,仅存头至发带和右耳部分,此外还残留底座的右下角。最大残块高 $6\frac{1}{4}$ 英寸,宽 $6\frac{5}{8}$ 英寸。

Mi.ii.003、004. **泥镶边饰**。两片,彩绘,与 Mi.i.004 相似,可能是窗帘上部的框架。底色为白色,上绘菱格纹,边用朱红色勾勒,菱格纹的边饰三角形。菱格纹(白色)内还有小菱格纹,饰绿色或蓝灰色彩。方格纹内绘朱红色或淡粉色玫瑰,红棕色蕊。三角形饰朱红色或淡粉色彩,中心饰红棕色彩。表面已残破。泥质细软,内掺纤维。$5\frac{1}{4}$ 英寸和 $5\frac{1}{2}$ 英寸×$2\frac{1}{4}$ 英寸和 $1\frac{1}{4}$ 英寸。

Mi.ii.005.　墙面残片。表面涂金色。凸面，可能是人物的颈部残片。$2\frac{3}{4}$ 英寸×$2\frac{1}{4}$ 英寸×$\frac{3}{8}$~$\frac{1}{4}$ 英寸。

Mi.ii.006.a、b.　泥塑残件。a 较小，是一个巨大人像右手的第三个指头；b 是同一只手的食指。皮肤上涂金色，指甲上饰深色彩（以前是红色）。指甲为 $1\frac{1}{4}$ 英寸×$1\frac{1}{4}$ 英寸；a 为 $8\frac{1}{4}$ 英寸×4 英寸；b 为 $5\frac{5}{8}$ 英寸×$1\frac{3}{4}$ 英寸。

Mi.ii.007.　泥塑残片。人像的左手，与真人的手同大。侧下垂，拇指上残存？色和红色衣纹。从腕部残断。表面涂白色石膏。泥质细软，内掺纤维。8 英寸×$3\frac{1}{4}$ 英寸×$3\frac{1}{4}$ 英寸。图版 CXXXIX。

Mi.ii.008（误标为 ii.001）　泥塑残片。为人物的头饰残片，与 Mi.xi.00 相似。玫瑰花，六瓣，有串珠作边廓，没有绘彩。直径 2 英寸。

Mi.ii.009（误标为 ii.002）　木雕残片。人像的右手，手指紧紧捏在一起，可能捏的是袈裟。只有第三个指头完整，没有饰彩。紧捏的手指下面有十字形凹槽，沿手掌边有一纵向深凹槽，这个很不自然。没有饰彩。是分别制作并粘贴在一起的。最大 $3\frac{5}{8}$ 英寸，指关节 $1\frac{3}{8}$ 英寸。

Mi.iv.001.　泥范残片。用来制作坐佛（$3\frac{1}{2}$ 英寸×$2\frac{1}{8}$ 英寸×$\frac{7}{8}$ 英寸）；两绺鬈发（与 Mi.xi.00107 卷毛相似），每绺 2 英寸×1 英寸×$\frac{1}{2}$ 英寸；还有两绺之字形发股。从中间断裂，前者仅存一端，后者仅存两个之字形部分。（$2\frac{3}{4}$ 英寸×$\frac{7}{8}$ 英寸×$\frac{1}{2}$ 英寸）坐佛头部的所有物件都将留待以后保护修复。圆形末端上有横切的孔。$12\frac{1}{2}$ 英寸×6 英寸×$1\frac{1}{4}$ 英寸。图版 CXXXVII。

Mi.v.001.　泥塑头像。与 Mi.xi.00 的人物相同。头饰部分,冠的右半部、右半个脸及左耳残失。下颌至头顶 $3\frac{1}{2}$ 英寸。

Mi.v.002.　一对木门闩(把手)。白色底上彩绘红、蓝和黄色。相同的见 xxxiii.0013、0019~0022。高 $1\frac{1}{4}$ 英寸和 $1\frac{1}{8}$ 英寸,直径 $\frac{7}{8}$ 英寸和 $\frac{3}{4}$ 英寸。

Mi.v.003.　拱形木雕。微型,弯曲呈皇冠状,一端已残,另一端有小榫钉,可能是固定在其他东西上的。上面有浮雕装饰。中央莲花上有一串联珠饰的火焰纹(绿色),每一侧都有一个类似龙的动物的头部和颈部,立于地上,下颌以下不存,但可见一排上齿和突出的眼睛。动物的头和背弯曲呈 S 形。鬃毛为朱红色,头和背部表面为蓝色,背面为棕红色(只留一部分)。拱形长 $6\frac{3}{8}$ 英寸,宽 $1\frac{1}{4}$ ~ $\frac{7}{8}$ 英寸,厚 $\frac{5}{8}$ 英寸。图版 CXXVIII。

Mi.v.004.　木雕残件。较直的一块上面浮雕着与 Mi.v.003 相同的动物。两端均残,可能是一块木板或拱形物的支架。色彩几乎全褪,但仍可见鬃毛为朱红色,颈部为棕红色。表面可见四个动物头部。$7\frac{1}{2}$ 英寸×1 英寸。

Mi.v.005.　木雕残件。扁平,类似火焰的残部,残留红彩。背面是平的,方形截面上有一个突起的短榫舌。背面的泥土上粘着一小片纺织松散的棉织物(?)。$3\frac{3}{4}$ 英寸×$1\frac{3}{4}$ 英寸×$\frac{1}{2}$ 英寸。

Mi.v.006.　木雕莲花残件。为半朵莲花,饰红色彩。相同的见 Mi.v.0010。$6\frac{1}{4}$ 平方英寸,总厚度 $2\frac{1}{2}$ 英寸。

Mi.v.007.　木架残件。直木杆,两端截面为长方形,沿边有一个榫头和两个突起的榫舌。背面每端都有一个榫眼,已残。饰过两层彩:(1)红色边框内绘蓝色条带纹。(2)蓝色边框内有金色条纹。第二层彩大部分已脱落,仅保存底层彩。被火烧过。$16\frac{1}{4}$英寸×$2\frac{3}{8}$英寸（包括榫头$2\frac{3}{4}$英寸）×$1\frac{3}{8}$英寸。

Mi.v.008.　彩绘木版画。一块，一端有凹槽，中间有两颗倾斜的木钉。深色底，上绘银色网格纹。网格内填以星状图案，是由四个不规则设置的菱格纹构成的星状。图案相连的三角处有一个或三个菱格纹。凹槽的一端有蓝色和绿色点。2英尺5英寸×$3\frac{7}{8}$英寸×$\frac{5}{8}$英寸。

Mi.v.009.　象头木雕。浮雕残件，象牙、鼻和右耳残失。耳朵下面即为残断的左前腿，很短，蹄下有一个小基座支撑。前额上有木钉孔。耳朵呈扇形，是由五条带纹折叠而成。工艺较粗，且拙劣，腐朽严重。$5\frac{1}{4}$英寸（包括脚）×$3\frac{1}{4}$英寸×$2\frac{3}{8}$英寸。

Mi.v.0010.　方形木块。上半部向下切割，车床加工成浅杯状，中心为圆形浮雕，与边缘同高。实际表现的是方形底座上的一朵莲花。花瓣饰红彩，底座个别地方有白色边框，似乎表明它以前被放置在一个框架内，中心下凹且饰黑彩。背面中央有木钉孔，以前可能是固定在墙壁上的装饰品。与 Mi.v.006、vii.0015 相同。$6\frac{1}{4}$英寸见方，总厚$3\frac{1}{4}$英寸，方形底座为$1\frac{1}{4}$英寸。

Mi.vii.1.木条。彩绘，带铭文。为木版画的底部残块，表面有彩绘人物（？）。背面较平，残留粘胶。表面垂直向上突起 1 英寸，然后以 35 度角向后倾斜。上部边缘残。左边背面有凹槽，用来固定圆边。右边直切，表面饰浅红色和绿色彩。

坡面上彩绘环形带纹，构成多组的五个半圆形，每五个半圆形内都悬挂着半开的莲花，有直茎。从左端看上去，五个半圆形的轮廓呈波纹状。彩绘呈暗灰、淡绿、橙色、粉红和米色。

在垂直表面的底部有一行龟兹文，用双黑色线条分成五个词组，系莲花上的佛名(参见霍恩雷的附录 F)。铭文为白底黑字,边廓红色。保存完好。$21\frac{1}{2}$英寸×$3\frac{1}{4}$英寸。

Mi.vii.001、002. 泥塑残件。头饰上的结与 Mi.xi.00b 的形状相同。白色底上绘黑彩。001 有第二股向上卷曲的头发,木骨仍存。001 高$3\frac{7}{8}$英寸,002 高 $2\frac{3}{8}$英寸。

Mi.vii.003. 泥塑残件。人像,面部与 Mi.i.001 相同。只残留嘴和鼻子,保存较差。嘴唇为红色,面部为白色,无胡须。泥质细软,内掺纤维。嘴至鼻尖 2 英寸。

Mi.vii.004. 泥塑残件。人像的大脚趾,趾甲剪得很短,上有凹槽。残留深红彩。长 $1\frac{7}{8}$英寸。

Mi.vii.005、006. 泥塑残件。人像头饰上的结,与 *Mi.xi.00 的 b 形形相同。顶部饰红彩,上有弯曲的黑色带纹。木骨突出。005 高 $2\frac{1}{2}$英寸,006 高 2 英寸。

Mi.vii.007. 泥塑残件。为六瓣玫瑰花,与 *Mi.xi.00 相同,可能用于头饰。花瓣呈铜绿色,花瓣之间有藤蔓,花蕊为串珠饰的浮雕圆环,饰朱红色彩。花瓣的一瓣残失。色彩鲜艳。直径 2 英寸。

Mi.vii.008. 泥塑残件。与 *Mi.xi.00a 的形状相同,为玫瑰花的边缘,可能是头饰。花瓣的形状与 Mi.vii.007 相同。花蕊的边廓有串珠饰,饰朱红色彩。花瓣上残留绿色和粉色彩。直径 $2\frac{1}{2}$英寸。

Mi.vii.009. 泥塑残件。为背光的尖顶饰。两个圆圈外廓内的六瓣玫瑰。花瓣呈铜绿色,花蕊为朱红色。外圈为朱红色,边上有向右卷曲的火焰纹。为背面向上结合在泥塑像上的饰件,两个分叉的尖饰边缘已残。直径$2\frac{5}{8}$英寸。

Mi.vii.0010. **泥塑残件。**为玫瑰花,外边有一串珠圈。花朵由 7 个尖状带藤蔓的花瓣构成。整个图案饰淡绿色彩。直径 $1\frac{5}{8}$ 英寸。

Mi.vii.0011. **泥塑残件。**叶尖饰,与 Mi.vii.009 相同。一面已残。图案用粉色勾勒,花瓣为绿色,花蕊为橘黄色。直径 $2\frac{1}{2}$ 英寸。

Mi.vii.0012、0013. **泥塑残件。**两朵玫瑰花,中心为凸饰,在突起的圆环中,边廓为串珠饰。0013 饰朱红色彩,0012 饰深红色彩。0012 直径 $1\frac{7}{8}$ 英寸,0013 直径 $1\frac{1}{16}$ 英寸。

Mi.vii.0014. **泥塑残件。**可能是一只飞鸟的正面。程式化的绘画,为传统花朵的剖面,类似的遗物可参见 Yo.00176,Khot.007。鸟上部和尾巴为浮雕。细部已残。高 $2\frac{3}{4}$ 英寸。

Mi.vii.0015. **木雕莲花。**半朵,与 Mi.v.006、0010 相同。中心的凸饰已残。莲瓣为红色,边廓和背景为黑色。表面绘浅绿色彩(边缘不饰彩),背面有方形钉孔。呈对角线状残断。边缘和背面为黑色。边长 $7\frac{3}{4}$ 英寸,$1\frac{1}{2}$~$2\frac{1}{2}$ 英寸厚;凸饰直径 $5\frac{5}{8}$ 英寸。

Mi.vii.0016、0018. **木版画残块。**残成两块,与 Mi.vii.0017 很相似,表现的是立佛像,只是左手放在旁边。莲花座为绿色,背景为栗色(0016 颜色几乎全部褪光)。0018 的右下角站立一个毛茸茸的动物,身体为白色,轮廓用黑色勾勒,脚爪、颈类似骆驼,动物仰头望佛。佛像皮肤上有紫红色晕染。工艺精湛。16 英寸×$5\frac{1}{4}$ 英寸×$\frac{1}{2}$ 英寸;16 英寸×$2\frac{5}{8}$ 英寸×$\frac{1}{2}$ 英寸。

Mi.vii.0017. **木版画。**一边残断并经火烧。描绘的是坐佛像,佛立于白色莲花座上,身着红色袈裟,加红棕色边,绿色内衣用黑色勾边,一直垂至脚踝。左手放在胸部,拇指和食指捏在一起,作辩论状。头光圈分别为红色、绿色(外圈)和粉色;背光外圈为红色,内圈为绿色,用紫色、紫棕色和绿色晕染。彩色圈之间以白色圈分隔。外缘为黑色。皮肤的轮廓为红色。磨损严重,腐朽。颜色柔和且呈粉末状。$16\frac{1}{4}$英寸$\times 5\frac{1}{4}$英寸$\times \frac{5}{8}$英寸。

Mi.vii.0019. **木版画**。印度风格,完整且保存比较好。版画四边原先有木板与之相交,角上保存有这些木版画的边缘部分。表现的是坐姿菩萨,菩萨坐于马蹄形龛中。右手放在胸部,施思维印(vitarka-mudrā),旁边的左手向上伸直,掌心朝胸,第二和第三根手指略微弯曲。面部丰满,眼睛直瞪,灰蓝色头发垂肩。肩宽,身体呈 V 形。肤色为深粉色,有红色晕染,轮廓用红棕色勾勒;眉毛、眼睫毛和头发的轮廓为黑色。

衣服包括灰色长袍或裙子,覆盖双腿;一条白色肩带,用橘黄色勾勒轮廓;灰色方巾缠绕胸部(僧祇支——译者)。戴厚重的项链,耳环为橘黄色,手镯和臂环(镶绿色珠宝)用红棕色线条表示,鞋也用线条表示。巨冠三重,米色,红色线条勾勒,冠前饰三颗珠宝(同千佛洞中出土的印度菩萨像等上的相同Ch.iv.007)。冠两侧红棕色垂带分披两肩,又下垂绕肘,再垂至双膝而下。

腿在脚踝处交叉,脚趾向下,趾尖着地(格伦威德尔《印度佛教艺术》图 139);脚下是一个传统的莲花踏座。圆形头光和背光有橘黄色和深红色边廓,中心为铜绿色,上面绘之字形射线,分别为红棕色和黄绿色。壁龛的背景为灰色。底座呈长方形,表面分隔成方形块,对角线再分隔,构成许多三角形。马蹄形龛末端卷曲,米色,并用圆环装饰,圆环轮廓为红棕色。龛下两侧有立柱,柱头束腰,柱下端呈球状立于柱础之上。

木板的顶部和底部 0.5 英寸为空白,用来安装框架。右下角被火烧过,残成三块,但已复原,表面保存很好,仅底边残。$15\frac{3}{4}$英寸$\times 10\frac{3}{4}$英寸$\times \frac{1}{2}$英寸。图版 CXXIV。

Mi.vii.0020~0023. **泥塑残件**。四件,飘动的衣纹,白色底上绘橘黄色衣褶。平雕。最大 6 英寸。

Mi.vii.0024.　**壁画残块**。背面为草席,其上涂草拌泥。表面内凹,图案无法辨别。有黑色、粉色和蓝色彩。6 英寸×$4\frac{1}{4}$英寸;草席 16 英寸×8 英寸。

Mi.vii.0025.　**壁画残块**。坐佛像的上半部(?)。用黑色勾勒轮廓和细部。皮肤为粉红色,着红棕色袈裟。背光为绿色,用黄色勾勒轮廓,边廓为红棕色火焰纹,底色分别为米色、粉色和红色。外缘为绿色。工艺较差。最大$3\frac{5}{8}$英寸,图版 XII(误标为 Mi.vii.0022)。

Mi.ix.001.　**木雕镶板**。横断面呈半圆形,背面呈半圆状,表面扁平,只是在底端 2 英寸处,表面朝中间突起,剖面呈三角形。突出部分构成壁龛,内刻人像。左侧为一立佛(?),有肉髻,头无光环,右手挂佛杖;左手拿一只碗,已残。右侧龛雕两身跪像,双手合十作礼拜状。

平面上端另有两组人物浮雕,上下排列。上面一组是佛和一个撑华盖的侍从。两者都朝右侧倾四分之三,站立,佛像有头光、肉髻及长耳垂。除胸衣外,佛像裸着身子,右手高举,施无畏印,左手置其身旁,施与愿印。侍从下身穿长袍,戴披肩和项链,似一菩萨,头发在顶部打个结,手中华盖顶残失。下面一组的画面为:佛在左边站立于莲花座上,其穿着和手势与前者相同。右边有三尊跪着的小人像,呈上下竖立式。上面的两尊双手合十作礼拜状,最下面的一尊俯身,头着地,其姿势表明他就是燃灯佛(富歇《犍陀罗艺术》第 273 页等)装扮与佛不同,不是莲花座上的佛像。

佛像雕刻精美,连表面细节手法都极精巧,雕像各处残留彩绘。大多数跪姿人像头发为黑色;中间画面的背景为朱红色;下面突出的壁龛背景分别为红色和蓝色,其中右边跪着的人像中有一个着红色袈裟。右侧边缘带内有一颗铜钉,可把雕像挺直地钉在墙上或镶入背景之中。背面上还可见到一些其他钉子的痕迹。$10\frac{7}{8}$英寸×$2\frac{1}{2}$英寸。图版 CXXVII。

Mi.ix.002. （误标为 I.ii.008）。木雕托座。长条形,剖面呈方形。从侧面看突起的头部(三分之二)的上半部刻成三层(上面和下面是直的,中间呈弧形)。下半部略向内斜杀,呈卷云纹。白地上饰红色和蓝色彩。固定在墙壁上的一端上有 1 英寸的钉孔。雕刻粗糙。长 $13\frac{1}{4}$ 英寸(突起部分 $8\frac{1}{2}$ 英寸),宽 $3\frac{1}{2}$ 英寸,高 4 英寸。图版 CXXVIII。

Mi.x.001. **泥塑残件**。头部与 * Mi.xi.00 属同一类型,头饰以上残。高 $2\frac{3}{4}$ 英寸。

Mi.x.002. **泥塑残件**。可能是手臂上的装饰。同样的见 * Mi.xi.00。玫瑰花,有 12 片花瓣,外廓为串珠。玫瑰的直径 $1\frac{1}{4}$ 英寸。

Mi.x.003. **泥塑残件**。人像,仅存头至胸部及右臀部。同样的参见 Mi.xi.00。右边已残。左臂自肘部残断,向前弯曲,臂有玫瑰装饰,其下可见衣纹。高 5 英寸。

Mi.x.004~007. **泥塑残件**。头像,见 * Mi.xi.00.004,左耳和右耳垂残失。头发上残留许多钴蓝色彩,发带被破坏,头饰已失。头饰以上残。005 头和头发为蓝色,眼睛白底上饰蓝色彩,耳朵和鼻子已残。发带以上的头饰不见。006 左头饰上的玫瑰仍存,右半脸剥落。007 头饰上的两朵玫瑰都保存比较好,两耳垂均残。高 $2\frac{3}{4}$ 英寸。

Mi.x.008. **泥塑残件**。* Mi.xi.00 人像头上的头饰,属 b 型头饰上的结,深红色彩。高 2 英寸。

Mi.x.009、0010. **泥塑残件**。头像,两件。与 Mi.xi.005 相似。009 左半张脸和头部后面残失。0010 头后面的鬐发不见,上面残留蓝色彩。表面磨损。高 2 英寸。

Mi.x.0011. **泥塑残件**。人像,与 Mi.xxvi.002 相似。只残存头顶至腰部分。手臂由肩部断裂,左臂向上伸直,右臂也上举。从背面看该人像安置在墙角上,从而可以断定他是墙壁上成排人像中的最后一个。另外有一个人像与之呈直角。高 4 英寸。

Mi.x.0012.　**泥塑残件**。男性人像,与 Mi.x.0011 等相同,但体型较大。头、臂、腿膝盖以下及大部分装饰品均残失。人物直立,着僧祇支和腰布,面部可能与 Mi.xxvi.001 相似。模制,坚固。残留有用以固定在墙壁上的木钉孔。参见 Mi.xii.003 等。高 6 英寸。图版 CXXXV。

Mi.x.0013.　**泥塑残件**。人像的右臂,与 *Mi.xi.00 相同。自前臂中间残断。手腕上有两只手镯,手中举杆。长 $2\frac{3}{4}$ 英寸。

Mi.x.0014.　**泥塑残件**。人像的左手,与 *Mi.xi.00 相同。手腕以下残断。长 2 英寸。

Mi.x.0015.　**泥塑残件**。为六朵花瓣的玫瑰花,用串珠作轮廓。直径 2 英寸。

Mi.x.0016.　**泥塑残件**。与 Mi.xi.0075 相同,是一朵大玫瑰花的中心。直径 $1\frac{3}{8}$ 英寸。

Mi.x.0017.　**泥塑残件**。玫瑰花,中心突起,用串珠作轮廓。表面残存金箔。直径 1 英寸。

Mi.x.0018.　**泥塑残件**。男性头像,哭泣状脸面。头发为黑色,现已残失(包括头饰)。与 *Mi.xi.00.a.很相似。前额上有数道皱纹,眉毛较短,略上翻,因此可以看到上眼皮;眼睛细长,在鼻子的上部略倾斜,眼角有鱼尾纹;眼窝的下边描绘清楚。鼻子已残。张口,露齿(牙齿为白色,嘴里和嘴唇为红色);嘴角的皱纹很深。耳朵已残失。面部呈粉色,眉毛为黑色,眼睛为黑和白色。高 4 英寸。图版 CXXXII。

Mi.x.0019.　**泥塑残件**。女性头像,面容呈怪异笑相。头发从中间分开,一直向后梳垂至耳下。前额上有皱纹,眉毛突起且上挑,脸颊突起,眼睛深凹且长;眼窝较深,厚眼皮。尖鼻,口裂较长,下颏裂缝,细颈。是一个机智的讽刺作品。下颏至头顶 $1\frac{7}{8}$ 英寸。图版 CXXXII。

Mi.x.0020.　**泥塑残件**。人像的右脚,在脚踝处残断。趾甲很逼真。制作得很结实,背面有火烧痕迹。$1\frac{3}{8}$ 英寸。

Mi.x.0021.　**泥塑残件**。可能是大象的腿部,与 Mi.xi.0016、0017 大小相当。腿部缠绕直径 2 英寸的玫瑰花带,前面的玫瑰花外廓为珠串饰,其下再悬挂两个铃铛。形制与 L.A.00104 相同。长度 4 英寸,直径 $2\frac{3}{4}$ 英寸。

Mi.x.0022、0023.　**泥塑残件**。两块,火焰纹的尖饰,类似 Mi.xi.0087。0022 的顶部残。0023 的左边已残。0022 宽 $4\frac{3}{4}$ 英寸,0023 高 $4\frac{3}{4}$ 英寸。

Mi.x.0024.　**泥塑残件**。与 Mi.xi.3 相同,是流苏。长度 $1\frac{7}{8}$ 英寸。

Mi.x.0025.　**泥塑残件**。衣纹的末端。每一面都有火焰纹,中间有表示向上火焰的红色线条。两面的顶部均残。$3\frac{1}{2}$ 英寸×1 英寸。

Mi.x.0026.　**泥塑残件**。莲花,与 Mi.xxvi.006 相同,但比较小。莲花固定在主茎上,上面有钉孔。高 $1\frac{1}{2}$ 英寸,直径 2 英寸。

Mi.x.0027.　**泥塑残件**。莲花、玫瑰花蕊,有七个花瓣,螺旋式的排列,并向右倾。参见 Mi.xv.0024。表面涂金色,并饰红色彩。直径 4 英寸。

Mi.x.0028~0033.　**泥塑残件**。建筑上楣上的装饰品,流苏。参见 Mi.xi.00127。方形帽上残留红色和蓝色彩,球形饰为绿色。0028 ~ 0031 与 Mi.xii.0031 一样大。$2\frac{1}{8}$ 英寸×$\frac{15}{16}$ 英寸×$\frac{5}{8}$ 英寸(最下边已残);0032、0033 与 Mi.xii.00127 同大。

Mi.x~xi.001~004.　**四片玻璃**。从制作念珠的工作间中出土。001、003

为短棍形,末端有玻璃球,很坚硬;002 也一样,但球是扁的,可能是用铁钳夹出来时造成的。004 与 002 相似,钻孔,内有丝线残断。出自寺庙中,可能是一位工匠的贡品。反映了当地的玻璃手工业水平。最大片直径 $\frac{3}{4}$ 英寸,002、003 见图版 IV。

Mi.xi.3. **泥塑残件。**女性的上半身。面部表情呈笑相,张口,眼睛眯成一条缝,前额和眼角有皱纹,脸颊上有酒窝。头发和头饰(发带以上)与 Mi.x.00 相同。左耳玫瑰形耳饰已失。穿外衣,窄肩,短袖,带刺绣边。紧身内衣为圆领,较高,很厚,袖子至肘部。背上罩一披肩,覆盖两肘,向下一直垂到臀部,在肚脐前打结,可能呈环状垂到膝盖。衣纹见 Mi.xi.0051～0055、0072～0074。披肩在左肩前部缠绕。右前臂、左臂、大部分披肩和身体腰部以下均残失。同样的人像,但由不同的范制而成,可参见 Mi.xi.0051～0055、0072～0074。同类头像可参见 Mi.xi.0082。高 8 英寸,下颏至头顶 $2\frac{1}{2}$ 英寸。图版 CXXXIII。

*** Mi.xi.00.概述**

系列泥塑人像残件。菩萨,头部均出自一个范,身躯只有两种由不同的模范制作而成,手臂及附件等均分别制作,细部特征区别较大。脸部丰满,圆形;脖子很粗,下颏小;小口呈弓形,丰满;鼻子与前额呈直角,鼻孔较小且深,鼻梁较窄,尖鼻。眉毛窄长,呈拱形;眼睛突起,前额上的皱纹延伸至眼睛,且挖空至鼻子,上面如同一只大盖盖在上面。眼闭成缝,露白色眼球。耳朵很长,耳垂被耳环遮住,圆形耳环边廓为串珠饰。

头发从中间分开,并用发带扎成新月形,到耳后部变大。头饰包括:素面外廓之间有一条方形珠饰发带,头顶上的大莲花结一般与 Mi.xi.001 相同,外廓为串珠,前面被两个半朵玫瑰分隔;右耳上的玫瑰中心漏掉一撮头发,左耳上也同样漏掉一撮头发。这种装饰显示其发型与 a 相同。

有些塑像没有这些装饰,见 Mi.xi.003。用头巾在头上缠绕两圈来代替串珠装饰的发带,其上有扇形头结。头发在右耳朵上从头巾中出来,曲卷,并向后梳。左耳朵上有松散的头发，没有固定在头巾中。两者发型均相同，并与Mi.xi.001 等（A.T.0087）也一样，但只是被串珠饰遮住。头以不同的角度安置在身躯上。

身体一般臀部以上裸露（Mi.xi.002、xi.004），颈部有联珠项饰，末端从肩部穿过，在胸部交叉，并用圆形胸扣扣死，然后向身后垂至臀部。右臂至肘部较直，前臂在胸部以上（xi.002）弯曲，或手臂向前伸出（xi.0015），距身体较远。左臂一般放在身旁，前臂残失。

裸露的身体的颈后部由围巾或披肩缠绕，并下垂前臂肘部，呈波浪形。两上臂上均有玫瑰花形臂饰，右手腕上戴手镯。腰带环绕臀部，并在左侧（xi 002）打结，构成一花形结（xi.0021）或一个简单的结，然后带端垂至双腿之间。右大腿部有一大圆形环（细部装饰有变化多端）。

身体不长（人物总高标准 2 英尺 $1\frac{1}{2}$ 英寸），宽肩，细腰，腿特别长。一般性站立姿势（xi.001），左腿直立，右膝略弯曲，大腿也略弯曲。面部特征温柔，女性化。

人像，泥质细软，模制。红胎，火烧后有黄褐色斑点。范均是空的（xi.0016），塑像用木棍或芦苇捆作骨，并将各部分黏合在一起。均被火烧。

有几个人像上残留彩绘：皮肤为粉色（xi.002、004）；头发上的串珠为红色（xi.0040）；头发为红色（0042）或蓝色（0028）；头带饰和扎着的头发，为金色（0028、0038）；眼睛白色上饰蓝色彩；衣纹的彩绘脱落。

同样的人像残片见 Mi.x.003，xi.001、002、004、008、009、0012、0015、0018、0021～0023、0077、0086；头像（a 类型）Mi.v.001，x.001、004～007，xi.0010～0011、0013、0016、0017、0025～0028、0030、0032～0050、0065、0079、0081、0093（大）。（b 类型）Mi.xi.003、0020、0029、0059～0062、0078。手和手臂见 Mi.x.002、0013、14；xi.007～1。同类，比较小的人像见 Mi.xii.001，xv.006，头像见Mi.xii.002，xvii.001。标本见图版 CXXXIV。

Mi.xi.001. 泥塑残件。人像，与 Mi.xi.00 属同类，头部有变化，头后仰，略向右肩倾斜。身体由不同的范制,臀部以上向右倾斜,后仰。所以从喉咙至肚脐有突起的曲线。从大腿部残断,双腿已失,身体安放在一个平底座上。与同类塑像的比较,表情设计更大胆,与众不同。高 $11\frac{3}{4}$ 英寸。图版 CXXXIV。

Mi.xi.002.　**泥塑残件**。人像,是 Mi.xi.00 的典型实例。右臂自腕部残断,左臂自肘部残;右膝盖和左边臀部以下已失。头饰的部分已失。背面可以看到穿孔和芦苇骨。高 1 英尺 $6\frac{3}{4}$ 英寸。图版 CXXXIV。

Mi.xi.003.　**泥塑残件**。头像,是 Mi.xi.00 的变异,大小相同,只是面部略瘦,其他完全一样。头巾扎结(b 型),耳朵已失。高 $5\frac{3}{5}$ 英尺。图版 CXXXIV。

Mi.xi.004.　**泥塑残件**。人像,是 * Mi.xi.00 的变异。饰衣纹。身躯出自同范,上面粘泥表示衣服。衣服紧身,由右肩部垂到左臂;衣服上面有串珠饰带纹,相交处有玫瑰花。右肩前部垂下大披肩,右臂至腕部裹在其中,可能在腰部缠绕(见 xi.0077)。身体腰部以上,左臂自肘部,右臂自腕部及大部分衣纹均残失。发带上的头饰及玫瑰花均不明去向。高 9 英寸。

Mi.xi.005.　**泥塑残件**。天王像,青年男性,见 Mi.xi.0064。圆脸,眼睛几乎闭着,嘴唇丰满,有酒窝。耳朵上有玫瑰饰。头顶光秃;前额上有一绺头发形似花朵,有四片卷曲的花瓣,每只耳朵上也都有一撮蜷曲的发辫。上身裸露,戴十字形珠链,链中间为玫瑰。衣纹裹住臀部,在大腿上打结(已残)。手臂略向前伸出,前臂弯曲向前。肘部有披肩,由头部下垂至身后,类似背光的残部。戴臂环,其上有玫瑰花,戴项链。同类范制的人像参见 Mi.xi.0024、0066、0083 和 xi.0084,xv.001。同类头像参见 Mi.x.009、0010,xxvi,001。高7英寸。下颏至头顶 $1\frac{7}{8}$ 英寸。

Mi.xi.006.　**泥塑残件**。人像,是 * Mi.xi.00 的变异,略小一些。可参见 Mi.xi.005。头后仰,略向左肩倾斜。两臂均向前伸出(前臂残),从头背后垂下的披肩到肘部。披肩以前饰蓝色。胸部有连珠带纹,头饰发带以上残失,腰部残断。肚脐至头顶高 $5\frac{7}{8}$ 英寸。图版 CXXXIV。

Mi.xi.007. **泥塑残件**。人像,身躯与 Mi.xi.006 相同,但出自不同的范制。腰部和颈部残。手臂自肘部以上残,左臂伸出。高 3 英寸。

Mi.xi.008. **泥塑残件**。人像。颈部和腰部与 * Mi xi.00 属同类型。手臂自肘部残。表面风蚀严重。高 $7\frac{1}{2}$ 英寸。

Mi.xi.009. **泥塑残件**。人像,身体仅存颈部至肚脐,与 * Mi.xi.00 属同类。手臂自肘部残。两前臂均向内、向上弯曲。高 $5\frac{1}{2}$ 英寸。

Mi.xi.0010. **泥塑残件**。头像,与 * Mi.xi.00 属同类型。发带以上的头饰已残。头发中有蓝色。面部在眼角处裂缝。下颏至发顶 $2\frac{3}{4}$ 英寸。

Mi.xi.0011. **泥塑残件**。头像,与 * Mi.xi.00 属同类型。耳朵、鼻子及头饰以上均残。是 Mi xi.001 的变异。下颏至发顶 $2\frac{3}{4}$ 英寸。

Mi.xi.0012. **泥塑残件**。人像,仅存身体颈部至肚脐,与 * Mi.xi.00 属同类型。左臂自肩部残断。右臂上有玫瑰花且自肘部残。可能是废品或出自不同的范制。高 $5\frac{1}{2}$ 英寸。

Mi.xi.0013. **泥塑残件**。头像,与 * Mi.xi.00 属同类型,但比较小。头饰及左耳残。下颏至头顶 $2\frac{1}{8}$ 英寸。

Mi.xi.0014. **泥塑残件**。人像,身体仅存颈部至臀部,与 Mi.xi.0064 相同。头和双前臂失,两臂离开身体两侧,用肘部撑开披肩。身体与肘部之间的披肩饰黑彩。臀部两旁可见束紧衣服的结。高 6 英寸。

Mi.xi.0015. **泥塑残件**。人像,身体仅存颈部至腰部,与 * Mi.xi.00 属同类型。虽然出自同一范,但手臂的安装方式有区别(肘部以上残存)。两臂自肩部向前伸,左臂略高。高 6 英寸。

Mi.xi.0016. **泥塑碎片**。面部与 *Mi.xi.00 相同。右耳朵残存一半,其他部分均残失。下颏至前额 $2\frac{1}{2}$ 英寸。

Mi.xi.0017. **泥塑残件**。头像,与 *Mi.xi.00 属同类型。头饰发带以上及左耳残失,右耳和鼻子已残。下颏至发顶 $2\frac{7}{8}$ 英寸。

Mi.xi.0018. **泥塑残件**。人像,身体仅存颈部至臀部,与 *Mi.xi.00 属同类型,但不同范制,比较厚。扇形花边装饰的外衣从左肩缠绕身体,穿过右臂下部。衣褶厚宽,覆盖身体的右半部和臀部。双臂自肩部残。高 $6\frac{1}{2}$ 英寸,宽 $5\frac{1}{2}$ 英寸。

Mi.xi.0019. **泥塑残件**。头像,与 *Mi.xi.00 属同类型,但比较小。头相同。发带以上的头饰及双耳已失。下颏至发顶 $2\frac{1}{2}$ 英寸。

Mi.xi.0020. **泥塑残件**。头像,是 Mi.xi.003 的变异。发带以上的头饰及双耳已失。下颏至发顶 $2\frac{3}{8}$ 英寸。

Mi.xi.0021. **泥塑残件**。人像,身体自胸部至左脚踝与 *Mi.xi.00 属同类型。衣服缠绕臀部,在左臀打松结,并在双腿间形成之字形纹样。工艺粗糙,衣服较薄。胸部有玫瑰花带纹。高 $15\frac{3}{4}$ 英寸,臀部 $3\frac{1}{2}$ 英寸。图版 CXXXIV。

Mi.xi.0022. **泥塑残件**。人像,身体的下部,残存腰部至膝盖,与 *Mi.xi,00 属同类型。衣纹在左边打结,并在双腿之间形成简单的褶。背面残失,中空,可见木骨。双腿用芦苇捆作骨,残留有捆芦苇的绳子,经火烧,呈螺旋状。两个孔表明木骨用木钉固定,以避免脱落。至腰部芦苇捆两个变一捆。高 $8\frac{1}{2}$ 英寸。

Mi.xi.0023.　**泥塑残件**。人像,与 *Mi.xi.00 属同一类型。同前者一样,是身体的下部,即腰部至左大腿和右膝盖。左臀上有腰带结,非模制,而是用泥条制成。高 $6\frac{3}{4}$ 英寸。

Mi.xi.0024.　**泥塑残件**。人像,与 Mi.xi.005 同一范制。颈部和臀部及手臂自肘部均残。经过火熏黑。高 $5\frac{3}{4}$ 英寸。

Mi.xi.0025~0028.　**泥塑残件**。头像,与 *Mi.xi.00 属同类型。0025 发带以上的头饰及双耳已失。右半张脸已毁。0026 发带以上的头饰及左耳已失。0027 发带以上的头饰及双耳已失,头部分残。0028 发带以上的头饰及耳垂不见。面部有粉彩,头发为钴蓝色,头饰上涂金色。下颏至头顶 $2\frac{3}{4}$ 英寸。

Mi.xi.029.　**泥塑残件**。头像,是 Mi.xi.003 的变异。右耳已失。发带以上的头饰残失。下颏至发顶 $2\frac{3}{4}$ 英寸。

Mi.xi.0030.　**泥塑残件**。头像,与 *Mi.xi.00 属同类型。发带以上的头饰及左耳已失。下颏至头顶 $2\frac{3}{4}$ 英寸。

Mi.xi.0031.　**泥塑残件**。a 类型头饰中间和右边的玫瑰饰件,与 Mi.xi.001 人像相似。中心玫瑰的直径 2 英寸。

Mi.xi.0032~0050.　**泥塑残件**。头像,属 *Mi.xi.00 类型。0032 发带以上的头饰及双耳已失。0033 仅残存脸的前半部。发带以上的头饰已失。0034 左耳及头上的玫瑰形饰件已失。0035 发带以上的头饰及右耳已失。鼻子和左耳残。0036 仅存头的前部,耳朵已失,鼻子残,发带以上的头饰残失。0037 发带以上的头饰及双耳已失。0039 仅存头的前部,耳朵已失,鼻子残,发带以上的头饰已失。0040,头饰两边有玫瑰形装饰,左耳残失。0041 双耳均残,头饰上残留金色。0042 头饰右边残存玫瑰形装饰,头发上残留红彩,双耳均残。0043 双耳均残,头饰已失。0044 右耳残,发带以上的头饰不见。

0045 头发上残留蓝色彩,发带以上的头饰及双耳已失。0046 属同一类型,但比较大些。前额残,发带以上的头饰及双耳已失。高 $3\frac{3}{4}$ 英寸。0047 右耳已失,左耳残,发带以上的头饰不存。0048 左耳已失,右耳和发带残,发带以上的头饰残失。0049 仅存面部,耳朵和头发以上的头饰已失。0050 仅存面部,其他附件均不存在。下颏至头顶 $2\frac{3}{4}$ 英寸。

Mi.xi.0051. **泥塑残件**。女性人像,衣服与 Mi.xi.3 相同,头部与 * Mi.xi.00 属同类型,但比较小些。圆脸,耳朵上的玫瑰形装饰和头饰都很普通(发带以上的头饰已失)。衣纹丰富。外衣胸部露尖领短袖内衣,上有短袖披肩,内着圆领紧身短衣,加宽边,袖子到肘部。从背部看很可能外罩披肩。高 $5\frac{1}{4}$ 英寸。图版 CXXXV。

Mi.xi.0052. **泥塑残件**。女性人像、躯干,衣纹与 Mi.xi.3 的很相似,但出自比较小的范。右臂高举,自肘部处残断。左臂放在臀部,自手腕处残断。衣纹粗糙。膝盖残。高 $7\frac{1}{2}$ 英寸。

Mi.xi.0053. **泥塑残件**。女性人像,躯干、衣纹与 Mi.xi.3 的很相似。头部和右臂残缺,左臂自肘部残。由肩部推测右臂没有抬起。右半身臀部以下残。工艺粗糙,毁坏严重。高 $10\frac{1}{2}$ 英寸。

mi.xi.0054. **泥塑残件**。女性人像,躯干、衣纹与 Mi.xi.3 的很相似,但出自比较小的范。手臂自肘部以上弯曲,头部不见。膝盖已残。左臂中间裂缝,右臂自腕部残断。高 $7\frac{3}{4}$ 英寸。

Mi.xi.0055. **泥塑残件**。女性人像,躯干、衣纹与 Mi.xi.3 的很相似,但出自比较大。颈部至腰部及右半身已失。左臂自肘部残断,右臂自肩部残。高 $5\frac{1}{2}$ 英寸。

Mi.xi.0056. **泥塑残件**。头像,仅存面部。眉毛连在眼睛的上部;眼睛很大,眼球突起,下眼皮较厚。鼻孔很宽,嘴较大,圆脸丰满。头发在前额上呈线条状,并从前额和耳后向上梳成发髻,头发的顶结已失。右耳和耳垂已残。其他附件均出自同范,只是细部略微有些变化。见 Mi.xi.00101、00107、00122、00123。下颏至头顶 $3\frac{1}{8}$ 英寸。

Mi.xi.0057. **泥塑残件**。头像。头饰与 * Mi.xi.00 的 a 型相同,但面部为不同范制,可能与 Mi.xi.0058 相同。脸较大,前额平滑,没有皱纹。眼睛圆睁,大嘴。头发上有钻蓝色彩,面部为粉色。发带以上的头饰及右耳和左耳垂已失。下颏至头顶 $3\frac{1}{8}$ 英寸。

Mi.xi.0058. **泥塑残件**。头像,头饰与 * Mi.xi.00 的 a 型头饰相同,但脸部出自不同范制。眼睛睁得很大,眼球突起,大嘴,嘴角上挑。眉毛延伸至鼻。表情严肃、冷酷。双耳垂和发带以上的头饰均残。同样的参见 Mi.xi.0057。下颏至头顶 $3\frac{1}{8}$ 英寸。图版 CXXXII。

Mi.xi.0059. **泥塑残件**。头像,与 * Mi.xi.00 属同类型,但比较小。头饰与 b 型相同,但顶结残失。下颏至发顶 $2\frac{3}{4}$ 英寸。

Mi.xi.0060. **泥塑残件**。头像,是 * Mi.xi.00 的变异,与 Mi.xi.003 相同,此外 b 型头巾代替了 a 型发带。右耳上有玫瑰花形饰,左耳残失。面部遗留许多深红色彩。下颏至发顶 $2\frac{3}{4}$ 英寸。

Mi.xi.0061. **泥塑残件**。头像,面部由 * Mi.xi.00 同范制成,头饰略有变化。头发从耳朵上梳到鬓角,梳成几股,其中一股在前额上呈弯曲状。头上有一个发髻,头饰上的顶结与 b 型相同。耳朵已残。下颏至头顶 $2\frac{3}{4}$ 英寸。

Mi.xi.0062. **泥塑残件**。头像,与 * Mi.xi.00 属同类型。头饰与 b 型相同,

为玫瑰花形,有 12 片花瓣,外部轮廓为串珠,在头发上打结。两个耳垂和头发结上垂下的呈弯曲状的发带已失。鼻子已残。下颏至头顶 $2\frac{3}{4}$ 英寸。图版 CXXXIV。

Mi.xi.0063. **泥塑残件。**头像。表情温和,眼睛半张,嘴自然,眉毛较稀。头发梳成很粗的发辫,前额上有一绺,两鬓至耳部各有三绺发辫。发辫均集中到头顶,中间束带,发顶五绺羽状发辫呈扇形展开,并后折。左边有一绺鬈发漏扎,右边也有一绺头发没扎上。耳朵残。下颏至头顶 $2\frac{5}{8}$ 英寸。图版 CXXXII。

Mi.xi.0064. **泥塑残件。**青年男性人像,戴珠宝项链和臂环,上身有交叉的饰带,僧祇支形制与 * Mi.xi.00 系列相同,但头和其他细部特征则不同。两臂向前伸直,右臂自腕部,左臂自肘部残断。

面部模制较好,与传统的菩萨的面部比较,脸和细部的比例更合理;细部雕塑很清楚,也很精细;表情略带嘲讽。眉毛突起,略向下倾,皱眉;眼睛很大,略斜;鹰钩鼻子(鼻尖残);嘴很大,略带微笑。两耳均残。眉毛、头发均为黑色,发式与 Mi.xi.0061 相同,但只残留前额上的头发卷,耳朵后面的头发均上梳。同一范制的人像还有 Mi.xi.0014。高 8 英寸,肩宽 5 英寸。图版 CXXXIII。

Mi.xi.0065. **泥塑残件。**头像,由 * Mi.xi.00 的范制,前额上的头发梳得很低,面部有变化;右鬓角上的头发卷曲,发带以上的头饰已失。下颏至头顶 $2\frac{5}{8}$ 英寸。

Mi.xi.0066. **泥塑残件。**人像,与 Mi.xi.005 相同。臀部残。手臂自肘部残失。两条发辫不是向后下垂,而是在秃顶两侧扎成发结。右边的发结的末端略残,左边的变短。高 6 英寸。

Mi.xi.0067. **泥塑残件。**头像,与 Mi.xxvi.002 人像相同。左耳残。高 $1\frac{1}{2}$ 英寸。

Mi.xi.0068. **泥塑残件**。人像,与 Mi.xxvi.002 人像相同。臀部残,披肩残失。手臂自肩部残断,右臂伸出,左臂上举。高 $4\frac{1}{2}$ 英寸。

Mi.xi.0069. **泥塑残件**。人像,与 Mi xxvi.002 相似。臀部残,腰非常细 (直径 $\frac{3}{4}$ 英寸)。左臂残失,右臂上举至头部弯曲,自肘部残。高 $4\frac{1}{2}$ 英寸。图版 CXXXV。

Mi.xi.0070. **泥塑残件**。人像的左手,与 * Mi.xi.00 相同。前臂中央残断;食指和小指残失。手细长,拇指很长。手腕上戴两个手镯,手持杆,手指均残。长 $3\frac{1}{2}$ 英寸。

Mi.xi.0071. **泥塑残件**。人像左手,类似 * Mi.xi.00。手腕上戴手镯,上臂可见类似臂环的痕迹。手指弯曲,似握着某物。长 $3\frac{3}{4}$ 英寸。

Mi.xi.0072. **泥塑残件**。女性人像的身躯,衣纹与 Mi.xi.3 相同。颈部及大腿残断;右臂完整,曲于腹前;左臂肘部弯曲向上,自腕部残断。右手腕上戴三只手镯,左手腕上仍有两只。似有背光残迹。高 10 英寸。图版 CXXXIII。

Mi.xi.0073. **泥塑残件**。人像的躯干,女性,衣纹与 Mi.xi.3 相同。颈部及臀部以下残断,腰部以下的表面均脱落。手臂完整,左臂肘部以上表面残失,双手向上弯曲,放在胸部。两个手腕上各戴三只手镯。高 $9\frac{1}{2}$ 英寸。

Mi.xi.0074. **泥塑残件**。女性人像的身躯,衣纹与 Mi.xi.3 相同,但是出自较小的范制。右肩及右膝盖以下尚存,头、右手、左肩和左臂、左大腿及右腿膝盖以下均残失。右臂自肘部弯曲,前臂消瘦。胸部不隆起。右肩上残留长发的末端,表明头与 Mi.xi.00100 类型相同,但略小一些。右大腿上的衣纹上飘,表明人物正从天上往下飞。高 $9\frac{1}{2}$ 英寸。

Mi.xi.0075. **泥塑残件**。玫瑰花,中间有六片花瓣,边缘有突起的花瓣。

中心有孔,但没有穿透。外边和下面还有六片花瓣(或叶子),长且呈肋状。残。直径 $2\frac{1}{4}$ 英寸。

Mi.xi.0076.a、b. 泥塑残件。衣裙的下部,衣纹较密,呈弧形下垂。衣褶较深,下摆衣褶呈横卷弧形垂地。高 $8\frac{1}{2}$ 英寸×6 英寸。图版CXXXVII。

Mi.xi.0077. 泥塑残件。人像,是*Mi.xi.00 的变异,与 Mi.xi.004 一样,出自同一范制。衣纹不存。右臂自肩部残断,左臂自臂上部、身体自胸部残。高 $7\frac{1}{2}$ 英寸。

Mi.xi.0078~0081. 泥塑残件。头像,与*Mi.xi.00 属同类型。0078 头饰(属 Mi.xi.0060 的 b 类型)上部和两耳垂残失。0079 头饰上的玫瑰花已失,左耳和右耳垂均残失。发带上只残留粉色和黑色彩。0080 发带以上的头饰已失,耳朵残。0081 左头饰(a 类型)上的玫瑰花和鬈发仍保存完好;左耳上有玫瑰花饰,右耳残失。头部与 Mi.xi.001 一样。下颏至头顶 0078、0081: $2\frac{3}{4}$ 英寸;0079、0080: $2\frac{7}{8}$ 英寸。

Mi.xi.0082. 泥塑残件。老年妇女头像,大笑状,与 Mi.xi.3 相似。左耳垂、右耳上的玫瑰花饰的大部分和发带以上的头饰已失。下颏至头顶 $2\frac{1}{2}$ 英寸。

Mi.xi.0083. 泥塑残件。人像,同 Mi.xi.005 一样,出自同一范制。臀部以下残断,手臂自肘部残,鼻子残破。高 $6\frac{3}{4}$ 英寸。图版 CXXXIII。

Mi.xi.0084. 泥塑残件。人像,与 Mi.xi.005 相似,但是出自不同的范制,比较苗条。颈部和臀部残断。无玫瑰花饰。右臂弯曲,自腕部残断,左臂自肘部残。背面表明该人像被固定在墙角。高 $3\frac{1}{2}$ 英寸,肩宽 3 英寸。

Mi.xi.0085. **泥塑残件**。人像，与 Mi.xixvi.002 类似，腰部以下向左倾斜。颈部以上和臀部以下残断。两臂有意伸到侧面，左臂自肩部，右臂自肘部残断，裹缠腰布。高 $3\frac{1}{2}$ 英寸。图版 CXXXV。

Mi.xi.0086. **泥塑残件**。人像身躯，与 * Mi.xi.00 属同类型。腰部和膝盖以下残断。臀部以下的衣纹在前面打结。高 $5\frac{1}{2}$ 英寸。

Mi.xi.0087. **泥塑残件**。火焰纹，可能是大头光的尖饰。呈半圆形，上面有新月状凹槽，周围是火焰纹，呈尖状。其他类似的可参见 Mi.xi.0022、0023，xi.0088，高 $5\frac{1}{4}$ 英寸，宽 $4\frac{3}{4}$ 英寸。

Mi.xi.0088. **泥塑残件**。小饰件，与 0087 相同。火焰纹更多，但比较小。圆形环内有圆形珠宝。高 $3\frac{1}{4}$ 英寸，宽 3 英寸。图版 CXXXVII。

Mi.xi.0089~0092. **泥塑残件**。四件，为传统的叶片饰。顶部表面卷曲呈螺旋状，外边也为螺旋纹。3 英寸×$2\frac{1}{4}$ 英寸。0089，图版CXXXVII。

Mi.xi.0093. **泥塑残件**。头像，与传统的 * Mi.xi.00 类型相似，但略微大一些。头顶上的结属 a 类型，头饰以上残失。两耳垂已失。头发上残留蓝色彩，面部残留红色彩。下颏至头顶 $3\frac{3}{4}$ 英寸。

Mi.xi.0094. **泥塑残件**。传统的叶饰，与 Mi.xi.0089 属同类型。外廓为红色。有三圈螺旋纹，分别为红色、蓝色和红色。高 3 英寸×$2\frac{1}{4}$ 英寸。图版 CXXXVII。

Mi.xi.0095. **泥塑残件**。奇特的类型。半人半兽。头像，狮鼻，耳顶部有尖，头发直立。眼睛像两面团，轮廓为椭圆形。右上和左下部有左右爪，嘴大张，正在呕吐或吞骷髅。高 4 英寸。张开的下颌$1\frac{3}{4}$英寸。图版 CXXXIII。

Mi.xi.0096.　**泥塑残件**。可能是苦行僧人像。头和两前臂及臀部以下均残失。上身有披肩,戴珠宝项链,有肩带饰,与 Mi.xi.0064 完全相同。臀部上残存腰带结和裙子的上端。人物尤瘦,参见 xi.0097。双臂前伸。高 9 英寸,肩宽 $4\frac{7}{8}$ 英寸。图版 CXXXIII。

Mi.xi.0097.　**泥塑残件**。可能是苦行僧人像。头部、胸部至腰部的部分残存。身体与 Mi.xi.0096 一样消瘦,着僧祇支。披肩自左肩下垂至身体左侧。头略后仰,前额隆起,头发由前额向上梳到顶部,比较高,周围的头发则向下梳到耳朵后面。两眉毛连在一起,呈拱形,前额上有皱纹。眼睛较大。口咧长,有较深的酒窝;嘴角上翘,鼻孔至嘴唇有较深的皱纹。有髭须,左下颌残失。经火熏而变黑。下颌至头顶 3 英寸。图版 CXXXIII。

Mi.xi.0098.　**泥塑残件**。人像,仅残存部分上身,与 *Mi.xi.00 属同类型,但以骷髅代替玫瑰作装饰。身上共计有八个,一个托在项链上,每只手上各有三个,交叉带饰上有一个,其中三个已残失。颈部、臀部和双臂残失。披肩在背后展开,臀部有衣纹。残高 $6\frac{3}{4}$ 英寸。图版 CXXXIII。

Mi.xi.0099.　**泥塑头像**。形象为青年女子。头发从前额向后直梳,头巾围住头顶、两耳及下颏。两眼近闭,嘴略下弯,形象美丽。高 $2\frac{5}{8}$ 英寸。图版 CXXXII。

Mi.xi.00100.　**泥塑头像**。形象为老年妇女。作大笑状,嘴大张,上牙露出,鼻孔至嘴角有一条深皱,前额多皱纹,眼角纹多道,头发从前额向后直梳,两侧头发垂于两耳之后,参见 Mi.xi.0074、00125。高 3 英寸。图版 CXXXIII。

Mi.xi.00101.　**泥塑头像**。脸型与 Mi.xi.0056 相似,但头发完整,处理手法亦有所不同。头巾横过前额,束住头发,顶髻呈波浪形,两边头发从耳后梳出,垂于双肩。耳垂已残。高 5 英寸。图版 CXXXII。

Mi.xi.00102.　**泥塑头像**。古典类型。髭和胡子均卷曲。蹙眉,眉间有皱,嘴角微翘,双眼鼓凸。头饰和发式与 Mi.xi.0061 相似。右耳和左耳垂已残,左肩后部残存衣饰。眼睛、头发和胡子均呈黑色。其他特点与 Mi.xi.00103～00106 相似。高 5 英寸。图版 CXXXII。

Mi.xi.00103.　**泥塑头像**。与 Mi.xi.00102 成对,但脸颊和眼角阴刻皱纹。左耳已失。高 $5\frac{1}{4}$ 英寸。图版 CXXXII。

Mi.xi.00104.　**泥塑头像**。形状较小。胡子与 Mi.xi.00102 相同。头巾包扎方法有所不同,因此面貌有别,先横向包住前额,然后在两侧斜上交错两次,然后一端向上形成向左边倾斜的顶髻,另一端则垂于左耳外侧。左耳已残,右耳有玫瑰形花饰。胡子呈棕黑色。高 $3\frac{1}{4}$ 英寸。图版 CXXXII。

Mi.xi.00105.　**泥塑头像**。与 Mi.xi.00104 同型,亦参见 Mi.xi.00102。右边胡子、右耳已残,左耳有玫瑰形花饰。高 $3\frac{1}{4}$ 英寸。

Mi.xi.00106.　**泥塑头像**。与 Mi.xi.00102 同型,顶髻和两耳的耳垂已残。高 4 英寸。

Mi.xi.00107.　**泥塑头像**。与 Mi.xi.0056、00101 同型,但两边的头发有所不同。前额头发向后直梳,中间发根下凸。鬓须呈波浪形,髭、胡须、髯系镶饰,髭长而卷曲,胡须、髯直连下颏,均由单个卷花组成系列。长耳尖犹如森林之神的耳尖,耳垂半露于髯后。高 $3\frac{3}{8}$ 英寸。图版 CXXXII。

Mi.xi.00108.　**泥塑右足**。脚背已残,从尺寸来看应是 * Mi.xi.00 类型雕像的残块。脚掌宽 $1\frac{5}{8}$ 英寸。

Mi.xi.00109.　**泥塑头像**。成组武士像中的一个。袍底至头顶高 $16\frac{1}{2}$ 英寸(一般是脚至盔顶的尺寸),直立,眼正视。

脸部表情丰富。黑眉紧蹙,眉间有皱。重睑,黑睫毛,眼珠圆突,鹰钩鼻子,小嘴曲而丰满,下唇突出,下颏已裂。脸型呈长椭圆形,饰红色彩(中有大量的赭色)。髭和胡须小而黑,嘴唇呈深红色。

头戴盔,盔用上漆的皮片做成。盔顶饰羽翎,两颊有护片。盔下缘无装饰,正面中间垂一窄片,直至鼻根。两颊有自太阳穴处垂下的护片,脑后也有类似的护片。它们均由两横带组成,每带有两排鳞甲片,甲片从中间自右至左地重叠递缩,甲片和边均素缘。盔甲下部为护喉甲片。盔的两侧有突出的涡形护耳甲。整个盔甲似乎仅绘以一种颜色,红色或绿色。相似的戴盔头像参见 Mi.xi.00110、00111 和 xii.009~0013,另参见 Mi.xi.00112。

全身穿鳞形甲衣。甲衣衣领光滑,并向两肩翻卷,后领高出。左右衣领相合于胸前锁骨处,并用横带系住。袖长。

每片鳞甲均由上下相连的两个小片组成。若干片鳞甲组成一个横排,上下横排之间用带子分开。每排鳞甲间隔地绘以绿色、红色或金色。甲衣边缘呈红色,带子为红色的双股绳。在下面挂有一条方形的绳段,带有三个双排的小鳞片。裤子似乎是用同一块料子做成,宽松下垂,下摆垂至胫骨下半部。塑像身体部分参见 Mi.xi.00112、00113,xii.0014~0017,xv.0018。

武士左手持一圆形盾牌(xii.0020)。该盾边缘面平,内侧突起有五个节瘤。缘面呈蓝色,边缘和节瘤呈红色,显然是皮革盾牌(另参见 xii.0018、0019)。边缘外还加饰一圈联珠纹(另参见 xi.00114)。盾牌正面中心为浮雕的鬼脸(另参见 xii.0020~0022,xvii.007),头发呈火焰状,双耳突出,双眼圆突,嵌于粗大眉毛之中,高颧骨,翘鼻子,龇牙咧嘴,舌头垂伸,各种细节呈古典式。鬼脸浮雕呈绿色,与红边形成鲜明的对照,可能意指金属制成。此外,武士左手执一带木柄的长矛(参见 xii.008)。

鳞形甲上有皮条穿孔,属米兰城堡中出土的铠甲形式(参见 M.i.ix.002 等)。Mi.xi.00111(图版 CXXXV)是头盔的一个变体。Mi.xi.00109 涂泥衣,头、耳和羽翎已残。下颏至前额高 2 英寸。

Mi.xi.00110. 泥塑武士头像。与 Mi.xi.00109 同型。仅剩脸部,颜色尚好,头盔已残失,已裂缝,下颏至前额高 2 英寸。

Mi.xi.00111. **泥塑武士头像**。与 Mi.xi.00109 同型,但略小而简洁。从眉毛至头部有五条线,形似头盔。无色彩。(与 Mi.xii.0015、0017 不相关)下颏至前额高 $1\frac{5}{8}$ 英寸。图版 CXXXV。

Mi.xi.00112. **泥塑武士像**。形似 Mi.xi.00109,仅存头部和上半身。形体较小,圆脸,两眼圆睁,鼻翼较宽。头盔有突出的护耳(仅存左边)。甲衣与上面所述的相似,但鳞片为长方形。右胸部有突出的泥块,可能是右手所执盾牌的残块。左手前举,但前臂已断失。左胸斜向至腰部有精致的细泥条。此像可能是武士骑马塑像。武士右手执盾,左手持鞭,身体前倾以紧贴马身。残高 $5\frac{1}{4}$ 英寸,肩宽 $4\frac{1}{4}$ 英寸,下颏至前额高 $1\frac{5}{8}$ 英寸。图版 CXXXV。

Mi.xi.00113. **泥塑武士像**。头残失,颈到腰部与 Mi.xi.00109 相似,但形体较小,前臂已断失。无彩绘。高 $3\frac{3}{4}$ 英寸。

Mi.xi.00114. **泥塑盾牌**。武士像上的盾牌残块。参见 Mi.xi.00109。盾饰五个凸泡,联珠边缘,有黑绘痕迹。外缘半边已残。有鳞形甲刻痕。直径 $3\frac{3}{4}$ 英寸。

Mi.xi.00115. **泥塑公羊头**。耳、角和颈部已残。表现手法平淡。鼻梁上方有四道沟槽,闭嘴,眼睛圆睁。长 3 英寸。图版 CXXXVII。

Mi.xi.00116. **泥塑象头**。圆颈,戴有一个三重项圈。头部笼以联珠带,各交叉处有小的玫瑰形花饰。右侧的联珠带和玫瑰形花饰多残。外侧的两道联珠带通过下颏并在下面相交。象鼻短而上弯,其末端张开,制作非常精细。左耳前伸,已残,右耳向后,上有精细的沟槽。獠牙已掉失。两眼圆睁,充满敌意。自右耳后象身断残。象身残端和耳朵呈琉璃化。参见 Mixi.00117～00119。7 英寸×6 英寸×5 英寸。图版 CXXXVI。

Mi.xi.00117. **泥塑象头**。与 Mi.xi.00116 极为相似,但象鼻未卷起,颏下亦未见项圈,而饰成排精致的玫瑰形花饰。象头大部分被笼住,身体、獠牙和左耳已残缺。身体近右耳处已裂开。7 英寸×6 $\frac{1}{2}$ 英寸×5 英寸。图版 CXXXVI。

Mi.xi.00118.　**泥塑象头**。正视像。形体比 Mi.xi.00116 小而简洁，如笼带为素面(大部分已残)。獠牙、象鼻和双耳已残失。圆眼内角有垂直状的切口，外角则有水平状的切口。制作较粗糙。5 $\frac{3}{4}$ 英寸×3 $\frac{3}{4}$ 英寸×3 英寸。

Mi.xi.00119.　**泥塑幼象**。仅存头、肩，无笼头。象牙已残失，象鼻呈螺旋状，处理粗糙；右耳更简单。左耳及身体下部已残失。7 英寸×4 英寸×3 $\frac{1}{2}$ 英寸。图版 CXXXVI。

Mi.xi.00120.　**泥塑双耳瓶**。右耳已残，左耳外粘连悬铃木板一块。敞口，细颈，颈肩接合处有一圈凸楞。折肩，斜直腹。两耳似用以绑扎。仿金属制法。左腹粘有一只小罐，单耳上连罐唇。此瓶具有常见的希腊风格。高 5 $\frac{1}{4}$ 英寸，口径 2 $\frac{1}{2}$ 英寸，肩径 3 $\frac{1}{4}$ 英寸，底径 1 $\frac{1}{2}$ 英寸。图版 CXXXVII。

Mi.xi.00121.　**泥瓦浮雕**。与 Mi.xxiii.1 相似，但漩涡纹、联珠纹略有不同。边缘有沟槽。米色细泥制，坚硬。4 $\frac{3}{4}$ 英寸×2 $\frac{1}{2}$ 英寸。

Mi.xi.00122.　**泥塑头像**。与 Mi.xi.0056、00101 同型。头发从圆耳处上梳，上束头巾。前额头发梳成辫状，上有顶髻(发髻?)。高 4 $\frac{1}{2}$ 英寸。

Mi.xi.00123.　**泥塑头像**。与 Mi.xi.0056、00101(q.v)同型。头巾简单，顶髻较松，偏向右侧。头发呈深褐色，从圆耳处上梳，束于头巾下面。无髭，两耳不尖，胡须和鬃毛如 Mi.xi.00107 那样卷曲。除一处已残外，所有的须毛均卷曲。高 4 $\frac{1}{2}$ 英寸。图版 CXXXII。

Mi.xi.00124.　**泥塑花饰**。类似 Mi.xxv.I006 的小莲花饰，主茎后有装饰。

参见 Mi.x.0026。直径 2 英寸。

Mi.xi.00125.　泥塑头像。老年妇女形象，作大笑状。与 Mi.xi.00100 成对，但略有不同。高 3 英寸。图版 CXXXIII。

Mi.xi.00126.　**泥塑建筑残件**。建筑雕带残件，上戴顶花，参见 Mi.xi.00127。雕带中间呈黄色(?)，上面镶饰三个玫瑰形花饰，其上下各有一条钉头饰带。上部为顶花，呈梯形，两边为阶梯状，正面阴刻卷形纹饰，参见 0028，Yo.02。富歇《犍陀罗艺术》，第一卷，图 99。顶花 $1\frac{3}{4}$ 英寸×$2\frac{7}{8}$ 英寸，整件 5 英寸(长)×$3\frac{1}{8}$ 英寸。图版 CXXXVII。

Mi.xi.00127.　**泥塑建筑残件**。屋顶一角。屋顶粗糙，下垂两个悬柱。柱头呈方形，上饰犍陀罗风格的四叶形花饰；中间为三层凸楞和球形柱，球形柱上刻有一周弦纹；末端束腰，呈精美的喇叭形，长 $1\frac{3}{4}$ 英寸。屋顶用一长条带表示，内饰一排钉头饰。如果它和 Mi.xi.00126 能拼合的话，那么此残件应位于 $\frac{3}{4}$ 英寸的雕带下面，其钉头饰可与上面雕带的钉头饰相衬托。上面的雕带刻有对称的漩涡纹，并带有阶梯形的顶花。

悬柱柱头呈黑蓝色，柱身呈红色(参见 Mi.xii.0031～0033)；雕带边为黄色(?)，顶花为绿色和深红色(可能两色交错)，参见 Mixi.00128。悬柱参见 Mi.x.0028～0033、xi.00129～00133、00136，xii.0031～0033；顶花参见 Mi.xii.0028。此残件面长 5 英寸、边长 $3\frac{1}{2}$ 英寸。悬柱高 2 英寸，带雕带和顶花为 5 英寸。图版 CXXXVII。

Mi.xi.00128.　**泥塑建筑残件**。雕带，形似 Mi.xi.00127，但较小。屋顶下有蓝色彩绘痕迹。仅有正面，三个悬柱。$3\frac{1}{2}$ 英寸×$2\frac{3}{4}$ 英寸×$2\frac{1}{4}$～$\frac{3}{16}$ 英寸。

Mi.xi.00129～00133.　**泥塑建筑残件**。建筑雕带下的悬柱，共五件，形状相同,参见 Mi.xi.00127。xi.00133 较小,但其他几件尺寸要大一些,即 $2\frac{3}{8}$ 英寸×

$\frac{7}{8}$ 英寸× $\frac{5}{8}$ 英寸。

Mi.xi.00134.　**泥塑残件**。树类植物状。叶子有五层,大部分已残。顶部的叶子向外卷曲,叶端平,中有孔,可能作为雕像的底座,参见 Mi.xiii.005。底部的玫瑰形饰已残缺。核心中空(方形)。自然直立,顶上的叶子连着背景,无彩。软泥。多残破。$6\frac{1}{2}$ 英寸×$3\frac{1}{2}$ 英寸~$1\frac{3}{4}$ 英寸×4 英寸~$2\frac{1}{4}$ 英寸。图版 CXXXVI。

Mi.xi.00135.　**泥塑像衣饰残块**。人像脚部衣饰,多褶皱。上面用带子束紧。沿底边的褶皱常见。饰红彩。4 英寸×4 英寸~$2\frac{1}{4}$ 英寸×2 英寸。

Mi.xi.00136.　**泥塑建筑残件**。中心部件是大的悬柱,参见 Mi.00127。最大 $2\frac{5}{8}$ 英寸×$2\frac{1}{4}$ 英寸×$1\frac{5}{8}$ 英寸。

Mi.xi.00138.　**泥塑骑马像**。骑马人已残缺,仅剩紧搂马颈的两前臂。手臂自肘部(从此断残)以下赤裸,戴有三只手镯,手掌雕塑很精致,连手指甲都表现得很逼真。

此雕像应贴于一角,原因是左面明显未塑,臀部被整齐地切去。马腿已残缺。马颈外弓,鬃毛顶部被刷平,做法如同希腊雕塑。双耳已断残,眼睛圆睁,嘴紧闭,鼻孔张大。两耳之间和颈下可见羽翎的插孔。

挽具由细皮条的笼头(非嚼子)和耳后的铃铛组成。颈肚束以一联珠带,上悬铃铛和缨饰。臀部的装饰也是如此。马鞍前后翘起,配有皮带和圆形的鞍衣。似无肚带。肚下粗糙。有关"马饰",参见《古代和田》II,图版 LIX,D.VII.5。

此马像身体结实,厚颈,小头,应系圈养而成。腿形修长(参见 Mi.xii.0023、0024),比例细长,不同于山西—河南唐代陶马的腿形,但其他方面较相似。作品写实且生动。长 10 英寸,高 9 英寸。图版 CXXXVI。

Mi.xi.00139.　**泥塑马像**。大小与 Mi.xi.00138 相似,或为一对。仅左面雕刻,臀部同样被切去。挽具亦相似。头向下前伸,呈筋疲力尽之态。眼圆睁,鼻孔张开,嘴唇后拉。制作精美。高 7 英寸,长 $13\frac{1}{2}$ 英寸。图版 CXXXVI。

Mi.xii.001.　**泥塑人像**。男性形象。属 * Mi.xi.00 型,但形体小,且有不同之处。头已残缺。两前臂自肘弯处断残。带饰常见,但无玫瑰形花饰。髋下有衣,多垂褶。小腿断残。沿右腿的带子悬有莲花饰。左膝盖的斑纹和褶皱与 Mi.xv.006 相似。软泥胎,内掺大量纤维。高 11 英寸,肩宽 $4\frac{1}{2}$ 英寸。图版 CXXXIV。

Mi.xii.002.　**泥塑头像**。形似 Mi.xvii.001。顶髻和双耳已失,鼻子有损。肤色呈橘红—粉红色,头发(包括发卷)、眉毛、睫毛呈黑色,眼角呈白色,嘴唇呈深红色。高 $2\frac{1}{2}$ 英寸。

Mi.xii.003.　**泥塑人像**。男性跪像。形似 Mi.x.0012,但形体较小。头、右臂已失。上身赤裸,仅腰下着衣。左手上弯至胸,手掌已残缺。两腿自膝部以下残缺。肤色呈红色,腰巾呈绿色。像下露出贴于背后的短桩。仅正面塑雕,制作较好。高 $4\frac{3}{8}$ 英寸,肩宽 $2\frac{1}{4}$ 英寸。图版 CXXXV。

Mi.xii.004.　**泥塑装饰残件**。半玫瑰花饰,与 Mi.xv.0030 相似。上饰红色和黄色彩。直径 3 英寸。

Mi.xii.005.　**泥塑人头像**。属 * Mi.xi.00 的 b 型。脸部表情怪异,作哭泣状。前额有两道皱纹,蹙眉,眼缝细小,眼角外有皱纹,鼻翼宽平,两颊有深褶,嘴微张,上牙露出,嘴角下拉。脸呈粉红色,头发、眉毛和睫毛呈黑色。双耳已残失。参见 Mi.x.0018。高 $2\frac{3}{4}$ 英寸。图版 CXXXII。

Mi.xii.006.　**泥塑人头像**。与 Mi.xi.00109 同型,但未戴头盔(仅在前额留有头盔条饰,和脸部一起被塑制)。头发向上直梳,微微扭转,形成尖顶(已残）。脸呈粉红色，嘴唇为猩红色，头发为红褐色。高 $4\frac{1}{2}$ 英寸。图版 CXXXII。

Mi.xii.007.　**泥塑男像。**作交腿坐姿，参见 Mi.xii.003。头和手已残缺，右脚掌断残，左脚则自膝盖下断残。左手被遮。肤色呈淡红色。仅正面塑雕，塑制较好。像下露出后背的木桩。高 $3\frac{1}{2}$ 英寸。图版 CXXXV。

Mi.xii.008.　**泥塑手臂。**或许是武士的右前臂，参见 Mi.xi.00109。长袖紧箍手腕。手握一矛(？)形物。绘以蓝色和红色。长 $4\frac{1}{4}$ 英寸。图版 CXXXV。

Mi.xii.009.　**泥塑武士头像。**参见 Mi.xi.00109。脸部的颜色保存尚好。护喉甲胄呈绿色。右耳完整，左耳已残。高 5 英寸。图版 CXXXV。

Mi.xii.0010.　**泥塑武士头像。**参见 Mi.xi.00109。仅存脸部，脸部颜色保存尚好，唇下胡子用黑点表示。高 $3\frac{5}{8}$ 英寸。图版 CXXXV。

Mi.xii.0011.　**泥塑武士头像。**参见 Mi.xi.00109。羽翎和双耳已断残，表面处理粗糙，彩绘已失。高 6 英寸。

Mi.xii.0012.　**泥塑武士头像。**参见 Mi.xi.00109。双耳尚存，脸颜色仍鲜艳。高 4 英寸。

Mi.xii.0013.　**泥塑武士头像。**参见 Mi.xi.00109。面部彩绘保存较好，护喉甲胄呈绿色。高 4 英寸。

Mi.xii.0014.　**泥塑武士像。**参见 Mi.xi.00109。颈、胸以上断残，手臂均残失。边缘呈红色，铠甲为绿色。高 $3\frac{3}{4}$ 英寸。

Mi.xii.0015.　**泥塑武士像。**参见 Mi.xi.00109。颈、胸以上断残，手臂均残失。铠甲呈绿色并涂金色(？)。边缘呈红色。高 5 英寸，肩宽 6 英寸。图版 CXXXV。

Mi.xii.0016.　**泥塑武士像。**参见 Mi.xi.00109。颈部至臀部的残躯。右肩

已失，左前臂断残。颜色大部分已掉，但仍有红色痕迹。高 9 英寸。

Mi.xii.0017. **泥塑武士像**。腰部至裤底的残躯，参见 Mi.xi.00109。铠甲呈绿色，中缝和底边鳞甲呈红色。高 8 英寸。图版 CXXXV。

Mi.xii.0018. **泥塑盾牌**。参见 Mi.xi.00109。圆形，边缘有两周凹弦纹，中心突起一圆瘤，四周凸饰小圆瘤四个。边缘及圆瘤饰红色，其余为蓝色。背面泥块带有锁子甲的痕迹，并有木矛穿过，矛的两端已残。盾直径 $4\frac{1}{2}$ 英寸，矛长 $10\frac{3}{4}$ 英寸。图版 CXXXV。

Mi.xii.0019. **泥塑盾牌**。与 Mi.xii.0018 相似。正面饰红色彩，一半显露，一半被另一块盾牌所叠压。直径 5 英寸。

Mi.xii.0020. **泥塑盾牌**。正面浮雕蛇发女鬼脸，参见 Mi.xi.00109。背面是武士的左臂，手握残木矛。直径 $4\frac{3}{4}$ 英寸。图版 CXXXV。

Mi.xii.0021. **泥塑盾牌**。正面浮雕蛇发女鬼脸，参见 Mi.xi.00109。中间鬼脸呈绿色，边缘及头发呈红色。背面似 Mi.xii.0018，有锁子甲的痕迹，似乎两盾重叠。直径为 $4\frac{1}{2}$ 英寸。

Mi.xii.0022. **泥塑盾牌**。正面浮雕蛇发女鬼脸，参见 Mi.xi.00109。背面有如 Mi.xi.0018 那样的印记。鬼脸和头发呈绿色，边缘呈红色(已残)。直径 $4\frac{1}{2}$ 英寸。

Mi.xii.0023、0024. **泥塑马足**。马的左右前足，参见 Mi.xi.00138～00139。腿形好，肌腱和蹄上的毛制作精细，有彩绘的痕迹。仅左面塑出。断残处是足、身相交之处。右腿比左腿更弯曲，均不着地，显作腾跃状。长 10 英寸。0024 见图版 CXXXVI。

Mi.xii.0025. **泥塑骆驼**。仅存头、颈部。立体雕塑，右面无彩。断残处露出用绳子绑扎的草心。头部逼真，嘴张开，上唇后缩，鼻孔横插一根导向的短木栓。头顶和右耳已残失。颈下有蛇形的红色缘毛。其他地方均呈赤褐或粉红色。残长 $7\frac{1}{2}$ 英寸,高 $12\frac{1}{2}$ 英寸。图版 CXXXVI。

Mi.xii.0026.　泥塑发辫。 残段,三绺,每绺由三道沟槽分成四小股,呈深灰色。此辫系从塑像上掉落下来。$5\frac{1}{2}$ 英寸 × $1\frac{1}{2}$ 英寸 × $\frac{3}{4}$ 英寸。图版 CXXXV。

Mi.xii.0027.　塔形尖顶木饰。 立方形底座,上置一块方形平板,再上为一侧有凹槽的圆盘形垫座,其上用几根短棍支撑起一座十三层的方形塔。6 英寸 × $1\frac{7}{8}$ 英寸 × $1\frac{5}{8}$ 英寸(底面)。图版 CXXVIII。

Mi.xii.0028.a~c.　泥塑建筑顶花。 三件。一边呈阶梯形,中心竖线两边饰有对称的卷形纹(参见 Mi.xi.00126、00127,但这几件要大一些。另参见 Yo.02 及富歇《犍陀罗艺术》,第一卷,图 99)。a 呈深红色,b、c 为绿色。$5\frac{1}{4}$ 英寸 × 3 英寸。b 见图版 CXXXVII。

Mi.xii.0029.　泥塑簇叶。 自然逼真。呈淡绿色。$4\frac{1}{2}$ 英寸 × 3 英寸 × $1\frac{1}{8}$ ~ $\frac{1}{2}$ 英寸。图版 CXXXVI。

Mi.xii.0030.　泥塑建筑残件。 建筑物残件,左边残断。可分上下四层,由底层向上作层层突出状。底层最内缩,存一尖顶拱门,拱圈有三层,门上及右侧刻数道间隔的凹槽,凹槽相接于右上角,并形成直角,而凹槽亦向左边延伸,但因断残未见直角,所以旁边有可能还有一个拱门;第二层面突出底层约 $\frac{1}{4}$ 英寸,为一宽平的门外框,宽 $1\frac{3}{4}$ 英寸,右边较底层右直角宽出 $\frac{3}{4}$ 英寸,有与底层相似的凹槽和右直角;第三层是 $\frac{7}{8}$ 英寸宽的底檐板,右端比下层宽出 $\frac{3}{8}$ 英寸,近顶刻有一凹槽;最上层也是檐板,宽出第三层但与之相似。最顶上残,有镶饰的顶花纹,与 Mi.xii.0028 相似但略小。整体红绘。灰泥胎中夹杂大量纤维。$9\frac{3}{4}$ 英寸×$6\frac{1}{6}$ 英寸×$1\frac{1}{8}$ 英寸。图版 CXXXVII。

Mi.xii.0031~0033. 泥塑建筑残件。为建筑物的悬柱,参见 Mi.xi.00127。球状柱段,末端呈蹄足形。方形柱顶涂以深红色,叠珠形柱段为粉红或金黄色,球状柱段为绿色,蹄足形末端为粉红或深红色。$3\frac{1}{2}$ 英寸×$1\frac{1}{8}$ 英寸×1 英寸。0031 参见图版 CXXXVII。

Mi.xiii.1~4. 壁画故事。寺庙内殿后房东墙上的壁画(位置参见平面图,附图53)。壁画高 2 英尺 4 英寸。底色为酱紫色,上下边框为水平的黄线,各画面之间用相似的黄色竖线隔开。上面为另一组壁画故事。壁面是夹杂麦秸的粗泥,上刷白浆一层。画料用蛋白和颜料调和而成。颜色限几种,包括紫酱色、淡祖母绿、砖红色以及粉红、肉色、深黄色、灰色、黑色和白色。色调粗糙、浑浊或淡薄。均用黑色勾画轮廓。观看壁画须从左到右,遵从右绕的方式。下面不按编号顺序,而按从左到右的顺序来描述:

Mi.xiii.4 左边是一白发剃须的老僧,坐于铺有绿色坐垫的红色四足高凳上,其脚下为红色和蓝色的方形脚凳。头后悬华盖。左手持一板页或菩提叶,右手举笔或持毛笔。前面跪有四个年轻僧人,两个在上,另两个在下。下面两个手拿板页和笔,作书写状。上面一个有板页却无笔(被遮挡了),另一个则双手合十于左胸前,作礼拜状。壁画右上方,画一驾云散花的乾闼婆。老僧背后有一棵树,其簇叶铺于华盖之上,用单一绿色表示,上缀圆花或果实,但其颜色已几乎褪尽。

Mi.xiii.3 左边有一老僧,坐于高方凳上,其脚置于圆形脚凳上,头后悬有小华盖。两手举于胸前,手掌合十向前平伸,作礼拜状。前面跪有三个年轻僧人,上下一字排列,均目视老僧,手势与老僧相同。右上方画一驾云的乾闼婆,头带光轮,左手持花盘,右手撒花。

Mi.xiii.2 左边有五个年轻僧人，左三右二地排成两列，面对右边三个头带光环的神。他们都跪着，双手合十，作礼拜状，头上抬，目视空中的僧人。僧人驾云，头无光环但有火焰环绕，其手分开，举于胸前，似在祝福，右掌如常面向前方，但左掌面却与之呈直角，似朝向画面左边的僧人。

Mi.xiii.1 壁龛侧面的画面，绘有上下两个菩萨，双手合十，双膝下跪，作礼拜状。下面的菩萨损坏殆尽，上面的一个菩萨浮于火焰云之中。

各壁画装饰有黄色三叶草的背景，Mi.xiii.2、3 添有红色、黄色、绿色和白色的花朵。

包括老僧在内，画像的形式比较统一。但也力图体现年轻僧人的个性，特别是 Mi.xiii.2，脸颊的线条、鼻角、肤色等都有不同的细节描绘。他们大多短圆头，前额倾斜，脸颊肥厚，下颏圆润，鼻子长直或略带钩，眼睛窄斜，小嘴噘起。头发呈黑色，平头式，头发在太阳穴上方后缩成角，向下垂至耳旁，形成尖角。无发绺和胡须。菩萨的脸型与上相同，但无个性特征。所有画像的肤色均呈粉红色，但有从深洋红到浅肉色的变化。每幅画的颜色浓淡深浅较统一，但用深色调来表示眉毛、颈褶、脸颊和胸部特征是个例外。

最具有明显个性的是那些老僧的头像。特别是 Mi.xiii.3 中的老僧，其前额上的多道皱纹、深陷的眼睛、嘴角的深褶、灰色的嘴唇和下颏清楚地显现了他的年纪。Mi.xiii.4 中的僧师是否白发或修面尚存疑问，通常前额头发的轮廓线呈黑色，但此画却绘以白色——这是发现的唯一例子。其肤色苍白但无皱纹，左肩和头顶各有一个小的火焰（黄灰色）。右肩未见火焰，可能被树干挡掉所致。

老僧的胸部和脚踝处露出内衣。斗篷搭于左肩和手臂，并盖住右肩的一部分。Mi.xiii.3 老僧的斗篷呈淡绿色，上带红条，内衣为深黄色。Mi.xiii.4 老僧的斗篷为深黄色，带有红色的玫瑰形花饰和灰条，内衣为绿色。Mi.xiii.2 天空上的佛僧也穿有相似的衣服，年轻僧人穿有淡绿、砖红、黄色的短袍，内衣和衬里的颜色正好与短袍的颜色成对比。当他们跪着时，膝盖裸露，其胸部也裸露，左肩被部分盖住，仅有一例左肩裸露。菩萨像与 CH.0017 等一样，着平常衣服,佩戴简单的首饰。天空上的僧人的下肢和衣饰混于一起,故很难描述其姿势。

这几幅壁画似描述两个老年佛僧布道以及死后转化成提婆的故事。Mi.xiii.2 天空中的佛僧头无光环,服饰也是僧徒式的,形象酷似 Mi.xiii.4 中的老僧。其不同于坐佛僧之处在于他的黑发和返老还童的肤色。

壁画 Mi.xiii.4 中描绘的书写材料的质地和使用方法非常有趣。笔的书写端尖锐,而末端却较宽,端面被切成斜角状,就形状而言,它们更像尖笔,丝毫没有毛笔的特征,这在 CH. lvi.0033 和千佛洞的另一些壁画中表现得更明显。不管如何,其执法是握住中间部位,像拿毛笔那样与书版面保持直角,板页本身尽管作菩提叶形,但拿的时候窄端对着书写者——这种姿势不可能书写任何印度文书。特别值得注意的是 Mi.xiii.4 中的老僧和 Mi.xiii.5~8 中描绘的正在书写的隐士们。

保存状况较好。画面高 2 英尺 4 英寸,Mi.xiii.1 宽 7 英寸、Mi.xiii.2 宽 1 英尺 7 英寸、Mi.xiii.3 宽 1 英尺 3 英寸、Mi.xiii.4 宽 1 英尺 6 英寸。四幅壁画共长 5 英尺。图版 CXXVI。

Mi.xiii.5~9. 壁画故事。为房间北墙上的壁画,描绘了两个画面:画面 a 中在一个老僧或佛圣前面的成组的僧徒们;画面 b 中隐居的僧人们在写经书(阿拉伯人的画像是任意分隔的,只以墙段来描绘,以便切割移动)。画面彼此分开,如 Mi.xiii.1~4 那样上下各用黄条作边,底边下绘有若干红色的石块。背景为栗色,几处空白处绘黄色三叶草。画像的颜色与 Mi.xiii.1~4 中的一样,但增加了阴暗的淡黑色和灰蓝色,这里的颜色更干净更鲜艳。

Mi.xiii.8、9 表示的是画面 a,Mi.xiii.9 仅存下半部分,Mi.xiii.8 外角残损较甚。使用的颜色与 Mi.xiii.1~4 相同,绘画质量也相同。

Mi.xiii.8 画有七个僧人,作上三下四状排列,身体左转约四分之三。他们除了右下边两个交腿而坐,其余均作跪状。其中最右下的僧人坐在有黄色和白色花瓣的莲花座上,其余都坐在圆平的莲花座上。他们的后面有两个洞窟(空的),上面有一排树,现大部分已经残损。僧人们的服装和表情似按照身份等级排列,但其右肩上均拉盖有袍衣的一角。左面上下两个僧人两手举于胸前,手掌水平交叉,作礼拜状。紧接其后的两个僧人持有书版,下面的一个还执笔,其膝盖赤裸,绘以深灰色,胸部下有粉红色的双条带,应是紧身内衣。Mi.xiii.7 中的一个僧人像也有类似的现象但不完整。上排第三个即最后一个僧人也持有一块书版,但右手举于胸前,大拇指和食指相接,其余手指则呈弯曲状。在他下面的僧人身体转向下排最后一个僧人(第四个),右手上举于后者脸前,食指和中指向上竖起。最后一个僧人右手上举,作强调的姿势,左手握有菩提叶形状的书版。此组画面中,僧人大多目视壁画 Mi.xiii.9,那里另有一个僧人拜倒在一坐像前,但坐像仅膝盖以下部分残存。

此僧人在几幅壁画中最为年轻,其肤色为淡肉色,手脚均着地,作跪拜状。头低下,几乎要碰手。着红袍。两脚赤裸,膝盖呈深灰色。一绺头发通过太阳穴与耳朵旁的头发相接。身下铺有淡绿色席子。坐像的袈裟呈粉红色,内衣为绿色。座椅较高,四足,呈红色,椅腿间有绿色的褶帘。坐像的足下有红色的四足脚凳,手中持有像是跪僧献上的菩提书版。背景是一绿色的长方形条桌,有像座椅那样的黄色和红色的褶帘。上面似乎放满了成排的菩提叶。

画面 b 中有七个僧人,上三下四地双层排列。他们各坐于洞窟之中,身体右转约四分之三,一手持笔,另一手持菩提叶形的书版,作写字状,书页的末端朝向自己(参见 Mi.xiii.1~4)。一洞窟的一侧悬挂有一个小墨壶或小花瓶(在右下方)。

僧人们的体质类型和前一壁画故事里的相同,服装也相似,为淡绿色、砖红或深黄色袍。右肩赤裸,均交腿坐于矮座上,已被长袍遮住,而不是直接坐于地上,但上排左端的僧人可能是个例外。下排每个僧人的座均为平圆形,呈红色或绿色。

洞窟类似棚架,整齐的拱形门框表明它是用石头构筑而成。窟外壁耸立岩石,上长宽叶树和松树。它们绘以淡墨色,并用红色涂抹,线条用黑色;洞内是灰蓝色。每个洞外(除了底排左边的洞窟)有一张三足小桌,三足绘以红色,上面支撑一折叠的白色桌面;上排左边的洞窟外的桌子上是一只长颈瓶。

瓶腹呈卵形,底平,长颈,平口。

在此窟的外面,邻近它的是绿水池塘(?),水面覆盖着宽叶植物,周围圆形白色石头。在每排洞窟的右边都出现一条灰绿色的河流,像瀑布一样流向地面,河的对岸有一棵树。上排的树景几乎已被抹掉,但下排的树景却是完整的。树冠宽平,绘以单绿色,里面有四个圆形的红色花朵或果实,其周边用黄色绘出;在下面的树枝上挂有一块灰布,也许是还愿物。上排的树仅存部分树干和布头。左边紧接着它的两洞间,除了一个巨大的松果,也悬挂着相似的布头;但遗憾的是上面部分已经损坏。

在松果下可看到一种正在吃岩生植物的盘羊或波利型山羊头。在相应的下排洞窟外的峭壁上,站立着一只山羊或鹿,也同样吃着岩生植物。这一动物绘以深棕色,胸部、尾巴、后腿则绘以白色,两角呈黑色,两角根部的距离较宽,然后向外弯曲,两角尖相对。

保存状况较好。

画块:高(完整者)2 英尺 4 英寸;Mi.xiii.5 宽 1 英尺 $7\frac{1}{2}$ 英寸,Mi.xiii.6 宽 9 英寸,Mi.xiii.7 宽1 英尺 $4\frac{1}{2}$ 英寸,Mi.xiii.9 宽 1 英尺 9 英寸。连续壁画系列长 7 英寸。图版 CXXV。

Mi.xiii.10. **壁画**。不完整,出于寺庙的西过道,描绘了一组佛教僧徒。他们站成两排,上六下四,身体均向左转四分之三,两手作礼拜状。下排的僧徒像比上排的要小一些,其小腿和脚已失。

僧徒均紧裹淡黄或黄绿色的袈裟,一边拉盖右肩,另一端则盖住左肩。袈裟上重复地饰有团花、扇形叶或中国垂柳枝的图案,装饰方法大致为黄底红彩、绿底灰彩。有些在胸部处露出栗色衣巾。上排露出仅盖住脚踝的朱红色内衣,下显穿着黑色拖鞋的双脚,拖鞋开口处饰有一排白点。上排每个僧徒合拢的手指尖中均伸出一根三叶枝,三叶均是一成不变的灰白色,背景为栗色。

画像都直立,但多少有些僵硬;他们都宽肩瘦腰。上身包括头部画得较好;但上排画像的上身相对于两腿来说显得太大了一点,而小画像的比例则较匀称。这些画像与 Mi.xiii.1~9 壁画相较,在头型方面有着明显的差别,他们头长、顶平、鼻梁笔直、双眼细斜、耳短、前额、两颊、头背的线条,从四分之三的侧面看非常直;下颏宽圆,小嘴。眉毛只有一例用单根弧线表示,其余均用 4~5 根近直的线条来强调,但眉毛略上斜,颈肩接合处用单线绘出,头发呈黑色,短平发式,上排画像的嘴上画有下垂的胡子,嘴下用暗蓝色刷出胡子,而下颏下面则绘以同样颜色,肤色为统一的淡肉色,有点呈灰色调;色彩无浓淡的变化,嘴唇和眼白不加颜色。

头部的画法极好,也很清楚,在眼角、注视方向、头的倾斜等细部方面,画法有许多变化。第三个画像的线条也都转向旁边的同伴,打破了小组姿势的统一性,所有的画像均用黑线勾出轮廓,画的上框绘以白色条带。

材料与前述壁画相同,用的是粗泥和蛋白加颜料混合而成的画料,技法灵巧熟练,收笔更好,描绘更仔细,上色更细腻、从容。除了一些裂缝,画面保存较好。

高 2 英尺 2 英寸,宽 2 英尺 7 英寸。图版 CXXIV。

Mi.Xiii.l.11、12. 一组壁画。寺庙佛殿后室的西墙上的壁画(位置参见附图 53)。风格、技法、颜色与前述 Mi.xiii.1~9 相同,但颜色增加了朱红色和暗蓝色。Mi.xiii.12 的上部已残失,但底边同 Mi.xiii.5~9 一样为黄带和红色石块。背景依旧是栗色,点缀有黄色三叶草和红色、黑色、绿色及黄色的大的落花。

在 Mi.xiii.11 相对于 Mi.xiii.1 的位置上,仅跪有两个人像,一个在上,另一个在下,身体向右偏转四分之三,两手作礼拜状。上面是一个着短绿袍的僧人,袍上有黄色竖条,跪在一个黄色的莲花座(Padmāsana)上,膝盖赤裸。头型与前述的僧人一样;但它已经褪色,并重画得十分糟糕;眼睛、眉毛较低,鼻子也短。仍保留有原画特征的痕迹。下面是一带光环的菩萨,披着深蓝色的长巾,光环呈粉红色;服装和图像与 Mi.xii.I.1、2 相似,头上抬。在她下面是一石驳岸的水塘(?),与 Mi.xiii.12 中看到的一样(参见 Mi.xiii.5~9 中的水池)。同样是灰色的拱形石头,洋红色的边廓,水呈绿色。

　　Mi.xiii.12 不完整。仅保存右边部分,因为大部分画像都集中在这个方向,对此就格外关注。主题不能确定。然而左边的一小组画本身是完整的。它由一坐僧和面前的跪僧组成,跪僧双手向前平举,作礼拜状。坐僧着黄袍和绿色的内衣;其右手作保护姿势,左手放于膝盖上。像其他坐僧一样,看不出他的具体年纪。其座位旁边的底角是水塘的一角;后面留有漏斗形物件的一部分,中绿边黄,可能是树的簇叶。跪僧为年轻人,着阴暗的灰—蓝色僧袍,跪在一张朱红色席子上。其头呈峰状而不是圆球状,前额向后斜缩。在左上角有部分人像,着黄袍,跪在一朵白色的莲花上,身体明显转向左边。

　　其余人像均转向右边。他们中最重要的是着淡绿色袍的僧人,他虽无光环,但在头肩上有红色的火焰,他从左上方驾云而下。其下降运动由双腿夹角和下身呈现,与 Mi.xiii.2 中的飞僧可成对比。其右手歇于云朵之上,左手上举,拇指和食指并拢,其余手指伸开。在右上角,有一僧着红褐色袍,跪在席子上,双手交叉(头已失)。其后面竖有一缠绕绿叶的树干(?);在最右边,同样有一着红、绿色僧袍的跪僧条幅像。

　　在下面是一个跪着的男孩像,也许此次排的最后一个崇拜者。他穿着浅绿色长袖外衣,上面点缀大团花并在臀部束以朱红色带子。他跪在一张方格纹的米色和黑色的席子上,双手作礼拜状,头微抬。头和脸画得比较仔细;脸圆润,颈部丰满,脸颊不真实的轮廓被一条弯曲状的细线条所纠正。头发有意梳成特别的发式。头顶剃过,仅在前额留有一大弯三角形刘海,中间向下。耳后是一绺长头发,上有红色缎带,根部有半圆形的小发束。

　　Mi.xiii.11、12 中所有人像的肤色均呈淡肉色,在许多场合上还着灰色,色彩浓淡无变化。除了 Mi.xiii.11 中重画的僧人像,其余人像头部被画得非常精致,但手和臂画得不太好。画面磨损严重。2 英尺 2 英寸×6 英寸;1 英尺 9 英寸×1 英尺 5 英寸。图版 CXXVI。

　　Mi.xiii.I.001. **泥塑残件。**泥塑像上的耳朵及逼真的头发。两绺头发呈蓝色,耳上覆有金箔。耳长 4 英寸。图版 CXXXIX。

Mi.xiii.I.002.　**灰膏残件**。上有纵向条纹。三边涂金色。$1\frac{1}{7}$英寸×$\frac{5}{8}$英寸×$\frac{1}{4}$英寸。

Mi.xiii.I.003.　**木雕端饰**。山墙形，与 Mi.xiv.002 相似，但要小得多。座角更锐利。一边斜下，内侧有三片花瓣，下有浮雕的半圆形花蕊；顶上是一方块，内饰像 Mi.xiv.002 那样的四片花瓣。白底，上涂金色痕迹。座的一角已残。高 5 英寸，座宽（原全长）$3\frac{1}{4}$英寸，厚$\frac{3}{8}$英寸。图版 CXXVIII。

Mi.xiii.I.004.a~c.　**泥塑残件**。一条直的和两条弯曲成半圆形的条带，明显是蛇（Naga?）的浮雕的一部分。曲条 c 保存得最好；表面深红色，沿蛇圈的内侧有窄细的白线，那上面饰有对角线形的黑切痕（头发）；在蛇身上用金箔和黑色颜料粗饰黑圈和五角星；b 与前者相似，但白色和红彩掉色严重；a 白色也掉了很多，但表面腐朽得更厉害。组合尺寸$4\frac{1}{2}$英寸×2 英寸×$1\frac{3}{8}$英寸。

Mi.xiii.I.005.　**泥塑残件**。植物，也许用作人像的坐垫。参看 Mi.xi.00134 底有一个涂金色的玫瑰花形饰，上面升出若干淡绿色的、深肋纹和平缘的宽叶，颜色已褪许多，炭化的木心，已裂开不少，最大 5 英寸。

Mi.xiv.001.　**木雕残沿**。略弯曲，为木背光残件（？）。内边无饰，外边刻有螺旋状的火焰，部分阴刻，部分镂空，器物完工后即被涂金色。被火烧过，两端都残。7 英寸×2 英寸×$1\frac{3}{16}$（内边）~$\frac{5}{8}$英寸（镂空边）。

Mi.xiv.002.　**木雕端饰**。为小神龛（？）中的装饰物。结实的木件，形状呈等腰三角形，顶上为一方块；底座伸出两个榫舌。浮雕纹饰，顶上方块素边，内饰四瓣花一朵，曾被涂金色。等腰三角形内饰两条与腰边平行的条带，其间刻饰成排的叶尖朝上的叶子，等腰三角形中心为一片七瓣长叶，从一半圆形上长起，排叶外的厚白底上留有蓝色彩的痕迹。参见 Mi.xii.I.003。$9\frac{3}{8}$英寸（榫$\frac{1}{8}$

英寸),座 $4\frac{3}{8}$ 英寸,厚 $1\frac{5}{16}$ 英寸。图 CXXVIII。

Mi.xiv.003.　彩绘木雕。 横断面呈弧形,在凸面上有刻纹;或许是圆盒上的残件;底部向外边斜切;顶平,有彩绘和穿孔。每孔间隔 1 英寸,孔内有圆棍,以 45°角向外伸出,这可能与盒盖有关。缘上部有一排大圆珠(在外)和细条带(在内)组成的新月形带饰,下垂扭拧的粗布带。底部两凸弦纹间有一排椭圆形的珠宝饰物(蓝色?),绿地红珠。

　　中央是连拱廊,立有短的印度—爱奥尼亚柱(参见富歇《犍陀罗艺术》,图 110),莲花柱座(红和绿),方形柱身,装饰有阴刻的绳索纹,柱头呈黑色(蓝色?)。印度马蹄形拱圈(参见富歇《犍陀罗艺术》,图 102),呈红色,在拱肩右边,雕有一面向右面的半身女像(Gandharvī?),头发和细节部分绘以黑色。在拱顶下,佛坐于双层莲花座上,头和身体完全面向正面,但双脚侧面却向右,左手放于膝盖之上,右手举起施无畏印(abhaya-mudrā),光轮和光环两重。背光为绿色,边为红色,光环蓝色红边,下垂红色布带。头发为黑色,脸和手涂金色,细部用黑色;左臂留金色痕迹。上层莲花呈蓝色,而下层花瓣则显红色。右边拱顶下留有类似的第二个雕像的痕迹,背景呈深灰色,带有金色痕迹,从横断面来看,此残件保存的是从左像光轮的左边到右像座位后端的部分,颜色多已褪掉,但木料很结实。 $4\frac{3}{4}$ 英寸×$2\frac{1}{2}$ 英寸×$\frac{7}{8}$ ~ $\frac{1}{2}$ 英寸。图版 CXXVIII。

Mi.xv.001.　泥塑像残件。 与 Mi.xi.005 相似,但型式不同。头、右前臂、臀部以下均失。身后的衣纹如同 xi.005;围巾(?)两端通过右肘和左手腕。左臂下垂,略向外,手指伸直。泥卷取代了珠带饰。制作结实。高 $4\frac{1}{2}$ 英寸。

Mi.xv.002.　泥塑像。 躯干正面,至肚脐,型式似 *Mi.xi.00,但尺寸要大一些。项圈(一边素面,另一边饰联珠)的最低点有玫瑰花形饰,其上挂有一个古典式的棕叶。通常的交叉带子(也由素边和珠边组成)在胸部下饰有玫瑰花形纹;交叉点上覆有一朵五瓣和五萼的莲花。在左边,有一小的四瓣玫瑰花饰，上绘现在的深灰色。高 $7\frac{1}{2}$ 英寸。

Mi.xv.003.a～c.　泥塑残件。珠带残件，属于类似 Mi.xv.002 的雕像。a 从交叉带子上掉下的五瓣玫瑰花形饰；b 饰有淡黄色的四瓣玫瑰花的条带；c 珠边、素圈中心有凸的玫瑰花形饰。a 直径 $1\frac{1}{2}$ 英寸，b 长 2 英寸，c 直径 $1\frac{1}{16}$ 英寸。

Mi.xv.004.　泥塑残件。与 Mi.xv.002 中一样的项圈上的棕叶坠饰。长 $1\frac{1}{8}$ 英寸。

Mi.xv.005.　泥塑像。穿有垂褶衣服的女性躯干像。头、右臂、左手和臀部以下均已残失。双肩垂下一带，通过乳房下的前胸，使雕像呈袒胸露臂状。参见 Mi.xi.3 等，胸部被内衣盖住。右肩的带子已残失，但从左肩下垂于前胸侧的带子保存完整，其边缘还有方形穗片。后面的斗篷已残失。左臂从身后向外屈伸，肘尖朝外，手部已失。除上臂有两只镯子外，臂部赤裸。双腿单独制成后安上去的。高 $5\frac{3}{4}$ 英寸，肩宽 $3\frac{3}{8}$ 英寸。图版 CXXXV。

Mi.xv.006.　泥塑像。从腰部至胫中部，型式如 Mi.xii.001，但尺寸小一些。大腿上有棕叶形流苏，在右膝上阴刻有圆形符号。高 5 英寸。

Mi.xv.007.　泥塑残件。合手礼拜状；自腕部残断，拇指均已掉失。沿手的外缘有五个一串的玫瑰花形饰——两个呈圆形，珠边，三个呈四叶形；顶和底的那些玫瑰花形饰已残。长 $3\frac{3}{4}$ 英寸。

Mi.xv.008、009.　两件泥塑残物。两件手臂，可能同属一大雕像。008 有一长的小环和下饰玫瑰花形饰的双重臂环。009 端头有蜷曲的发绺，但无装饰。每个长 $3\frac{1}{2}$ 英寸，008 直径 $2\frac{1}{2}$ 英寸。

Mi.xv.0010. **泥塑头像**。前额垂有短卷的发绺,并有长而波浪形的发束披在肩部及上臂(参见 xv.008、009),头顶束发;顶髻已残失,属 *Mi.xi.00 的 a 型。在发束正面为一珠带,上缀四叶形玫瑰花饰。优美的犍陀罗式椭圆形脸;高而平整的前额,拱形眉,突出的双眼,长而近闭;富有曲线的小嘴,两颊带有深深的酒窝;耳垂已残失,下颏至头顶 $4\frac{1}{2}$ 英寸。图版 CXXIX。

Mi.xv.0011. **泥塑残件**。六瓣形玫瑰花形饰,略残。可能是 *Mi.xi.00 的 a 型雕像头饰的一部分;因为后背中间有一孔眼,可以穿以发绺(?)。直径 $2\frac{3}{4}$ 英寸。

Mi.xv.0012. **泥塑残件**。平展的衣物,各边折叠,中心 V 字形折叠的各边向下作之字形褶。6 英寸×3 英寸。

Mi.xv.0013~0017. **泥塑残件**。人像足。0014、0016 可能是一对;0015 和 0016 由足趾支撑,但脚踝以上断残,其大小恰好适合 *Mi.xi.00 型雕像。脚长 $3\sim3\frac{1}{2}$ 英寸。0015、0016 见图版 CXXXIII。

Mi.xv.0018. **泥塑像**。为武士像的下半身,与 Mi.xi.00109 类似,但尺寸小一些;腰部以上残断,左手似乎搁在髋部,右足在甲衣下残断,左足是在脚踝处残断,无带索,两脚分开,无彩绘,高 6 英寸。

Mi.xv.0019. **泥塑飞鸟像**。向右飞,尾巴、上翅尖和下翅均已残失。翅上羽毛用平行直线刻出,分上下两层,下层近羽尖。鸟身上的羽毛用阴刻的短曲线表示,直至头顶;钩形嘴,此鸟可能是鹰。参见希腊花瓶上的飞鸟。突出墙面 $1\frac{1}{2}$ 英寸,用泥块和短木桩固定。鸟喙至(断)翅背长 $3\frac{3}{8}$ 英寸。

Mi.xv.0020. **泥塑飞鸟像**。像 Mi.xv.0019 一样的飞鸟,但向左飞,上翅顶尖、喙尖、尾尖以及下翅均已残失,窄尾,但有可能向后伸展成扇,塑出墙面 2 英寸,喙至(断)翅背 4 英寸。图版 CXXXVI。

Mi.xv.0021~0028. **泥塑残件**。像 Mi.xxvi.006 那样的莲花;但 0024 有七

片花瓣,均向一个方向弯曲(参见 Mi.x.0027),中心的玫瑰花饰与其他同类花相同,直径 4 英寸。0024 参见图版 CXXXVI。

Mi.xv.0029.　拱形木刻残件。 可能是背光边残件。一端有榫舌,另一端有榫眼,故残件本身是完整的。下面凹边是一条宽槽舌,两个木钉从上缘钉到这里并突出。背面白底,上面曾有彩绘,后来覆盖了一块布。

正面刻有五个佛像,均坐于莲花座上;下面三个佛像后有背光和火焰。上面两个佛像置于作为周圈的背光中。下面三个佛像有些倾斜,作上下叠压状。服装有三种式样:(1)斗篷从右肩直接下垂到腰部,遮住了身体的轮廓。而从左肩垂下时,紧贴身体和手臂,显出了身体的曲线。内衣边从左肩向下斜穿胸部形成对角;(2)衣服贴身,衣褶从双肩下弧,低垂于胸部中间;(3)斗篷从双肩直垂至腕部,其褶盖住手腕;内衣从左肩向下斜穿胸部形成对角。

整个木刻涂金色较厚,有一端背后焦化,保存较好。类似的拱形刻板残件,参见 Mi.xxv.001、002。2 英尺 $\frac{3}{4}$ 英寸×4 $\frac{7}{8}$ 英寸×9 $\frac{3}{8}$ 英寸。图版 CXXVIII。

Mi.xv.0030.　(误标为 x.v.001) 泥塑残件。 头饰顶端,属 Mi.xi.00 型。左边的鬈发已失。高 2 $\frac{1}{2}$ 英寸。

Mi.xv.0031.　(误标为 0012) 木雕像。 为护世天王(Lokapāla)小雕像。两足已失,两臂从肘部弯曲处断残;右肩和头右边被烧残,鼻子被磨平。雕像很有特点且端庄,是中国唐朝时期的杰作。

身材厚实,但姿势挺直;双肩后拉,两脚分开站立。长脸,胡须被剃尽,颧骨明显,方颌,嘴长直,给人以坚毅的感觉。头发上束,缠绕成顶髻。

着装是中国绘画中护世天王穿的那种(参见 *CH.0010,总说明)。但甲衣的鳞甲没有表现出来。甲袍的后摆垂全大腿中部。面里还露出内袍,飘于两脚之间和之后,可使膝盖活动灵便。肘部有宽松的长袖,袍衣下端作一花结,垂至大腿中部。无头盔和胸甲。双肩垂有披巾,并于颌下颈前打一交结,背后则以宽平褶形式垂至踝部。多见黑绘痕迹,表面多被磨损。高 9 $\frac{1}{2}$ 英寸,双肩

宽 $3\frac{1}{4}$ 英寸。图版 CXXVII。

Mi.xvi.001~003、0014~0017. 砖雕残件。 像 Mi.xxii.1 那样是一片残瓦,其中心有一个菩萨头像,但模样有些不同。窄头,高浮雕,小直嘴,眼平直;在 001、0014~0017 上,眼睛瞳孔、鼻孔、嘴角均用穿孔来表示。双耳有小的玫瑰花饰。头发做成高圆锥形的顶髻,正面饰一大的玫瑰花饰,两边有不同类型的半花,从中心水平状长出蓓蕾或花穗。在它们下面两边,也水平状立出一个发卷(总的来说在左边)和一小的波浪形发绺(总的来说在右边),背景几乎全无,均用红色泥土,火烧,后来又意外地被烧过。

001 除头左边的流苏外,头和头饰均保存完整;部分带珠边和光环的背景也被保存了下来。高 6 英寸。002 夹砂。除头左边的流苏外,发饰边上的装饰均已残失,背景均残。高 $6\frac{1}{8}$ 英寸。003 夹砂。背景、头的右边和头左边的装饰已残失。高 $7\frac{3}{8}$ 英寸。0014 头饰边花已无,但保留有头右边的流苏及右边的部分背景。高 $6\frac{3}{4}$ 英寸。0015 夹砂。发饰边上的装饰已残失,耳部有玫瑰花形饰,背景均残,高 $6\frac{1}{2}$ 英寸。0016 发饰边上的装饰已残失,但保留有右边的部分背景。高 $6\frac{1}{4}$ 英寸。0017 头右边的装饰已残失,右耳有玫瑰花形饰,鼻子削出。高 $6\frac{1}{2}$ 英寸。

Mi.xvi.004~0013. 砖雕残件。 中心像 Mi.xvi.001 那样有一菩萨头像。也参见 Mi.xxiii.1。头饰与 xvi.001 的相一致,但脸部却有差别。脸型宽,两眼鼓凸圆睁,间隔较宽;眉毛下拉,使眉间起皱并横过鼻子。鼻孔显明,嘴小而丰满。008、009、0013 的头饰正面未粘贴玫瑰花饰。头发盘绕于头顶,顶髻露出。背景大部已失,但和 Mi.xxii.I.1 较相似。均用深灰色泥制成并经火烧。脸 3 英寸,高$3\frac{1}{2}$英寸。004、008 见图版 CXXIX。

Mi.xvi.0014~0017. **砖雕残件。**参见 Mi.xvi.001。

Mi.xvii.001. **泥塑头像。**类似 Mi.xi.003,但尺寸小一些。头饰完整,属类型 b。右耳的玫瑰花形饰和整个左耳已残失。彩绘尚存,嘴唇深红色,肤色呈橘红色,眼睫毛和眉毛为黑色。顶髻、两层盘绕和近前额的成排上卷饰都有黑绘的痕迹,说明它们都是头发(?)。与 Mi.xii.002 同出一模型。高$4\frac{3}{4}$英寸。

Mi.xvii.002. **泥塑像残件。**头饰顶髻,属*Mi.xi.00 类型 b。高 4 英寸。

Mi.xvii.003. **泥塑头像。**真人头大小。发束上面的头饰(属*Mi.xi.00 的 a 或 b 类型)已失。头发从光滑的前额向上梳。眉毛几乎没有标识。眼睛微斜,深陷,眼睑线条分明,眼珠中空。鼻梁尖细,嘴唇微启。脸呈卵形,下颌小而不明显。双耳已残失。下颌至头顶$6\frac{1}{2}$英寸。图版 CXXX。

Mi.xvii.004. **泥塑头像。**近真人头大小。头发自头顶下分四层,每层自中缝向左或向右卷曲(许多已残)。很低的前额。眉毛突出、上弧,并向鼻子处收缩;突眼,眼睑分明,眼珠中空。短鼻,短上唇,厚唇撅起,两嘴角边有对深酒窝。脸上有黑绘(?),头发上有红绘痕迹。双耳已失,仅存右耳尖。总的来说,表情沉重,带不悦神情。下颌至头顶 8 英寸。图版 CXXX。

Mi.xvii.005. **泥塑头像。**真人头大小。发绺大,但都残失。宽脸,前额光滑,眼睛微斜,突出,圆睁,眼睑分明,瞳孔中空,眼球呈蓝色。鼻细,小鼻孔。嘴短小丰满,两角有酒窝。脸形较好但不太富于表情。耳垂加长,已残。脸面有多道深的裂缝。下颏至头顶 9 英寸。图版 CXXXI。

Mi.xvii.006. **泥塑头像。**背光叶尖饰。叶状,底座分出两瓣,每瓣各由三个枝状的螺旋叶组成。背景为小玫瑰花饰。$5\frac{1}{2}$英寸×$4\frac{7}{9}$英寸。图版 CXXXVII。

Mi.xvii.007. **泥塑残件。**蛇发女怪纹盾牌。参见 Mi.xi.00109。大量彩绘

痕迹,被烘烤成赤陶色。直径 $4\frac{3}{4}$ 英寸。

Mi.xviii.001. **大泥塑像底座(半残)**。如果完整的话,横截面为圆形。正面浮雕花叶图案并彩绘。在中央有一小口鼓腹的花瓶,上饰有深红色圈的白色斑点。花瓶立于一宽叶的顶部,叶顶向前卷曲成还愿物。叶内有叶脉并绘以棕红和米色,而外面则绘以红色和白色。花瓶口部立起一宽叶,形呈三瓣,其中瓣尖像下面的宽叶一样,向前卷曲成还愿物;花瓶的两边伸出绘以铜绿色或黑色的短叶,或卷曲,或伸直。

从中心花瓶及两边叶饰往外,可见上下竖列的五个花朵,上绘红和白或深红和紫色。再往外,也有上下竖列的五个老鼠蕨属植物的叶子,各呈水平状延伸。在它们叶尖之间有独立的呈铜绿色的小卷叶;沿两侧边饰红色和白色的半朵花。老鼠蕨属植物叶子的颜色有变化,或铜绿或黑色,中脉为黄色,卷边为红色和白色;背景都是深红色。颜色保存得极好。材料为夹杂有纤维的软泥。高 14 英寸;拱圈(?)最高 5 英寸,基线长(?)16 英寸。图版 CXXXVIII,图 289、290。

Mi.xviii.002. **泥塑像残件**。真人腿大小的菩萨像右腿,仅保存有大腿中部至脚踝处,呈 V 字形弯曲状,表明为交腿坐姿。腿上覆盖有带装饰的彩绘服装。衣袍本色是亮丽的深红色,上面装饰有米黄色、蓝色、绿色、白色和栗色的花叶茎蔓图案。在膝盖上有淡蓝色斑点,并缠绕有米黄色的叶子;稍下镶饰一串珠饰,过腿偶带花饰。袍边没有破损,在交腿处(已残缺)的上面形成一道水平线条,并以直角翻下横过脚踝。它由用白线分隔的栗色和蓝灰色条带的外边以及绘在栗色袍衣上的绿色锯齿环状内带组成。连接内边的是绿色和黄色的窄线条。锯齿内填有小黄花。衣袍的内边,就如在脚的开口处看到的那样是鲜艳的铜绿色。在大腿上方,可看到同样颜色的一些皱褶,从像的中心翻下在内边,也许是下弧环带的一部分。

带结上的一环形扣仍垂留着(栗色和蓝色),一长端从环形扣处下垂至大腿的上面,然后消失于膝盖的后面。此端由长槽分成三个长褶;沿上边绘以栗色,另两端绘以淡蓝灰色,上面有用白色打轮廓,再用深黄色、绿色和红色绘出羽毛状叶饰。

所有的颜色都保留得很好,材料夹是杂有麦秸的软泥,麦秸核心露出于大腿和脚踝的残口。长 15 英寸,高 $9\frac{1}{2}$ 英寸,厚约 $9\frac{1}{2}$ 英寸。图版 CXXXVIII(显露出上面)。

Mi.xviii.003.　圆雕泥像残件。为着铠甲的护世天王的右手臂,大小如真人,从肘弯曲呈直角。上端可能是肩章(可能是羽毛的),用一张口露牙的怪兽的头表示,手臂即从口中出来。怪兽圆眼突出(在红色眼窝中用黑和白表示),扁平的猿样的鼻子,巨大的嘴,后弯的嘴唇,露出一排可畏的牙齿(白带红的空隙)。脸面绘以黄色,黑线勾画出嘴唇、眉毛等,但彩绘几乎都已掉失。怪兽之下垂有一件短袖的粉红色衣服,袖子呈铜绿色,盖住至肘的手臂。前臂着紧身的钴蓝色护挡,带有栗色的捆绑物和腕带以及扇形的铜绿色边。只有后者的正面保留着,绘以粉红彩;衣饰彩绘和护挡多被损坏。服饰是千佛洞绢画中护世天王的那种。参见 * Ch.0010,总说明。材料是软泥,核心为麦秆。肩至肘尖 $11\frac{1}{2}$ 英寸,肘至手腕 11 英寸。图版 CXXXVIII。

Mi.xviii.004.　圆雕泥像残件。左手大小如真人,戴手镯,持金刚(Vajra)或杯子。杯把修长,两端各有一环;上面为浅杯,下面为有莲花瓣饰的杯座。手绘以白色,手指间为红线,但彩绘大多已失。高 $7\frac{5}{8}$ 英寸,指宽 $2\frac{1}{2}$ 英寸。图版 CXXXVII。

Mi.xviii.005.　泥塑右手残件。在手掌里,贴于手指上或掉失的右大拇指所持的是一枚坐佛浮雕章。背光呈蓝色,火焰边呈白色而涡形饰则绘以深红色;头光光轮呈淡绿色;莲花座为蓝色;袈裟为朱红色,但现在则变成了棕红色;眼睛和头发为黑色;肤色为黄色。左膝已残失。

手呈白色,手掌里有用朱红色线条标识的褶痕;手掌向外然后向左弯曲成

45 度,以使佛像垂直立起。材料是软泥夹杂纤维,心是木头。从大拇指根到中指尖 6 英寸。佛像高 3 英寸。图版 CXXXVII。

Mi.xviii.006. **泥塑童佛(?)像**。除靴子外都赤裸着,坐状,膝盖向外,脚踵对并。右手越过右大腿与小腿相碰,左手抚于腹部。作为一个胖孩,其两腿有皱褶,肥腹。泥釉和彩绘已残失,但前额以三角形垂下的头绺和眼睛呈黑色,靴子为蓝色。右侧有红色头光的痕迹,脸部则绘以红色。高 $7\frac{3}{4}$ 英寸,两膝间宽 $4\frac{3}{4}$ 英寸,背景厚 $2\frac{1}{2}$ 英寸。图版 CXXXV。

Mi.xviii.007. **泥塑人头骷髅**。绘以白色,骨缝、眼白、鼻孔和牙缝均为黑色。但颜色已几乎全掉失。无下颌。软泥杂以纤维。$2\frac{1}{2}$ 英寸×$2\frac{1}{4}$ 英寸×$1\frac{1}{2}$ 英寸。图版 CXXXII。

Mi.xviii.008. **壁画残块**。一串樱桃样的果实,红色果子黑色轮廓,一组尖窄叶中伸出短红色叶茎。叶呈铜绿色,但颜色已几乎褪尽。背景呈浅蓝色,也多已被磨掉。$9\frac{1}{2}$ 英寸×$6\frac{3}{4}$ 英寸。

Mi.xviii.009. **泥塑残件**。菩萨像身躯的左边,近真人大小。白绘肤色,除了对角状搭于左肩的深红色头巾、腰部的宽带、珠宝项饰和链饰,身体裸露。波浪形蓝色头发垂于左肩,正面最低处出现铜绿色衣纹。腰部的带子通常出现在菩萨身上,带子深红色,上面散布有白色和铜绿色花朵,边上绘以粉红彩。项饰和链饰是以泥条模仿珠模制而成,上面间有浮雕的玫瑰花和花朵。项链绘以黄色,上面的装饰则用红色或铜绿色,但链饰上的彩绘已掉失。保存较好。材料是软泥夹杂麦秸。颈至臀部 1 英尺 9 英寸。图版 CXXXVIII。

Mi.xviii.0010. **泥塑菩萨头像**。真人大小。左耳和右耳的长耳垂已残失。脸形宽而丰满,白绘,几无表情。眉毛(绿色)上弧,并向下连接短而尖利的鼻梁。眼睛略斜(黑色绘白色轮廓),近乎闭上,但眼球大而突起,眼光柔和。上唇短,小而多曲的嘴(红色),下颏直,下有双下颏。在嘴唇和下颏上有小的绝妙的髭和胡须,黑色地上绘蓝色。

头光为绝色圆圈,周围环绕红色小火焰。用宽红线强调的脸部轮廓与头发形成对比。头发绘以浅蓝色,在前额呈现出平的波浪形发绺,然后向上集中成笔样的顶髻。但顶髻的正面已几乎被高的三角形装饰所遮挡。三角形装饰是冠冕上立起的发束瓣,上面镶嵌有三颗宝石。在其两边是两个独立的发束瓣,上面各有一颗宝石。所有这些都绘以深红色和铜绿色,但许多颜色已经掉失。左边脸部颜色也几近消失。保存较好。下颏至头顶 $6\frac{1}{2}$ 英寸,通高 11 英寸。图版 CXXXI。

Mi.xviii.0011. **回鹘文残稿**。粉红—米黄色薄纸,有 10 行手写大字。回鹘文写卷的一部分,反面空白。破损严重。最大 $8\frac{1}{2}$ 英寸×7 英寸。

Mi.xviii.0012. **纺织残块**。亚麻布(?)或丝绸,包括五件用途不明的残块。它们呈长方形,由双层丝绸或亚麻布组成,长的一边素面,其余几边则剪成三个方形的小块。素边有两个搭环,余边则有几根系绳,此物看起来像面罩。其中三件是亚麻布的,呈米色或红色;两件是丝绸,呈米色和白色——一件素面,其余的是在素底上重复斜纹圆点图案。

另外一些残片可能是上述的同类物品,由米色或红色亚麻布组成:一件是栗色人字纹料残片;一件为印有绿色和栗色花叶图案的绢;一件是紫色的丝绸缎子,素底上有菱形纹和椭圆形玫瑰花饰的斜纹图案。最大残片约 6 英寸×3 英寸。

Mi.xviii.0013. **泥塑残件**。从指尖至第一个关节的手指。有红绘痕迹。在 Mi.xviii.0012 纺织残块中发现。材料是软泥夹杂纤维。 端有伸出的木棍心,长 $2\frac{1}{4}$ 英寸,直径 $\frac{3}{4}$ 英寸。木心直径 $\frac{1}{8}$ 英寸。

Mi.xviii.0014. **壁画残块**。用蛋清和颜料画于过道墙上的下部。画的上半部表现的是一名立于流淌水中男子赤裸的双脚,一条龙正从波浪中跃起以攻击该男子,龙身缠绕于他的右膝上面。男子开始后退,重心都放在了左腿上。双腿的外轮廓用黑色勾画,内填带阴影的粉红色彩。

龙出现于男子的两腿之间,并冲向左腿,身子自头至后身扭曲成波浪形,头竖起,对着男子,其前爪抓住他的右膝。龙为中国式样,短胡,樱桃样的双眼,长颚大张,显出牙齿并伸出长长的红舌。舌端后弯,吐出多舌状的火焰,火焰中间是一个蓝色的圆珠。长红发平披于颈,几及肩部。肩部有一排红色的尖刺,并延续至身体背部。龙身呈蓝色,多鳞,轮廓用黑色和红色勾画,下侧为白色。前足也多鳞,有五个弯曲的爪子,近肩部处接有一双退化的翅膀,由一个S形长涡卷及两个分出的涡卷组成。

男子左大腿上有部分缠腰布,在右下角升起呈涡卷形的红色和绿色的烟雾或火焰。水呈艳绿色,并带有黑色斑点;在左边和下边是用细白条作边的长条形宽带,内有红色、绿色和蓝色彩绘的方形和长菱形块。在左下角两宽带夹成锐角。

下半部分的右边是一只香炉,其盖呈穹隆形,上面升起前面提到过的那种烟雾。炉肩较宽,上面挂有铃铛,球形腹,腰茎渐细,然后向外膨胀成莲花足。整只香炉绘以白色,但装饰细部为黑色。香炉的右边和左边各站立一条带鳞的黄龙,呈阔步前进状,其一后爪踩在香炉的莲花足上。其蜿蜒的颈在香炉前交缠为一个精致的结,然后在香炉的两边作优雅的起伏,并向后弯曲以使其头面对面地对应于香炉顶部两边。它们的前足踩在香炉的肩部,其爪压在穹隆顶上。它们的尾巴相互交结于对方的颈部。

左边有一个男子和一个女子(供养人)正跪在席子上作祈祷。男子皮肤黝黑,有黑色的头发和胡子,白色穹隆顶帽子,帽檐上翻,鹰钩鼻,眼光正视,黑色巧克力袍衣束以长带,袍衣上缀五叶形的白色斑点。男子总的外貌特征属非蒙古人种。女子肤色较好,黑发高挽,但发顶宽平,帽子呈纽扣状蘑菇形;耳环简单,眼光正视。红色袍衣,上缀蓝色和灰色的玫瑰花形饰。袍衣直而简洁,无腰带但腰部略收。手中持有一根粉红色和绿色的长茎花朵。在她身后站一双臂上举的赤裸的童子,深巧克力色,头发仅留右边一块,前额有刘海,其余均被剃光。男子后面也有一个更小一点的类似童子在跳舞,画得很活泼。他右手匕举,握着一捆干果子,左手下垂,近处有两个白色圆状物。男子前面的地上有一个小火盆(?)。挂在龙尾和翅膀上的是一对秤;稍上出现一个包,或许表示供献的钱币。背景呈淡蓝色,在人像之间的空当和头顶上有9排短行的回鹘文字(不能读懂)。绘画仓促,表面多被磨损。主题不明。2英尺3英寸×1英尺$7\frac{1}{2}$英寸。图版CXXVI。

Mi.xx.001. **突厥文"神秘性的(?)"残稿**。写于淡米色糙纸上。周边不完整。书写得很浅淡,显是12行残件。反面空白。出自塔的东南角。7英寸×$5\frac{1}{4}$英寸。

Mi.xx.002. (误标为xvii.0010) **木雕柱头**。圆柱身,上有方形的印度—科林斯方板;柱头切成立方块。各边中间的垂带上分出两个邻接的蔓茎,各向角上弯曲,并向下开出老鼠蕨状的半叶花饰。从边上看它是两个半叶;从角上看,它是完整的带两茎的老鼠蕨状叶。柱中从顶至底凿有榫眼,直径为$2\frac{1}{2}$英寸。柱头$4\frac{1}{2}$平方英寸×5英寸。图版CXXVIII。

Mi.xx.008.(误标为xvii.008)a、b. **两件残铜盘**。每件都有浮雕装饰带;锯齿状线条图案,各锯齿的三角块中,间隔地填有线条或几排与锯齿支线相平行的圆点。装饰图案压印于铜盘上。3英寸和$3\frac{1}{8}$英寸×$1\frac{13}{16}$英寸。

Mi.xxi.001. **木雕残件**。木雕板沿残条,上有连续的波浪形刻纹,每一波纹内都变化地伸出双卷云纹。素边宽$\frac{7}{8}$英寸。有红绘的痕迹。1英尺$2\frac{1}{2}$英寸×$2\frac{3}{4}$英寸×$\frac{5}{8}$英寸。图版XLVII。

Mi.xxi.002. 八边形木桩。逐渐变细成尖。八个面的每一边都刻有一行婆罗谜文。虫蛀得厉害,表面多破损。高 2 英尺 $5\frac{1}{2}$ 英寸,最大直径 4 英寸。

Mi.xxii.001. **木骨灰盒**。制作粗糙,推拉式顶盖,内盛细小骨片及薄纱碎布片多块。15 英寸×4 英寸×4 英寸。

Mi.xxiii.1. **砖浮雕像**。建筑用的方形花砖,中心浮雕有菩萨头像并围以圆形背光和联珠圈饰。四角填以还愿物装饰,周边长 $\frac{3}{4}$ 英寸。传统式样的脸形,丰满光滑,有双下颚。双眼长而窄,目光近乎正视;嘴角微微上拉;耳垂被玫瑰花样的大耳环所遮挡。发饰与 * Mi.xi.00 的 a 型相似,但顶髻宽平,上面还有玫瑰形花饰,使整个头饰看起来更宽阔。背光外边有光芒,材料是米色的细泥,经轻微火烧但十分均匀。表面用薄的米色釉或涂料进行处理。另外一些相同或相似的花砖,请参见 Mi.i.003,ii.002,xi.00121,xxii.i.2、0014;一些不同的花砖,可参见 Mi.xvi.001~0017。$8\frac{3}{4}$ 英寸×9 英寸。图版 CXXIX。

Mi.xxiii.2.a~d. **泥塑残件**。如前所述,残件属建筑花砖。a、b 和 d 相接,组成背景的右半部分;c 是不能连接的角。除左耳的玫瑰花饰外,菩萨像没能保存下来。Mi.xxii.i.0014 或许是留存的角的残件。a、b、d(相接)为 $8\frac{7}{8}$ 英寸×(背景宽)$4\frac{1}{4}$ 英寸,4 英寸×3 英寸。

Mi.xxiii.001~007. **镂空木雕板残件**。平素边内,底纹是四叶形玫瑰花饰和花瓣之间升出的葱形叶,上有一个精致的叶、圈图案。这些残件或许可组成同样图案的两块雕版。所有浮雕细工的边都斜切;虽然制作粗糙但是有效的作品。边内 $7\frac{1}{4}$ 平方英寸。

Mi.xxiii.008、009. **两件刻纹木托座**。直木,窄端中间内凹,刻成张口的龙头样。此怪物双眼鼓凸,口鼻上翘;双颚张开,显出双排大方牙。颈部剖面呈方形,在颈部两边和上面钉有三根短木桩,其伸出表面的部分均已断残。008 表面多有裂缝,下颚部分已经掉失。009 保存很好并有紫绘。整个 $7\frac{1}{2}$ 英寸×$2\frac{1}{2}$ 英寸×2 英寸,头 3 英寸×$1\frac{1}{2}$ 英寸×2 英寸。009 参见图版 CXXVIII。

　　Mi.xxiii.0010、0011.　两件刻纹木托座。 参见 Mi.xxii.i.008、009。木头一端的两面向内斜切,递减成榫舌,榫长 3 英寸,上有方形榫孔。木座平头,两面除凹雕线脚外有立面的边珠;沿平头,有方形串珠状缘饰。下面是圆形串珠状缘饰(总深 $\frac{15}{16}$ 英寸,绕过前面继续)。在这几面下凹进,雕以半个箭头叶(尖头冲向榫头),后面的外底角里是一个圆圈,里面是四分之一圆雕的线脚。端头:上面,沿着边顶走的圆雕线脚的上面是方形线脚的继续;下面,重复同样的图案。在下面完成了各面的半叶,在中间由一条生硬的线脚分开。其他一样的残片,参见 Mi.xxii.i.0016 ~ 0018。$6\frac{3}{8}$ 英寸×$1\frac{5}{8}$ 英寸×$1\frac{5}{8}$ 英寸。0011 见图版 CXXVIII。

　　Mi.xxiii.0012.　刻纹木(框?)边。 剖面呈长方形,一个后角断残。在中间和一端(已断)分别有两个榫钉孔(一孔内有钉)从一面穿到另一面,另一端是残破的榫头。正面图案分两部分:上半面(突出 $\frac{1}{4}$ 英寸)居外侧,下半面居内侧。下半面刻饰横贯的锯齿形线条,其三角形内填有与齿边平行的沟槽,边缘是宽 $\frac{1}{4}$ 英寸的平边;上半面边缘宽 $\frac{3}{8}$ 英寸,边内有同 Mi.v.004 一样的龙形饰,这里保留下来的也许是尾巴——下边平直而上边弯曲,尾巴末端向上弯卷。曲边侧刻有间隔均匀的竖槽,类似 Mi.v.003、004 的鬃毛。尾巴下面压有横贯的叶茎,其两边分列向后的条叶。$9\frac{1}{2}$ 英寸×2 英寸×$1\frac{5}{8}$ 英寸。图版 CXXVIII。

　　Mi.xxiii.0013.　带镟床头的木轴杆。 杆剖面 1 平方英寸,已残断,长 5 英寸。头完整,直径 $3\frac{1}{4}$ 英寸。最宽部分呈鼓形,长6英寸,上缘凹刻一周弦纹。上面是一个球,通过另一周弦纹与窄圆颈相接,然后再向外膨胀成圆鼓形的顶。表面掺沙;木头已裂缝、腐朽。参见 L.B.II.002 等(本书第十一章第七节),Mi.xxii.i.0019～0022。通高11英寸。

Mi.xxiii.0014.　**泥砖雕残件。**与 Mi.xxii.i.1 一样上雕菩萨头像,也许属于 Mi.xxii.i.2。$1\frac{3}{4}$ 英寸×$2\frac{11}{16}$ 英寸。

Mi.xxiii.0015.　**木浮雕板残角。**花草图案。角内雕有主枝,枝的两边有卷须。直角两边为平沿。其他类似的残件参见 Mi.xxii.i.0024、0025。$6\frac{5}{8}$ 英寸× $3\frac{3}{8}$ 英寸×$\frac{7}{16}$ 英寸,图版 CXXVIII。

Mi.xxiii.0016～0018.　**木雕座。**与 Mi.xxii.i.0010(q.v.)相似。

Mi.xxiii.0019～0022.　**带镟床头的木轴杆。**与 Mi.xxii.i.0013 相似,但形制小一些。0019、0020 木轴杆插入一头,折断的长度约1英寸;0020、0022 分开切割,可插入头底的方形榫眼里。0020 的榫舌尚存,长3英寸;但0022 的已残失。形制与 Mi.xxii.i.0013 一样,但略小一些。0020 的下面还增加了立方体。0021 和 0022 是一对。顶面粗糙,恰与用以建筑目的相符合,类似的木杆在 L.B.II、IV 中有发现;参见本书第十一章第七节。除0020 外上面都保留有红绘。0019 通高 $5\frac{3}{4}$ 英寸,最大直径 $2\frac{1}{4}$ 英寸。0020 通高 $7\frac{1}{2}$ 英寸,最大直径 $1\frac{5}{8}$ 英寸。0021、0022 通高4英寸和 $2\frac{7}{8}$ 英寸,最大直径 $1\frac{5}{8}$ 英寸。

Mi.xxiii.0023.　**木雕残件。**可能是立佛像背光右边和衣饰的残边。背光边缘作火焰状,上有红绘痕迹。$7\frac{1}{4}$ 英寸×3英寸×$\frac{1}{4}$ 英寸。图版 XLVII。

Mi.xxiii.0024、0025.　**两件残木雕。**系 Mi.xxii.i.0015 之一部分。上有紫

绘的痕迹。$5\frac{1}{4}$ 英寸×$1\frac{1}{2}$ 英寸和 3 英寸×$1\frac{1}{4}$ 英寸。

Mi.xxiii.0026.　**陶器残片**。卷沿；粗泥胎，手制，炉烧。肩部有弧曲的刻纹，刻纹上方有吐蕃刻铭（在晾干前刻上）"ཁོང་བཙན." 3 英寸×$3\frac{1}{2}$ 英寸×$\frac{3}{8}$ 英寸。图版 IV。

Mi.xxiv.001.　**泥塑残件**。不完整，佛坐禅于莲花座上。袈裟盖住双肩和双手。莲花座有上下三层花瓣（未开）。背光无装饰。右边断残。无彩绘。泥质，烧过。高 6 英寸，像高 $3\frac{1}{2}$ 英寸。图版 CXXXVII。

Mi.xxiv.002.　**彩绘木板残片**。太碎，主题不明。做工粗糙。13 英寸×$2\frac{7}{8}$ 英寸~2 英寸×$\frac{5}{8}$ ~$\frac{7}{8}$ 英寸。

Mi.xxv.001、002.　**弓形雕版残件**。与 Mi.xv.0029 相似，但尺寸小一些。上面明显有两个坐佛，一个穿着紧身的袈裟，另一个右手放于斗篷的褶痕里，内层袍衣呈对角状地从胸部斜向左肩。两个佛像似乎绘以不同的颜色；背光呈蓝灰色；头光呈金黄色，背光火焰呈红色。残破并腐朽。分别为 14 英寸和 $8\frac{3}{4}$ 英寸×3 英寸×$1\frac{7}{8}$ 英寸。002 参见图版 CXXVIII。

Mi.xxiv.003.　**彩绘木板残片**。底绘红色，上绘蓝色卷叶，叶边为黑色。其他细节因磨损和破碎太甚不明。做工粗糙。$13\frac{1}{2}$ 英寸×$1\frac{3}{4}$ 英寸×$\frac{3}{4}$ 英寸。

Mi.xxv.004.　**粗亚麻布（？）残件**。深红色，已褪色，平纹织法。约 10 平方英寸。

Mi.xxv.005.　**铁钩环**。由剖面呈长方形的铁条制成。中间粗壮，两端渐细成尖。弯成圆形，两端靠拢，端头外弯。厚 $\frac{5}{16}$ 英寸×$\frac{3}{16}$ 英寸 ~$\frac{1}{8}$ 英寸×$\frac{1}{16}$ 英寸，尖端距离为 $3\frac{1}{2}$ 英寸，直径 $2\frac{1}{2}$ 英寸。

Mi.xxv.006. **铁圆盘**。带两个平舌。略分叉;有一穿孔。直径 $1\frac{1}{2}$ 英寸×$1\frac{3}{8}$英寸;舌 $1\frac{1}{2}$ 英寸×$\frac{1}{4}$英寸×$\frac{1}{8}$英寸。

Mi.xxv.007. **绳鞋**。编法与 M.Tagh.a.0040(q.v.)相同。鞋底脚趾和脚跟部分已失,鞋面较大。鞋里有泥沙掺杂。鞋口长近 7 英寸,鞋底宽近$3\frac{1}{2}$英寸。

Mi.xxvi.001.(误标为 Mi.001) **泥塑头像**。同 Mi.xi.005 等相似的像面具。前额有八条直发绺。脸年轻饱满。眼睛正视。软泥夹杂草类纤维。高 2 英寸。

Mi.xxvi.002.(误标为 Mi.002) **泥塑像**。系列小男像中的一个。脸平,呈椭圆形,孩子气,眼紧闭,嘴形直,两颊带酒窝。前额垂有两绺头发,分别向上弯卷成月牙形。头顶其余部分光秃。上身赤裸,耳垂玫瑰花形饰,项链简素,宝石链带交叉于胸前并用玫瑰花饰别住。手臂伸出,互呈直角(xi.0085),举过头顶(xi.0069)。腰部有平纹缠腰布(xi.0085)。自腰部以下身体向边上扭曲,似在争斗;斗篷从头后垂至臀部,被两臂撑出,形成了身后的背景。所有的雕像都在腰部断残,着装除 Mi.xi.0085 外都是紧身斗篷。同样或相似的雕像,模制坚硬,参见 Mi.x.0011,xi.0068、0069,0085;另参见 Mi.x.0012,xii.003。如仅是头像,可参见 Mi.xi.0067。

002 头左边、肩下的手臂、腰以下部分都已断失。右肩残留有斗篷残片,墨黑色,表面被损。高 $3\frac{7}{8}$英寸。

Mi.xxvi.003. **泥塑衣饰(?)残件**。1 英寸×$\frac{3}{4}$英寸。

Mi.xxvi.004.(误标为 Mi.004) **泥塑头像**。头发从前额和耳朵处上梳,并分成许多单独的发卷。顶冕用扭曲的布做成,几乎盖住发卷。冕上有一顶髻,也有小而直立的发卷。脸和头发上有红色、黑色的彩绘痕迹。前额光滑,但眉毛紧蹙,双目圆睁,眼珠突出。嘴长而平直,上牙露出,咬住下唇,在嘴至下颏间形成长褶。大耳尖锐。两颊显出生硬的酒窝。此像样子奇异、凶猛。下颏至头顶 $2\frac{3}{4}$ 英寸。图版 CXXXII。

Mi.xxvi.005.（误标为 Mi.005）　**泥塑残件。** 或许是从大的雕像头上断残下来的头发（或衣饰?），但与其他任何例子有所不同。前额中间的头发呈涡形,而边上的则似衣褶但绕上又绕下。前额涂以金色,边缘用红线表示。约 7 英寸×7 英寸。

Mi.xxvi.006.（误标为 Mi.006）　**泥塑莲花。** 莲蕊外露,花瓣均向上（下面的花瓣还向左或向右弯曲）。莲蕊呈玫瑰花形,分五瓣和五个萼片。莲蕊外层是九片尖角的花瓣。莲花背后接有水平状的花秆,秆上面光滑,左面露出芦苇秆心。其他类似的标本,参见 Mi.x.0026,xi.00124,xv.0021~0028。高 $4\frac{1}{4}$ 英寸。图版 CXXXVI。

Mi.xxvi.007.（误标为 Mi.007.a、b）　**泥塑残件。** 或许是从大的雕像表面掉落下来的残片。贴金箔;b 为衣褶。多损坏。软泥夹杂麦草。a 约 5 英寸×4 英寸;b 约 $2\frac{3}{4}$ 英寸×$1\frac{3}{4}$ 英寸。

Mi.xxvi.008.（误标为 Mi.008）　**泥塑花秆。** 秆心细,内为四根草秆,外面包草,然后用草拌泥糊着。秆面略平,上贴多个泥做的花朵。花上绘色,五朵栗色、一朵绿色、两朵黄色、一朵蓝色。花形有四种:三种有花瓣四片,形状既有圆形、椭圆形,也有不规则四边形;第四种有两例,仅见三片花瓣。花秆有两处横插木钉。约七朵花残失。1 英尺 $7\frac{1}{4}$ 英寸×$1\frac{3}{8}$ 英寸。图版 CXXXVII。

Mi.xxvi.009.（误标为 Mi.009）　**泥带残段。** 一面平,另一面弯曲不平。曲面绿绘。平面绘黑底,两边有白线,中间绘饰花草图案。这些花先是黑色与白色,其次是深红和白色,然后是绿色与黑色,最后是黄色和深红色。第一、第三和第四棵花分别有黄和深红、深红和白色以及黑和白的花蕊。支撑的花茎或黄绘或绿绘。泥带中心为木心。材料是软泥加麦草,未经烧烤。实际长度为

1 英尺 4 英寸。长(加上突出的木心)1 英尺 8 英寸,宽 2 英寸,厚 $\frac{7}{8}$ 英寸。图版 CXXXVII。

Mi.xxvi.0010.(误标为 Mi.0010)　泥塑残件。右手小指,大小如真,中有铁心,已腐蚀膨胀。烧过并涂金。外面有特异的凸褶。长 3 英寸。

Mi.洞 A.　长方形泥板。上有墨书的六行回鹘文题铭。是明屋遗址西北 A 窟雕像的残片。$9\frac{3}{4}$ 英寸 × $6\frac{1}{4}$ 英寸 × $\frac{1}{2}$ 英寸。

第五节　霍拉遗址及铁门关

沿开都河山谷▷
向上走

　　我们在明屋的工作条件非常艰苦。于 12 月 23 日结束工作之后,我又把沉重的文物转运到库尔勒,顿感心情舒畅。然后,我带着足够的劳力前往霍拉遗址。我在焉耆就开始打听这一带的遗址,但蒙古族牧民沉默不语,我费了很大的周折,才了解到一些佛寺遗址。这些遗址坐落在天山山脉的北麓、库尔勒西部平原与开都大河的山谷之间,因此欧洲探险者至今尚未注意到它们。行走第一段行程时我们穿过一片雪地,向北路过了一片狭长而凌乱的种植区,那些半游牧蒙古族所种的庄稼长得稀稀拉拉,灌溉这里的庄稼的水源从七个星(Shikchin)上面引来。水渠流经的大宽沟,似乎是古代开都河的一条支流河床。

霍拉遗址下端▷
的种植区

　　从最后一个小村庄诺盖拜可齐(Nōgai-backhe),我们转而向西,走了一小段路程,为光秃秃的砾石萨依地面,便到达了位于天山山脉脚下的小山脊陡坡上的佛寺遗址(图 297)。如附图 54 所示,在该遗址下面是一片小种植区,靠几口泉眼进行灌溉。这些泉眼源于距其南面 600 余码的一个小山谷的谷

口,现已结冰。距遗址 2 英里处,砾石覆盖的萨依地形消失,
变成了长满灌木丛的黏土平原。在此我发现了现代种植区的
痕迹。后来我才知道这些种植区蒙古族有时种,有时不种,完
全看水源而定。每当山上有特别充沛的降雪或降雨,造成来
年春洪暴发,使洪水沿干枯的河床流到遗址附近的平地时,他
们就耕种。在如此地形气候条件下还能种植(即使断断续续
的),由此充分证明前面探究的焉耆各地的气候非常湿润。

　　这是寺庙建筑群的遗址。它们坐落在山背上,山不高但 ◁ I 组建筑遗迹
很陡峭(由于雨水的冲刷侵蚀而形成)。图 297、299、300 有助
于说明遗址所在的位置,它使我想起以前调查过的较远的斯
瓦特和布内尔(Bunēr)山谷中的许多佛教遗址。距前面提到
的那片种植区最近的是 I 组遗址,在附图 54 和图 300 左边即
可见到。建筑遗迹包括几座佛殿,大多都比较小,分布在一个
中央建筑的西北和东南面,如图 297、300 所示。I 组遗址包括
一个坚固的土坯和石头混合建筑的坚固基址,面积 9 英尺见
方,距地表高约 12 英尺处有四个壁龛,里面原先一定都有佛
像,可惜现在都已完全被毁。在顶部,即距地表高 23 英尺处,
建有一个巨大的圆形鼓状物或拱形顶。该建筑的底部有一间
小屋,长 7 英尺,宽 4.5 英尺,门向东南。我派遣去勘察遗址的
一个维吾尔族队员,从蒙古族牧民手中得到了三块婆罗谜文
的菩提叶残片。据在此独居多年、以种地为生的蒙古人说,这
些文书是他在那间小屋中发现的。另一件小泥塑坐佛像
Khora.002 据说也是在这间小屋里挖出来的。

　　佛殿 I.i,长 10 英尺,宽 7 英尺,位于 I 组建筑西北部的山 ◁ II 组佛殿
顶上,土坯垒砌的墙壁由 2 英尺高处坍塌。此遗址的发掘只
获得了一些可能属于小型佛塔的、腐朽的木栅栏和尖饰。佛
殿下的西面坡地上有土坯堆,在此出土了一些同类的遗物

（Khora 001~004）。另一座佛殿 I.ii，长 9 英尺，宽 8.5 英尺，内部堆积了很厚的土坯块，其中出土了木质墙壁上的装饰品，其中有一件为圆雕的默念坐佛像（Khora.I.ii.001，图版 XLVII）。在距地表高 3 英尺的墙面上，发现了一块壁画装饰，表现的是一群站立的小型菩萨像，他们的面部都不甚清楚，似乎是有意抹掉。在中央建筑的东南面和一座小院落的外面，有一间大房子，长约 19.5 英尺，宽 18.5 英尺，其内堆积的土坯和垃圾高达 4 英尺多。在此只发现少量的壁画装饰残片，画的是菱格中的小佛像。所有的遗物都有受潮的迹象。

II、III 组佛殿▷
建筑

　　图 300 的右边是第二组遗址，占据北部的一道小山脊，正好位于前面谈到的遗址的下方。它包括一排三间相连的佛殿，共同构成了长 70 英尺、深 27 英尺的建筑群。清理这些佛殿，除了获得一些小型浮雕泥塑残片，还发现了一件腐朽严重的木雕的头像（Khora.II.i.001，图版 XIV）。在第二组遗址东面的一块较矮的孤零零的台地上，有一个长约 30 码、宽约 20 英尺的平台，是用未加工的石头修建而成，高 18 英尺。该遗址东端矗立的一个大型土坯筑造的塔样建筑，其特征已无法辨认。由一个较陡的岩石山口，我们到达了第一组主要遗址区（图 299），这里只有一座孤立的佛殿 III，内部面积 9 平方英尺，是在一块带围墙的土坯建造的平台上单独修建而成，使用的土坯长 15 英寸，宽 8 英寸，厚 4 英寸。清理这间佛殿没有任何收获。

彩绘的木雕遗▷
物

　　在刚才提到的狭窄山口的半山腰，距地面高约 150 英尺之处，建有一组寺庙 IV，参见附图 54。小高地向北延伸为台地，其上修建了一组背依山坡的寺庙。从山上流下来的雨水使这些建筑遭到了严重的侵蚀。其中，最东面的一座孤立的佛殿 IV.i，内部长 11 英尺，宽 10.5 英尺。在佛殿小前室的土坏堆中,出土了一些有趣的雕刻和彩绘的木制品,遗憾的是这些遗物都是先遭焚烧破坏后又受潮腐蚀。在小木块 Khora.IV.i.001(图版 XLVII)上,刻有一个跪着的人物,他双手合拢呈朝拜状。Khora.IV.i.004 塑像的木基座边缘都雕刻有精美的装饰。一件彩绘木块残片 Khora.IV.i.003 尽管其背面被烧焦致残,但仍可以看出圆形背光中绘有三个神像。最令人痛心的是,雕刻并彩绘的上楣(Khora.IV.i.002)遭到了破坏,残存的部分长约 1 英尺 9 英寸,宽 1 英尺,表现了两组画面。每一组画面均用各种颜色和金色彩绘描绘了被朝觐者所围绕的佛像。整个作品设计完美,制作精湛,但现因被烧得太黑而无法复制。一些特征表明这些画是在金色地上采用蜡画法的技巧绘成,但因表面被破坏,在未经化学测试之前,很难作出明确判断。上楣的底部边缘用一排奇特的浮雕半身雕像装饰,使人联想到哥特式妖魔雕塑。两件镶嵌木雕的残片出土时是分离的。

在 IV.i 西边有一座较大的寺庙,其殿堂后面的一条拱顶通道因遭到后面山坡上的流水侵蚀,所以没有留下任何可辨的装饰。西面与其相连的一个佛殿情况也是如此。台地末端的两间小屋,根据其中一间内残留的灶可以推断,它以前应是僧房。在此发现了彩绘的木块 KhoraIV.ii.002,表现的是在两个漩涡之间漂浮在水面的一个莲花。另外还有一件类似杯子的木制品 Khora.IV.ii.001。 ◁IV 组中的僧房遗址

在清理 IV 组遗址的同时,还发掘了一系列其他遗迹。在此,有必要对遗址中另外一些遗迹作简要说明。在距离 I 组遗址 600 码处,有一个半球形的土墩引起了我们的注意,它比水平地面高出许多,上面有梯田灌溉的痕迹。后来证实它是一座佛塔,直径约 38 英尺,破坏较甚,残存高度距地面约 17 ◁佛塔墩

英尺。在其南面发现了一条很久以前挖掘的可出入佛塔的深沟。佛塔的内部至中央都是空的,整座塔用长 15 英寸、宽 8 英寸、厚 4 英寸的土坯建造,土坯大小与遗址中其他地方所出的一样。在此塔南面约 25 码处,有一个较矮且平的土台,没有发现任何建筑遗存,似乎可以推测以前这里曾建有不太坚固的居住遗址。

防御设施▷　　在此佛塔西边不到 0.5 英里处,距主要遗址中心建筑同样距离的地方是个较陡峭的、几乎完全孤立的岩石山口(图中的 V,附图 54)。有迹象表明,此处似曾用于防御目的。山顶周围建了墙,面积也扩大了许多。墙壁一半是未加工的石头,一半是土坯建造,范围从北到南约 105 英尺,东西约 66 英尺。顶上有很厚的古代堆积,但没有发现任何建筑遗存。位于北部的一个类似堡垒的凸状物,似乎是用来防守这一面的入侵者,因为通过这一面能轻易爬上山口顶部。其他几面有沟壑与邻近的山丘相间隔,从山脊往下 60 英尺处的北坡有一座小丘,上有一个破坏较甚的土墩,可能是佛塔遗迹,很久以前曾经被人盗掘,遗留有一条通往中心的盗洞。其中一面的地基类似方形,长约 33 英尺。由盗洞断面可知,此土墩一部分用土坯建造,另一部分用未加工的石头建造。塔的现存高度比小山顶部的岩石还要高 15 英尺。

早期农业居住▷
区　　　　　在遗址中没有发现任何有纪年的钱币或其他遗物,但从建筑结构和其他遗物上判断,可以确定这些寺庙延续使用的时间与明屋遗址相同,而且它们几乎同时遭受破坏。东部和北部的平原可以提供足够的耕地,而佛教流行时期山上的水源又比现代要充沛。但如果附近没有较大的农业居住区,那么这些寺庙建筑也就没有存在的必要性。这一天我们把该遗址清理完毕,R. B. 拉尔·辛格也完成了对南面山上的河道的

调查任务。在此我们度过了圣诞之夜,最后遗憾地离开了这
个风景如画的遗址。尽管这里海拔较高,附近的山顶都被白
雪覆盖,但天气晴朗,感觉较为暖和。在焉耆度过寒冷的冬季
之后,这种气候尤其令人心旷神怡。

　　我们沿着山脚行走,看到所有的沟壑口部都生长着茂盛
的草丛和灌木丛林。12 月 26 日傍晚,我们到达了被雪覆盖着
的七个星平原。第二天又走了很长一段路才到达目的地库尔
勒。沿途经过的地形特点非常有趣,开始增加的将近 7 英里
的路程都在低矮的山脊和台地上,直到最东部山脚被霍拉山
脉断开为止。这条道路通向高大的台地上有一座已被破坏的
大烽燧遗址。我在本章第三节中将把它与明屋洞窟上面的古
代烽燧一起叙述。遗址非常坚固,地基面积约 32 英尺见方,
现存高度约 19 英尺,用质量较好的长 12 英寸、宽 8 英寸、厚
4 英寸的土坯建成。建筑的土坯的风化程度足以证明它的年
代很古老,但首先引起我注意的是那一层层置于土坯之间的
芦苇,以及芦苇层之间清晰可见的大裂纹。建筑内部的墙壁
每隔一层土坯之间就置一层芦苇,然而从一道可辨别的土坯
外包墙上可明显看出,外墙每隔三层土坯才置一层芦苇。包
墙厚度约 4 英尺。这种外建包墙的建筑形式在敦煌的土坯建
筑的烽燧中很常见。

　　遗址在位置、整体面貌和大量使用芦苇层等方面体现出
的重要特点,使我立刻回想起赫定博士在 1896 年前往终点哈
密的旅行途中发现的一组巨型烽燧遗址。他发现了由库尔勒
至营盘(Ying-p'an)的一条古代通道,烽燧均分布在此道上的
库鲁克河(Kuruk-daryā)至楼兰的支流的干涸河床上。[①] 从他

◁七个星平原南
部的烽燧

◁楼兰至库尔勒
的古代通道

---

　　① 参见赫定《中亚之旅》,75 页等。

对这些烽燧的描述中可以看出,他认为这些烽燧的年代可以追溯到中国首次开通由敦煌至楼兰,然后再向北行到达塔里木绿洲盆地的古代通道的时间。1915 年我从库鲁克到库尔勒的旅行中,对这些烽燧作了尽可能仔细的调查,证实这一观点是完全正确的。由此可以得出以下结论:这些沿途修建的烽燧主要是用来观察和发送信号,用以连接楼兰和汉武帝建立的散布在天山南麓各绿洲地区的行政驿站和军屯基地。①

从焉耆山谷入▷
侵的危险

《汉书》中记载,对这条巨大的军事和商贸通道安全的主要威胁来自匈奴②——尽管它不是唯一的。如同我们所看到的,通过焉耆敞开的山谷,可以很容易到达北部裕勒都斯和其他大牧场,所以这里一直是东西南北出入和交通的主要门户。中国将领们在北部边远地区几个世纪的征战所获得的经验证明,防御突然袭击或入侵的最佳办法就是沿路修建烽燧,它能够及时发送警报,随时做好充分的防守准备。库尔勒及其附近相邻地区位于易受袭击威胁的交通道路上,所以有必要采取措施很好地保护自己。由东北一直延伸至焉耆山谷的一排烽燧,我们可以得到很好的启示。

沿霍拉山脉分▷
布的烽燧

我相信,以前沿霍拉山脚修建的这些烽燧的初衷是出于防御目的。但无法弄清楚库尔勒外面的通道上从何时开始修建烽燧。值得注意的是,我在刚才描述的烽燧的外部看到了扩建的围墙,而且在营盘和库尔勒之间的烽燧上偶尔也可以看到如此的情形。然而,位于明屋西南部的烽燧则未经扩建,其底部面积约 24 英尺见方。此外,在敦煌的驿站上的烽燧也

---

① 参见《地理学刊》,1916 年第 48 期,208 页等。
② 参见怀利《西域传》,载《大不列颠及爱尔兰人类学学会会刊》,第 11 期,95 页等,详细阐述了公元前 90 年在西部和西南部建立军事屯垦区的原因。

图 299 霍拉遗址佛殿群 III、IV, 自南望

图 300 霍拉佛殿, 前景为殿群 I、II

图 301　音其开河附近的拱顶伊斯兰教墓地围栏

图 302　喀拉墩遗址废弃的四方院落,自西南角附近望

是未经扩建的。还有,每隔三层土坯间就置一层芦苇的建造方法,在上述地区也很普遍。因此,我认为这些烽燧的扩建部分很可能也是在汉代前期出现。我在1915年的调查表明,扩建目的与其说是修复或加固烽燧,不如说是为了加高烽燧高度,以便更好更远地观察到其他烽燧的信号。在此,我必须记录下我的遗憾。因为1907年底和1915年4月,我在库尔勒的停留时间过于仓促,未能腾出时间对明屋西南部与库尔勒东南部最北已调查过的烽燧之间应有的一些烽燧进行系统的调查。上述两个地区之间的距离27英里,这里的地形特征表明库鲁克塔格最西部山脉控制着平原的两端,其间建造两三座烽燧足能保证两地之间信号的发送和正常的联络。

　　通往库尔勒的通道上的遗物和地形特征我甚感兴趣。离开这些烽燧走约1英里后,那些低矮、风化的山脊就被我们甩在了后面。再穿过5英里的砾石缓坡,便到达博斯腾湖上游河流的河床。这条河发源于结了一层薄冰的湖泊,经最西部的库鲁克塔格山口和又高又陡的霍拉北部山脉,向下蜿蜒流淌,最终到达一个逐渐变窄的隘口。这里不仅水量大,而且河水清澈见底。连接焉耆与塔里木盆地绿洲平原的通道即由此通过,从古代起它就被视为重要的军事基地。其道路入口处有巴西阿音泥(Bāsh-eghin)要塞,是阿古柏在库尔勒为防御等待来自哈密和吐鲁番的清军的攻击期间修建的。河流旁的隘口由此地绵延至硕尔托开(Shōr-tokai)附近的最后一个十字形山口,全长约7英里,由此首先可以看到广阔的平原。河流在两边突起的低矮的岩石之间弯曲流淌,道路距离河流很近,右岸上的山口不容易看到。同古代一样,现在这里马车依然能够通行。在其他地方,道路随山脉陡缓的走势而变得高低

◁通往库尔勒的
道路上的隘口

不平,河流的山口变得完全无法穿行。在喀拉卡(Kalka)附近的隘口最窄,但风景如画。河流的左岸有一小片种植区,有一个经常被朝觐者称为阿勒帕塔克麻扎(Alpataka-mazār)的地方。隘口的道路上立有一道木门,还有岗楼,其功能相当于一座烽燧,至今仍然如此。

"铁门关"隘口▷　　这里简述的隘口无疑与"铁门关"有直接联系,因为《唐书》中记载铁门关距焉耆西部有 50 里的路程①,一直是很适宜防守和埋伏的地方,公元 345 年,中国军队从焉耆到尉梨或库尔勒以下的地区的活动中,非常贴切地将它命名为 Chinshu(遮留)。② 我们还发现将这条山谷称为"遮留谷"的记录,该名称的汉语意思可解释为"拦截",据说有一位汉人将领因为听说了这个名称,所以没有落入库车首领为他设下的陷阱中。

在黄昏的暮色中,站在俯瞰河流出口的最后一个山口,可一眼望到库尔勒绿洲广阔的地域,甚至还可以望见无限的地平线上的巨大的沙漠。对于能再度回到塔里木盆地和我过去工作过的东北角,也就是"沙海"的田野现场,我感到非常兴奋。

霍拉遗址出土遗物

Khora.001. **腐朽的木雕饰品。**从平面上看,下面是一个圆形鼓,上面是一个扁平的球形,二者被有凹槽的削边装饰木条分隔。在圆球上面,有一个小圆凸,向上延伸,顶部形成倒置的碗形。圆形鼓和圆球上刻有卷云纹。没有孔

---

① 参见沙畹《西突厥》,7 页、304 页。唐代焉耆首府所在地的距离,与从巴西阿音到巴格代德的 15 英里非常接近;参见本书第二十九章第一节。沙畹指出"铁门关"公元 1137 年的在西安府(Hsi-an-fu)中国石刻地图中标明了它的位置;见《法国远东学院通讯》,第 3 期,214 页,地图 A。

② 参见沙畹《古代和田》,543 页等;尉梨,参见本书第三十章第一节。

或榫。木质坚硬,有裂缝。高 $9\frac{3}{4}$ 英寸,底径 $5\frac{1}{8}$ 英寸。

Khora.002.　泥塑残片。坐佛,双手置大腿上,头及大部分背光都已残失。佛像的基座分五层,上面的三层逐渐变大,下面的两层则变小,因此一层就比另一层略大一些。表面是在白色石膏上饰红色彩,现残留很多痕迹。泥胎米色,泥质较细。$3\frac{1}{4}$ 英寸×$3\frac{1}{4}$ 英寸。

Khora.003.　腐朽的木雕饰品。下端没有抛光但有突起的榫。从平面上看,是一个圆形基座,顶部逐渐变细,上面有一个扁球,在扁球上面有一个小圆颈向上扩展,顶端呈扁盘形。其上有一个圆盘。圆球已脱落。白色底上残留许多彩绘,顶部和球为黑色;圆形颈和基座上部为绿色,基座为红色,分隔基座与圆球的圆环呈红色。高 $3\frac{5}{8}$ 英寸,底径 2 英寸。

Khora.004.　木杆。顶端有钮,底端已残。钮呈锥形,顶部削平,剖面为半八边形;背面削平,与截面为方形的杆的一面齐平。平整的背面与 L.B.Iv.iv.001 等相似。杆 $4\frac{1}{2}$ 英寸×1 英寸(最大)×$\frac{3}{4}$ 英寸(最大);钮高 $3\frac{15}{16}$ 英寸,底径 $2\frac{1}{2}$ 英寸。

Khora.I.i.001～005.　腐朽的残木质栅栏。五块,形制是圆球和螺旋状结合而成。其中只有 005 末端有榫。在螺旋状部分中央为双螺旋。长 $5\frac{5}{16}$～$8\frac{3}{8}$ 英寸,直径 $1\frac{3}{4}$ 英寸。

Khora.I.i.006、007.　木建筑构残木器。两块,形制大体与 khora.003 相同,但直径较大,底部的钉孔为方形。表面削过,木头腐朽。006 高 $4\frac{1}{2}$ 英寸,底直径 3 英寸;007 高 $4\frac{1}{2}$ 英寸,底直径 $3\frac{1}{2}$ 英寸。

Khora.I.i.008.　腐朽的木雕残片。形制为扁球体,表面刻凹槽将其分成三个圆环形。每一端都有一个方形木钉孔。木头腐朽。高 $1\frac{3}{4}$ 英寸,直径 $2\frac{1}{2}\sim 1$ 英寸。

Khora.I.ii.001. **木雕残片。**佛像。佛坐在很平的宝座上,背光为椭圆形,头光为圆形,背光的左边已残。头部雕刻较好,但没有雕刻出五官,双手相交,显然还未完成。上面的彩绘大多都已剥落。木质较硬。高 $5\frac{7}{8}$ 英寸,残宽 $2\frac{15}{16}$ 英寸。图版 XLVII。

Khora.II.i.001. **木雕残片。**头像,面部特征和整个表面毁坏严重,高发髻,细部特征不明。风格与 Mi.xi.0013 很相似。木头不仅裂缝且已腐烂。高 $3\frac{1}{2}$ 英寸。图版 XIV。

Khora.II.i.002. **泥塑残件。**圆形装饰品,是塑像衣服上的。中央有四个小圆圈,外面有两个素面圆环,最外面是红色和绿色小圆圈交替构成的大圆环。底色为白色,其上再饰彩。泥胎红色,经火烧。直径 $1\frac{3}{4}$ 英寸。

Khora.II.i.003. **泥塑残件。**人像的衣纹装饰,有螺旋状小珠饰,是在白色石膏上饰彩。白色熟石膏泥制。3 英寸×$1\frac{5}{8}$ 英寸。

Khora.IV.i.001. **木雕残件。**长方形小木块,一面阴刻一个跪着的人物,双手合拢作朝拜状。截面呈 V 形,人物的表面、背面都被烧焦。$2\frac{5}{8}$ 英寸×$1\frac{3}{8}$ 英寸×$\frac{9}{16}$ 英寸。图版 XLVII。

Khora.IV.i.002. **木上楣。**雕刻,表面绘彩。是长方形木块,右端完整,后面有两榫眼,是用来插入支撑物的末端。表面由上至下 $2\frac{1}{2}$ 英寸处,开始突

起 $\frac{1}{2}$ 英寸。上面整体彩绘,涂金色。朱红色和黑色底上有金色十字形图案。表面主要用黑色线条分隔,上绘金色菱形网格纹,网格内有成组的佛像。

只残存两个佛像,左边的佛像几乎全部褪色。右边的佛像着红色袈裟,坐在宝座上,双脚交叉,足朝上。双肩戴肩饰,有头光和背光。每边佛像都有五个朝拜者,其中一个手臂高举到头上,其余均双手合并或供奉花朵,都穿深绿色和黑色紧身袈裟,头光为金色。黑色背景上有许多金色。工艺精湛且完美。现几乎无法辨认。左面显然一样,穿金色袈裟的佛像坐在金色莲花座上。从前面看,沿底边有一排妖魔,现只残存两个。它们都相似,头和鬃毛像狮子,睁目,露齿。下颌和胸下都有浓密的毛,一只爪放在另一只之上。饰粉彩,鬃毛为黑色(彩绘几乎全部褪色)。背面用钉子固定在上楣上。上楣的左边被烧焦。长 1 英尺 9 英寸,高 1 英尺,厚 $2\frac{1}{2}$ 英寸。妖魔高 $3\frac{1}{4}$ 英寸。图版 XLVII。

Khora.IV.i.003. **彩绘木梁**。背面被烧焦,表面被毁。但红色底,残留三个圆形背光,里面有佛像。左边佛像已被抹掉,中央之像可能是女性,右边站立菩萨像。绘淡红、印度红、淡蓝、白色和黑色等几层彩。1 英尺 6 英寸×5 英寸×2 英寸。

Khora.IV.i.004. **塑像的木基座**。平面为长方形。上端长边边缘及两端斜切,上面雕刻成排的莲花瓣。下边木块的表面是成排的锯齿纹,后面靠近顶部后附加了一小块长方形木块,用木头钉子固定,向上突出,可能是固定塑像的榫头。小块上残留粉色彩绘,底部和边缘被火烧过。大木块 $8\frac{1}{2}$ 英寸×6 英寸× $1\frac{1}{4}$ 英寸,小木块 $2\frac{3}{4}$ 英寸× $2\frac{1}{8}$ 英寸× $1\frac{1}{8}$ 英寸。

Khora.IV.ii.001. **木杯(豆)**。高柄,足外撇,浅盘。盘沿和足残。高 $5\frac{1}{2}$ 英寸,直径 $3\frac{1}{4}$ 英寸。

Khora.IV.ii.002. **彩绘的木板**。两条长边平行,短边成60度。中心有一朵大莲花,上有金色莲子。周围为绿水,有黑色旋纹。莲花左右对称,水面上有两个漩涡,灰色带黑色线条。工艺粗糙。长边长度2英尺,短边13英寸,边缘9英寸,原厚3英寸。

第三十章　前往库车和克里雅河流域

第一节　库尔勒及其古代遗址

　　库尔勒位于塔里木盆地的东北角,是个生气勃勃的绿洲 ◁辽阔的土地和丰富的水源
地带。12 月末,我在此只停留了短短的几天,就充分领略到
了该地区所特有的地理环境优势。因为它恰好在由博斯腾湖
供水的大河流的出口处,所以灌溉水源十分充足,不仅仅是充
足,而且还有一定的规律性。这主要归功于博斯腾湖充当了
一个自然大水库,每当春季和夏季天山山脉的冰雪融化,山洪
暴发时,博斯腾湖就能储存大量的水,并由此逐渐向下流。这
就确保了库尔勒上端的孔雀河一年四季都能保持相当大的水
量,而且远远超过当地灌溉实际种植区所需的水量。这种储
存水的方式在新疆其他地区的水利系统中还未曾发现。据当
地 1907 年估计,库尔勒有 1 700 户居民[①],似乎已很接近准确
数据,这里的水量充沛,完全能够满足该地区六倍人口所需的
水量,而且在孔雀河的南部有广阔土地,适宜耕种,因此若扩

---

　　① 　赫定博士于 1896 年 3 月,在这条通往库尔勒的河流的某一桥下计算的流量大约是 72 立方米/秒,
或为 2442 立方英尺/秒。这座桥的位置决定了一年四季中这里所保存的水量始终是一致的。见赫定《中
亚之旅》68 页等。
　　这一流量无疑需要加上那些分流到巴什艾格孜(Bāshegiz)和西那拉格(Shinalga)水渠的水量,这些渠
的源头都在库尔勒镇的上端。

大耕地面积，是轻而易举的事。

库尔勒的发展▷
受到限制

这里地理条件特别好，而其居民数量相对较少，这两者之间极不相符的现象似乎很难解释。但也有理由解释这个问题，主要是由于它与蒙古游牧民族为邻。正如上面介绍的，这些蒙古族隶属焉耆地区，所以至今仍影响着汉人对该地区的统治，进而阻碍了库尔勒的整体发展。库尔勒南部和西南部有茂盛的灌木丛和大片的芦苇滩，所以蒙古族牧民们带着饲养的马等牲畜经常到此获取冬牧草。对当地和平相处的维吾尔族居民来说，这些蒙古人是绝对不受欢迎的。然而这有可能，也一定会让我们认为，相对而言库尔勒在古代不太受重视，或许不是很重要。据《汉书》记载，危须与焉耆合并之后就没有再以一个独立的国家存在，所以就逐渐从汉文献记载中消失。但我确信，我们应该把危须小国安置在库尔勒。

危须即库尔勒▷

将危须等同于库尔勒的观点，在我看来从《汉书》中即可得到证实。"危须国"设有"危须城"，它在距焉耆100里，距山国西部260里处。[1] 山国即为前面已经提到的库鲁克塔格山最西边可居住的地带，这一点已没有任何疑问。[2] 下面将要谈到《魏略》中提供的反对这一点的证据，以及地形特征的描述。《汉书》中记载的危须和政府统治中心区之间的距离为500里，从中得不到什么重要资料。已经证实《西域传》中

---

[1] 参见怀利《西域记》，载《大不列颠及爱尔兰人类学学会会刊》，第11期，101页、105页。我们从后面章节的描述中可知"山"国的人民"都居住在山中，他们的谷物和农产品都要依靠焉耆和危须供给"。这对今日经常出现在库鲁克塔格山的蒙古族和其他人来说也是如此，他们基本上都靠库尔勒供给。但每当冬季博斯腾湖结冰时，他们也就要靠焉耆了。

怀利先生暂时采纳的有关危须的推论，是1766年出版的一本汉文字典中提出的，认为危须位于焉耆西北部叫作查干墩（Chag-antungi）的地方。沙畹先生已经在《通报》（1905）552页注⑤中特地强调指出对《西域同文志》中的一些解释一定要谨慎。目前危须的位置与山国的关系足以证明前面提到的位置是不可信的。

[2] 参见上注引书，333页等；沙畹《通报》，552页，注⑦，1905。戈厄纳《杜特雷伊·德·安探险队》，第二卷，61页，第一次准确地确定了山国的位置。

重复出现了同样明显的错误,即计算距离方面的错误。据说
危须有 700 户人家,4 900 人口,而它们内在的价值似乎与 4
000 户人家相称,即 32 100 人口,这是同一本书中提到的有关
焉耆,即喀拉沙尔的资料。

　　《后汉书》中虽未详细记载危须的确切位置,但将它与焉 ◁尉梨在孔雀河
耆、山国和尉梨国同时提及。公元 94 年,都护班超曾经讨伐 　流域
过这些国家,完成了他平定西域的使命。① 尉梨、危须和山国
都要依靠焉耆②,我们曾经讨论过一条通过楼兰到这些国家
的"中道",现从《魏略》中又获得了有关该道地形特征的更准
确的记载。从《魏略》中记载的该道的地理顺序上判断,我们
认为应该将尉梨置于楼兰和危须之间,因为只有这样,才能使
其他有关尉梨的记载完全合理和统一。《汉书》中明确记载
尉梨国南部与鄯善(即罗布泊地区)和且末接壤。③ 同时我们
还得知,尉梨在山国以西 240 里处,即库鲁克塔格山最西端的
区域内。因此与危须相比尉梨距山国自然要近一些。上述国
家的方位和下面我们即将讨论的位于尉梨西南部的渠犁
(Ch'ü-li)的方位,必然会把我们带到库尔勒南面沿孔雀河分
布的区域,并且一直向下延伸,大体上到了孔雀河与现代塔里
木河的交汇处,即铁干里克(Tikenlik)大村庄附近。

　　1915 年我沿孔雀河旅行时,看到了可耕种和易灌溉的广 ◁孔雀河附近的
阔的土地,从孔雀(Konche)(《辛卯侍行记》卷六称"共奇"又 　现代种植区
曰"浣溪河",即此段之孔雀河——译者)下面的孔雀河左岸
一直延伸到库鲁克塔格山脚下。目前汉人试图将这一大片地

---

　　① 参见沙畹《通报》,210 页,1907;沙畹《通报》,234 页、236 页,1906。
　　② 参见沙畹《通报》,552 页注⑤~⑦及第十一章第十节,1905。
　　③ 参见怀利《大不列颠及爱尔兰人类学学会会刊》,第 11 期,101 页;关于且末和鄯善见第八章第一
节,第九章第二节。

区统治成一个新地区①,隶属喀拉库木(Kara-kum)或孔雀。
这次旅行中,我们还调查了铁干里克村的西北部,发现在塔里
木河和音其开河两岸散居着少数务农的居民,每逢河流泛滥
季节,他们会面临各种困难。纵观这些,我将尉梨确定在前面
阐述的那个广阔、可耕种的地方是可信的,尽管它目前发展还
不够完善。尉梨北部的自然边界很可能就是寸草不生的低洼
的台地带,即从西那拉格村附近的库鲁克塔格山脚向西延伸
的地带,也是目前喀拉库木与库尔勒的分界线。据《汉书》记
载,尉梨的人口比危须(或库尔勒)多,有 1 200 户人家,即
9 600 口人,这与上面谈到的拥有相当广阔的土地的特点恰好
吻合。

危须被焉耆吞▷　　从《魏略》中的记载可知,自三国之后,危须就不再以一
并　　个独立的小国家存在,汉文文献中也再没有记载。《晋书》中
仍将焉耆定在尉梨之南。② 在《唐书》中也有关于焉耆的同样
记载。③ 因此可以推断,晋时危须已被焉耆吞并,正如目前焉
耆地区或和静(hsien)就被划归库尔勒一样。

乌孜干布拉克▷　　在库尔勒这样一个水源充足的地区,发现许多古代遗迹
遗址　　的可能性不大。我在此巡访期间,曾经听说这里只残存三座
"古城",而且这三处遗址中都没有出土能够确定年代的遗
物。其中最大的一处是乌孜干布拉克遗址,它有巨大的长方
形围墙,位于一条破围墙西南角 0.75 英里处,该围墙是阿古
柏围绕库尔勒城修建的。现已经证实,乌孜干布拉克遗址的
防御土围墙大致呈正方形,南北长 380 码,东西宽约 250 码,

---

① 有关这个有趣的地区的初步介绍,由于提供了大量合适的垦殖者和有效的自治政府,所以它很容
易就能发展为一片大绿洲,见斯坦因《第三次探险》,载《地理学刊》,1916 年第 48 期,207 页。
② 参见斯坦因《古代和田》,第一卷,540 页,沙畹文。
③ 参见沙畹《西突厥》,110 页。

土墙高出被水侵蚀的地面 12~15 英尺。在围墙西北角有一个高 18~20 英尺形制不明的夯土墩,围墙外部东南角及其近旁有一个圣墓,内有几个伊斯兰教徒的墓葬,这表明很久以前这里就存在本地的宗教信仰了。

央塔克沙尔是一个带围墙的小型城址,它的形制与乌孜干布拉克城相同。它在库尔勒镇南部的东南约 1.5 英里的田野中,有一条长约 140 码的方形围墙。在围墙的东南角仍可看到夯土墙的残迹,其他地方的土墙都已遭破坏,变成了土堆,甚至有一部分已被现代居民的住宅所覆盖。沙喀兰达是第三大城,位于库尔勒西南 3.5 英里处,也在种植区内,距一条小溪不远。环绕该城的圆形土围墙已遭严重破坏,周长约 510 英尺,地基宽 30~40 英尺,高出内部地平面 12~15 英尺。围墙中央有一大土墩,其他地方为平地。该城西北部与一座常见的伊斯兰教徒的清真寺相接,从形制上判断该寺为古代遗迹。

◁ 央塔克沙尔、
 沙喀兰达的围
 墙

能够再度抵达塔克拉玛干沙漠附近,我感到非常满意,因为这是我最爱的工作地。据库尔勒当地一些人讲,他们曾经在西南部沙漠中见到一座阔台克古城,而且其大部分已被沙漠掩埋。这自然就成为一个诱惑,促使我来探寻这座一再听说的古城,并试图验证。在明屋期间,我也曾从那些胆小的库尔勒民工口中听到过关于这座古城的故事,感觉它既模糊又很浪漫。塔合尔伯克(Tāhir Bēg)从焉耆州被派来充当我们的地方总管,他对这座古城的描述,使我对它有了更加深入的了解。他说他有一个表兄叫木沙,尊称哈吉,是塔孜干(Tazken)村一位善良的农民,五年前他在孔雀河西部的沙漠中打猎时,曾见过这座古城遗址。接着发现者本人(木沙哈吉)在库尔勒出现,他将他看到的遗迹描述为一个小烽燧遗址,有一扇明

◁ 当地居民报告
 的遗址

显的大门。他提供的细节似乎是实情,并在很大程度上与我
们以前听说的主要部分基本一致。木沙哈吉断言,他再也没
能找到这座古城,因为当他发现古城遗址时,突然刮起沙漠风
暴,阻止了他的详细观察,迫使他返回。但他愿意做我们的向
导,他的描述非常详尽,似乎在提醒我们值得去,并有抵达这
座古城遗址的可能。尤其是在音其开河附近的丛林中,还有
一些拱拜孜遗址,即拱顶建筑遗址,库尔勒的几个人都说他们
曾经到过这里。当赫定博士 1896 年从沙雅(Shahyār)到库尔
勒探险旅行期间①,他们还曾告诉过他。

开始向沙漠中▷
的遗址挺进

　　1908 年元旦,我轻装带着几个劳力和向导启程向西南挺
进。所有的库尔勒人都对此非常感兴趣,因为他们认为这无
疑是一个真正的"探宝"的机会。尽管冬季寒风刺骨,而且可
以想象旅行一定充满了艰险,但还是有一大帮男人们乐意当
劳力,他们愿意在这个季节去尝试一种新的经历。经过短短
的两段行程,我们离开塔孜干村,首先到达了库尔勒种植区的
西南部边缘,之后穿过茂盛的草地和富饶的河畔丛林,便抵达
孔雀河。我们又穿过了孔雀麻扎(Konche-mazār)下面的结冰
的河流,河流中有一片 30 码宽的无法徒步涉过的地段,然后
再向上行,经过了与恰尔恰克(Charchak-daryā)河床为伴的河
边丛林地带,就是那条多年前输送来自库车的洪水的河流。

在间歇性的河▷
畔耕作

　　前往杜鲁苏克特(Döru-suket)牧场的旅程中,我们还是有
一些有趣的发现。首先,我注意到此地有一种特殊方式的耕
作遗迹,而且这种耕作方式是沿塔里木河流下游、音其开河和
孔雀河道广泛实践。每隔几年,大片的平地会被特大春洪淹
没,春洪一般均发生在第二年的春季,洪水过后,地面比较潮

---

① 参见赫定《中亚之旅》,65 页。

湿,因此就可以带来好收成。但第二年在河床上挖开一条豁口进行灌溉,再继续耕作的情况极少。这种方式不是每年连续进行耕作,中间会有短期停止。因此最后那批在此耕作的人们遗留的物品,经过几个世纪后再被发现,很可能会得出这样错误的推论,认为这些是长期在此居住的先民们的遗物。

　　木沙哈吉说,在恰尔恰克河和音其开河的河床之间的南部沙漠地带,他曾见到过那座古城遗址。因此,我就对这完全没有被调查过的地带进行了短期考察,结果发现了吉格代萨拉湖(Jigda-salā)是因音其开河水流淌而刚刚形成的,湖面结了一层薄冰,它在地理上确实起到了指导性的作用。它以一种典型的形式表现了该地区的地表特征,随河道的变迁而不断发生变化,以及随着当地干旱的气候变化,沙漠带也不断扩大,导致人们通过与流沙斗争来开辟新的种植区。在沙漠中寻找了几天后,木沙哈吉承认他无法再找到那座他坚信自己曾亲眼见过并到过的古城。幸运的是我从旅行一开始,就派来自库尔勒的头脑冷静的达罗尔斯(Darōghas)陪伴着木沙哈吉,鉴于他们仔细的寻找和他们对当地地形特征的敏感性,他们在一块被成群的沙丘包围的光秃秃的平地上,发现了一个带围墙的小遗址,它周围的沙丘一般高8~10英尺,而且到处都能看到被风沙刮倒的干枯的胡杨树和红柳树干。

◁寻找恰尔恰克河流南部的沙漠地带

　　圆形土围墙,周长约180码,地基厚度约30英尺,向上逐渐变窄,现高出地表约12英尺。在曾经似乎是门的旁边,我们发现了几个工艺较粗且坚硬的陶片。除此以外,我们在地表上没有发现任何其他建筑遗迹。我仍然还记得,那里也没有任何被风蚀过的迹象,因此在地表上才能够展现出这样的建筑遗迹。这个带围墙的遗迹一定是用作安全地带或是瞭望

◁圆形围墙遗迹

塔,它的大小和形制让我们回想起了买尔代克梯木遗迹①,在此我们没有发现任何有助于断定其年代的遗物。因河水变化的复发期促使地面潮湿,所以古代垃圾和类似的遗物就无法得以保存,或者说几乎没有保存的可能。木沙哈吉大胆地否认这座残破的围墙就是他见过的古城遗址,但他也无法再找到其他遗迹来向我们证明。由此再向北走了 2.5 英里,便到达一条干枯的河床带,两岸有成排枯死的胡杨树。穿过此地,再行 1.5 英里,在距现代生机勃勃的胡杨林带不远处,我们发现了一个小拱拜孜遗址。遗址面积约 8 平方码,用泥土坯修建,很明显是一座伊斯兰教墓葬,而且其年代也不会太久远。此外,在通过位于库尔勒西部的主干道时,我发现阳霞(Yangi-hissār)县和其他小绿洲地区的牧民们经常沿音其开和恰尔恰克河岸放牧。

恰尔恰克河流▷
北部的沙漠

　　从下一个宿营地木克塔尔乔勒(Mukhtār-chöl),我们逐步向位于恰尔恰克河床的胡杨林带北部的沙漠地带挺进,进行了一系列的考古勘察活动,主要是为了探寻一座同样确信存在的古城遗址。这是后来加入我们队伍的两个库尔勒猎人说的,并确信七年前他们曾经在这个方向看到过这座古城。我们在此遇到了两条古老的河床,上面成排分布着大量的胡杨树和柳树,大部分早已枯死。远处便是一片光秃秃的平地,这里的流沙只形成了一些小沙丘,所以视野很开阔,可以一眼望到远处的山脚。最后,我得出结论:即便是那些叙述详尽的遗址,也没有任何事实依据,它们不过是在胡杨林之间残存的用粗木修建的小屋,是牧民们的旧居址。在木克塔尔乔勒北部10 英里处,除采集到几块粗陶器残片和一些炉渣外,我们还发

---

① 参见赫定《中亚之旅》,452 页等。

现这里的地表已遭沙漠逐渐侵蚀。从此地发现的遗物分析，我们认为该遗址的年代不算太久远。同时，我还目睹了来自库尔楚（Charchi）——一片位于主干道上的小绿洲——的人们，至今仍到此地来寻找燃料。仔细观察这里的地理环境，使我坚信历史时期在此范围内没有人长期居住过。

　　如何剖析我那些所谓的向导们的心理和行为，仍然使我疑惑不解。他们每个人都发誓，他们确实见过那座古城遗址，而且还都表现得非常真切。甚至当城址的实际位置发生了变化，他们各自也还能大胆地坚持自己的认识，丝毫不受影响。由于此行前，他们未曾提出要求对向导付酬，或我们也未曾答应要付酬，所以此行就没有任何明显的强迫之意。最后，我经过仔细琢磨，还是从当地人的迷信的传说中获得了确切的线索，揭开了这个疑团。据了解，库尔勒和其他地方的人都相信在大沙漠的边缘经常会闹鬼的传说，具体位置在被沙漠掩埋的一座"老城"附近，主要是因为城内埋藏了许多奇珍异宝。这个传说使他们坚信，古迹是由鬼神保护的，并且他们还能阻止第一次见过古迹的人们再度找到它们。所以木沙哈吉和他的"探宝"同伴们想尝试他们的运气，在沙漠中的不同地区，寻找当地不同年代的城址（Kötek-shahri，阔台克古城）。他们要求当向导自然就表明了他们的意图，而且他们还寄希望于我的威拉亚提（Wilāyatī）魔术，能够降服藏在带围墙的古城内的恶魔们。恐怕只有他们那些富有想象力的眼睛曾见过这些恶魔一眼，他们经常是在沙漠风暴之前或之后才出现。我的确没能给他们提供找到埋藏在古城内珍宝的机会，对他们而言，试图发现那些宝藏的确只会给他们带来更大的失望。这表明上述传说是古老传奇的一种延续，正如玄奘在和田西部媲摩（P'i-mo）听说的一样，他还用当地的方式记录了关于沙漠中掩埋的曷劳落迦城（Ho-lao-lo-chia）古城的传说。①

---

　　①　参见儒连《记》，第二卷，245 页；沃特斯《玄奘》，第二卷，298 页；斯坦因《古代和田》，第一卷，455、460 页。关于这些传说在沿塔克拉玛干绿洲流行的早期解释，即关于假设的一个阔台克城或 shahri-i-katak，见伊莱亚斯及罗斯《拉施德史集》，295 页及注释，11 页等；《使叶尔羌报告》，27 页等。

第二节　从音其开河到库车

拱拜孜遗迹▷

一个聪明的库尔勒人竭力替我找了一位牧民向导,他声称知道前面提到的位于音其开河附近的拱拜孜遗址的确切位置。为此,我于 1 月 9 日出发,再度穿过恰尔恰克河床南面的沙丘地带,次日便抵达了拱拜孜遗址。该遗址位于音其开河流北部约 2 英里处的沙丘之间,地表残留许多枯死的树木。不久我们便更加清楚,该遗址是一块伊斯兰教墓地,与一年前我在车尔臣河附近调查过的墓葬很相似。[①] 其中最显著的遗址就是那座类似大厅的建筑,其面积 19 平方英尺(图 301),门向南,用长 18 英寸、宽 6 英寸、厚 4 英寸的土坯建造而成。在此建筑的前面,大约 19 英尺处,残存一段矮墙,可能是该建筑围墙的残迹,现在已被毁。与之相邻的是一个小型拱顶建筑遗址,内部面积 7 平方英尺,面向南。该建筑与围墙之间有一条高 4 英尺的小拱形走廊通道。清理大厅和走廊,我们只获得了透雕装饰的壁画残片,属粘贴物类,可能就是固定在墙壁上的。[②]

[①]　参见本书第八章第三节。

[②]　下面介绍一些残片的情况:

Gumbaz.korla.001.　**泥塑残片**。部分透雕面,是固定在较坚硬的背景上的。在素面框架中,有一些与圆形帽的双铆相连的圆圈,还有马耳他式的十字形图案。图案风格具有奇特的科普特特点。泥中掺头发,表面残留白色石膏。5 英寸×5$\frac{1}{2}$ 英寸×$\frac{1}{2}$ 英寸。

Gumbaz.korla.002.　**泥塑残片**。透雕,属框架部分,上面的图案是交错的方形。泥中掺头发,有白色石膏残留。2$\frac{3}{4}$ 英寸×1$\frac{1}{4}$ 英寸×$\frac{1}{2}$ 英寸。

Gumbaz.korla.003.　**泥塑残片**。透雕,上面是交叉的直线和圆圈等构成的几何形图案,是用圆形帽的铆连接的。泥中掺头发,有白色石膏残留。3$\frac{1}{2}$ 英寸×2$\frac{1}{2}$ 英寸×$\frac{1}{2}$ 英寸。

Gumbaz.korla.004.　**泥塑残片**。透雕,框架中是交叉的菱格形构成的图案,很接近科普特风格。泥中掺头发,有很多白色石膏残留。4$\frac{1}{2}$ 英寸×3$\frac{1}{2}$ 英寸×$\frac{1}{2}$ 英寸。

从这些墓葬几何形制判断,它们都属于伊斯兰教墓地。 ◁古代伊斯兰教
后来,我们在东南面 160 码的地方,即在一片古老胡杨树林 墓地
带,清理的一个小遗址证实我们的判断是正确的。我们在一
段残破的窄院墙之间,发现了一块矮平台,长约 3.5 英尺,很
明显是一座穆斯林教徒的墓葬。在其旁边我们发现了一块马
蹄(Takhtī,维吾尔语,意为马蹄)形木牌,约长 18 英寸,上面仍
残留着阿拉伯文字。在该墓葬以西约 300 码处,我们还发现
了一座几乎被完全破坏的小型麻扎。麻扎周围由墓葬包围,
而且墓内的尸体一半都暴露在外,这显然是以伊斯兰教的传
统习惯方式埋葬的,从而可以确定整个遗址是伊斯兰教墓地,
但不是现代的。因为在该遗址内看到的枯死的胡杨树和裂开
的树干,都与丹丹乌里克和喀拉墩遗址暴露在外的枯萎和裂
缝树木一样。焉耆县的一位牧民说,他曾在沙漠的更西端见
过一两处类似的拱拜孜遗址,尽管我对他描述的遗址的特征
没有任何疑问,但因他无法详细描述遗址的确切位置,我最终
还是放弃了寻找的念头。

　　1 月 12 日,我由此向音其开河上端走,抵达穷托开 ◁前往轮台和库
(Chong-tokai)一个牧民的小木屋之后,我就与拉尔·辛格分 车
别了。当他顺着以前未曾绘图的水路直接前往沙雅时,我自
己则试图穿越西北部未曾调查过的宽阔的沙漠带,经过两段
艰难的旅程,行程约 60 英里,我便抵达了轮台绿洲的北部商
道。我们穿越沙漠的沿途中,没有发现任何遗迹。沿途经过
的地区主要包括迁移的流沙带和恰尔恰克河床沿岸的胡杨林
带的南面,以及与科克乔勒(Kök-chöl)北部毗邻的一块广阔
的牧场和沼泽地带,轮台河就在此断流。为了能尽快抵达库
车,我没有安排时间考察轮台周围的遗址,也没有记录我们在
前往库车的沿途中匆匆调查过的那些明显是古代瞭望塔和烽

燧的遗址。1915 年,我有机会再度仔细调查库尔勒—库车沿途的遗迹,这条无疑是从汉代起就使用的北道,是中国商贸活动和军事行动的主干道。所以,在我的第三次旅行的报告中,自然就对轮台—库车沿途观察到的历史地理和古代遗迹进行了更多的探讨。

渠犁的领土 ▷　　在此,我要附带对南部的地形情况谈点看法,就是我们沿音其开或沙雅河进行地面调查时到达的地区。这一区域包括音其开河从沙雅下端至孔雀河附近的塔里木河段之间的河床地带,我认为这一区域正好与《汉书》中重复提到的与中国早期军屯基地有关的渠犁的领土是全一致[①],而且这一点毫无疑问。从有关"渠犁"领土的详细记载中可知,渠犁东北部与尉犁相邻,东南与且末毗邻,南部则为精绝国。[②] 关于渠犁国的一般资源也有了详尽的记载,提到渠犁国共计有 130 户人家,即 1 480 口人,并有 150 人的军队,另外与渠犁相连的一条河一直向西流至库车[③],其间的距离约 580 里。看一眼地图即可明白,《汉书》中记载的有关尉犁(喀拉库木、铁干里克)、且末、精绝(尼雅遗址)和库车的地理位置,与上述河床地带所占据的区域完全吻合。

沿音其开河和 ▷　　拉尔·辛格调查的沿音其开河和塔里木河流分布的种植
塔里木河的种　　区,不仅小而且散布广。这与 1915 年在塔里木河流南部相应
植区　　　　　的地带进行调查时,发现的种植区的情况完全相同。然而,无论是以前面已提到的长期性还是间歇性方式在此进行耕种,可能都要直接受到地面条件的限制。因为这地方必然面临以

---

①　这一观点赫尔曼博士已经在《丝绸之路》121 页中作了正确的阐述,这一地区目前的地形条件没有受到明显错误影响的,参见他标明的一个称作乌尔曼(Örmäng)(维吾尔语,指树林)的绿洲。

②　参见怀利《西域记》,载《大不列颠及爱尔兰人类学学会会刊》,第 11 期,95 页。

③　这一点与怀利翻译的那一段的意思一样,"渠犁的西部边界为一条河流,大约行 580 里即可抵达库车"。木扎特(Muzart-daryā)河经过库车、沙雅,再向下就被称为音其开河。

下困难，诸如河道的变迁，意想不到的洪水泛滥以及水位异常低等。由此我们可想象，中国最初向塔里木盆地扩张，并在渠犁建立军事屯垦区来进行控制所付出的代价了。

在对大宛或费尔干那（公元前101年）成功讨伐后，据说有数百名汉族军人在轮台和渠犁安营扎寨。[①] 人们很久以前就认识到，并确定轮台即那片相对较大的布古尔（Bugur，今轮台——译者）绿洲。[②]《汉书》中对渠犁的记载，提到它是建立的第一个军事屯垦区。公元前90年，又上奏给汉武帝，要求重建屯垦区于此，还要求官方发布答复令。由此看来，在渠犁建立屯垦区的成功是短命的。[③] 然而，偶然的一次机会，我们从有关资料中获悉"奏文"中要求，在这种地表上务农可能会遇到的困难，如需要通过开挖水渠和改变河道来改善这里的本身肥沃的土地，并且还要安置一些本地居民。这些居民同罗布泊现代居民一样，过着半游牧的生活。寄予的希望是"除了从事饲养牛的老本行，还愿意开垦土地务农"。

▷在渠犁建立军事屯垦区

在奏文中提出的重新在轮台、渠犁及其东部的捷枝（Chiech-chih）[④]的区域内建立军事屯垦区的要求，当时没有得到肯定的答复。但在公元前68年，汉族将领郑吉（Chêng Chi）在渠犁屯汉族军人1 500名，而且他在后来的几年中把此

▷汉族在渠犁的军屯区

① 参见怀利《大不列颠及爱尔兰人类学学会会刊》，第10期，22页；《汉书》中有更为详尽的讨论，见沙畹《通报》，153页注②，1907。

② 参见怀利《大不列颠及爱尔兰人类学学会会刊》，第10期，《汉书》出处同上，第十一章，99页，断定轮台与渠犁相邻。

③ 参见怀利《大不列颠及爱尔兰人类学学会会刊》，第11期，95页等。

④ 怀利先生翻译的"捷枝"一名在其他地方没有提到。前面提到的东边的位置表明有可能它就在焉耆和策大雅绿洲区内，这两个地区位于轮台东部的现代主干道上。

我相信，乌垒一定位于其中的一个地区，从公元前60年起就是中国的都护府所在地。见赫尔曼《丝绸之路》，38页注④。据推测库尔勒西部的库尔楚就是捷枝，主要因为它们的名称相同，它与上述任何一片绿洲相比都要小一些——尽管由于某种原因它的名称在哈森斯坦因（Hassenstein）的地图中印得非常抢眼，但由于缺乏水源决定其不宜选择为农耕区使用。

地作为他的根据地,成功地发动了一系列打击车师或吐鲁番的军事行动,并完全征服了这些地区。同时,还向西北部扩张,控制了匈奴部落。[1] 正如《汉书》中记载的,在取得这些成绩的同时,郑吉于公元前 60 年又在此设立了第一个都护府。后来在西域其他地区也都建立了相应的中央政府的主要政治中心区,如在渠犁北部的乌垒、焉耆县或策大雅等地。[2] 我们推断,他选择这些地区是因为它们距渠犁较近,换言之,距郑吉远征抵达的最初的根据地不远的缘故。

地理位置上的▷
军事优势　　纵观前面已解释的代表古代渠犁的河床地区,以及这里有不能永久居住的地理上的劣势,我们一时很难解释清楚,在早期政治活动中,中国为何将渠犁作为统治中心? 恐怕更不会意识到渠犁还有哪些方面的重要性。事实上,这一举措完全是从渠犁在地理位置上的优势考虑,因为不仅它占据着楼兰通往中国的交通要道,即古代北道,而且从地图上,很容易就能看出渠犁这个"小美索不达米亚"正好位于连接楼兰和库车以及西部的其他绿洲地区的直线通道上,又是由现代的罗布泊或鄯善地区到达库车的最近的一条通道,是必经之路。它又是目前最常用的一条商贸之路。最能引起人们关注的必然是上述因素,因为我们知道郑吉还承担着保护鄯善向西的"南道"畅通的任务。[3] 最后,还应该注意到与以前楼兰充当的角色相比,渠犁充当了一个更加便利的政治基地,它还方便了对焉耆以及吐鲁番地区的操纵。楼兰则位于距塔里木盆地一些小国家较远的地方,然而中国政府却需要依靠这些小国

---

[1] 参见怀利《大不列颠及爱尔兰人类学学会会刊》,第 11 期,107 页等;沙畹《通报》,154 页,注①,1907。

[2] 参见怀利《大不列颠及爱尔兰人类学学会会刊》,第 11 期,95 页;本章本节注。

[3] 参见沙畹《通报》,154 页,注①,1907。

的帮助,同时还有光秃秃的库鲁克塔格山将吐鲁番与楼兰隔
开,在供需运输方面都是一道无法克服的自然屏障。此外,选
择渠犁作为军事基地的又一重要原因是这里本地人口较少,
而且有广阔的可供军垦的肥沃土地。

　　河床的变迁和河道的改变也许都是不利的自然地理因 ◁在乌垒设立都
素,对灌溉或修渠而言,也都是非常难以克服的困难,即便是 　 护府
今日也是如此。我们完全可以肯定,甚至确信,就是由于这些
原因,从公元前 60 年选择乌垒作都护府所在地了,以及后来
渠犁从汉文文献中完全消失了。也就是在《后汉书·西域
传》和《魏略》中再没有谈到渠犁这个地方,或者渠犁以其他
名称出现。由此可见渠犁在中国历史上的重要作用是短暂
的。正是因为这一点,以及河流经常变迁造成的不可避免的
破坏,才使这里没有保存下来任何遗迹或遗物,这也就不足为
奇了。

第三节　穿过塔克拉玛干抵达喀拉墩

　　我于 1 月 17 日抵达库车,在此停留的时间不仅短而且还 ◁重返和田
很繁忙。就是在此地,我最后决定了横穿沙漠盆地抵达塔克
拉玛干沙漠南缘的旅行计划,并做好了一切准备。在抵达库
尔勒之前,我听说有一封来信,是拉伊·拉姆·辛格通过若羌
抵达和田后写的。信的内容是关于那次徒步旅行调查的结
果,该调查是我上个春季指导并安排的,由和田的几位寻宝的
老向导们实施,结果他们在于田及和田下端的沙漠地带发现
了几处未经调查过的遗迹。一封来自老朋友和家务总管巴德
鲁丁汗的信,此人是在和田的印度和阿富汗商人中最年长的
一位阿克萨喀拉(Aksakāl,维吾尔语,意为老人——译者)。

这封信是刚到库车的一个商人给我带来的,从而更加确证了上面我听说的消息。信上主要谈及在这些遗迹的部分地区发现了大量老房子,也就是建筑遗址,还提供了这些房址的确切位置等详细情况,最后他确信这些会使我尽可能用更多的时间对这些遗址进行勘察,以免春季天气变热和沙漠风暴来临后,妨碍在此实施调查。

穿越塔克拉玛▷
干大沙漠的决
定

的确出于这种考虑,我被迫尽早向南走。同时也因报告在克里雅河流下游附近发现一处喀拉墩遗址,自我 1901 年的访问之后,那里又有了更多的发现。因此,我决定直接从库车南下,前往流入沙漠而断流的克里雅河流的终端,走此"近道"以便节省时间。我明白要从此处穿越沙漠非常艰难,同时也相当危险。但是,1896 年赫定博士率领的探险队的实践证明,经过仔细、周密的计划和很好的预测,这一决定还是可行的。实施这一计划的结果是能够节省时间,这一点很具诱惑力。同时,对我个人而言,我承认这是我穿越塔克拉玛干沙漠腹地的又一次机会。我那些沉重的古代文物合计装载了 24 峰骆驼,必须将它们安全地运到和田。众所周知,通往和田河干河床的商道为我这次运输提供了方便,当然也得到了蒋师爷的关照。

访问库车的遗▷
址

这里我要简要解释,在库车停留的一个星期内,我为何没通过各种手段增加一些延期的劳力。如吸收那些曾经在这个既大又重要的绿洲地区的许多古代遗址中工作过的人,也就是指在过去五年中,为日本、俄国、德国和法国考古探险队效力的人们。主要原因是我竭力安排时间,使自己能够调查所有距库车只有一天路程的重要遗址,如位于库木土拉、克孜尔尕哈和克日斯(Kīrish)等地的有趣的寺庙洞窟,以及杜勒都尔阿库尔(Duldur-ākhur)和苏巴什(Su-bāshi)(图 292)的大寺庙遗址。后两个遗址,在伯希和教授的率领下,法国探险队进行了全面系统的认真清理,其结果令他们十分满意。可能是通过一种完全不同的途径和手段,他们还从当地的阿富汗商人手里收集了一批有价值的文书,那都是1890年起库车出土的大量重要的古代文书资料,其中包括著名的"鲍尔文书"。现在这些文书主要都收藏在霍恩雷博士创建的英国收藏馆内。

库车在各个时期都是塔里木盆地中最重要的地区(国家)之一。同时它也是和田地区重要的领地,不仅是因为它所处的地理位置特殊,还因为它在佛教艺术和文明等方面所起到的重要作用。因此,非常幸运的是,西尔文·烈维教授在其权威的论文中,证明以前曾解释为吐火罗B种的奇特的印度—欧洲语言与库车当地曾经一度使用的语言是一致的。同时,他还对《史记》和其他文献材料中记载的有关库车的所有历史资料进行了清晰和广泛的分析。[1] 这使我更加明确,应保留哪些观察到的有关库车历史地形方面的资料,以及哪些特殊地理条件决定了这一广阔和繁荣的绿洲区在古代的重要性,并将它们都收录在我的第三次旅行的报告中。那样,我才能花几个星期的时间,对实际种植区和曾经一度是其组成部分的区域进行仔细调查,诸如沙漠以东、南和西部地区。并且还证实,在这些长满灌木的沙漠地带发现的无数散布各处的古代遗迹的消息的确属实。这里与塔克拉玛干南部的古代绿洲地区的情况相同,干旱问题本身早已引起考古研究者们的极大重视。

----

① 参见烈维《"吐火罗语B",龟兹语》,载《亚洲学刊》(Lévis, Le "Tokharien B", langue de Koutcha, J. Asiat),1913年9—10月号,323~380页。

穿越沙漠▷　　　1月25日我离开库车镇,次日抵达南部最远的居民区沙雅,此地现在是一个独立地区的政府驻地。在此我停留了一天,主要为我的大部队做好最后的准备,如解决他们一个半月的给养等问题。1月30日我们向南走,穿过结冰的塔里木河后,就将那最后一间牧民的小木屋甩出很远。经验证明,试图穿越长达180英里的高土墩地带,是一次艰险的旅行,详细情况我在自传中都做了记录。① 有关我们即将穿越的"沙漠之海"的地形特征已有详细的记载,所以我们在穿越沙漠的过程中没有必要再记录观察到的各种有趣的地理特征。这里我必须附带说明几点,直接或是间接地回答这一问题,即在历史时期或史前,是否曾经有人造访过这片巨大的被沙丘覆盖的地区。②

与塔里木河道▷
平行的达坂
　　　在阿其克河,我们通过了偶尔从塔里木河流获取水源的最后的干河床遗迹,随后我们又翻越了西东向较高的沙石山脊或达坂,距我们的317号营地直线距离大约只有28英里。这些达坂恰好都与塔里木河道大致平行分布,这一点明确说明这些地表上的流沙系统主要受到与其分界的大河床的影响而形成。我们在不同地方路过的那一片片光秃秃的泥土地带中,没有获得任何石器时代或其他时期的遗物。那么,也就无法证明这地方史前是否与今天的一样,被猎人和牧民们的临时小居址所占据。

达坂的方向变▷
化
　　　从317号营地向南行,我们注意到了一个明显的地形变化,形成的沙石山大多相连,而且都比较高,与独立的沙丘有

① 参见斯坦因《沙漠契丹》,第二卷,379～405页。
② 我最好还是在此解释,在萨木萨克河(Samsak-daryāsi)的最后一个牧民的小木屋以南2英里处,我发现了古代田野的遗迹,年代可能从间断的耕种期开始,因为塔里木河流泛滥时,河水才能抵达此地。在这些小木屋之东南的2.5英里处,我看到了叫作"克孜勒墩"(Kizil-dong)的小土墩,其中出土的许多粗陶片表明这个遗址的年代尚未确定。

明显的区别。达坂距我们的道路很远,它们高度估计一般都
在安全线之内,但在某些地方高度可达 150 英尺,或更高,绵
延几英里,而且现在北部的东北至南部的西南地区达坂都是
光秃秃的,没有任何变化。从总图中便可一目了然,克里雅河
下游河道蜿蜒曲折的变化,恰好由大沙漠盆地中崎岖的坡地
的外形(等高线)所决定。而且达坂的方向是绝对正确的标
迹,它能够证明克里雅河曾经流达这里;我们无论是在干枯的
河床上,还是在仍然有水的河床上都发现了流沙堆积形成的
达坂,而且它们基本上都是与河流平行存在①,这种现象我们
随处都可观察到,不仅是在塔克拉玛干沙漠腹地,还包括罗布
泊地区。

　　在距 317 号营地以南直线距离 13 英里处,每隔一段距离
我们就能看到成片生长的胡杨林,其结构非常显著。各处的
树木都是成行排列,方向基本上是由东北向西南,或由南向
北。在塔里木盆地中,河边丛林带的野白杨和其他种类的树
一般也都是靠近河岸,或以与河床平行的方式分布,这的确是
事实。② 这里需要补充说明一下,我从 318 号营地向南走的三
段路程中,每间隔一段距离也观察到了同样的现象,即有成排
的胡杨树出现,但量相对较少,其中有些还活着,但大多数都
已枯萎。在这个停留点,我们仍可以在浅洼地挖井取水,但在
我们接着抵达的下两个营地就不可能了。在我们到达 320 号
营地之前,也就是在距 320 号营地几英里的一个地点,我们首
次发现了一条古代河床的痕迹,走向由南向北,河床很窄且很
陡,一部分已被沙丘覆盖,这无疑是由水流冲积形成。

◁成片生长的胡
杨树

---

① 参见斯坦因《沙漠契丹》,第二卷,451 页等;赫定《中亚》,第一卷,363 页。
② 参见赫定《中亚之旅》,54 页等;本书第十章第三节,第十二章第一节。

图 303　喀拉墩遗址居址 Ka.I,发掘前,自东北望

图 304　喀拉墩遗址居址 Ka.I,发掘中,自西望

图 305　喀拉墩遗址埋入红柳堆的居址 Ka.III

图 306　"老达玛沟"沙漠村庄的伊斯兰教寺院遗址

图 307　喀拉墩遗址居址 Ka.I 发掘出土的古代陶罐、木锁、屏风

图 308　"老达玛沟"覆盖沙丘和红柳丛房宅

第二天即 2 月 6 日傍晚,确定了我们所处的方位为南190°西,我们抵达了一座大达坂,高约 300 英尺。我们攀登达坂时,突然发现我们面前是一片干枯的树林带,无疑标明是干枯的克里雅河流老三角洲的最北端。在 321 号营地,在多年以前已枯竭的河流侵蚀的洼地上,我们打了一口井,解决了饮水问题。正如我们所期盼的那样,我们已准确地到达了被很高的沙丘覆盖的古代三角洲的终端,即克里雅河的断流处。从这里我们开始了穿越沙漠的最艰难的一段里程。为了寻找水源和向导,我们在这最靠不住的干枯的三角洲经历了各种艰难困苦,这些均可参考我自传中的详细记述。这里我还要附带说明,我们又走了六段里程后,才找到了那条已干涸的河流,河面已结了一层薄冰,同四年前证实的一样,这条河流已经改道。与 1896 年赫定博士发现时的情景比较,现它已向西迁移了相当一段距离。

◁干枯的克里雅
河流三角洲的
最北端

在 323 号营地,我们进入了严禁入内的干枯的三角洲,走到直线距离约 25 英里的地方,我们第一次发现了人类留下的痕迹。[①]主要是从小型破院墙式的建筑中推测出来的,这种建筑与我们通往楼兰遗址的途中看到相当数量的建筑很相似[②],它们都是在古代河床被侵蚀的地面上发现的,是源于前期新石器时代的遗迹。向南再行 9 英里多,在同一条古代河床上,我们发现了一块烧焦的木头,以及早期人类造访过的痕迹。我们又走了大约 24 英里后才扎营。在此处我们发现了过去曾有人短期居住过的证据,那是一间毁坏较严重的牧民的小木屋。登上这真正意义上的干河床,大约又行走了两段

◁早期调查的痕
迹

---

① C.323.001.石刀是在 323 号营地附近克里雅河流三角洲的老河床附近发现的,残。全长 $\frac{15}{16}$ 英寸。

② 参见本书第十章第三节。

路程,我们穿过了光秃秃的沙丘地带和枯死的胡杨林带,进入了一片充满生机的河边种植区。最后我们发现到达了尧干库木(Yoghan-kum)附近的牧场。1901 年我在此地时,就已辨认出该地是克里雅河三角洲的最上端。沿途已经过了喀拉墩遗址约 4 英里,我们却没有意识到。

克里雅河至塔▷
里木河的通道1901 年我勘察的一座烽燧遗址,使我曾有机会探讨古代可能有一条由克里雅河终端至塔里木河,然后抵达库车的常用的道路。① 我从实践中获得的经验,以及穿越沙漠时简单记录的调查结果,促使我作出这样的推断。我仍然相信,通过在一条线上修建许多井和烽燧来开辟道路,与我们经过的这条道大致相似,而且在特别容易迷失方向的道路旁竖立标记也很实际。根据戈厄纳先生 1893 年的报告②,大家都相信,这条通道实际上是于田很能干的阿木班(Amban)策划。如果观察塔里木河流最南端的干河床地带,以及通古孜巴斯特(Tonghuz-baste)牧场以下一两段路程的地方,我们会发现这两个地区之间几乎是大片寸草不生的荒芜区域,再考虑其间的距离之长,我认为这条通道现代不会成为一条常用的商道。

早期的地理条▷
件克里雅河的终端从那时起就因过度干旱而开始萎缩,所以到了汉代,甚至到了唐代,这里各方面的条件可能已逐渐好转,但找不到直接的历史和考古方面的证据来证实这一点。正如前面已经谈到的,这里的地形特征表明克里雅河曾经抵达或接近于塔里木河流③,但我通过各种途径都无法确定克里雅河变化的大体年代。米尔扎·海达尔认为克里雅河是所

---

① 参见斯坦因《古代和田》,449 页。
② 参见戈厄纳《杜特雷伊·德·安探险队》,第一卷,172 页。
③ 参见本书第三十章第三节。

有注入沙漠东部大湖的河流之一，尽管他的断言不是直接或
间接来自调查实践，但代表着普遍和流行的看法，主要原因可
能是新疆的水文学通常含糊不清。[①]

　　对当地地形情况的了解使我坚信这条穿越沙漠的捷径，
从很久以前，特别是在紧急情况下，偶尔会使用。事实上，那
些现已到过克里雅河终端的猎人和牧民们普遍确信这是一条
"盗贼之路"（Oghre-yol）。就是因为这种诱惑，促使那信心十
足的寻宝向导吐尔迪前来给我帮忙。[②]　大约在 1903 年，他与
和田人伯克（Bēg）为了逃避汉族自治政府的干涉，也尝试从
克里雅河终端穿过沙漠到达沙雅，那次冒险探宝旅行的结局
非常糟糕，无论是对伯克还是对诚实的吐尔迪。这些不可靠
的"探宝者"或者是由强盗和其他人员构成的探险队，他们必
然要避开那条主干道，走此捷径穿越塔克拉玛干沙漠。那么，
这条捷径对他们自然就很有诱惑力了。就是在这个意义上，
我相信，我们有必要将古老的突厥寓言中流行的传说，或达特
克拉（Tadhkira）翻译出来。这个传说主要虚构了一群来自塔
里木河流域的穆斯林武士，通过克里雅河通道，向于田周围的
异教徒发动了一次突然袭击的故事。[③]

◁穿过塔克拉玛
干沙漠的"盗
贼之路"

---

　　① 参见伊莱亚斯及罗斯《拉施德史集》406 页。他称此湖为库克淖尔（Kuk Naur）同 koko-nōr。和其
他地方古代中国的寓言有关黄湖（Huang Ho）同一湖中演绎的。

　　② 参见斯坦因《沙漠契丹》，第一卷，175 页。

　　③ 参见戈厄纳《杜特雷伊·德·安探险队》，第三卷，44 页。我曾经多次考虑一定是通过某条道才
抵达克里雅河的终端或再向下的地方，法显和他的同伴从焉耆或库尔勒出发，"也许就是通过丹丹乌里克，
试图向西南方向走"，并且"在一个月零五天的时间内，他们成功地抵达了于阗（和田）"。见莱格《法显》15
页以下。"他们在沿途未发现居民，在穿过河流和沿途中遇到的困难、经受的折磨和忍受的磨难，与常人的
经历简直就不能同日而语。"

　　关于旅行的时间记录得相当少，而且只描述他们选择了最直接但非常艰难的道路，正如上面提到的这
条道将通到那条道上，即穿过音其开和塔里木河流的道路，因缺乏详细介绍位置问题无法解决。

重返喀拉墩遗▷
址　　　　1901 年底,在那条河流旁边,我再度调查完现已被完全遗弃的通古孜巴斯特遗址后,就从沿途遇到的牧民中挑选向导,又添了一些劳力,然后再度向喀拉墩遗址走。自 1901 年我考察此遗址后,就有报道说在沙丘堆中又发现了不少遗址,这次我目睹了这些遗址,只是觉得数量和范围相对还是比较小。其中那个四边形的大遗址发生的变化较小(图 302),该遗址中一些没有被高沙丘完全覆盖的部分,那时就被清理过。① 其他地方,如南部及东南部地表空旷,而且沙丘较矮的地方发生的变化较大,这里不仅遗址的面积已相对扩大,而且还发现了以前未曾注意到的暴露在外的居住遗址。如遗址图和附图 55 所示,在可以看到这些遗址的区域内,遗址是由南至北分布的,南北距离近 1 英里,宽 0.33 英里。此外,还能看到大片被侵蚀的空地,地表残留许多破土块。在由此向南延伸 0.5 英里的区域内,一直都能找到散布各处的这类遗物。此行最有趣的发现是我返回了原遗址时,在沙丘堆中找到了两条灌溉水渠的痕迹,而且每条水渠在不同的点都有发现,由南向北流淌,它的底部宽度约 1.5 英尺。此外,我们还发现了种植的已枯死的白杨和果树林。将上述水渠和树林遗迹相结合,就能够证实在这个堡垒遗址附近一定存在一个农耕区。

房址的发掘▷　　　　遗迹中最大的 Ka.I(图 303、304)遗址是一间面积最合理的房子。房子的墙壁用泥和木头修筑,这与尼雅遗址中发现的那些房屋的建筑方式完全相同,甚至房间的整体布局以及内部设计也都与尼雅遗址很接近。然而,这里所使用的木料基本上是野白杨,这与楼兰居住遗址中使用的材料大体相同。

---

① 　参见斯坦因《古代和田》,第一卷,446 页等。

我们对位于主要部位的一间房屋进行了清理①，其内部填满
了6~8英尺厚的沙子。由于遗址距一个高约12英尺的沙丘
较近，大房间东面的一些房址就没有发掘，主要是因为人手太
少，我们合计只有十二三个人。同样，对房址外面高高的垃圾
堆也都没有清理，或许其中还残存有考古价值的遗物。最后，
我们将遗址中获得的遗物都在文后的遗物表进行了描述。其
中可能提到了木头锁和钥匙（Ka.I.001、002）、类似剑的铁工具
（Ka.I.003）、几个双耳陶罐（Ka. I.0019）（图版 IV，图307），以
及不同种类的很结实的毛织物残片等（Ka. I.0014~0016），这些
均与尼雅和楼兰遗址出土的同类遗物非常相似。图307中的
一片透雕木版画也是如此。一个方形木板（Ka. I. i.001），也是
尼雅遗址出土的木器中常见的形制，只可惜上面的文字已
不存。

在 Ka.II 遗址，我们发现了主要用泥和木头建筑的一间房 ◁被沙漠掩埋的
址，因风蚀被严重破坏，后来又被生长的胡杨树覆盖。现在这 其他居住遗址
些胡杨树都已枯死，并在沙漠中形成了高约7英尺的锥状物。
清理这间房址，没有发现任何遗物。第三间居住遗址 Ka.III
（图305）也被掩埋在仍然活着的锥状胡杨树丛中，墙壁也是
由木头和成捆的芦苇和杂草垂直固定。除一个大陶罐外，这
里出土的唯一一件遗物是一张素面木板床，长7.5英尺，宽4.5
英尺。此外，还有四个小型居住遗址，在遗址图中都已标明了
它们的具体位置，这些房址要么是完全遭风蚀破坏，只残留地
基部分，要么是被很高的沙丘掩埋，均因人手有限，而无法进
行发掘。

---

① 　在图版55中用大箭头标明。

农耕区遗址▷　　　虽然新调查的遗址和发现的遗物都比较少,却给我们提供了确切的证据,证明在沙漠深处一定存在过一个小型农耕居住区遗址,而且小的烽燧遗址也不止一个,正如我以前所推测的那样。关于该遗址可能存在的年代,我认为不仅要考虑其特征,还要结合新调查的结果,这样才能使我们对它有一个更加清楚的认识。从居住遗址的建筑方式和出土的日常生活用具的形制上的相同,我们完全可以断定该遗址的年代大致可以归到尼雅和楼兰遗址被遗弃的时期,即相当于公元3—4世纪。这与我们在 Ki.I 附近发现的两枚钱币的年代相吻合。两枚钱币均为五铢钱,系公元2—3世纪的遗物。我第一次在此勘察时,发现的钱币共14枚,基本上都是五铢钱,还有少量没有铭文的其他钱币。[①] 1901 年,我在四边形遗址内发现了几张小纸片[②],确定它们的年代不再成问题,是因为在楼兰的发现证明,在塔里木盆地除用木头片写字外,还用纸张。如果其他地方没有再发现更早的证据,那么就可以确定这种书写方式是公元 3 世纪中期在塔里木盆地开始采用。

克里雅河床的▷
变化　　　　　即便是现在,我们也无法确定是什么原因促使人们立刻放弃该居住区。我以前认为可能是由于河流改道,断绝了对该遗址的供水所致。[③] 但当我再度踏访这些遗址时,观察到的现象更进一步证实了这一点。1901 年克里雅河距喀拉墩遗址的最近距离也有 11 英里,但七年之后,现在只有 3 英里。我们 1901 年调查时,注意到的托勒得玛河床的扩张。我以前一再强调,即便是河道发生小小的变化,这对劳动力极度缺乏

---

① 参见斯坦因《古代和田》,第一卷,447 页。
② 参见斯坦因《古代和田》。
③ 参见斯坦因《古代和田》,451 页。

的地区而言,给灌溉带来的困难也是不可估量。[1]

喀拉墩遗址出土和采集的遗物

Ka.001.　铜线。 弯曲呈圆形,每一端都是平的,且钻有孔,用来固定在其他东西上。很可能是某种容器的(?)柄。长 $6\frac{1}{4}$ 英寸,直径 $\frac{1}{8}$ 英寸。

Ka.002.　铜线。 弯曲成圆环形。环直径 $\frac{5}{8}$ 英寸 $\times\frac{1}{2}$ 英寸,线直径 $\frac{1}{16}$ 英寸。

Ka.003.　陶片。 可能是杯子的把手,很直,外缘呈圆形。一面平,另一面突起。深灰色胎,夹白砂。在突起的一面有阴刻的印记。其上右侧为一匹奔驰的马(?),尾巴上翘。同样的图案参见酒罐。$1\frac{1}{4}$ 英寸 $\times 1\frac{1}{4}$ 英寸 $\times\frac{3}{8}$ 英寸。发现物 19.ii.08。

Ka.I.001.　木钥匙。 系 Kha.v.006 锁之钥匙,非常大。有五个木钉孔,柄旁边的一个孔没有完成,上面仍有两根木钉。每端都有凹槽。把高肩,束腰,顶部外撇。钻孔是为了悬挂。木质坚硬,保存完整。长 $11\frac{7}{8}$ 英寸,宽 $1\frac{1}{4}$ 英寸。

Ka.I.002.a、b.　木栓和锁栓。 锁栓,与 Ka.v.006 形制相同,可能是一体的。上有四个孔,呈成行排列。a 为插栓的浅槽和栓,b 为残存的一颗木钉,保存较好。$4\frac{1}{2}$ 英寸 $\times 1\frac{1}{2}$ 英寸 $\times\frac{1}{2}$ 英寸;$2\frac{1}{8}\sim 1\frac{13}{16}$ 英寸 $\times 1\frac{3}{8}$ 英寸 $\times\frac{5}{8}$ 英寸。

Ka.I.003.　兵器或工具。 铁质,叶形剑,双面开刃,锈蚀严重,尖部残。有圆形木柄(不是原先的),末端向外撇,以便紧握。刃旁的圆形末端上有五六

---

[1]　参见斯坦因《古代和田》,第一卷,419 页等;第七章第二节;斯坦因《第三次探险》,载《地理学刊》,1916 年第 48 期,116 页。

条刻纹。剑身 $3\frac{1}{2}$ 英寸×$1\frac{3}{16}$ 英寸（最宽处）；柄 $4\frac{3}{8}$ 英寸×$\frac{11}{16}$~1 英寸（直径）。

Ka.I.004. **木纺轮柄。**与 L.B.0011 相同，长且残。长 $\frac{1}{12}$ 英寸，直径 $\frac{3}{8}$~$\frac{1}{8}$ 英寸。

Ka.I.005、006. **两个"穿孔"木器残件。**与 T.xiv.a.004 相同。005 V 形孔，006 大 U 形孔，孔内均有缠绕的线的残段。孔顶至底，005 为 $1\frac{7}{8}$ 英寸，006 为 3 英寸；005 底宽 $2\frac{1}{4}$ 英寸，006 底宽 $3\frac{1}{2}$ 英寸。

Ka.I.007. **木钉。**可能是用来固定打结的绳子。中心有凹槽，有线从中心穿出并在两端缠绕。长 $2\frac{3}{4}$ 英寸，直径 $\frac{9}{16}$~$\frac{5}{16}$ 英寸。

Ka.I.008. **木质的丁字形物。**与 N.xiii.i.002、L.A.I.iv.009 相似。十字部分截面为圆形。从末端 $1\frac{1}{4}$ 英寸处削成凹槽，同 N.XIII.i.002 的残片和 L.A.b.iv.009 完整器类似。长直木头残片长 $5\frac{1}{4}$ 英寸，十字形木头残片 $2\frac{7}{8}$ 英寸，直径 $\frac{3}{8}$ 英寸。

Ka.I.0010. **陶纺轮。**红陶，圆球形，中间钻孔。两面均有四条线与梨形点连接的纹饰。高 $\frac{3}{4}$ 英寸，直径 $1\frac{3}{16}$ 英寸。

Ka.I.0011. **葫芦制成的容器。**圆形，高 $\frac{1}{2}$ 英寸，直径 $\frac{3}{4}$~1 英寸。

Ka.I.0012. **木棍。**带树皮，两端斜切。一面刻有四个半圆形凹槽，宽约 1 英寸。确切用途不明，推测可能是木简。长 $7\frac{1}{4}$ 英寸，直径 $\frac{3}{4}$ 英寸。

Ka.I.0013.　**木梳**。与 L.A.VIII.001 相似。残,高 $3\frac{5}{16}$ 英寸,宽约 $2\frac{1}{2}$ 英寸,梳齿长 $1\frac{5}{16}$ 英寸,五根梳齿为 1 英寸。

Ka.I.0014.　**织物残片**。包括两块深棕色毛织物(?),非常结实,织法为紧密的罗纹。两块米色棉织物残片(?),一块工艺精美,另一块工艺则较粗。一块红色丝绸残片(?),平纹,较厚。一块黄色棉织物(?)和一块斜纹毛织物残片,工艺精细,图案为不断重复的玫瑰花与圆点交替分布,底色为浅红色,图案为米色。最大的一块(深棕色织物)9 英寸×7 英寸,有图案的残片约 $1\frac{1}{2}$ 平方英寸。

Ka.I.0015.　**残断的绳子**。系三股山羊毛线制成之绳子,直径 $\frac{1}{4}$ 英寸。三股线缠绕成绳,直径 $\frac{1}{16}$ 英寸。

Ka.I.0016.　**纬线织的地毯或外衣的残片(?)**。米色毛和山羊毛的织物,两种不同质料的遗物。a 有两股山羊粗毛线经线和细毛纬线,纺织较密,因此纬线都隐藏着,两面都出现罗纹。织法不仅密而且还很规整。b 在弯曲的经线上有同样的纬线,织法与前者相同。但在织物每行 $\frac{3}{4}$ 英寸处都打米色毛线结,背面残留 1 英寸的突起。参见 L.A.I.ii.001。

b 有三块遗物,一块与 a 缝缀在一起,两块的一面都有一层米色和棕色纬线(有几块残片),可能是用线缝的,上面有很多针眼。最大约 1 英尺 6 英寸×9 英寸。

Ka.I.0017.　**织物的残片**。有三块粗山羊毛织物,由一根纬线与一根两股的经线交织而成,上面缝缀有米色毡子。米色棉织物(?)残片,平纹,由成组的经线和纬线织成。最大残片 1 英尺 2 英寸×9 英寸。

Ka.I.0018.　**陶片**。砖红色泥质陶,手制,较粗。最大 $1\frac{7}{8}$ 英寸。

Ka.I.0019.　**陶罐**。完整,小圆形底,鼓腹,短颈,折沿,肩附双耳,手制。陶胎红色,陶质较粗,素面。高 $10\frac{3}{4}$ 英寸,颈 $2\frac{1}{2}$ 英寸,直径约 8 英寸,颈 2~$2\frac{3}{4}$ 英寸。图版 IV。

Ka.I.i.00I.　**方形木板**。四个角都有孔。上残留粉色彩绘,不见文字。$6\frac{7}{8}$ 英寸×$2\frac{1}{2}$ 英寸×$\frac{1}{8}$~$\frac{1}{4}$ 英寸。

Ka.III.001、002.　**两块木头标本**。粗雕,很软且已朽。$7\frac{1}{2}$ 英寸×2 英寸×1 英寸;$7\frac{1}{4}$ 英寸×$1\frac{3}{4}$ 英寸×约 $1\frac{1}{2}$ 英寸。

第三十一章　和田东部和北部的遗址

第一节　法哈特伯克亚依拉克遗址

我在喀拉墩考察的时候，拉尔·辛格去了北部和东北部 ◁沿克里雅河上溯
的沙漠做先期调查。结果除了喀拉墩，没有发现其他的古代
居址遗迹。我们也找了一些牧民和猎驼人，但也打听不到古
代遗址的线索。所以 1 月 22 日离开喀拉墩后，我就沿河上
行，尽快与我的"寻宝队"会合。我在离开库车之前就安排他
们从和田出发进行调查，这里面也要感谢麦喀特尼爵士的热
心帮助。这条路线我从 1901 年起就很熟悉，看来尧干库木
（Yoghan-kum）以上的河道变化不是很大。这是因为河两岸
的达坂很高，河道不容易改动。2 月 25 日，我们终于穿过辽阔
的沙漠，在库其卡乌格勒（Kochkar-öghil）会合了，看到了老吐
尔迪的侄儿肉孜率领的十几个面熟的"塔克拉玛干人"。

他们带来的消息很让人振奋，于是我决定直奔达玛沟绿 ◁迷宫
洲以北的沙漠带。他们在那里成功地发现了废墟和佛寺。遗
址数量很大但很分散，而且隐藏在高耸的沙梁和胡杨林带中。
1906 年我们在喀达里克考察时，在此处西南 10 英里左右，却
没有发现这些遗址。这些遗址周围的地形颇具隐蔽性，对于 ◁达玛沟河以北
这一点我深有感触。那是 1901 年，我们离开克里雅河来到西

弗勒（Shīvul）河①尽头的沼泽地。之后，又向西穿过沙生灌木林，去考察据说位于达玛沟河头的遗址。我们根据以前的测绘图走到 341 号营地,距遗址中心部分还不到 2 英里,可是经验丰富的向导,因为以前没有走过这个方向,怎么也找不到这些遗址。它们分散在连绵起伏的胡杨林迷宫里,找起来实在太难了。② 由于没有找到水源,我们不得不向西南方向走,到老达玛沟遗址时终于找到了它们的位置。

垦荒遗迹▷　　我在《古代和田》一书中,谈到了一些很有意思的现象。大片的居住遗址,大约是公元 1840 年废弃的。这些遗址面貌的变化,与这里更古老的遗址很相近,都跟水利因素有关。③关于这些,这里无须重复了。书中收录的图 306 和图 308 是两幅 19 世纪废弃房屋的照片,可以说明废弃在沙漠中的古代村落——如尼雅、安迪尔——遗址的房屋需要的早期变化。流沙仍然很低,风蚀也不过 6~8 英寸。但是从 1901 年以后发生了一个很有意思的变化,引起了我们的注意。在村落废墟

复耕地▷南头不到 1 英里的地方,我发现了一些新开垦的土地,有一条临时挖的小水沟刚灌溉过。据说它的水源是达玛沟河是玛拉克阿拉干（Malak-ālagan）——我们在 1901 年第一次来过,是个新村落——浇完地剩下的水流。以前我一直很留意垦荒现象,而且很想找出其中的原因。④ 这一次我亲眼看到,达玛沟新垦地还在不停地向北扩展。

法哈特伯克亚▷
依拉克遗址　　玛拉克阿拉干是我们从沙雅（Shahyār）出发后到达的第一个永久居住地,在这里我找了一批人力。于是我于 3 月 2

---

① 参见斯坦因《古代和田》,第一卷,452 页等。
② 1901 年 3 月我穿越更南的山地时,也有相似的经历。参见斯坦因《古代和田》,第一卷,453 页。
③ 参见本书第一章;另参见本书第五章第五节。
④ 参见本书第五章第五节。

日向法哈特伯克亚依拉克遗址出发。这个遗址，向导以前从东面来时没有找到。我们看到遗址面积很大，遗迹零星地分布着。如附图 56 所示，分布范围东南至西北 4.5 英里，其最近的地点，在玛拉克阿拉干村庄的中心以北约 6 英里。这个区域位于两条旧河床之间。现在达玛沟河的水流，据说在山洪很大的年份曾冲击到这里。此后人们在喀拉吉尔(Kala-kir)下游开垦土地，将山洪的一部分水流引向东北方向，以灌溉阿其玛(Achma)的耕地。① 那时有一条小水道，流量大约 6 立方英尺/秒，把达玛沟亚多余的、玛拉克阿拉干耕地不用的泉水，引向遗址的南端。我离开这里的时候，水道已穿过胡杨树林覆盖的沙丘，流到 1 号废墟的附近。不过此时正是喀拉苏泉水旺盛的时节，据说过不久河水到玛拉克阿拉干以外约 2 英里的地方就干涸了。即使这短暂的剩余水流，也足以使水道两边的水草和树木繁茂地生长。水道继续延伸约 1 英里，绕到一座胡杨树林高山后面。山很醒目，因为山顶上有一个像是标杆的东西。这个山顶就是法哈特伯克依勒斯(Farhād-Bēgning ilesi)，我的 343 号营地就设在这里。周围的草地被称为法哈特伯克亚依拉克。过去有一个阿古柏统治时期的伯克来这里刮取周围遗址的硝石。

　　我一眼就看出，这些遗址都遭受了同样的厄运。上述采集活动以及更早时期老达玛沟附近和其他条件便利的村落的村民和伐木人的耕作采伐，给遗址带来了严重的破坏。房屋原先高出地面的部分，上面的沙层都不厚，没有明显厚于 2 英寸或 3 英寸的。不过另一方面，我高兴地看到，水分并没有给房址造成太大的破坏。虽然现在水源很近，但情况没有我所 ◁对遗迹的第一印象

---

　　① 参见斯坦因《古代和田》，第一卷，468 页。

担心的那么严重。我们发现，几乎所有可见的房址都坐落在风蚀台地上，高出周围地面约 15 英尺。它们显然是古代房屋与寺院，与丹丹乌里克和喀达里克的房屋遗迹相似。但由于遗址独特的位置，给人的第一印象就是，它们的年代可能要更早一些。关于这一点还有其他的线索，我在后文中将会提到。

房屋墙体的结▷
构

这些房屋的墙体很容易分辨出来，它们主要用土坯建成，不过建造技术没有明显的年代特征。木骨或横向的芦苇束，或竖向的胡杨枝，都捆在木柱上。除了这些方法，也可以看到只抹泥的草率的芦苇墙，以及用干硬的平整及半平整的土坯砌成的墙。房屋遗迹的数目远远不像巴德鲁丁汗的报告所说的那么多，这个发现多少有点让人感到沮丧，这种情况同样发生在以后的其他遗址。我想其中的原因是，我的这位好朋友自己从来没去看过古代遗址，没弄明白他的"寻宝队"向他作的汇报，误以为他们说的奥依(oi)就是房屋。实际上，他们说的某地有多少奥依，指的不是房屋而是房间。

在第一处遗址▷
的发现

我们清理的第一处遗址 F.1 由几组房间构成。房间大多很小，它们构成了几个院落，中央的蓄水池仍然清晰可辨(参见遗迹平面图、附图 57)。它们的墙体，无论是木骨芦苇墙还是土坯墙都已坍塌，残高不到 1 英尺或 2 英尺。院落外面可以清楚地看到几排篱笆和一个果园，树木成排种植，颇为整齐。房内，还保存着抹泥的灶台和坐榻。在一个房间(编号 a)中，发现有一块保存较好的木简，长 12 英寸，宽 4 英寸。木简每面都带有五行梵文，写的是波罗蜜多经(F.I.a.1，图版 CLI)。在长方形小屋 b 内，发现了一些泥塑贴花碎片，如 F.I.b.006、007，还发现一些有意思的壁画碎片，如 F.I.6.008。据此我们可以推测是一个家庭佛龛的残迹。青铜面饰物的碎片在废墟中也有发现。遗址其他区域发现了一些个人用品和家什

（F.I.001～010），除玩具弓箭外，还有一件豹皮囊和最早发现
于丹丹乌里克的那种毛掸。

　　房址 F.II 西距 F.I 约 0.5 英里，位于一块显眼的大面积风
蚀台地上。它包括一座极为残破的大型寺院和若干居住区。
房屋呈翼形排列，交角为直角。房内填满了流沙，厚达 6 英尺
以上，保存了一些值得注意的遗物。图 310 中是交角处刚开
始发掘的情形。在中央的房间 i 有一个佛龛，佛龛设在西南
墙上，但龛口向外，很是特别。距地面 4.5 英尺处，现存一块
花纹木板。这块木板见图 F.II.i.005（图版 XVII），长 3.5 英尺，
是一个台座，上面是一尊泥塑的下部，在台座上还可以看到两
只脚站在浮雕莲花座上。台座四端有槽，可以安装侧板，并有
两个门轴孔，曾有门扇开合。其后还有一个木台，长 3.5 英
尺，宽 2.5 英尺，上面原有泥座和泥塑佛像。奇怪的是，我们
没有发现木台的支柱，台座直接放在沙堆上。很显然，房屋废
弃后，支柱或支撑的木结构在房屋受到流沙侵袭但还能进入
的时候被人弄走了。在佛像左脚下，保存着一堆被老鼠啃咬
过的供奉织物和波罗蜜多经卷（F.II.i.001）。

　　在房间 i 内，我们发现不少木简。有的长方形，有的楔
形，有的保存完好，有的已破碎。上面写的文字，属于笈多文
波罗蜜多经。在我看来，它们比丹丹乌里克的木简要早；语言
似乎是古和田语。[①] 在其他遗物中，有两件宝石封泥特别有意
思，从它们的形状和尺寸来看，这些封泥可能镶在尼雅遗址类
型木简的槽孔中，或黏附在楔形简的尾端上，方式如 N.XV.7I [②]
所示。凸形宝石（F.II.i.003）的图案，是一幅狩猎图，其构图毫
无疑问是受了古典风格的影响。骑马人的造型与"亚历山大

▷第二处遗址的
　佛龛残迹

▷木简上的文字

▷泥印和陶塑

———————
① 　目录见霍恩雷，附录 F。
② 　参见斯坦因《古代和田》，第二卷，图版 C。

狩猎图"颇为相似。古典后期风格也可以在一件小凹雕 F.II.
i.004(图版 V)的印纹上看到,上面是雕刻细致的妇人半身像。
这两件封泥可能是从西亚传播过来的,图版 V 中约特干出土
的许多半古典风格的宝石可能也是如此。彩陶碎片中有一件
把手,形状为带翼马的颈部和前半身(F.II.i.6)和一件形态怪
异的"西勒诺斯"(Silenus,希腊酒神)型人头贴花(F.II.i.002)
特别引人注意,因为它们的花纹大量出现在约特干的陶塑上。
它们可以解决后几件遗物的年代问题,如果法哈特伯克亚依
拉克遗址的废弃年代能确定的话。这里还要补充的是,这个
遗址出土的一件花纹木梳 F.II.001 也属于西方类型。

第二处遗址的 ▷　　　在清理房间 i 的露天大厅或庭院(图 317)时,我们发现了
庭院　　　一块木板。木板 4.5 英尺见方,四角有木柱。木柱间有木梁
交叉,支撑着木板,粘贴一块粗糙的垫子。垫子距地板约 2 英
尺,上部抹一层泥。木板内和周围没有发现其他遗物,其用途
不详。但它使我们想起了尼雅遗址发现的木板。这块木板出
土于 N.XIV 的大废物堆里,原先用来堆放草料,后来成了垃
圾。① 同翼的最后一间房间 ii 只发现了一件保存完好的木质
双梁 F.II. ii01(图版 XVII)。它的造型和雕凿精细的花纹特别
引人注目,因为一方面,它们表现出由尼雅遗址②发现的雕刻
双梁延续而来的形态;另一方面,表现出向喀达里克③出土的
雕花木质双梁 ▷　双梁过渡的形态。关于它的渊源,我在讨论米兰寺 M.II 的抹
泥柱和悬梁时就已探讨过。这类双梁最早见于波斯的廊柱和
犍陀罗④雕像的悬梁,引入塔里木盆地以后逐渐发生了变化。

①　参见本书第六章第二节。
②　参见 N.VII.i.2,XXVI.iii.1,图版 XVIII;斯坦因《古代和田》,第二卷,图版 LXIX,N.XX. 02、03。
③　参见 Cha.V.003.a,图版 XVII。
④　参见本书第八章第一节。

关于这件精美木雕的详细描述,读者可以参考下面的遗物表。加上一些旁证,我们可以说明它对于法哈特伯克亚依拉克遗址的年代断定很有价值。这件木雕与这个遗址所有其他房屋所用的木材一样,都是人工种植的白杨木。

与房间 i 相邻的东北翼的几个房间保存有完好的灶膛,灶膛旁边还有坐榻,但没有任何遗物。由此向东,在略微高起的地面上有一座佛堂 iii。佛堂内侧长 18 英尺,宽 14 英尺,外侧三面是一条宽 6 英尺的礼拜道。佛堂上所覆盖的沙层厚不到 3 英尺,因此抹泥墙上只保留了极少的壁画。原来装饰佛堂的泥塑只残存了一些碎片,其中大部分属于一个背光。最大一块 F.II. iii.001.a(图版 CXXXIX)上面是一些姿态优雅的小件坐佛像贴花,佛像周围是花边,其花纹与热瓦克和丹丹乌里克的抹泥墙上的类似装饰不同。佛堂内的方形佛座已塌毁,高度离地面不到 1 英尺,显然是有人曾挖进去想寻找“宝物”,但在它后面不远处发现有两块画版即 F.II. iii. 1、2,旁边的佛寺墙根下则发现了五块。

它们现在所在的位置,是最后一批供养人存放这些供品的地方。它们带有明显的破损,是在流沙掩埋之前长期受到流沙的侵蚀和暴露地表所致。这些遗物的详细描述见下面的遗物表。其中的两件即 F.II. iii.5、6 是制作粗糙的佛像。但其他作品,虽然保存不好,但很有艺术修养。因此在 F.II. iii.2(图版 CXXV)中,我们看到一个身材非常匀称、姿势非常优雅的立菩萨(?),身上裸露的部位还绘有坐佛图案和一只小鸟等。F.II. iii.002(图版 CXXV),高 17 英寸,一边是身穿多褶袈裟的立佛,脚下还有一个跪着的供养人。这个佛像和 F.II. iii.2 的菩萨带有极明显的印度风格。同样的情形也见于 F.II. iii.002(图版 CXXV)背面衣着华丽的骑驼武士。他的坐姿与右手握

◁第三处遗址的寺院

◁版画

圆盘（patera）或杯，让我想起了在丹丹乌里克①发现的两件画板。毫无疑问他就是这两件画板上首次见到的天神。这种天神的身份还有待考证。

居住区的布局▷ 寺院的位置很靠近 F.II 的居住区，这说明居住区原来是一间小寺院的僧房，F.III 房屋遗迹很可能也是如此。它们坐落在一块小冲积台地上，在 F.I 东北约 0.25 英里。图版 57 所见的房间布局，与 F.II 房屋遗迹极为相近。在这里，居住区同样分两翼排列，呈直角相交，寺院与居住区分开，位于东北方向。在两处遗址中，位于院落西南角但从这里没有入口的大房间，可能是用来接待来客的。中国新疆现代房屋的客厅（mihmān-khānas）往往采用完全同样的布局，目的是便于来客直接进入居住区，而不用穿过其他房屋。

壁画和第三处▷
遗址的余迹 寺院 i 所在的位置，也高于周围的遗迹地面几英尺，因此只有几英尺的沙层来保护它。如图 309 所示，佛堂和围廊的墙体已塌毁，离地面仅几英尺。东南面的佛室还保留了一幅精美的壁画墙裙，在暗红色地子上，绘有床帏似的图案，其间还有悬挂的三角形和流苏。中央的方座和角落的四个六角形台座原先是放置佛像的。在僧房的门道里，还保存了四尊泥塑像的下半身（图 309）。进门右侧的塑像，是一个护世天王。它站在一个蹲伏的怪兽上，怪兽的头部已经发现，发现时脸部有破损。佛室的内墙附近发现有波罗蜜多经卷碎片，地面上还有一枚五铢钱。这枚钱币和在该建筑发现的其他唐以前中国钱币的年代学价值，留待下文讨论。居住区建造得相当讲究，只是空荡荡的。2 号房间原来可能是举行小型会议"和合僧"（Saṃgha）的地方，在这里发现了一块刻有波罗蜜多经的

① 参见斯坦因《古代和田》，第二卷，图版 LIX，D. VII. 5；图版 LXII，D. X. 5；第一卷，261 页、278 页。

大型木板。它西面外接的房间内，出土了一个雕刻精细的小木雕像的碎片 F.II. iii.001。

◁塔提遗迹

在上述诸建筑遗迹西北随处可见古代陶片堆积的小塔提区域延伸了近 3 英里。这些区域分布在沙丘与胡杨树林之间的风蚀地面上，因此遗迹范围很容易分别出来。遗迹面积很大，原先有房屋，可能只用泥墙建造，因此给风蚀没了。这里有一条古代的引水渠，现在像堤坝一样高达 8 英尺，比两侧的风蚀地面更要高出许多。这条曲折的水渠，可以清楚地追溯到距 F.II 约 0.25 英里的地方。我还在一两个地方发现耕地的迹象，年代并不太久远。它们位于被风蚀削低的开阔地带，在老达玛沟有人居住的时候或更晚，水流曾一度引到这里。古代房屋的遗迹，只在三处小塔提的附近有所发现，其他的房屋很可能埋在胡杨树林或沙丘下面。F.IV（图版 57）距 F.I 约 1.5 英里，其中风蚀严重的房屋内什么遗物也没有；不过旁边的大垃圾堆中，发现一些小件的家什用具，包括妇女们用的火棍 F. IV.004 和一件样式古怪的贴花装饰，呈赤土色，样式与约特干 F. IV.002 相近。F.V 清理的两间单房没有任何遗物。

◁热瓦克式的小
塔基

更有意思的是我们在清理一间小屋时的发现。小屋的旁边是一棵死了的胡杨树，从树梢可以看到它的屋顶。经过发掘，我们发现了一座小塔基（图 311）。它的平面布局（图版 58）与 1901 年我们在大热瓦克①寺发现的几乎完全相同。②其平面也是方形，上面是对称的十字形四臂。各臂上我们都可以看到非常典型的突起（projections）。但由于个体小，四臂的长度从塔基的中心算起仅 7 英尺——这些突起原有的阶梯

---

① 参见斯坦因《古代和田》，第一卷，485 页等，图版 XXXIX。这种测量木条见图 311，长 39 英寸。同时也可参见窣堵波模型。图版 CXXXIX。

② 参见斯坦因《古代和田》，485 页等；第二卷，图版 XXXIX、XL。

已看不出来。不过突起的根部两侧有小柱,它们的用意可能是标明阶梯最底部的扶墙。从图 311 和图版 58 展示的部分来看,塔基现存的两层之间与热瓦克塔基不可能存在太大的差异。但整个基座的高度与面积之比,要远远大于热瓦克塔基。尽管两层之间分界的突起也见于热瓦克塔基①,但塔基外表严重向内倾斜的现象在其他地方没有见过。塔顶已荡然无存。塔基内可能看见早年从西头挖掘的盗宝地洞。还有一些更小的塔基,底部两三英尺见方,把上述塔基围在中心。这些塔基高度都不到 4 英尺,它们的第二层以上也都已塌毁。

希腊风格凹雕▷
的发现

　　F.I 的东面和东南面,地面风蚀更为严重也更为开阔。这里在 0.75 英里的范围内,可以看到几组建筑群的遗迹。这些建筑群已严重残毁,没有多少沙子来保护它们。F.VII 原来有两座房屋,这里没有发现什么遗物,只有一些小彩陶碎片等。但在北面不远的风蚀地面上我们捡到了一块封泥 F.VII.002(图版 V),上面有一个椭圆形凹雕的印痕。封泥左侧是加里米德(Ganymede,希腊宙斯神的侍酒童——译者) 靠在岩石上,正在喂食右侧宙斯的鹰。这组图像构图很细致,工艺也是典型的希腊风格,整块封泥比我在和田发现的所有珍宝都要好,不管它们是印模还是封泥。这块封泥呈长方形,表明它原先是插在尼雅类型木简的印槽内;质地坚硬,说明它在后来无意中经火烧过。这块封泥的年代学价值下文将作讨论。

第八处遗址的▷
结构

　　F.VIII 建筑(附图 58)较为奇特。它坐落在一块颇为显眼的台地上,东北向约 0.25 英里。由于风蚀作用,旁边形成了一条很宽的沟,深 12~13 英尺。部分泥墙或木骨墙位置分散,

---

① 参见上文草图,第四章第四节。

图 309 法哈特伯克亚依拉克遗址寺院内殿和内廊遗迹, F. III. iii, 自西南望

图 310 法哈特伯克亚依拉克遗址建筑物 F. II 北角积沙覆盖的房间, 自西南望

图311 法哈特伯克亚依克拉克佛塔基座F.VI, 自东望

图312 法哈特伯克亚依克拉克神殿F.XII入口西南面的
灰泥浮雕和壁画遗迹

图313　法哈特伯克亚依拉克遗址神殿F.XII西南墙的
灰泥浮雕和壁画遗迹

图314　法哈特伯克亚依拉克神殿F.XII南角的壁画遗迹

它们之间的关系再也不能确定。除此之外,还保存了一座完整的石砌长方形台座,长 37 英尺,宽 35 英尺。表面抹泥,向内倾斜。它的东南部分,台座残存 7 英尺。这里有一条很窄的阶梯通向其中央,它两侧有扶墙。在这个方向,还有一段后加的墙,目的是在前面做出一块平台。这个台座和建筑原来的用途还不甚明了。小泥塑碎块 F.VIII.001 是这里仅存的遗物。建筑以东不远是一片枯死的杨树树干,表示这里原有一个棚架。由棚架再向南约 2 弗朗(400 米)的地方,还可以清楚地看到一个大果园,里面有成排的死沙枣树和其他呈梅花状排列的果树。我在 F.VIII 以西发现了清晰的马车辙。车辙出现在好几处坚硬的黄土地面上,沙丘之间幸存的地面上。因为车辙直接通向大冲沟的边缘,说明车辙的年代颇为久远,甚至可能早于遗址废弃的年代。

▷ 小亭和果园遗址

▷ 南面的遗址

我们在 F.IX 清理了一座房屋,房屋包括几个房间,墙体系灯芯草抹泥。这里仅出土了几件木质和泥质的家什。房基的东南面是一座完全毁坏的寺院,出土的遗物仅有泥塑像的碎片,质料为白色硬灰泥。从 F.VIII 向南约 0.75 英里,有一座寺院墙基。寺院遗址包括一间佛堂和一条通道,通道的墙体为泥墙。佛堂内中央佛座的后面发现了一块画板 F.XI.i.001,画面几乎磨损殆尽。此处还发现了一页波罗蜜多经的碎片。旁边是另一座寺院基址,其中除小型的居住区基址外,大殿的泥墙仍然可以辨认出来。由此再往南,发现一座小型的木骨墙建筑。建筑半埋在一个塔提区附近的沙丘,在这里出土了一枚素面的红封泥章 F.X.001。

第二节　F.XII 寺院基址及其年代

寺院 F.XII 之所以引人注目,一是因为它的位置,二是因⊲胡杨林中的寺
为它的遗物。关于它的详情这里还需做些介绍。它位于 F.X院
以南约 0.5 英里,坐落在一座很高的胡杨林沙丘的东南坡上
(图 315)。沙丘的西面和南面是两条几丛胡杨林长得茂密的
山脉。过了山脉,是一条即将干涸的小河。它是达玛沟河的
支流,蜿蜒流过灌木和水草繁茂的平坦地带。这座小寺院建
造时,沙丘肯定比现在低许多。沙丘南麓有古老的灯芯草篱
笆,现存长 24 英尺。寺院的地面,如图版 58 所示,高出篱笆
24 英尺。沙丘现在已高出寺院地面达 18 英尺。寺院毁弃之
后,沙丘的高度不断上升,寺院因此而得以保存。寺院的墙体
总厚 4.5 英尺,完全用平整的土块建造。西北角还保存了 6 英
尺的高度,其他部分已塌至 4 英尺。佛堂面积很小,从里侧测
量,稍大于 8 英尺×10 英尺。盗宝人从东角挖了一条通道进入
佛堂盗窃。一些泥像碎块和东南墙的被割去头部的壁画像
(图 314)说明他们最近还进去了一次。所幸的是,流沙从西
北墙原来的门填入佛堂(图 312),阻止了更大的洗劫。

清理结果表明,在佛堂内东南角曾有一尊高大的泥塑像。⊲泥塑像
塑像可能是立像,现在已完全毁坏,只残存了一只脚。其他位
置还保存了五尊小泥塑立像。东北和西南的小平台高约 6 英
尺,上面各残存两尊塑像的台座。但其中只有一尊塑像还保
存了腰以下的部分,高 4 英尺(图 296),剩下的四尊塑像已完
全塌毁。仅存的塑像可能是一尊菩萨,其腿部和臂部穿着深
红色的袈裟。袈裟的下边为浅绿色,装饰一幅深绿色的大长
方形图案,并以几条蓝点包边。脚已不见,其上的袈裟却露出
深蓝色多褶的内衣。躯干内的灯芯草骨在腰部暴露出来。西

北墙门旁的剩余空间原有一尊泥像,但是泥像只剩下有腿的下半部分和脚(图 312、313)。由此往上躯干内的木骨和草骨暴露出来,一直到腰部。袈裟也只见于膝盖以下,色彩丰富,图案复杂,纹样仿照织布或绣花布料的图案。袈裟的底色是鲜艳的庞培(Pompeian)红。在底色上,有从左到右的条纹,看上去像袈裟的皱褶:一条白色的连珠纹带,深蓝色块地子;一幅白色小圆圈(珍珠?)构成的扇形图案,黑色地子;一幅精致的花草图案,花朵呈白色、深蓝色、绿色;一条白色的连珠纹带,浅红色块地子;一幅与上述扇形图案相同的图案;深褐色的羊齿植物状的格子纹,红色地子,最后是白色连珠纹带,好像是锦缎,淡青色和品红色块地子。

壁画的图案▷ 　在壁画中,蛋彩画比较容易保存下来。其中保存最好的部分,我在奈克·拉姆·辛格的帮助下,成功地割取下来。在前述塑像的右侧是一个优雅的观音立像 F.XII.005,其图像见图版 CXXV。关于这个塑像,下表中有详细的描述,这里我们只需讨论一下衣纹、装饰等的细部特征,它们的许多地方与希腊化佛像风格非常接近。头光和背光的圆团花装饰很少见到,让人奇怪地想到了萨珊织物上常见的花纹。[1] 波斯艺术的影响也显著地体现在其中一些壁画上。在它上面是立于莲花上的一个佛像的下半身,F.XII.006(图 312、313)。西南墙的墙皮已剥落殆尽,但南角上还保存了一部分,见图 314 右侧。这部分属于背光,装饰有大型的圆形花朵,而背光上面是菱格小坐佛。类似的大一些的菱格坐佛布满了背光右侧东南墙的空间。背光下面的大型佛像已彻底塌。[2] F.XII.0010 是

---

① 也见于图 296 右侧个体更大的坐佛的背光。类似者,参见本书第二十四章第二节,喀达里克壁画上有类似的边饰,见图版 CXVI.A,Cha.i.c.00119。

② 这幅菱格的壁画块,见 F.XII.007、008,图 314。

一幅横向壁画的一部分，上面有精美的花纹图案，一直延伸到墙根。图 296 表现的是东北部壁画的残迹。这里有一尊浮雕佛像，佛像为坐姿，作沉思状，周围有一大株荷花花朵和根茎，它们一直延伸至墙角。其中保存最好的部分，见于 F.XII.009。

　　不过这座寺院中最有意思的壁画，发现于门道南侧。这 ◁壁画残部
幅壁画的位置，见图 312。它的下部磨损严重，很可能是香客们前来礼佛时脚蹭造成的。但上部还保存了大部分原来的色彩，我们也把它完整无损地发掘出来了（图版 XIII）。① 壁画中的人物，正如富歇先生首先认出的，是印度女神鬼子母（Hāritī）和它的五个子女。在他的大作《佛教造像》中，富歇先生指出交河故城出土了一幅类似的人物画，现藏于柏林，并对这个人物作了考证。由于他在犍陀罗②的希腊化佛像方面无与伦比的造诣，他的论证无可争议。因此这里就没有必要详细讨论构图上的所有特征与印度佛教中的女神怎样吻合。这位女神，起初叫"夜叉女"，代表可怕的天花病和儿童的夺命者。就像民间传说和宗教历史中的人物一样，在迷信崇拜的过程中，她的地位逐步上升，成了一位仁慈的女神，不仅是儿童的保护神，而且是生育之神。

　　去印度取经的义净（I-tsing），给我们讲述了这位恶魔在 ◁女神壁画
佛的感召下转变为善良女神，后来受到崇拜的故事。然后他写道："鬼子母的形象可见于印度所有寺院的门廊和斋房的角

---

　　①　色彩的摹本，略小，见斯坦因《沙漠契丹》，第二卷，414 页，图版 XI。另一块壁画收录在富歇先生的《佛教造像》中，论文载《碑铭研究》（the Académie des Inscriptions），1910 年出版的《文物论文集》（Monuments et Mémoires）第十七辑。这块壁画与收录的这一块经过修整，然后拼合成一幅完整的壁版画，包括左侧的一小块。

　　②　参见富歇先生的论文《佛教造像》，11 页以下，载于前注中的书中。现有英文本，见富歇《犍陀罗艺术》，285 页以下。

女神鬼子母▷ 落。在壁画中,她怀抱着一个婴儿,膝下有三或五个儿童。"①
由此我们在寺院门道一侧发现了这位女神 i。其中一个儿童
摸着她的左胸,三个儿童骑在她的肩上和胳膊上,而第五个儿
童站在她的右侧手舞足蹈。除了这些人物,画板上还可以隐
约看到,在左腿下面的几乎完全磨灭的画面上,有两个小人穿
着紧身衣,正在玩耍,而在她的右脚旁边有一个裸体小儿好像
在躲闪前面打来的拳,打拳者可能是另一个小儿,但已彻底磨
掉了。令人惊讶的是,我们这幅壁画所见鬼子母的儿童一个
不差地出现在吐鲁番的绢画上,只是其构图和风格非常不同。

女神脸部的特▷
点　　　　　　除了图像学,这幅神化婴儿恶母的壁画还有其他方面的
意义。她的脸短而圆,呈圆月形,带有保姆般的忧愁和安详的
梦幻神情。这些特点不能不让我们想到波斯风格的美貌。但
这里还不算明显,比较明显的是描述和田养蚕起源传说②的
丹丹乌里克画板上公主和宫女的脸,或米兰寺庙 M5③ 墙裙上
须大籍女王和姑娘们的脸。不过,这些人物出现了对称的发
辫,头发上也出现了联珠。与这些半西方特征很不协调的是
耳上大得可怕的耳垂和脖子上特别密集的皱纹,也就是富歇
先生所说的"印度的典型风格"。关于她们身上的华丽衣
服④,有些细节也许值得一提,她们穿的短袖紧身上衣与前述
丹丹乌里克画板中公主所穿的衣服很相近。

可惜门道对面的墙壁已塌毁。正如富歇先生所说:"我们
原希望在这儿看到与生育之神对应的财神。"这个"金袋之

---

① 如高楠(Takakusu)《义净〈南海寄归内法传〉》(*A Record of Buddhist Practices by I-tsing*),37 页。
② 参见斯坦因《古代和田》,第二卷,图版 LXIII,D.X.4。
③ 参见本书第八章第六、七节;图 134、135、138~140、143。
④ 有三色摹本,参见《沙漠契丹》,第二卷,图版 XI,可备参阅。

神"，据上述义净的记载，一般坐在印度寺院的门道中。人们
很早就知道这位财神就是 Kuvera，在犍陀罗塑像中往往与鬼
子母并列。① 他们特别合适一起出现在古代和田的寺院中，
因为我们知道，Kuvera 本义是"北方的天王"或"多闻天王"
（Vaiśravaṇa），在和田被视为王族的祖先和王国的保护神②，
很早就受到特别的崇拜。

　　寺院 F.XII 的发掘，是我在这个遗址的最后一项工作。令 ◁菩提经的发现
人喜出望外的是，这里出土了一份很有价值的经卷。刚开始
清理东南墙的时候，发现了六七片中亚正体笈多文和梵文菩
提叶。此后我亲手从下层台座——其东北面曾有雕像——旁
边的沙堆中，挖出了一个保存极好的经匣，内装有 33 卷完整
的梵文经卷，让我兴奋不已。经卷长约 14 英寸，宽约 4.5 英
寸。在经卷三分之一处，有一个线孔，装订颇为结实，不过以
后在大英博物馆③还是把它完好无损地拆开了。它们里面包
含一部分中亚版本的《妙法莲花经》，后来此部分由瓦莱·普
桑（de la Vallée Poussin）教授④整理出版。他发现，这卷经文
的文字特征与《金刚经》相似。后者出土于丹丹乌里克的僧
房中，它的年代霍恩雷博士定为公元 7 或 8 世纪⑤。

　　这个年代肯定是推测性的，因为中亚波罗蜜多经的历史 ◁F.XII 佛寺遗
本身还存在许多不确定因素。尽管如此，它也不无意义。寺　　址的年代和位
院 F.XII 的始建年代与法哈特伯克亚依拉克的其他遗迹相同　　置的特点
的说法可以成立，它还是能够帮助我们认识这个遗址的年代

---

① 参见富歇《犍陀罗艺术》，141 页、282 页等。
② 参见斯坦因《古代和田》，第一卷，156~158 页。
③ 标本见图版 CXLIV，F.XII.7。
④ 参见瓦莱·普桑教授，《皇家亚洲学会会刊》，1067 页，1911；另见霍恩雷，附录 F。
⑤ 参见斯坦因《古代和田》，第一卷，295 页，霍恩雷博士的笔记 vi，14、15、17、18 号。瓦莱·普桑教
授，《皇家亚洲学会会刊》，1068 页，1911，不过让我们注意到一些地方的年代可能更古老一些。

的。然而这个想法带有很大的问题,寺院的位置尽管相距很近,但与其他遗址的寺院存在本质的不同。虽然所有寺院无一例外都建在风蚀台地或者与附近台地等高的平地上,但是F.XII建在胡杨树林丘上,山丘的顶部在建造寺院时至少比该遗址一般地面高出许多,至少20英尺。这个位置的选择非常特别,这是毫无问题的。① 仅这一点,就足以说明遗址F.XII与其他遗址大为不同。据我所知,类似的遗址只有和田地区穆斯林墓葬集中的现代麻扎,它们往往建在很高的胡杨树林丘或者沙漠边缘显眼的地方。

与麻扎类似的▷
地区

　　许多这样的现代崇拜地点,地面上只能见到一些很高的木杆,上面挂着礼拜用的破布和藏人发辫,但是常常就在古代遗址附近。这并非完全出于偶然。就我们现在讨论的遗址而言,它的邻近就有乌鲁克(UIügh)麻扎和拉钦阿塔(Lachinatā)麻扎以及古代姚摩(P'i-mo)。② 在法哈特伯克亚依拉克的塔提中间就有一座这样的小型麻扎(参见图版56的 iv 和 v 之间),据说老达玛沟的人来这里做礼拜。由此再往前,还有人们常去的依玛目·贾法尔·沙迪克③麻扎和依玛目阿斯木(Imām Āsīm)麻扎。它们分别与尼雅和阿克斯皮尔(Ak-sipil)遗址相邻。它们之间的相似性,和我们所知道的和田地区早至佛教时期的地方宗教的根本特征,使我们不能不作出这样的推测,F.XII遗址的年代与法哈特伯克亚依拉克的其他遗迹并不相同,而是按照麻扎方式在古代遗址废弃于沙漠之后在其旁边建立的寺院,因而有可能要晚几个世纪。

---

① F.XII墙壁不同寻常的厚度,完全与建筑的规模不相称,其直接原因就是它的位置。这些山丘上的树木周围的积沙(recte,黄土尘),非常松软,所以地基不稳。

② 参见斯坦因《古代和田》,第一卷,461 页以下。

③ 依玛目·贾法尔·沙迪克,参见斯坦因《古代和田》,第一卷,313 页。

当我们考虑整个遗址的大致年代时,如果按照这个推测,最保险的办法就是先考虑整个遗址出土遗物和 F.XII 出土遗物的年代线索。我相信,只要简要回顾一下就会发现这些线索之间并不冲突。它们都指向一个较早的废弃年代,明显早于唐朝统治塔里木盆地的年代。首先需要注意的线索是钱币。除了佛堂 F.III 地面上出土的五铢钱,寺院中还出土了其他八枚中国钱币。这些钱币都发现于风蚀地面上,其中四枚发现于房址 I 附近,三枚发现于寺院的僧房 II 附近,一枚发现于 V 区的塔提。从附录 B 可以看到,所有钱币都可能是后汉时期的五铢钱,或者是同时期的无字钱和剪轮钱。唐代钱币一枚也没有出土。这一点很重要。这里需要指出的是,我在清理喀达里克遗址时挖出来的钱币中,至少有 98 枚属于唐代,只有五枚是五铢钱。① 因此这些钱币可以证明法哈特伯克亚依拉克的遗迹年代要更早一些,我认为这是站得住脚的。

封泥提供了同样的年代线索。已经发现的三块,很明显原来都粘在木简上,上面的印纹来自珠宝。这些珠宝带有后期古典工艺或受了它的直接影响。② 它们的类型与尼雅遗址出土的封泥的印纹非常接近。F.II 出土的木质双梁的建筑迹象也能说明一些问题。前面已经提到,这种建筑迹象是大家熟悉的尼雅风格的发展形态,但肯定早于喀达里克类似木雕③上所见的风格。我们对于和田地区佛教视觉艺术的知识还不全面,从 F.II 出土的几块画板的风格中得出可靠的结论。不过我的总体印象是,它们明显比丹丹乌里克出土的画板或喀达里克出土的壁画碎片更接近印度原型。另一方面,后者

▷出土的钱币与遗址的年代

▷F.II 的遗物与其他佛寺遗址的比较

① 参见本书第五章第一节;另参见附录 B。
② 参见本章第一节。
③ 参见本书第十三章第一节。

与寺院 F.XII① 壁画在风格上差别甚微或者没有。最后需要注意的是法哈特伯克亚依拉克与丹丹乌里克、喀达里克出土的文书在材料和特征上的显著差别。后两处遗址出土的文书材料主要是纸，而法哈特伯克亚依拉克遗址出土的纸片很少，以木简居多。我们也不能忽视后者出土的文书都是波罗蜜文经，而丹丹乌里克和喀达里克两处还出有汉文经以及藏文经。

较早废弃的遗▷址

把所有这些线索综合起来考虑，使我得出这样的结论：法哈特伯克亚依拉克遗址停止居住的时间要远远早于丹丹乌里克、喀达里克的居住时间；而后者就像我们前面说的，废弃于公元 8 世纪末或者稍晚。② 现在还不能断定更为确切的废弃年代。但有两个迹象值得注意，也许有助于断定大致的年代范围。一个是纯粹的默证，即这里没有出土一件佉卢文书。我们知道，佉卢文在吐鲁番盆地一直沿用到公元 4 世纪，或者更晚一些。另一个是宋云记载的地名。公元 519 年，这位旅行者从且末走到和田时提到了末城，在捍麼以东 22 里③的末城。末城，据沙畹考证，就是玄奘所说的妣摩，它的位置在乌尊塔提，乌鲁克吉雅特以北（或乌鲁克麻扎）。我相信，在第一次考察该遗址后，我已经提供了充分可信的证据。

宋云所说的末▷城

在讨论这个观点时，我曾说："捍麼以东 22 里的末城，应当到老达玛沟附近或它的北面去寻找。"从地图上可以看到，法哈特伯克亚依拉克遗址正好与我们所推测的这个地点相吻合。它最北的塔提正好位于我 1908 年再次考察的乌尊塔提地区以东，从地图来看，距乌鲁克麻扎东北 3 英里多。这两处

---

① 参见本书第五章第二节。
② 参见斯坦因《古代和田》，第一卷，277 页、283 页等；本书第五章第一节。
③ 参见斯坦因《古代和田》，第一卷，463 页，注⑨。

遗址的距离在地图上正好 7 英里,也可能略少,因为乌尊塔提的废墟比实际考察的范围还要往东。因此它们的位置完全吻合,距离也相近,这样就证实了我们的遗址就是宋云记载的末城。假如说后者的废弃时间是在宋云经过此城的年代与公元 6 世纪末之间,那么我们就可以得出这个遗址的上限;上面所说的年代证据——钱币、考古、文书——也支持这个看法。寺院 F.XII 可能就修在这个废弃的遗址旁边,就像麻扎,年代要晚一两个世纪。前面已详细讨论了灌溉区位置的剧烈变化以及达玛沟周围耕地所爱的影响[①],因此这里不可能也无必要推测村落向南迁移到喀达里克和周围小遗址的具体原因。

法哈特伯克亚依拉克发现的遗物

F. 001. **玻璃碎片**。已腐蚀,有光泽。$\frac{5}{8}$英寸×$\frac{3}{8}$英寸×$\frac{1}{4}$英寸。

F. 005. **陶制转轮**。底中空,顶面上凸。靠近底部的地方有两条弦纹,中间夹一周戳印纹。底部中空的周围有四道刻画射线,其间有戳点纹。红陶,残破,直径 1 英寸,高$\frac{3}{4}$英寸。

法哈特伯克亚依拉克出土的遗物

F.I.001. **毛掸**。草把扎成,类似者见 Cha.v.002,以及《古代和田》,第二卷,图版 LXXIII,D.ii.011。长 $18\frac{3}{4}$英寸。

F.I.002. **毛掸**。与 F.I.001 相似,有绳圈可供悬挂。长 18 英寸。

F.I.003. **皮袋**。由豹的后腿皮做成,带爪。去肉与骨头时未割皮。$4\frac{5}{8}$英寸×5 英寸。

F.I.004. **一捆皮带**。宽$\frac{1}{4}$~$\frac{3}{4}$英寸。

[①]　参见本书第五章第五节。

F.I.005. **一块皮革。** 可能是鞋面皮,顶端及边缘有孔可以穿线。表面施胭脂红。$7\frac{1}{2}$英寸$\times 1\frac{3}{16}$英寸。

F.I.006. **角质刀柄。** 断成两块。直而平展,圆边;一端挖空以便装柄。全长$4\frac{3}{8}$英寸$\times\frac{9}{16}$英寸。

F.I.007. **木质玩具弓箭。** 弓制作粗糙,弯曲,两端刻槽,中央穿孔。孔内松沓地插了一支箭,箭头与铤加粗,以防止掉落,但可以上下滑动。弓长$2\frac{3}{16}$英寸,箭长$1\frac{3}{4}$英寸。

F.I.008. **玻璃碎片。** 系白色透明玻璃器皿的口缘,略圆唇,口缘外卷。1英寸$\times\frac{13}{16}$英寸$\times\frac{1}{16}$英寸。

F.I.009.a~c. **三块织物碎片。**

a为黄棉布(?)。有三根内织的绿线。相当残破,平织;经纬线均成双。7英寸$\times 4\frac{3}{4}$英寸。b为白色粗羊毛(?)料。素面。布料挺括平整,平织。$6\frac{1}{2}$英寸$\times 1\frac{3}{4}$英寸。c为红色粗纺毛料,粘有同类质地但较为紧密的红色毛料和棕色毛毡。6英寸$\times$约1英寸。

F.I.0010. a~e. **木质工具。** a为木棍,带拐杖头,由一整根木头雕刻而成。锤头用主枝做成,木柄用小枝做成。可能是银匠用的锤子。长6英寸,拐杖头长$2\frac{1}{4}$英寸。b为木棒,顶端圆平,类似钉头,并削成斜角。可能是灰泥工用的轮尺。长$6\frac{1}{4}$英寸,顶端直径$1\frac{3}{8}$英寸。c、d为木棒,截面呈方形,一头尖,另一头刻槽做成球头,留有树皮。木桩子(?)。长分别为$9\frac{5}{8}$英寸和$8\frac{1}{4}$英寸。e为钥匙,样式普通,但制作极其粗糙。四个锁眼呈菱形排列,仅保存一枚残锁芯。$5\frac{15}{16}$英寸×$\frac{3}{4}$英寸。

F.I.b.001.　**陶质贴花碎块**。鸟尾(?),薄胎。$1\frac{1}{4}$英寸×$\frac{5}{8}$英寸×$\frac{1}{16}$英寸。

F.I.b.002.a~e.　**装饰品碎片串**。a、b 为两枚蓝色串。a 为管形,b 为立方体,但角上都被削成斜面。$\frac{3}{8}$英寸×$\frac{3}{8}$英寸;$\frac{3}{8}$英寸×$\frac{5}{16}$英寸。c、d 为两件鲑鱼红色珊瑚(?),纵向钻孔。$\frac{1}{2}$英寸×$\frac{1}{8}$英寸;$\frac{3}{16}$英寸×$\frac{1}{8}$英寸。e 为中空管,以一根铜线盘绕而成,而铜丝由两股铜线缠绕而成。雕像(?)掉落的螺髻。类似的泥质发饰,见 Cha.ii.N.0010。$\frac{1}{2}$英寸×$\frac{3}{8}$英寸。

F.I.b.003.　**玻璃圈**。半个。截面呈三角形。两个外侧面都有斜刻线。直径约$\frac{5}{8}$英寸。

F.I.b.004.　**铜条**。微弯;外曲的一面冲压出三排圆圈纹,每排五个。两端均残。$\frac{5}{8}$英寸×$\frac{3}{8}$英寸×$\frac{1}{50}$英寸。

F.I.b.005.　**青铜戒指槽**。槽边缘呈牙状,可镶圆石。圆石直径$\frac{5}{16}$英寸,戒指槽直径约$\frac{7}{8}$英寸。

F.I.b.006.　**灰泥雕版**。雕有坐佛,作打坐状。无头光;背光圆形,由一朵莲花和放射状的莲瓣组成。没有图案和色彩痕迹。大部分白底保存下来。红陶,掺有人量的植物纤维。直径 2 英寸。

F.I.b.007.　**灰泥浮雕残块**。坐佛,左膝抬起;背光和头冠均已残毁。袈裟呈深灰色,脸现白彩痕迹;图案已不见。背光右边碎片保留有绿彩痕。红陶,掺有植物纤维。2 英寸×$1\frac{5}{8}$英寸。

F.I.b.008. **壁画碎块**。右侧,地子施双层色彩,下层红色,上层宝石绿;地子上绘有精美的头像,四分之三左向。肤色品红,晕染红彩,高亮处施以重白色。两颊均绘两条短黑线,靠得很近,向脸中央逐渐外突。前额中央也有两条相近的黑线。头巾呈条状,落在耳后,在肩部剪齐。挂有三排珍珠项链,左耳前还有从头上垂下的几枚珍珠。头的上部残缺。这可能是一个女性头像。左侧也有绘画痕。5 英寸×3 英寸。

F.II.001. **木梳**。长方形,两侧有齿,粗细不一。中间木柄的两面各装饰两条弦纹,齿已部分残损。西方式样。类似者见 *Berlin. Kün. Museen*,*Althrist. Bildwerke*,iii.P1.301。$2\frac{9}{16}$ 英寸×$2\frac{3}{4}$ 英寸。

F.II.002. **圆背梳**。齿微残。$2\frac{1}{4}$ 英寸×$2\frac{1}{2}$ 英寸。

F.II.i.1. **陶片**。陶器的颈部,筒形。细红陶,手制。瓶口下 0.5 英寸处有一周条模。在它下面又有两周。再下面是垂直的阴线。高 $2\frac{3}{4}$ 英寸。

F.II.i.2. **陶片**。陶器的颈部。浅红色,手制。口缘素面;口缘下施一条贴花装饰(窗棂纹),已磨损。再往下是一条珠宝装饰。2 英寸×$2\frac{7}{16}$ 英寸。

F.II.i.3. **陶片**。制作精美,深红色。上部装饰模印铁铧和戳印纹;其下为一周卵形珠宝装饰,镶联珠边,贴花。$2\frac{7}{16}$ 英寸×$1\frac{13}{16}$ 英寸。

F.II.i.4. **陶片**。陶器的颈部。硬红陶,轮制,口缘微外翻。$1\frac{11}{16}$ 英寸×$1\frac{7}{8}$ 英寸。

F.II.i.5. **陶片生殖器模型**。长 $2\frac{1}{4}$ 英寸。

F.II.i.6. **陶器柄**。呈有翼马形,残存颈部和前额。素面陶。类似者 Yo.0015.f,b 型。长 $2\frac{9}{16}$ 英寸。

F.II.i.001. **供奉织物和波罗蜜文经卷**。经过鼠咬。发现于佛龛的底部，只剩下碎片。其中有素锦碎片，呈紫色和绿色。

F.II.i.002. **陶质贴花装饰**。"塞里勒斯"式的狰狞头像。眉骨突出，皱眉，满脸皱纹；两颊丰满，嘴带笑意。胡子像 Mi.xi.00104，耳像狗耳。前额以上残破，类似埃及贝斯（Bes）型。$2\frac{7}{8}$ 英寸×$1\frac{3}{8}$ 英寸。

F.II.i.003. **封泥**。印有圆鼓宝石的图案。已破损，左下侧的图案缺失。

狩猎场面：中央一个男人骑马向右奔跑。马后是一只雌狮，身子竖立，两爪高举。骑马人身体前倾；左手举至头顶，右手抬起握剑，剑身在肩后消失。马的下侧有只山羊或鹿（只保留前半身），向右奔跑。构图明显带有古典风格（人物造型与"亚历山大狩猎图"极相近），但工艺粗陋。工艺娴熟，但刻画不细。类似者见福特汪勒（Furtwängler），《古代宝石》（*Antike Gemmen*），Taf.xi.5. 封泥 $1\frac{1}{2}$ 英寸×1 英寸。图像直径 $\frac{15}{16}$ 英寸。图版 V。

F.II.i.004. **封泥**。方形，中央印有卵形图案，周围装饰四个圆形凹槽，凹槽之间以四个较小的方形钉头相连。中央图案为女性半身像，刻画细腻。头四分之三右向，右颊和右眼漫漶不清。头发沿额头向上盘起，头发之上用细线勾勒发缕向头顶攒起发束。耳环呈流苏状。身着紧身上衣，胸部起皱，但衣领开得很低。略带古典风格；类似头像可能见福特汪勒《古代宝石》，图版 XVIII.46，发饰见 lxi.74。封泥 $1\frac{3}{8}$ 英寸。图像直径 $\frac{5}{8}$ 英寸×$\frac{1}{2}$ 英寸。图版 V。

F.II.i.005. **木刻佛龛背屏**。上部是突起的条饰，下面是一条三角纹，边缘素面。中间是几个三角形，三角两侧凿刻出人字纹。3 英尺 $5\frac{3}{4}$ 英寸×4 英寸×6 英寸，原来的厚度。图版 XVII。

F.II.ii.01. **木雕双槽或悬梁**。中央有插口，可以插入柱头。插口内尚留有折断的柱头。

侧视：梁宽 2 英寸，水平方向分为：(1) 水珠，以 (2) 一个三角形凹槽与 (3)

一个斜面(坡度 45 度)分开。下面宽 $1\frac{1}{16}$ 英寸,是一个长方形错齿板条。每个错齿长 $2\frac{1}{4}$ 英寸,间距 $\frac{3}{8}$ 英寸,呈棱柱形。下面是一根顶梁,长 22 英寸,上面有另一个同样长的悬梁,突出 1 英寸。它低于主梁 $\frac{1}{2}$ 英寸,包括:(1)平珠,带有方形槽;(2)四分之一圆板条,1 英寸宽;(3)错齿板条,与上面的相近,但每个只有 2 英寸长。

在这之下顶梁有深达 $3\frac{1}{8}$ 英寸的凹面;各边都是方形,但在底部,侧面可以看到中央平面长 7 英寸。从这里有一个 30 度、5 英寸长的凹弧变为半圆,再变为纵向平面,在顶梁顶头形成一个宽 $1\frac{1}{2}$ 英寸的齿饰。下一个平面的这空间部分填以蛋形齿纹(从侧面看),而这种齿纹就形成了顶梁下方的特征纹饰。在顶梁的两侧各有一个长方形凹弧,深 $\frac{3}{4}$ 英寸,它的上端高于顶梁底面 $3\frac{1}{2}$ 英寸;然后是长 9 英寸的水平切角,其上面的顶梁从长面继续延伸。

底面。顶梁,中央部分有孔,直径 $2\frac{1}{2}$ 英寸;在同一平面上,从齿纹两端向中央(浅浮雕凹弧)伸出单个大型蛋形齿纹(参考埃及的例子,Strzykowski, *Kop-tische*,No.7321;亚洲的例子,库克石棺,Strzykowski,“A sarcophagusof the sidamara type”,J.H.S.,XXVII.1907)。

侧面,托饰 9 英寸×$5\frac{1}{4}$ 英寸,犍陀罗式四瓣花;在每瓣的中央有一根联珠式筋或饰以小珠的雄蕊;花瓣之间是程式化的埃及风格的莲花朵。同类物见《古代和田》,第一卷,413 页;第二卷,图版 LXIX,N.02。

木材一端完好,另一端朽烂。4 英尺×$8\frac{3}{4}$ 英寸。图版 XVII。

F.II.iii.1.　**木质版画**。佛坐在蓝色莲花上作沉思状。白色袈裟,灰色边,白色背光加红边,蓝色头光加白边。保存极差,背面图案已脱落殆尽。$9\frac{1}{2}$英寸×5英寸。

F.II.iii.2.　**木质画版**。上端裁割恰到好处,背光椭圆形,蓝色地子加品红色和深棕色边,上面是立佛或菩萨像,身材极为匀称,腰部纤细。姿势自然优美。头像是十足的印度人,与颈部略有错位,位置过于靠前。人物有螺髻但没有白毫,头发蓝色并且蜷曲。右手垂于身旁,可能握着什么东西,但画面已残毁;左手掌心向胸,手指上屈。人物身穿不长的素面缠腰布。裸露的身体和手臂上绘有图案,均以红色勾勒。中间坐着佛像,另一个在右胸上;右肩前面画一朵轮状的花朵,两只上臂画两个长方形的东西,可能是贝叶;下臂画一只鸽或麻雀。双腿和双脚裸露。从腿部缠腰布的开口处似乎伸出一条轻薄、带有皱褶的布料,紧紧缠着大腿中部。色彩几乎褪尽,不过原来的肤色好像是淡品红色。头光(?)圆形,品红色加红与浅品红边;莲花座品红。大部分已腐蚀。画版上端削薄,好像原来割过皮革。1英尺2英寸×$7\frac{1}{4}$英寸。图版 CXXV。

F.II.iii.4.　**木质画版**。内容为佛站在红色莲花上。右手举起可能作善觉势(vitarka mudrā),左手低垂,握住袈裟。袈裟深红色;内衣深绿色,长仅过膝。背光蓝色和浅黄色,头光深绿色加红边。头发蓝色,肤色深黄。保存不佳。1英尺$6\frac{1}{2}$英寸×8英寸。

F.II.iii.5.　**木质画版**。佛像左视,坐于白色莲花上,作沉思状。袈裟白色加灰边。背光呈蓝色和白色。头光呈灰色和白色。现存的白色大部分是腐蚀造成的。绘画不精,保存不佳。1英尺$3\frac{1}{4}$英寸×6英寸。

F.II.iii.6.　**木质画版**。立佛,四分之三左向。右手平伸,掌心张开向上;左手胸,姿势相同。拇指与食指之间的蹼在两手上清晰可见。眼睛斜视。颈部和头部后面的线条笔直(牛颈),很是奇特。头发蓝色,外层袈裟浅褐色加白边,内衣深灰色。背光蓝色,加红色和浅黄色边。头光浅黄色,加红色边。画板下部涂深红色,右角绘白色树叶和大朵莲花。背面空白。绘画不精。

8 英寸$\times 3\frac{3}{4}$ 英寸$\times \frac{5}{8}$ 英寸。

F.II.iii.001.a.　泥塑背光碎片。略内凹边缘施两道弦纹,中间画交叉反复的七瓣花和珠宝装饰。花朵以黑灰色为地,交错绘绿色和蓝色。图案之间的空地也施黑灰色。背光上浮雕两尊为坐佛,作沉思状,右侧还有第三个坐佛的背光的痕迹。在两尊坐佛之间绘一朵莲花,右侧有一朵半开的莲花。这些图案都残留了地子上大量使用的淡蓝色。花朵上可以看到一块红色,但可能来自左侧佛像的背光;而这个背光边缘呈红色,内侧为灰色。袈裟上有少许蓝色。左膝和头光的尖部消失。右侧坐佛与之相近,但色彩已从背光边缘脱落。二者的黑发和面部都已漫漶不清。头光上看不到任何色彩。地子一般施白色。后背涂一层光滑的灰泥。可能是单独放置的佛像的背光。最长 14 英寸,最宽 $6\frac{1}{2}$ 英寸。图版 CXXXIX。

F.II.iii.001.b.　灰泥浮雕残块。佛像头部、光头和背光的左侧,不过眼睛勉强能辨认出来。与 F.II.iii.001.a.出自一个模子,是后者的一部分。从下颏至头顶 $1\frac{1}{4}$ 英寸,头光 $1\frac{7}{8}$ 英寸$\times 2$ 英寸。

F.II.iii.001.c.　泥塑残块。佛像的头部和头光,左侧和背光,与 F.II.iii.001.a.出自同一个模子。背光灰色带红边。鼻子和嘴巴已经褪色,眼睛和眉毛施黑彩。头光上看不到色彩。白色灰泥胎。从下颏至头顶 $1\frac{1}{4}$ 英寸,头光高 $1\frac{7}{8}$ 英寸。

F.II.iii.002.　木质画板。两面均有绘画:

正面。莲座立佛像。右手抬至胸前,掌心向外,施无畏印;左手下垂捏住袈裟的衣褶。三件衣服：上衣白色加灰色边，长抵膝盖；第二件，深红色加白边，皱褶密布，边缘的皱褶作整齐的球形锯齿状。这件衣服仅在上衣下摆的开口处显露出来。内衣灰绿色，皱褶密布，仅可见到下部，露出膝盖和脚。

脸近圆形，眼很长，外眼角微上扬。长耳。颈部有三道深褶皱。头发黑色，螺髻周围为一串珍珠。皮肤都呈浅红色，以红色勾边。右手画成蹼形。

头光绿色，以黄色带包边，再向外是深红色带，中间以几道白线分隔。背光较长，呈深蓝黑色，周围绘深红色带、淡黄色带和灰色带，各色带之间以几道白线分隔。衣服下摆以下的画板下部极深的红色，绘有白色的花草。

在画面上，右下角是一个供养人，男性，跪姿，四分之三左向。双手合掌，作礼拜势，身穿长深灰色的衣服，皮带束腰。衣服宽袖，浅黄色大翻领；衣服交叠处绘一条同样的浅色带，一直到腰带以下。头饰为波斯式样，与 D.vii.6（*Ancient khotan*，ii.P1.LXI）的人物相同。上身至肩部，地子为浅黄色，绘绿莲花，往下延伸至佛像左侧。供养人以上绘了一朵莲花，灰色，技术草率。

浅黄色地子以上是几条连续的水平色带：灰、浅黄、深红加白色球形锯齿下边。在这之上，是垂帐的"褶"边，原来好像是华盖。

背面。一个男人骑在骆驼上，样子与 D.vii.5.（*Ancient khotan*，ii.P1.LIX）中的骑驼人相像。脸很圆而且丰满。留小胡子以及"髭须"（imperial?）。眉毛弓形。长发，披在肩后。

上衣绿灰色，长至膝盖，裁成圆摆裙，衣边、袖口和衣领均匀白色（毛?），一只大翻领也是白色。肩下一点为肩章。剑带和直剑属于罗马风格。马裤为深红色，饰白点（圆圈）。黑色麻布。右手持圆盘。左臂下挂一张印度弓，弦后弓前。左手抓住缰绳。头部后面是褐绿色头光，边缘内侧深红色和黑色，外侧白色。背光黑色加浅色边，向下延至驼鞍。从肩后飘起一条浅色肩带。骆驼描绘拙劣，与骑驼人相比显得太小；浅黄色加红色勾边向左行进。

骆驼前跪着一个小供养人，面容和衣服与骑驼人相近，不过衣服是浅色（浅黄色），袖口和衣边都是深色的（毛?）。供养人似乎举着一个很大的深绿色的东西，像是花朵，还带有一根长长的莲花一类的根茎。

地子从下边起五分之一高的部分涂深红色,缀以白色花朵。这部分中央,骆驼的四脚之间绘莲花;右侧和左侧是一块深黄色的圆地,里面写了五行波罗蜜文。在这条红带以上地子浅黄色,占五分之三的高度。最上(五分之一高)为深绿色带,上面简单绘了一个华盖,中心位于骑驼人头部后面。左侧是另一个圆地,上面的图案已模糊。白色花朵散布在绿色地子上。整个画面简陋。双面经过沙蚀,已经漫漶不清。$17\frac{1}{4}$英寸×$10\frac{3}{5}$英寸×$\frac{3}{4}$英寸。图版 CXXV。

F.II.iii.003. **泥塑残块。**右脚站在莲花冠上,也只是在脚右侧残存一部分莲花冠。背后是背光的痕迹,已破损,但上面的地子为浅蓝色。莲花瓣的圆形内边留有深灰彩。在莲花冠穿孔接腿架的地方,脚已断裂。打钉处细心地做了记号。胎坚硬的白色灰泥。脚 2 英寸×$1\frac{1}{4}$英寸,花冠 $4\frac{1}{2}$英寸×$3\frac{1}{4}$英寸×$\frac{1}{2}$英寸。

F.II.iii.004. **画板。**消磨殆尽。尚留有立佛的痕迹,身着红色袈裟,肤色白,背光黑、白色。$5\frac{1}{2}$英寸×$3\frac{1}{4}$英寸×$\frac{1}{2}$英寸。

F.III.i.003. **泥塑头像。**系护世天王(Lokapāla)脚下恶鬼的头部。头发用划线表示,仅盖住后脑勺。发根以隆脊的形式表现,前面是后缩的前额。头发上残留红彩。嘴唇紧闭,略带笑意,两个嘴角都有小孔。鼻子宽扁(损毁不少)。眼睛圆鼓。眼睑边用阴线表示,半抬,略宽出外眼角。内角有孔,瞳孔用另一个孔表示。右耳不见,左耳扁平。表面大部分剥落,但随处能看到白色的地子,以及唇上和两颊中央的红彩。从下颏至头顶 6 英寸。

F.III. iii.001. **木雕碎块。**左脚站在部分莲花冠上。有迹象表明,整座雕像都镀过金。脚踝处断裂,钉子处做有标记。雕刻细致。脚 $\frac{7}{8}$英寸×$\frac{7}{16}$英寸;花冠 $1\frac{3}{4}$英寸×$\frac{9}{16}$英寸。

F.Ⅳ.001.　**圆背木梳**。保存完好。$3\frac{1}{2}$英寸×3英寸。

F.Ⅳ.002.　**陶制贴花**。笑"鬼"头像。Yo.0024.i.型。1英寸×$1\frac{1}{8}$英寸。

F.Ⅳ.003.　**纸片**。带有一块墨(?)痕。$5\frac{1}{2}$英寸×$\frac{3}{4}$英寸。

F.Ⅳ.004.　**残取火板**。"雌性"。表面有五个"火眼"一字排开(第五个灶窝断落),大小深浅都不同,底部都有灼痕。每个火眼的一侧均刻槽至火眼的底面。类似者见 L.A.Ⅴ.ii.1 和 Joyce, *man*, xi.No.3。质地坚硬,保存完好。3英寸×$\frac{5}{8}$英寸×$\frac{1}{2}$英寸。

F.Ⅳ.005.　**木质箭模**。三角形三齿箭头由一根整木刻成,木杆渐细(折断)。长$10\frac{1}{8}$英寸。

F.Ⅵ.001.　**小麦籽**。出土于风蚀房屋内地面上;也是黑色的小颗粒种子,像葡萄核。

F.Ⅶ.a.　**泥塑残块**。人的大腿和小腿,左手捏制,穿有毛裤;小腿抬起低于大腿,作蹲坐状。长$2\frac{7}{16}$英寸。

F.Ⅶ.b.　**陶片**。浅红陶;内侧拍印点圈纹。$1\frac{1}{10}$英寸×$1\frac{1}{16}$英寸。

F.Ⅶ.c.　**陶片**。浅红陶,表面磨光,饰两道点纹夹,中间二道画线。$\frac{7}{8}$英寸×$\frac{11}{16}$英寸。

F.Ⅶ.001.　**陶珠**。褐色。以泥条盘绕而成,表面刻画波浪线,线里面残留白彩。$\frac{9}{16}$英寸×$\frac{1}{2}$英寸。

F.VII.002. **封泥**。方形,卵形宝石的印纹。在一条笔直的基线上,刻了加里米德和老鹰。左侧,在岩石上坐着一个人物,只露出侧面。小头短发,细颈;身子向后靠,姿态舒展,可能靠着左肘。右腿伸出身前,膝微弯,脚平放在地上。左膝抬得高些,也弯得厉害些。右胳膊弯曲,手平放在膝盖上,拿着一个(小瓶?)。

右侧为鹰,露左侧面,直立;左腿笔直,脚爪着地;右腿略举并弯膝。脚爪猛然抬起,落在人的手中(或小瓶)。左翼半张。

保存情况:人物部分,右肩和上臂断落;其他部位都能辨认出来,但只有右大腿至脚踝保存完好,为高浮雕。鹰部分,胸部、大腿、右爪、部分左翼和尾部保留下来,胸部和左大腿是高浮雕。

构图和工艺都很精细,体现出高超的希腊工艺。

从坐着人物的身体形态来看,像是赫伯(Hebe),但图案主题几乎可以肯定是带有两性特征的加里米德。加里米德坐在岩石上给鹰喂食的情景,在宝石上并不罕见,出现在伊莱恩(Ilion)(L.C.Woolley)出土的马科斯·奥雷琉斯(Marcus Aurelius)和科莫都斯(Commodus)钱币上。封泥边长 $1\frac{1}{2}$ 英寸,图案 1 英寸 $\times \frac{3}{4}$ 英寸。图版 V。

F.VIII.001. **泥塑残块**。三幅浮雕。是一串葡萄(?)的一部分。残留绿彩。白色灰泥胎, $1\frac{1}{8}$ 英寸 $\times \frac{7}{8}$ 英寸。

F.IX.001. **木模**。轮旋而成,发现于地面上。坚硬,保存完好。栏杆(?),近似于 Kha.i.0036。 $3\frac{1}{2}$ 英寸 $\times 1\frac{3}{8}$ 英寸。

F.IX.002. **泥拍**。正面光滑,略鼓,背面有一个突出的把手。直径 4 英寸,厚 $\frac{3}{4}$ 英寸(加上把手 $2\frac{1}{8}$ 英寸)。

F.IX.003.　　**泥塑残块**。绽放的莲花朵。三片大花瓣,上面还有两片内侧花瓣。再上面可以看到中央的圆芯。白衣上尚留蓝彩,白色灰胎。$2\frac{1}{2}$ 英寸× $1\frac{3}{4}$ 英寸× $\frac{7}{8}$ 英寸。

F.IX.004.　　**泥塑残块**。鬈发,类似 Kha.ii.N.0010。白色灰胎。素面。$\frac{15}{16}$ 英寸× $\frac{9}{16}$ 英寸。

F.IX.005.　　**泥塑残块**。鬈发,类似 F.IX.004。留有蓝彩。白色灰胎。1 英寸× $\frac{9}{16}$ 英寸。

F.IX.006.　　**泥塑残块**。棕叶,三瓣。白胎。$1\frac{7}{8}$ 英寸× $1\frac{3}{4}$ 英寸。

F.IX.i.001.　　**木钥匙**。普通样式。苹果木,三齿,三齿一组,呈对角排列。见 Cha.V。$4\frac{7}{8}$ 英寸× $\frac{3}{4}$ 英寸。

F.X.001.　　**赭石四棱锥**。极为光亮,可能是用来做印的。高 $1\frac{1}{8}$ 英寸,底面 $\frac{13}{16}$ 英寸× $\frac{5}{8}$ 英寸。

F.XI.i.001.　　**木板**。原有绘画,留有钉眼,说明原来它是钉在背景上的。色彩已剥落,只残存了一些无法辨别的痕迹。$12\frac{7}{8}$ 英寸× $4\frac{1}{8}$ 英寸× $\frac{1}{4}$ 英寸。

F.XI.a.　　**陶片**。细红陶,轮制;外表经过精心打磨,近乎光亮。$1\frac{5}{8}$ 英寸× $1\frac{7}{16}$ 英寸。

F.XI.001.　　**木片**。无特征。最大 $\frac{7}{8}$ 英寸。

F.XII.001. **草扎扫帚**。类似于 F.I.001。长 1 英尺 6$\frac{1}{4}$英寸。

F.XII.002. **木雕残块**。

左手指弯曲,捏住手腕下边垂下来的上衣的下摆。手腕后面的衣褶和手指的指尖已经断落。拇指特别短。手腕前后有孔穿透。胳膊垂直放于一侧,掌心向前。手腕背面有胶水(?),也许说明手腕曾断过,然后用胶水又粘上了。那个孔就是这时穿的,是为了打楔加固手腕。质地坚硬,保存完好。5$\frac{5}{8}$英寸×2 英寸×1 英寸。图版 XLVII。

F.XII.003. **木雕残块**。可能是儿童。残留从膝盖到脚后跟的小腿。膝盖呈 90 度弯曲,上面有衣服的直边。脚也呈直角,只存脚后跟。由跟角穿了一个小孔至踝前。形态总的来说不那么规整并有点厚。小腿与大腿之间留有折叠的肉色彩。4$\frac{1}{2}$英寸×1$\frac{1}{2}$英寸。

F.XII.004. **壁画**。内容为女神鬼子母(Härtit)和她的孩子们。

女神呈现出印度—波斯风格的美貌。短圆脸,眼睛稍斜,悲喜交融,神情恍惚。面对参拜者而坐,双腿交叉,下部表面几乎全毁;左臂贴腰,手置于大腿上,可能握着左臂与身体之间的花的根茎。右上臂贴身,下臂向前平伸,手突然下垂,手指优雅地向内弯曲,捏住长颈红瓶(?)的顶端。瓶子球体,挂在胸前腰带下面。长耳,耳垂钻孔,拉得很长。头发黑色,头顶梳理整齐,披在肩后,同时两缕长而且小的发辫盘到眼睛以下,很僵硬。头戴几串珍珠,前额有珠宝装饰,部分已毁坏。

衣服:身着紧身短袖上衣,涂灰绿色粉加浅黄色圆点,衣领窄边,施深黄色加印度红。袖长不过肘关节,袖口与领口同色,其上是另一个窄条,红陶色,饰绿、黑色涡纹,其上再加一圈白色或绿色窄褶边。下臂着紧袖内衣,红色,加紫色袖口(左臂),上有绿色涡纹。胳膊上裹绿松石色披肩。小腿覆盖梅紫色绿,缀以红陶色和绿色三叶纹和珍珠似白点。地子总体呈红陶色;圆形头光,绿松石色,加红陶和深黄色边。

女神周围有五个小孩在嬉戏。一个裸体,跨坐在右肩上;一个穿红陶色衣,跨坐在左臂上;一个骑在右前臂上,一个站在腰带上握着左胸,这两个都是裸体;第五个着绿衣,位于左侧最远处,看上去正在跳舞。他们都带有已成熟的男孩或成年男子的特征。

皮肤表面先涂白色,上面再涂肉红色,然后用略深的色彩晕染;所有皮肤的边缘都绘印度红,眼睛只绘黑色和白色。鬼子母的脸颊好像用的是另一种颜料,这种颜料破坏了表面,只留下了泥胎。

构思巧妙,而绘画水平参差不齐。表面大部分严重损毁,但鬼子母的脸和小孩们的画像保存完整。关于这些人物的身份,以及这幅壁画与交河故城出土绢画的比较,请参见 Foucher, *La Madone Boudhique*, Fondation Piot, Paris, 1910, pp.16s99,其中图版 XIX 和图 7 为壁画的原来位置。2 英尺×2 英尺。图版 XIII。

F.XII.005.　**壁画**。立菩萨(观音),四分之三右向;右手掌心向上放于胸前,托着长颈瓶,左手向下好像要拢起衣服。人物瘦削,大致属印度—波斯风格。上半身裸体,仅有深红色披肩,上饰白色条纹,在胳膊上缠绕着;白布挂在肩后,上有几个结;有项圈,项链,臂钏,手镯。肤色浅品红,并以深品红色和浅烧红色晕染。臀部以下垂落多彩的裙子,紧贴在腿上,两腿之间起褶。裙子上白色与红色、绿色与黑色条纹交织,色彩斑斓。头戴莲花冠,花朵绽放,中央是禅定佛,镶珍珠边;长发披在肩后,深黑褐色并绘以密集的黑线。眼睛下视;鼻子长而直;耳朵拉长,但没有耳环。皮肤都以浅烧红色勾边,眼膜与眉毛用的也是这种颜色;但后者(除了鼻孔,两唇之间的分界线以及左脸)用黑色加重了。

后面是窄长的卵形背光和圆形头光。背光地子为浅绿色,头光的地子为绿灰色;两者都绘两层边,内边为深品红色,外边是一周浅黄色圆形团花。团花边缘为红色,中心红色和绿色交替。

背景全为深红色,左上角可见深绿色莲花的下部,右侧为坐佛。墙面上面紧接的就是 F.XII.006。

希腊化佛教艺术是特别引人注意的,表现在彩色袈裟、宝石和长颈瓶的造型、衣服和袈裟前的衣褶处理方式。头发施深褐色不见于我们收藏的其他壁画,但见于千佛洞的一些壁画(Ch.0035,XX.0011,IV.0018)中护世天王的头发;眼膜稍浅的褐色见于 M.III 壁画,类似的有 M.III.003。

表面剥落严重。2 英尺 7 英寸×1 英尺 $2\frac{1}{2}$ 英寸。壁画的原位置,见图 312、313。割取部分见图版 CXXV。

F.XII.006. 壁画残片。取自紧贴 F.XII.005 上面的墙上。内容为佛像下半部站在莲花(浅绿色和黑色,中央褐色)上。地子深红色,空地绘三朵大莲花(黑色和浅绿色)。袈裟浅绿色加深红边,披巾绘深品红、白、黑色方格,保存的只有末端。背光边缘绘有成群的信徒;左侧在浅绿和深红地子上绘了两个这样的信徒。技术粗糙,绿彩几乎全部脱落。11 英寸×14 英寸。

F.XII.007. 壁画残片。内容为坐佛,取自 F.XII 东南墙的菱格坐佛壁画。坐佛双手放在膝上,拇指并拢,头 $\frac{3}{4}$ 左向。莲花冠品红色,袈裟红褐色,背光绿色加深褐边,头光圆形品红色。肤色白,以烧赭色晕染,以印度红勾边。地子浅绿色。左侧,是另一尊佛像的膝盖和部分背光(红色和白色)。绘画粗糙。18 英寸×10 $\frac{1}{2}$ 英寸。壁画的原来位置,见图 314。

F.XII.008. 壁画残片。内容为坐佛,位于 F.XII.007 以上的墙面上,风格与之相同。莲花冠蓝色,袈裟浅绿色加红边。眼白的下部有蓝灰线;黑色眼睑,画得很长。背光品红色加绿边;头光用品红色晕染加蓝边;地子长方形,红色。左边是另一尊佛像的左侧,佛身着红色袈裟,站在品红色莲花上,背光蓝色;地子长方形,浅绿色。往上,是另一个坐佛的残迹。色彩丰富;绘画极草率。1 英尺×1 英尺 7 英寸。壁画的原位置见图 314。

F.XII.009. 壁画残片。取自东北墙,靠近图 296 中的佛像。右半部,在深红色的地子上画有缠绕的根茎和卷须,深灰色。从根茎和卷须长出一朵大莲花蕾和一朵绽放的莲花。花瓣靠近花蕊的地方呈白色,向外则呈浅铜绿色,黑色勾边。地子上缀以白色的小花枝。左侧下部,在浅红色地子上绘三佛坐于莲花中作沉思状,以莲花瓣作背光。上面两佛的手掌为袈裟所覆盖。

整幅壁画施浅黄色,勾边、眼睛和头发均为深红色;莲花座的花瓣,袈裟边和背光或头光边施铜绿色。底部是更大的同样的佛像,着深红色袈裟,白色皮肤,铜绿色头光,背光为浅黄、红和绿色火焰,镶联珠纹边。顶部是更大的莲花座花瓣。绘制粗糙。1 英尺 $10\frac{1}{2}$ 英寸×11 英寸。

F.XII.0010.　**壁画残片**。取自南角墙根上的壁画。下部可以看到红与白、蓝与白色的三叶花和卷须散布在茶色地子上;也有莲花,红色加黑边。上部是绿色与蓝色的莲花,地子为红色。$16\frac{1}{2}$ 英寸×12 英寸。壁画的原位置见图 314。

第三节　从达玛沟到和田

3 月 13 日我从法哈特伯克亚依拉克南行,穿过达玛沟现在的绿洲,去考察肉孜和他的同伴们发现的遗址。达玛沟河东岸是一片灌木丛低沙丘地,那里有一个叫作"喀拉央塔克"(Karayantak)的地方,他们发现的遗址就在这里。实际上,它位于我们 1906 年 10 月考察的遗址麻扎托格勒克以东不到 1.5 英里,与玛沟亚源头①的大坝东南的距离大致相同。遗址属于佛寺,已完全毁坏。可以看出,它的布局与装饰与喀达里克的主要寺院极为接近,不过规模可能要小一些。遗址大部分覆盖有厚达 9~10 英尺的沙层,但清理没有多久,我们就看

◁喀拉央塔克遗址

---

①　参见本书第五章第五节。

出这里的房址与喀达里克一样,曾是用来采集木材的地方。除几英尺长的大梁和木材断头外(如图319所示),原先所有可用的木头都已砍去,沙层聚集盖住遗址是后来的事。从木柱上砍下的小块彩绘木头,数量很大。另一方面,没有发现任何火焚的迹象。

壁画和塑像残▷
件
　　我们发现了一些壁画墙皮碎块,K.Y.002、003和I.0018,上面有小菱格坐佛和一幅大背光的一部分。除此之外,寺院的墙壁一无所存,而这些墙毫无疑问是木头芦苇做的。墙皮碎块出露的地方以东约10英尺,发现了中央佛像泥座的碎块。在它旁边的断木与墙皮废墟中,发现了一些泥塑小碎块,其中有干达婆(Gandhava)模样的佛像(K.Y. I.001、002,图版CXXXIX)的头部,风格与喀达里克发现的很相近;一块菩提木板,上面写有中亚波罗蜜文草书,字迹已经模糊;七块封泥,印自一枚凹雕的印章,上面是一个菩萨坐在莲花冠上,工艺属于纯粹的印度风格(标本见K.Y. I.0010,图版CXXXIX)。一块泥模从其中一枚翻印下来;显然是想做更多的这类供品。图见K.Y.I.0016(图版CXXXIX)。在同一地点发现了一个木雕佛像的碎块K.Y. I.0020(图版CXXXVIII),仅比膝盖高1英尺多。还发现剥蚀严重的画板K.Y. I.0021。在佛堂礼拜道的入口南侧有一个小佛堂。其中只保存了两个塑像泥座。其中一个泥座的基础保存了一块高约6英寸的壁画带,上面画了顶礼跪拜的一家人,他们都是供养人。所有人物的描绘都很细致,但大部分被碱腐蚀了。在这里又发现了碎块K.Y.II.001。

废弃的年代▷
　　根据这些为数不多的艺术遗物,我们初步得出了这座寺院的大致年代。它的废弃年代大致与我们所断定的喀达里克寺相同。这个看法得到了有力的证实。我们在地面上发现了一枚乾元年间(公元758—760年)的钱币,保存相当完好,没有锈蚀的痕迹。同喀达里克与麻扎托格勒克的情形一样,这座寺院和附近同时期可能存在的居住区在公元 8 世纪末就已经废弃。这种同时废弃的现象,引出了一些古物学和地理学问题。这些问题前面已经讨论过,这里不再多说了。①

　从喀拉央塔克我不得不很快地跑了一趟该县的中心克里雅(今于田)。我去是为了跟这里的县令安排一些事宜。这位县令是个睿智而且很热心的人,属于老派的官员。我知道他的帮助极为重要,因为下一步我计划在夏季到帕努尔以南的昆仑山去考察。在确认可以得到我所需要的帮助之后,我于 3 月 19 日赶回了达玛沟并在同一天进入西北方向的沙漠,再次考察乌鲁克麻扎周围的旧遗址。在经过达玛沟和古拉哈玛的路上,我看到这里的耕地也在不断扩大,村庄也在迅速繁荣,这引起了我的注意。我以前来过这里,对这里很熟悉。按照前面讨论地理学和古物学问题时的看法,人类活动地区的所有变化都值得特别的注意。1906 年从我那次调查起,达玛沟就出现了一个大规模的巴扎。它东边奇格里克(Chigillik)的周围地面,那时还是全部荒芜的,现在已经引了一条新水渠可以长期耕种了。这里多余的水量,现在正用于开垦喀达里克遗址和它上面的开阔地。

▷正在扩大的达玛沟耕地

　向西,我发现耕地也在不断扩展。这里的沙漠原有一条胡杨林带,过去把达玛沟和古拉哈玛的村落分隔开来。现在它的边缘地带正在迅速地减少,人们在这里平整好了土地准备灌溉,如图 316、318 所示。我很惊奇地看到,这些沿湖杨林山丘蜿蜒的水渠,竟派上了另一种用场。它逐渐地把渠里几个世纪以前淤积起来的肥泥搬走,覆盖在新土地上。这种扩展

▷灌溉地区的拓展

---

① 参见本书第五章第五节。

图 315　法哈特伯克亚依拉克埋入红柳沙堆中的佛殿 F. XII 遗迹

图 316　从达玛沟与固勒合玛之间的沙漠开垦的新耕地

图 317　法哈特伯克亚依拉克废弃的寺院居址,西南侧房,发掘前

图 318　位于达玛沟与固勒合玛之间的新耕地的胡杨树堆

图 319　喀拉央塔克胡杨树覆盖的小丘之间的佛殿遗迹,发掘中

图 320　带领我的队伍到达乌鲁克麻扎

的效率越来越高,主要是因为更加节约地使用喀拉苏,即来源于帕纳克(Ponak)和古拉哈玛的"兄弟"(akins)泉水。因此后面这些村子的人口,根据可靠的当地消息,在过去的 16 年中已翻了一番。这个增长更加值得注意,因为人们开始抱怨夏季山洪(阿克苏)的水位,比同时期多数洪峰的水位低了。在这些变化中发挥了重要作用;否则我们在这里就可以看到经典的"陈发性干旱"了。

　　显然,人口压力的增加和其他经济因素在沙漠礼拜圣地乌鲁克麻扎或乌鲁克吉雅特,即"神圣的寺庙"①的周围和北面,有一片面积很大的废墟。我认为玄奘的姽摩和宋云的捍摩就在这一带,上次来这里就是为了寻找它的遗址。其中的理由,我在《古代和田》已作了充分的说明。我的第二次考察,完全证明我这个判断是正确的。此次我也更好地了解到这个塔提的范围,它一直延伸到乌鲁克麻扎的南部和东南部。这次我们从钦阿塔(Lachin-atā)麻扎出发到乌鲁克麻扎去时,由于有穆拉合瓦札这个称职的向导,走了一条直路。大约走了 1 英里以后,我发现整个地面分布着很多典型的废墟堆。里面有旧陶器碎片、烧结的砖、矿渣等,只要是沙丘与胡杨林丛之间露着风蚀土壤的地方都有。乌鲁克麻扎以南和西南长约 1.5 英里的地面上也是如此。在这些塔提的许多地点,大量的人类遗物由于风蚀暴露在地面上,表明是古老的墓地。我们认为这些墓地属于伊斯兰教时期。这一点得到了相当的肯定。我们发现,在许多地点,相当完好的骨架成排埋放,而且很有规律,脚都向南,与正统的伊斯兰教风俗完全相合。这进一步说明这个遗址一直沿用到伊斯兰教时期。这一点特别重

◁乌鲁克麻扎周围的遗址

◁伊斯兰教时期的墓地

---

① 参见斯坦因《古代和田》,第一卷,462 页等。

要,它有可能证明马可·波罗的"培恩"就是妣摩。①

早期居民的钱▷
币学证据
这些塔提新出土的钱币,完全与我上次考察所得的结论相吻合。同时它们也证明这片地区在宋云来到捍摩之前,一定居住了很长时间。拉尔·辛格在勘查遗址时捡到了一些钱币,一枚是宋代的,年代为公元 1102—1107 年;一枚是伊斯兰教时期的,年代被定为公元 14 世纪,这里也出土了一些严重破损的五铢钱,还有一枚好像属于汉佉二体钱。② 这些早期钱币的发现特别值得注意,因为它们证实了宋云记载的寺院的年代。宋云从捍摩,即现在有名的乌鲁克麻扎圣地往南走了 15 里,到了一座寺院,带来了那尊法力无边的佛像。他说他所看到的大量礼佛旗幡中,大约有一半带有魏朝(公元386—534 年)的年号,其中一面是公元 384—417 年间的。③

乌鲁克麻扎以▷
北的废墟
我在乌鲁克麻扎逗留了一天,因此我可以向北走到乌尊塔提废墟的旁边。途中发现了一个简陋的建筑遗迹,毫无疑问是伊斯兰教的,可能是一座清真寺,位于《古代和田》④描述的城堡以北约 0.5 英里。由于附近发现了晚期的居住遗迹,前面说的城堡属于后期的观点就更加稳妥了。马可·波罗的

---

① 参见斯坦因《古代和田》,第一卷,457 页、463 页。

② 参见下面的附录 B。我可以再补充一点。我在克里雅收到了 5 枚乌鲁克麻扎附近塔提出土的钱币,二枚是唐代的(开元通宝),其他都是宋钱,年代为公元 1017—1107 年之间。我在 1906 年收到 9 枚达玛沟出土的钱币。其中 5 枚是五铢钱,初步断定为公元 5 世纪;3 枚为唐币,年代为公元 758—759 年;1 枚可能是中世纪穆罕默德时期的钱币。

③ 参见沙畹《宋云行纪》,14 页等;本书第二十三章第二节。

④ 参见斯坦因《古代和田》,第一卷,462 页。地图编辑有误,这座城堡的位置应在乌鲁克麻扎的东—北东方位,而不是北—北东方位。废墟的位置也要作相应的调整。更往北延伸的干河床和位置更偏北的帕纳克阿肯(Ponak-akin)现址也需要校正。(这些地点与乌鲁克麻扎、老达玛沟等正确的相对位置,请参见最后的地图集——收录了 1900—1915 年我三次探险的考察图——这里面标的是准确的。)

干河床标得很清楚,平均宽度为 60 码,而两侧的胡杨林山脉之间留出一条大河谷,宽度是河床的三倍。从两岸的死树和河床内的雅丹来看,后者的年代肯定相当久远。对亨廷顿教授最早提出的看法,即达玛沟与策勒之间的河流汇成的水流,经过这里,然后流到丹丹乌里克,还需要慎重的考虑。

"培恩"废弃以后,过了一个很长时期,人们重新回到这个地方居住。这座建筑也许就是这个时期修建的。

乌鲁克麻扎是我们结束冬季考察(图 320)后整支队伍会合的最后地点。3 月 22 日,我往南走到策勒绿洲,从那里我的得力助手奈克·拉姆·辛格向东出发,与他的同伴易卜拉欣伯克一起长途跋涉,回到米兰佛寺。三个月后他又从那里走回来,眼睛已经失明了。

策勒是个大而繁荣的村子,估计不少于 3 500 户。耕地主要靠充足的阿克苏灌溉,水流直接来源于穆士塔格峰的大冰川下面的山坡。在这里,灌溉地正在迅速地扩张,据说年增长面积 1 000 亩。这些几个世纪以前荒废为沙漠的土地,现在重新开垦出来,肯定要破坏这里现存的古代遗迹。对于这种破坏,我可以举一个很好的例子。我去了一趟叫作热瓦克的遗址,位于我的营地奥格热里克(Oghrelik)西侧约 1 英里。在新垦的耕地中间,我发现一座规模不小的房子的几面墙壁。墙是夯土做的,现在因为引来一条新水渠灌溉周围的耕地,大水把它们冲塌了。现存的部分是一座 48 英尺长 37 英尺宽的大房,在它后面紧接着三间很大的房间。没有发现明显的迹象,它的年代或用途也不得而知。只要是尚未灌溉的土地,都经过了严重的风蚀,露出一些常见的碎小陶片,说明以前有人居住。往西北约 1.5 英里,是一片胡杨林丘,现在已全秃,上面的树木和树根都被策勒人砍去烧火了。在这些山丘之间,我被带到一块约 0.25 平方英里的地方,在那里看到了密密麻麻的貌似古老的陶片堆积。从地面上松软的泥土中,我捡到了无数的泥塑碎块,下面器物表中所列的是其中的标本。这些碎块均为坚硬的白色灰泥胎,是一座寺院墙上的装饰。这座寺院很久以前就已彻底塌毁,很可能建于唐代。

◁策勒绿洲

◁热瓦克遗址

◁玛依拉塔堤的陶瓷碎片

3月24日,我离开策勒向西去和田地区的边缘洛浦。过去我走过克里雅与和田之间的主要商路,因此能看出策勒以西耕地范围扩大以后发生的变化。1901年我来时,康卡(Kankal)只有零星的几块耕地,从那以后逐渐扩展,现在耕地非常稠密,与策勒的阔纳也尔(或"老土地")连为一片,而且又延伸了2英里。往前的卡尔帕特也是如此。以前只有路边上孤零零的一个兰干(Langar),后来它的周围出现了一片小绿洲,现在耕地和白杨林路延伸了近2英里。这种情形,我无须再说了。这些现象对于研究本地历史的学生来说,已经够明白了。另一件有意思的事情是,过了亚依拉克兰干之后,我听见山普拉乡人在兴致勃勃地讨论一个方案。他们想挖一条

新渠,把玉龙喀什河的河水引到亚依拉克兰干以西的道路两侧,这里是一块黄土与砂砾平原,地势平坦但极为贫瘠。后来我在山普拉伯克的要求下,与拉尔·辛格对拟定的水渠路线做了一次勘测。勘测表明,从地面高度来说,这项方案正好靠近当地水源,只需修一条像达玛沟河的大坝蓄水。阿奇克(Achchik)上面的山峰流下来的水穿过干涸的河床后,形成玉龙喀什河的夏季洪水。这些洪水分流到这片地区,用水坝把水流蓄积起来就行了。由于人口增加和有效的行政管理,尽管气候不断变化,和田地区还是发生了很多巨变。这里说的只是其中的一个例子。

离开洛浦巴扎,我向北走,去考察马合木提(Maḥmūd),我的一个"塔克拉玛干人"发现的遗址。遗址位于依玛木阿辛(Imām-Āsīm)麻扎与苏丹瓦依斯喀拉木(Sultān Waiskaram)寺院之间的沙漠中。去往后者的路,过了肥沃的杭桂州北边,是一条满是沼泽的河床。这条河接纳了玉龙喀什河过来的最东面运河涨出来的水,以及无数泉水汇流而成的喀拉苏。河床

向东北延伸,据说往下是芦苇沟和灌木丛带。牧羊人来过这里,从苏丹瓦依斯喀拉木要走两三天的路程。由于丹丹乌里克方向的水井中还有水,这条植被为我们从和田那边走到遗址提供了最直接、最方便的路径,值得将来的探险者去考察。苏丹瓦依斯喀拉木麻扎以西的胡杨林丛中坐落着两座古山包,这里的"夏依克"也都知道。它们看来是两座完全塌毁的佛塔。一座在约 1 英里以内,有一个剥蚀严重的台座,约 21 平方英尺,高 7~8 英尺。所用的土坯大小为 18 英寸×10 英寸×3英寸。再往西约 400 米,是另一座山包,流沙以上露出的部分仅 3 英尺左右。清理至地面后,可以看见一座佛塔台座的底部。底部台座 23 平方英尺,3 英尺高,上面仍然保留了几处白色灰泥浮雕。残存的台座上部,高约 7 英尺或更高。由于剥蚀过于严重,根本无法复原了。

　　由第二座佛塔向西—北西方向走,翻过两座高达 50~60英尺的沙梁,才到达报告中的建筑遗址。遗址位于 15~20 英尺高的沙丘之间,距离约 1.5 英里。一路上,只要看见小块的裸露地面,上面都覆盖旧陶片堆积。这种情形也见于这些高沙梁后面开阔的沙地上。它向西和西南继续延伸,没有中断。它已成为大"罕古雅(Hanguya)塔提"的一部分。1901 年我考察阿尔喀库都克来过这里,1906 年去阿克铁热克遗址[①]的路上我第二次来到这里。其中一处,还可以找到一座房子的泥墙,由于已风蚀,离地面只有 1 英尺左右高了。其中的两个房间发现有火灶。火灶离墙体达 2 英尺,建造方式与爿爿乌里克、喀达里克和其他地方所见的不同。往南约 20 码,有一处废墟,直径 40 英尺,里面发现有烧过的木头和烧土,说明这可

▷杭桂塔提遗址

----

① 参见本书第四章第五节。

能是一座寺院。这座寺院毁于大火,此后常有人来寻找"财宝",附近还有一条人走过的小路。

玉龙喀什河东▷
岸已扩大的灌
溉区

此后,我穿过田野稠密的罕古雅和山普拉村庄,然后到达比孜尔(Bīzil)。玉龙喀什河流出山口以后,比孜尔就在右岸。路上我可以收集到很多有用的消息,了解到这里发达的水渠网,它们可以灌溉位于玉龙喀什河以东的和田各乡,后来这些乡分出来,成了现在的洛浦县,这里不宜详述。此外,我在当地伯克们和米拉(Mirab)们的陪同下参观了新渠。新渠已经开挖,它绕着沙砾冰川的山脚而行,最后通到亚依拉罕(Yailaghan)①的萨依。参观之后我也得到了不少启发,这里也不细说了。这里需要说的是,各方面的迹象都表明,作为和田绿洲重要部分的这片地区,耕地面积在近几年得到了持续增长,一方面是沙漠边缘的"新土地"正在引水灌溉,另一方面开垦了旧耕地中过去人们忽略的肖尔里克(Shōr luk),即盐碱沼泽地。如果这种情况持续一些年,我们地图上所作的耕地范围的详细记录(只要有条件,我们就做了准确测量),以后肯定是很有价值的。它可以帮助我们计算最近几年的变化幅度。而和田更早时期的经济史,考古研究只能依靠推测,不能指望有精确的研究。

再访亚玛达塔▷
提

从比孜尔我过河到玉龙喀什河的西岸,去重新调查"牛角(Gośṛṅga)山"遗址和人们报告的附近的一些遗址。和田两条大河在这里被萨依分开,我在穿过遍地石块的萨依时,赶上了一场疯狂的沙暴,让我无法观察。但过了玉龙喀什河——那时河床宽 1 英里,水深 1~1.5 英尺——之后,我看到了灌溉左

---

① 我在和田停留的最后几天里收到的泥塑残块,就是从这个萨依的一个地点捡来的。下面遗物表中收录的标本是经过核实了的。这座小佛寺遗址,1913 年 12 月初我来看过,近旁有穆罕默德吉阿拉特(Muhammadan Ziārat)可作标志。这次来发现这个标志还在。

岸各乡的水渠的源头。然后到达一个到处是堆积的遗址。该
遗址是亚玛达（Jamada）塔提的一部分。这个塔提，我第一次
调查时①就已经来过，现在发现塔提向西南又延伸了约
1 英里。

1901 年以后挖至恰勒玛喀赞（Chalma-Kazān）的新水渠，　　　◁恰勒玛喀赞的
最近通到了这里，把这个古遗址变为了一片耕地。耕地的主　　　浮雕碎片
人是"王"，即喀拉喀什（Kara-Kash）伯克。② 在平整地面开垦
新耕地时，据说挖出了一座毁弃的"布特哈那"（Būt-Khāna）即
寺院的遗物。那时发现的硬灰泥浮雕的碎块，被和田的"盗宝
人"和古董商穆罕默德·沙里夫拿走了。后来我又想办法从
他手里把它们买下来。下面的器物表中有它们的详细描述。
仔细看完这些浮雕碎块之后，我可以肯定地说，它们是在火灾
中烧硬的，完全同阿克铁热克（Ak-Terek）出土的一样。从它
们的风格来看，毫无疑问是佛寺的墙壁装饰，年代也大致相
同。③ 这里再补充一点，默罕默德·沙里夫给我拿来的 17 枚
钱币，都是在恰勒玛喀赞几个地点的新耕地上捡到的。其中
六枚是汉佉二体钱，两枚是五铢钱，剩下的都是唐代的，一直
到大历年间（公元 766—780 年）。④

关于库合马里（Kohmārī）山，即玄奘的"牛角山"和汉藏　　◁库合马里山
其他文献记载的牛头山，我已经作了充分的描述。⑤ 在面对

---

① 参见斯坦因《古代和田》，第一卷，233 页。玉龙喀什河与喀拉喀什河之间的地面，应参考《古代和
田》所附的地图。在地图上是空白的，因为以前已经全部调查过了。

② 参见斯坦因《沙漠契丹》，167 页。关于恰勒玛喀赞遗址的年代，汉文文献和藏人的《于阗授国记》
（Annals of Li-yul）提到的赞摩（Tsan-mo）寺的位置，参见斯坦因《古代和田》，第一卷，233 页以下。

③ 在这些泥塑残块中，立佛碎块尤其多；见 Chal.001.a～21。其他值得特别注意的碎块是：小坐佛版
画 Chal.0027；菩萨头像，Chal.0042，图版 X；精美的花草装饰 Chal.0055、0056，图版 X；鹿头 Chal.0051，图
版 CXXXIX。质料方面值得一提的是，一个飞少年石像 Chal.0037，和陶质贴花的碎块 Chal.0038～0041 等。

④ 参见本书附录 B。

⑤ 参见斯坦因《古代和田》，第一卷，185～190 页。

喀拉喀什河的悬崖上有个神圣的洞穴;我再次爬上了洞穴上面的遍地石块的山梁,寻找遗迹。但玄奘提到的佛寺和其他可能存在的遗迹,怎么也找不到了。关于悬崖下面的几个小洞(1900 年后可以进人了)我早已作了详细的描述。[①] 法扎巴德(Faizābād)现在可以看得更加仔细了。[②] 离开了整整一年半后,我于 3 月 30 日又回到了和田镇。我很高兴地看到,从库车带过来的古董,还安然无恙地放在我的老基地,也即阿洪伯克(Ākhūn Bēg)的乡下房子里。

喀拉央塔克出土的遗物

K.Y.002. **壁画残块。**菱格佛的一部分,残存三排坐佛,作沉思状(1、4 和 3 个)。袈裟红色,背光卵形,浅褐色,边饰一周红白方格(简化的莲花瓣边饰)。空隙部分施淡绿色,上饰圆形璎珞,分别为黑、白、深红、浅黄色。

上部右侧为主题图案的下部。在茶色地子上,绘交脚坐姿人像,裸体,只穿红色缠腰布和浅褐色披肩。双手合掌置于胸前,身子敞开,姿势像 Cha.i.c. 0097 中的老人,头部不存。身后左侧是红色莲花,右侧是一个半圆形镶石子(?)边的莲花池塘。保存完好。1 英尺 2 英寸×10 英寸。

K.Y.003. **壁画残块。**绘菱格佛,保存有完整的三排和第四排的下部。最上一排和下面两排佛像都有椭圆形边,红、白色相间,色彩与 K.Y.002 相同;四边形的间隔里绘了各种四瓣花。上数第二排为长方形,边缘施红、绿和浅黄色,绘莲花座。肤色均为黄色;袈裟大多为红色,但一件深褐,另一件浅黄。绘制粗糙。15 英寸×18 英寸。

K.Y.i.001. **泥塑残块。**干达婆(?)的头部。黑头发,中分。从头顶中央扎起两条辫子,并向前拖到眉毛上,辫子尖头像一对树叶。辫子下面的头发从太阳穴往后拢起,放在头两侧。耳垂短。眼睛突出,半睁;眉毛黑色。用深红线勾勒眼睑上下的眼眶以及鼻耳下部的轮廓。两唇也是深红色,皮肤品红色,

---

① 参见本书第四章第一节。
② 参见本书第四章第一节。

眼瞳绘成黑点,眼球白色。睫毛用黑线表示,画在眼睑边上。红泥胎。从下颌到头顶 2 英寸。图版 CXXXIX。

K.Y.i.002.　　*泥塑残块*。人物头部,同 K.Y.i.001。前面的两条辫子不见。头发从前额竖起后弯曲,像耳朵上的两只角。皮肤大部分为白色,少部分为品红色。颌下画红线。其他特征同 K.Y.i.001。红泥胎。从下颌到头顶 2 英寸。图版 CXXXIX。

K.Y.i.003.　　*泥塑残块*。头部,可能是圆雕人像的,因为头发背面也涂了色。头顶前面头发刮净,只剩下头后边。后边的一部分头发向前弯曲,盖住两边的耳朵;头顶上扎起三角髻,落在前额上。其他同 K.Y.i.001。保存很差。红泥胎。从下颌到头顶 2 英寸。

K.Y.i.004.　　*泥塑残块*。佛头部。可以看到色彩的痕迹。唇、下颌上的皱纹以及耳朵内为红色;头发和眉毛黑色。头光不见。头发做成密集的螺眼。类似者见 Chal.002。白色灰泥胎,从下颌到头顶 $1\frac{3}{4}$ 英寸。

K.Y.i.005.　　*泥塑残块*。立佛。保存有左侧的腰部到膝盖部分和左手。类似者见 Chal.001.b。袈裟深灰色。右手垂于身旁,捏住衣褶。白色灰泥胎。腰部至膝盖 $3\frac{1}{8}$ 英寸。

K.Y.i.006.　　*泥塑残块*。立佛,参 K.Y.i.005。残存胸中部至大腿中部。背光和左手遗失。右手举起,可能作保护势。袈裟深灰色。白色灰泥胎。高 3 英寸。

K.Y.i.007.　　*泥塑残块*。向右飞行的干达婆(Gandharvī)。参 Cha.i.E.0028。腰部下面好像扎着腰带,上有红色流苏边。衣褶缠成一个花冠绕身体一圈。保存有红彩,地子上保存有绿彩,但都掉落在塑像边上。白色灰泥胎。2 英寸× $2\frac{3}{4}$ 英寸。

K.Y.i.008.　　*泥塑残块*。向左飞行的干达婆。裸体,只有紧身腰带,上有流苏边,红色。衣褶缠成一个花冠绕身体一圈。参见 Cha.i.c.0039。腰部以上和膝盖以下全遗失。白色灰泥胎。$3\frac{1}{2}$ 英寸×2 英寸。

K.Y.i.009. **供奉封泥。**泥块背面平,圆边;呈卵形,平底,尖顶,大体像一个背光。中央是凹雕印章的印纹。内容为莲花冠上的坐菩萨。右腿垂于身前,但放在另外一朵小莲花上。右手放在右腓骨上,作"慈悲势"。左臂放松地垂于一旁。左手放在花冠边上,握着长茎莲花。莲花有三片窄而卷曲的叶子,花朵绽放,像康乃馨。上臂戴镯。裸体,只有很轻的披肩,斜披在左肩与右臀之间;腰间扎着珠宝缠腰布;颈部挂着璎珞。头上梳着顶髻,戴着。耳垂拉长。头光呈马靴状,边饰珠宝。印度风格。可能是观音。参见 Foucher, *lconographie bouddhique*, Pte.1, P1.V.2。

印纹的其他部分为背光地子,上面盖着许多小卷角,可能象征火焰。此模的还有 K.Y.i.0010~13;参见 K.Y.i.0014、0016。印纹 $2\frac{1}{4}$ 英寸×$1\frac{3}{4}$ 英寸,泥块 $4\frac{3}{4}$ 英寸×3 英寸×约 $1\frac{1}{8}$ 英寸。

K.Y.i.0010. **供奉封泥。**内容为菩萨。与 K.Y.i.009 同模。人物上部为斜孔,穿至封泥的背后。孔内保存有木钉。印制精美。图版 CXXXIX。

K.Y.i.0011~0013. **供奉封泥。**与 K.Y.i.009 同模,但不太清晰。

K.Y.i.0014. **供奉封泥。**内容为菩萨。印制不精,模子是 K.Y.i.009~0013 中的一个。印纹 $1\frac{1}{2}$ 英寸×$1\frac{7}{8}$ 英寸,泥块 $2\frac{3}{8}$ 英寸×$2\frac{1}{8}$ 英寸。

K.Y.i.0015. **供奉封泥。**与 K.Y.i.0014 同模。角已破损,印制不精。$1\frac{3}{4}$ 英寸×$2\frac{1}{8}$ 英寸。

K.Y.i.0016. **泥模。**用来印制 K.Y.i.0014、0015 一类图像。印自 K.Y.i.009~0013 系列的浮雕,印制不精。边缘的花朵消失,细节模糊。$2\frac{1}{8}$ 英寸×

$1\dfrac{1}{2}$英寸。图版 CXXXIX。

K.Y.i.0017.　**泥塑残块**。莲花图案。花朵有三排花瓣,中央画点。花瓣上残存淡绿彩。前面有莲子探出头来,风格同 A.T.V.0039。红泥胎,掺有纤维。$2\dfrac{1}{2}$英寸×$2\dfrac{5}{8}$英寸。

K.Y.i.0018.　**壁画残片**。泥质细腻坚硬,背后可见芦苇印纹。色彩施于很薄的白泥膏($\dfrac{1}{10}$英寸厚)上。在一些腻子开裂(但没全裂)的地方可以看到下面的泥灰胎表面的红彩或绿彩。

碎块属于一尊大型塑像的背光或背景。左侧是莲叶,叶子向内卷曲,直边(参 Cha.vii.001 和 A.T.V.0032)。内侧是很多相连的背光,背光内画坐佛,同 Cha.i.E.0050。莲花环白色,用灰色晕染,灰花脉;轮廓为印度红。内边的底色,浅绿色;背光浅黄色;袈裟淡红色;背光边白色,轮廓印度红;袈裟和莲花座的轮廓黑色。绘制不精。$8\dfrac{1}{4}$英寸×$9\dfrac{1}{2}$英寸×$\dfrac{5}{8}$英寸。

K.Y.i.0019.　**泥塑残块**。向右飞行的干达婆。现存头、肩和右臂(向外伸出,前臂上弯)、头光左侧。头发(很长)、眼睛、眉毛、胡子和髭须(?)黑色。皮肤和头光白色。红泥胎,掺有纤维。$1\dfrac{5}{8}$英寸×$1\dfrac{7}{8}$英寸。

K.Y.i.0020.　**木雕残块**。坐佛的下肢。两脚交叉,脚心向上,脚趾放在大腿上。衣纹平行,皱褶或窄而锐利或宽而浅,相间排列。两膝之间$12\dfrac{5}{8}$英寸,膝盖离地面$2\dfrac{3}{4}$英寸。图版 CXXXVIII。

K.Y.i.0021.　**木质画板残块**。内容为一排两个坐佛的上部。背景红色;背光和头光分别为绿色和白色,旁边的坐佛则反之;肤色白,轮廓红色。只保存残迹。$7\dfrac{1}{4}$英寸×$3\dfrac{3}{4}$英寸。

K.Y.ii.001. **壁画残片**。出土于泥像台座的底部。内容为女像的头部右侧和残臂。黑发散披在脸的两颊,颈部做成鬟发。保存有浅黄衣服。背后是小人(小孩)的头与肩。黑发贴近头部,头顶做成双髻。背景是白色。大部分已脱落,泥中掺草。$5\frac{1}{2}$英寸×6英寸。

拉钦阿塔麻扎周围风蚀地面发现的遗物

Lach.001. **(西面)玻璃碎片**。平面,模制。边缘老化;轮廓弯曲。可能是器皿的口缘碎片。1英寸×1英寸×$\frac{1}{24}$英寸。

Lach.002. **串珠(13枚)**。两枚,圆柱体,残破,是烧过的木头做的;两枚,圆柱体,灰泥质,杂有黑点或黑线;一枚,相同的双球;两枚扁球体,蓝玻璃质;两枚扁球体,黄泥质;一枚碎裂,泥质,施松石釉;四枚石坠,形状不规整。最大直径$\frac{7}{16}$英寸。

Lach.003. **(西面)黄色石坠**。加工成扁梨形,抛光。尖头钻孔,但已经断落。$3\frac{1}{4}$英寸×$\frac{1}{2}$英寸×$\frac{3}{16}$英寸。

Lach.004. **(西面)黄色玉髓碎块**。最大$\frac{1}{4}$英寸。

Lach.005. **(西面)陶片**。可能是罐的把手。灰胎,施鲜艳的褐釉,釉已部分脱落。1英寸×$\frac{9}{16}$英寸。

Lach.005.a~g. **小青铜碎片**。无特征。

乌鲁克麻扎周围风蚀地面发现的遗物

U.M.001. **陶片**。灰褐陶,印两重同心圆,纹饰用九齿拍印。手制。陶泥淘洗不净。$2\frac{1}{16}$英寸×$2\frac{1}{16}$英寸×$\frac{1}{4}$英寸。图版IV。

U.M.002.　陶片。浅红陶,饰一条篦形波浪纹,两侧饰弦纹。$2\frac{1}{2}$英寸×$1\frac{3}{4}$英寸×$\frac{1}{4}$英寸。

U.M.003.　(南面)半个陶环。硬灰陶。直径$\frac{7}{8}$英寸,厚$\frac{1}{4}$英寸。

U.M.004.　(南面)陶片。灰胎,内外壁施深绿色釉。可能是瓷器。$1\frac{1}{8}$英寸×1英寸×$\frac{3}{16}$英寸。

U.M.005.　(南面)陶片。橘黄色胎,外表饰之字形凸弦纹,交角的最宽处有三角形点纹。严重沙蚀。手制。$1\frac{1}{2}$英寸×$1\frac{1}{8}$英寸×$\frac{3}{16}$英寸。图版 IV。

U.M.006.　(南面)吹制玻璃碎片。共 26 块,均中度透明,色彩从淡绿色到淡黄色都有。有一块为深蓝色,内嵌螺旋线。最大 $1\frac{1}{4}$英寸。

U.M.007.　酒杯形器皿的器足和足底碎片。器皿为琥珀绿玻璃,下面是从吹棒割下的粗玻璃。长 $1\frac{5}{16}$英寸,直径$\frac{3}{8}$~$\frac{3}{16}$英寸。

U.M.008.　玻璃碎片。为饮用杯的流。淡褐色,制作时两层压在一起。直径,完整时约达 $2\frac{1}{2}$英寸,$1\frac{1}{2}$英寸×$\frac{1}{2}$英寸×$\frac{3}{16}$英寸。

U.M.009.　吹制玻璃碎片。水晶紫色,发绿光。最大$\frac{15}{16}$英寸。

U.M.0010.　玻璃碎片。半透明绿色。最大$\frac{3}{4}$英寸。

U.M.0011.　玻璃碎片。属于八角形环,半透明深蓝色。厚$\frac{1}{6}$英寸×$\frac{1}{8}$英寸,直径完整时达$\frac{3}{4}$英寸。

U.M.0012. **玻璃碎片**。属于圆棒。不透明,褐色。两头均残。长$\frac{3}{8}$英寸,直径$\frac{3}{16}$英寸。

U.M.0013. **青铜碎片**。13块,无特征。最大$\frac{3}{4}$英寸。

U.M.0014. **串珠**。一枚圆柱体,泥质,淡蓝色;一枚双球,灰泥质;两枚管形,黑泥质,饰白色条纹;一枚穹隆形,灰石质;一枚水滴形黑石坠,角已摩擦光滑,一头钻孔,断面呈三角形;一枚梨形白石坠,一侧平面,一头钻孔。最大$\frac{15}{16}$英寸。

U.M.0015. **(南面)珠串**。一枚圆柱形,海绿色石质;两枚扁球体,不透明蓝色玻璃质;一枚双球,黑泥质带白圈;一枚扁球体,水晶紫色。最大$\frac{1}{4}$英寸。

U.M.0016. **铅质球形铃舌**。顶部钻孔以备悬挂。直径$\frac{1}{2}$英寸。

U.M.0017. **青铜环**。素面。直径$\frac{5}{8}$英寸。

U.M.0018.a、b. **两个青铜盘**。已腐蚀,边上钻小孔。直径$\frac{7}{8}$英寸,厚$\frac{1}{16}$英寸。

U.M.0019. **青铜碎片**。四根线,一根圆头钉。直径约$\frac{1}{16}$英寸。

U.M.0021. **铁钉(?)**。断裂,共五根,严重腐蚀。直径$\frac{3}{16}$~$\frac{1}{16}$英寸,最长$\frac{13}{16}$英寸。

U.M.0022. **(南面)石镯**。黑石质,断面方形,但外侧上角切成斜面。厚

$\frac{1}{4}$ 英寸 × $\frac{1}{4}$ 英寸，直径完整时达 $2\frac{3}{4}$ 英寸。

U.M.0023. （南面）**陶瓶碎片**。品红色胎，内壁施亮绿釉，杂有其他颜色。最大 $\frac{5}{8}$ 英寸，厚 $\frac{3}{16}$ 英寸。

U.M.0024. （南面）**青铜片**。向一端收缩，头端卷成圈。$1\frac{3}{4}$ 英寸 × $\frac{1}{4}$ 英寸 ~ $\frac{1}{8}$ 英寸 × $\frac{1}{16}$ 英寸。

U.M.0025. （南面）**半"菜籽"形珠**。淡蓝色泥质。$\frac{1}{4}$ 英寸 × $\frac{3}{16}$ 英寸。

U.M.0026. **五块人头骨**。

策勒附近玛依拉塔提风蚀地面发现的遗物

Maira.001. **陶片**。外壁以弦纹划为二区，每区饰篦形波浪纹。硬红胎，黄皮。手制。$2\frac{3}{8}$ 英寸 × $2\frac{3}{16}$ 英寸。

Maira.002. **陶片**。砖红色。拍印三角形，三角形内饰 V 形角（残）。中央浮雕位于各个三角形的底线上。$2\frac{11}{16}$ 英寸 × $2\frac{1}{8}$ 英寸。图版 IV。

Maira.003. **泥塑残块**。向右飞行的干达婆。头、胸、左臂和右手残缺。双脚完整，脚踝上载脚镯。标本见 Cha.i.E.0028。白色灰泥胎，无彩，表面严重剥落。4 英寸 × $2\frac{3}{4}$ 英寸。

Maira.004. **泥塑残块**。佛的身躯，右手作施无畏印。袈裟上保存深红彩。白色灰泥胎。$1\frac{3}{4}$ 英寸 × $1\frac{1}{2}$ 英寸。

Maira.005. **泥塑残块**。系三个螺髻，与 Cha.i.005 相类。残存蓝彩。白色灰泥胎。$1\frac{3}{8}$ 英寸×$1\frac{1}{4}$ 英寸。

从山普拉以南遗址采集的遗物

Samp.001.a、b. **泥塑残块**。发髻。扁平螺髻(同 Cha.ii.0022)雕于泥塑的外壳。外壳(只见于 a)里面是第二层壳。a 上残存有蓝彩。白色灰泥胎。a 上有五个螺髻和两个螺髻位置,b 上有两个螺髻和五个螺髻位置。类似者 Cha.ii.006。最大 3 英寸×$1\frac{7}{8}$ 英寸。

Samp.002. **泥塑残块**。两条串珠,下端为弓形结和褶纹。属于干达婆(?)。白色灰泥胎。$2\frac{1}{2}$ 英寸×$\frac{1}{2}$ 英寸。

Samp.003. **泥塑残块**。四个大圆珠连成一条直线,下面是平底。白色灰泥胎。3 英寸×2 英寸×$\frac{3}{8}$~$\frac{7}{8}$ 英寸。

Samp.004. **泥塑残块**。坐佛的身躯和右臂。双手作沉思状,放在大腿上(左手残块遗失)。$1\frac{3}{4}$ 英寸×2 英寸。

Samp.005. **泥塑残块**。上部为菩萨像的上半身,脸向前。两肩上各有一朵长茎花。有圆形头光和背光残块。因为磨蚀,细节已经模糊。下部是圆形大浮雕,纵横交叉的线把它分隔成若干个方形和三角,同 Chal.0033,每边都有波形条纹或火焰(左边几乎全磨蚀)。顶上好像一个也没有。下部已断裂。画的似乎是菩萨拜三宝(Triratna)。参见 K.S.0017 和 Foucher, *L'art du Ghandára*, i.Figs.216~218、220、221。白色灰泥胎,严重沙蚀。背托部分保存。$4\frac{1}{4}$ 英寸×3 英寸×$\frac{1}{8}$ 英寸(背托$\frac{7}{8}$ 英寸)。

恰勒玛喀赞遗址出土的遗物

Chal.001.a~0021. 泥塑残块。 一组立佛像。头发采用点描,脸庞雕塑细致,眼睛小而鼓出,大口,长耳。头光圆形,边饰莲花瓣。右手抬起作保护状;左手放于身旁,捏住衣褶。光脚,踩在莲花座上。衣纹比一般的要好要宽松。袈裟从右胁披到左肩,边缘皱褶密集。两腿之间的衣褶刻画很深;有时是红色,有时是绿色或蓝色。头光和台座均施绿色。佛像的高度完整时约达 $11\frac{1}{2}$ 英寸。均为白褐泥胎,因失火而烧成灰色或深黑色。001.a,身躯。头的后部和顶部、头光遗失;腰部已折断。衣服上残留深红彩。$3\frac{1}{2}$ 英寸×$2\frac{3}{4}$ 英寸。

001.b,下半身,从大腿中部到脚踝。$3\frac{1}{2}$ 英寸×$3\frac{3}{8}$ 英寸。002,头和头光,头发用点戳的小洞表示。下颌至头顶 $1\frac{3}{8}$ 英寸。003,脚踏在台座上。台座的高度为 $\frac{7}{8}$ 英寸。004,下半身,从臀部到脚踝;现存色彩呈陶红色。高 $2\frac{3}{4}$ 英寸。

005,躯干,从胸部以下至脚踝以上。现存有淡铜绿彩,高 $2\frac{3}{4}$ 英寸。006,肚脐至脚踝以上,以及左手。$3\frac{1}{2}$ 英寸。007,肩部至腰部,带右手。肩宽 3 英寸。008,肩部及右胸、右手。肩宽 3 英寸。009,右肩和手,衣服施灰蓝彩;手与颈留白。高 $2\frac{1}{8}$ 英寸。0010,右手和臂,长 $2\frac{5}{8}$ 英寸。0011,脚踏在莲花座上。最大者 2 英寸。0012,头及头光的右侧部分,上有淡铜绿彩。头顶及上面的鬘发、右耳遗失,面部保存较好。下颌至头顶 $1\frac{5}{8}$ 英寸。0013,头,严重腐蚀。上面的头光保存右侧部分,下颌至头顶 $1\frac{3}{8}$ 英寸。0014,头完整,头光遗失。下

颌至头顶 $1\frac{3}{8}$ 英寸。0015,头完整,头光遗失。下颌至头顶 $1\frac{3}{8}$ 英寸。0016,头部。鼻、口、下颌和左耳下端已磨蚀。下颌至头顶 $1\frac{1}{2}$ 英寸。0017,头部,裹有硬壳但保存完好。下颌至头顶 $1\frac{5}{8}$ 英寸。0018,头部及颈部的一部分;保存完好。下颌至头顶 $2\frac{3}{4}$ 英寸。0019,头,破裂。下颌至头顶 $1\frac{5}{8}$ 英寸。0020,头部,右耳残缺。下颌至头顶 $1\frac{3}{8}$ 英寸。0021,头部,右耳已毁。下颌至头顶 $1\frac{5}{8}$ 英寸。

Chal.0022. **泥塑残块**。佛头,类似于 Chal.001.a～0021 系列,但略小。严重腐蚀。下颌至头顶 $1\frac{1}{4}$ 英寸。

Chal.0023. **泥塑残块**。佛头,保存头光,与 Chal.001.a 同类,但个体小。面部严重腐蚀。下颌至头顶 $1\frac{1}{8}$ 英寸。

Chal.0024. **泥塑残块**。佛头,类似 Chal.0023,严重腐蚀。下颌至头顶 1 英寸。

Chal.0025. **泥塑残块**。立(?)佛的头部与右肩。硬灰泥胎,淡黄色。面部漫漶。头光椭圆形,素面。左耳遗失。下颌至头顶 $1\frac{1}{8}$ 英寸。

Chal.0026. **泥塑残块**。佛头。面部漫漶。头光素面,边缘的上边与两边形成三角形火焰纹;类似 Cha.i.s.w.0011。白色灰泥胎,烧过。下颌至头顶 $1\frac{3}{8}$ 英寸。

Chal.0027. **灰泥雕版**。坐佛,作沉思状。背光和头光素面,边饰突起的联珠。肩后升起尖头火焰纹。莲花座,背光右侧的顶部遗失。浅红灰泥胎。直径 $3\frac{1}{4}$ 英寸。

Chal.0028.　**泥塑残块**。佛头,带头光,严重腐蚀。头光上残留红彩,脸部遗留鎏金痕。白色灰泥胎,已烧熔。下颌至头顶$\frac{13}{16}$英寸。

Chal.0029.　**泥塑残块**。花环,由几条重叠的莲花组成,莲花中央为圆珠。可能属于背光,类似于 Cha. i.0013。烧成黑色。3 英寸×1$\frac{3}{4}$英寸。

Chal.0030.　**泥塑残块**。背光上的花环。饰尖头莲叶和交叉的联珠纹带。白色灰泥胎,已烧结。2$\frac{1}{8}$英寸×1$\frac{1}{2}$英寸。

Chal.0031.　**泥塑残块**。方形花纹边缘围绕两圈刻槽,外侧饰一圈连珠;背面经过修整,可以嵌入圆形平面。白色灰泥胎,已烧结。2 平方英寸。

Chal.0032.　**泥塑残块**。类似 Chal.0031,但更大,且中间已断裂。白泥胎,已烧硬。2$\frac{1}{4}$英寸×1$\frac{5}{8}$英寸。

Chal.0033.　**泥塑残块**。八角形浮雕,浮雕上两对弦纹直角交叉。这样形成的五个方形和四个三角形下凹,尖头。可能是带有花纹的三宝标志的中央部分,见 Samp.005 和 K.S.0017。泥胎烧成黑色。同模的有 Chal.0034、0035。1$\frac{5}{8}$平方英寸×$\frac{7}{8}$英寸。

Chal.0034.　**泥塑残块**。类似于 Chal.0033。有浅色(品红?)彩的痕迹。

Chal.0035.　**泥塑残块**。与 Chal.0034 出于同一模子。

Chal.0036.　**泥塑残块**。背光(?)的边缘。花卉纹,地子疑似闪电,两侧装饰突起的联珠两侧饰羊齿叶,叶尖内卷。白色灰泥胎,已烧结。1$\frac{7}{8}$英寸×1$\frac{3}{8}$英寸。

Chal.0037.　**石雕碎块**。飞行裸体儿童(putto)像。右臂平伸,肘关节处弯曲;左臂举起。两膝弯曲,右脚跟贴着臀部,左脚任意放置。头部遗失。身体的整个前胸都已漫漶;后面,衣服或两翼与肩膀分离;脚于脚踝处断裂。可能在飞行中,身上套着花环,花环上挂着联珠纹带并缠着两腿。脚踝上戴脚镯。雕刻精美。高 2 英寸×2$\frac{3}{8}$英寸。

Chal.0038.　　陶质贴花碎片。"佛壁柱"。从素面横梁上竖起几根凹柱,顶端有一个球形柱子,下有球形柱础。两者之间是若干方块,边缘突起,内侧是挖出的平面,四边切直。壁柱高 1$\frac{3}{8}$英寸。类似者见 Yo.0065。浅红泥陶。出自此模者的有 Chal.0039~0081、0063~0066。长 3 英寸。

Chal.0039.　　陶质贴花碎片。佛壁柱,同 Chal.0038。长 2$\frac{1}{4}$英寸。

Chal.0040.　　陶质贴花碎片。佛壁柱,同 Chal.0038。长 1$\frac{1}{2}$英寸。

Chal.0041.　　陶质贴花碎片。佛壁柱,同 Chal.0038。长 1$\frac{5}{8}$英寸。

Chal.0042.　　陶质头像。菩萨(?)。鼻子遗失。头发中分,并向后梳成波形,垂于耳后,披在肩上;头顶亦攒成发髻,扎着发带。脸色平和。后面耳下,头发很草率地用波纹拍的印纹表示。脑后平坦,可以看到头光边缘的印痕,只是头光已不见。下颌至头顶 1$\frac{1}{2}$英寸。图版 X。

Chal.0043.　　陶质贴花碎片。传统的狮头,类似的见 Khot.01.s。直径$\frac{7}{8}$英寸,高$\frac{13}{16}$英寸。

Chal.0045.　　泥塑残块。右脚,宽平。表面严重损毁,保存品红色彩。脚踝处断裂。红陶,烧过。6$\frac{1}{4}$英寸×3$\frac{1}{4}$英寸。

Chal.0046.　　泥塑残块。左手手腕处断裂。手掌张开,掌心向外作保护势。背后未完工。大拇指在第一节断裂。工艺精湛。浅色胎,内填泥。3$\frac{1}{4}$英寸×$1\frac{1}{2}$~2 英寸。

Chal.0047. **泥塑残块**。左手。紧握,手腕处断裂。工艺精湛,后背未完工。浅红灰泥胎,木芯(已朽)。2 英寸×$1\frac{1}{2}$英寸。

Chal.0048. **泥塑残块**。左手。紧握,捏住衣褶。工艺精湛。红泥陶(烧过),填泥。$2\frac{1}{2}$英寸×$1\frac{1}{2}$英寸。

Chal.0049. **泥塑残块**。左手。紧握,工艺精湛。浅红泥陶(烧过),木芯(已朽)。$2\frac{1}{4}$英寸×$1\frac{3}{8}$英寸。

Chal.0050. **泥塑残块**。大型塑像背光的边缘部分。图案为三舌火焰,水平指向边缘。浅红泥胎。每幅火焰都有短芦苇芯。$3\frac{3}{4}$英寸×$3\frac{1}{4}$英寸。

Chal.0051. **泥塑残块**。羚羊头,两侧完工,后侧未完。头内有竖孔用来放木芯。木芯无疑被分成了两半,形成了两角。两角已遗落。大尖耳;眼球略微鼓出,上穿小孔作瞳孔。眼睛周围起脊作为眼睑;左眼无瞳孔。鼻眼(以孔表示)紧凑。下颌(单独制作)遗失。浅红泥陶(烧过),填以草拌泥。高 $3\frac{3}{4}$ 英寸,长 $4\frac{1}{2}$英寸,宽 $1\frac{1}{2}$~$3\frac{3}{4}$英寸。图版 CXXXIX。

Chal.0052. **泥塑残块**。羚羊头,类似 Chal.0051,但不是出自一个模子。右耳掉落。左眼不见瞳孔。下颌(分别制作)遗失。无彩。浅色陶(烧过),填以草拌泥,并有芦苇芯。长 $4\frac{1}{2}$英寸,宽 $1\frac{1}{2}$~$3\frac{1}{4}$英寸,高 $3\frac{3}{8}$英寸。

Chal.0053. **泥塑残块**。璎珞,发饰(？)。外侧七片尖头莲花瓣。内侧中央扣子的周围是五片卷曲的尖头花瓣,卷曲方向同太阳运行轨道(这些是人们常用的新月形发饰)。浅色陶(烧过)。直径 3 英寸。

Chal.0054. **陶质贴花碎片**。梨形轮廓,饰弦纹。内侧是两个刻出的心脏。可能是花茎。类似的有 A.T.0036。$2\frac{7}{8}$英寸×$1\frac{5}{8}$英寸。

Chal.0055.　**泥塑残块**。非常精致的叶形涡纹。白色灰泥胎，已烧结。$2\frac{9}{16}$英寸×$1\frac{1}{2}$英寸。图版 X。

Chal.0056.　**泥塑残块**。花卉图案。下侧中央为百合花，根茎用东西绑着；往下根茎分成两半，向左右两边上卷，形成精美的忍冬纹。后者的叶尖环绕着百合花。设计巧妙。白色灰泥胎，已烧结，严重损毁。3 英寸×$2\frac{1}{2}$英寸。图版 X。

Chal.0057.　**泥塑残块**。莲花环。为几片尖头的莲花瓣，中间以联珠相隔。白色灰泥胎，已烧结。$2\frac{5}{8}$英寸×$1\frac{1}{8}$英寸。

Chal.0058.　**泥塑残块**。卵形宝石装饰，边饰联珠。白色灰胎，已烧结。$1\frac{3}{8}$英寸×$1\frac{7}{8}$英寸。

Chal.0059.　**泥塑残块**。三片棕榈叶(？)，由一个根茎分出；叶子中央是直筋，两边是小三叶花。中央棕榈叶的两边装饰传统的莲花(左侧部分残缺)。浅色胎，背后垫草拌泥。4 英寸×$3\frac{1}{2}$英寸。图版 X。

Chal.0060.　**泥塑残块**。Chal.0061 的一部分。雄蕊，头上有圆珠。$1\frac{1}{2}$英寸×$1\frac{5}{8}$英寸。

Chal.0061.　**泥塑残块**。莲花，可能是莲花座或背光的一部分。外面是一排大莲花瓣(折断)，里面为尖头花瓣叠压，然后是一排串珠头雄蕊，雄蕊本身向后直角弯曲，弯至更低的平面。红泥胎(烧过)，草拌泥芯。$3\frac{1}{2}$英寸×4 英寸×2 英寸。

Chal.0062.　**泥塑残块**。花环由三根带绑着串珠构成。浅红泥胎（烧过）。3 英寸 × $\frac{5}{8}$ 英寸。

Chal.0063.　**陶质贴花碎片**。佛壁柱。参见 Chal.0038。长 3 英寸。

Chal.0064.　**陶质贴花碎片**。佛壁柱。参见 Chal.0038。长 $4\frac{1}{2}$ 英寸。

Chal.0065.　**陶质贴花碎片**。佛壁柱。参见 Chal.0038。长 $2\frac{1}{4}$ 英寸。

Chal.0066.　**陶质贴花碎片**。佛壁柱。参见 Chal.0038。长 $3\frac{1}{2}$ 英寸。

Chal.0067.　**泥塑残块**。严重沙蚀。有棕榈叶和模糊不清的图案。红泥胎（烧过）。$1\frac{1}{2}$ 英寸 × $1\frac{3}{8}$ 英寸。

Chal.0069.　**心形石环**。可能是扣子上的。浅灰色皂石（？）。$\frac{3}{4}$ 英寸 × $\frac{1}{2}$ 英寸。

Chal.0070.　**圆形石环**。浅褐色。直径 $\frac{1}{2}$ 英寸。

第四节　和田北部的寺院遗址

　　我在和田停留了短短的几天,忙于处理各种事务,包括为我自己返回印度提前做好安排。然后在 4 月 5 日,我又向北走。这次调查范围很大,要去阿克苏和天山山麓。气温正在迅速上升,我知道过不了多久,这条路线上的沙漠遗址就无法调查了。我的"寻宝队"向导们在和田绿洲北边发现了一些遗址,是这次调查的最近地点。为了在核实遗址时不浪费时间,我有意让拉尔·辛格事先确定了它们的位置。

◁在和田逗留

喀拉萨依的寺▷
院遗址

　　我调查的第一个遗址,坐落在沙漠中的狭长沙丘带。这个沙漠介于和田居民区最西北的外围村庄亚瓦(Yawa)与喀拉萨依之间。以前我没来过这个地区,看到这里迅速扩大的新农田,同样使人兴趣盎然。我发现亚瓦开阔的绿洲,只是近15年才出现的。不过它与喀拉萨依南边之间的遗址却让人很失望。在死亡的胡杨树林——树木全被砍去烧火了——之间的光秃的土地上,他们指给我一处遗址。这里出土了许多精美的白色灰泥塑像,他们带给我的一些塑像(如 K.S.001,图版 X)就是这里出土的。什么房屋遗迹也没有保存下来,但从风化土壤里还能捡到许多同样质地的小块塑像碎片。毫无疑问,这些遗物是两座相距约 160 码的佛寺的塑像。所有建筑遗迹全部被风蚀破坏了,不过,我可以明确地说,由于修建了水渠,遗址两侧约 2 英里以内的土地得到了开垦,已经把地下水位提到了离地表约 5 英尺的地层。

帕里斯泥塑像▷
残块

　　这里出土的塑像残块中,大多制作精美,表面保存完好。其中值得一提的是,一些小立佛作无畏印,如 K.S.001、007(图版 X),分别模制。一个男性塑像,带头光,可能是干达婆K.S.005(图版 X),残存头与躯干,线条非常优美;似乎是"三宝"崇拜的塑像,K.S.0017(图版 X);制作精致的画板饰,上面的人物四肢呈花草状,K.S.0018+0029(图版 X)。这些塑像的风格与丹丹乌里克和喀达里克类似的泥质贴花非常接近,它们原来可能都是大型背光之类的装饰品,不过工艺上明显精湛一些。但是,特别引人注目的是它们的质料,一种极其坚硬的帕里斯(Paris)泥。这种泥的特性,已经引起了亚瑟·丘吉尔(Arthur Church)爵士的注意。有人送给他一些标本,他做了分析和探讨,发现了这个特性。① 对于喀拉萨依泥的特别

———————————

① 参见附录 D。

坚硬的特性,他的解释是"器物成形后,放入温火中焙烧"。他以为这种焙烧是有意的,不是无意的。这种看法似乎是成立的。没有一件上面有因火烧而变色的迹象,而奇格里克(Kighillik)①出土的许多烧过了的泥塑碎块都变了色。同时,只有几件表面出现了裂痕(见 K.S.0028,图版 X),而奇格里克在无意的焙烧中往往出现裂痕。大多数塑像的表面非常光洁,让人想起了象牙或瓷质塑像,但迄今为止还没有令人满意的解释。有几件保存了原来的色彩。②

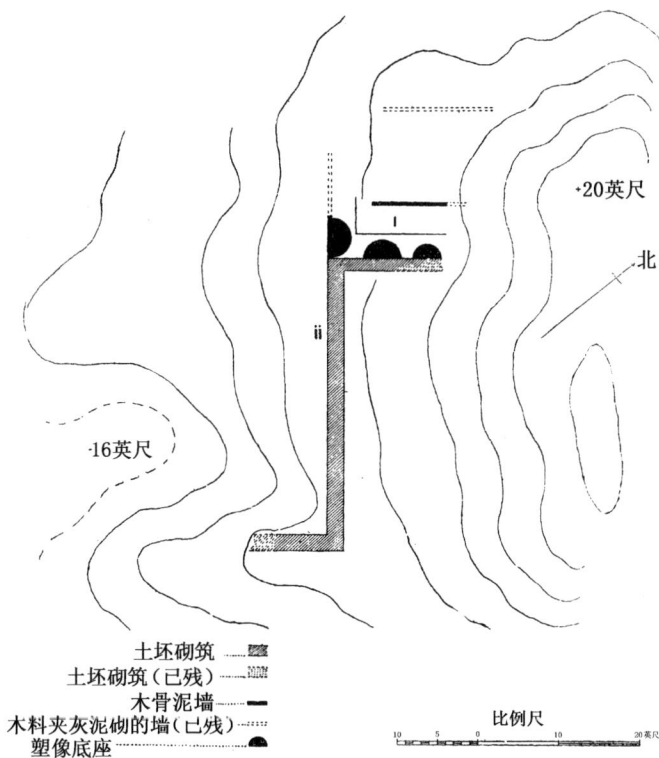

土坯砌筑
土坯砌筑(已残)
木骨泥墙
木料夹灰泥砌的墙(已残)
塑像底座

比例尺

塔里什拉克佛殿遗址已发掘部分草图

① 参见斯坦因《古代和田》,第一卷,477 页;第二卷,图版 LXXX。
② 类似者见 K.S.009,0013~0015。

访问新成立的▷
伯加明县

从喀拉萨依我渡过喀拉喀什河向东走。我的一个"塔克拉玛干人"阿巴斯(Abbās),说他在高沙梁上发现了一座寺院,地点在和田的姊妹河之间,绿洲中心与两河的交汇处库什拉什(Koshlash)之间。伯加明(Bōgar-ming)县的新成立的乡①,我的老朋友和资助人潘大人1900—1901年在他主政和田镇时,从巴合拉木·苏乌藏(Bahrām-su-ütsang)引了一条水渠,建立了这个县。这次我有机会看到这个县的几个地方。水渠沿喀拉喀什河左岸走,长达10英里,据说它灌溉的土地,养活了这里住着的2 000户人。此行的目的是去阿克苏见潘大人。在他任道台期间,一直乐于助人,包括我的第一次旅行。现在看来这些帮助是非常有效的。亲眼看到他长期推行仁政的成果,心里真是感到特别高兴。

玛亚克里克沙▷
堆遗址

河的右岸上面是沙里克也孜(Sarīgh-yez),现在的"英达里亚"(Yangi-daryā)支流就是在这里汇入主河道②的。过了右岸的石子地面,又翻过东面的高丘,大约走了5英里之后,阿巴斯领着我们向遗址走去。遗址是他两年前发现的,在光秃的沙堆中,他发现了墙皮和壁画的痕迹。这个遗址乍看去很不起眼,地面上什么遗迹也没有,我很纳闷我们的向导居然还能找到它(图322)。在一座高于原始地面达20英尺的沙丘的坡上,发现有一些彩色墙皮的碎片散落在上面。在它的西面和北面,灰沙梁之间的小块空地上覆盖着陶片。这些陶片呈鲜红色,极坚硬,看上去年代很古远。实际上,遗址地点位于玉龙喀什河左岸2英里。那里是一片灌木丛生的草场,

---

① 这是正确的写法,调查者记录的地图上标的"Mogo-ming"有误。

② 关于这条"新河"的年代,请参见斯坦因《古代和田》,第一卷,171页、179页、200页。英达里亚和喀拉喀什河的交汇处,是我沿沙里克也孜与厄格里库勒(Eghri-köl)之间的右岸旅行时见到的,应补入拉尔·辛格的调查图。

叫玛亚克里克(Mayaklik)①。

　　跟我一起来的人共 12 个,但人手还是不够,不能很快地挖开大沙堆。他们到达的当天,就在阿巴斯指定的地点挖了一条探沟,也没有找到他所说的墙的迹象。但它足以显示出下层沙中的水分,让我了解到土壤的情况。不久我就发现,这里的土壤与我七年前在东南 11 英里的大热瓦克寺所见到的相近。第二天,从最近的村庄,离这里 10 英里的英阿里克(Yangi-arik)来了一大帮人。由于人手增加,4 月 9 日早上我们就能够继续挖掘。挖了四个小时,他所说的房墙的顶部露了出来,位于沙梁外壳以下约 12 英尺。 ◁寻找沙堆下的遗址

　　沙堆太大,上面的沙土不停地向下滑落(图 321),发掘进行得很艰难。但天黑以前就挖到了地面,离现存墙顶近 9 英尺(平面图中的 ii)。墙是干泥砖砌成的,面朝西南。全部清理出来之后,可知墙全长 34 英尺,整个墙面施蛋彩,上绘巨幅壁画,佛像和菩萨(?)像交替出现。在墙壁完整的时候,它们的高度在 12 英尺左右。各个立像周围是卵形背光,它们之间下侧的空地,如图 327 所示,填以高 3 英尺 3 英寸的小佛像。壁画墙前面现存的沙层太高,我无法给这些巨像照相。为了克服这个困难,第二天把探沟拓宽,结果整面墙都塌了。墙下部的砖缝充满了水分,因此即使里面有木头,也全朽了,因此墙很容易塌。由于墙承受着它背后沙的压力,这些沙是不能动的。现在一挖,它就塌了。绘彩的墙皮,很早就已变软,在沙的重压下,全部粉碎了。由于这个失误,我只能用文字描述这些壁画,重复发掘时做的记录。 ◁墙上的巨幅壁画

———————

　　① 起初我没听说这个地名,但知道河下游 5 英里的塔里西拉(Tārishlak)兰干;因此这里出土的遗物标着 Ta。

巨幅壁画的细▷
节

这些巨像,实际揭露出来的只有六幅。巨像最宽处为背光,每幅所占的墙面宽 4 英尺 10 英寸。画面上它们向右侧身四分之三。右手好像总是作无畏印,左手下垂,放于腰下,拿着一个蓝圈或花环,夹于大拇指与食指、中指之间,风格大致与图 315 摹制的壁画相同。上胸和头都不见于各幅像。佛像的衣服,只要是保存或能看清楚的,外层都是宽大的袈裟,披于左肩。这种袈裟有两种色彩,交错出现。一种是单层红褐彩,一种是红陶地上绘密集的深紫条纹,条纹长约 8 英寸,宽 3 英寸,中间有一条竖行的白色条纹。① 每幅巨像的背景都是深紫色,缀以白叶,仿佛紫丁香散落。至于身穿前述杂色袈裟的佛像,其背光的构图是:中央绘宽带三角形,角尖上指,两侧各有两条略窄的纹带,内侧呈紫色和红陶色,外侧呈红陶色和黑色。中央纹带上的三角块按顺序呈以下颜色:黑、红陶、深紫、红陶、白、红陶。着素色袈裟的佛像的背光,内边与之相似,但要窄一些。这条边的外侧,是一周由两条纹带组成的边,纹带分别为蓝色和白色,互相缠绕,形成类似浮雕的菱花。菱花内侧为红陶色,外侧紫色。前面所说下部空地上所填的小佛像,右手均作无畏印,着纯深红袈裟。脸均左向四分之三,各有一个椭圆形头光和一个背光。

与寺院相交的▷
大厅

上述壁画所在的墙壁,可能属于一座主室或庭院,从这里又通向下面说到的 Ta.I 所在的佛堂,并可能属于现已完全塌毁的一个或几个其他佛堂。另一堵墙与此相交成直角,西南走向,已严重塌毁,残存部分长不到 10 英尺。由于潮湿和风蚀的破坏,没有留下任何主室或庭院的遗迹。房顶的建造方式,我们根本无法断定。但考虑到壁画墙的长度,并且它还向

---

① 图 327 右侧为这类袈裟的一小部分。此处也可以看到两种背光。

前延伸,可能到 Ta.I 所在佛堂的前面,所以很可能房顶只建于壁画墙上,因此形成一种露天的走廊性质的画廊或过道。这种墙顶的建造,肯定是为了遮盖大热瓦克寺的四边,这里的壁画需要防雨,后者①的各面墙上的塑像也是如此。这些墙的墙体较薄,只有 2 英尺多,说明它们原来并不是预备承重的。

我们在壁画墙的西北端继续发掘(图 321),经过艰苦的努力,挖出了一部分回廊遗迹。它肯定是一座佛堂周围的回廊(平面图中的 Ta.I)。回廊的围墙,一道是 ii 号墙的延续,呈直角相接,东北走向;其他墙都是芦苇木骨墙。它们的厚度只有 6 英寸,同此处遗址的其他遗迹一样,由于地下水分的浸润,已经朽烂变软。佛堂的东南和西北墙在清理时就倒塌了。不过回廊墙墙皮上的壁画在这样的条件下,还能保存较为鲜艳的色彩,真是让人不可思议。无独有偶,回廊 i 外墙底部的台子上放置的塑像,保存的色彩可以说是同样鲜艳的。 ◁挖掘寺院的回廊

南角原来放置的巨型坐佛,现在仅存交叉腿部分和莲花座。座宽 5 英尺,已破裂。不过这个转角的地面上出土了一个硕大的佛头,已经残破(图 323),可能是它的头部。佛头的高度,从下颏至现存的头顶为 16 英尺。这块大泥塑过于松软易碎,无法搬运。不过脸上大部分仍然保存着它的色彩。照片上看到的黑块,可能是原来贴金叶的地方。这种小碎片现在仍然随处可见。这样的解释可能也适用于图 325、328②所见的残存壁画上的黑块。 ◁巨型涂彩坐佛的下半部

转角的另一侧发现有泥座和另一尊坐佛的双腿,略大于真人,如图 324 所示。他身上现存的衣服为庞培红加蓝边。 ◁真人大小的坐佛躯干

---

① 参见斯坦因《古代和田》,第一卷,488 页。
② 关于塑像上贴金叶的风俗,参见斯坦因《古代和田》,第一卷,496 页。

图 321　和田北部玛亚克里克附近发掘中的沙埋寺院 Ta.I

图 322　玛亚克里克附近的佛殿遗址 Ta.I,发掘之前,自南望

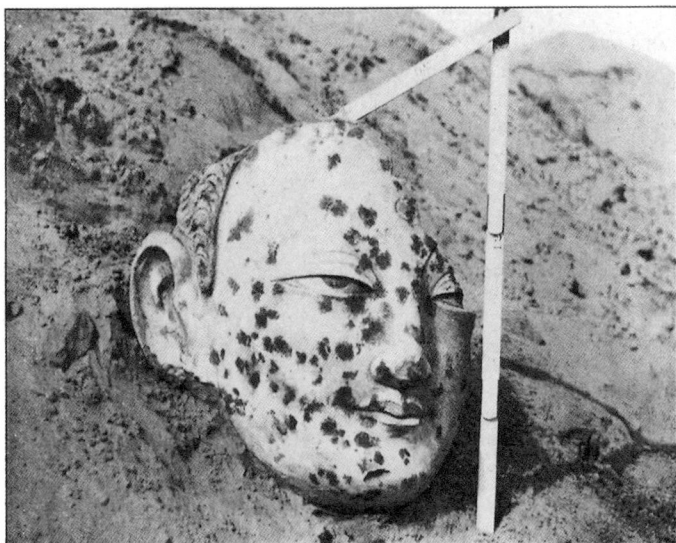

图 323　玛亚克里克附近佛殿 Ta.I 出土的佛院巨像的灰泥头部

图 324　玛亚克里克附近佛殿 Ta.I 的具有绘画基座的灰泥佛像遗迹

图325 玛亚克里克附近佛殿Ta.ii过道东南墙上的蛋彩画

图326 玛亚克里克附近佛殿Ta.ii过道东南墙上的蛋彩画和灰泥像遗迹

佛座的前面高约 1 英尺,全绘有壁画。泥胎因为潮湿极为松
软,后来又因为干燥而表面较脆(Ta.009,图版 CXXVI),但这
幅壁画还是被我成功地割了下来。佛座上部塑出坐垫的边
缘,饰以半圆形涡卷纹。图案模仿织布,下端垂有流苏。圆边
内的圆盘里面是一串半璎珞,表明它模仿了萨珊风格。下侧
的平板上,中央画莲花瓶,两侧各画一组跪着的礼佛者,显然
是供养人及其全家。为了详细描述这些人物,左侧的三名男
性和右侧的三名女性,我只好参照下面的遗物表。人物描画
细致,他们的服饰有许多令人注意的细节。前面的领头供养
人穿着深红色的僧袍,头发剃得很短。后面的两个男人佩剑,
腰带上还挂着笔和简。对面的领头妇女穿一件绣满花纹的上
衣,袖口华丽,下身穿宽大的裤子。但是由于和田遗址的壁画
缺少供养人像,很难从这些服饰上找到断代的线索。版画的
右手写有中亚婆罗文的经文。帕蒂格(Pargiter)先生指出,其
中有歌颂这幅壁画(和塑像?)的梵文首诗歌(Śloka);但是原
来可能写有工匠名字的部分,因为毁坏过于严重,不能全部辨
认出来。①

　　上述塑像之后,发现一尊真人大小的人像,男性,腰部以 ◁彩绘佛像
上完整(图 326)。给它照完相后它就塌毁了。像身着紫色大
衣,长至膝盖,饰有大圆圈,象征绣花或浮花。内衣为褐色,饰
蓝圈。脚穿着长靴,恰鲁克(Chäruk)式样,浅红色。塑像后面
的墙的底部发现有五铢钱,嵌在像座的泥胎中。塑像碎块,
Ta.i.004~007,分散在各处,可能是这座塑像上的。这座塑像
右侧的壁画墙,现存高度仍有 4 英尺,上面有令人感兴趣的壁
画遗迹(图 326)。主要塑像保存至颈部,是一尊装饰华丽的

---

① 参见帕蒂格《皇家亚洲学会会刊》,400 页等,1913。

菩萨。她的左手拿着一个花环,右手举起一件画得很粗糙的东西。壁画刚清理出来时,我看着并非完全不像犍陀罗浮雕中与释迦佛常常相伴的佛像拿的东西。这部分的墙皮表面在清理结束之前就脱落了。塑像的身材特别匀称,穿白色袈裟,衣纹施深品红色,纹路特别优美流畅。颈部和右臂上可以看到精致的珠宝链。脚部的内衣上,上面有一只带角鹿的形象,画得很草率。

小彩绘人像▷　　菩萨的右侧和下侧能看到一个手举一朵大莲花的小供养人像,人像保存状况不好。她的左侧上面画有带头光的坐佛,身着白袈裟,作沉思状,高约 7 英寸。下面是一个严重磨蚀的人像,有一个看似白发的人头,已经不太清楚了。再往下至地面的壁画,高约 16 英寸,是一个面目凶恶的武士 Ta.i.009(图版 XII)。图 325 摹的是保存较好的上部。这个武士像下面的遗物表中有充分的描述,值得注意的是其古怪的动物似的面孔和甲衣的细部。在他下面有个小孩似的供养人跪着,后者的头部以上还写着四行中亚波罗蜜多文书经。这个面容凶恶的武士的身份还有待研究,他面对的小鹿也是如此。

鼠头神▷　　回廊 Ta.i 的内墙单薄而且极为脆弱,在它下部保存了两幅特别的壁画,高不到 4 英尺。左侧为背光,是一幅神像,里面是四臂人形象(图 328)。Ta.008(图版 XII)是其中的一块,保存也肯定不好。人像的兽头侧面,它立即使我想起古代和田神话中的鼠头神。这种神话玄奘有过记载,我在丹丹乌里克出土的画板上第一次看到了它的形象。[①] 虽然这个头像的面容很像狗,但下颌上的锐齿和鼠样的尖耳明显属于神化的

---

① 参见斯坦因《古代和田》,第一卷,264 页等;第二卷,图版 LXIII。

鼠王。由于它的降临,和田免受匈奴①的进攻。在品红色的花
冠之上,他举着一件东西,我看着像人头或头盖骨。说它是王
国的天敌的征服者并非一点不合理。头像上飘浮的棕红色头
发与丹丹乌里克神像的深黄色皮肤很协调,头、颈和手的枯黄
色或淡黄色也是如此。右上手已断裂;右下手拿着不名何物
的东西,可能是水果或树根。左上手握住一个白色的东西,可
能是铃,左下手拿着一个圆盘。前臂上出现的五条黑带,可能
是象征手镯的,看起来很奇怪。这幅壁画和邻近的画板上面
有无数的小黑点;从上面的描述来看,我们需要注意二者表面
贴附的金叶碎片。

　　刚才提到的画板,原来位于右侧的墙面上,也非常特别。 ◁四臂女彩像
上面画了一个站立的四臂女像,服饰华丽,有头光和背光。女
像面对参拜者,目光向前,眼睛圆瞪。穿着紧身上衣或大衣,
下面覆盖到臀部。往下在上衣两襟后翻处,可见一件一件蓝
夹袄,而在颈部的三条褶纹下面,只能看到它的一点低领。平
展的胸部和低腰给这尊拘谨的女像增添了一点古怪的伊丽莎
白风格。上衣两襟和紧身长袖上面装饰了精致的小白点花
纹。这些小白点象征绣花,有可能也象征珍珠带。头像表现
出匀称的年轻的容貌,除了长耳垂没有一点庄严的样子。头
发平展地披在前额,直垂于头后耳旁的头发上戴着一顶黄色
花冠。与它的风格极为接近的是丹丹乌里克画版 D.X.4 左侧
的女性所戴的花冠。头像左侧的花冠已经断落;由于同样的
原因,左手所举的东西是不是一朵花,无法断定。右手所持的
东西,呈圆形或卵形,白黄色,中央放射出浅品色细线。两只

---

　　①　关于这个传说,相同的有希罗多德记载的毁灭西拿基立(Sennacherib)的安息(Assyrian)人,参见
儒连《记》,第二卷,232 页等。

下臂僵硬地垂落在臀下,但是此处壁画磨灭殆尽,两手已无法辨认出来。在她的右肩上,这位女神背了一个小椭圆形花篮,里面伸出四片描绘清晰的细长叶子;在左侧的第一、第二片之间,出现了一个更小的卵形物,也许是另一片上卷的叶子,但也可以视为其他的东西。

丝绸公主像▷ 　　有两个现象引起了我的注意。首先是右手里拿的东西,从形状来看,可能是蚕。然后是几片绿叶奇怪地出现在右肩上。它们令我立即想起这幅女像是一位中国公主。在玄奘记载的和田神话中,就是她把蚕桑传入和田的。① 因为这部分墙倒塌之前我拍了照片,后来我又仔细地看了这幅女像,证明我这个看法是对的。丹丹乌里克出土的画版 D.X.4,原先是作为供品藏在一间佛室里的②,完全反映了这个传说已经流传很广了。它也证明,和田人很感谢这位公主引进丝绸的恩德,因为丝绸今天还很重要,所以就把她供奉起来。考虑到这种崇拜是本地特有的,加上崇拜的对象并非来自印度,那么这位女神——和田的养蚕人肯定是想祈求她保佑他们的蚕桑——在我们的壁画中身穿世俗的衣服,完全不同于佛教神界的传统,并且被放在另一个地方神鼠王神的旁边,似乎在情理之中。③

① 参见斯坦因《古代和田》,第一卷,229 页等;儒连《记》,第二卷,237 页以下;比尔《西域记》,第二卷,318 页以下;雷米萨《和田城》,55 页等。

② 参见斯坦因《古代和田》,第一卷,259 页等;第二卷,图版 LXIII。

③ 有可能我们这幅壁画上的,不是这位善良的公主本人,而是"蚕神"。根据儒连翻译玄奘的《大唐西域记》里的一段话(《自传》,第二卷,239 页),这位蚕神曾捐修了和田都城旁边的尼姑庵鹿射。雷米萨与比尔的译文(《和田城》,55 页;《西域记》,第二卷,319 页)没有提到这位女神。(吉尔斯博士肯定了儒连的译文:"先蚕是蚕神𪝯纩常见的名称。")无论如何,即使和田有官方承认的"蚕神"崇拜,百姓也会很快地把这位女神和"蚕女"中的一位公主混淆起来。

沃特斯先生《玄奘》第二卷 302 页没有翻译这段话,但他指出有一个版本说这座尼姑庵的名称是摩射。这个名称与藏文文献的 Madza 更为吻合。("京都本 Tripiṭaka 中有麻射,与藏文仍相吻合"——吉尔斯语)

在上述壁画之后，佛室 Ta.i 的各面墙壁彻底朽烂。其他的建筑遗迹可能就埋在北面东面的沙脊之下。要继续发掘，需要搬掉大量的沙堆，也需要投入更多的时间，得到的结果也许并不理想。下层沙土中大量的水分肯定也破坏了建筑遗迹，就像我们已经发现的那些个体更小的易腐蚀材质的遗物，受潮湿的破坏更为严重。坐佛木雕 Ta.i.008 是一个显著的例子，它已经朽烂殆尽，只剩下小碎片。其他的小件遗物有绘花红陶器，Ta.004、005 和 i.003，形态很接近于约特干文化层出土的同类器物。其他的陶器中，特别值得一提的是一件瓶的碎片 Ta.003 和 i.001、002，上面施绿釉。

◁遗址的其他遗迹

由于这些遗物表现出来的和田视觉艺术很让人感兴趣，也由于遗址远离绿洲现在的边缘，我们特别希望能找到年代方面的线索。目前最可靠的证据是钱币。遗址本身出土了两枚钱币，一枚是前面提到的五铢钱，一枚是墙 ii 根部出土的无字铜钱。此外，我们还在遗址以南的小片的完全风蚀的塔提地区捡到了八枚残破的中国钱币。它们要么是严重磨损的五铢，要么是无字钱币。① 所有这些钱币证据都表明，这个遗址是在唐代以前废弃的。据我们所知，更近的年代范围目前还没有可靠的资料。无论是壁画的风格还是它们旁边发现的两件中亚波罗蜜文草书经上面的古文字，都没有提供有价值的线索。但是我们在第一条探沟中虚松的沙层里，发现了一片小块彩绘墙皮，上面有三个字。我试着作了释读，如果不错的话，就可以把这个遗址居住年代的上限往前提到公元 5 世纪。② 就遗址的位置而言，应该注意到它的纬度几乎完全相

◁明显的遗址证据

◁遗址废弃于唐代之前

① 参见附录 B。
② 这块壁画发现时特别坚硬，它原来的出土地点已无法找到。

同于玉龙喀什河对岸,与之相距 13 英里的奇纳托克马克
(Kīne-tokmak)遗址的最北边。上面我提出了废弃年代可能
早于唐代的推测①,这个较晚的年代,对于再往南约 3 英里的
热瓦克佛寺②来说则是确定无疑的。无论如何我们手上的考
古资料可以证明,玉龙喀什河两岸的和田绿洲的范围,比现在
要往北延伸了许多。

伊斯拉马巴特▷
绿洲

　　4 月 11 日,我沿河北上,经过长途跋涉,进入伊斯兰阿巴
德(Islāmābād)绿洲。这里是和田镇最北的村落,即使如此,我
们吃惊地发现,这里也出现了和田前些年进行的大规模垦荒。
以前这里只有塔瓦克尔(Tawakkēl)人来开垦的七八块地。由
于 1896 年左右修了一条新渠,现在已发展为一个大村庄,大
约有 400 户人家,而且还能养活更多的人。我在伊斯兰阿巴
德停留了一天,目的是把玛亚克里克运来的壁画晾干后装箱,
同时可以收集一些有用的信息,以了解我要去的麻扎塔格山
上的遗址。我在 1900—1901 年和以后的和田考察中听到的
消息,都极其含糊。③

在伊斯拉马巴▷
特的收获

　　但这次有了转机。塔瓦克尔(Tawakkēl)人上年曾去山顶
一处遗址寻"宝",他们给我拿来 10 块木简,上面有藏文,类似
于米兰城堡出土的木简。我的老向导,伊斯兰阿巴德的阿马
德·梅尔根(Ahmad Merghen)几个月前去世,但是他的儿子卡
西木阿訇(Kāsim Ākhūn)④又送来 13 枚木简。它们是这位老
猎人从一个沿玉龙喀什河放牧的牧羊人那里弄来的,特意留

①　参见本书第四章第四节。
②　参见斯坦因《古代和田》,第一卷,451 页。
③　这批钱币据说出土于麻扎塔格,我很怀疑这个出土地点,详见《古代和田》,第一卷,579 页。后来
证明是完全正确的。
④　参见斯坦因《古代和田》,第一卷,237 页等。

着让他儿子送给我。这里顺便提一句,三个月后我回到和田时,卡西木阿訇给我捎来一根木棍,长约 3.5 英尺。上面有六行纵向的文字,由右而左书写,乍看像巴列维语(Pahlavī——古波斯最后的萨珊王朝的伊朗语——译者)。这是不久以前在伊斯兰阿巴德以西灌木林带中的一座胡杨树林的顶上发现的。与它同出的还有两片,未写字;发现时这根木棍直插在沙中,一端露出沙面。人们马上把这座山丘奉为"新麻扎",说它是一些不知名的穆斯林神灵,并把木棍埋了回去。但是卡西木阿訇想着我喜欢"古物",又冒险把它从这个新起的宗教圣地挖出来,现在作为告别的礼物给了我。他说的一切我认为是完全确切的,我没有特别的理由去怀疑,只是可惜这些漫漶的文字至今还没有释读出来。表面无墨水的地方已经腐蚀,这足以说明了遗物的原来质料。

4 月 13 日,我离开伊斯兰阿巴德。第二天我从奇里古勒乌格勒(Kirigul-öghil)出发,去喀拉喀什河边的草地,考察卡西木阿訇和其他人所说的遗址,他们称它为契丹乌里克(Khitai-oilik)"汉人区"。在那里我发现有八座简陋的房屋,分散在一片光秃的沙地上,范围的直径为 140 码。房屋墙体由胡杨柱和竖立的胡杨树枝建成。它们埋在沙堆或粪堆中,保存了三四英尺的高度。粪堆的大量存在,表明这里是牧羊人落脚的地方,但在多久以前已无法断定。地面上覆盖着大量的陶片,但就像标本所示,这些陶片制造都很粗糙,质料不同于可知年代的古代遗址出土的陶片。因此这个和田阔纳沙尔(Kōne-shahrs)最北的遗址就没有什么可留恋的了。

◁奇里古勒遗址

喀拉萨依西南部遗址的出土遗物

K.S.001. **泥塑残块**。立佛,施无畏印。头发与螺髻"点描"。面部匀称塑细致。头光有莲花环内边,肩部以上为火焰纹,传统衣纹。双脚赤裸,踏于莲花座上。塑像完整,仅背光(另行制作)边缘残缺。工艺精湛。胎料为坚硬的白色帕里斯泥,表面施一层较为光洁的帕里斯釉泥(engobage);已烧结,几乎接近瓷器。我们取样分析了喀拉萨依出土的一个类似的泥块,结果见附录 D。背景碎块掺满植物纤维,胎料与之相同。同模者有 K.S.002、003.a~c、0022、0023、0027。8 英寸×$3\frac{3}{4}$英寸。图版 X。

K.S.002. **泥塑残块**。佛像,与 K.S.001 同模。脚与台座遗失。胎料同样近似瓷器。7 英寸×$2\frac{5}{8}$英寸。

K.S.003.a~c. **泥塑残块**。三个佛头,与 K.S.001 同模,胎料也相同。$2\frac{1}{8}$英寸×$2\frac{3}{4}$英寸。

K.S.004. **泥塑残块**。佛头,头光素面。个体小于 K.S.001。背光圆形,边缘内侧为莲花环,外侧为火焰纹。硬白色灰泥胎,同 K.S.001。见 K.S.007。2 英寸×$2\frac{3}{4}$英寸。

K.S.005. **泥塑残块**。残存头部与腰部以上身躯,男性,裸体,带头光。后臂下垂,前臂弯折抬起,已断落,右臂断在手腕处,左臂断在中部。右前臂的前面为一个花环。背后衣服伸出两条衣带,翻过两肩,在胸前打结(类似的有 K.S.0011)。胎白色灰泥坚硬,与 K.S.001 相近。$2\frac{1}{2}$英寸×$2\frac{1}{2}$英寸。图版 X。

K.S.006. **泥塑残块**。象头前部。象鼻上弯,已断;牙是另外插入的,已遗失。浅浮雕,工艺精湛。胎白色灰泥坚硬。$4\frac{5}{8}$英寸×$2\frac{5}{8}$英寸。

K.S.007. **泥塑残块**。佛像,模子与质料同 K.S.001,但个体要小。头光素面;环绕整个塑像的背光,内边为莲花环,外边为火焰纹。背光上部已失。从肩后升起尖头火焰(类似的有 Chal.0027)。无彩。与 K.S.004、0010、0024 出自同模。$5\frac{3}{4}$ 英寸×$3\frac{1}{2}$ 英寸。图版 X。

K.S.008.　**泥塑残块**。大型背光的莲花环。三片花瓣、一个双发带和一条联珠重复拍印。质料与 K.S.001 相同。无彩。同模的有 K.S.0020、0021。$2\frac{1}{2}$ 英寸×$1\frac{1}{8}$ 英寸。

K.S.009.　**泥塑残块**。宝石带。卵形,外围是两周印花和一周联珠。残存红彩。胎料与 K.S.001 相同。$2\frac{1}{4}$ 英寸×2 英寸。图版 X。

K.S.0010.　**泥塑残块**。莲花座和佛足。模子与胎料同 K.S.007。1 英寸×$1\frac{1}{4}$ 英寸。

K.S.0011.　**泥塑残块**。人物头部,保存有头光、右肩和肘关节。眉毛周围为发带,发带上面是冠冕形的头饰,平顶,花瓣边。长耳,头光素面。右臂平伸并上屈。胎料同 K.S.001。类似的有 K.S.005。$1\frac{3}{8}$ 英寸×$1\frac{5}{8}$ 英寸。

K.S.0012.　**泥塑残块**。链状物。弯曲,圆形。$1\frac{1}{4}$ 英寸×$\frac{3}{4}$ 英寸。图版 X。

K.S.0013.　**泥塑残块**。花环,部分弯曲,凸面贴饰六瓣花。残存五瓣,一瓣上残存蓝彩。胎料同 K.S.001。类似的有 K.S.0026。$3\frac{1}{8}$ 英寸×1 英寸。图版 X。

K.S.0014.　**泥塑残块**。凸面物,背面垫粗布,饰波状的头发(?),保存有蓝彩。胎料同 K.S.001。$2\frac{1}{4}$ 英寸×$1\frac{1}{2}$ 英寸。

K.S.0015.　**泥塑残块**。背光(?)边上的火焰纹。三朵火焰(仅存火根)。

第一朵有黄橙色彩,红线边;第二朵白色地子,上有淡紫色和绿色;第三朵为淡黄色。背面曾垫有粗布。胎料同 K.S.001。$2\frac{1}{2}$ 英寸×$1\frac{3}{4}$ 英寸。

K.S.0016. **泥塑残块**。圆形花朵,带下垂的花囊。近似 A.T. V.0039,但表面磨蚀。胎料同 K.S.001。$1\frac{15}{16}$ 英寸×$1\frac{11}{16}$ 英寸。

K.S.0017. **泥塑残块**。内容可能为梵天(Brahman)敬奉三宝。完整时呈菱形,但右半部分断落。右侧(完整时的中央部分)莲花瓣上立起长八角形浮雕,刻面上深凹;近似 Chal.0033,唯八角形拉长。顶部与各边升起火焰或列旗(右侧缺)。类似的有 005,Foucher, *L'art du Gandhára*, i.Gigs.图 216~218、220;另参见图 221。左侧蹲着男性,裸体,只穿缠腰带;侧身,面向前。头上的东西不清楚,可能是梵天的顶髻,或者是蛇头。如果是蛇头,那么人物应为哪伽(Nāga)。联珠带介于两周印纹之间。顶部的外边,为卷叶碎片。工艺精湛。胎料同 K.S.001。3 英寸×$2\frac{1}{4}$ 英寸。图版 X。

K.S.0018. **泥塑残块**。舒展的卷叶向左侧突起;右侧,近似人的胸部,残存珍珠链。塑像的局部用卷叶代替右臂,参见 K.S.0029。胎白色灰泥,坚硬,同 K.S.001。$1\frac{1}{2}$ 英寸×$2\frac{5}{8}$ 英寸。图版 X。

K.S.0020. **泥塑残块**。莲花环。与 K.S.008 同模。$2\frac{7}{8}$ 英寸×$1\frac{1}{8}$ 英寸。图版 X。

K.S.0021. **泥塑残块**。莲花环。与 K.S.008 同模。$3\frac{5}{8}$ 英寸×$1\frac{1}{8}$ 英寸。

K.S.0022. **泥塑残块**。佛足与莲花座。模子与胎料同 K.S.001。$1\frac{3}{4}$ 英寸×1 英寸。

K.S.0023. **泥塑残块**。莲花座,佛足与衣纹下部。模子与胎料同 K.S.001。

$2\dfrac{1}{2}$ 英寸 $\times 2\dfrac{1}{2}$ 英寸。

K.S.0024.　**泥塑残块**。佛头。模子与胎料同 K.S.007。保存左侧的头光。最大 $2\dfrac{1}{4}$ 英寸。

K.S.0026.　**泥塑残块**。花环,同 K.S.0013。残留蓝彩。$3\dfrac{5}{8}$ 英寸 $\times \dfrac{3}{4}$ 英寸。

K.S.0027.　**泥塑残块**。立佛。模子与胎料同 K.S.001。大腿中部以上完整。左侧头光遗失。$5\dfrac{1}{2}$ 英寸 $\times 2\dfrac{3}{8}$ 英寸。

K.S.0028.　**泥塑残块**。音乐神下半身,向左半侧身,左膝跪于莲花上。腰以下垂衣。现存的右臂弯曲,手伸向胸部,但手遗失。背光残,左边饰火焰纹。类似的有 Cha.i.N.002。帕里斯泥胎。$3\dfrac{1}{2}$ 英寸 $\times 2\dfrac{1}{4}$ 英寸。图版 X。

K.S.0029.　**泥塑残块**。左侧上部为精美的卷叶,左侧下部为人手(脚)放于小树枝上,手突起于光滑的胎面,右向。可能是身体的下半身,叶须和动物的鳍形足,像紧那罗女(Kiṃnarī)(类似的见 K.S.0018)。最大 $2\dfrac{1}{2}$ 英寸。图版 X。

K.S.0030.　**泥塑残块**。莲叶,似华盖。底面中央饰半圆形凸脊。右端残存类似的凸脊。顶上为另一组装饰的底部。帕里斯泥胎。$2\dfrac{1}{2}$ 英寸 $\times 1\dfrac{3}{4}$ 英寸。

塔里什拉克(Tārishlak)上游寺院遗址附近发现的遗物

Ta.01.　**壁画残片**。残留佉卢(?)文字,红字淡黄地。$2\dfrac{3}{4}$ 英寸 $\times 1\dfrac{1}{4}$ 英寸。

Ta.001. **陶瓶碎片**。深灰褐陶，轮制。外壁磨光，印刻同心圆，残存两个。玛亚克里克遗址以南的塔提出土。$1\frac{3}{4}$英寸×$1\frac{1}{8}$英寸×$\frac{3}{16}$英寸。

Ta.002. **陶瓶碎片**。品红陶。外壁浮雕一个圆圈，旁边阴刻菱形交叉线。表面粗糙。手制。出土地点同 Ta.001。2 英寸×$1\frac{1}{2}$英寸×$\frac{3}{16}$英寸。

Ta.003. **陶碗碎片**。碗口缘，有上下扉棱，近似罗马尖圆底碗（mortarium）。品红陶，施橄榄釉，严重磨蚀（类似者 Nura.003）。直径，颈部约 6 英寸。2 英寸×$1\frac{1}{2}$英寸×$\frac{3}{8}$英寸。

Ta.004. **陶片**。瓶把手上的兽头。类似的有 Yo.0015.f、a 型。面部磨蚀。最大 $1\frac{5}{8}$英寸。

Ta.005. **泥质贴花碎片**。花结装饰，粗糙且残破。外圈为点纹、圆圈，中央为点纹。直径$\frac{7}{8}$英寸。

Ta.008. **壁画残片**。原来位置见图 328。鼠头神的头与肩。头侧向左，脸部很像狗，张口，两颌上可见长牙；舌头伸出，似叶状火焰(？)。人耳，向上拉长，很像鼠耳，向下胀大，耳垂钻孔。两肩平直，前倾；胳膊（两只上臂）举起，手里拿着模糊不清的东西。左手拿的可能是铃。头、颈和手，橘黄色或淡黄色，颈部残留有鎏金。头光橘黄色。头发飘起，呈沙红色。胸脯与两臂着紧身衣服，浅红色，缀满白点组成的圆圈；颈部绘深灰色的带子。手镯用黑色带子表示，头饰遗失。头光与背光边缘施很深的品红色，背光以浅蓝填地，内边浅红色。严重残破，并布满黑点。整幅壁画看上去好像放在弯曲的表面上。取自寺院 Ta.i 的回廊墙面上。2 英尺×1 英尺 2 英寸。图版 XII。

Ta.009. **巨像的壁画座**。取自 Ta.i，前幅分两块（已接合）。壁画座的原来位置，见图 324。上边往下 3 英寸为巨像的坐榻边缘，浮雕坐像，饰垂帘，帘下边饰流苏。整个幅面仿布纹，上边与下边交叉装饰半圆形框，其内饰半花结。框的边缘黑色，白色圆心，同 Ch.009；花结的花瓣由外往里为白、黄、灰和黄色。

下面为凹面，刻瓶中莲花。瓶两侧各有三个跪着的人物。莲花轮廓黑色，每片莲瓣下面各有一根茎。莲叶插在宽肩瓶中，瓶肩上钻孔，同 Yo.00178。瓶浅红色，黑色轮廓，孔黑色。

左侧的供养人为男性。靠近瓶子的主要供养人，黑发平头，穿着紧身的衣袍，从左肩披至右胁；右臂无衣。脚穿黑鞋，手持半开花朵。第二个（同大）长发，颈部剪齐，有小胡子，握着莲花茎，上面为三朵闭合的花朵，身穿长袖的衣服，束腰，长至膝盖；下面为黑靴。衣领、袖口和衣边，蓝灰色加白点。左侧有剑柄伸出；右侧挂着笔、简和墨盒（？）。第三个人物近似第二个，但个子小些，画得也简单些，茎上只有一朵花。

右侧的供养人为女性，人物排列相近。领头者为供养人的妻子（？），靠近瓶子，穿着宽大的裤子或裙子，长至脚踝，上面穿紧身上衣，长至臀部，长袖，袖口肥大而飘荡。衣领、袖口和上衣边绣花，用黑色轮廓表示。头顶扎小髻，颈部头发用白卡扎住；耳前挂着发缕。两手握着美丽的含苞欲放的花朵。第二个女像，与之相似，但个体要小；袖子靠近手腕，上衣边灰色，头发梳成辫子；手拿一朵花的根茎。第三个类似第二个，但还要小；上衣边淡褐色；戴白色帽子，帽子下露出辫梢（或头顶剃光）。

所有的人物绘浅红色轮廓，头发黑色，圆头，钩鼻，斜前额，小下巴，背景浅黄。坐榻下写有中亚婆罗谜文、梵文，这显然是当地一些人为了歌颂这幅壁画而写的。开头部分，可能为画家的名字或题献，可惜过于漫漶，无法辨识。类似者见 F.E.Pargiter, *J.R.A.S.*, 400 页，1913。绘画技巧同 Ta.i.009，描绘细腻，保存极差，表面脆裂，并有许多黑点。高 1 英尺，长 3 英尺 5 英寸。图版 CXXVI。

Ta.i.001.　陶片。 碗的下部，质地粗糙。红陶，坚硬。内外壁施黑斑绿釉。脚断落。高（从脚算起）$1\frac{1}{2}$ 英寸，厚 $\frac{5}{16}$~$\frac{7}{16}$ 英寸，最大直径 $3\frac{1}{2}$ 英寸，最小直径 2 英寸。

Ta.i.002. 　陶片。瓶口,翻沿。粗质硬红陶。内外均施深色斑淡绿釉。高 1 英寸,原来直径 $4\frac{3}{4}$ 英寸,厚 $\frac{3}{8}$ 英寸,最大 $3\frac{3}{8}$ 英寸。

Ta.i.003. 　泥塑残块。羚羊头,长两只长弯角(成对,用深槽表示)。头顶浮雕起圆球,围一个凸的圆圈,表示眼睛。裂口(仅见于一侧,并合拢)表示嘴巴。大耳朵(已断裂);类似者见猎兽,F.ll.i.003。粗红陶。鼻至角尖 $2\frac{5}{8}$ 英寸。

Ta.i.004. 　泥塑残块。弧形背景,上面刻高浮雕。塑雕为六片放射的梨形叶,中央为钮扣。整幅高浮雕围绕一周联珠。残留鎏金痕。背景施深红彩,以及蓝彩痕。也有许多白点,厚彩。可能是大型塑像的臂部。最大 $2\frac{3}{4}$ 英寸,塑雕直径 2 英寸×$2\frac{1}{4}$ 英寸。

Ta.i.005. 　泥塑残块。大型塑像的衣纹。残留黑彩和红彩以及鎏金。胎未烧。$2\frac{1}{4}$ 英寸×$1\frac{3}{4}$ 英寸×$\frac{5}{16}$ 英寸。

Ta.i.006. 　泥塑残块。头顶的头发,属于一具真人大小的塑像。新月形同心圆卷发。残留有许多蓝彩,胎未烧。$4\frac{3}{4}$ 英寸×$2\frac{1}{2}$ 英寸。

Ta.i.007. 　泥塑残块。莲花冠,属于真人大小的塑像。中央和雄蕊鎏金(地子绿色),花瓣绿色,周围一周鎏金,下面施绿彩。$4\frac{3}{4}$ 英寸×$2\frac{1}{2}$ 英寸。

Ta.i.008. 　木碟。刻坐佛,作沉思状。圆形背光,边饰射线。白色发丝上尚存蓝彩,身体其他部位鎏金。碟的左边与右侧残缺。木已严重朽烂。直径 $1\frac{7}{8}$ 英寸。现存宽度为 1 英寸,厚 $\frac{3}{16}$ 英寸。

Ta.i.009. 　壁画残片。严重破碎,黑色与深红色轮廓,浅黄地,取自图 325 中的墙面。仅见零星的灰色和黄色,极淡。左侧是武士立像,四分之三向右;右肩和右侧头部残缺,腿的腓骨折断。全副甲胄:紧身胸甲,衣服露出胸甲之外,腿甲至膝,下露短裙。它们都用浅灰色和黄色的横带以及圆片带表示。裤腿塞入长靴中。长袖,紧裹手腕。左手放于胸前,拿着高足杯(tazza),球形物(盖子),细茎,平底;右手放于臀部,好像握着包裹或匕首。头上戴着类似花冠的东西,盖住紧束的发饰,头后有圆形头光。面容狰狞可怖:张口咧嘴,利牙显露,下巴开裂,上唇咬入口内或想要咬开,呈皱褶形。上眼睑的下线,擦过鼻梁,环绕脸颊,形成大曲线。上线画成类似但略小的曲线,绕至嘴角,给人以凶恶的感觉。

在右边,面对武士的是一只鹿的头、颈和前额,轮廓深红色。他们之间的下面出现一个小人像的上半身,右手拿三个花朵,可能是跪着的供养人。儿童脸,头半面剃光,额前头发梳成三角形刘海,耳朵上面头发呈圆形,耳后垂下辫子丝;类似的跪坐人物见 Mi. x iii.12。头抵鹿膝,头上写四行中亚婆罗蜜文。

壁画线条清晰,流畅;表面可见黑点或污物,同 Ta.008、009。14 英寸×9 英寸。图版 XII。

据说出土于伊斯兰阿巴德附近的遗物

Islamabad.001.　**木棍**。有六行纵向的文字,自右而左书写,字迹严重漫漶。经文和文字可疑。3 英尺 5$\frac{3}{4}$英寸×1$\frac{3}{8}$英寸。文字长 2 英尺 2 英寸。

据说在和田河下游英达里亚附近出土的遗物

Yangi-darya.001.　**桃符木**。包内含有两段直木,截面半圆形,中空。两头外圈留有凸棱;一头切齐,另一头尖头。两段木头对合,并用绳捆住两头。含有小心折叠的缝合蛇皮,带蛇头(有眼)。4$\frac{3}{4}$英寸×1$\frac{1}{4}$英寸×1 英寸。

这件桃符木是卡西亚阿訇带来的,发现于英达里亚以东的麻扎。

契丹乌里克出土的陶片标本

Khi.001. 陶片。瓶口缘,手制,陶泥淘洗粗糙,烧红色,表面刷赤铁矿色。露天烧制。$1\frac{3}{4}$英寸×1英寸。

Khi.002. 陶片。手制,枯黄陶,烧成深红色,露天烧制;内壁磨光。最大2英寸。

Khi.003~006. 陶片。手制,陶泥淘洗极粗糙,灰色,闪零星红色;露天烧制。饰草率的阴刻锯齿纹(vandyke)。006发黑色和红色斑,可能是两种泥混合造成的。最大约$1\frac{1}{4}$英寸。

Khi.007. 陶片。手制,陶泥淘洗粗糙。烧灰色陶,露天烧制,烧制均匀。凸面饰阴刻锯齿纹。类似的有Khi.003~006。最大约$1\frac{1}{2}$英寸。

Khi.008. 陶片。碗的翻缘,颈部饰草率的阴刻之字纹。手制,烧红色陶,淘洗不精,露天烧制。$1\frac{1}{2}$英寸×$1\frac{1}{2}$英寸。

第三十二章　从麻扎塔格到巴楚

第一节　麻扎塔格古堡

经过两天的行程,我轻松地从驻扎在米拉维特(Miravit)的营地到达麻扎塔格山脉与和田河毗邻的地区,他们带我途经玉龙喀什河与喀拉喀什河的合流点。在人迹罕至的库什拉什(Koshlash)兰干会合点,或许有当地人戍守,以告诉旅行者追随商人行走的路是否偏离或前往塔里木河口方向,从那里沿着宽阔的大河床向下游走。在这个季节河床部分地段已干涸,许多地方仅有 1 英里或 1 英里多宽,库什拉什下游狭窄、蜿蜒的河床流水亦不及 5 英里宽。除此之外还有一些水量愈发稀少的水塘,塘中新鲜的流水是去年夏季暴发的洪水遗留下来的。七八月间,位于冰雪覆盖的昆仑(Khun-lun)山脉中两条河流(玉龙喀什河、喀拉喀什河)源头的冰河迸发出全部的流量,巨量的河水完全淹没了整条河床。于是路线顺着河流左岸丛林中的沙丘地带行进,有些地方极难以穿过。但一年中的其余时间,路线仍是在广阔平坦的河床上,行走非常便利。夏季洪水经常发生的地区总有丰沛的地下水渗入河床。因此,河岸下面的水塘间或亦能保证蓄有新鲜的水,或者掘井也可以得到水。

◁沿着和田河大河床行进

沿着和田河的▷
沙漠路线

沿着和田河行走的道路,为和田地区与塔里木盆地中北部之间的联系提供了最直接的路线。由于它的距离最短,历史时期一定被认为是极其重要的路线,但毫无疑问它具有沙漠道路的特性。麻扎塔格山下众多干涸的支流河床和小岛表明,由于河流经常性的变化所具备的自然状况,任何规模的长期居住形式不会在河流尽头存在。然而却很清楚地发现有人在河边丛林带中放牧,确切地讲他们接近的是沙漠每一侧的高大、荒芜的沙丘最主要的部分,这种情况也一定极大地促进了交通与正常的人际交往。因此,阿古柏统治时期,从和田至阿克苏保留着一系列驿站。现在一年中的大部分时间,来自各地区的牧羊人已形成常常光临河边颇具吸引力的放牧领地的习惯。这些简要的有关路线特征及它所通向地区的注释,将有助于说明为报答我在麻扎塔格的考察而获得的发现。

麻扎塔格山脉▷

4月16日早晨,首先映入眼帘的是河流左岸耸立的一条长长地伸展荒瘠的山脉,半掩在沙漠升起的雾霭中。愈接近它愈能看清,在覆盖着大多数山岭的黄色沙土,以及山脚下河流边可寻觅的暗绿色的红柳和胡杨林的衬托下,在能立即俯瞰河流的地方上,那些黑红色的砂岩在熠熠闪耀。这里我顺便记录R.B.拉尔·辛格在本次旅行中测绘的麻扎塔格山,它是一条狭长的西北向延伸的连绵不断的山脉,至少长24英里;无论何处它的高度都不超过300英尺,高于山脉的两侧是荒无人烟的高大沙丘。它由于处于塔克拉玛干沙漠的中心,又有地质学的有价值的特征,因此非常引人注目。它的山势与叶尔羌河两侧的巴楚和吐木休克(Tumshuk)附近耸立的崎岖、孤立的山脉具有相似的地质结构,证明了和田河流域的麻扎塔格山是古代一座山系的最后部分。我在阿克苏至巴楚途中不时观察的天山最外部的山系,向东南方伸入到塔里木盆地。这些山由于历经了无数个世纪从未间歇的风力侵蚀，剩余的山体已降低到目前毫无意义的高度。于是我得以在 1913年从巴楚一侧抵达麻扎塔格的途中，能够尽可能收集到观察资料。①

　　这条险峻的山脉耸立于沙漠之中。如此引人注目的自然景观，在任何历史时期都吸引了当地人的崇拜，这或许能解释它现代的名称"神殿之山"。② 因此，我准备搜集那些显著的用布条和其他奉献物装饰的木柱，它们挺立在山脉末端，下面是濒临河流左岸的陡峭山崖（图 335；遗址平面图，附图 59）。但更令我满意的是，当我们登上高约 100 英尺的山顶，我发现这里分布着一处虽小但保存很好的戍堡遗址。如果站在一定距离从下向上看，古堡高大的墙体倚着蓝天醒目地屹立，几乎像某种石头雕刻品。陡峭的山坡遍布砾石和沙子，呈现的外观像自然的墙体、台地，或者是通向陡坡上突然出现的裸露的沙石地层的阶梯。③

> 覆盖的山脉末端的古堡

　　古堡废址所在的山岭顶部非常狭窄，向东邻近一条河流。在小台地的最顶点，有一座独立的烽燧（图 329），宽仅 30 码。山岭南面呈现出非常醒目的外观，几乎难以攀登以靠近古堡。北面的山坡稍容易一些，但它们完全置于古堡和烽燧的控制之下。遗址平面图中展现的另一道山岭，以相当的距离与主峰平行，山势低矮，亦在弓箭的射程之外。因此，古堡占据的

> 古堡的位置

　　① 参见斯坦因《第三次探险》，载《地理学刊》，1916 年第 48 期，113 页等。"麻扎塔格"名称亦适用于巴楚东南部像岛屿一样耸立的、孤立的布满岩石的山岳。当然，这些无论如何与上文涉及的无地形方面的联系；见下一注释。
　　② 根据民间传说中的信仰，独立的山岳因其神圣容易被选择为"神殿"或"麻扎"所在地方，像印度的自生者（Svayambhū Tīrthas）。参见斯坦因《古代和田》，第一卷，313 页等；本章第三、四节。
　　③ 图 332 是耸立于巴楚附近平原上的一座沙山的远照，惊人地显示了出现在麻扎塔格遗址下面北坡的岩石地层的形成。

地理位置十分险要,无论是从南面还是东面都难以攻击,西面则有烽燧防御。除了远离中心的巨大烽燧,古堡西北面的防守则要依赖横亘于布满岩石的山顶的一道墙垣和两座 16 平方英尺的堡垒,堡垒耸立于墙垣两端,修建牢固(图 329)。堡

古堡的结构▷

垒与连接其间的墙均用混有灰浆的土坯构筑,每间隔 10 英寸在中间夹一层红柳枝。此外,嵌在中间的用胡杨树干制成的木桩和横梁,又进一步起到了加固作用。这里以及围绕古堡东南面和东北面的墙垣有 10 英尺厚。古堡及内部建筑、院落 V 的墙垣均由粗糙的土坯建造,土坯尺寸为 15 英寸×8 英寸×$3\frac{1}{2}$英寸。

古堡内部▷

在墙体之间平坦的地带形成一条自然陡峭的北坡,可以进入古堡内部,包括 50 平方英尺的院落 iv。废墟中发现少量坚固的房屋建筑物,这里可能被用作营房,大量烧焦的木头表明它们可能主要是用木材建筑而成。院落 iv 西南面的外墙已荡然无存,仅在南角残留胡杨树枝。大量倒塌的墙垣散落在150 英尺以下的斜坡,墙体的坍塌是墙基顺着陡峭突出的岩石下滑造成的。进入堡垒 i 内部(图 330),要通过位于类似高楼的主要建筑一侧的大门。堡垒的墙垣最初由粗糙的土坯建造,厚 4 英尺,以后在北、东、南三面加厚至 8 英尺。与 i 相邻的堡垒西面的主体墙由不同的材料构筑,这一事实似乎说明堡垒 i 是遗址中年代最早的建筑物。它不仅仅只有一层,在墙体上还发现了方形柱洞,并恰好位于目前被损坏状态下的顶部,这显然是用于承载另一层。古堡内部空间有 20 平方英尺,堆积的废墟包括烧焦的木材,高约 7 英尺。

外部有墙的院▷
落

在堡垒与古堡围墙之间的东北面是一间狭窄的房间 ii,长 20 英尺,宽仅 6 英尺(图 331)。古堡围墙多已毁坏,穿过

它,房间 ii 由一阶梯与外面的院落 V 相连。院落 V 水平面低于堡垒本身 20 英尺,很明显是后期增建部分。尽管院落的墙体很厚,用和古堡同样规格的干土坯建成,但缺少后者的红柳加固层和木桩支撑。故经常遭遇更多的破坏,尤其是北角。围墙所环绕的空间大约有 90 英尺×29 英尺,废墟和垃圾堆中大量地发现烧焦的木头,所有的土坯经大火焚烧变得更红,据此判断过去可能曾有封顶。沿着东北面的墙清理,在其他地方发现马粪堆,这清楚地表明这是一处外院。穿过它可进入古堡,这里主要用作马厩。大门通过东南面 10 英尺厚的墙垣。

山顶上的烽燧(图 329)海拔 225 英尺,高出河床两侧土岸的顶部,距离古堡西面的堡垒 60 多码,极其牢固。从结构、规模以及圆锥形的外形看,它令人惊奇地联想到分布在敦煌的相似的烽燧。它由平直、相当规整的硬土坯砌成,土取自位于山脚下的河流两岸。土坯每间隔 10 英寸有一层红柳枝,胡杨树木桩和横梁也嵌入其中。西南和东北面的基座宽 25 英尺,其他两侧宽约 22 英尺。由于东南面已严重地毁坏,较长的两侧的实际长度已无法测量。烽燧现存高度有 20 多英尺,即使没有登上它的顶部,亦能远远地眺望绵亘于宽广的河床及河边丛林地带上下的景观,远至高大、荒芜的沙山。 ◁山顶上的烽燧

古堡内部遗迹发掘工作开始后,我们非常忙碌地度过了漫长、炎热的三天。堡垒 i 最近挖掘的洞穴痕迹显示,我在伊斯拉马巴特(Islāmābād)获得的吐蕃文木简曾出土于此。但是这些挖掘物遗留的厚重的废墟之下并未被扰动,经过清理出土了一些吐蕃文木简,同米兰古堡发现的非常相像。此外还发现了罕见的吐蕃文纸文书。类似的大部分遗物是古堡最后的居住者留下的,发现于房间 i 外侧入口的壁龛 iii 的堆积中。 ◁堡垒的发掘

房间 i 的混杂物中发现了一支芦苇笔,编号 M.Tagh.i.006,笔尖切削,与米兰发现的一支笔相同。一枚木质骰子,编号 M.Tagh.i.007,数字的排列方式同米兰出土的象牙垂饰一样。一把喀达里克型式的木钥匙,编号 M.Tagh.i.0011,以及一个精致的龟形陶碟,编号 M.Tagh.i.0029(图版 LI)。在房间 i 惊奇地发现了一个挖掘在地面下的大窖穴,深 5.5 英尺多,面积约 6 平方英尺。它曾用木材精心地铺垫,像一块大木板形成了外罩,木板连同一个小活板门毁于最后的火灾中。这个窖穴肯定是用来贮藏东西的,人们都曾确信会在这里发现"珍宝",然而发现时却是空荡荡的,令人失望。

房间 ii 的出土▷
物

　　在狭窄的房间 ii 发现的遗物除了六件吐蕃文书,还有一个三角形坚硬的灰泥制模子,编号 M.Tggh.ii.0010,用于浇铸坐佛塑像。几乎不需要这个发现,我就确信在佛教时期"神殿之山"一定也拥有自己的寺院。但是直到 1913 年 11 月我再次考察时,在前文提到的用奉献物装饰的木柱堆一面的围墙下寻觅到佛寺遗迹,现在这里被认为是伊斯兰教圣徒的休息之地,而受到旅行者们的崇拜。在房间 ii 的一角出土了 20 件左右平整、制作粗劣的陶碗,直径约 5 英寸,可能用于祭祀。

清理区域 iv▷

　　清理古堡主体墙内的大区域 iv 时出土物甚少。地面被烧过的残土坯及木炭覆盖着,厚达 3~5 英尺。所有易腐烂的遗物都被这场巨大的火灾毁坏了。发现了两个埋入地下的大陶罐:一个高 2 英尺 6 英寸,最宽 2 英尺 4 英寸,口径 10 英寸;另一个稍小,矮颈,高仅 1.5 英尺。这两个陶罐可能用于贮水。

出土的钱币▷

　　在大陶罐里发现两枚铜币,年号是乾元(Ch'ien-yüan,公元 758—760 年)。相同年号的第三枚钱币在小陶罐附近发现。顺便提及我们发现的其余六枚钱币,或散布在遗址附近地表,

图327 玛亚克里克佛殿Ⅰa.Ⅱ墙上的彩绘画，表现巨像之间的坐佛

图328 玛亚克里克附近佛殿Ta.Ⅰ内墙上的四手神蛋彩画

图 329　麻扎塔格山脉的古堡与烽燧，自西北望

图 330　麻扎塔格古堡内部，中部为角楼，右面是北部的堡垒遗迹

或埋入古堡下面的垃圾堆中。至少有四枚钱币是乾元年号，其中一枚年号为大历（公元 766—780 年），另一枚是唐朝通用的开元钱币。[1] 因此，这些钱币提供的有价值的年代学证据，值得深入思考。

　　第一天工作中，在东部和东北部的陡峭山坡下发现的巨大的古代垃圾层，证实了各种类型丰富的遗物远远超过了古堡遗址本身。垃圾层从靠近外院 V 的大门，一直延伸到院落 V 北角以外的范围，长大约 190 英尺。它们在山坡上的最宽处约 70 英尺，深度见图 334，有些地方达 4~5 英尺。这些垃圾堆主要由稻草、粪便、动物骨骼等混杂组成，其外观和仍然刺鼻的气味使人直接回想起古老的吐蕃人废弃于米兰戍堡的那些无法形容的肮脏、巨大的垃圾堆。垃圾物的形成毫无疑问最早主要归于一支吐蕃驻军的存在。经系统的清理发现了大量书写于木板或纸上的吐蕃文书。而且在这个厚厚的大垃圾层中出土的文书遗物继续占优势，各种不同内容的文书混杂，它们的保存状况出乎意料地非常好。因为从下面的河流升起的潮气不可能上升到这座岩山的高度，故这里完全不见植物生长的迹象。而前文已涉及的高地和外部低矮的山岭，又阻挡了沙丘以及流沙堆的侵蚀。

◁山坡上的大垃圾层

　　第一天我们开始清理位于通向古堡外门下面斜坡上的垃圾堆，接下来的两天一直向西面清理，超出了院落 V 北角。每天清理的范围编号 a~c，每一部分的工作都从山坡底端开始，

◁清理垃圾堆

---

　　① 参见附录 B，大历钱币与一枚乾元钱币出土时粘在一根小树枝上，M.Tagh.c.005（图版 LI）。遗址出土钱币提供了十分准确的年代学证据。有趣的是我在伊斯拉马巴特获得的 12 枚钱币，亦据说来自麻扎塔格。其中 11 枚是已磨损的"五铢"或"鹅眼"钱。第 12 枚钱币有一铭文（图版 CLX.No.35），经 J.阿兰先生（J.Allan）释读认为是公元 581—604 年的五铢，否则我也不认识（见附录 B）。这些钱币可能是来自麻扎塔格山上或附近的塔提。在同我的老向导吐尔迪一次谈话中，我曾听他提到这些钱币的出土位置，但我不能证实。另参见斯坦因《古代和田》，第一卷，579 页。

向上逐步清理。一旦出现文书即装入按罗马字母顺序编号的
袋子里,因为无法统计单独的文书残片,最终文书的数量接近
1 000件。沿着外院周围分布的同样的堆积物,证明它们是被
随意地扔到东北墙附近的不同地方,因此也无法断定堆积物
的年代顺序。在论及出土的丰富的文书之前,我简要记叙发
现的各种各样的遗物中颇具意义的一些东西。

古堡出土的各▷
种各样的遗物

这些出土遗物有助于说明位于沙漠中的这个孤立小要塞
的生活状况。一些带箭杆的长箭充分说明了驻守军队的装
备,编号M.Tagh.a.0013~0016;b.007~0010(图版LI),是一些
没有任何装饰的箭杆,其中一支在有皮革的部位装饰了一片
叶状青铜饰品。用红柳制成的木弓残片,编号 M. Tagh. a.
0017、0018(图版LI);短剑和刀的木鞘,编号 M.Tahg.a.004、
005。还有许多被丢弃的用羊毛和毡子制成的各类鞋子,有的
鞋用不同的图案缝制,编号 M.Tagh.a.0039、0041~0045,它们
的厚度和巨大的尺码都说明足以抵御严寒。与楼兰、敦煌边
境地区类型相似的编织鞋也具代表性,M.Tagh.a.0040 为一件
样品。众多的织物残片属于毛质衣服的一部分,多数是紫红
色或大红色。由于缺乏精致的纺织物尤其是丝织品,因此这
些毛织物极具意义。仅有的一件织锦残片 M. Tagh. a.
iv.00177,它的织造与米兰吐蕃戍堡出土的一块锦非常相似。
两双木质筷子也具代表性,编号 M.Tagh.a.0019(图版LI),
C.002。渔网残片,编号M.Tagh.005、0017,表明当河流暴发洪
水时,也可捕鱼。木质骰子,例如编号 M. Tagh. a. 0031, iv.
00172,上面的孔或墨绘的圆圈的排列方式同米兰戍堡的一
样,是吐蕃士兵盛行的一种娱乐活动。一些木质封泥盒,型式
与敦煌边境地区驿站出土的极相似,如 M.Tagh.a.0025、0026、
iv.00173 等。即使没有出土丰富的“各种文书”亦足以证明,

人们通过这个边沿区的驿站保持着正常的联系。木质钥匙和锁子的用途与达玛沟附近遗址发现的类似。已被一些标本证实,如 M.Tagh.b.0012~0015 等。

　　然而对于这些垃圾堆中保存的文书,我们必须首先看揭　◁吐蕃文书
示废弃的古堡特征及占领时期的资料。关于后者,仅有的事实是出土的文书绝大多数是吐蕃文,即可充分地、清楚地证明。① 由历史文献获知,吐蕃在新疆的势力自公元 8 世纪中期以后才开始占据主导地位,至公元 791 年中国的安西都护,即库车,与北庭(吉木萨尔附近)都护最终屈从于它。吐蕃政权一直存在于这些地区,直至大约公元 860 年回鹘人在甘肃最西部及北方领地建立起一个强大的王国之时。② 或许和田地区在某种程度上受吐蕃势力影响的时间更长。麻扎塔格出土的大量的书写于木板或纸上的吐蕃文书无疑属于这一时期。由这些文书的语言和内容作出的推断,已完全被前文提及的钱币出土物,以及下面即将叙述的一件汉文文书的准确年代所证实。可以肯定文书的内容通常是简短的军事报告,申请,有关武器、供给等的陈述。正如我们推测的,古堡如同一个前哨,它控制着一条重要路线。但是从 A.H.弗兰克博士编纂的目录中所获取的多方面信息,目前我还不能领会。而且关于我所搜集的吐蕃文书③的出版注释中,他并未区分麻扎塔格与米兰的文书。以后我必须将这些文书集中,以审验是否具有文物或地形学等方面的价值。

────────────

① 吐蕃文书标本,照片见图版 CLXXII。

② 关于这一时期的概要,参见斯坦因《古代和田》,第一卷,63 页以下。中原王朝在塔里木盆地的统治结束的细节,见沙畹的附注,斯坦因《古代和田》,第一卷,533 页以下。

③ 参见《奥雷尔·斯坦因爵士于中国新疆搜集的吐蕃文书》注释,载《皇家亚洲学会会刊》,37 页以下,1914;另见本书第十二章第五节;附录 G。

和田语文书▷ 　　不论是吐蕃还是中原王朝以前的统治,都没有干涉和田地区使用和田语从事地方行政管理和个人交流。这一结论已从过去丹丹乌里克及其他地方发现的婆罗谜(笈多草体)文书与和田语文书,以及麻扎塔格出土总共超过 70 件的类似文书得到完全的证实。[①] 它们多数书写于纸上,有几件写在木板上,有些保存得相当完整。一些婆罗谜纸文书可见红色印记,如同常见于麻扎塔格古堡及米兰戍堡出土的吐蕃文纸文书上的一样。其中一些是双语文书,一面是和田语,另一面是吐蕃语或汉文[②],这些文书值得重视。它们证明在军事与政治控制的权力下,日常行政工作经常使用本地语言是必要的。

回鹘文及其他▷
字体的文书残
片 　　这里我顺便提及的是麻扎塔格垃圾堆中出土的文书残片也包括两件回鹘文,一小片编号为 M.Tagh.a.0048 的文书所显示的字体似乎来自阿拉伯文,是早期粟特文。木简残片 M.Tagh.a.III.0061 的字迹多已磨灭,若真的如我当时认为的是佉卢文,那么它就会将遗址的年代提前到非常早的时期。另一方面,一件文书残片显现的一行非常潦草的阿拉伯文,似不必要将年代推迟至吐蕃时期。因为我们知道吐蕃人在公元 8 世纪初即与阿拉伯人在帕米尔以西地区互有来往,事实上至公元 757 年,来自西突厥斯坦地区的阿拉伯人已找到了进入中国的正确路线。[③]

唐代汉文文书▷ 　　尽管数量非常少,相对地已毫无意义,但出土于垃圾堆的汉文文书都是纸质,它们所提供的文物研究的信息特别有价值。这是沙畹先生所提供的,根据他所作出的下列结论,仅有

---

① 有关文书标本,见图版 CLI;附录 F。

② 参见 M.Tagh.b.0020,图版 CLI;M.Tagh.b.002,见沙畹《文书》,图版 XXXII,No.963。巴拉瓦斯特(Balawaste)和麻扎托格拉克(Mazār-toghrak)出土了相似的双语文书残片,出处同上,图版 XXXVII,Nos. 977、981、982。

③ 参见沙畹《西突厥》,290 页以下,299 页;斯坦因《古代和田》,第一卷,62 页等。

唯一的阐释和评论。① 首先应提到的是保存良好的文书 ◁公元 786 年的
文书
No.974（图版 XXXVI），上面显示的准确日期是公元 786 年。
它是一份官方证明，是清楚的副本抑或是草稿尚未确定，但这
是由中国较高的权力机构签发的，称号是"都护府"（Tu fu
shih）。由于文书中重复地出现一个不能认读的汉字，它对理
解文书内容很重要，沙畹先生慎重地没有翻译这些内容以避
免评论。蒋师爷解释了这份文书，认为它是保证安全的通行
证，使用时期直至中国行政机构至少在塔里木盆地部分地区
仍有统治权时，文书 No.951 残片毫无疑问也属于这一时期。
No.951 提到中国一位高级军事官员，以及安西即库车，自公元
658 年至 787 年是"安西都护府"所在地。对文书 Nos.962、967
经过同样的观察得知，前者是某个村庄的请愿书，后者则是对
一位曾荣获唐朝政府嘉奖的中国官员的仆人的命名。

文书 Nos.963、968 是关于食物供应等极简单的记叙。文 ◁汉文寺院记录
书 Nos.955～961 是佛教经文残片，No.961 背面有吐蕃文。文
书 No.973 取自佛典，但没有显示出处。文书 No.965 不是书写
练习，而是某个学生讲述他的家庭和房屋。但具有明显文物
研究意义的是四大页文书 Nos.969～972（图版 XXXIII～XXXV）。
第 4 页文书的内容是关于一年中的最后三个月及次年年初，
一座佛教寺院经过详细而适当的审核的日常生活费用记录，
但不幸的是未发现年号。沙畹先生谨慎地将其归入公元 7 或
8 世纪，没有更好的理由值得怀疑。经稍微测量后知文书一
般长 19 英寸多，宽 11 英寸多，出土时折叠在一起放入一条窄
窄的卷轴里，并用丝绸缝制以避免损坏，卷轴肯定只是用于盛
放已写好的文书。审核这些文书需要极大的细致，一年中每

---

① 参见沙畹《文书》，201～217 页。

隔几天担当管理员或财务总管的和尚就定期地签署所有的文件,另外相应地由寺院的长老(Sthavira)、寺主(Vihārasvāmin)、知事(Karmadāna General)签字。

寺院的位置▷　　文书没有直接显示寺院位于何处,但从经常性的有关追求物质生活享受之舒适、奢侈的费用记载分析,难以想象同麻扎塔格一样处于沙漠地带。我肯定这份细致的寺院文书一定是在距离麻扎塔格古堡不远的地方发现,其他的证据也支持了这一推论。关于某些细目的注释说明寺院是建立在一个人口稠密的耕作地域,位于其他的佛教僧院(Vihāras)附近。①根据麻扎塔格的位置,我认为这座寺院可能属于和田地区,文书中提到的一些费用由寺院的一位仆人作代表交给"西河地区"(Hsi-ho)②某个乡村地区的收税人。我认为沙畹先生正确辨认的"西河地区"即指喀拉喀什以西的行政区域,现在这些地方一般也包含在取名于同一条河流的具有普通名称的"喀拉喀什"地区之中。文书中反复地提到和田地区的寺院允许购买酒,从事地毯、毛毡制造,这些都是和田的本地产品,早期就已非常著名。③

文书的年代▷　　那些确切记录各种食物原料、日用品及劳力价格的文书,对于了解本地区的经济生活历史具有一定的意义,在此无须强调。由于缺乏任何明确的年代记载,需要特别补充说明其中一些费用开支用于一支正在进行艰苦远征的中国军队;为与军事总部有关的"护送队伍秘书"购买水果等,或者向一位

---

①　因此,由文书 No.969 知道,寺院供养人向"城镇"某个地区的收税人交纳的费用(第 12、13 行);为请求建造两间寺殿买酒款待某些"人们"的费用(第 16、17 行)。文书 No.970 发现一份为某座佛殿买酒接待那些从事农业劳动的人们的记载(第 4 行);向首府某地区和收税人递交的费用开支账目(第 12 行);一份关于支付在旗幡上绘龙画凤工作等的报酬记录,龙凤旗用于乡村集会等(第 17 行)。

②　参见沙畹《文书》,No.971,第 13 行;215 页,注⑥。

③　参见沙畹《文书》,No.969,第 5、11、16、17 行;No.970,第 2、6 行;斯坦因《古代和田》,第一卷,134 页。

中国高级统帅官的葬礼呈递礼物。[①]　所有的材料都清楚地证实,寺院文书属于中国仍有效地军事统辖这些地区的时期,因此它们的年代不可能迟于公元8世纪前50年。

最后,由这些丰富的垃圾文物和出土的各类文书内容所引起的问题,是这个长期存在的沙漠哨站的特点与历史。很明显,荒凉的麻扎塔格山由于其高度和居高临下的位置,为一所哨站戍守沿河的路线和控制来往交通提供了极其有利的条件。这些优势自早期一定被重视利用,它表明在和田地区唯一通向北方的路线上,麻扎塔格遗址充当了一座自然前哨的角色。在适宜的天气下,当烽烟从相对高于平坦的沙漠平原的独立的山岭顶部冉冉升起,从非常遥远的地方也能清楚地看见。因此可以大胆地假定,在废弃的古堡建立之前,这里至少是暂时的以此种方式被利用。山顶远离中心的烽燧具有坚固的结构,独特的古代风貌说明其年代可能属于较早时期。

▷戍守路线的早期哨站

另一方面,可以肯定古堡最后的占据者是吐蕃人,古堡下方发现的垃圾堆是一支吐蕃戍卫军长期停留期间堆积。由这些结论得出,在公元8世纪后50年的动乱时期,当吐蕃人首次横行于塔里木盆地西部和南部,且最终完全征服、取得了北庭(公元790年)和库车控制权,麻扎塔格古堡的重要性日益增强。前文提到的米兰古堡,位于一个极其适当的地理位置,以控制通向东方的一条重要道路,在同一时期肯定拥有自己的吐蕃驻军。[②]　出土于这两个古堡的吐蕃文书经弗兰克博士的初步分析,证明它们的性质与内容基本一致,因此已全部地说明了问题。期望今后通过更深入的研究,揭示关于吐蕃人

▷麻扎塔格与米兰的吐蕃人占据期

① 参见沙畹《文书》,第969号,第2,3行,19页等。
② 参见本书第十二章第六节。

统治塔里木盆地的特点,维系军事和行政管理的方式等。两个戍守穿行于沙漠的路线的古堡,被道路相隔 700 多英里,如此的遥远,它蕴含着丰富的历史内容。

麻扎塔格古堡发掘的出土物

M.Tagh.i.001. **6 件结实的毛(?)质编绳残片。** 略带粉红的米色。宽 $\frac{7}{8}$ 英寸,最长 $5\frac{1}{2}$ 英寸。

M.Tagh.i.002. **白色石圆盘。** 不透明,纵向钻孔。直径 $\frac{3}{4}$ 英寸,厚 $\frac{1}{4}$ 英寸。

M.Tagh.i.003. **叶形薄青铜片。** $2\frac{5}{8}$ 英寸×$1\frac{1}{8}$ 英寸×约 $\frac{1}{100}$ 英寸。图版 LI。

M.Tagh.i.004. **泥制纺轮。** 扁平的圆盘,钻孔。直径 $1\frac{7}{16}$ 英寸,厚 $\frac{3}{16}$ 英寸。

M.Tagh.i.005. **铁钉。** 断面呈菱形。圆颈,顶端有一较长的四边形尖状物。长 $2\frac{3}{4}$ 英寸,直径 $\frac{3}{16}$~$\frac{1}{16}$ 英寸(顶端)。图版 LI。

M.Tagh.i.006. **芦苇笔。** 笔头切削,同 M.I.Xlii.003 一样。已烧焦,破损。长 $2\frac{1}{4}$ 英寸。

M.Tagh.i.007. **木骰。** 粗糙的立方体,以墨色圆圈表示数字,排列方式同 M.I.iii.004 一样。参见 M.Tagh.a.0031,IV.00172。面积 $\frac{5}{8}$ 英寸×$\frac{1}{2}$ 英寸见方。

M.Tagh.i.008. **椭圆形棕色皮革碎片。** 表面修整光滑。平行的一边有一半圆形裂口。1 英寸×$\frac{3}{4}$英寸。

M.Tagh.i.009. **玻璃残片。**器物口缘,蓝绿色,半透明。边缘厚,圆形。最大 2 英寸,厚$\frac{3}{16}$~$\frac{1}{10}$英寸。

M.Tagh.i.0010. **角梳。**状如 M.Tagh.a.002,梳齿全部断裂。宽 2$\frac{1}{2}$英寸,梳柄高$\frac{7}{8}$英寸,16 根梳齿残高 1 英寸。

M.Tagh.i.0011. **木钥匙。**用于打开 Kha.v.006 类型的锁子,有六个木钉孔(木钉全部丢失)。排列方式如下：⋮·⋮·。有墨绘痕迹,坚固,保存较好。长 4$\frac{7}{8}$英寸(柄手长 1$\frac{7}{8}$英寸),宽$\frac{15}{16}$英寸,厚$\frac{9}{16}$英寸。

M.Tagh.i.0029. **赤陶浅碟残片。**龟形,现存头部和前腿,中心圆点周围以深凹的圆形刻槽象征眼睛。两道凹痕代表鼻孔;较宽的裂缝象征嘴部,三个十字形的裂痕表示牙齿。身体一侧刻有粗略的菱形纹饰。后部挖空制成碗状,破损的表面覆盖砖红色泥土,表面为浅黄色。制作精致。3 英寸×3 英寸×3$\frac{1}{2}$英寸。图版 LI。

M.Tagh.ii.001. **角梳残片。**类似 M.Tagh.i.0010。梳齿断裂,一端已不存。梳柄高$\frac{15}{16}$英寸,宽约 3 英寸(原宽),30 根梳齿宽 1 英寸。

M.Tagh.ii.009. **陶壶。**球形腹,短颈,口微侈,从口缘至肩部有一个环状柄。平底,手制,粗红陶,高 3$\frac{1}{5}$英寸,直径(包括把柄)3$\frac{1}{2}$英寸。

M.Tagh.ii.0010. **三角形灰泥模范。**用于铸造坐佛塑像,剖面呈三角形,顶部毁坏。模范最宽面表现佛端坐于莲花上,手置于衣服下摆,圆形(Vesica)和光环,红色硬灰泥(帕里斯灰泥?)。3 英寸×2$\frac{7}{8}$英寸×1$\frac{7}{8}$英寸。

M.Tagh.iv.001. **焙烧的骨骼碎片。**一端逐渐变细,方形,断面呈椭圆形,狭窄的一侧均有交叉的斜线刻纹,宽阔部分之间有直线刻纹。2 英寸$\times \frac{1}{2} \sim \frac{5}{16}$英寸$\times \frac{6}{17} \sim \frac{1}{4}$英寸。

M.Tagh.iv.002. **木棍。**一端是突起的球形扶手,狭窄的颈状部分装饰造型,另一端残。长 $4\frac{3}{4}$英寸,木棍直径$\frac{1}{2}$英寸,颈部直径$\frac{5}{16}$英寸,球形扶手直径$\frac{3}{4}$英寸。

麻扎塔格古堡下方垃圾堆中发掘的出土物

M.Tagh.a.001. **小圆环。**有白色毡带,用于佩戴头部时起固定作用。用线缝制。见 M. Tagh.a.0034,外径 $3\frac{1}{8}$英寸,厚$\frac{3}{4}$英寸。

M.Tagh.a.002. **木梳。**背面比普通的木梳平直,但仍略弯曲,一端已残。参见 L.A.VI.ii.0014。宽约 4 英寸,高 $2\frac{3}{8}$英寸,梳齿长 $1\frac{5}{16}$英寸,12 根齿长 1 英寸。

M.Tagh.a.003. **木质刀柄。**平直,断面呈椭圆形,有孔,刀刃已残。坚固,但已破裂。$5\frac{1}{2}$英寸$\times 1$ 英寸$\times \frac{3}{4} \sim \frac{1}{2}$英寸。

M.Tagh.a.004. **木鞘。**用于匕首或短剑尾部。制造时用两块中空的木板对接,然后外面覆盖一条明显胶粘的皮革。$5\frac{3}{4}$英寸$\times 1 \sim \frac{5}{8} \sim \frac{3}{8}$英寸。

M.Tagh.a.005. **匕首尾部的木鞘。**同 M.Tagh.a.004,但较长。此件不是用宽条皮革,而是用窄条皮革系在木鞘周身。其干(Chigan?)用木制成。$6\frac{1}{8}$

英寸 $\times 1\dfrac{3}{16}$ ~ $\dfrac{7}{8}$ 英寸 $\times \dfrac{13}{16}$ ~ $\dfrac{9}{16}$ 英寸。

M.Tagh.a.006、007. 两块木简。 空白,每块均有穿绳的小孔。长 $5\dfrac{1}{4}$ 英寸和 5 英寸。

M.Tagh.a.008. 木笔。 剥去树皮的细棍,尖部修整,同 T.xii.007。长 $7\dfrac{1}{8}$ 英寸。

M.Tagh.a.009. 木棍。 可能为织机部件(?),被简单地削断,一端内空。见 L.B.0011。长 1 英尺 $1\dfrac{1}{8}$ 英寸,直径 $\dfrac{1}{10}$ ~ $\dfrac{1}{2}$ 英寸。

M.Tagh.a.0010. 木质抹刀。 有一扁平、椭圆形的滚子,切削粗糙。全长 $6\dfrac{5}{8}$ 英寸,滚子最长 $2\dfrac{1}{8}$ 英寸,宽 $\dfrac{11}{16}$ 英寸。

M.Tagh.a.0011. 木质抹刀。 有一扁平、椭圆形滚子,同 M. Tagh.a.0010,切削光滑,把柄末端是椭圆形。全长 $6\dfrac{3}{16}$ 英寸,滚子长 $1\dfrac{1}{2}$ 英寸,最宽 $\dfrac{3}{4}$ 英寸。图版 LI。

M.Tagh.a.0012. 残纸片。 薄,粘接,多已破损,曾用于包装印记的红色油墨粉末。11 英寸 $\times 3\dfrac{1}{4}$ 英寸。

M.Tagh.a.0013. 木箭杆残件。 饰羽毛的一端完整,另一端残,完整的一端向上渐细略尖,但末梢稍厚以便刻凹槽搭弓。完整的一端,$1\dfrac{13}{16}$ 英寸,显示髹漆和捆绑的印记。残留的三支羽毛遗物,长约 5 英寸,以逐渐向上盘绕的方式排列。因此按照长度,它们只是箭杆做了一个四分之一的旋转(这一效果是左手旋转传递的)。箭杆的尾部又一道环形漆,参见 T.xixi.006。长 $10\dfrac{1}{2}$ 英寸,直

径 $\frac{1}{4}$ ~ $\frac{3}{8}$ 英寸。图版 LI。

　　M.Tagh.a.0014. **木箭杆。**类似 M.Tagh.a.0013，长度基本完整，但未装饰，有凹槽，不见鬃漆印记或羽毛，两端均呈尖状。长 $10\frac{3}{8}$ 英寸，直径 $\frac{1}{4}$ ~ $\frac{3}{8}$ 英寸。

　　M.Tagh.a.0015. **木箭杆残件。**类似 M.Tagh.a.0013。没有羽毛装饰的痕迹，有红色绘画和鬃漆痕迹。长 $5\frac{1}{2}$ 英寸，直径 $\frac{1}{4}$ ~ $\frac{5}{16}$ 英寸。

　　M.Tagh.a.0016. **木棍。**一端破损，修整光滑，可能用作箭杆。长 $10\frac{3}{4}$ 英寸，直径 $\frac{5}{16}$ ~ $\frac{3}{8}$ 英寸。

　　M.Tagh.a.0017. **弯曲的木弓的上部。**断面呈三角形，顶部有一个穿孔用于悬挂。向下 $2\frac{1}{2}$ 英寸处有一凹槽用于穿绳，边缘均已磨坏，从较低一端有 5 英寸长木头被削掉以便于捆缚，现已不存。木材可能是红柳。长（直线）$12\frac{1}{2}$ 英寸，最宽 $\frac{7}{8}$ 英寸，最厚 $\frac{13}{16}$ 英寸，图版 LI。

　　M.Tagh.a.0018. **弯曲的木弓的上部。**同 M.Tagh.a.0017，较低一端残留有 $4\frac{1}{2}$ 英寸剥去树皮的枝条捆绑的痕迹，长 11 英寸（直线）宽 $\frac{7}{8}$ ~ $\frac{3}{16}$ 英寸，厚 $\frac{7}{8}$ ~ $\frac{5}{8}$ 英寸，图版 LI。

　　M.Tagh.a.0019. **一双木质筷子(?)。**修整光滑，末端被粗钝地斜截掉，筷子上端往上愈尖。筷子原先取自一个树干节，顶端仍厚，下面用绳子将二者连接，参见 M.Tagh.c.002, l.a.i.iv.006、007。长 $8\frac{1}{4}$ 英寸，直径 $\frac{1}{4}$ 英寸，绳子长 $4\frac{3}{4}$ 英寸，图版 LI。

M.Tagh.a.0020. **残铁片。**扁平,上有一个穿孔(直径约$\frac{1}{8}$英寸),间距不规则。一边直,另一边弯曲,其他破损,锈蚀,可能是盔甲的甲片(?)。$2\frac{1}{8}$英寸×$1\frac{5}{8}$英寸×$\frac{1}{32}$英寸。

M.Tagh.a.0021. **木质钥匙。**用于 Kha.v.006 类型的锁子,有六根钉子,已损坏,排列为$\vdots\,\cdot\,\vdots$。切削光滑。全长 $5\frac{3}{8}$英寸,手柄长 $2\frac{1}{2}$英寸,宽 1 英寸,厚$\frac{3}{4}$英寸。

M.Tagh.a.0022. **木栓。**用于 Kha.v.006 类型的锁子,有六个钉孔,排列为$\cdot\,\vdots\,\cdot\,\vdots$,近一端。表面上部有一沟槽,不在边缘,因此槽口上的木栓肯定会固定在木板上。沟槽 $3\frac{3}{8}$英寸×$\frac{3}{16}$英寸;每一端把一个木钉钉入木板中$\frac{1}{4}$英寸,缩短以达到所需的准确长度,一个已破损。$5\frac{3}{8}$英寸×$1\frac{3}{4}$英寸×$\frac{1}{2}$英寸。

M.Tagh.a.0023. **木栓。**与 M.Tagh.a.0022 相同;一边下面有插孔为钥匙穿孔,六个木钉排列为$\cdot\,\vdots\,\cdot\,\vdots$。表面上部是用于插木栓的沟槽(3 英寸×$\frac{1}{2}$英寸×$\frac{3}{16}$英寸)。木栓的一边由木块边缘砍削而成。$6\frac{3}{8}$英寸×2 英寸×$\frac{5}{8}$英寸。

M.Tagh.a.0024. **陶质水容器盖。**有圆形盖和小孔,粗红陶。盖顶有粗糙的轮制印痕,边缘卷曲像馅饼皮,手制。直径 3 英寸,高 $1\frac{3}{4}$英寸,图版 LI。

M.Tagh.a.0025、0026. **两个木质封泥盒。**参见 T.iii.5 类型 A;但两面仅有一道沟槽。0026 仍残留绳子和部分封泥,0025 有泥土块,制作粗糙。2 英寸×

$\frac{3}{4}$英寸×$\frac{3}{4}$英寸;1$\frac{1}{4}$英寸×$\frac{3}{4}$英寸×$\frac{5}{8}$英寸。

M.Tagh.a.0027. **木梳的一半。** 背部略呈拱形,同 M.Tagh.a.002,高 2$\frac{1}{4}$英寸,宽(残)1$\frac{3}{4}$英寸,梳齿长 1$\frac{1}{8}$英寸,12 根梳齿长 1 英寸。

M.Tagh.a.0026~0029. **两个圆柱形木块。** 每一个中部旁有一道宽槽,绳子磨损(?),可能是"套索钉"用来抓紧拉手。0028 长 1$\frac{1}{2}$英寸;0029 长 1 英寸;最大直径 1$\frac{1}{8}$英寸。

M.Tagh.a.0030. **有铆钉的铜牌。** 同 Kelpin.0012,椭圆形,每一个角都有圆形口和穿孔。1 英寸×$\frac{3}{4}$英寸,裂口$\frac{1}{2}$英寸×$\frac{1}{4}$英寸。

M.Tagh.a.0031. **立方体木骰。** 以小孔作记号,按今天的方式排列。参见 M.Tagh.i.007,a.IV.00172,M.I.iii.004。$\frac{5}{8}$立方英寸。

M.Tagh.a.0032. **蓟形白石块。** 茎状部分残,参见 M.Tagh.0029,高$\frac{5}{8}$英寸,最大直径$\frac{5}{8}$英寸。

M.Tagh.a.0033. **粗纤维(?)绳团。** 双股。

M.Tagh.a.0034. **毡制环。** 内部的皮革(?)以细绳缝合,参见 M.Tagh.a.001,外径 2$\frac{1}{4}$英寸,厚$\frac{1}{2}$英寸。

M.Tagh.a.0035. **黏结的纸(?)残条。** 双层,中部以绳子束紧,一面以红色线条绘菱形纹饰,表层与底层分离,7 英寸×$\frac{5}{8}$英寸。

M.Tagh.a.0036. **不规则橙色毡带。** 5$\frac{1}{2}$英寸×1$\frac{1}{4}$英寸。

M.Tagh.a.0038. **两条淡黄色毡带。**整条毡带均缝制。8英寸×2$\frac{1}{2}$英寸~$\frac{5}{8}$英寸。

M.Tagh.a.0039. **深黄色毛布鞋。**鞋帮以深黄色和棕色毡为材料制成一片,缝合至足尖部。鞋底用结实的双重交织纤维和羊毛线紧密地编织,已磨损呈沙色,鞋帮的布和衬里用成排平行的针脚缝合,由顶部坚实的纤维绳与鞋底连接,后跟外部镶一块黄色毡制补丁以加固,已全部磨损。鞋口一圈用拉绳束紧。长11英寸,最宽5$\frac{1}{2}$英寸。

M.Tagh.a.0040. **绳编浅帮鞋。**式样与L.a.VI.ii.0025相同,但是短绳构成鞋帮,连续环绕鞋底一周,形成一只完整的鞋。它们用两道拉绳一直到足底弓前部,聚拢为两部分,分别是鞋跟和足尖。后部的拉绳挽成一个环,前面松散的拉绳穿过绳环打结,这样可便于系紧鞋子。长12$\frac{1}{2}$英寸,最宽4$\frac{1}{8}$英寸。

M.Tagh.a.0041. **绗缝的浅黄色毡鞋。**鞋底和鞋帮均用两块纵向的毡片制成,沿着鞋底中部及前端上部,鞋跟后部缝合。足尖、脚跟、两侧的鞋底边翘起,因此减少了与鞋帮相连的缝口同地面的摩擦。靠近脚踝较高处有拉绳痕迹。鞋子通体的毡子厚实而且绗缝;鞋底用密致的粗纤维线缝制,鞋帮上用鳞片状大小的针脚装饰出纹样。鞋底脚跟,足尖及鞋帮每一边均镶一块粗糙的皮革补丁,长10英寸,最宽4英寸,脚踝高3$\frac{3}{4}$英寸。鞋里有两块胭脂红色毛布残片,分别是平纹和斜纹织。最大1英尺9英寸。

M.Tagh.a.0042. **浅黄色毛(?)布鞋。**用毡作衬里,式样与M.Tagh.a.0039相同,但更破旧。三角形毡片上有装饰性的针脚,在鞋子前部与鞋帮边相连,脚跟和足尖均缝制毡质补丁,长10英寸,最宽4$\frac{1}{2}$英寸。

M.Tagh.a.0043. **深棕色毛布鞋。**以毡作衬里,仅存鞋帮,由一粗布长片制成,里面用同样大的浅黄色毡片作衬,在尖前端缝合。布与毡子用深棕色粗纺毛纱以紧密、平行的针脚缝合。足尖缝口上面、鞋帮边又用浅黄色三角形毡片在鞋子前面缝合,上有深棕色、精细的针脚装饰的纹样。围绕鞋口残留缝制一条直立、棕色的毛布带。以深蓝色、人字形织毛布为衬里,形成了一种半腰长筒靴。毛带明显是钉缝在脚踝两侧,构成了穗状的缘饰。长 $9\frac{1}{4}$ 英寸,最宽(平面) $6\frac{1}{2}$ 英寸。

M.Tagh.a.0044. **绗缝的浅黄色毡鞋**。制作与 M.Tagh.a.0041 相同,仅保存鞋帮和鞋底边的毡带。前部与鞋帮连接的缝口顶部镶一小块三角形毡片,虫蛀。长 11 英寸,最宽(平面)8 英寸。

M.Tagh.a.0045. **绗缝的浅黄色毡鞋鞋帮**。制作与 M.Tagh.a.0041 相似,但针脚是锯齿形排列,不是鳞片状纹饰。脚踝周围开口附加一道毡条以加固。拉绳残存,虫蛀,长 10 英寸,最宽(平面)7 英寸。

M.Tagh.a.0046. **像粉笔的八边形圆柱体白色石**。残存一半,沿纵长方向断裂,钻孔,长 $1\frac{1}{4}$ 英寸,直径 $\frac{9}{16}$ 英寸。

M.Tagh.a.0047. **树枝条与枯萎的树叶**。

M.Tagh.a.I.0047. **棕红色树胶(？)**。现已碎成粉末。发现于编号为 M.Tagh.a.I 的婆罗谜文书中。

M.Tagh.a.III.0061. **木简残片**。两端均断裂,正面有一行字,背面有几个字符,可能是佉卢文。多已磨损,3 英寸× $\frac{1}{2}$ 英寸。

M.Tagh.a.IV.00172. **立方体木质骰子**。按现今的式样用墨色小圆圈作记号,参见 M.Tagh.i.007,a.0031;M.I.iii.004。 $\frac{1}{2}$ 立方英寸。

M.Tagh.a.IV.00173. **木质封泥盒**。同 M.Tagh.a.0025,制作粗糙,2 英寸×

$\dfrac{7}{8}$英寸×$\dfrac{3}{4}$英寸。

M.Tagh.a.IV.00174. **木质写板残片。**一端有封泥坑，木板空白，削短呈尖形，$3\dfrac{1}{2}$英寸×$\dfrac{3}{4}$英寸×$\dfrac{1}{2}$～$\dfrac{1}{8}$英寸。

M.Tagh.a.IV.00175. **用于水井吊桶的木支柱。**参见 M.Tagh.b.001、Kha.ix.0015。长 $3\dfrac{1}{2}$英寸。

M.Tagh.a.IV.00176. **木质护身符(？)。**扁平长方形的木块，两端呈圆形。边缘周围刻较多的沟槽，曾包裹黑色皮革，一侧遗留大量痕迹，绳子两次从沟槽周围穿过，末端打结以系缚在项链上(？)。参见 L.a.iii.i.001，$2\dfrac{3}{8}$英寸×$1\dfrac{3}{8}$英寸×$\dfrac{3}{8}$英寸。

M.Tagh.a.IV.00177. **织锦残片。**浅黄色，纹饰呈深绿色、粉红色，其他颜色现已无法辨认，双面，织制的式样同 M.I.ViiT.0017，但更具代表性。纹饰过于破碎难以复原，似乎用椭圆形涡状花饰组成，可能包含鸟，空隙处以菱形点填充。参见 Ch.xlviii.001。4 英寸×$2\dfrac{1}{2}$英寸。

M.Tagh.a.IV.00178. **木盘。**削成圆形，有四个穿孔(直径$\dfrac{1}{8}$英寸)，凹的一侧略磨光。筛网(？)。直径 1 英寸，厚$\dfrac{3}{8}$英寸。

M.Tagh.a.IV.00179. **白色石英(？)环。**外径 $1\dfrac{1}{4}$英寸，内径$\dfrac{7}{16}$英寸，厚$\dfrac{3}{8}$英寸。

M.Tagh.a.IV.00180. **不规则绿石。**玉质(？)，与 T.XIV.V.007 相似，最大$\dfrac{13}{16}$英寸。

M.Tagh.a.IV.00181. **棕色毛绳**。除距离每一端 2 英寸以外通体打结，长 1 英尺 9 英寸。

M.Tagh.a.IV.00182. **小的空心银(?)质球**。不规则。直径 $\frac{1}{2}$ 英寸。

M.Tagh.a.IV.00183. **青铜饰品残片**。新月形，背面有铆钉，$1\frac{1}{2}$ 英寸×$\frac{7}{8}$ 英寸。

M.Tagh.a.IV.00184. **折皱的皮革残片**。染成黑色。$1\frac{1}{2}$ 英寸×$\frac{7}{8}$ 英寸。

M.Tagh.a.IV.00185. **干果仁**。黑色，圆形，穿孔作珠子用。直径 $\frac{1}{2}$ 英寸。

M.Tagh.a.IV.00186. **有铆钉的青铜牌**。从带扣铆接，与 Kelpin.0012 相同，椭圆形，有长方形裂口，原先有三个钉孔，断裂。$1\frac{3}{16}$ 英寸×$\frac{3}{4}$ 英寸。

M.Tagh.a.IV.00187. **铜环**。锈蚀，断面呈圆形，直径 $1\frac{1}{6}$ 英寸×1 英寸，厚 $\frac{1}{16}$ 英寸。

M.Tagh.a.IV.00188. **浅黄色毛布残片**。疏松的斜纹织。柔软，破旧。9 英寸×4 英寸。

M.Tagh.b.001. **用于水井吊桶的木支柱**。同 M.Tagh.a.IV.00175，中心周围打一绳结以系缚在较粗壮的纤维绳环上。见 Kha.ix.0015。木柱长 $3\frac{3}{4}$ 英寸，绳子和提环长 10 英寸。

M.Tagh.b.003. **木梳**。背部平直，圆角，基本完整，高 $2\frac{1}{4}$ 英寸，宽 $2\frac{1}{2}$ 英寸，梳齿长 $1\frac{3}{8}$ 英寸，13 根梳齿长 1 英寸。

M.Tagh.b.004.　**红色毛布**。多已撕裂,斜纹织。最大 1 英尺 8 英寸。

M.Tagh.b.005.　**绳网残片**。网大约 1 平方英方,最大 2 英尺 2 英寸。

M.Tagh.b.006.　**铁刀**。锈蚀严重,嵌入木柄,同 Ka.i.003,通长 $5\frac{1}{2}$ 英寸,

手柄长 $3\frac{1}{2}$ 英寸,刃宽约 $\frac{5}{8}$ 英寸。

M.Tagh.b.007~0010.　**三支木质箭杆和一把木质手钳**。用两股绳松散

地系在一起。007 是箭杆,有一片叶形青铜饰片,涂黑,嵌入末端(裂开的目

的)以取代羽毛。铜片两端的箭用草纤维捆紧,以使更加牢固和防止进一步断

裂。由绳槽显示的位置分析铜片在飞行中处于垂直方向,箭杆另一端的钻孔

仍保留铁柄脚头,这一端也系缚纤维,捆绑的两端均涂黑。长 $10\frac{3}{8}$ 英寸,直径

$\frac{5}{16}$ 英寸。008 是有较深绳槽的箭杆,残留了三片羽毛,箭头一端残。长 $16\frac{3}{8}$ 英

寸,直径 $\frac{5}{16}$ 英寸。009 与 007 是一对,末端捆绑松散,铜片丢失。柄脚插孔是空

的。长 $11\frac{1}{8}$ 英寸,直径 $\frac{1}{4}$ 英寸。0010 是钳子,沿木棍长度一半纵向切削凿宽

槽,因此平直的侧边可轻松地夹拧在一起,柄手一端树皮已剥落,装饰刻有环

状纹饰。长 $3\frac{1}{2}$ 英寸,直径 $\frac{5}{16}$ 英寸,图版 LI。

M.Tagh.b.0012~0014.　**三把木钥匙**。用于 Kha.v.006 类型锁子,柄上钻

孔便于悬挂。0013 残留绳子,另一端有刻槽,它们分别有 4 颗、4 颗、7 颗木钉。

0012 残留 2 个。0014 仅存 6 个,坚固,保存良好。4 英寸×1 英寸×约 $\frac{1}{2}$ 英寸。

M.Tagh.b.0015.　**木栓块**。用于 Kha.v.006 类型锁子,侧边呈斜面,但不

是两端,有 5 个钉孔,木钉均不存。一侧外表有一半圆形凹口,$3\frac{5}{8}$ 英寸×$1\frac{3}{8}$

英寸$\times\frac{5}{8}$英寸。

    M.Tagh.b.0016. 　干枯的兽皮碎片。剥皮后外翻,可能是猪皮。1 英尺$\times$约 8 英寸。

    M.Tagh.b.0017. 　疏松的绳网团。网孔约$\frac{1}{2}$平方英寸,多腐朽,面积 1 英尺$\times$6 英寸。

    M.Tagh.c.001. 　木质写板(?)。上有类似 M.Tagh.a.006 的绳孔,但大一些。一面有墨迹。$11\frac{1}{2}$英寸$\times1\frac{3}{8}$英寸$\times\frac{3}{16}\sim\frac{1}{16}$英寸。

    M.Tagh.c.002. 　一双木质筷子(?)。一边呈圆形,另一边平直,通过接近一端的沟槽用绳子将二者系紧,参见 M.Tagh.a.0019。长 $7\frac{7}{8}$英寸,宽$\frac{5}{16}$英寸,厚$\frac{3}{16}$英寸,绳长 $1\frac{1}{8}$英寸。

    M.Tagh.c.003. 　有铆钉的青铜牌。后部四角各有一个乳钉以缚系。裂口$\frac{1}{8}$英寸$\times\frac{3}{16}$英寸,平行另一边缘。可能是带扣残片,同 Kelpin.0012。$1\frac{1}{4}$英寸$\times1$英寸$\times\frac{1}{8}$英寸。

    M.Tagh.c.004. 　松软的白色灰泥球饰。参见 M.Tagh.0029;a.0032。高$\frac{9}{16}$英寸,直径$\frac{13}{16}$英寸。

    M.Tagh.c.005. 　一端渐细的木棍。上粘有两枚中国钱币,见附录;另见本书第三十二章第一节。4 英寸,图版 LI。

    M.Tagh.c.006. 　棕黄色卵石。光滑,因水冲刷而磨损。最大$1\frac{1}{8}$英寸。

    M.Tagh.c.007. 　白色石英(?)片。磨成粗糙的圆盘状。直径$\frac{11}{16}$英寸,厚

$\frac{3}{8}$ 英寸。

M.Tagh.c.008. 锥形角质品残片。内空制成一个漏斗,尖端刻槽,参见 Kha.ix.021,但此件无塞子。深 1 英寸,直径 $\frac{3}{8}$ ~ $\frac{3}{4}$ 英寸。

M.Tagh.c.009~0011. 三个木质封泥盒。参见 T.VIII.5 类型 A,但没有三道捆绳槽,仅在较长的一边有一个 V 形凹口。009、0010 底部有一个穿孔; 009 扁平,方角,两端整齐地削成斜面,制作精,保存良好,0010、0011 制作粗糙,保存状况差,两边多破裂;0010 断面近圆柱形。$1\frac{3}{8}$ 英寸×1 英寸×$\frac{3}{8}$ 英寸; $1\frac{7}{8}$ 英寸×$1\frac{1}{4}$ 英寸×$\frac{7}{8}$ 英寸;$1\frac{5}{8}$ 英寸×1 英寸×$\frac{5}{8}$ 英寸。

麻扎塔格出土的回鹘文和粟特文写卷残片

M.Tagh.a.0048. 早期粟特(?)文写卷残片。书写于柔软、淡黄色纸张, 一端遗留两行书写痕迹其余部分空白,$4\frac{3}{4}$ 英寸×$2\frac{5}{8}$ 英寸。

M.Tagh.a.0049. 回鹘文(?)写卷碎片。书写于淡黄色薄纸,撕裂,仅有三行字迹。最大 $1\frac{1}{2}$ 英寸。

M.Tagh.a.iv.00166. 粟特文书残片。见本书附录 F。

M.Tagh.a.ci.00171. 回鹘文(?)写卷残片。书写于柔软淡黄色纸张,正面 7 行字迹几乎漫漶,背面空白。6 英寸×$3\frac{3}{8}$ 英寸。

可能是麻扎塔格的出土物

M.Tagh.0024. 陶片。圆形,软红陶器残片,外表涂米色陶衣,饰点纹、波状带纹和十字形影线,最大 $4\frac{3}{16}$ 英寸。

M.Tagh.0026.a~k. 　9 颗珠子。a、b 为圆盘形和圆柱形,淡绿色琉璃,直径 $\frac{3}{16}$ 英寸。c、d 为球形,深蓝色玻璃,半透明,直径 $\frac{3}{16}$ 英寸。e、f 为圆盘形和球形,黑色琉璃,直径 $\frac{1}{4}$ 英寸。g 为圆柱形,淡蓝色玻璃,半透明,直径 $\frac{1}{4}$ 英寸。h 为球形,白色玻璃,半透明,直径 $\frac{13}{16}$ 英寸。j 为双面圆盘形,白色玻璃,表面涂有光泽的白色玻璃,长 $\frac{1}{4}$ 英寸。k 也是青铜带扣上的饰环,保存良好,长 $\frac{3}{4}$ 英寸。

上述遗物据说发现于麻扎塔格(?)附近,以及在伊斯拉马巴特获得。

M.Tagh.0028. 　白色石质垂饰。平直,菱形,一端钻孔。$1\frac{1}{4}$ 英寸×$1\frac{7}{8}$ 英寸×$\frac{1}{4}$ 英寸。

M.Tagh.0029. 　半球形像粉笔的石块。顶部空,底部扁平且狭窄。直径 $\frac{1}{4}$ ~ $\frac{1}{2}$ 英寸,高 $\frac{3}{8}$ 英寸。

M.Tagh.0031. 　白色玻璃珠。球形,里面镀金色。直径 $\frac{1}{4}$ 英寸。

第二节　穿越阿克苏和乌什

和田河三角洲▷　　我花了八天时间从麻扎塔格到达塔里木河与叶尔羌河汇合河口边,其间 150 多英里的路程中,没有发现任何古代遗迹。从库尔勒阿亚克(Korla-ayaki)下游开始和田河分流出众多支流河床,这些支流河床形成于不同时期,而当这些支流河床淤塞后又成为沙漠地带。在这些支流河床之间,当我沿着逐渐宽阔的和田河道顺流而下,展现在眼前的正是我在罗布沙漠中的库鲁克(Kuruk)河三角洲与克里雅河古三角洲所见到的它们完全干涸之前的景象。①

4月28日,在叶尔羌河与阿克苏河交汇点下游约1英里内我们横穿塔里木河。这个季节的叶尔羌河几乎干涸,而阿克苏河的河床宽达300码,流动着相当的水量。阿克苏河的水量大是因为它面积大,相对地与供给水源的天山主山脉上高高的冰雪覆盖层距离最近。它的源头从汗腾格里(Khān-tengri)高峰西坡到喀什北部的铁热克(Terek)山口,延伸了四个经度多长。但是这里丰富的适用于灌溉的水量,与河流左岸狭长的村庄地带从事的贫瘠、粗放的耕作形成鲜明的对比。前往阿克苏"新城"漫长的三天旅程中,我有充裕的机会观察这些现象,而记忆犹新的繁荣的和田土地必然加深了这一印象。

◁沿着阿克苏河的路线

非常清楚,这个或许能发展为一个大规模、兴旺的地区目前落后的状况,不能归于缺乏供水。最终我将落后的状况与明显差异的人口种族特征相联系,包括阿克苏地区河岸地带及广大区域纯突厥血统的居住者,即著名的"多浪人"。从语言、种族类型及原始的生活风俗来看,多浪人与柯尔克孜人十

◁阿克苏多浪人

---

①　在各种有启发的特征中仅需强调一点即可。当我接近塔里木时,过去反复提到的在塔里木盆地其他地区的古河床方向已不再可追寻。但是在这里成排的死树或者树桩(Kötek,维吾尔语——译者),我确信它们标志了古河床的方向。当我们从西北方的吉尔(Zil)下游真正的和田河河床惊人地横穿,朝着塔里木前进,我发现了从前的一条名叫"氽孜库木"(Ghaz-kum)的古河床。河床虽然干涸了许多年,而且已完全被高大的沙丘淤塞,但曾经是河岸的地方依旧生长着活胡杨。

从376号营地行走几英里后,所有的河床遗都消失了。但是在宽阔、荒芜的沙丘地带我们不得不深入。成排的枯死的树显露于沙丘之间,仍保持着相同的方向,按东南—南至西北—北方排列,与氽孜库木沿线观察到的一样。直到我们进入叶尔羌支流库鲁克里克阿肯(Körüklik-akin)两岸方圆几百码的丛林地带,这里所有的树木生机勃勃,从西向东横向地排列成一排排。树木与河流平行,河水哺育了它们的生长。景观的变化如此剧烈和突然,似乎树木的排列出自人类之手。

分接近。柯尔克孜人分布在天山附近的牧地,乌什上方的托
什干河(Tushkan)河谷也有部分人从事农业耕作。众所周知,
从巴楚上游到阿克苏沿着叶尔羌河分布的大多数多浪人,他
们的血统不同于绿洲南部、东部、西部的居民。可以肯定他们
从半游牧方式转变为定居的农业生活发生在最近时期。[①] 移
民潮使他们穿越天山北部真正的突厥领地,进入塔里木盆地,
时间不太久远。然而正如我们现在所见,促使多浪人迁徙的
地理因素也或许有助于解释关于阿克苏的明确的历史观察。

停留在潘大人▷
的统帅部

停留在"新城"潘大人的统帅部的五天期间,在阿克苏我
获得了重要的古物。这次为期较长的重聚中,我个人非常感
谢这位作为阿克苏道台(Tao-t'ai)的尊贵的官员朋友所有积
极的帮助。在他的辖区内我扩展了访问的范围,即从我第一
次进入若羌以来,直至远远超越了东部界线。我也向他展示
了出土的中国古代文献标本等,非常感谢他对我的劳动成果
有着经久不衰的学术兴趣。同时得益于潘大人有力的推荐,
保证了 R.B.拉尔·辛格穿越天山外侧山脉远及喀什北部山口
进行连续的测绘时,能够得到所有当地的支持。他的友善的
关心,也使蒋师爷备感安心。蒋师爷热情的服务对于我成功
地完成工作帮助很多。

阿克苏:《汉书》▷
描述的姑墨

在阿克苏停留期间我所作的调查,没有获得这一地区内
古老遗迹存在的任何信息。由于拥有沙畹和戈厄纳已阐释的
中国文献中必要而有用的资料,我无须再长篇论述它的早期
历史和地形。戈厄纳的功绩,在于首次正确地指明《汉书》所
描述的姑墨地区。《后汉书》以及《魏略》提到相同的名称,均

① 参见福赛斯《使叶尔羌报告》,54 页等。

指今天的阿克苏。①《汉书》记载姑墨位于龟兹或者库车之西
670 里,距离南部的和田骑马需"十五天"的行程,与我计算的
和田与阿克苏之间所需路程相符。现有的 3 500 户人口似乎
证明,与历史记载的龟兹(库车)6 970 户,焉耆即喀喇沙尔
(Karashahr)② 4 000 户人口相比接近正确的比例。同传中的
温宿位于姑墨西 270 里,近代中国地理书和官方命名错误地
认为它即是阿克苏。戈厄纳和沙畹指出它应位于乌什③。

　　《唐书》清楚地说明汉代姑墨就是"跋禄迦小国",即玄奘　◁唐代阿克苏
从库车向西穿过一个小沙漠 600 里后到达的国家。④《唐书》
也记载了从库车向西到乌什(温宿)的全部路线,另外提到阿
克苏城亦名拨换或威戎、姑墨,准确地记叙了它的位置。⑤ 关
于阿克苏一系列不同的名称,必须增加亟墨这一名称,《唐
书》第一段文中将其作为异读名称记载。除了威戎,悟空还提
到钵浣或怖汗。⑥ 玄奘关于跋禄迦的叙述简洁,《唐书》亦没
有再添加内容,描写姑墨或亟墨即是"小国"。玄奘记叙跋禄
迦的面积大约是东西长 600 里,南北宽 300 里,首府面积为方
圆五六里。"土宜、气序、人性、风俗、文字、法则同屈支国,语
言少异。细毡细褐,邻国所重。伽蓝数十所,僧徒千余人。"⑦

---

　　① 参见沙畹的注释记中完全引用的戈厄纳的观察资料,见沙畹《西域诸国》,载《通报》,553 页,
注①,1905。关于《汉书》的介绍,参见怀利《西域传》,载《大不列颠及爱尔兰人类学学会会刊》,第 11 期,
93 页等;《后汉书》中亦提及,载《通报》,208 页,1907。

　　② 参见怀利《西域传》,载《大不列颠及爱尔兰人类学学会会刊》,第 11 期,94 页、101 页。

　　③ 沿道路测量乌什与阿克苏"老城"大约相距 55 英里,由这条道路向西直到乌什。

　　④ 参见沙畹《西突厥》,120 页;儒连《记》,第一卷,10 页;沃特斯《玄奘》,64 页;阿克苏跋禄迦的位置
已被 V.德·圣·马丁准确地辨认。见儒连《回忆分析》,载《记》,第二卷,265 页。

　　⑤ 参见沙畹《西突厥》,8 页。

　　⑥ 参见沙畹、烈维(Lèvi)《悟空行程考》,载《亚洲学刊》,1895 年 9—10 月号,363 页。悟空约在公元
787 年返回中国途中,从和田行至阿克苏。很明显他不得不绕很大的弯路行走,当时因为经过罗布泊和敦
煌的直线道路已被吐蕃人占领了。

　　⑦ 参见沃特斯《玄奘》,第一卷,64 页;儒连《记》,第一卷,10 页。"细毡细褐"已得到证实。迄今,阿
克苏的织毯与鞍具等仍受到塔里木盆地人们的喜爱。它们主要由山区的柯尔克孜人制造,贸易则集中于
阿克苏"老城"。从阿克苏运输棉布货物到库尔伽。见里特《亚洲》俄文报告,第二卷,411 页,1811 年重版。

阿克苏的位置▷　　　　　玄奘致力于库车与和田的详细叙述中，无论哪一个国家
拥有的佛教僧侣都达 5 000 人。[1] 如果将其与阿克苏简短的
报道对比，很容易明白在他抵达阿克苏时，这里是远远缺乏重
要性和财力的地区。根据《后汉书》《魏略》及《唐书》记载姑
墨是龟兹的属国[2]，今天仍可观察到这种情况。如今作为商
业和行政中心的阿克苏日益重要，这并非归于远远低劣于库
车的产品和工业，而主要是"新城"和"老城"充分地利用了优
越的地理位置条件。从喀喇沙尔至喀什穿越塔里木盆地北部
绿洲的大贸易路线经过阿克苏，其他通向天山北部沃谷的几乎
同样重要的道路也从此经行。从阿克苏通向正北方向的多数
路线经常横穿木札特（Muz-art）山口，木札特山口连接着塔里木
盆地和伊犁河谷，是伊犁的商业中心。托什干河谷高处及经过
乌什有一条路线穿越别迭里（Bedel）山口，从这里开始有通路。
此路通向伊塞克（Issik-kul）湖围绕的山谷一侧，以及靠近雅夏
特斯（Yaxartes）源头，与前往费尔干纳的山谷一侧，分布在其间
的土地几乎最易引起中亚征服者们的觊觎。同样的原因使今
天的阿克苏在汉代即成为平等地从事贸易交流和商业往来的
繁忙地区，同一时期乌孙在北方山谷建立强大的王国。玄奘离
开跋禄迦（阿克苏）继续访问托克玛克（Tokmak）附近之后，大片
的山脉和平原被西突厥人占领，他们的最高元首是可汗。[3] 相
同的地理因素一定促使阿克苏具有战略和政治方面的重要性，
但缺乏必要的解释。毫无疑问，公元 1877 年重新收复新疆之
后，中国在这里设立道台，最初明确地选择阿克苏作统帅部，驻

---

[1]　参见儒连《记》，第一卷，4 页；第二卷，224 页。
[2]　参见沙畹《通报》，554 页，1905；出处同上，226 页、231 页、233 页、252 页、256 页，1906；沙畹《西突
厥》，83 页，注[2]。
[3]　参见沙畹《西突厥》，264 页。

守(名义上)一支强大的戍卫军。①

　　这使人自然地联想到,诸如此类已不存在的地理联系,对 ◁阿克苏地区的
阿克苏地区的人种史也未施以深远影响。与喀喇沙尔相似的 人种史
情况是,这里有丰富的灌溉水源,故也或许遭受来自北方的侵
犯。但我缺乏材料以深入地探寻这个问题。必须充分指出,
前文中我偶尔提及期望引起关注的本地区的名称的多方面变
化,至少部分名称源于同一种族构成相连的变化。目前的名
称阿克苏是突厥语的派生词,据我考证它的最早出现不会晚
于公元 14 世纪。②

　　5 月 6 日我离开阿克苏"新城"前去访问乌什,以及位于 ◁从阿克苏到乌
南面的天山外部山岭著名的柯坪地区。我知道柯坪曾被不全 什
面地考察过,在阿克苏由于潘大人友善的帮助获得的信息表
明,接近小绿洲和通向巴楚的地带分布有废弃的遗址。因为
在和田有许多任务迫切地召唤我,从莎车返回和田以前,我希
望通过访问这些遗址以结束我的田野考古工作。从阿克苏
"新城"到"老城"骑马走 7 英里,我们沿着广阔、荒凉的高原
边缘行进。高原耸立、突出的黄土崖高出两城 60～100 英尺,
与灌溉区毗邻。高原顶部分布大片墓地,麻扎和坍塌的古堡
或者"喀热勒"(Karauls)(维吾尔语,意即哨卡——译者),明
显属于伊斯兰教时期晚期。在许多近代神殿附近可能存在早
期遗迹,但我没有发现。但是,大量的类似史前穴居人的住址
和坟墓表明,那些保存良好的石窟遗址可能曾修建险峻、易于

---

　　① 当时在阿克苏"老城"南面 7 英里建立"新城"或英沙尔(Yangi-sharhr)作为中国统帅部和人本营,
贸易和交通仍保留在老城。可能是阿克苏丰富的供水,以及为维系守军随之扩展的耕作,是选择阿克苏的
关键因素。这里需说明当我从塔里木经过马坦(Matan)的途中,遗憾地忽略访问过去曾是"军屯"的土地,
它们明显地按早期汉代方式分布。

　　② 参见伊莱亚斯及罗斯《拉施德史集》,7 页以下。哈吉·穆罕默德(Haji Muhammad),他的关于
Ramusio 的报道写于公元 1550 年,也提到阿克苏;见尤尔、科尔迪耶《契丹》第一卷,293 页,他提到从这里
到喀什的旅程穿越荒凉的沙漠极有意义:说明无论乌什还是巴楚,或者两者在当时均无人居住。

筑造的坚硬土墙。

从阿克苏到乌▷
什的唐代路线

经过两天轻松的旅程,我到达乌什地区最东边沿。这里遍布肥沃、易于灌溉的土地。但仍旧疏于开垦,正如我从塔里木沿途所观察到的一样。原因是这里人口稀少,缺乏劳力。阿克苏河[在这里亦叫库木艾日克(Kum-arik)河]以及托什干河都流经整条路线,带来大量的水流,远远多于同一季节的和田河水量。其次,尽管河水只充满了洪水期间的河床的一小部分,库木艾日克河仍宽 0.75 英里,几乎不能涉水而过。[①] 戈厄纳和沙畹指出,这两条河流在《唐书·地理志》有关记载中均准确地提到,书中也记述了从拨换城(即阿克苏)到大石或温肃城(即乌什)的路线。[②] 第一条河名为拨换河(Po-huan),第二条河是葫芦河。[③] 拨换河与拨换城的距离未说明,但注明与葫芦河相距 40 里,恰好与现今穿行沼泽地道路距离约 12 英里几乎一致。表明库木艾日克河西部的一条古河床,在铁热克巴格(Terek-bāgh)村与托什干河交汇。《地理志》记载的"小石"城位于两条河流之间,可能十分接近今天的巴伦(Bārun)村和恰瓦力克(Chawarik)村。

乌什下面的耕▷
种

5 月 8 日,经过一天愉快的行程,我们从托什干河西岸附近[④]前往乌什。道路主要穿过南部著名的荒芜的喀拉铁克(Kara-teke)山脉脚下一片相当古老的耕作地带。田野呈现出精耕细作的外观,并经常出现优美的棚架。后来据一位老熟

---

① 库木艾日克河供水给托什干河东部阿克苏主要绿洲上所有的水渠。我测量了一下,河流流量为 1 640 立方英尺/秒,不包括高处的小渠拦截的水流。托什干河流进三条主要的浅水渠,总流量超过 6 800 立方英尺/秒。这个季节之后,当覆盖在汗腾格里山西坡巨大的冰川开始融化,阿克苏河流量远远大于托什干河,见赫定《中亚之旅》,253 页。

② 参见沙畹《西突厥》,9 页;《通报》,553 页,注①,1905。

③ 《地理志》提及的葫芦河属于阗地区,于阗肯定亦读作于祝(温肃州或大石城称于祝——译者),是乌什的名称;见《通报》,553 页,注①,1905。

④ 这种形式的河流名称是我从本地定居者的向导那里听说,俄国地图中也见到托什干河形式的名称,居住在乌什上方的柯尔克孜人或许也使用这一名称。

人,乌什的行政长官彭大人(P'êng-Ta-jên)解释。乾隆皇帝统治时期经历一场叛乱后,这里原先的所有定居者全部被消灭,现在的居民是来自喀什与和田地区的移民后裔。① 因此,经过素格特里克(Sugetlik)麻扎附近的遗址,我看见那里分布着一些大型拱顶坟墓,或者"拱拜孜",是柯尔克孜人或同源的族系的墓葬,而当地人传统地误认为它们是克普恰克(Kipchak)王子的墓葬。

◁柯尔克孜人的
村落

　　狭窄的耕作地带以外的北面伸展着一片广阔的草原,草原吸纳了来自托什干河充裕的潮气,对于柯尔克孜人而言作为冬季牧场极具吸引力。因此,多数柯尔克孜人居住在高山谷上,而其中一部分人也从事农业。在乌什也可见到许多柯尔克孜人,我住宿于他们在伯克的宅邸。在这个远离繁荣的小城,我也能利用两天时间在他们中进行人类学测量。② 大多数柯尔克孜人的体质特征仍保留纯粹的突厥血统③,但是另一些人明显与"萨尔特"(Sarts)人的血统融合。这里的柯尔克孜人称呼信奉伊斯兰教的定居者为"萨尔特"。西突厥斯坦地区非常普及使用这个术语,但是在塔里木盆地我第一次听到,使我回想起俄国边境附近地区和锡尔(Sir)河源头。

◁乌什的自然堡
垒

　　春季时常弥漫的尘雾遮掩了北部巍峨的天山山脉的雪山,因此不可能远远地望见别迭里山口。玄奘曾经过别迭里山口到达伊塞克湖地区,由那里前往索格底亚那(Sogdiana)。④

---

　　① 福赛斯《使叶尔羌报告》,42 页,提供的年代为公元 1765 年。

　　② 见图 333。

　　③ 根据以下参考乔伊斯《大不列颠及爱尔兰人类学学会会刊》,第 42 期,453 页以下,462 页;本书附录 C。

　　④ 参见儒连《记》,第一卷,11 页;沃特斯《玄奘》,第 1 卷,66 页。别迭里山口不是木札特,由历史记载清楚地表明位于拨换城,或者阿克苏的西北。参见沙畹《西突厥》,9 页。毫无疑问别迭里山是《唐书·地理志》提到从温宿至伊塞克湖的路线上穿越勃达岭(Po-ta-ling)山脉的会合点;见沙畹上述引文中。

图331 麻扎塔格古堡北面的堡垒，自外院瞭望

图332 巴楚北部阿拉井山岭上的古烽燧遗迹

图333　对乌什的柯尔克孜人进行人类学测量

图334　麻扎塔格哨堡下方东北坡出土古代文书垃圾层，发掘中

图 335　分布古堡的麻扎塔格山，自东北望

图 336　自喀拉特克山脉摩依纳克喀克附近眺望喀卡加德山峰

图 337　乌什上方岩石山嘴上的中国堡垒,自东望

图 338　柯坪南部沙漠中的穷梯木遗址的烽燧

即使没有天山这个庄严的背景,我仍然认为乌什是我在中国
新疆所访问的所有地区首府中,风景最优美、最令人愉快的。
肥沃的绿色山谷鲜明地映衬在南部环绕城镇的光秃的灰色山
脉之下,特别醒目的是一座高大的中国堡垒(图337)。它位
于一个突出的岩石山嘴顶部,山嘴与城镇西墙相连,突出于墙
上,像一座巨大的天然堡垒,最西边的山崖高达 250 多英尺。
堡垒与两侧的防御工程与城墙连接在最近完成。在一次叛乱
中,当乌什被包围和占领,在被摧毁的防御阵地修建了城墙。
但这座天然堡垒肯定自很早时期即被利用。

乌什的汉文记▷
载

乌什的位置根据“大石城”名称或许可以假定,《唐书·
地理志》曾提到乌什①,书中记载“至大石城,一曰于祝,曰温
肃州”。以前《汉书》《魏略》提到的“温宿国”或“温宿城”是
最后的名称或异读名。②《汉书》记载它拥有 2 200 户人口,并
指出北至乌孙国都 610 里③,西距尉头 300 里。《后汉书》提
到,位于从疏勒或者喀什向东北通往温宿、姑墨、龟兹的道路
上④,可能位于托什干河上游阿合奇(Ackche)附近。位于阿
克苏和喀什之间的夏季路线常常经过此地,乌什相邻地区出
现了一片优良的柯尔克孜人耕地。⑤

① 参见沙畹《西突厥》,9 页。
② 参见怀利《西域记》,载《大不列颠及爱尔兰人类学会会刊》,第 11 期,94 页;沙畹《通报》,227
页、231 页、233 页、252 页、256 页,1906;553 页等,1905。
③ 确切地靠近伊塞克湖东端的黑湖(Kara-kul)或者普加瓦斯克(Prjevalsk)。
④ 参见沙畹《通报》,207 页,1907。
⑤ 乌什与阿合奇之间相距约 70 英里,与《汉书》记载温宿与尉头之间的距离所指出的 300 里恰好一
致。戈厄纳《杜特雷伊·德·安探险队》,第二卷,61 页,提到阿合奇的位置,但距离近。值得一提的是阿
合奇是旅行者离开喀什地区之后沿着这条路线到达的第一个拥有农业资源的地方。

第三节　翻越山脉前往柯坪

在乌什停留期间,我所作的调查没有获得有关山谷中分
布古老遗址的任何信息,但是从像柯尔克孜人的村民那里听
到了关于一些神秘的城镇或堡垒的模糊的传说。据说只有在
天气晴朗时,远远地看见它们位于南面高大的山脉上,但无论
什么时候去寻找时它们却突然消失了。所有出发去寻找废城
和珍宝的人们都没有发现它们,足以说明这些传说仅是库列
克沙尔、巴巴尔沙尔(Kölek-shahr, Shahr-i-barbar)等的本地反
映,是塔克拉玛干沙漠周围的多数绿洲的人们渴望寻觅古城
普遍的想象。同时我高兴地从年老的猎人阿卡勒尧勒其
(Akal-yolchi)处听说,在去阿克苏的路中有机会探寻这个当
地的民间传说。十多年前他和另一位伊斯兰教徒遵从按办的
命令,陪同一位汉族男子到达名叫喀卡加德(Kāka-jāde)山峰
脚下,山峰耸立于柯坪路线上方。汉族男子希望寻找到他称
之为"唐代首领的宫殿"和埋藏在那里的碑铭,在山中汉族男
子失踪了三天之后又重新回来,但没有揭示他探索的结果。
以后阿卡勒尧勒其自己也登上喀卡加德山峰,然而山顶仅有
岩石和长满野草的台地。

5月11日,我离开乌什经空台(Kong-tai)废弃的烽燧后,
到达西南面一个开阔而荒凉的河谷。位于我们左侧的崎岖的
山脉愈来愈高大。骑马行走20多英里后,映入眼帘的是非常
醒目、奇特的锯齿状山峰顶部,排列成长长的一排,沟壑中还
存在小部分冰雪层。从喀拉什维(Kara-shiwe)峡谷走出,进入
开阔的山谷,更接近地眺望这些山峰,令人奇妙地联想到大理
石。这些山峰高耸13 000多英尺,极其险峻的顶峰和几乎垂

◁关于山中神秘
古堡的传说

◁看见的喀卡加
德山峰

直的崖壁与废弃的古塔、堡垒惊人的相像。① 高大的山谷周围仍然能见到一些柯尔克孜人赶着畜群前往贫瘠的草场，草场由于持续的干旱几乎没有水。他们知道这一排山峰叫喀卡加德，并且迷信地敬畏它们。当我注视屹立在眼前的山峰，或像塔楼、城垛、高楼，我不由地肯定这一段山脉非同寻常的景观是在乌什听说的有关传说的渊源。据陪同我的向导，柯尔克孜头人曼古什伯克（Mangush Bēg）说，山峰中可能居住着一条龙，不时地以云的形象出现，喷发冰雹和火。他以及其他柯尔克孜人的故事，使我清晰地回想起年老的汉族朝觐者讲述的传说，在帕米尔冰雪覆盖的高处和兴都库什山口②上面居

▷山中的龙

住着龙。传说内容如此相像，似乎清楚地表明此中亚和其他地区的关于山脉的古老传说是不分种族变化，非常稳固的。③

▷由赛格孜坎阿尔特山口穿过山脉

我愈发对这条山脉产生了浓厚的兴趣，它不同于我在中亚旅行时所见到的山脉。当天深夜住宿于曼古什伯克的帐篷，由我的机智、敏捷的牵驼人哈桑阿訇颇费周折提供的消息获知，山脉南侧高处有一个石人像。曼古什伯克似乎有些不情愿地承认知道石人，然而却答应当向导。第二天经过短暂但相当困难的路程，我们从海拔高度约 8 600 英尺的赛格孜坎阿尔特山口（Saghiz-kan-art）横穿山脉，穿越灰沉的岩石覆盖的峡谷，峡谷里有道路可从南面到达喀卡加德山。赛克孜坎天然的山口南面稍远处有一个萨依特卡克（Shait-Kāk）石塘，因此我们在此扎营。5 月 13 日，在曼古什伯克的引导下，我继续寻找石像。尽管道路漫长，一天内仅有柯尔克孜人的矮种

---

① 图 336 是从山脉另一侧位于东南方的毛依纳克卡克（Moinak-kāk）附近的高原远眺喀卡加德山峰。

② 参见莱格《法显》，24 页；儒莲《记》，第二卷，206 页；沙畹《宋云行纪》，28 页。

③ 与此相关的确切、相应的传说是克什米尔（Kashmīr）早期的传说，纳噶斯（Nāgas）居住在山脉中的泉水和湖泊里。参见斯坦因《拉加特》，第一卷，263~265 页注。

马践踏这里的大部分地面,但仍是一次极有趣的旅行。

沿着山脉东南侧攀登了一系列的陡峭山峰后,在最高的萨尔拜勒(Sar-bēl,海拔约 10 000 英尺)山峰下方我们发现了一处柯尔克孜人的小营地。这里以及山脉的其他地区明显地缺少水。柯尔克孜人仅依赖冬季融化的雪水,将雪水保存三四个月。一年中的其余时间从"卡可",即石塘汲取水。发源自高处的雪层下方的泉水,流入重叠的山峰之间的深沟幽壑。这个营地的一位聪慧的柯尔克孜老人声称在他年轻时,这里的雨雪充沛,过去许多柯尔克孜人到达这些贫瘠的山峰,而且依靠分布的低矮植物维系大批牲畜群的生存。 ◁山脉降水量稀少

从萨尔拜勒下方我们沿着逐渐宽阔的山地骑马行走,山地环绕在两天前所见的喀卡加德山峰渐倾斜的山嘴脚下(图 336)。从这边看山峰呈现出非常奇异的景观。这些高耸的岩石山峰具有一种特殊的魅力,而且大部分山峰根本不可能攀登上去。因此,很容易明白为什么古老的传说会发生在这些山峰中,并被认为这里是装满财宝的堡垒。非常遗憾由于时间紧迫,我们无法再靠近山峰,也没有时间试图确定这些奇形怪状的岩石形成的地理原因。顺便附加一句,山脉两侧峡谷里暴露的岩石主要是一种红色砂岩。 ◁喀卡加德山峰奇异的形状

从萨尔拜勒下面骑马 10 多英里后,我们到达恰勒考依德(Chalkoide)牧场。牧场海拔高约 6 700 英尺,我惊奇地在那里的一个岩石小山丘顶部发现了一座建造粗糙的"圣人墓"(Ziārat),位于山脉顶部一线高高的上方。眺望山峰,可以看见这里有一条路通向伊达克吉勒尕(Idak-jilga),那里突兀地耸立着一座特别陡峭的山崖,虔诚的柯尔克孜人认为是古代一位名叫喀孜阿塔(Kaz-atā)的英雄的形象。但更引起我注意的是,在简陋的用石头堆砌的宽约 8 英尺的围墙中部发现一 ◁恰勒考依德"圣人墓"的石像

尊真正的石人像,标志这里是神圣的地方(图 341)。石像为一块碑形石板,高 2 英尺 10 英寸,宽 12.5 英寸。平面粗略的浅浮雕,表现一位男性手持一支弯曲的剑,双手交叉于胸前,头部巨大,颇不合乎比例,双脚已不可辨认,眼睛和眉毛有墨绘痕迹。尽管雕像过于粗拙,难以谨慎地估定年代,但石头已遭受大量的侵蚀明显地古老。

被认为是小佛▷
塔的石头

无论雕像可能象征什么,它都已成为伊斯兰教时期以前的人们所崇拜的物体,似乎像一个圣物(priori)。迄今更可能虚构的是,在石像一侧发现一座被认为是佛塔的小型象征物(见图 341 的右面)。石块高 14 英寸,双面,更像是一个近方形的双层基座,上方是一个向后倾斜的造型,粗糙的圆顶表明这是一个残留的穹隆顶。石质可能是花岗石,石头背部扁平。因为它是浅浮雕,我认为这种简陋的雕刻品象征佛塔。但是七年后在遥远的帕米尔附近地区,经过不断的观察我发现这种石头奇异的形状是天然的,是由侵蚀作用造成的。在俄罗斯瓦罕(Wakhān)纳马古特(Namadgut)附近常去的麻扎,对面是妫水(Oxus)河上的喀拉依喀卡(Kala-i-Ka'ka)古堡的地方,我采集了很多完全相像的石块,仅尺寸不同,但都明显地像小佛塔。很清楚它们是自然形成的,而且出于尊崇它们的形状被人们放置在神殿。当佛教依然流行于妫水河最上游沿线时,自生(svayaṃbhū)塔肯定被奉为崇拜的对象。[1]

当地的偶像崇▷
拜

然而这奇特的恰勒考依德"圣人墓"最令人好奇的特征是,围墙周围摆放了正统的伊斯兰教寺院常有的奉献祭品,包括绵羊(Ovis Poli)或者盘羊(Ovis Ammon)的角,野山羊角,马的头骨,旗杆上悬挂的布等。可以肯定对这座神殿的崇拜是

---

[1]　根据印度早期和近代的"自生者"像崇拜,参见斯坦因《拉加特》,第一卷,113 页;第二卷,136 页等。

目前非常频繁的事情,尽管乌什的毛拉赫(Mullah)强烈地反
对。这个情况是曼古什伯克告诉我的,他说直至近些年对这
个奇怪的"圣人墓"的崇拜才在附近牧场的柯尔克孜人中普
遍起来。许多男人过去亦从遥远的山谷到达这里,同所有的
柯尔克孜牧人一样虔诚的伊斯兰教徒也延续了漫长的数代。
据说今天只有老人们遵循在神殿祈祷的习俗,甚至没有人敢
进入围墙。非常惊奇的是曼古什伯克讲述的石人雕像是女
性,名叫"库瓦格孜"(Kuwaghiz),她是古代英雄喀孜阿塔的妻
子。前文已提到显眼的岩石山峰,被认为象征喀孜阿塔的形
象。这是一个令人迷惑的传说,我已无法解释联系两个人物
之间的细节。但模糊的关系足以说明,矗立在这里的奇异的
神殿一定源起于对一种神奇的自然特征的敬仰,即一个自生
者(svayaṃbhū tīrtha),它是梵文术语,在古代、近代的印度民间
传说中极负盛名。因为本地的佛教崇拜总是需要一个场所。

　　从萨依特卡克这段有趣的旅行,以及接下来前往柯坪的
两天路程中,我了解了天山山脉外部山脉非常普遍的极干旱
的状况。由于缺乏文献记载或者任何古代文书遗物,不可能
探究历史时期这里的气候可能经历的变化,尽管柯尔克孜人
传说似乎清楚地指出气候趋于"干旱"的发展发生在近期,但
关于这一点没有任何明确的资料。研究这些山岭的现状,泉
水非常稀少,所有的旅行依赖了了解可获取供水的天然石塘
的知识,不同的季节的供水变化,颇具历史价值。它们使我更
容易地认识,诸如北山(Pei-shan)最西边缘的现已绝对无水、
荒芜的山脉过去普遍的状况。在这一时期,当中国开辟的"新
北道"穿过那些贫瘠的山岭直到吐鲁番和古城(Guchen,即今
奇台),匈奴入侵者依旧从哈密一侧经过这里通向敦煌西部的

◁在山脉的干旱
地带前进

图 339　吐木休克塔格古城遗址

图 340　阿萨上方进入古城的围墙,自西南望,以及外围防御工事的垃圾堆

图 341　喀拉特克山脉依达克山口下方,恰勒考依德神殿柯尔克孜人崇拜的石像

图 342　对柯坪村民进行人类学测量

图 343　奴尔西南方与西南—南方的昆仑山主脉的雪峰

图 344　吐木休克奥库麻扎塔格南面脚下神殿附近的伊斯兰教坟墓

中国主干路线。① 颇有启示地发现具有相似特征的柯尔克孜人袭击者,也从高大的天山山谷侵扰连接阿克苏与喀什的平原上的商道,迄今柯坪和巴楚人仍然保留着回忆。我丝毫不怀疑,中国向北方的行政或军事权力的控制一旦松懈,他们就一定会卷土重来。

　　从萨依特卡克向下至柯坪行走的路线位于穿过幽深、景色优美的峡谷的道路上。峡谷砂岩和片麻岩构成的陡峭崖壁,有些高达 1 000 多英尺,醒目地显示过去因洪水侵蚀作用而遭受冲刷的迹象。然而仅在库鲁木勃古孜(Kōrum-boguz)峡谷我们看见了一条小溪,浇灌了从柯坪绿洲开垦的铁热克阿巴德(Terek-ābād)小"铁列噶"(Terelgha)20 多英亩的麦田后,不久消失于碎石地带。这一时期这里下游的河床完全干涸。小溪从南面流过俯视开阔的柯坪峡谷的像墙一样的山脉,然后经过一道威严的石门流入向绿洲伸展的一片巨大的沙砾缓冲地带。它没有直接流进绿洲,而是在铁热克阿巴德被西南方向的山谷一侧阻隔。我顺着平稳、宽阔的干涸的洪水河床向下游到达萨依朗(Sairan)麻扎,那里的地下水涌出形成一眼泉。在一个阴凉、精致的凉亭下的苏勒堂奥乌拉孜阿塔(Sultān Owraz-atā)圣人墓表明,这是一处近代的"水源"(Su-bāshi,维吾尔语——译者)。无论如何其他地区的流水流到这片巨大的冲积扇,直至在布拉克巴什(Bulak-bāshi)以下15 米多时才会显露出来。这里叙述的洪水河床与源自柯坪的干涸的河床相汇,从接近它们的交汇点涌出的沼泽般的泉水形成了一条小溪,流向阿恰,远及于今天阿克苏至喀什的大路上的其兰驿站。

▷穿越库鲁木勃古孜峡谷

---

　　① 　参见本书第十九章第六节。

柯坪绿洲▷ 　　5 月 15 日,我到达柯坪绿洲。这里仍然是一处愉快、颇有
意义的地方,尽管当地的人们名声恶劣,在阿克苏以及其他地
方他们被长久认为是小偷或者抢劫者。或许古时候,当柯尔
克孜人袭击南面大路的交通或策划抢劫时,柯坪可能担当了
作为一处合适的基地的角色,拥有这种"声誉"自然是理所当
然的。现在绿洲展现的是一幅广阔耕作及高水平的乡村景
象,我在塔里木盆地及其他地区从未见过比它更好的绿洲。
远离所有主要的路线,经过一段将柯坪与最近的市场阻隔的
路程,柯坪人运输自己的资源,他们似乎没有受到来自中国和
其他外来的影响。① 同时孤立的状况也使他们最可能地利用
传统的方法。环绕狭长的耕作地带两侧的完全贫瘠的山脉及
荒凉的沙砾戈壁(Sais),印证了这一结论,迄今更加显著。

耕地面积的扩▷
大
　　西面、南面和北面与古老的村庄土地相连着许多肥沃的
黄土。由于灌溉水源十分有限,为满足迅速增长的人口的需
要,只有在三年或四年中轮流开垦新土地。从当地确凿的消
息清楚地得知,随着中国政府的重新治理,建立定居的生活方
式以来,柯坪传统上被分成 12 个村落(oimaks,维吾尔语——
译者)或村庄的人口稳定地增长,估计总数约 2 000 户。根据
当地极富才智的首领卡斯木伯克(Kāsim Bēg)与村民们一致
的说法,供水在他们那时没有变化,传统上也没有任何改变。
因此,很清楚在这种情况下从阿古柏统治时期任何英耶尔
(yangi-yer,维吾尔语,意即新的地方——译者)或新土地的开
垦——我在调查过程中已确定它们的分布范围,仅是人口增
长的压力的结果,而不是气候变化导致的。

---

① 我对一群柯坪人进行人类学测量,见图342,他们明显地缺乏柯尔克孜人的一切特征。

因此,柯坪提供的证据对于塔里木盆地有关"干旱"或气候变化的问题具有明显的重要性,而关于后者的争论或许源于废弃的遗址显示的考古学观察等。它又一次明确地揭示,过去扩大耕作需要充沛的水源,即非常湿润的气候。这个证据值得重视,因为影响柯坪灌溉的问题是唯一的,不同于我们记录的多摩可遗址所在绿洲的复杂性①,或者依赖于供给水源的易于淤塞或漂移的河床。柯坪所有的水源源自距离绿洲中心 10 英里苏巴什一条深谷流出的泉水。这条峡谷在特征上与库鲁木喀热勒(Kōrum-Karaul)峡谷相似,泉水从西北面流入峡谷平原,穿过狭窄的穷喀热勒(Chong-Karaul)峡谷。②有趣的是由于供水有限与人口稳定地增长,可灌溉的土地也不足以维持人们的生存,而从未听说有永久性的移民。即使阿克苏和库尔勒拥有充沛的水源和适于耕种的土地,也不能说服柯坪人延长季节性的停留时间,他们中的许多人已习惯于在阿克苏、库尔勒和其他北部绿洲做劳力。

▷柯坪没有变化的灌溉源

由于解释柯坪的灌溉水源,当我在今天的耕地范围附近或周围发现已报道的遗址毫不奇怪。萨亚特沙尔(Sayāt-shahri)是一座方形小堡垒,位于深陷的库恰克亚里(Kuchak-yāri)洪水河床西面,它的周围一侧环绕着轮流灌溉的新开垦田地。简陋的土墙构成了一个约 166 码×90 码的方形,有些墙体高仅 6 ~ 10 英尺,厚约 6 英尺,一段薄弱的护墙厚约 1.5 英尺,顶部高出今天的地表约 6 英尺。围墙里面除了一个完全倒塌的低矮的土堆,没有发现任何建筑遗迹。西南角外部

▷绿洲附近的废址

① 参见本书第五章第五节。

② 峡谷名称源于一处废弃的喀热勒(karaul,哨卡)。两侧的墙垣形成一处丘萨(chiusa)穿越峡谷口,由于时间短促我没有考察它,但是当地的消息确定它的年代相对较晚。由本地的一位汉族小官员证实,在一份"新版土"的汉文报道中他发现了乾隆时期的这种"卡子"建筑。

有两排相邻的低矮土墙,约 50 码×25 码,但没有显示任何原来的特征的迹象。这个小遗址不见任何形式的遗物,有时来自运河的洪水亦会阻止风力的侵蚀,但地面上没有发现陶片。因此,不能确定这座小筑堡的年代。相同的例子也见于曼加克其(Munjakche)遗址,它位于柯坪小巴扎以南 1 英里的一片小废墟地区,目前多数已散布在田地中。这里我所记录的仅是缺乏出土的陶片和一个不规则形状高约 15 英尺的土堆,土堆已被挖掉一部分用于给土地施肥。据说遗址的年代应早于附近采集的石质小装饰品。

柯坪的这些遗迹没有考古价值。最令我高兴的是,这次访问幸运地遇上一个柯坪人的宴会,他刚刚调查了阿克苏至喀什道路上,吐木休克和柯坪外部贫瘠的山脉之间孤立的沙漠宽阔地带分布的塔提类型的广大的废墟地区。同和田塔克拉玛干奇(Taklamakānchis)一样,当春季一系列的"大风"(Burāns)搬移了沙丘,将以前隐藏的坚实的土地一块块地暴露出来,人们沉迷于这种寻宝的活动。有时也会发现一些珍贵的金属质小遗物以及其他东西,尽管柯坪人什么也没有告诉我。我从他们那里获取的大量的年代跨越汉代至唐代的钱币,毫无疑问曾经分布在他们搜寻的地区。① 进一步的证据是,他们获取的石质、金属、玻璃、琉璃质小物品所显示的特征,描述见第四节目录。其中值得介绍的是一个凹雕光玉髓质印,Kelpin.003(图版 Ⅴ),粗略地雕刻一名女性半身像;青铜凹雕印,Kelpin.004～006(图版 Ⅴ),严重磨损,仍显示出古典模型的影响;透雕细工的青铜垂饰,Kelpin.0014.a～c(图版 Ⅵ),

---

① 参见本书附录 B。其中一枚钱币为唐代钱币型式,钱币上有四个非汉文字母,未识读;参见图版 CXLI.No.25。

男性舞蹈者的形状。千花玻璃类型琉璃珠，Kelpin.009.a（图版 Ⅵ）、0010.a.b（图版 Ⅳ），后者的技术需要研究。我在柯坪不久获得的另一套相似的金属质或石质小遗物，发现于库独浑（Kudughun）山南部的沙漠地带，肯定也出自同一片废墟地区。其中的三枚青铜印，Kud.006～008，照片见图版 Ⅵ，包括一个浅浮雕的森林之神的头部，使人联想到和田赤陶镶饰的怪异的头部。

第四节　吐木休克和巴楚北部的沙漠遗址

5 月 17 日，为探察位于南部沙漠的古老遗址，我从柯坪启程，随行人员是"寻宝人"和民工们。由于早已预料季节的炎热，携带充足饮水和供水的困难性，所以经过阿克苏以后，我不得不在所有工作中节省使用骆驼，不再用于运输，因此三天的考察有些费力。第一天由于贫瘠的山岭崎岖不平，负载辎重的牲畜难以翻越，我们被迫绕着柯坪外部山脉的东端走了一段很长的弯路。当绕过距离阿恰（Achal，即前文提到的远离柯坪的聚居地）不远的山脉尽头，向东南方远远地眺望，我看见了一个高大的土墩，即索克苏克沙尔（Soksuk-shahri）梯木，从我们即将前往的道路根本不可能去访问它。柯坪人认为索克苏克沙尔梯木是一座非常古老的塔，并流传下几乎准确的猜测。它屹立的位置或许曾在从阿克苏通向喀什的古老路线上。

我们在靠近一条狭窄的峡谷出口的山脚下扎营。峡谷高处据说分布着一个卡克（kāk），或者岩石水塘，时常蓄存水。次日早晨我们离开通向巴楚的沙漠路线，经过著名的库独浑

▷进入柯坪南部沙漠

▷穷梯木废址

山峰脚下,继续向西南—南方前进。山脉裸露的黏土斜坡上的道路,是稀疏的红柳堆及沙丘覆盖的地面,而向前行沙丘则高达 10 英尺。大约行进了 14 英里,我们到达了柯坪向导提到的穷梯木废址,即"大塔"。距离遗址的 0.5 英里范围内,沙丘之间的地面厚厚地堆积着陶片、矿渣,以及相似的塔提废墟,很快就证实它的分布面积超过 2 平方英里。遗址的北端被枯死的红柳堆和高达 15 英尺的沙丘包围,遗址因古塔屹立在那里而得名。与遗址西面相邻的是一个正方形、几乎是东方化的堡垒(图 338)。堡垒每一面的土墙长约是 110 码,西面保存最好,依然耸立,高出最近的裸露地表达 12 英尺。由于靠近沙丘而难以确定四面原来的地平面,堡垒大多数地方由于风力侵蚀作用而被严重地破坏。但是因建筑中加入灌木层,夯筑的泥土仍然坚固。烽燧破坏严重,以东面墙垣为准,仍高出可能是地面的位置约 35 英尺。从烽燧的东面测量(因为它的底端比其他几面堆积的废墟少),基座大约为 25 平方英尺。烽燧由晒干的土坯建造,土坯规格为 11 英寸×10 英寸×3 英寸,或 14 英寸×8 英寸×4 英寸。这种建筑外观粗陋,只有灰泥层,层与层之间没有灌木或其他类似的结构。

钱币和其他文▷
物的证明
　　遗物以及四周被侵蚀的地面所呈现的面貌,明确地反映了废弃的堡垒的古老性,古堡最近的区域发现的小遗物也完全证明了这一点。在北墙外面采集了 11 枚磨损严重的"五铢"和"鹅眼"钱,发现时它们聚拢为一堆,很明显是从同一根绳子掉落下来的。在靠近堡垒的地方发现的其他中国钱币中,有三枚是五铢钱,一枚是唐开元钱币。这些证据表明古堡的年代从早期一直延续到唐代,我在柯坪获得的钱币也证实了这一推断。这些钱币是"寻宝人"在最近一次搜寻穷梯木遗址时发现的,有几枚为唐代钱币,最晚的年号为大历(公元766—780年),其中一枚为王莽(公元14—19年)货泉。①

　　堡垒周围风蚀的地面堆积很厚的陶片,多数是细腻的泥质红陶。参见下面目录中描述的陶片标本,它们显示了一种鲜明的古老风格。其中一块陶片,编号Chong-tim.002,饰有斑驳的绿釉,霍布森先生认为具有中国汉代风格。另一块陶片,编号Chong-tim.005,绿釉下浅雕出花纹,与年代为公元2—9世纪的近东可能是波斯的器物相似。关于遗址的最晚年限,遗址采集的各种各样的小文物,如青铜器、玻璃、琉璃和木器(Chong-tim.006~0047),没有一件文物表明遗址的废弃晚于唐朝末期。

　　围墙里没有任何形式的建筑遗迹存在。西墙里侧分布着一个垃圾堆,高3~4英尺,延伸约25码。我将这个垃圾堆全部清理至地面,但出土物极少。在牛、马粪堆,稻草、灌木堆中,仅出土破碎的棉布(Chong-tim.0049.a、b)、毡片、绳子等。我愿记录的是垃圾堆中没有出土一张纸,然而颇具意义地发现了散布在围墙周围的许多小块硫黄。它们确凿地证明,在库独浑山峰东坡有一处硫黄矿,现正被柯坪人有规模地挖掘,而山岭向北的一些类似的矿源在小古堡占领时期也被开采。遗址的特点,特别是高大、牢固的烽燧,似乎清晰地指出在从阿克苏通向喀什的古老路线上它是一座驿站。作为路边的小站,它非常自然地出现,与处于同一条直线上的硫黄矿相距约10米,也许是为了运输硫黄矿的产品而形成了一处固定的地方。

▷古驿站的垃圾堆

──────────

① 参见附录B所有的钱币资料。

这里我需立即解释,穷梯木遗址已被证实位于与其兰(Chilan)相连的最直接的路线上。现在的这条道路起自阿克苏,离开山岭脚下。我在1913年10月的探察表明,它的古老路线通向巴楚北部,沿着山脉脚下一直延续到喀什。在没有详细地研究1913年的考古与地形调查结果之前,不可能提供作出这个推断所基于的理由,必须等待我的第三次旅行报告及配置的细致的地图出版后方可。同时需充分指出,这条古代路线穿过现在的巴楚至喀什道路的北部,远离源自喀什河的洪水易发地区。下文将叙述的拉尔塔格(Lāl-tāgh)沙山脚下的废址,或许与西南方的穷梯木遗址最接近属于同一时期。这条古老路线的相反方向,大概以穷梯木西北的索克苏克沙尔梯木为界限。我的柯坪向导称穷梯木遗址和索克苏克沙尔之间的沙丘有两处毁坏严重的土墩,他们认为是"炮台"(Pʻao-tʻais),准备带我前往考察。但这个季节供水极困难,无法在沙漠里过久地停留。土墩附近则没有塔提废墟或其他遗存的分布。

我仔细考察了周围的地面后很快即确信,穷梯木遗址不仅是一处路边的驿站,也是一个具有一定规模的居住点。遗址南面和东南面1英里多的范围内,随处可见侵蚀的台地,通常高约810英尺,堆积着厚厚的陶片,清楚地表明这里是已完全被破坏的居址。其中的一点泥土"证据",即规格为10英寸×10英寸×6英寸的大型土坯遗物,它们肯定取自具有一定规模的建筑物的基座。柯坪"寻宝人"不久前到这里搜寻,在挖洞的过程中发现了一个大陶罐。陶罐里没有他们所期望的珍宝,仅残存凝结的一团油类物质。充足的油质使得破裂的陶罐底部粘连,从而保存了一件标本。在几处地方我偶然发现了一些小水渠隆起的堤埂,水渠由西南向东北向延伸。参见

地图,养育这些水渠的运河一定来自吐木休克,可能是源自干
涸的喀什河的一条支流,或许是现在以干涸的乔热艾肯(Gōre-
akin)河床为界限的同一条支流的尽头。其他地方可见枯死
的果树枝干散立于地面,仍显露出在古老的果园里的种植
行列。

　　由丰富而明确的证据表明,遗址早期即被废弃。我在堡 ◁近代战争的遗
垒东南方不远的距离,采集了三枚近代才流通的中国铜钱,非 　物
常困惑。其中两枚为乾隆钱币,铸造年号晚于公元1759年,
另一枚是嘉庆钱币(公元1796—1821年)。我到达位于现今
的大路上的吐木休克村以后,这个考古之谜才得以解答。据
管理本地官方邮政的年老的喀热勒巴什(Karaul-bāshi)讲,大
约于1876年由这条通往阿克苏的道路还有两天行程的亚依
迪(Yaide)附近,在一次战争中阿古柏的儿子哈考拉
(Hakaullah)击败了觊觎王位的哈克木托拉(Hākim Töra)率领
的军队。被打败的军队的许多士兵北逃入沙漠,在8月炎热
的太阳照射下,由于饥渴与筋疲力尽而悲惨地死去。柯坪人
后来进入沙漠寻找死去的逃亡者身上的贵重物品和钱财时,
掩埋了尸体。

　　继续前往穷梯木西南方向大约3英里,经过了一些废墟 ◁南面的小塔提
覆盖的小地方,沙丘之间也出现了很多古老水渠的遗迹。这
里发现的一枚五铢钱与四枚开元钱币说明,这一地区与穷梯
木属于同一时期。经过了又一次的沙漠宿营后,5月19日,我
们以吐木休克上方显著、陡峭的山岭为引导向西南方前进。
不久沙丘逐渐稀少,低矮的灌木越来越常见。距离389号营
地以外约2英里,又出现了一块块小塔提覆盖的侵蚀的地面。
但很快发现的钱币证实,现在到达的这一地区的存在时期长
于穷梯木,一直延续到伊斯兰教时期。除了两枚唐代钱币,还

包括两枚年代为公元 1034—1038 年和 1068—1078 年的宋代
钱币,以及回历 743 年打制于克瓦里兹木(Khwārizm)的金质
荷尔德(Gorden Horde)的一枚小银币。

喀什噶尔河尾▷
间三角洲

　　进入红柳堆密集的地带,即距这些小塔提约 1 英里,通常
标志着进入一条古老的河床。稍远我们继续在这个确定无疑
的干涸的乔热艾肯河床行进,岸边生长着高大的胡杨树,有的
仍生机盎然,有的已枯死。向导们告诉我,喀什噶尔河尾间一
条古老的支流经过吐木休克西面的两座岩山之间的峡谷,据
说一直远远地向东流去。我看见位于小红柳堆之间低矮的土
墩上耸立着成群废弃的房址,除了河边地带,所有的情形都让
我回想起消失在塔克拉玛干沙漠中的克里雅河、民丰河等流
域常见的地表。房址中很明显没有任何古物出土。或许在最
近的时期,当乔热艾肯隔一段时间又一次挟水汹涌而至,当地
人们试图从丛林中开垦这片地域。我们到达喀什噶尔河尾间
三角洲北缘,在需要其他附带的参考之前,常记下有关这一地
区耕作情况的经常性变化也是其中的一方面。

吐木休克附近▷
的遗址

　　沿着大路到吐木休克村,我发现已距离前面反复提到的
备受欧洲旅行家和考古学家们注目的遗址非常近。1906 年
伯希和教授花了几个月的时间在吐木休克西北方风景如画的
岩山脚下的广阔的佛寺遗址工作。经过快速的考察我发现,
虽然佛寺和寺院建筑明显遭受了火灾严重的焚烧,教授仍第
一次系统、全面地清理了遗址。山脉的另一侧,距离古老的托
帕沙尔(Tōpa-shahr)城墙和乔热艾肯河岸不远,我调查了分布
在那里的托库孜萨来(Tokuz-sarai)遗址。我在吐木休克得到
的伊斯兰阿尔斯兰(Arslān)钱币与托库孜萨来出土的完全相

托库孜萨来遗▷
址

同,证明托库孜萨来遗址的废弃不会早于公元 14 世纪或 15
世纪。参照以前提及的乔热艾肯下游的塔提遗迹,这个年代

具有特殊的意义,而对这个遗址快速地考察证实了钱币所提
供的年代学证据。在吐木休克停留一天,也使我有机会访问
位于长长伸展的山脉两端的遗址,山脉一直延续到前文提到
的东南方的山系,超过了大路所通过的山口。位于山脉南端
的遗址明显是属于伊斯兰教时期以前的居住点(图 339),我
必须延长劳力工作以节省时间,才有可能考察它们。

　　的确,目前必须加强夏季多方面的工作,以保证有时间尽　　◁当地对岩山的
早返回和田。几番斟酌后,为了翻越阻隔在我与和田之间的　　　崇拜
350 多英里的道路,我们决定走经过莎车的路线。由于时间
有限,我们必须日夜兼程地行走。5 月 21 日吸引我前往巴楚
的原因之一,是这些山岭呈现的不同的地理学的价值。从吐
木休克这条路线横向地经过一系列崎岖的山岭脚下,这些小
山沿西北—东南方向,醒目地平行排列。每一座山岭因侵蚀
而损坏,像一座座突起于平原上的孤立的石岛,但相同的地质
构造清楚地证明它们是一条古老山脉的剩余部分。这座古山
从巴楚北部天山的边缘区伸出一个尖锐的角,曾经向东南方
向远远地伸入到塔克拉玛干沙漠之中。① 这些一系列岩山因
呈现鲜明、险峻的外观,自最早时期一定即已成为当地人崇拜

---

　　①　根据和田河流域的麻扎塔格山脉与这座古老山脉之间的地形连接,见本章第一节;《地理学刊》,
1916 年第 48 期,113 页等。近期巴楚发展成为一个农业居住点,过去它的名字是巴尔楚克(Barchuk)。见
尤尔、科尔迪耶,《契丹》,第四卷,228 页;但在中国早期文献中不见有关记载[沙畹先生认为即是握史德
(Wo-shê-tê),《西突厥》,152 页注释,但它的位置与巴楚不符合]。
　　巴楚的灌溉主要源自一个巨大的人工湖——穷库勒(Chong-köl),于公元 1877 年以后由汉人建造。每
一年当叶尔羌河暴发洪水,以及某种程度上来自喀什噶尔河的洪水,填满了这个人工湖。喀什噶尔河的河
床非常低,因此一年中的大部分时间,它的河水只能灌溉恰尔巴格附近古老的沼泽地开垦的土地。在我到
达这里以前的 10—15 年中,喀什噶尔河北部新开垦的土地依赖三条简陋的木质水管,或者淖尔(nōr)进行
灌溉,水管穿过深陷的河床输送相应的水流。
　　其中的三条水管分别为乌卡特淖尔(Ukat-nōr)、喀拉库勒淖尔(Karakōl-nōr)、托帕淖尔(Tōpa-nōr)。借
助于这些水管开拓的居住地也使用同样的名称。潘大人负责管理莎车地区时,包括巴楚,他建造了托帕淖
尔。令我高兴的是,当地的居民仍充满感激地记着我的老朋友。

的对象。其中最高峰耸立于巴楚东部，海拔 7 000 多英尺，它的山峰被当作麻扎塔格（Mazar-tāgh kar' ἐξοχήν.）尊崇。位于它的北部山脚下，高出恰尔巴格（Chār-bāgh）平原的一座寺院经常有人来朝觐。其他山岭据说是伊斯兰教圣徒的休息地也受到人们的崇敬。较低的山岭则由于陡峭的山崖，使它们区分于"圣地"（Tīrthas），同在奥库麻扎塔格（Ōkur-mazār-tāgh）所见到的情况一样（图 344）。

喀什噶尔河尽▷
头

这些山岭南端之间伸展着广阔、低洼的地带，有些依然是长年的沼泽地，每年时常受到叶尔羌河与喀什噶尔河夏季洪水的泛滥。只有经细致地调查这一地区，才能阐明复杂的水路情况，据说目前已发现了喀什噶尔河真正的尽头。根据穷梯木周围沙漠曾经出现的灌溉水利设施，以及 1913 年 11 月，我曾肯定不时暴发的罕见的洪水淹没了远至阿克苏耕作区西南端的古老河床，因此，早期的喀什噶尔河可能向东继续延伸。

大路的古老路▷
线

像每一块三角洲地带一样，位于吐木休克与巴楚之间的地域一定也易于发生地面变化。具有文物研究价值的两个事实，以及今后可能发现的简短记载会阐明这一变化。我确信直至中国于 1877 年重新治理时期，位于麻扎塔格和奥库麻扎塔格之间的整个地域，即现在为繁茂、巨大的恰尔巴格平原提供土地的地区未被开垦。因为这一地区每年遭受喀什噶尔河的洪水泛滥，而且分布着广阔的沼泽地。因此，从吐木休克出发的大路没有经过它现在穿越的奥库麻扎塔格南端以及恰尔巴格，而是从吐木休克山岭之间的隘口继续向前穿越沙漠，向西直到拜勒塔格（Bēl-tāgh）山脉。这条古路穿过一个类似的山口，位于现已废弃的"古老的恰尔巴格"村庄附近的沼泽地的北端边缘，穿过这里的东北部通向位于喀什噶尔河尽头的巴楚。

最近时期产生的相当的变化,影响了这一地区的耕作地 ◁巴楚东北部的
勘察
和一条重要大路的路线。这些变化所造成的明显迹象,与我
观察柯坪南部时初次引起的关于前往喀什的中国古老路线的
问题有关。因此当到达巴楚,我听说经过拜勒塔格山的古老
路线上分布着一些遗址,拉尔塔格山脚下也有一处废址,我决
定花费一天的时间朝着遗址的方向进行勘察。经过一天漫
长、炎热的行程,大约骑马40英里,发现了一些有趣的现象,
直到五年以后我才再去考察它们。在一位观察力敏锐、年老
的村庄首领阿衣甫米拉布(Ayib Mīrāb,我曾住宿于他的果园)
的引导下,我首先穿越东北面整片的大绿洲。行程中看见随
着中国政府的重新治理,巴楚大面积的耕作地带已开始发展
成为这条重要路线交接点的农业资源。但也很容易地看见这
种发展同阿克苏一样受到阻碍,原因是这里的人口构成仅仅
是多浪人,他们以前的一两代人仍然主要是半游牧的牧民。

在托帕淖尔灌溉的土地边缘以外,我们进入一片生长着
繁茂的灌木和红柳的地区,正好延伸到光秃秃的拜勒塔格和
奥库麻扎塔格山。显然,整个地区曾一度形成喀什噶尔河巨
大的洪水泛滥盆地。当气候略微潮湿,喀什噶尔河的洪水大
于现在的水量的时期,一年中的部分时间里道路肯定会被迫
中断。根据这一事实我们或许拥有的理由之一,正如上文已
推测的从阿克苏至喀什的古老道路为什么沿着天山最外部的
山脚下向北延续。关于这个问题及一系列问题,必须等待讨
论我的1913年调查之后才可解答。这片古老的沼泽地生长
的植被如此地密集,如果缺乏有经验的向导,要及时穿越沼泽
到达我们的目的地则非常困难。在一个孤立的小片土地偶然

遇到了年轻猎手塔里甫哈吉（Tālib Hājī），他带领我们穿越沼泽地。他是一位富有魅力的拓荒者，曾在丛林中开垦土地。

阿恰塔格附近▷
的沼泽

沼泽地几乎到处都是我的向导们称之为来自吐木休克的"老路"的痕迹，循着飘移不定的路径，最后我们到达奥库麻扎塔格西北端，即阿恰塔格（Achal-tāgh）。在这里我发现了干涸的池塘，说明它们是巨大的沼泽地向北延伸的最后残余部分，而查尔巴格附近的沼泽地大部分已被开垦。远远地眺望，一座连绵的山岭像被一条狭窄的峡谷截断。穿过沼泽地向东南方前进，据说人们仍清晰地记得巨大的洪水泛滥时期，洪水流至奥库麻扎塔格现已完全干旱的东部山脚下，迄今仍可见水流冲刷的河床痕迹。

阿拉其的烽燧▷
遗址

一座孤立陡峭的山岭长约 1 英里，中部高 200 多英尺，拜勒塔格山脚下的宽阔的峡谷与其分离。这座山岭（图 332）即阿拉其（Arach）山，它的两端均遗留明显的古代防御工事。防御工事建造在山脉的隘口附近，以便控制来自或前往吐木休克一侧可能经过的一切交通。防御工事依地面构造建筑，极其清楚。三座小山，奥库麻扎（阿恰塔格）、阿拉其以及拜勒塔格总长约 18 英里，形成了一道天然的防御屏障。只有从位于阿拉其两侧的两个隘口才可以穿越，而仅依靠步行和艰难的攀登几乎无路可走，正如图 332、344 上所见的。由于奥库麻扎塔格东南端的地面现已非常湿软，近期根本无法穿越，因此这个天然形成的防御线的重要性和自然的险要则十分显著。唯一值得观察的地点是阿拉其两侧的峡谷。阿拉其山东南端低矮的山嘴顶部分布着一个约 60 码的土坯墙基，可能这是一座烽燧，已被"寻宝人"挖掘的洞穴严重地毁坏。位于山岭同一侧的高处耸立着一座方形小烽燧，残高 10 多英尺。烽燧所处的位置险要,必须经过陡峭、极其光滑的岩石山坡才能接近它。

沿着阿拉其山岭一直到它的西北端,山顶矗立着一座结构坚固的烽燧(图 332)。烽燧的基座长 24 英尺,土坯规格约 14 英寸×9 英寸×3 英寸。土坯层之间嵌入薄薄的红柳树枝,清楚地表明它属于早期建筑。烽燧坐落于北面一块高约 10 英尺的有围墙平台上,平台以上现存的高度约 15 英尺。从山顶向北至峡谷地势渐平缓,分布着一条长约 120 码的牢固的土坯墙遗迹。由于沙堆的保护,有些部位的墙体仍高达 12 英尺,厚 3.5 英尺,它所用的建筑材料同烽燧的一样。从隘口的地平面看,这面墙垣首先出现在东面,然后转向南面,消失在烽燧下方。由于风力侵蚀作用形成的小雅丹地貌,墙垣确切的位置已很难寻觅。我估计这片被围墙环绕的不规则地域宽约 300 码,内部的地平面主要覆盖小沙丘。侵蚀的台地上方高耸着一个土坯基座,约 24 平方英尺,残高 5~6 英尺。在这个小墙垣的里外侧的侵蚀的一块块地面上都发现了一种粗糙的陶片。峡谷另一侧也有一座用于防守崎岖的拜勒塔格山脚及山嘴的烽燧遗迹,也是用硬夯土建筑,每层之间夹入胡杨树枝。现存的烽燧高出岩石约 12 英尺,顶部约为 30 英尺×27 英尺。这座烽燧或哨所位于峡谷地平面上方约 100 英尺,由于它的位置和下方极陡峭的岩石山坡,因此处于易守难攻的地势。

从四周环绕着众多、孤立的山脉的地方眺望广阔的景观,首先看见南面的穷梯木、吐木休克直至大麻扎塔格,北面则是绵长伸展的拉尔塔格山。向导们告诉我,拉尔塔格远处的山脚下有一处遗迹,根据他们的描述我推测它可能是具有一定

◁戍守峡谷的烽燧

◁拉尔塔格遗址的报道

规模的佛寺遗址。拜勒塔格和拉尔塔格之间是一片宽广、部分覆盖着低矮沙丘的荒芜的平原地带。平面图显示的距离是7英里,因此我不得不放弃到达遗址的愿望。"阔纳沙尔"(Kōneshahrs)的故事似乎特别与拉尔塔格有关,而柯坪人前往巴楚的沙漠路线也经过这条山脉的北面,他们说某些地方仍可见塔提遗迹,这些所有的证明都留待于将来。我从和田离开之前获得的文物在某种程度上至少肯定,拉尔塔格遗址不是"阔台克沙尔"(Kötek-shahr)类型。阿依甫米拉布通过一位商人送给我一些小型灰泥塑像残片,将在下面目录中描述,他声称是从拉尔塔格的佛寺布特哈那(Būt-khāna)获得的。1913年10月,我确信他所讲述的是正确的,而且他的这种经验性的挖掘也不仅仅是第一次。

经过莎车去和 ▷
田的旅程

从巴楚经过五天急速的行程,由于炎热以及剧烈的沙暴我疲惫地到达莎车,因此没有机会进行考古观察,但是在调查工作过程中,我了解了影响叶尔羌河沿线灌溉的自然条件,在这些散布的绿洲耕作区引起人们的注意。我必须在莎车停留几天,为准备返回印度做一系列实际的工作,包括安置从于田带来的勇敢的骆驼,它们在我的沙漠旅行中提供了如此英勇的服务。然后我从和田的基地出发,经过八天,主要是在夜晚行进,遭遇了一系列各种各样的季节性的"大风",终于到达印度。这次行走的路线与我在1900年首次经过的相同,而这次增加了一些墨吉(Moji)附近的古遗址采集的小文物,根据其他标本,已在《古代和田》中全部介绍。[①]

---

① 参见斯坦因《古代和田》,第一卷,110页等,托古加依(Togujai);卡克沙勒(Kakshal)的塔提,出处同上,第一卷,106页以下。

柯坪南部废墟地采集的遗物

Kelpin.002.a~d. 4个贝壳。最大$\frac{3}{4}$英寸。

Kelpin.003. **椭圆形光玉髓质凹雕玉**。扁平,女性半身左侧像。用两道线条象征长发;头发从头顶梳理下来,在前额和耳朵旁形成庄重的发带。半身像以沟槽表现穿着服饰的特征,为简单的侧面影像轮廓。制作粗劣。$\frac{7}{16}$英寸×$\frac{5}{16}$英寸。图版 V。

Kelpin.004. **圆形青铜印**。背面有穿孔的突出部分。凹雕造型,非常模糊,可能是一匹行走的马的左侧面。直径$\frac{13}{16}$英寸,高$\frac{3}{8}$英寸。图版 V。

Kelpin.005. **椭圆形青铜印**。背面有穿孔的突出部分。凹雕造型,已不可辨识。$\frac{15}{16}$英寸×$\frac{5}{8}$英寸。

Kelpin.006. **椭圆形青铜印**。背面的环断裂。凹雕造型,为一个蓄胡须的头部,向左侧视,严重磨损。$\frac{3}{4}$英寸×$\frac{5}{8}$英寸。图版 V。

Kelpin.007. **三角形青铜印**。背面有穿孔的突出部分。凹雕造型,已不可辨识。$\frac{3}{4}$英寸×$\frac{5}{8}$英寸。

Kelpin.008.a~f. 6颗珠子。a 为圆柱形,光玉髓质。长$\frac{7}{8}$英寸,直径$\frac{7}{16}$英寸。b 为三棱柱形,顶部钻孔,光玉髓质。长$\frac{9}{16}$英寸。c 为双面鼓形,黄色石质。长$\frac{5}{16}$英寸。d 为球形,深蓝色琉璃。直径$\frac{1}{8}$英寸。e 为圆柱形,叶绿色琉璃。长$\frac{1}{4}$英寸。f 为不规则形,绿松石,最大$\frac{1}{4}$英寸。

Kelpin.009.a~q. 16 颗珠子。a 为球形（残存一半），千花玻璃，黄色琉璃，一面有黑色圆点和圆圈。直径$\frac{5}{16}$英寸。图版 IV。b 为圆柱形，绿色琉璃。长$\frac{5}{18}$英寸。c 为圆柱形，光玉髓质，长$\frac{3}{8}$英寸。d 为球形，深蓝色琉璃。直径$\frac{1}{8}$英寸。e 为球形，淡蓝色琉璃，直径$\frac{5}{16}$英寸。f~g 分别是球形和鼓形，黄色琉璃。直径$\frac{1}{4}$英寸和$\frac{1}{8}$英寸。h 为圆柱形，深蓝色玻璃，半透明。长$\frac{7}{16}$英寸。j 为圆柱形，黄白色卵石。长$\frac{1}{4}$英寸。k 为鼓形蓝绿色琉璃。直径$\frac{3}{16}$英寸。l 为透镜状，白色玻璃。长$\frac{1}{2}$英寸。m 为圆柱形，柠檬色琉璃。长$\frac{1}{4}$英寸。n 为球形，黑白色环纹相间的琉璃。直径$\frac{3}{16}$英寸。o 为双面鼓形，黄色琉璃。长$\frac{5}{16}$英寸。p 为球形，黑色琉璃，中心环绕之字形白色线纹。直径$\frac{1}{4}$英寸。q 为圆柱形（碎裂），白色石质。直径$\frac{3}{8}$英寸。

Kelpin.010.a~k. 10 颗珠子。a 为球形，千花玻璃，中部是黄色条纹，周围均为红色的琉璃，外表是交错的黑白色条纹。直径$\frac{1}{2}$英寸。图版 IV。b 为球形，千花玻璃，杂色条纹，包括红、绿、黄色的琉璃。已腐蚀。直径$\frac{3}{4}$英寸。c 为球形，蜜色玻璃。直径$\frac{7}{16}$英寸。d 为圆柱形，淡蓝色琉璃。长$\frac{5}{8}$英寸。e 为球形，蓝色琉璃。直径$\frac{1}{4}$英寸。f 为圆柱形，残存一部分。黑色琉璃，镶白色环纹。长$\frac{1}{2}$英寸。g 为双面鼓形，残存一半。黄色玻璃。长$\frac{5}{16}$英寸。h 为三角形垂饰,残存一部分(?)。黄色玻璃。最大 $\frac{5}{16}$ 英寸。j 为球形,黑色干果仁(?)。直径 $\frac{1}{4}$ 英寸。k 为圆盘形,白色卵石。直径 $\frac{3}{8}$ 英寸。

Kelpin.0011.a~c.　各种各样的石器碎片。a 为椭圆形玉髓(?)印,扁平,斜边,素面。$\frac{7}{8}$ 英寸×$\frac{5}{8}$ 英寸×$\frac{1}{4}$ 英寸。b 为七边形红色光玉髓质,均斜边,钻孔。$\frac{3}{4}$ 英寸×$\frac{3}{8}$ 英寸。c 为光滑的棕色石头,圆柱形,一端呈圆形,一端断裂。$\frac{13}{16}$ 英寸×$\frac{1}{2}$ 英寸。

Kelpin.0012.a~m.　13 块有铆钉的青铜牌。完整或是残片,裂缝用于穿过皮带,同 Chong-tim.0032、0033 一样。可能是带扣的一部分。三块均为椭圆形,同 Chong-tim.0032 一样;六块为半圆形,同 Chong-tim.0033 一样(所有的裂口均是椭圆形);一块有椭圆形穿孔;一块(粗糙)心形铜牌,有圆形穿孔;两块形状完整,但无法确认。铜牌均有铆钉或钉孔。最大 $1\frac{1}{2}$ 英寸。

Kelpin.0013.a~e.　5 个青铜带扣环。a、b 为椭圆形,c、d、e 为椭圆形。a 系于皮带,从折页的双层铜片之间穿过,铆接于皮带;e 为一枚带扣,有带环,舌簧及完整的附件。

Kelpin.0014.a~c.　3 个透雕细工的垂饰。为一男性舞蹈者形状,右手举起,左手下垂,两膝弯曲。头部上方悬挂圆环。脚下 V 形支撑的一端已破裂。制作简陋。a 完整,b 没有头、右手及左脚或支柱,c 仅存头部和圆环。a 为 $1\frac{5}{8}$ 英寸×$\frac{3}{4}$ 英寸;a、b 见图版 VI。

Kelpin.0015.a~g.　7 块有铆钉的青铜牌饰。a 为方形;b、c 为盾形;d、e 为心形;f 为四叶形;g 为两个背面相贴的铜牌,下端残破。铜牌均用突出于下方一侧的铆钉牢固地连接。最大 $\frac{5}{8}$ 英寸。

Kelpin.0016. **铅盘**。正面是突起的玫瑰花形纹饰浮雕，背面平直。中部钻孔，可能为纺织锭盘。参见 Kud.009，直径 $\frac{5}{8}$ 英寸。

Kelpin.0017.a、b. **两个青铜胸针残片（？）**。a 为有镶嵌圆形珠宝的孔，一半的孔并排地镶嵌菱形珠宝；b 为有镶嵌圆形珠宝的孔。原来的边缘装饰一排珠子，遗留镀金痕迹。所有镶嵌的宝石均丢失，多腐蚀。完整的铜饰品中部，可能由菱形宝石组成，两端为圆形宝石。$\frac{3}{4}$ 英寸 $\times \frac{7}{16}$ 英寸；$\frac{5}{16}$ 英寸 $\times \frac{7}{16}$ 英寸。

Kelpin.0018. **新月形青铜饰**。与 Yo.00176、Khot.007 相同，但是没有突起的部分，突起的一侧中部有一个用于悬挂的环。造型已完全磨灭，一个尖角已断裂。$1\frac{1}{4}$ 英寸 $\times 1\frac{3}{8}$ 英寸。

Kelpin.0019. **素面青铜环**。残缺 $\frac{1}{3}$。直径 $\frac{3}{4}$ 英寸，宽 $\frac{1}{8}$～$\frac{1}{4}$ 英寸。

Kelpin.0020. **青铜残片**。类似于小车轮的轮毂。两端凸缘，外端是一个附加的较宽的装饰性的凸缘，边缘是花瓣形。长 $\frac{7}{8}$ 英寸，直径 $\frac{7}{8}$～$\frac{5}{16}$ 英寸。图版 VII。

Kelpin.0021. **青铜垂饰**。新月形，尖端向上与垂直的部分在右角相连。挂环其中的一端断裂，新月形较低的一侧系在一个椭圆形空孔，横断面呈三角形，底部钻孔，两端和边缘嵌琉璃饰物。长 $\frac{7}{8}$ 英寸。图版 VI（颠倒）。

Kelpin.0022. **平直的青铜棒**。中部刻槽，装饰物，钻孔。两端渐细呈锥形，一端匙状凹陷，另一端破裂。长 $2\frac{5}{16}$ 英寸，宽 $\frac{1}{8}$～$\frac{1}{4}$ 英寸，厚 $\frac{1}{8}$ 英寸。

Kelpin.0023. **青铜管残片**。一端有凸缘。长 1 英寸,直径 $\frac{5}{16}$ 英寸。

Kelpin.0024. **青铜垂饰残片**。残存部分是两个并拢的铜条,交汇后每一个呈螺旋形出现。螺旋形铜条中间升出一个挂环。铜条较低的一端均破裂。高 $1\frac{3}{8}$ 英寸。

Kelpin.0025. **青铜棒残片**。中部为一平直的环,每一边都有三角形环,还有素面的球形突出物。一端残破,装饰品的一部分(?)。长 1 英寸。

Kelpin.0026. **镰刀形青铜装饰品**。斜边,内空。有两个铆钉孔。方形一端断裂。长 $\frac{7}{8}$ 英寸。

Kelpin.0027.a~e. **五块青铜残片**。包括 a 为椭圆形带扣环残片;b 为装饰牌残片;c 为双面有铆钉的铜牌的一半,用于将皮带系于带扣上,与扣环构成折页的一部分。参见 Kelpin.0013.e。d 为挂钩,e 为垂饰的末端(?)。三个悬挂于新月状物的球,同 Kelpin.0021(?)一样。最大 1 英寸。

可能发现于库独浑附近沙漠的遗物

Kud.006. **(西面)圆形青铜印**。背面有穿孔的突出部分,用红线与 Kud.007 和 008 相连。凹雕的龙造型,龙向右跃立,保存差。直径 $\frac{5}{8}$ 英寸。图版 VI。

Kud.007. **(西面)心形青铜印**。背面为穿孔的突起部分。边缘分布圆点,其中是两只面对面的凹雕鹅(?)造型。保存极差。从连接 Kud.006、008 的绳子上获得。长 $\frac{5}{8}$ 英寸,最宽 $\frac{5}{8}$ 英寸。图版 VI。

Kud.008. **(西面)圆形青铜扣**。背面有穿孔的突出部分。浅雕出森林之神的脸部,突出的眼睛,宽鼻,卷曲的头发与胡须,尖耳朵。直径 $\frac{3}{4}$ 英寸。图版 VI。

Kud.009、0010. （西面）**两个铅制圆盘**。平凹，钻孔，可能是纺轮锭盘。直径 $\frac{11}{16}$ 英寸，高 $\frac{1}{4}$ 英寸。

Kud.0011~0013. （西面）**各种石质装饰品**。

0011 为深红色光玉髓质垂饰。较低的一端渐宽，斜边。顶部横向钻孔，横断面呈椭圆形。长 $\frac{13}{16}$ 英寸，宽 $\frac{5}{16}$~$\frac{9}{16}$ 英寸，最厚 $\frac{5}{16}$ 英寸。0012 为淡红色光玉髓质垂饰。八边形圆柱体，两端尖，一侧有穿孔的突出痕迹。参见 Chong-tim. 0030。1 英寸 $\times$ $\frac{5}{8}$ 英寸 $\times$ $\frac{3}{8}$ 英寸。0013 为椭圆形白色贝壳片（？）。沿纵长方向有两个穿孔。$\frac{13}{16}$ 英寸 $\times$ $\frac{3}{8}$ 英寸 $\times$ $\frac{3}{16}$ 英寸。

Kud.0014~0016. （西面）**各种青铜残片**。0014 为圆形青铜印。凹雕造型，已不可辨认。背面有突出物，断裂。直径 $\frac{11}{16}$ 英寸。0015 为椭圆形青铜印。背面高高地直立着突出物，顶端的环已断裂。底部一侧有一个突起的球形物，可能由模范中的气孔造成。素面。高 $\frac{3}{4}$ 英寸，最大直径 $\frac{1}{2}$ 英寸。0016，（西面）青铜手柄残片（？）。$1\frac{5}{8}$ 英寸 $\times$ $\frac{3}{8}$ 英寸 $\times$ $\frac{1}{4}$ 英寸。

Kud.0017. **圆形青铜印**。背面为穿孔的突出物。凹雕造型为两只面对面的鸟，制作粗糙。直径 $\frac{13}{16}$ 英寸。

穷梯木遗址出土的遗物

Chong-tim.001. **陶片**。深灰色，红色黏土烧制。轮制，坚硬。外表粗略饰横向锯齿纹带。最大 $3\frac{3}{4}$ 英寸。

Chong-tim.002. **陶片。** 为平底碗的一侧和底部。硬红陶,里外饰斑驳的绿釉,多磨损。中国汉代风格。最大 $3\frac{3}{8}$ 英寸。

Chong-tim.003. **陶片。** 陶瓶的颈部和肩部。细红陶质,素面,口缘外有把柄的痕迹。高 $1\frac{3}{4}$ 英寸。

Chong-tim.004. **陶片。** 为一容器器壁,深灰色。浅浮雕出锯齿形纹带,里面是周围各角填充圆点的圆形凸饰构成的玫瑰花饰。窄带上面和下面圆点玫瑰花饰被突起的造型分离。可能是石刻上漩涡饰(?)的装饰。最大 $3\frac{7}{8}$ 英寸。图版 IV。

Chong-tim.005. **陶片。** 陶碗口缘。夹粗砂红陶。绿釉下浅浮雕出圆点纹带和花形纹饰。可能是近东波斯器物,年代早于公元 9 世纪,或许早至公元 2 世纪。$1\frac{3}{8}$ 英寸× $\frac{13}{16}$ 英寸。

Chong-tim.006~0012. **7 块玻璃残片。** 半透明绿色,中世纪早期。006 卷缘,0011 和 0012 残片用带形和叶形(?)纹装饰。最大 $1\frac{1}{4}$ 英寸。

Chong-tim.0021.a~c. **3 块硫黄。** 最大尺寸 $1\frac{1}{16}$ 英寸。

Chong-tim.0022.a~e. **各种青铜残片。** 腐蚀。a、b 为两个素面的铜环,直径 $\frac{1}{2}$ 英寸。c 为环状铜丝,直径 $\frac{3}{4}$ 英寸。d 为断裂的垂饰(?),新月形,中部有一个挂环。最大 $\frac{3}{8}$ 英寸。e 为两端渐细的直棒,一端为球形和环状,下面有一小柄脚。长 1 英寸。

Chong-tim.0023. **水晶石残片。** 不规则六边形,两头尖。$\frac{1}{2}$ 英寸×

$\dfrac{3}{8}$英寸。

Chong-tim.0024. **青铜渣残块。**最大 1 英寸。

Chong-tim.0025.a、b. **两块不规则形青铜牌。**最大 1 英寸。

Chong-tim.0026. **灰陶纺轮。**半球形，素面。直径$\dfrac{7}{8}$英寸，高$\dfrac{5}{8}$英寸。

Chong-tim.0027. **翘起的木质卷轴（?）。**两端有凸缘，中部亦有凸缘。一端突起一颗短钉（用同一块木材）。可见红漆（?）及白泥釉痕迹。边缘有缺口。长 1$\dfrac{3}{8}$英寸，直径 1$\dfrac{1}{8}$英寸；钉长$\dfrac{1}{2}$英寸，直径$\dfrac{1}{4}$英寸。

Chong-tim.0028、0029. **两件青铜饰残片。**0028 为一对内空的凸饰，边缘相连接，其中的一件内部有一颗突起的钉，可能是胸针的一部分（?）。1 英寸×$\dfrac{1}{2}$英寸。0029 为半圆形盘，外部斜边，里面略空，遗留两颗突起的铜钉。$\dfrac{3}{4}$英寸×$\dfrac{1}{2}$英寸。

Chong-tim.0030（南面）. **黑色琉璃垂饰。**圆柱形，有一小圆筒，钻孔，一侧可以悬挂。这个主体圆筒的一端钻孔，距离另一端$\dfrac{1}{16}$英寸处有一个窄孔，装饰镶嵌的纹样。中部周围饰以黄色琉璃线条的花彩，每一边为平直的白色线条，其后是红色线条的花彩。此外，每一端均有六条白色直线。小圆筒有三道白色波纹。1$\dfrac{1}{4}$英寸×$\dfrac{7}{16}$英寸×$\dfrac{3}{4}$英寸。图版 IV。

Chong-tim.0031.a、b. **两块硫黄。**a 最大$\dfrac{7}{8}$英寸。b 最大$\dfrac{1}{4}$英寸。

Chong-tim.0032、0033. **两块有铆钉的青铜牌。**残片，裂孔用于穿过皮带，可能是带扣的一部分。见 Kelpin.0012。0032 为椭圆形，背面各角均有铆钉，裂孔平行于另一边。1 英寸×$\dfrac{13}{16}$英寸。0033 为半圆形，背面有三颗铆钉，椭圆形裂口平行于垂直的一边。$\frac{7}{8}$英寸×$\frac{9}{16}$英寸。

Chong-tim.0034~0036.　**（南面）三块玻璃残片。**0034为残存灰色半透明的玻璃棒的一端,一端隆起以支撑某个小球状物。另一端残。长$\frac{3}{4}$英寸,直径$\frac{1}{2}$英寸。0035为半透明"多气泡"的绿色玻璃残片。最大$1\frac{1}{8}$英寸。0036为半透明黄色玻璃珠的一半,扁球形。直径$\frac{1}{2}$英寸,高$\frac{5}{16}$英寸。

Chong-tim.0037.　**贝壳珠。**粗糙的圆盘形,一边较厚。表层内空且钻孔,一边缺口。$\frac{3}{8}$英寸×$\frac{1}{4}$英寸×$\frac{1}{12}$英寸。

Chong-tim.0038.　**（南面）青铜带扣残片。**方形,一侧突起的两个平齿弯曲至挂钩。铜牌的两个角及一个齿已断裂。穿过铜牌的铁钉用于束缚皮带。铜牌,$\frac{3}{4}$平方英寸,长（包括挂钩）1英寸。

Chong-tim.0039.青铜圆盘。腐蚀较甚,可能是钱币。直径$\frac{7}{8}$英寸,厚$\frac{1}{8}$英寸。

Chong-tim.0040.　**（南面）青铜管残片。**一端为内空的球状物,另一端及管的一边及球状物均已毁坏。铜管完整的一边有一个弯曲的挂钩断裂突向球形物。管长$1\frac{1}{2}$英寸,直径$\frac{7}{16}$英寸。球状物长$\frac{5}{8}$英寸,直径1英寸。图版VII。

Chong-tim.0041~0044.　**（南面）各种青铜饰残片。**0011、0042为一对椭圆形铜环。外部边缘为粗糙的斜边。0041为$\frac{3}{4}$英寸×$\frac{1}{2}$英寸。0042为$\frac{5}{8}$英寸×$\frac{1}{2}$英寸。0043为心形（?）铜环的一部分,残留顶部的环和钉。直径$\frac{3}{4}$英

寸,厚 $\frac{1}{8}$ 英寸× $\frac{1}{16}$ 英寸。0044 为透雕细工的装饰物。八片中的两件残片,其中的一件铜棒中部的每一侧与其他的铜棒连接。可能是变形双鸟造型。参见 khot.04.c, $\frac{3}{4}$ 英寸× $\frac{5}{8}$ 英寸。

Chong-tim.0045. （南面）**彩色树根**。为覆盖紫红色树皮的树干,发现于穷梯木遗址南面的塔提。长 $\frac{3}{4}$ 英寸,直径 $\frac{3}{8}$ 英寸。

Chong-tim.0046. **油**。大约出土于 1908 年 11 月 12 日"寻宝人"发现的陶罐中。

Chong-tim.0047.a~g. **八颗琉璃珠**。a 为半球形,绿色和浅黄色;b 为半圆盘形,红色、黄色、绿色和白色;c 为圆柱形,绿色;d、e 为圆盘形,蓝色;f 为圆盘形,草绿色;g 为三角形,绿色和黄色千花玻璃,中部圆点为黄色和红色。最大 $\frac{5}{8}$ 英寸。

Chong-tim.0048. **坚果(?)果仁**。直径 $\frac{1}{4}$ 英寸。

Chong-tim.0049.a、b. **织物残片**。a 为一块方格纹棉布碎片,方格纹为浅黑色和淡蓝色,但颜色多已湮灭,与素面牛皮缝制在一起。破损较甚。约 11 平方英寸。b 为褪色的棕色棉布带,有几层厚,用已褪色的相同质料的棉布缝补。1 英尺 3 英寸×3 英寸。

吐木休克西部山嘴东南端古堡下方发现的遗物

Tumshuk.0015. **织物残片**。包括:精细的金橘黄色毡片,3 英寸×1 $\frac{1}{4}$ 英寸;深红色毛布(?)残片,规整的平纹。4 $\frac{1}{4}$ 英寸×1 英寸。出土于吐木休克古堡西南角。

Khakan-shahri.001.　　陶片。手制，制作精美的陶罐残片，明亮的砖红色黏土烧制，打磨光滑，窑烧，十分坚硬。外表光滑且有光泽。最大 $1\frac{7}{8}$ 英寸。

从麻扎塔格以及拉尔塔格遗址获得的遗物目录

Lal-tagh.001.　　**灰泥残片**。左脚沿脚背已毁坏。上部表面用一团黏土模制。短而大的脚趾，象征性地表示指甲，红色黏土。2 英寸×$1\frac{1}{8}$英寸。

Lal-tagh.002.　　**灰泥残片**。左脚从脚踝至后跟均已损坏。脚底及上部为模制；所有的脚趾长度相同，未表示趾甲。红色黏土，烧制。$2\frac{3}{4}$英寸×$1\frac{1}{4}$英寸。

Lal-tagh.003.　　**灰泥塑像残片**。一双手，双手合十作崇拜状，腕部以下断裂。大拇指已不存，未显示指甲。红色黏土，烧制。有书写痕迹。$2\frac{3}{4}$英寸× $1\frac{1}{2}$英寸。

Lal-tagh.004.　　**灰泥浮雕碎片**。椭圆形珠宝装饰物的一部分。平底，有蓝色绘画痕迹，环绕突起的造型，外面是圆点构成的边缘。红色黏土，烧制。$1\frac{7}{8}$英寸×$1\frac{1}{4}$英寸。

Lal-tagh.005.　　**灰泥浮雕残片**。头部的发髻或衣饰，同 Mi. xi.003 等一样，有模糊的红色绘画痕迹。红色黏土，烧制。3 英寸×$3\frac{1}{2}$英寸。

Lal-tagh.006.　　**灰泥浮雕残片**。为装饰品或盾的一部分，粗糙的圆形。中部凸饰环绕两个素面的造型，然后是一周凸饰，两个素面的造型，外侧的环形圈饰圆点。没有绘画颜色痕迹。红色黏土，烧制。$3\frac{1}{2}$英寸×3 英寸。直径

(完整时)约 $5\frac{1}{2}$ 英寸。

墨吉出土或采集的遗物

Moji.a. **陶片**。夹粗砂陶。灰棕色。有一个马镫状把柄,与器体分离;两个低矮的角变平,印有粗糙的花束状(anthemion)装饰。把柄顶部有一圆形小凸饰。$3\frac{9}{16}$ 英寸×$3\frac{1}{8}$ 英寸。图版 IV。

Moji.b. **陶片**。红色,夹砂陶,外表敷浅黄色陶衣。由四道向下倾斜的线条组成的两个水平带,其间用垂直短带相连;上方亦有相似的装饰。$2\frac{1}{8}$ 英寸×2 英寸。

Togu-jai.001. **陶片**。坚硬烧制,深红色陶器的颈部和肩部,颈、肩交接处饰单独的一条不规则戳孔痕迹。$4\frac{1}{16}$ 英寸×$2\frac{1}{2}$ 英寸。

Togu-jai.002~0018. **17 块玻璃残片**。阿拉伯风格,中世纪。最大$1\frac{1}{4}$ 英寸。0012 见图版 VI。

Togu-jai.0019. **玻璃棒**。一端宽扁。黄绿色。$1\frac{1}{2}$ 英寸×$\frac{3}{4}$ 英寸～$\frac{1}{4}$ 英寸。

Togu-jai.0021. **黑色琉璃珠残片**。深蓝色中部镶嵌白色椭圆形纹。最大$\frac{5}{8}$ 英寸。

第三十三章 从和田到伦敦

第一节 在和田做准备

6月9日我重新回到和田,依然住在尼牙孜哈克姆伯克 ◁包装文物
(Niāz Hākim Bēg)的庭园纳尔巴格(Nār-bāgh)里,1901年这里
曾是我的旧营地。我发现许多从冬季存放的箱子,在巴鲁丁
汗这位和田阿富汗老人(亦是我的一位热情的本地朋友)的
细心看管下十分安全。一两天内满车的古物从喀什运来,
1906年至1907年,这些文物由乔治·麦喀特尼爵士保管,通
过他的努力这些马口铁皮包装的托运物非常安全。因此没有
片刻耽误我即开始整理和包装考古采集品。鉴于过去在漫长
而艰难的旅程中所承受的风险,这项工作需要尽可能细致和
小心,因此我花费了六个星期辛苦地工作,直至全部安全地完
成。数十个男人在纳尔巴格庭园繁忙地给这些箱子做标记和
包装马口铁,在当地条件及物力的允许下尽力快速地工作。
但是我亲自重新包装了马口铁箱里的所有文物。在这个最炎
热的季节,每天日复一日我从黎明到黄昏辛勤地从事各项工
作。最令人烦恼的一项工作是用棉布条粘贴于壁画背部做衬
以加固壁画,然后在壁画之间夹入紧压的芦苇层以重新紧固
地包装。只有细心和承受体力上的痛苦,这些通常由最易碎、

易坏的材料制成的古代文物在历经总长达 8 000 多英里的旅程之后,包括穿越高山、冰川山口,以及骆驼、牦牛、马背上的运输,随后在牛车、火车、轮船上的旅行,它们才能依旧完好无损。

奈克·拉姆·▷
辛格的悲剧

　　这些工作没有进行几天,一件完全预料不到的灾难性事件的发生又增加了人们的苦恼与忧虑。3 月底,我曾派奈克·拉姆·辛格前往米兰从事一项额外的重要任务,重新拍摄过去我被迫留下的精心掩埋的壁画。壁画位于佛寺 M.V 的墙壁,迁移它们需从其他地方相似的操作中获取的经验与细心,以及允许的充裕的时间。拉姆·辛格离开我时身体健康,并急于投入工作。自从他出发到遥远的目的地,我再也没有得到有关他的任何消息。然而这位曾经刚毅、强健的"灵巧的助手"被带回时,眼睛已毫无希望地失明了,这个打击太大了。与我的最值得信赖、最能干的维吾尔族随从伊布拉音伯克前往若羌的急速旅行中,拉姆·辛格的头部便剧烈地疼痛。而犯这种可怕的青光眼疾病之前没有丝毫预兆,因此到达若羌时他感觉疼痛日益增加,一只眼睛突然丧失了视力。由于他这个民族所具有的英勇顽强特性,拉姆·辛格继续完成任务,坚持向米兰前进。在伊布拉音伯克的监督下,当又一次到达已清理的寺院时他的第二只眼睛也失明了。他不畏降临的灾难坚持在米兰河边等待了几天,希望情况有所好转,有机会完成工作。在若羌停留了一个星期之后,他最终同意返回。伊布拉音伯克尽可能小心、迅速地带他回来。

奈克·拉姆·▷
辛格回到印度

　　这里我无须叙述我为了争取专业检查以及尽可能早一些为他提供帮助所做的各种努力,因为在我的个人日记中已全部地描述。在和田短暂的休息期间,拉姆·辛格表现得最勇敢,就像他过去曾是一名真正的战士,充满希望地期盼病情完全康复。我赶紧送他前往莎车,并配备所有相应的供应品,以使他路上感到舒适。但是经瑞典医疗慈善机构的G.拉奎特牧师(G.Raquette)诊断,他患了不治之症。三个星期后我得到了他的诊断报告,陷入最深的痛苦之中,但我确信,即使奈克·拉姆·辛格没有志愿参加这次旅行,他的病情也会发作。只有及时实施手术治疗,才会有一丝希望挽救他的视力,然而甚至是医生也无法正确地诊断出前期潜伏的症状。遵照拉奎特先生的建议,一旦喀喇阔昆仑(Kara-koram)路线开通,我就安排这位可怜的患者回到拉达克,从那里返回印度。为了使他一路上舒适、安全,我毫不吝惜地尽可能提供一切供应品。他平安到达拉达克后,当地的英国联合地方长官 D.G.奥里弗(D.G.Oliver)上校(现在的市长)安全地送他到克什米尔。在那里我的一位老朋友,斯里纳噶(Srīnagar)教会医院著名的院长 A.尼弗(A.Neve)博士进一步确定了令人悲伤的诊断。奈克·拉姆·辛格有一位哥哥住在附近,他带着可怜的奈克·拉姆·辛格回到旁遮普费劳兹普尔(Firōzpur)附近村庄的家中。之后,直至 12 月我经过拉合尔(Lahore)的途中,他前来看我,望着他非常萎缩的精神状态,我们双方都很痛苦。我把拉姆·辛格积攒的薪水委托给保证其安全的他所在的军团长官,他对辛格的处境表现出极大的关注。在我去卡勒库塔(Calcutta)访问期间,我竭力为这位忠实的伙伴申请特殊的补偿。已故的明托勋爵阁下,后被封为总督,对辛格的病情也表达了关切。不久,我从接替我的工作的人那里听说,印度政府慷慨地授予辛格一笔特殊的补助金,完全满足了他和家庭的需用。1909 年底以前,死亡使辛格从承受的所有的更深的痛苦中解脱了。而作为一项慈善的事务,大部分补助金则继续发放给他的妻儿。

蒋师爷在学术▷
上对我的帮助

　　施加于身上的所有焦虑和艰难的任务,使我面临着巨大、严峻的考验。我更加感谢蒋师爷一直在身边给予安慰,分担我的烦恼和痛苦。他自己总是辛苦地从事我所安排的迫切的学术性工作,初步翻译和抄写从敦煌边境地区和其他地方获得的古代汉文文献,至少为千佛洞出土的一部分汉文写卷作粗略的目录登记。他所做的前项工作的重大价值已得到了最具权威的评论者沙畹先生的正式肯定。而对于后项工作,唯一的事实是当这些写卷安全地收藏在伦敦以后的那些年中,要保证完成那些几千份的写卷的全部目录编写根本不可能。现在我非常感激,在和田困乏、炎热的几个星期里,蒋师爷至少完成了三分之一写卷的目录编写。

为到昆仑山考▷
察做准备

　　除了所有的包装工作,我必须为长期计划的准备进入和田南部高大的昆仑山脉从事考察付出更多的细心和辛劳。1900 年和 1906 年我在喀让古塔格(Karanghu-tagh)山脉的探察已证明,穿越那些因向西流的河水冲刷的深幽峡谷到达玉龙喀什河源头根本不可能。因此很久以前我即决定做一次新的尝试,从东面即与高大的西藏高原西北端相连的仍未被全部探察的山区出发。我计划穿过克里雅河源头,沿着昆仑山主山脉仍未考察的南坡行进,昆仑山上的冰川孕育了玉龙喀什河的最上游。这次考察结束之后,我和 R.B.拉尔·辛格到达喀拉喀什河的东南源头。从河流源头下来我们又回到前往喀喇阔拉穆山口北角下的拉达克的商路,在那里已安排好的

运输我的巨大的文物箱和所有沉重包裹的柯尔克孜人正等候
我们。

　　我很清楚面临的难以逾越的障碍,如高山上难行的地面, ◁路途和运输的
也许还有寸草不生的完全荒凉的高原,甚至还有更多的困难　　艰辛
存在。为了成功地结束这次考察,周密地安排运输和供给至
关重要。极其严峻的一个问题是,从我们离开昆仑山脚下最
后一个居住点普鲁(Polur),直至到达喀拉喀什的最高点,在
喀喇阔拉穆路线上的柯尔克孜人伯克萨提普阿勒迪(Satip-
aldi)在那里建立了一个供应站,其间我们和牲畜的生计只能
依赖随身携带的供应品维持。进行这项计划好的旅程至少需
40天。而且我们也没有相应地增加牲畜,马、驴的负重,在如
此高的地面上尽管它们能承载比这一时期的饲料供应更多的
物品。由种种因素所产生的牢骚以及花费的努力,可参阅我
的个人日记。

　　令我最感安慰的是R.B.拉尔·辛格经历三个月的分离之 ◁R.B.拉尔·辛
后,又重新平安地加入我的队伍,他成功地完成了所有委派的　　格的测量
任务。他沿着天山从阿克苏到喀什北部流域首次进行了非常
有用的测量。然后,经我们以前未调查的一条路线到达南面
的皮山之后,他绘制了位于克里阳(Kiliān)和喀拉喀什河中游
之间昆仑山北坡未探索地区的最后部分的地图。一个星期后
完成最后的包装工作,我得到短暂的休息,去参观约特干的古
和阗国遗址。在埋藏于巨大的黄土冲积层下的"文化层"进 ◁重访约特干遗
行的每年的淘金活动已经开始。我要附带说明的是,由村民　　址
手中直接获取的文物,到我收集的那些奇形怪状的赤陶以及
类似的小文物,虽然埋藏的废墟层经过十年的开采仍不断地

出土这些文物。① 利用这次机会我又测量了一批典型的和田人,以增加我的人体测量学资料。尽管这次深入和田乡村的最后一次旅行十分短暂,但它又一次向我显示了近年来耕作迅速地发展。不仅仅在绿洲沙漠边缘,而且 1900 年至 1901 年我仍然看见的沼泽地或者盐碱地(Shōr,维吾尔语)覆盖的大量荒地,例如艾丁库勒(Aidin-köl)附近,或者和田城西部的硕尔巴格(Shōr-bāgh)②的土地都已被开垦。

从和田出发▷　　8 月 1 日我满意地看到装有 93 箱文物的庞大的护送队开始踏上漫长的旅程。我相信在蒂拉·拜依(Tila Bai)的照管

---

①　参见本书第四章第二节。
②　由于耕作地区的这些变化,与此相关的东西具有地理学和文物研究的价值,因此有目的地将耕作区标记于大比例地图上。我愿意复制一份,无论如何它们具有一定价值这些统计数字是托萨拉(Tosalla)镇以前千户(minglik)的伯克,一位颇具影响力的男人托合塔哈吉(Tokhtaḥāji)于 1908 年 7 月从衙门的文件中获得后给我的。它们不仅仅包括整个和田绿洲,也包括玉龙喀什西部地区,以及玉龙喀什广大而丰饶的城镇,如洛浦、山普拉等,曾经在 1901 年至 1906 年期间一度形成独立的洛浦县。我的普遍印象是人口数字实际低估了。土地面积按中国的"亩"计算,"新耕土地"表明自 1902 年确定增加的数额。下面是记载于 1901 年的公开、粗略地统计数据比较(见斯坦因《古代和田》,第一卷,132 页,注③),具有一定意义。

单位:亩

镇	分给定居者耕种的土地	人口	旧耕地	新耕地
依勒其(Ilchi,Khotan Town)	1 947	6 480	15 616	553
托萨拉(Tosalla)	6 610	29 181	81 640	1 656
波拉赞(Borazān)	3 269	21 732	78 151	1 205
西帕(Sipā)	4 213	19 583	80 608	4 466
巴拉木苏(Barām-su)	2 034	11 811	55 980	3 612
卡亚什(Kayāsh)	1 306	8 281	46 141	1 357
玛奎牙(Mākuya)	2 838	13 054	55 981	2 712
奎牙(Kuya)	2 659	12 261	70 243	9 607
喀拉萨依(Kara-sai)	980	5 433	46 141	11 318
巴尕明(Bogar-ming)(a)	320	3 080	13 684	1 251
塔格明(B)(Tāgh-ming)(b)	3 251	18 745	40 131	1 556
	—	—	—	—
	29 427	149 641	584 316	39 293

(a)关于这个新城,见本书第三十一章第四节。
(b)这个新镇据说是由托萨拉、波拉赞以及西帕最南部分散的村庄组成。

下它们会被送到桑株,当夏季洪水消退时从这里继续安全地前进,穿越喀拉喀什上游的素格特冰川达坂(Suget),在那里我希望与它们会合。两天后我离开和田,乘船经过玉龙喀什以后,现在它的河床涌动着巨大的夏季洪水,穿越风景明媚、肥沃的土地以及像河流一样四处溢水的运河,一直行进到绿洲东南端的阔塔孜兰干(Kotāz-langar)。

第二天早晨,我向蒋师爷和巴鲁丁汗告别,他们在那些漫长而炎热的几星期里艰苦的工作中给予我极有力的帮助。从我的第一次考察开始,巴鲁丁汗忠诚、关切地为我的工作提供了各种服务,许多情况证明他的服务很有价值,甚至当我远离他所挚爱的和田几百英里时仍有体会。后来听说在其他人的鼎力支持下,印度政府授予他新的头衔“萨黑布汗”(Khān Sāhib),我非常高兴。但是帮助我的热情的中文秘书有些困难,他是我在亚洲地区的学术工作中最能干、最有效率的助手。乔治·麦喀特尼保证任命他为英国驻喀什总领事馆的中文 Munshī,我天真地希望再次在那里遇见他。

第二节 翻越昆仑山脉

接下来是两天的长途跋涉。我们穿越铁克力克塔格(Tikelik-tāgh)(18 780 英尺,三角形测量高度)贫瘠的砾石山坡。从这里俯瞰平原,它像昆仑山的一个巨大的堡垒。山里有许多纵深的沟谷,甚至在这个季节也没有水。在其中的一个深谷的斜坡上方,我发现了一处奇怪的喀帕克阿斯特(Kapak-aste,即悬挂葫芦的地方)麻扎上的立杆悬挂着几百个

◁喀帕克阿斯特麻扎

破裂的葫芦,而不见通常使用的破布。立杆下方屹立着一块
巨石,它的平顶上放置22个大小不一的杯状物,直径从5英寸
依次递减。距离巨石几码之内也发现了两个平顶的小砾石,
同样也分布杯状物。当地传说将这些石头与"四个伊玛目"
(Imāms)联系在一起。人们认为这是伊玛目的休息之地,是
在前文提到的普鲁西北部常有人光顾的神殿,受到尊崇。据
说在旅途中伊玛目停留在这里,把石头修理成喝水的杯子。
这些杯状石头极有可能源于史前时期,我们也知道以伊斯兰
教为外表的形式下,仍然存在另一种早期的本地崇拜形式。

阿萨的"阔纳▷
沙尔"　　　　　　在喀拉塔什河谷首先看到的是耕地,这里分布着一连串
的小村庄,统称为阿萨(Hāsha)。村庄顺着狭窄的冲积地带向
策勒延伸。从多石的高原陡峭地倾斜下来的路线,直至戈吉
勒尕(Gō-jilga)峡谷和喀拉塔什河之间河边一条狭窄的陆地
地带,距离此地大约1英里分布阿萨的"阔纳沙尔"遗迹。它
位于一处天然坚固的地势,周围是险峻、侵蚀的砾石悬崖而易
于防守,惊人地类似于交河故城,但规模小。距离台地狭长地
带尽头约620码,从一个无法攀缘的悬崖向下至河流,一面巨
大的墙垣从一条峡谷穿行到另一条峡谷,切断了道路。这面
墙(图340)长约120码,保存最好的部位仍高约20英尺。尽
管十分巨大,但它仍然用河床里被水冲刷的石头粗糙地建造,
层与层之间夹入泥土。距离峡谷一侧约30码的两座堡垒突
出于墙垣30英尺。堡垒之间的地带被一圈厚约10英尺粗糙
的外墙围绕,形成了一圈长约60码、宽25码的外围工程。阿
萨村民为给土地施肥挖掘的深洞里放置着混有砾石的垃圾
层,深10~12英尺。在接近顶部的一层我发现了混入的毛织
品遗物(Hasha.005)。

因为垃圾堆里发现大量的骨骼,这里以及主体墙里的土
壤特别有利于施肥。因此,整个墙垣内部到处分布着深坑和
洞穴,其方式更多地如同印度西北前线班努(Bannu)附近的
白沙瓦村或阿克拉(Akra)古代村庄和城镇挖掘的土墩一样。
除了已提到的墙垣,地表不存在其他建筑遗迹。另一面内墙
穿过高原山岬建造,极窄,长约 60 码,但结构相似。粗糙但明
显是高温烧制的陶片,遍及废墟中曾用来建造房屋的墙壁等
的泥土和石头中。① 阿萨人顽固地拒绝寻找钱币或者其他文
物,由于缺乏他们的帮助,难以对遗址的存在年代作出任何判
断。但垃圾堆的厚度表明了长时期的居住,当时的人口一定
比现今阿萨狭长耕作带的人口密集。

◁挖掘垃圾堆

同一天的行程中我到达恰哈(Chakar)。这片规模相对大
的村庄地带沿着一河流分布。这条河与来自东面的乌鲁克萨
依(Ulūgh-sai)汇合后,流向位于大路的固勒合玛(Gulakhma)。
在这里我发现了大量未被开垦的肥沃的黄土层,不是因为缺
乏供水的困难造成。这里有充沛的水源,不仅仅依靠来自河
床的水,还有恰哈西面的泉水,唯一的原因是缺乏劳力。然而
同位于策勒河和克里雅河之间的"塔格"山脚下地带的村庄
一样,自从中国重新治理后,这里的人口无论从各方面来看都

◁恰哈地带村庄

---

① 以下是从遗址获得的陶片标本等:

Hasha.001.陶片。手制,部分磨光,深灰色陶质,平炉烧制。3 英寸×2 英寸。

Hasha.002.陶片。手制,特有的部分磨光,深砖红色陶质,平炉高温烧制。根据其结构的品质,这些标本的烧制工艺非凡。$2\frac{3}{4}$ 英寸×$1\frac{1}{2}$ 英寸。

Hasha.003.陶片。手制,与 Hasha.002 相似;黑灰色胎土烧制为砖红色。$2\frac{1}{4}$ 英寸×2 英寸。

Hasha.004.陶片。手制,淡红色陶质,与 Hasha.002 相似。

Hasha.005.毛织物残片。有浅黄色、硫黄色、赭色、棕黄色、深红色,以及浅黄色毛绳和少量精细的羊毛。织物最大尺寸为 11 英寸。

確切地得到较大的发展。① 8月6日经过一天漫长而沉闷的行程，穿过荒芜的砾石斜坡（其东面仍有一部分被沙丘掩埋），我

奴尔绿洲▷ 终于到达富饶的奴尔（Nūra）绿洲。绿洲海拔7 000英尺以上，空气凉爽。晚上沙雾即消散，而我在和田的所有停留期间沙雾完全遮盖了山景。南面升起一线壮观的雪峰（图343），一些雪峰高21 000英尺，似乎以一片未被考察的高山区的迷人的旅行景观让我愉快地向熟悉的绿洲和沙漠告别。

奴尔附近的梯▷
木遗址 第二天早晨，这种辉煌的景色依旧清晰。我继续向北前进访问梯木遗址，亨廷顿教授首次发现了它。② 路线首先沿着一条蓄满充足水源的运河通向亚勒古孜巴格（Yalghuz-bāgh）边缘区的小聚居地，更远地穿越一片沙化、空旷的草原。草原上青草覆盖的经常干涸的河道清楚地表明这里是运河从前的延伸部分，但规模大，然后一直通向沙漠遗址。遗址位于奴尔大村庄整8英里，其名称梯木，源于在这里发现了一个用碎石和夯土层构造的圆形土墩。土墩顶部宽约36英尺，高近16英尺。它的内部被全部挖掘，毫无疑问是为了寻找财宝。

---

① 穆罕默德玉素甫伯克（Muḥammad Yūsuf Bēg）负责管理克里雅塔格（Tāgh）小地带。他曾经在供给、运输等方面提供帮助，极力地促使我顺利地开始进入高大的山脉南部。他以当地的官方记录告诉我以下的数据，分别是中国重新治理时期估测与1907年统计的户口数。

村庄（Kent）	1878年户口数	1907年户口数
奴尔（Nūra）	53	277
恰哈（Chakar）	33	470
阿萨 Hāsha（或阿姆巴，Ambar）	45	450
萨依巴格（包括陶特伊玛目）(Sai-bāgh incl.Tört-Imām)	64	365
普鲁（Pōlur）	10	90
乌鲁克萨依（Ulūgh-sai）（克里雅上游）	16	150
总数	221	1 802

正如地图标示的，这些是本地区主要的村庄，遥远地散布在山谷上方。我不能确定以上数据的准确性，但是从我所观察的判断，稍低估了一些。

② 参见亨廷顿《亚洲脉搏》，165页。

这种形状表明,它象征着一座已完全废弃的佛塔遗迹。东北面约 250 码处耸立着另一个外观相似的土墩,但规模小,直径约 21 英尺,高 6 英尺,建筑的土坯规格为 14 英寸×8 英寸×3 英寸,而且它也被全部地挖掘过。

　　大土墩以南约 0.5 英里的地面散布着大量陶片废墟,据说向北一直延伸了近一个"炮台"的距离(约 2 英里)。下文描述的陶片标本①似乎十分坚硬,它们的颜色为深红色或赤陶色,与杭桂塔提(Hanguya Tatis)、热瓦克、约特干发现的陶片极为相像。Nura.005 是一块小赤陶残片,可能是浮雕塑的一部分。我们没有发现钱币,也没有听到任何相关消息。我相信在某种程度上遗址属于佛教时期,而没有任何迹象表明它是一处大规模的居住地。在古老的运河那里我没有发现陶器遗物。截至这个季节,古运河仍载着亚尔古兹巴格剩余的水量流经 35 码后,到达大土墩西端,在土墩东端延伸了约 500

◁废墟覆盖的地区

---

　　①　下面是奴尔梯木遗址出土的陶片标本:

　　Nura.001.陶片。手制,陶瓶残片粗糙,棕红色胎土,部分磨光。略微鼓起的肩部残留突出的破损的把柄部分(可能是水平的)。一道水平刻线与一排垂直的短线相交。下面在倒三角内有三行小圆圈刻纹。再往下,在突起的水平线下方是刻成的影线。3 英寸×2$\frac{1}{2}$英寸×$\frac{7}{16}$英寸。

　　Nura.002.陶片。陶瓶的口缘和颈部残片,胎土为淡赤陶色,部分磨光。凸缘,平唇。手制,无纹饰。3$\frac{1}{2}$英寸×2 英寸×$\frac{1}{4}$英寸~$\frac{5}{8}$英寸(口缘)。

　　Nura.003.陶片。陶瓶残片。硬胎土。内壁为黄褐色,外壁为淡赤陶色。无纹饰,手制,三角形。边长 2 英寸,厚$\frac{3}{16}$英寸。

　　Nura.004.陶片。陶瓶残片,手制,淡红色胎土。无纹饰。1$\frac{3}{8}$英寸×1$\frac{3}{16}$英寸。

　　Nura.005.浮雕衣饰(?)的赤陶残片。1$\frac{1}{4}$英寸×$\frac{7}{8}$英寸×$\frac{1}{4}$英寸。

　　Nura.006.陶片。陶瓶残片,深红色胎土。外壁浅灰色泥釉上饰带状纹饰。1$\frac{3}{4}$英寸×1$\frac{1}{2}$英寸×$\frac{1}{4}$英寸。

　　Nura.007.掺杂石英砂(?)的三角形云母片岩残块。1$\frac{7}{8}$英寸×1$\frac{1}{8}$英寸×$\frac{3}{8}$英寸。

码后突然消失。它表明这里有可能是古老的居住地,就像今天奴尔的狭长地带。肥沃的黄土平原一直铺展到河流宽阔的砾石河床。河流流自萨依巴格(Sai-bāgh),据说经过暴雨之后溢满洪水的河流向下流至达玛沟东部的戈壁。

陶特伊玛目圣▷
地

陶特伊玛目圣地是我这次旅行中考察的最后一处遗址。在风景如画的陶特伊玛目小绿洲,我花费一天的路程到达"四个伊玛目"遗址。这里不见任何古物遗迹,尽管它作为朝觐圣地以及环绕周围的圣墓而闻名。① 这些因早期当地崇拜而存在的伊斯兰教寺院,很可能完全相同。由于绿洲远离大路,夹在绵长荒凉的山脚之间,它们不可能引起那些佛教朝觐者的注意。无论如何,我们知道这些佛教崇拜者是古代和田的地形学行家。

确定的渠勒▷
(Ch'ü-lê)国

然而,古老的汉文文献告诉我们有关这一地区的地理情况。《汉书》记载的渠勒国位于扜弥(Yü-mi)南部(《汉书·扜弥传》记载:"南与渠勒接"——译者)②,现在确定它即位于名叫塔格的山麓地带,包括前文提及③的从克里雅河至策勒河分布的众多的小村庄。关于扜弥,正如我所相信的那样,我确定它包括策勒和于田之间的整个绿洲。④ 而地图上所展现的塔格小地区恰好位于绿洲南面。渠勒被描述为一个仅有310户人口的小国,我们无法确定其首府鞬都城(Keen-too)的位置。而提及的同样的小国戎卢位于渠勒东部,远离大路,它可

---

① 关于"四个伊玛目"的传说和它们的起源,参见戈厄纳的详细注释,《杜特雷伊·德·安探险队》,第三卷,13页以下。

② 参见怀利《西域传》,载《大不列颠及爱尔兰人类学学会会刊》,第10期,29页。

③ 参见本章前文。

④ 参见斯坦因《古代和田》,第一卷,167页、467页。由沙畹翻译的《魏略》和《唐史》中可见所有的参考资料。他指出照片显示的这片地区名称略不同,为汗弥。关于《后汉书》记载名为扜弥的同一地区更全面的注释,见沙畹《通报》,170页等,1907。遗留的共同问题是扜弥(汗弥)的首府位置,参见赫尔曼《丝绸之路》,第一卷,96页以下,在获得充分的考古证据与近年的调查结果之后他讨论了这一问题。

能位于克里雅河东部的山麓地带,从阿羌(Achchan)远及素格哈克(Surghak)。① 《后汉书》没有提到渠勒,但在《魏略》中作为独立于阗或和田的一个独立小国它与戎卢、扜弥、皮冗共同出现。② 《唐书》清楚地证实了这些小城邦国的存在,在这篇专著中我们最后一次见到渠勒的名字。③

经过一天的行程,我们从陶特伊玛目到达了海拔 8 500 英尺的普鲁村,普鲁村半隐半现地位于克里雅河旁边的一条小溪上方,正好位于积雪覆盖的高大的山嘴脚下,这个山嘴从南部昆仑山巨大的山体垂直倾斜下来。普鲁村是我目睹了多年的新疆的最后一个居住点,也是我们的考察进入一片艰辛的、绝大部分未被勘察的山区的出发点。经过三天忙碌,完成了最后的准备工作,使我有机会对村庄里的"塔格里克人"(Tāghliks)进行了人类学测量。测量显示具有价值的塔吉克人人种类型,明确地不同于和田绿洲的人种,可能早期受到来自南面的吐蕃人的影响。④ 8 月 12 日我们开始了已长期计划的考察工作,考察对象纯粹是地理学方面的,这里无须记叙详细的内容。这次考察所取得丰富的结果,以及付出的各种努力和牺牲已全部记录和阐释于我的个人日记中。⑤ 但是从这个简短的概述仍然能适时地发现,它仅仅表现了穿越岩石、冰川或砾石覆盖的荒地的长达 500 多英里的旅行中的几个方面,而这些荒地自人类出现的历史时期起即成为人类尽力克

◁在普鲁的准备

① 戎卢,《汉书》已明确地肯定它的地理位置,戎卢位于精绝即民丰南部,相距有四天的路程;见本书第六章第二节。

② 参见沙畹《通报》,1905,538 页;皮冗(P'i-K'ang)或者皮山(P'i-shan),即今天的皮山(Gūma)地带,参见斯坦因《古代和田》,第一卷,97 页、103 页。

③ 参见沙畹《西突厥》,125 页。

④ 参见乔依斯,附录 C。

⑤ 参见斯坦因《沙漠契丹》,第二卷,442~482 页,以及图 12、13。

服的自然景观。

普鲁峡谷的艰▷
难

　　当穿越普鲁上方恐怖、狭窄的峡谷时,我们历经四天艰难的跋涉才到达最北部的高原,它与海拔高约 15 000 英尺的昆仑山外部主脉相邻。这段路程所用的时间相当于公元 1873 年弗斯传教团(Forsyth Mission)的学者首次旅行以来欧洲探险家们所用时间的六倍。但是重要的是它提供了直接通往最西部的西藏高原的道路,无论是战争还是和平时期,它从来不服务于任何结果的活动。我们面临的困难是深幽的峡谷上陡

高原以外的荒▷
地

峭的岩石山坡,穿越峡谷即可从北面到达山脉的分水岭。困难如此巨大,部分路线负重的牲畜根本无法行走。另一个更严峻的障碍是用于贸易和军事的路线往往分布在海拔超过 16 000~17 000 英尺的、宽阔的高原和山谷的完全荒芜地区,穿越这片地区到达位于拉纳克拉(Lanak-lā)一侧的拉达克的最近的居住地需要数星期时间。虽然也使用骆驼,由于普鲁峡谷的自然条件根本不可能提供放牧,相当多的旅程里没有任何形式的放牧,可能这里所遇到的困难同喀喇阔拉穆路线上的一样。因此,和田的叛王哈比布乌拉赫(Habīb-ullah)为安全地避开其敌人的干涉,极力想开通与拉达克和印度联系的道路。他所努力指示的方向,正如我们现在所看见的,通向穿越喀让古达坂的短路,横跨英达坂(Yangi-dawān)高大的冰川达坂,尽管路线上存在更多的可怕的自然障碍。

扎依里克金矿▷

　　我的个人日记曾经提到幸运地遇见一名打野牦牛的猎手,相比于狡猾的波普尔人他非常坦率。他带领我们考察队前往玉龙喀什河的冰川源头,选择了一条通向扎依里克(Zailik)高山谷的路线,在那里发现了众多密集的金矿。我有理由相信,叠压在这条支流的片麻岩层之下,以及相邻的海拔为 13 000~14 500 英尺的玉龙喀什峡谷附近地区,密集的含金

层已被开采多年。但是这些几百个被废弃的矿井,常常被封堵起来当作穷人们的坟墓。那些可怜的悲惨者在准北极圈的气候下像奴隶一样辛苦地劳作,再也无法诉说他们的故事。现在金矿的产量已大大地减少,但是很久以前法显记载,许多黄金被慷慨地用于镀造和田的寺院,迄今仍被约特干的地层所证实。① 这些黄金或许源于这些峡谷,当然同因蕴藏含金地层而享有盛名的其他荒芜之地一样,禁止人们随意进入峡谷。

　　完全依赖在夏季几个月里被带到这条阴郁的扎依里克峡谷的、大约48名可怜矿工以人力搬运辎重,才使我们经过八天艰难的行程到达冰川覆盖的盆地,玉龙喀什河最东部最大的支流发源于此。我们穿越险峻的山嘴的一侧,以及一些几乎无法逾越的河谷,循着野牦牛走过的道路行走。为了测量工作,当爬行到高 18 000～19 000 英尺的地方时,看到了这个美丽的山区壮观的全景,人类从未在上面眺望它。因此,我们顺着这条大河直至它的冰川源头。在源头我们发现了具有地理学和准文物研究价值的证据是,这个方圆数英里的相对于近代才形成的冰川,现在则是一座覆盖着冻土和砾石的巨大的地势起伏的高原。历史时期玉龙喀什和昆仑山更东面的河流的所有冰川支流的消退,肯定也直接影响到沙漠中被遗弃的古老居住地的命运,诸如丹丹乌里克和尼雅遗址。这种情况非常可能。 ◁玉龙喀什河的冰川源头

　　9 月 3 日,我们重新回到乌鲁克库勒湖泊附近易于行走的地区,那里有一个备用品运输和供给站。然后我们继续前进,途中常遇到一系列暴风雪的阻挡。沿着普鲁至拉纳克拉的路 ◁昆仑山南部的高原

① 参见斯坦因《古代和田》,第一卷,194 页。

线一直到海拔约 17 200 英尺宽阔的盆地,克里雅河就发源于这一线巨大的冰川脚下。这些冰川是从环绕玉龙喀什河最东部源头的,同一座覆盖冰川的山脉的东坡倾斜下来。离开海拔18 000 英尺的克里雅河分水岭以后,我们转而向西前进考察一般用数字标注于地图册的名叫"阿克—萨依—秦"(Ak-sai-chin)的高大平原地区。但是印度测量局最新的运输前线地图上,这一地区为空白点。我们没有找到平原,相反发现了屹立在这里的山坡上积雪覆盖的高大的山峰,高 23 000 多英尺。山峰之间是宽广、荒凉的峡谷,从由南面俯瞰玉龙喀什源头的巨大的山脉倾斜下来。在这些山谷出口连绵不断地分布着一块块独立的大盆地,海拔均位于 15 000~16 000 英尺,其中的湖泊多已干涸。幸而已被完全侵蚀的十字形的山嘴上方有较容易通行的鞍状山脊,加快了穿越这片沉闷地带的进程。这里极其荒芜,经过第一个湖泊之后再也没有放牧的地方,在我们全力地照顾下,马匹和驴子很快地越过这里。

干旱的盐碱盆▷
地

　　我们离开前往拉纳克拉的路线经过一星期漫长的行程之后,到达了一个巨大的盐湖。40 多年以前即被印度测量局的一支三角测量队伍观察到,但是现在大部分已干涸。它的大概位置标注于说明 1865 年 W.J.约翰逊先生从拉达克到和田的探险旅行路线草图上,这次我准备考察这条古老的路线。我们向西北方行进了三天多以后,穿越绝对贫瘠的盆地,这里分布着充满盐碱的干涸的咸水湖,没有任何形式的动物或植物生命。我们怀抱着巨大的信念继续沿着古路行走。在通向北面的一个谷口,发现了一半掩埋于粗糙沙土和砾石下的两个小石堆。它们是两星期前穿越巴巴哈蒂姆(Bābā-Hātim)达坂,前往克里雅河源头以后我们第一次看见的人类活动遗迹。

这些遗存的几乎完整的圆锥形小石堆,是发现于山谷高
处的枯死的树根堆。其他一些小文物是过去开通此路的几年
中(1864—1866)经过这条路线的人们遗留的。由于地势高、
路线具有干燥的气候特征,这些文物保存得非常好,似乎生动
地证明人类几乎没有出现在这个与世隔绝的高原上。自历史
开始以来,高原即横越已存在的西藏最西北部。

◁约翰逊路线上
的文物

尽管 40 多年以来人们并不这样认为,然而大多数地方的
路线仍可极好地确认。沿着路线到达约翰逊草图上标注的
"契丹达坂"(Khitai-dawān),9 月 18 日夜晚,我们最终出现在
喀拉喀什河东部支流的峡谷。峡谷里有一个用天然石头粗劣
地修造的凉亭,上面标记着"哈吉兰干"(Hājī-langar)。喀拉
喀什河高山谷的一位年老的柯尔克孜人首领萨蒂普阿勒迪伯
克(Satip-āldi Bēg)告诉我,这个凉亭是遵从哈吉哈比布乌拉
赫(ḥājī Habīb-ullah)的命令建造的。这位命运悲惨的和田反
叛统治者(1863—1866 年),当时开通了穿越喀让古塔格南部
高大的昆仑山脉前往拉达克的路线。两天后在喀拉喀什河谷
低处,我与来自和田的携带供给和运输物的萨蒂普阿勒迪伯
克带领的柯尔克孜人队伍会合。至此,穿越昆仑山脉极艰难
的探险似乎胜利地结束了。

◁喀拉喀什河的
东部源头

但还有一个考察任务始终强烈地吸引着我,因为它提供
了准历史学方面的价值。它即是追随哈吉哈比布乌拉赫路
线,向上直到经过喀让古塔格上方的昆仑山主脉的一个高大
的冰川达坂。但是,1901 年和 1906 年我们从相反的一侧进行
的调查,也没有发现约翰逊记录的英达坂的确切位置。[①] 为
此我和柯尔克孜人及他们的牦牛重新回到哈吉兰干下方,那

◁寻找约翰逊的
英达坂

[①] 参见斯坦因《和田废墟》,202 页、214 页;斯坦因《沙漠契丹》,第一卷,197 页以下。

里明显地连续分布着一系列圆锥形石堆。很早以前横越约翰逊的"契丹达坂",我就发现了这片石堆向北延伸到山谷一侧。从这个山谷的出口可以清楚地追溯大约 7 英里的路线,除此以外的道路被掉落下来的雪堆和岩石废墟全部掩埋而消失了。沿着狭窄且分岔的山谷向上走了一段短路,进入两个险峻的峡谷,一个在北面清晰可见的冰川显现,另一个在东面的一个积雪覆盖的山谷一侧出现。我们穿越时所到达的峡谷没有发现什么,但是无论如何,为了最终与我们的调查工作相联,尽力到达分水岭则绝对必要。

攀登昆仑山分▷
水岭上的雪山
口

　　我个人日记里所解释的原因,促使我 9 月 12 日在 R.B.拉尔·辛格和一些柯尔克孜人的伴随下,沿着北面的冰川,攀登昆仑山分水岭的雪山口。由于高高地位于冰原之上,冰川上分布众多的裂缝以及松软的积雪,攀登十分艰辛。因此经过长达 10 个小时的攀登后,我们才到达高约 20 000 英尺的顶点。山顶正位于一个巍峨的雪峰的山肩下方,三角测量高度为 23 071 英尺。以前我曾认为,如此艰难的冰川攀登事实上在近期不可能通向山口。但是在这次意外降临了机会,我们的调查所得到的充分的报答是,从这个制高点可以眺望铺展于山谷两侧极其辉煌的自然景观。① 因为剩余的停留时间短暂,我无暇顾及辛劳的身体,就开始在极寒冷的天气下绘图和照相。尽管当时阳光普照,下午 4 时温度计显示的温度仅为华氏零下 16 度。在冰川上由于担心天色逐渐黑暗,我们没有片刻停留即刻下山到达营地,我发现我的双脚已严重地冻伤。这一天经过艰辛获取的成功以后给我带来长期的痛苦,但令人满意的是它也伴随着完成了我们最后一次的考察任务。

---

① 参见斯坦因《沙漠契丹》,第二卷,全景照片(图 12),提供了有关记录。

第三节 翻越喀喇阔拉穆前往英国

我冻伤的双脚剧烈地疼痛,无疑是这次事故的严重后果, ◁意外事故的严
急需医疗。我的双脚根本无法行走,甚至不能坐在马鞍上,我 重后果
躺在一个临时制作的担架上被抬下喀拉喀什山谷。经过四天
忧伤的行程后到达波塔什(Portash),我欣慰地看见我的庞大
的装载文物的运输队穿越桑株山口安全地抵达这里。在营地
忙碌的两天工作中,我安排了下一步的运输,给参加昆仑山考
察的柯尔克孜人与和田“墨玉人”(karakash)支付费用,解雇
了年老的随从。保留的运输队由R.B.拉尔·辛格管理,他具
有的自我牺牲精神减轻并分担了我的重负。

我发现我的右脚趾开始出现坏疽,担心它会进一步恶化, ◁在担架上翻越
因此急于尽快向列城(Leh)前进。9月30日,我们尽可能轻 喀喇阔拉穆山
装从喀拉喀什山谷出发,我被抬着沿着喀喇昆仑的商路急速 口
地行进。一路上随处可见的累累动物骨骼,正是这些萧瑟的
高原上险恶的自然条件的悲惨证明。10月3日,我的忧伤的
小运输队,翻过海拔18 687英尺的喀喇阔拉穆山口。又一天
的行程后,慕格和(Murghe)隘口的岩石使放置我的担架的马
匹根本无法继续前进。幸而遇见一群强壮的藏族苦力,如果
没有拉达克的英国联合地方长官D.G.奥里弗上校及时地提供
这项帮助,我无法依靠自身的力量穿越前面艰难的地面,以及
可怕的萨瑟(Sasser)冰川。

经过九天艰辛的旅行之后非常令人宽慰的是,我在努布 ◁到达列城做手
拉(Nubra)河地处最高的拉达克村庄遇见了S.施密特 术
(Schmitt)神父,他负责管理列城的莫拉维亚(Moravian)慈善
医院。尽管他本人也承受着一种严重的疾病痛苦,但是凭着
最仁慈的自我牺牲精神,仍迅速穿越高大的喀尔墩山口赶来

医治我。由于我的身体状况极糟糕,很大程度归于事故发生之前的努力和艰辛的工作,因此我容易被感染。S.施密特神父不得不推迟给我的右脚做手术,直到 10 月 12 日我们到达列城。在列城我的所有脚趾被截去,S.施密特神父和他的医院同事们仁慈地为我提供所需的舒适。但是近三个星期之后,我自认为身体强壮,足以面对前往克什米尔连续 14 天的旅程中的辛劳。截肢后的伤口非常疼痛,恢复也极缓慢。因此根据我的一位老朋友,著名的外科医生和登山家 A.尼夫(Neve)博士的建议,我在斯里那噶(Srīnagar)停留了很长时间。但这次在助理驻扎官 D.G.奥里弗上校和 A.D.马可费逊(Macpherson)上校的关心和照顾下,病情很快恢复。在我曾经热爱的克什米尔周围地区获得的帮助下我的各种工作顺利地进行。

前往卡勒库▷
塔、德拉敦、拉
合尔

最后我终于能拄着拐杖行走了。12 月 1 日我启程回到印度,我的伤口仍旧增添了不少麻烦。因此在拉合尔我的旁遮普老朋友爱德华·马可拉干(Edward Maclagan)爵士家中享受着治疗和休息,而且悠闲地工作,完成了官方以及其他方面所需要的账目结算。前往卡勒库塔(Calcutta)途中,有许多官方会见,还有一个来自我的一位老朋友的友善的邀请,他是总督阁下的私人秘书詹姆斯·敦洛普·史密斯(James Dunlop Simth)陆军上校。因此,我匆匆地访问了德拉敦(Dehra Dun)。得益于布纳德(Burrard)陆军上校(现在是悉尼爵士),后来的印度三角测量局的主管的友善帮助,保证了我能够为出版我们的三角测量图作充分的安排。停留卡勒库塔的几天内,明陀勋爵再次证明了他所具有的曾经伴随我的旅行的令人受到激励的个人兴趣,宽厚地考虑到我的印度助手。由于明陀勋爵的个人干预,前文提及的可怜的奈克·拉姆·辛格

申请的特殊抚恤金很快得到批准。拉伊·拉尔·辛格在异常
艰苦的条件下表现出的热忱和能力,是我在其他任何印度人
身上未曾见的。他受到了官方的高度赞扬,被授予拉依·巴
哈度(Rai Bahādur)头衔,名列 1909 年新年荣誉名单,并获得
部门提升。对于测绘员拉伊·拉姆·辛格,皇家地理学会不
久给他一笔可观的奖金,认可了他在相继的几次考察中出色
的服务。通过印度外事务部尊敬的哈考特·布特(Harcourt
Bulter)爵士的友善关注,我的优秀的中文秘书蒋师爷得到一
块有价值的金表作为印度政府感谢的特殊纪念品。

　　1908 年圣诞节之后,我终于在波姆巴依(Bombay)乘上开 ◁回到欧洲
往欧洲的轮船。因为在海上有充足的休息,我的伤口完全愈
合了。当轮船在马可·波罗城短暂停泊时,我尝试着行走了
一会儿,丝毫没有感到疼痛。我于 1909 年 1 月 20 日到达伦敦,
令人高兴地听到我的文物箱不久即安全地到达大英博物馆。

　　我知道像我这样的人从漫长的旅行回来不仅仅意味着休 ◁新的工作及结
息,而在某些方面是比野外工作更艰苦。更重要的劳动的序 　论
幕,幸而来自各方面的鼓励使我能够充满美好愿望地面临这
些工作。印度的总督阁下秘书在给印度的一封推荐信中,非
常支持我的计划,委派我在一段时期内作为具有特殊职责的
代表,以确保我能够有效地整理我的搜集品和首次阐述我的
探察成果。回来的两个月内,我向皇家地理学会递交了一份
初步报告,鉴于完成的地理学方面工作被学会授予基金会的
金质奖章。最后,我满怀信心地看到,只要存在各项工作,在
这些最杰出的学者中忠实的朋友和合作者,愿意帮助我完成
这些工作,直至它们全部结束。

附录 A

汉文铭刻、文书和题记

译者按：附录 A 所收汉文资料被译成法文，多有讹误。这些汉文资料在本书中有图版或抄本，所加注释多已过时，参考价值不大，故无必要再将其从法文译成汉文。有鉴于此，下面仅将附录 A 存目，以便读者查阅。

I

桔瑞超在楼兰古国发现的汉文文书原文和译注

大谷伯爵曾送我一套原件照片，沙畹先生从中挑出李柏文书加以转抄并译注。1910 年 10 月 6 日来信告诉我本书发表的抄件加译注则经沙畹先生1913 年 4 月修改过并增加补注。有关文书的来源及李柏文书的历史价值，请参见上文第十一章第二节和第十二章第二节——斯坦因附识。

II

沙州到和田路线（摘自《唐书》卷四十三）

（参见沙畹《宋云行纪》和伯希和在 1916 年《亚洲学刊》发表的文章）

III

公元 851 年千佛洞 Ch.i 壁龛所出汉文铭刻原文和译注。

［原件见图版 P1. CLXXV，蒋孝琬抄本见图 345。文书所在位置和历史价值，见本书第二十二章第一、二节——斯坦因附识。］

IV

千佛洞 Ch. VIII 壁龛壁画译注

千佛洞 Ch.VII 壁龛 VIII 第 XV 版所示仕女图上方的幡画的题词（参见本书第二十五章第一节），译注是沙畹先生 1911 年 5 月 14 日寄来的。沙畹先生的译文依据是图 217 壁画照片。我在这里只加上我们访问敦煌时蒋孝琬的抄本。

右边第三行缺字伯希和（《法国远东学院通讯》，第 8 期，504 页）读作禄。这就使得我们可从和田公主的丈夫身上认出曹延禄，沙畹先生据《宋史》录出他是公元 980—1001 年的于阗的统治者——斯坦因附识。

V

千佛洞壁画的汉文题记译注

［注释——如下的译本和注释是由沙畹先生在他 1917 年 6 月 11—16 日的信中提供的，为的是说明他建议探讨的材料，彼得鲁奇先生的前期劳动提供了帮助，这封信收在《东亚回忆录》中，这本书计划作为两位令人痛惜的学者

的联合出版成果;参见本书第二十三章第一节——A.斯坦因。]

A

释迦牟尼或阿弥陀佛绢画上的铭文

（见本书第二十三章第三节,千佛洞,图版 VI)

壁画上的汉文铭文。

B

观世音绢画 Ch.00167(图版 LXI) 和 Ch.lvii.004(见图版 LXVII)的铭文

C

纸稿 Ch.00207(图版 XCVI;见本书第二十五章第二节)上的文字

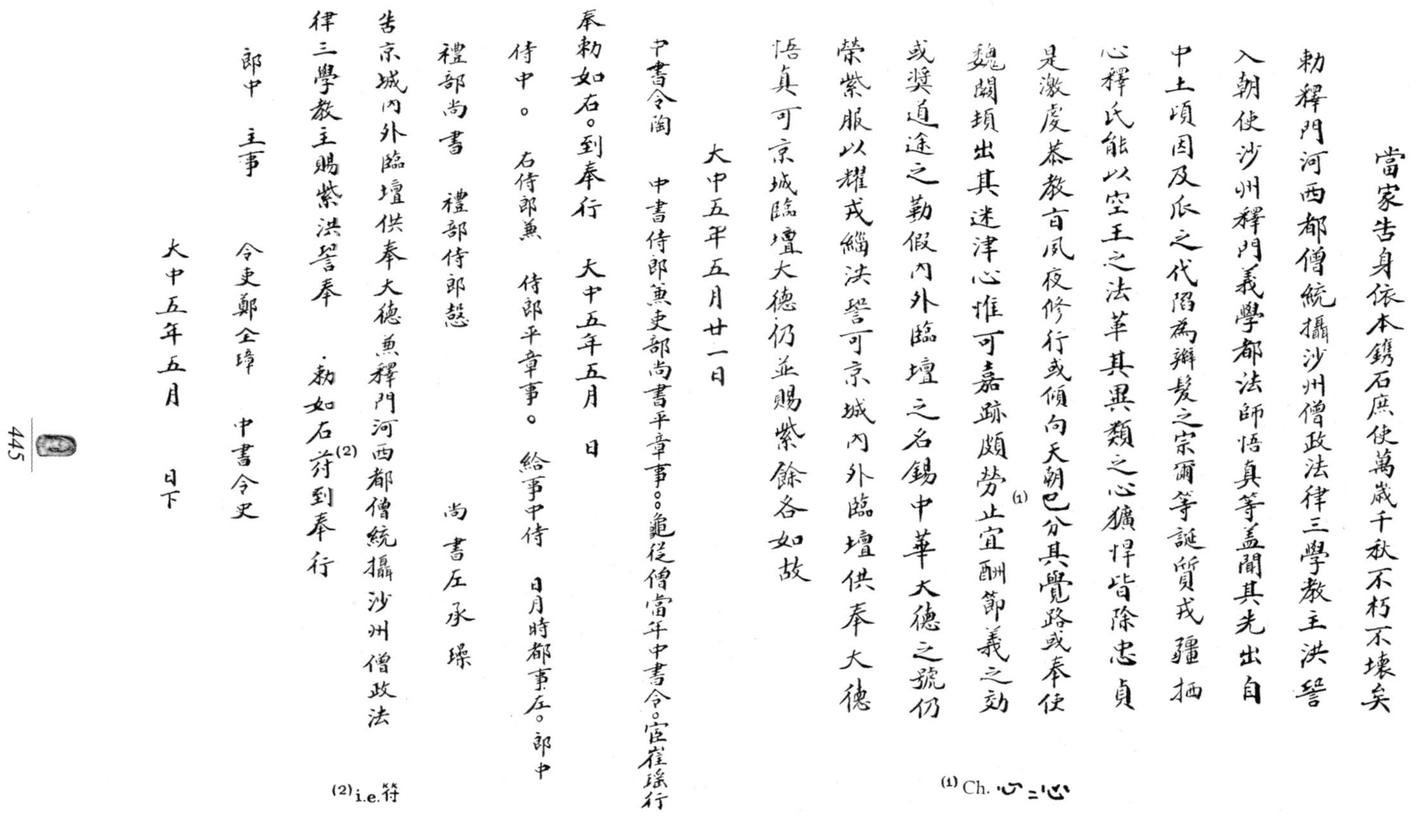

當家告身依本鐫石庶使萬歲千秋不朽不壞矣

勅釋門河西都僧統攝沙州僧政法律三學教主洪䛒
入朝使沙州釋門義學都法師悟真等盖聞其先出自
中土頃因及瓜之代陷為辮髮之宗爾等誕質戎壃栖
心釋氏能以空王之法革其異類之心獷悍皆除忠貞
是激虔恭教旨夙夜修行或傾向天朝巳分其覺路或奉使
魏闕頻出其迷津心惟可嘉跡頗勞[1]止宜酬節義之効
或獎道途之勤假內外臨壇之名錫中華大德之號仍
榮紫服以耀戎緇洪䛒可京城內外臨壇供奉大德
悟真可京城臨壇大德仍並賜紫餘各如故

大中五年五月廿一日

中書令闕　中書侍郎兼吏部尚書平章事。。龜從僧當年中書令。宦崔鉉行

奉勅如右。到奉行　大中五年五月　日

侍中。　右侍郎兼　侍郎平章事。　給事中侍　日月時都事左。郎中

禮部尚書　禮部侍郎懿　尚書左丞璪

告京城內外臨壇供奉大德兼釋門河西都僧統攝沙州僧政法
律三學教主賜紫洪䛒奉　勅如右苻[2]到奉行

郎中　主事　令史鄭全璋　中書令史

大中五年五月　日下

(1) Ch. 心=心

(2) i.e. 符

图345　千佛洞有围墙的墓地出土的纪年为公元851年的碑文抄本，由蒋孝琬（蒋师爷）提供（一）

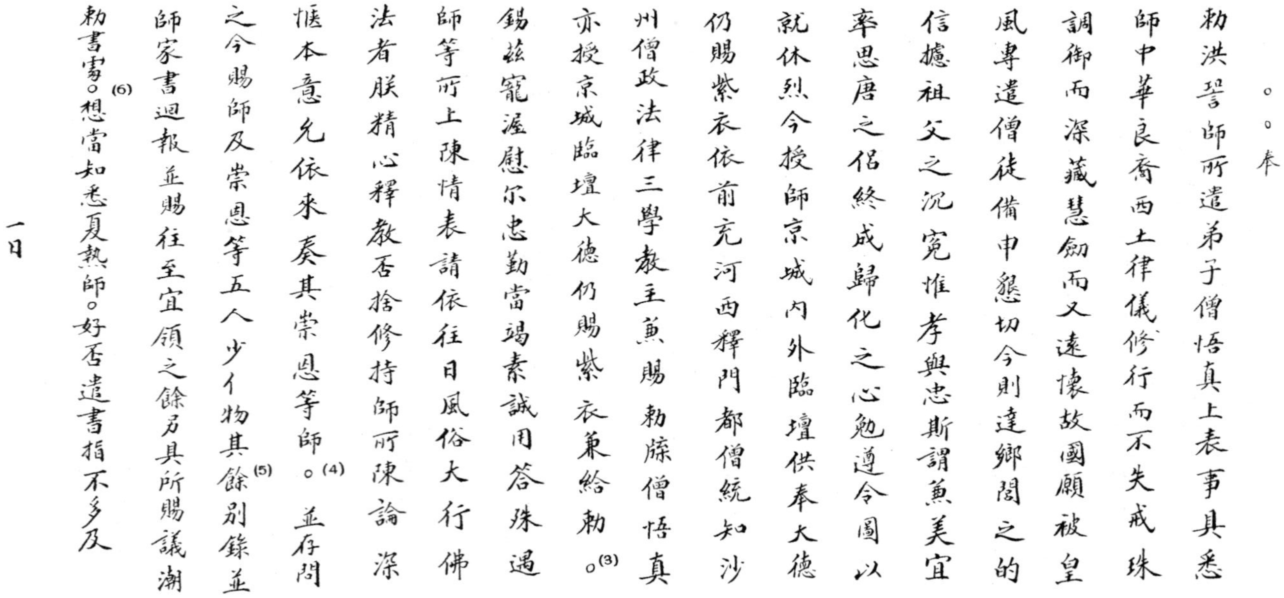

。。本

勑洪䛒師所遣弟子僧悟真上表事具悉

師中華良裔西土律儀修行而不失戒珠

調御而深藏慧劒而又遠懷故國願被皇

風專遣僧徒備申懇切今則達鄉閭之的

信攄祖父之沉冤惟孝與忠斯謂兼美宜

率思唐之侶終成歸化之心勉導令圖以

就休烈今授師京城內外臨壇供奉大德

仍賜紫衣依前充河西釋門都僧統知沙

州僧政法律三學教主兼賜 勑牒僧悟真

亦授京城臨壇大德仍賜紫衣兼給 勑。(3)

錫兹寵渥慰尔忠勤當竭素誠用荅殊遇

師等所上陳情表請依往日風俗大行佛

法者朕精心釋教否捨修持師所陳論深

愜本意允依來奏其崇恩等師。(4) 並存問

之今賜師及崇恩等五人少亻物其餘(5)別錄並

師家書迴報並賜往至宜領之餘另具所賜議潮

勑書寓(6)。想當知悉夏熱師。好否遣書指不多及

一日

(3) Ch. 牒

(4) Ch. 宜

(5) Ch. 如

(6) Ch. 分

图345 千佛洞有围墙的墓地出土的纪年为公元851年的碑文抄本，由蒋孝畹（蒋师爷）提供（二）

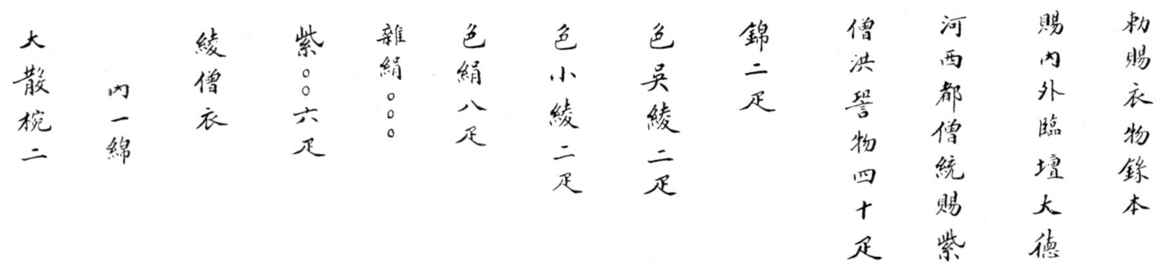

勅賜衣物錄本
賜內外臨壇大德
河西都僧統賜紫
僧洪䛒物四十疋
錦二疋
色吴綾二疋
色小綾二疋
色絹八疋
雜絹○○○
紫○○六疋
綾僧衣
內一綿
大散椀二

图345 千佛洞有围墙的墓地出土的纪年为公元851年的碑文抄本，由蒋孝畹（蒋师爷）提供（三）

附录 B

所获古钱细目

J.阿兰注

大英博物馆钱币部

I. 在莎车得到的钱币

（见本书第三章第四节）

a. 潘大人在莎车的按办某地发现的钱币。（见本书第三章第四节）

1 枚中国唐代古钱，上有"开元"字样。

1 枚中国淳化年间（公元 990—995 年）钱币；见图版 CXLI，No.5。

1 枚中国宝元年间（公元 1038—1040 年）钱币。

2 枚中国熙宁年间（公元 1068—1078 年）钱币；见图版 CXLI，No.12。

2 枚中国元丰年间（公元 1078—1086 年）钱币。

1 枚中国元祐年间（公元 1086—1094 年）钱币。

1 枚中国崇宁年间（公元 1102—1107 年）钱币；见图版 CXLI，No.18。

1 枚中国大观年间(公元 1107—1111 年)钱币;见图版 CXLI,No.16。

b.1 枚汉佉二体钱,购于莎车;见图版 CXL,No.5。

II. 在叶城购得的古钱

(见《沙漠契丹》,第一卷,141 页)

2 枚 AR 帕提亚米萨德二世时代钱币;见图版 CXL,No.11。

1 枚 AR 印度赫尔谬斯钱币;见图版 CXL,No.8。

1 枚君士坦丁二世(公元 337—340 年)钱币;见图版 CXL,No.1。

1 枚君士坦丁(公元 337—350 年)钱币;见图版 CXL,No.13。

III. 从托古加依、墨吉收集的钱币

31 枚穆罕默德铜币(参见《古代和田》,第一卷,575 页);见图版 CXLI,No.30。

IV. 在和田绿洲收集到的钱币

(见上文,第四章第二节)

A.在约特干遗址获得的钱币

a.铜币,购于 1906 年 8 月 11 日,编号:Yo.3.a,b。

8 枚汉佉二体钱。

14 枚中国钱币,有"五铢"字样。

26 枚中国乾元年间(公元 758—760 年)钱币。

15 枚中国钱币,其中字迹可辨的都是乾元年间的(公元 758—760 年)。

8 枚中国大历年间(公元 766—780 年)钱币。

b.铜币,购于 1906 年 9 月 12 日,编号:Yo.012.e。

3 枚中国乾元年间(公元 758—760 年)钱币。

3 枚中国大历年间(公元 766—780 年)钱币。

c.铜币,胡达拜尔迪赠送于约特干的于孜巴什,编号:Yo.0095。

4 枚乾元年间(公元 758—760 年)钱币。

d.铜币,购于 1908 年 7 月 29 日,编号:Yo.0124。

1 枚迦腻色伽(反面:米萨德);见图版 CXL,No.10。

7 枚中国乾元年间(公元 758—760 年)钱币。两枚莎车穆罕默德钱币,现代版式。

e.在莎车的一个地窖里发现的钱币,编号:Yo.00136。

48 枚中国钱币,有"五铢"字样,磨损严重。

B. 购于和田的钱币(其中大部分很可能是从莎车带过来的)

a.铜币,编号:Yo.03、04。

4 枚中国钱币,磨损严重,很可能是五铢钱。

3 枚未加确定的当地的钱币。图版 CXL,No.38 所示样品是铅质的,非常残破,其形状和版式会让人联想到《古代和田》,第二卷,图版 LXXXIX,No.5 的示展品,关于后者请参见同书第一卷,205 页,并参见霍恩雷《中亚文物报告》,第一卷,18 页,图版 II、插图 3。

7 枚中国乾元年间(公元 758—760 年)钱币。

1 枚中国大历年间(公元 766—780 年)钱币。

b.铜币,编号:Yo.06.g。

6 枚汉佉二体钱。

1 枚中国唐朝钱币,有"开元"字样。

3 枚中国乾元年间(公元 758—760 年)钱币。

c.铜币,编号:Yo.010。

5 枚汉佉二体钱。

22 枚中国钱币,有"五铢"字样;见图版 CXL,No.31。

11 枚中国乾元年间(公元 758—760 年)钱币。

1 枚中国大历年间(公元 766—780 年)钱币。

12 枚小穆罕默德钱币,当地发行。

d.铜币,编号:Yo.0080。

14 枚汉佉二体钱,见图版 CXL,No.4、7。

1 枚中国唐代钱币,有"开元"字样;见图版 CXL,No.39。

1 枚中国乾元年间(公元 758—760 年)钱币。

3 枚中国大历年间(公元 766—780 年)钱币。

1 枚中国至道年间(公元 995—998 年)钱币。

1 枚中国元丰年间(公元 1078—1086 年)钱币

2 枚穆罕默德钱币,中世纪。

e.铜币,编号:Yo.0085、0086。

1 枚汉佉二体钱,腐蚀严重。

5 枚中国乾元年间(公元 758—760 年)钱币。

1 枚中国唐代钱币,有"开元"字样。

1 枚中国咸丰年间(公元 1851—1862 年)面值十文的辅币。

f.铜币,编号:Yo.00102、00103。

3 枚中国钱币,被修剪过,有"五铢"字样。

2 枚中国乾元年间(公元 758—760 年)钱币。

2 枚穆罕默德·阿尔斯兰汗钱币。

g.铜币,编号:Yo.00106。

1 枚汉佉二体钱,残币。

3 枚中国钱币,有"五铢"字样。

21 枚中国钱币,包括乾元年间(公元 758—760 年)的残币。

3 枚中国大历年间(公元 766—780 年)钱币。

1 枚中国天禧年间(公元 1017—1022 年)

h.铜币,编号:Yo.00108、00123、00128。

3 枚汉佉二体钱;见图版 CXL,No.6。

1 枚中国乾元年间(公元 758—760 年)钱币。

1 枚中国大历年间(公元 766—780 年)钱币。

i.铜币,编号:Yo.00131。

1 枚汉佉二体钱。

1 枚迦腻色伽的贵霜钱币,反面:Nanaia;见图版 CXL,No.9。

11 枚中国钱币,有"五铢"字样。

1 枚中国钱币,有"五铢"字样,新版,见图版 CXL,No.37。

1 枚中国唐代钱币,有"开元"字样。

19 枚中国乾元年间(公元 758—760 年)钱币。

1 枚中国大历年间(公元 766—780 年)钱币;见图版 CXL,No.47。

5 枚中世纪穆罕默德钱币,字迹模糊。

2 枚中国咸丰年间(公元 1851—1862 年)面值十文的辅币;见图版 CXLI,No.25。

j.铜币,编号:Yo.00132、00137、00155。

6 枚汉佉二体钱。

2 枚中国钱币,有"五铢"字样。

7 枚中国乾元年间(公元 758—760 年)钱币。

6 枚中国大历年间(公元 766—780 年)钱币。

C.在和田通过不同渠道购买到的钱币

a.铜币,编号:Khotan.01.y。

1 枚中国唐代钱币,有"开元"字样。

9 枚中国乾元年间(公元 758—760 年)钱币,见图版 CXL,No.45。

1 枚中国大历年间(公元 766—780 年)钱币,见图版 CXL,No.46。

1 枚中国至道年间(公元 991—998 年)钱币。

1 枚中国治平年间(公元 1064—1068 年)钱币。

1 枚中国建中年间(公元 1101—1102 年)(原文如此,下同——译者)钱币。

b.铜币,编号:Khotan.04.a。

3 枚中国乾元年间(公元 758—760 年)钱币;见图版 CXL,No.42。

1 枚中国咸平年间(公元 998—1004 年)钱币。

1 枚中国景德年间(公元 1004—1008 年)钱币。

1 枚中国治平年间(公元 1064—1068 年)钱币;见图版 CXLI,No.10。

4 枚中国熙宁年间(公元 1068—1078 年)钱币。

6 枚中国元丰年间(公元 1078—1086 年)钱币。

1 枚中国元祐年间(公元 1086—1094 年)钱币。

1 枚中国元符年间(公元 1098—1101 年)钱币。

1 枚中国建中年间(公元 1101—1102 年)钱币。

1 枚中国政和年间(公元 1111—1118 年)钱币。

1 枚中国绍兴年间(公元 1131—1163 年)钱币,见图版 CXLI,No.21。

1 枚中国绍熙年间(公元 1190—1195 年)钱币。

c.铜币,编号:Khotan.001、002。

2 枚汉佉二体钱。

1 枚中国乾元年间(公元 758—760 年)钱币。

1 枚穆罕默德·阿尔斯兰汗钱币。

2 枚莎车钱币,现代;见图版 CXLI,No.33。

d.铜币,编号:Khotan.0026,0029~0031.

8 枚汉佉二体钱,见图版 CXL,No.2。

11 枚中国钱币,有"五铢"字样;见图版 CXL,No.21。

2 枚中国乾元年间(公元 758—760 年)钱币。

1 枚中国大历年间(公元 766—780 年)钱币。

4 枚"苏来曼汗"(?)的穆罕默德钱币,见图版 CXLI,No.29。

e.银币和铜币,编号:Khotan.0074、0084。

1 枚 AR 穆罕默德钱币(约公元 14 世纪),几乎不可辨认。

1 枚 AE 穆罕默德钱币(公元 14—15 世纪),不可辨认。

f.铜币,编号:Khotan.0098。

1 枚中国元丰年间(公元 1078—1086 年)钱币。

1 枚中国建炎年间(公元 1127—1131 年)钱币,见图版 CXLI,No.20。

g.第纳尔金币,Badraddin.003,破损严重,很可能是阿拉乌丁·卡黑姆·
沙(Alā-ud-dīn Khwārizm-shāh,公元 1199—1220 年);见图版 CXLI,No.31。

h.从哈拉尔巴格考古发现地出土的铜币。

36 枚中国钱币,有"五铢"字样。

i.铜币,编号:Ku.a~i. 出自吐萨拉镇库木巴格的一个地窖里。

10 枚中国乾元年间(公元 758—760 年)钱币。

k.铜币,编号:Khotan.0097,据说是在扎瓦镇的塔尔博尕孜南面发现的。

36 枚穆罕默德钱币,其版式在霍恩雷的《中亚文物报告》图版 I、图 30~35
展示;见图版 CXLI,No.28。

D. 从塔尔博尕孜玉龙喀什东部塔提遗址带到和田的铜币
(见本书第四章第二节)

a.由塔木乌格勒(Tamöghil) 的"寻宝人"搜集的钱币,编号:Khotan.01.z、
02、06.1、m、0027、0028、0032~0035、0045。

9 枚汉佉二体钱,见图版 CXL,Nos.1、3。

1 枚中国钱币,有"货泉"字样,见图版 CXL,No.14。

34 枚中国钱币,有"五铢"字样,其中很多有破损并且属后期发行。

1 枚中国唐代钱币,有"开元"字样。

16 枚中国乾元年间(公元 758—760 年)钱币,见图版 CXL,No.43。

2 枚中国大历年间(公元 766—780 年)钱币。

1 枚中国太平年间(公元 976—984 年)钱币。

1 枚中国咸平年间(公元 998—1004 年)钱币。

1 枚中国祥符年间(公元 1008—1017 年)钱币。

1 枚中国天圣年间(公元 1023—1032 年)钱币。

1 枚中国景祐年间(公元 1034—1038 年)钱币。

1 枚中国宝元年间(公元 1038—1040 年)钱币。

1 枚中国熙宁年间(公元 1068—1078 年)钱币。

1 枚中国元丰年间(公元 1078—1086 年)钱币。

1 枚中国元祐年间(公元 1086—1094 年)钱币。

2 枚中国元符年间(公元 1098—1101 年)钱币。

1 枚中国宣和年间(公元 1119—1126 年)钱币。

3 枚中国政和、重和或宣和年间钱币(公元 1111—1126 年;只有"和"字可认清)。

1 枚中国绍兴年间(公元 1131—1163 年)钱币。

1 枚中国宋代钱币,年代不好确定。

3 枚穆罕默德·阿尔斯兰汗钱币;还有 15 枚难以确认,很可能也是这种钱币。

3 枚苏来曼·穆罕默德钱币;见图版 CXLI,No.27。

1 枚萨曼王朝(大约公元 10 世纪)穆罕默德钱币。

2 枚穆罕默德钱币,难以辨认(14 世纪)。

b. 据说是发现于吉亚(Jiya)和苏亚(Suya)北部的钱币。

5 枚中国钱币,有"五铢"字样。

2 枚中国宋代(公元 5 世纪,不确定)(指南朝刘宋——译者)钱币。

5 枚中国乾元年间(公元 758—760 年)钱币。

1 枚中国大历年间(公元 766—780 年)钱币。

2 枚中国熙宁年间(公元 1068—1078 年)钱币。

1 枚中国崇宁年间(公元 1102—1107 年)钱币。

c. 从山普拉南部遗址发掘的钱币。

1 枚中国钱币,有"五铢"字样,属后期。

d. 据说是从吉内托克马克(Kīne-tokmak)或其附近发现的钱币。

4 枚汉佉二体钱。

1 枚中国钱币,有"五铢"字样。

3 枚中国乾元年间(公元 758—760 年)钱币。

2 枚中国崇宁年间(公元 1102—1107 年)钱币。

5 枚穆罕默德钱币,中世纪,难以辨认。

e.据说是从阿克铁热克的塔提得到的钱币。

15 枚中国钱币,有"五铢"字样。

25 枚中国乾元年间(公元 758—760 年)钱币。

4 枚中国大历年间(公元 766—780 年)钱币。

7 枚穆罕默德钱币,磨损严重,不可辨认。

Ⅴ. 在吉亚北部沙漠遗址发现的铜币①
(见本书第四章第四节)

a.在阔克库木阿里斯发现的钱币。

3 枚中国钱币,无铭文很可能是公元 5 世纪的。

b.在基内托克玛克发现的钱币。

2 枚中国钱币,无铭文很可能是公元 5 世纪的。

Ⅵ. 在阿克铁热克遗址发现的铜币
(见本书第四章第五节)

a.在阿克铁热克和斯也里克之间获得的钱币。

1 枚中国宝元年间(公元 1038—1040 年)钱币。

b.在阿克铁热克的塔提收集到的钱币。

13 枚中国钱币,没有铭文或不可识,很可能是 15 世纪的。

1 枚中国唐代钱币,有"开元"字样。

1 枚中国乾元年间(公元 758—760 年)钱币。

---

① 在遗址上发现或出土的钱币细目中,能够凑成一个钱币的,也按整币计算。

1 枚中国祥符年间（公元 1008—1017 年）钱币，见图版 CXLI，No.7。

1 枚中国元符年间（公元 1098—1101 年）钱币。

12 枚残币，中国宋王朝和穆罕默德（公元 13—14 世纪）钱币。

VII. 在喀达里克及其邻近遗址发现的铜币
（见本书第五章第一节）

a.在喀达里克寺庙（Kha.ii）内堂的西北角发现的两串"麻钱"。

第一串（包括 11 枚散开的）：

2 枚中国钱币，有"五铢"字样。

1 枚中国唐代钱币，有"开元"字样。

25 枚中国乾元年间（公元 758—760 年）钱币，见图版 CXL，No.44。

5 枚中国大历年间（公元 766—780 年）钱币，见图版 CXLI，No.2。

第二串：

2 枚中国钱币，有"五铢"字样。

2 枚中国唐代钱币，有"开元"字样。

42 枚中国乾元年间（公元 758—760 年）钱币。

8 枚中国大历年间（公元 766—780 年）钱币，见图版 CXLI，No.1。

b.喀达里克寺庙（Kha.ii）内堂的西墙外发现的钱币。

1 枚中国钱币，难以辨识，很可能是五铢钱。

9 枚中国乾元年间（公元 758—760 年）钱币。

3 枚中国大历年间（公元 766—780 年）钱币。

c.在喀达里克寺庙遗址（Kha.vi.）发现的钱币。

1 枚中国唐代钱币，有"开元"字样。

d.在其吉里克和喀达里克东部发现的钱币。

1 枚中国钱币，无铭文。

1 枚中国乾元年间（公元 758—760 年）钱币。

e.在考察喀达里克时收到的来自毛拉卡瓦加的钱币。

1 枚中国钱币,有"五铢"字样。

1 枚中国乾元年间(公元 758—760 年)钱币。

1 枚中国建中年间(公元 780—784 年)钱币,见图版 CXLI,No.3。

f.在巴拉维斯特发现的钱币。

1 枚中国钱币,不可识,但很可能有"五铢"字样。

g.在麻扎托格拉克发现的钱币。

1 枚中国钱币,很可能是后期的"半两钱"(公元前 2 世纪后半叶)。

VIII. 在尼雅遗址发现的铜币
(见本书第六章第五节)

a.在废墟 N.XII 附近发现的钱币。

1 枚中国钱币,上有"货泉"字样;参看图版 CXL,No.15。

1 枚中国钱币,上有"五铢"字样,属于光武帝(公元 25—58 年)时期。

b.1 枚中国钱币,上有"货泉"字样,发现于废墟 N. XIV 附近。

c.在废墟 N. XXIV 附近发现的钱币。

2 枚中国钱币,上有"五铢"字样,属于光武帝时期(公元 25—58 年)。

1 枚中国钱币,上有"五铢"字样,破损,属于献帝(公元 190—220 年)时期。

d.3 枚中国钱币,上有"五铢"字样,属早期类型,发现于遗址的北面。

e.2 枚中国钱币,很明显是五铢钱,发现于遗址废墟的东南面。

IX. 在安迪尔遗址发现的铜币
(见本书第七章第三节)

a.在佛塔附近发现的钱币。

4 枚中国钱币,有"五铢"字样。

1 枚中国钱币,无铭文。

b.在佛塔和唐堡之间发现的钱币。

2 枚中国钱币,有"五铢"字样。

1 枚中国钱币,"鹅眼",无铭文。

c.在安迪尔废墟(**E.vii**)西面发现 **1** 枚中国钱币,破损,有"五铢"字样。

d.各种中国残币,有"五铢"字样,在唐堡附近发现。

X. 在瓦石峡遗址发现的铜币
(见本书第八章第三节)

3 枚中国唐代钱币,有"开元"字样。

1 枚中国天圣年间(公元 1023—1032 年)钱币。

1 枚中国元丰年间(公元 1078—1086 年)钱币,见图版 CXLI,No.13。

1 枚中国元祐年间(公元 1086—1094 年)钱币,见图版 CXLI,No.14。

1 枚中国建中年间(公元 1101—1102 年)钱币,见图版 CXLI,No.15。

1 枚中国唐代形制钱币,不可识。

XI. 在楼兰遗址收集的铜币
A. 在楼兰 A 遗址(L.A)发现的钱币
(见本书第十章第三节,第十一章第二、三节)

a.1 枚中国残币,修剪过,有"五铢"字样,发现于 **122** 号营地以北 **9** 英里。

b.采集于楼兰 **A** 遗址(**L.A**)遗址西面的钱币,**1906** 年 **12** 月 **17** 日。

1 枚中国钱币,有"货泉"字样,见图版 CXL,No.17。

2 枚中国钱币,无铭文,小型。

c.搜集于楼兰 **A** 遗址(**L.A**)附近风蚀地面上的钱币。

1 枚中国钱币,有"小泉值一"字样,王莽发行(公元 5 世纪)。

3 枚中国钱币,有"货泉"字样,见图版 CXL,No.18。

48 枚中国钱币,有"五铢"字样。

25 枚中国钱币,已磨损,有"五铢"字样,见图版 CXL,No.29。

35 枚中国钱币，小型，无铭文（"鹅眼钱"），见图版 CXL，Nos.32～34。

d.发现于楼兰 A 遗址 I 区（L.A.I）的钱币。

7 枚中国钱币，有"五铢"字样。

e.发现于楼兰 A 遗址 II 区（L.A.II）内部和外围的钱币。

7 枚中国钱币，破损，有"五铢"字样，见图版 CXL，No.26。

f.1 枚中国钱币，有"五铢"字样，搜集于楼兰 A 遗址 III 区（L.A.III.ii）。

g.发现于楼兰 A 遗址 IV～VI 区（L.A.I）内部及外围的钱币。

1 枚中国钱币，有"货泉"字样，见图版 CXL，No.19。

9 枚中国钱币，有"五铢"字样，见图版 CXL，No.27。

19 枚中国钱币，磨损严重或小型，五铢类型。

h.从楼兰 A 遗址 VI.ii 区（L.A.VI.ii）里发掘出来的钱币。

1 枚中国钱币，有"五铢"字样。

2 枚中国钱币，五铢类型，破损严重。

i.在楼兰 A 遗址 VII 区（L.A.VII）发现的钱币。

1 枚中国钱币，有"货泉"字样，见图版 CXL，No.20。

3 枚中国钱币，有"五铢"字样，见图版 CXL，No.28。

16 枚中国钱币，已磨损碎，五铢或"鹅眼钱"类型。

j.在楼兰 A 遗址 VIII～IX 区（L.A.VIII～IX）附近发现的钱币。

7 枚中国钱币，有"五铢"字样。

10 枚中国钱币，已磨损，五铢类型。

B. 从楼兰 B 遗址（L.B）出土的钱币
（见本书第十一章第六节，第十二章第一节）

a.在楼兰 B 遗址（L.B）外围发现的钱币。

2 枚中国钱币，有"五铢"字样，见图版 CXL，No.22。

1 枚中国钱币，已磨损，五铢型，见图版 CXL，No.30。

b.在楼兰 B 遗址 I~III 区（L.B.I~III）发现的钱币。

1 枚中国钱币，有"货泉"字样。

1 枚中国钱币，有"五铢"字样。

4 枚中国钱币，已磨损，或为五铢型，或不可识。

c.在楼兰 B 遗址 IV~V（L.B.IV~V）发现的钱币。

4 枚中国钱币，有"五铢"字样。

1 枚中国钱币，破损，五铢型。

d.1 枚中国钱币，有"五铢"字样，发现于 126 号营地西—南西方向1 英里。

XII.发现于麦尔得克梯木遗址的铜币
（见本书第十二章第一节）

在古城墙上发现的钱币。

2 枚中国钱币，有"货泉"字样。

4 枚中国钱币，破损，五铢型。

XIII. 在米兰遗址发现的铜币
（见本书第十二章第六节）

a.1 枚中国钱币，有"五铢"字样，发现于米兰寺庙废墟 III 区（M.III）北部。

b.7 枚中国唐代钱币，有"开元"字样，发现于城堡废墟北部的风蚀地面上；见图版 CXL，No.40。

c.发现于米兰遗址 I 区（M.I）表面的钱币。

1 枚中国政和年间（公元 1111—1118 年）钱币，见图版 CXLI，No.19。

1 枚中国光绪年间（公元 1875—1908 年）新疆的面值十文的小麻钱。

XIV. 在南湖发现和搜集的铜币

（见本书第十六章第三、五节）

a.在城镇废墟内发掘到的钱币。

1 枚中国钱币,有"五铢"字样。

1 枚中国钱币,已磨损,五铢类型,不可辨识。

2 枚中国属唐代时期(?)的残币。

b.发现于城镇废墟东面和东北面侵蚀遗址的钱币。

1 枚中国钱币,有"半两"字样。

3 枚中国钱币,有"货泉"字样;见图版 CXL,No.16。

3 枚中国钱币,有"五铢"字样;见图版 CXL,No.25。

4 枚中国五铢类型钱币,已磨损,或难以辨识。

9 枚中国唐代钱币,有"开元"字样。

1 枚中国唐宋时期(公元 1038—1040 年)的钱币,见图版 CXLI,No.9。

c.在南湖城镇废墟外围搜集到的钱币。

8 枚中国钱币,有"五铢"字样。

3 枚中国钱币,破损,五铢类型。

1 枚中国至道年间(公元 995—998 年)钱币。

1 枚中国乾隆年间(公元 1736—1796 年)钱币,见图版 CXLI,No.23。

d.在废弃的 Kuan-tsou 居民点发现的钱币。

1 枚中国咸平年间(公元 998—1004 年)钱币,见图版 CXLI,No.6。

1 枚中国康熙年间(公元 1662—1723 年)钱币。

4 枚中国乾隆年间(公元 1736—1796 年)钱币。

XV. 沿敦煌古长城发现的铜币

（见本书第十四章第五节,第十五章第三节,第十七章第一节,第十九章第一节等）

a.1 枚中国钱币,磨损严重,五铢型,发现于烽燧 T.IV.c 附近。

b.1 枚中国钱币,有"五铢"字样,发现于烽燧 T.VI.b 附近。

c.1 枚中国钱币,有"五铢"字样,发现于烽燧 T.VI.c 顶部,见图版 CXL,No.23。

d.1 枚中国钱币,无铭文,发现于废墟 T.XI.iii。

e.2 枚中国钱币,有"五铢"字样,发现于敦煌古长城遗址 XIV 区的坡面(T.XIV)的垃圾里。

f.发现于寺庙废墟 T.XIV.v 地板下面的钵中。

2 枚中国钱币,有"五铢"字样。

78 枚中国唐代钱币,有"开元"字样,见图版 CXL,No.41。

g.1 枚中国钱币,有"五铢"字样,发现于敦煌古城墙废弃的弹药库(T.vii.a)。

h.1 枚中国钱币,有"五铢"字样,前期类型,发现于烽燧 T.xx 下面的斜坡上。

i.2 枚中国钱币,已磨损,五铢型,发现于烽燧 T.XXVI 西面。

j.1 枚中国钱币,有"五铢"字样,发现于烽燧 T.XXVII～XXVIII 之间;见图版 CXL,No.24。

k.2 枚中国钱币,有"五铢"字样,发现于烽燧 T.XXVIII 的垃圾堆里。

l.发现于烽燧 T.XXVIII 附近的侵蚀地面上。

2 枚中国钱币,破碎,很可能是五铢类型。

1 枚中国乾隆年间(公元 1736—1796 年)钱币。

m.1 枚中国钱币,有"五铢"字样,发现于烽燧 T.XXXIV 附近。

n.1 枚中国乾隆年间(公元 1736—1796 年)钱币,发现于 171 号营地附近放牧人的草棚里。

XVI. 发现于锁阳城遗址的铜币
(见本书第二十六章第三节)

6 枚中国钱币,有"五铢"字样;见图版 CXL,No.36。

4 枚中国钱币,后期五铢型。

25 枚中国钱币,有"开元"字样。

1 枚中国乾元年间(公元 758—760 年)钱币。

1 枚中国太平年间(公元 976—984 年)钱币,见图版 CXLI,No.4。

1 枚中国正隆年间(公元 1156—1161 年)钱币;见图版 CXLI,No.22。

XVII. 在甘州西部黑水国遗址发现的铜币
(见本书第二十七章第四节)

1 枚中国唐代钱币,有"开元"字样。

XVIII. 在大阿萨吐鲁番东部发现的铜币

1 枚中国唐代钱币,有"开元"字样。

XIX. 在吐鲁番的雅尔和屯(交河故城)发现的铜币
(见本书第二十八章第四节)

a.在房屋废墟 Y.K.i 发现的钱币。

1 枚中国钱币,有"五铢"字样。

97 枚中国唐代钱币,有"开元"字样。

2 枚中国乾元年间(公元 758—760 年)钱币。

b.在寺庙废墟 Y.K.iii 里发现的钱币。

1 枚中国唐代钱币,有"开元"字样。

1 枚中国建中年间(公元 780—784 年)钱币。

c.1 枚中国乾元年间(公元 758—860)钱币。

XX. 在乌什塔拉、焉耆附近城堡废墟的城墙上发现的铜币
(见本书第二十九章第一节)

1 枚中国乾元年间(公元 758—760 年)钱币。

XXI. 在博格达沁遗址、焉耆发现的铜币

（见本书第二十九章第一节）

1 枚中国建中年间（公元 780—784 年）钱币。

XXII. 在硕尔楚克北部的明屋遗址发掘的铜币

（见本书第二十九章第二、三节）

a.在明屋寺庙遗址（Mi.i）像座前发现的钱币。

2 枚中国唐代钱币，有"开元"字样。

2 枚中国大历年间（公元 766—780 年）钱币。

b.在明屋遗址小前庙（Mi.x）发现的钱币。

4 枚中国钱币，有"五铢"字样，破损严重。

2 枚中国唐代钱币，有"开元"字样。

1 枚中国大历年间（公元 766—780 年）钱币。

7 枚中国建中年间（公元 780—784 的）钱币。

c.在明屋遗址禅房（Mi.xi）发现的钱币。

1 枚中国唐代钱币，有"开元"字样。

2 枚中国建中年间（公元 780—784 年）钱币。

d.在明屋遗址寺庙走廊（Mi.xii）的像座发现的钱币。

1 枚中国钱币，有"货泉"字样。

1 枚中国唐代钱币，有"开元"字样。

3 枚中国大历年间（公元 766—780 年）钱币。

2 枚中国建中年间（公元 780—784 年）钱币。

e.在明屋遗址寺庙（Mi.xiv）发现的钱币。

1 枚中国唐代钱币，有"开元"字样。

1 枚中国建中年间（公元 780—784 年）钱币。

f.1 枚中国建中年间(公元 780—784 年)钱币;发现于明屋遗址寺庙(**Mi. xvii**)的入口前。

g.发现于废墟群东南面的钱币。

1 枚中国唐代钱币,有"开元"字样。

1 枚中国建中年间(公元 780—784 年)钱币。

XXIII. 发现于喀拉墩的废墟 KA.I 附近的铜币
(见本书第三十章第三节)

2 枚中国钱币,有"五铢"字样。

XXIV. 在法哈特伯克亚依拉克遗址发现的铜币
(见本书第三十一章第二节)

a.4 枚中国钱币,有"五铢"字样,发现于废墟 F.I 附近。

b.3 枚中国"鹅眼"型钱币,发现于废墟 F.II 附近。

c.1 枚中国钱币,有"五铢"字样,发现于禅房 F. III.i。

d.1 枚中国钱币,有"五铢"字样,发现于废墟 F.v 附近。

XXV. 在喀拉央塔克的寺庙废墟里发现的铜币
(见本书第三十一章第三节)

1 枚中国乾元年间(公元 758—760 年)钱币。

XXVI. 从达玛沟西北的塔提遗址带来或发现的铜币
(见本书第三十一章第三节)

a.在乌鲁克麻扎附近的遗址发现的钱币。

1 枚汉佉二体钱(不确定)。

4 枚中国钱币,很可能是五铢钱或无铭文钱。

1 枚中国崇宁年间(公元 1102—1107 年)钱币。

b.收到从达玛沟西北部遗址的钱币,编号:Do.0012～0016。

5 枚中国钱币,有"五铢"字样。

2 枚中国唐代钱币,有"开元"字样。

3 枚中国乾元年间(公元 758—760 年)钱币。

1 枚中国天禧年间(公元 1017—1022 年)钱币。

1 枚中国元丰年间(公元 1078—1086 年)钱币。

1 枚中国崇宁年间(公元 1102—1107 年)钱币;见图版 CXLI,No.17。

1 枚穆罕默德钱币,中世纪。

XXVII. 从恰勒玛喀赞遗址带来的铜币
(见本书第三十一章第三节)

6 枚佉汉二体钱。

2 枚中国钱币,有"五铢"字样。

6 枚中国乾元年间(公元 758—760 年)钱币。

2 枚中国大历年间(公元 766—780 年)钱币。

1 枚中国钱币,不可识,唐代或更晚。

XXVIII. 在喀拉萨依遗址发现的铜币
(见本书第三十一章第四节)

1 枚中国钱币,无铭文,或难以辨认。

XXIX. 在塔里什拉克遗址及其附近发现的钱币
(见本书第三十一章第四节)

a.在废墟 Ta.i.ii 内发现的钱币。

1 枚中国钱币,有"五铢"字样。

1 枚中国钱币,无铭文。

b.从遗址南面塔提收集到的钱币。

8 枚中国钱币,无法辨认,很可能是后期五铢类型。

XXX. 在麻扎塔格遗址发现或带来的铜币
（见本书第三十二章第一节）

a.在城堡废墟中发现的钱币。

3 枚中国乾元年间(公元 758—760 年)钱币。

b.1 枚中国乾元年间(公元 758—760 年)钱币,在通往城堡的路上发现。

c.在城堡下方的垃圾层土中发现的钱币。

1 枚中国唐代钱币,有"开元"字样。

3 枚中国乾元年间(公元 758—760 年)钱币。

1 枚中国大历年间(公元 766—780 年)钱币。

d.从麻扎塔格遗址带来的钱币。

4 枚中国钱币,有"五铢"字样,破损严重。

1 枚中国钱币,类型无法确定,上有 4 个字,其中两个字是"五铢";见图版 CXL,No.35。

7 枚中国"鹅眼型"钱币。

XXXI. 从柯坪南部沙漠遗址发现和带来的铜币
（见本书第三十二章第四节）

a.在穷梯木遗址发现的钱币。

11 枚中国钱币,"五铢"和"鹅眼钱",破损严重,在城堡附近一起发现。

3 枚中国钱币,有"五铢"字样。

1 枚中国唐代钱币,有"开元"字样。

2 枚中国乾隆年间(公元 1736—1796 年)钱币,见图版 CXLI,No.24。

1 枚中国嘉庆年间(公元 1796—1821 年)钱币。

b.在穷梯木南部塔提发现的钱币。

1 枚中国钱币,有"五铢"字样。

4 枚中国唐代钱币,有"开元"字样。

c.在柯坪购得的从穷梯木遗址带来的钱币。

1 枚中国钱币,有"货泉"字样。

7 枚中国唐代钱币,有"开元"字样。

5 枚中国大历年间(公元 766—780 年)钱币。

d.从柯坪购买的从不同遗址带来的钱币,以及从库都阿洪西部事来的钱币。

6 枚中国钱币,有"五铢"字样。

18 枚中国"鹅眼型"钱币。

1 枚钱币,中国钱币类型,但铭文不是汉字(蒙古文?);见图版 CXLI,No.26。

6 枚中国唐代钱币,有"开元"字样。

1 枚中国大历年间(公元 766—780 年)钱币。

XXXII. 在吐木休克北部塔提发现的铜币和银币

(见本书第三十二章第四节)

2 枚中国唐代钱币,有"开元"字样。

1 枚中国景祐年间(公元 1034—1038 年)钱币;见图版 CXLI,No.8。

1 枚中国熙宁年间(公元 1068—1078 年)钱币;见图版 CXLI,No.11。

1 枚贾尼伯克汗(公元 1340—1357 年)银币,于花刺子模王朝 743 年铸成;见图版 CXLI,NO.32。

XXXIII. 从吐木休克的托库孜萨来废墟带来的铜币

(见本书第三十二章第四节)

16 枚穆罕默德·阿尔斯兰汗钱币。

影印在图版 CXL 和 CXLI 中的钱币统计表

图版 CXL

编号	种类	朝代、年代、铭文	重量	发现和购买地点
1	和田型	汉佉二体	242.1 克	和田
2	和田型	汉佉二体	61.8 克	和田
3	和田型	汉佉二体	63.1 克	和田
4	和田型	汉佉二体	48.7 克	约特干
5	和田型	汉佉二体	67.8 克	莎车
6	和田型	汉佉二体	54 克	约特干
7	和田型	汉佉二体	46.8 克	约特干
8	印度—希腊型	赫尔谬斯	AR.121.8 克	叶城
9	印度—斯基泰型	迦腻色伽	52 克	约特干
10	印度—斯基泰型	迦腻色伽	72.2 克	约特干
11	帕提亚型	米萨德一世	AR.52.8 克	叶城
12	拜占庭型	君士坦丁二世	AR.42.5 克	叶城
13	拜占庭型	君士坦士	AR.30 克	叶城
14	中国型	货泉	35 克	和田
15	中国型	货泉	72 克	尼雅遗址
16	中国型	货泉	37.5 克	南湖
17	中国型	货泉	21.6 克	楼兰区域
18	中国型	货泉	41.8 克	楼兰遗址 L.A.
19	中国型	货泉	20 克	楼兰遗址 L.A.
20	中国型	货泉	25.5 克	楼兰遗址 L.A.
21	中国型	五铢	47.5 克	和田
22	中国型	五铢	41.2 克	楼兰遗址 L.B.
23	中国型	五铢	56 克	敦煌长城

续表

编号	种类	朝代、年代、铭文	重量	发现和购买地点
24	敦煌长城	五铢	54.4 克	大历(766—780 年)
25	敦煌长城	五铢	45 克	南湖
26	敦煌长城	五铢	36.4 克	楼兰遗址 L.A.
27	敦煌长城	五铢	44.5 克	楼兰遗址 L.A.
28	敦煌长城	五铢	43.3 克	楼兰遗址 L.A.
29	敦煌长城	后期五铢,破损	19.1 克	楼兰遗址 L.A.
30	敦煌长城	后期五铢,破损	23.5 克	楼兰遗址 L.B.
31	敦煌长城	后期五铢,破损	15 克	约特干
32	敦煌长城	后期五铢,破损	8.5 克	楼兰遗址 L.A.
33	敦煌长城	后期五铢,破损	5.2 克	楼兰遗址 L.A.
34	敦煌长城	后期五铢,破损	2.8 克	楼兰遗址 L.A.
35	敦煌长城	五铢型,不确定	27.4 克	麻扎塔格
36	敦煌长城	后期五铢型	35.7 克	锁阳城
37	敦煌长城	后期五铢型	24.4 克	约特干
38	敦煌长城	当地,不确定,铅质	19.4 克	约特干
39	敦煌长城	唐代,开元	58.2 克	约特干
40	敦煌长城	唐代,开元	65 克	米兰
41	敦煌长城	唐代,开元	59.5 克	敦煌长城
42	敦煌长城	乾元(公元 758—760 年)	109 克	和田
43	敦煌长城	乾元(公元 758—760 年)	63.6 克	和田
44	敦煌长城	乾元(公元 758—760 年)	62.1 克	喀达里克
45	敦煌长城	乾元(公元 758—760 年)	112.4 克	和田
46	敦煌长城	大历(公元 766—780 年)	44 克	和田
47	敦煌长城	大历(公元 766—780 年)	32.2 克	约特干

图版 CXLI

编号	种类	朝代、年代、铭文	重量	发现和购买地点
1	中国型	大历（公元 766—780 年）	63.3 克	喀达里克
2	中国型	大历（公元 766—780 年）	36.5 克	喀达里克
3	中国型	建中（公元 780—784 年）	33.9 克	喀达里克
4	中国型	太平（公元 976—984 年）	52.6 克	锁阳城
5	中国型	淳化（公元 990—995 年）	52.1 克	莎车
6	中国型	咸平（公元 988—1004 年）	59.8 克	南湖
7	中国型	祥符（公元 1008—1017 年）	62 克	阿克铁热克
8	中国型	景祐（公元 1034—1038 年）	75.8 克	吐木休克
9	中国型	宝元（公元 1038—1040 年）	59.4 克	南湖
10	中国型	治平（公元 1064—1068 年）	67 克	和田
11	中国型	熙宁（公元 1068—1078 年）	64.7 克	吐木休克
12	中国型	熙宁（公元 1068—1078 年）	56.5 克	莎车
13	中国型	元丰（公元 1078—1086 年）	108.7 克	瓦石峡
14	中国型	元祐（公元 1086—1094 年）	63.2 克	瓦石峡
15	中国型	建中（公元 1101—1102 年）	62.5 克	瓦石峡
16	中国型	大观（公元 1107—1111 年）	55 克	莎车
17	中国型	崇宁（公元 1102—1107 年）	188.4 克	达玛沟
18	中国型	崇宁（公元 1102—1107 年）	166.2 克	莎车
19	中国型	政和（公元 1111—1118 年）	95 克	米兰
20	中国型	建炎（公元 1127—1131 年）	112.5 克	和田
21	中国型	绍兴（公元 1131—1163 年）	95 克	和田
22	中国型	正隆（公元 1156—1161 年）	57.7 克	锁阳城
23	中国型	乾隆（公元 1736—1796 年）陕西造币局	64.6 克	南湖
24	中国型	乾隆（公元 1736—1796 年）乌什造币局	67.8 克	穷梯木

编号	种类	朝代、年代、铭文	重量	发现和购买地点
25	中国型	咸丰(公元 1851—1862 年)	211.5 克	约特干
26	蒙古型	蒙古？	86 克	柯坪
27	穆罕默德型	苏来曼汗	57.2 克	和田
28	穆罕默德型	苏来曼汗	69.2 克	和田
29	穆罕默德型	苏来曼汗	81.8 克	和田
30	穆罕默德型	穆罕默德·阿尔斯兰汗	99 克	托古加依
31	穆罕默德型	花剌子模沙,阿兰丁(公元 1199—1220 年)	45.5 克	和田
32	穆罕默德型	贾尼伯克汗(公元 1340—1357 年)	25.5 克	吐木休克
33	穆罕默德型	现代,莎车	117.1 克	和田

附录 C

中国新疆及帕米尔地区的体质人类学研究笺注

T. A.乔伊斯著

(转引自《皇家人类学会会刊》,第 42 期,1912 年 7—12 月)

我应斯坦因博士(现在是奥雷尔爵士)嘉许,在《皇家人类学会会刊》(第 33 期,305 页,1903),发表了这篇体质人类学测量报告。该次测量是他于 1900—1901 年对塔克拉玛干大沙漠进行首次考古探险期间,在和田和于田的村落里进行的。后来的一次考察(1906—1908 年)把范围扩大到沙漠周围的大部分村落,以及西方和西南方向山区的某些部落。第二次考察的初步报告已经发表(《沙漠契丹》,1912,伦敦),其中预示了作者的那些考古发现的重大价值和可能的影响。仅仅是考古学和地理学的成果,就令人不得不惊叹此人的精力和韧性,竟然在如此短的时间里完成了如此大量的工作。而这么多成果仍不能代表他工作的全部。在他做其他工作期间还抽时间采集了 600 多人的体质测量数据(对每个受测者要进行 10 项独立的测量)并记录了他们的

"身体特征"。我荣幸地被允许检验由这些测量结果中得出的结论,并把它和《皇家人类学会会刊》(第42期,450页以下)中的有关说明一起发表。这里提供的就是这项工作的结果,并附上全部受测者体质测量数据,见表1。

方 法

下面全部测量数据的采集按照《人类学的记录与询问》(第三版)提供的指导进行:(1)头长;(2)头宽;(3)鼻长;(4)鼻宽;(9)颧骨宽;(9a)全面长;(16)立姿身高;以及(20)两臂伸展距离。此外,还记录了两个数据:(U.F.L.)上面长(从鼻跟点到龈点);(H.Cir)头水平围(过眉间点和枕骨点)。此外按照《记录与询问》,还收集了以下"形态特征":皮肤和眼睛的颜色,是否呈现出或缺失"蒙古褶",头发的颜色、特征和密度,脸形,鼻形,以及受测者的职业。根据测量数据,推算出了以下几项指数:头、全面、上面和身长—指距指数。在面部指数中,全面长和上面长分别以相当于颧骨宽度的百分数来表示,这是常用的表示法。不过,《记录与询问》中没有推荐,书中推荐的是相反的表示法。身长—指距指数是把指距绝对数化为身长的一个百分数。所有绝对数和指数都按部落或村落(译者按:鉴于"部落"这个概念与所指的实际情况不符,译文按原文的上下文意思译成了"群落",特此说明)进行了分组,并且在每一组中,组中值、标准差、变异系数以及这些数字可能的误差,都被推算出来了。在附表中,上述表达被符号化为:M = 组中值;EM = M 的可能误差;σ = 标准差;Eσ = σ 的可能误差;C = 变异系数;EC = C 的可能误差。[①] 各种组中值,连同它们可能的误差和变异系数的数据,都已经在表2~8中给出了。

---

① S 表示绝对数或指数的和,N 表示一个群落中受测者的总人数,D 表示每一个受测者的数据与各该组组中值的差,SD 表示这些差的和,SD^2 的平方表示这些差的平方和;$M = \dfrac{S}{N}$,$σ = \sqrt{\dfrac{SD^2}{N}}$,$EM = \dfrac{0.6745×σ}{\sqrt{N}}$,$Eσ = \dfrac{0.6745×σ}{\sqrt{2N}}$,$C = \dfrac{σ×100}{N}$,$EC = \dfrac{0.6745×C}{\sqrt{2N}}$。除了头部项目以外,其他项目的 EC 都用式 $\sqrt{1+2×\left(\dfrac{C}{100}\right)^2}$ 重算了一遍,结果没有什么差别。

处理如此大量的带有绝值和指数(总共 15 个)的组中,估计两个部落的相关度是一件很困难的事情,尤其是在整个人口结构中有两种以上因素存在的情况下。因此,用下述方法尝试着评估每一对部落间的差异。取出一对部落,从其相应的绝对数和指数(分别以 M_1 和 σ_1,M_2 和 σ_2 表示)的组中值和标准差得出分数 $\dfrac{M_1-M_2}{\sqrt{\sigma_1^2+\sigma_2^2}}$,我们把这个分数称为△,然后算出每一对部落的各类绝对数和指数的各个△,把这些表示每一对部落内部差异的△加总。这个总数,我们以 Σ△ 表示,命名为"差异指数",表示所有每一对部落之间各差异值的总值。所有对部落的 Σ△ 已在表 8 中给出。注意,如果一个 Σ△ 中包含一个值大于或等于 1 的△,该 Σ△ 值用斜体字印刷。

在这里,我必须提到伦敦大学学院生物统计实验室的 H. E. 索波尔(Soper)先生的重要帮助。他计算了 M、σ 和 C 值以及它们的误差值,算出了除有关头长、头宽和头部指数以外的所有绝对数和指数。他还制作了表 6 和表 7,而且正是他提议使用了得出 Σ△ 的公式。除了他做的以上工作以及各对部落的 Σ△ 的计算,我为其余的工作负全责,包括对不是由奥雷尔·斯坦因伯爵提供的部分数据的处理工作。

人口分布

最西部的是卡菲尔斯坦的卡菲尔人(图 8~10),其受测者中农民为主,还有将近三分之一是牧人。卡菲尔斯坦东北部是住在巴达克山区(Badakhshan)的法伊扎巴德人,这里的相当一部分人是在莎车受测的,他们在那里做生意。几乎是在从卡菲尔斯坦到塔什库尔干之间的一条直线上,住有吉德拉尔(Chitrali)人、马斯图吉(Mastuji)人(图 7、21)、瓦罕人和塔什库尔干周围的萨里库勒(Sarikoli)人(图 22、24)。实际上,所有这些人都是农民,而且包括卡菲尔人在内,都是山民。瓦罕以东,塔克拉玛干大沙漠西南部边缘山地一带,仍然是高原地带是帕赫铺人(图 23),他们实际上全是牧民;沿着山边再往东,是尼萨和喀让古塔格人,这里是劳役场,因此居民成分混杂,主要是牧民,但也有相当数量的农民。在他们东面的高地上,是普罗人,居民构成比较纯,以农民为主。从山地下到沙漠边上,在帕赫铺的东北方,我们发现了库克牙(Kök-yar)人,主要从事农业;喀让古塔格以北是和田,以农业居民为主,杂有少量手艺人。普罗北边是于田,牧民为主,有少量农民。于田东面是民丰(古尼雅,Niya),几乎全是农民。

再回到库克牙,沿着沙漠边缘北行,我们发现巴格吉格代人,这个莎车的外围居民点住的都是农民。沿沙漠北缘转而东向,有吐木休克的多浪(Dolan)人,他们现在都是农民,但在不久前他们还是牧民。在他们的北部,离开贸易线路,有柯坪人(图342),主要是农民。再往北,在乌什,是柯尔克孜人(图333),他们主要是牧民,现在很少受外界影响。乌什的东部是阿克苏,坐落在交通干道上,常被殖民,以农业为主,但也有一定数量的商人。继续往东是库尔勒人,农业为主。再往东北方向是吐鲁番(图264)。这里的人口主要从事农业,居民可能相当混杂,因为他们着汉服,但从公元6世纪以来就说突厥语。哈密(图263)在吐鲁番的东方,由于坐落在中国人的军事要道上,因此居民汉化严重,这里的受测者主要是农民。南面的敦煌和南湖居民都是农民,中国移民,也就等于说,他们是"汉族人"。西方,紧挨着罗布淖尔的西边,沙漠南缘,是罗布人和若羌(Charkhlik)人(图90、91),前者是一个老的渔业部落的遗民,不事农业。后者是混杂的农业移民,主要来自和田。或许有必要提及的是,上述的只是受测者的职业构成,并不一定与整体情况完全相符。

头　长

表2和表7:如果把绝对头长的组中值依次排列,我们就会发现阿克苏人(M＝174)和罗布人(M＝194)分居两端,接近最低点的柯坪人、柯尔克孜人、多浪人和法伊扎巴德人,他们也是阿克苏人地理上的近邻。汉族人在另一个端点上紧随罗布人之后,再往后不远是若羌人。卡菲尔人属于头最长的一组,一般来说,山地居民的头比较长,包括帕赫铺人、若羌人、马斯图吉人,都是长头。不过,萨里库勒人的数值较低。和田人、吐鲁番人、库尔勒人和瓦罕人数值接

近数轴中间。

头 宽

表 2 和表 7：从绝对数来看，汉族人（146）和柯尔克孜人（161）居于两端。数值接近柯尔克孜人的是多浪人、柯坪人、法伊扎巴德人和阿克苏人，和他们的数值接近的是瓦罕人、吐鲁番人和库尔勒人，在这一组数列中，和田人的数值降到了下面，山地居民（除瓦罕人以外）都在低点，其中卡菲尔人紧挨着汉族人的数值；在本数列中，卡菲尔人把汉族人和罗布人隔开了。其余的数值居中。

头部指数

表 2 和表 7：该指数列中居于两端的是汉族人（77）和阿克苏人（89）。与后者数值接近的是头最短的柯坪人和柯尔克孜人，稍往下一点是多浪人和法伊扎巴德。再往下依次是民丰人、于田人、库尔勒人和库克牙人。在长头人一端，跟在汉族人后面的是卡菲尔人和除萨里库勒人以外的山地居民。萨里库勒人的绝对头长的数值相当低，瓦罕人的指数值和其绝对数值一样，紧接在吐鲁番人、和田人和库尔勒人后面。在头长数值中，最接近汉族人的是罗布人。

综合头长和头宽所测得的绝对值和指数值，可以看出总体特点是，柯尔克孜人、柯坪人、多浪人、阿克苏人和法伊扎巴德人居于一端，汉族人、罗布人和山地居民（除瓦罕人和萨里库勒人以外）居于另一端。其余的，包括萨里库勒人和瓦罕人居于中间，不过中间组和第一组的数值有点交叠，除了头长的绝对值在整个数值表中是均匀分布。对此应该记住喀让古塔格和尼萨的居民，虽被称为山民，实际上是相当混杂的。

鼻 长

表 3 和表 7：两个极点是汉族人（45）和法伊扎巴德人（54）。数值接近后

者的是阿克苏人和多浪人,柯尔克孜和柯坪人这次落在了中间。另一方面,山地居民显示出巨大的差异;卡菲尔和马斯图吉人的鼻子短,而喀让古塔格人、吉德拉尔人、瓦罕人和尼萨人却是长鼻子。同样,于田人和民丰人的鼻子很短,而库克牙人的鼻子很长。罗布人的数值仍然接近汉族人。

鼻 宽

表 3 和表 7:两个极值是吉德拉尔人(32)和多浪人(40)。除了一两个重要例外,这个数列是支持从头部数据中得出的总体结论的。山地居民居于数值的一端,多浪人、柯坪人和柯尔克孜人居于另一端。居于数值第一位的被认为是汉人,紧随其后的是罗布泊人。例外之处在于:阿克苏人和法伊扎巴德人取代了多浪人等的居中位置;尼萨和喀让古塔格人与帕米尔山民的数值有一定差距,但与和田人、库克牙人、吐鲁番人和于田人的数值相近;而瓦罕人和萨里库勒人却具有相邻山地居民的窄鼻子。巴格吉格代人的数值居于数列尾端,这也是值得注意的。

鼻部指数

表 3 和表 7:两极值是吉德拉尔人(64)和民丰人(82)。柯坪人、多浪人和柯尔克孜人的数值再次聚在一起,居于阔鼻子之列。不过这次阿克苏人和法伊扎巴德人位于数值的另一端,和山地居民接近。有趣的是,汉族人的高指数值几乎完全是其鼻长太短所致。与他们相近的是罗布人的指数值,由于他们鼻子的长度,才使得他们的鼻子没有那么宽。瓦罕人和喀让古塔格人紧挨着,两者鼻子都较窄。吐鲁番人、哈密人和若羌人则位居阔鼻子之列。

总体上看,鼻部数据支持从头部数据得出的结论。柯尔克孜人、柯坪人和多浪人属于一个特殊族群。但看起来阿克苏人和法伊扎巴德人与他们却有某些不同。应该注意的是,他们窄长的鼻子主要是由于鼻子很长造成的,而吉德拉尔人、萨里库勒人和卡菲尔人的窄鼻子则是由于其鼻腔相对较窄造成的。瓦罕人在一定程度上可以和他们地理上的邻居划入一个族群。喀让古塔格人和尼萨人显示出与沙漠边缘的库克牙人、普罗人、和田人和库尔勒人等似乎有某些亲缘关系。汉族人和罗布人的关系总体上看要比所有其他群落近得多。巴格吉格代人则显示出与山地居民有某些相似之处。

脸　宽

表 4 和表 8：极值为卡菲尔人（116）和多浪人（146）。这是一组最有价值的数据之一，族群间的差异性是非常大的，而各个组中值的差异相对较小。所以，发现从头部数据所获得的结论，再一次从鼻部测量结果获得修正和支持，是一件令人欣慰的事情。山地部落，马斯图吉人，吉德拉尔人，帕赫铺人，萨里库勒人的数据紧挨着卡菲尔人。在另一端，多浪人下面是法伊扎巴德人、柯尔克孜人、柯坪人和阿克苏人（后两者之间是普罗人）。巴格吉格代人和帕米尔山民的数值都在吉德拉尔人和帕赫铺人之间，这是对前两者有关系的推论的进一步支持；而尼萨人和喀让古塔格人的特征与沙漠居民很相似，这也在他们的数值都处在中点上表现了出来。瓦罕人的数值居于最宽脸的帕米尔地区的山地居民和最窄脸的沙漠居民之间，这同样得以清晰阐释；我们本以为罗布人的位置会在与它的数值一直接近的汉族人和它的邻居若羌人之间，结果实际的位置却非常接近他们的老家和田的居民的位置。

全脸长

表 4 和表 8：极值，罗布人（111）和法伊扎巴德人（121）。这列数据的用处不太大；最高的组中值和最低的组中值之间差距不大，变异性却相对较大。依据前面的测量数据和指数值，可以得出如下规律，阿克苏人的数值为 112，紧接在罗布人后面，与法伊扎巴德人的数值相距甚远。多浪人、柯坪人和柯尔克孜人居中位，前者偏长脸，后两者偏短脸。帕米尔山民的数值，包括瓦罕人但不包括吉德拉尔人，趋于聚在数列末尾的短脸区，从而第一次表现出和阿克苏人、柯坪人和柯尔克孜人有某种关联。尼萨人也在这一端，但喀让古塔格人却和吐鲁番人、和田人、库克牙人和库尔勒人在另一端……为了结束这种混乱，

汉族人的数值为 117,和罗布人还很有一段距离。

面指数

　　表4和表8:极值,柯尔克孜人(79)和卡菲尔人(97)。这列组中值的变异性要小得多,因而所获得的指数值的价值也较大;更值得高兴的是,由于它与面宽数列支持的推论相吻合,因此我们可以回到一开始的族群划分。柯尔克孜人、多浪人、柯坪人和阿克苏人呈现出面部最宽的特征,更接近法伊扎巴德人。卡菲尔人、吉德拉尔人和马斯图吉人是最窄面型,与之相近的是帕赫铺人和萨里库勒人,巴格吉格代人介于后两者之间。沙漠居民,包括喀让古塔格人和尼萨人,居于数列的中位,普罗人和于田人是最阔面的居民,哈密人和库克牙人的脸最窄。罗布人归为第一组,属阔面型,汉族人归为第二组,属狭面型,这显示出,由两者各自的面部长度不同所产生的数值差异是很有意义的。

上面长

　　表5和表8:极值,于田人(64)和库克牙人(70)。和全面长数列一样,这组数列的组中值差距小而变异大。最有趣的是,两个极值为两个沙漠群落占据。和在全面长的排位一样,帕米尔山民再次聚在数列尾部,而柯坪人、柯尔克孜人、阿克苏人、法伊扎巴德人和多浪人则分布在中部向上的位置,一个重要的不同是汉族人和罗布人以高数值一起靠在前位。

上面指数

　　表5和表8:极值,柯尔克孜人多浪人(46)和吉德拉尔人(56)。该数列得出的推论和全脸长的相似度,只有一个重要差异:汉族人和罗布人的数值再次连在一起。这说明他们的不同之处主要在于汉族人的下巴更长一些。柯尔克孜人、多浪人、柯坪人、法伊扎巴德人和阿克苏人再次构成了最阔面群体;而帕米尔人居于最窄面群体,尽管萨里库勒人的距离稍远一点。巴格吉格代人的指数值也较低,而汉族人的数值更低。沙漠居民占据居中位置,普罗人的数值

进入了阔面人一类,库克牙人的进入狭面人一类。尼萨人和喀让古塔格人在中段偏狭面一边,哈密人也是,毫无疑问,后者是受汉族的影响。

头　围

表5和表7:极值,库克牙人(537)和罗布人(576)。此数列的组中值表现出很大的差异性,但却被更大的变异性所抵消。汉族人和罗布人排在一起,但帕米尔山民却被一分为二,马斯图吉人、卡菲尔人和吉德拉尔人的数值较高,帕赫铺人和萨里库勒人的数值低。柯尔克孜人则居于空出的中间区位。造成这么大的变异性的部分原因很可能是由于很难进行精确的测量。这组数据利用价值不大。

身　长

表6和表8:极值,尼萨人(160)和罗布人(170)。由于组中值差异性小而个体差异性很大,这组测量数值价值不大。M值的差异小而变异性大。阿克苏人、柯尔克孜人、多浪人和柯坪人聚在数轴中间偏低一点的位置上。帕米尔山民和沙漠族群则相当均匀地分布在整个数轴上。这些能说明的就是,前者身材较高,后者较矮。

指　距

表6和表8:极值,尼萨人(160)和法伊扎巴德人(173)。帕米尔山民还是分得比较开,但其数值总体上偏向高的一端。柯尔克孜人的数值更高,而沙漠族群则几乎都在数轴的另一端。汉族人和罗布人的数值则显示出相当大的差异。

身长—指距指数

表6和表8:极值,于田人(99)和柯坪人(104)。这是一组得出重要推论的重要数列。柯坪人与高指数的法伊扎巴德人、柯尔克孜人、阿克苏人和多浪

人在一起。巴格吉格代人也在其中。紧随其后的是帕米尔山民、卡菲尔人、马斯图吉人、吉德拉尔人、萨里库勒人、瓦罕人和帕赫铺人，库克牙人、若羌人和民丰人依次列入其中。罗布人和汉族人处在数轴的另一端，比他们数值更低的是喀让古塔格人和尼萨人。

差异指数

表9给出了每对群落的ΣΔ，取值方法见上文本附录10页注文。除非由头围所获得数据是一个整数，否则在任何一个ΣΔ值的计算中，其Δ值都以等于或大于1时，ΣΔ值都以斜体印刷。由于测量结果存在巨大的个体差异，情况也有例外。另一个例外是由于田人和民丰人的ΣΔ值所发起的。其中的身长—身宽指数因子Δ值是1，但计算它所用的于田人的M值是从仅仅5个受测者得出来的，与存在于两极之间的较小差异性相比，这组测量值的变异性很大。此外，于田人和民丰人在其他项目上的差异也是相当小的（ΣΔ值只有3.64，尽管其15个因子中有一个是整数），所以他们的ΣΔ值以正常体印刷，看来这两个群落之间有很强的相似性。

我们首先从相似性方面来分析这张表。数值最低的是吐鲁番人和库尔勒人的ΣΔ，尽管它有15个因子，加起来却只有2.03。这么低的数值说明这两个地方的居民不仅仅是相关性很强而实际上是同一族群。另两个ΣΔ低于3的对子是吐鲁番人—和田人（2.98）和柯尔克孜人—多浪人（2.84），这清楚地显示了他们的强相关性（见表10，该表很清楚地给出了各群落之间的相关程度，用斜体字印刷的数字表示该ΣΔ值包含一个值大于或等于1.00的Δ因子，包括上面说过的例外除外）。如果把ΣΔ值升到4，可以看出多浪人、柯坪人和柯尔克孜人三者很相似，瓦罕人和吐鲁番人、于田人和民丰人、巴格吉格代人和萨里库勒人分别有很强相关性。由此我们可以预测到三个核心群落：柯尔克孜、吐鲁番（山地居民瓦罕人和它很接近）和帕米尔人（有一个远亲巴格吉格代人）。如果把ΣΔ升到5，族群关系就更明显了。可以看到，吐鲁番、库尔勒、和田和瓦卡群落之间以ΣΔ值低于5而相关；而吐鲁番和库尔勒群落又与哈密群落有强相关性。萨里库勒、巴格吉格代和帕赫铺人构成相近群落；而柯尔克孜—柯坪—多浪群落没有变动。为方便起见，第一组叫作沙漠群落（尽管包括瓦卡人）；第二组是包括萨里库勒人在内的帕米尔群落；最后一组是柯尔克孜族群落。现在我们再看看马斯图吉群落，就会发现它通过与萨里库勒群落和卡菲尔、吉德拉尔族群的亲近关系而和帕米尔族群相关；其次，由于帕赫铺群落和哈密群落的相关性，又使帕米尔族群和沙漠族群联系起来，而库克牙和普罗群落通过和田群落、喀让古塔格群落通过哈密群落又和沙漠族群联系在一起。其他联系较紧的还有喀让古塔格群落和尼萨群落、罗布群落和若羌群落。

把 $\Sigma\triangle$ 值提升到 6，我们可以把马斯图吉群落与巴格吉格代群落和萨里库勒群落连起来，尽管前者与帕赫铺群落的 $\Sigma\triangle$ 超过 6，是 6.27，但超得不多，因此我们很可以把它归入帕米尔族群。卡菲尔和吉德拉尔群落的 $\Sigma\triangle$ 值低于 6，是 5.92，但鼻长的 $\triangle$ 值是 1，因此其相关性不如它们分别与马斯图吉群落强。至于沙漠族群，我们发现它现在由吐鲁番、库尔勒、瓦罕、若羌和和田群落构成，或者由前四者和哈密群落构成。哈密和和田群落之间的 $\Sigma\triangle$ 是 6.62，而使其 $\Sigma\triangle$ 高于 6 的因子是面部指数，为 1.33，因为和田人是宽脸。帕米尔族群和沙漠族群的进一步联系可以从马斯图吉和瓦罕以及萨里库勒和吐鲁番群落的相关性中找到。我们已知库克牙人和和田人很相近，现在可以进而从它与瓦罕和萨里库勒群落的相关性而把它归入帕米尔族群；于田群落现在通过和田人和吐鲁番人与沙漠族群挂上钩了，同时还可看到尼萨和哈密、喀让古塔格和罗布人以及后者和汉族人各对之间的相似性。柯尔克孜族群中增加了阿克苏群落，后者和柯坪人、多浪人挂上了钩，与柯尔克孜之间的 $\Sigma\triangle$ 也就刚刚超过 6，为 6.20。这个值仅是由头围获得的，但正如前面已经提到的，头围数列的可信性不大。这个族群与其他二者没什么相关性，但从实际看，要更接近沙漠族群一些。阿克苏和柯坪群落之间的 $\Sigma\triangle$ 刚刚超过现在的杠杠，为 6.20，而且没有一个因子大于 0.90；于田和柯坪的 $\Sigma\triangle$ 也是，仅为 6.82，虽然其中身长—身宽指数因子值为 1.67。除了已经提到的，其他的相关性都出现在帕米尔和沙漠族群的群落之间,不过每一个对子的 $\Sigma\triangle$ 中都含有一个大于或等于 1 的因子;具体情况如下(括号中的项目表示该项因子值达到或超过 1):帕赫铺和喀让古塔格(面宽),帕赫铺和普罗(面宽),帕赫铺和尼萨(面宽和身长—身宽指数),萨里库勒和哈密(鼻宽),萨里库勒和和田(面宽)。可以看出,两个族群的主要差别是在面宽上,但这种情况却没在与瓦罕群落的 $\Sigma\triangle$ 中发生。值得注意的是,有瓦罕加入的 $\Sigma\triangle$ 的平均值最低,绝对数也没有一个达到 10。

　　到目前为止,法伊扎巴德群落还没有和任何其他群落建立起联系,因为它结对的所有 $\Sigma\triangle$ 中,没有一个不包含一个小于 1 的因子的。数值最小的是与和田群落的 $\Sigma\triangle$(6.59,身宽和身长—身宽指数两个 $\triangle$ 都超过 1),和与阿克苏群落的 $\Sigma\triangle$(6.73,脸宽和头围因子大于 1)。它的位置大概介于沙漠族群和柯尔克孜族群之间并稍稍偏向后者,这是由于头围指数的较大变异性造成的。

　　表 11 显示出各群落之间的关系呈反转性,也许指数的差异更好地显示了疏离关系,而不是亲近关系。数值最高的是卡菲尔和多浪群落之间的 $\Sigma\triangle$,为16.28;在大于或等于 13 的 $\Sigma\triangle$ 中,可看出疏离性最强的是帕米尔族群与柯尔克孜族群,以及后者与汉族人。喀让古塔格群落和尼萨群落虽有其名,但我们知道它们都是由混杂居民构成的,其中有很大一部分是帕米尔人。把 $\Sigma\triangle$ 降到大于或等于 12,可以看出沙漠族群和田、于田和库尔勒群落与卡菲尔人关系较远。由于我们已知帕米尔和沙漠族群有一定相关性,我们可以这样来理解,卡菲尔人毕竟只是通过马斯图吉人与帕米尔群落产生某种关联,处于两极的一端,并与影响未能触及沙漠地带的一些人群有关联。可能是由于受汉族人的影响,罗布人与柯尔克孜族群也表现出很大的疏离性。法伊扎巴德人与帕米尔族群和汉族人的疏离,加强了我们已经察觉到的该群落与柯尔克孜族群有关联的印象。我们不必进一步深究大量的细节数据,而只需集中注意力于一两个点上,把 $\Sigma\triangle$ 降到大于或等于 10,前面已经看到汉族人与民丰人是很疏远的。这里又显出了他们和于田人以及沙漠族群中的库尔勒人关系疏远。在帕米尔族群中,吉德拉尔群落一定是受到了某种特殊基因,很可能是卡菲尔群落的某种基因的影响,因为它与吐鲁番和库尔勒群落之间表现出疏离性。

与和田人、其次与萨里库勒人最亲近的库克牙群落与卡菲尔人、柯尔克孜人和罗布人表现出疏离性,如我们所知,后者与汉族人相关性很强。要确定其余的群落和瓦罕群落的位置,我们还需把ΣΔ值再降到大于或等于9。这样我们又发现了汉族人与柯尔克孜和沙漠族群有很大疏离性;汉族人与帕米尔族群没有相关性是显然的,它与吉德拉尔和萨里库勒群落之间的ΣΔ值都超过了8,因此它成了一个两极的一个端点。至于瓦罕人,它和柯尔克孜族群也没有相关性,因为它和柯尔克孜群落是疏离的,而和卡菲尔群落的ΣΔ也超过了8。于田和民丰人的位置是很有意思的,它与帕米尔族群和汉族人没有相关性,而与法伊扎巴德人和多浪人却多少有点关系。于田群落与柯坪人存在一定的相关性,而它和沙漠族群的若羌群落的ΣΔ却超过8。因此,于田群落很可能处于沙漠族群中的半紧密位置,它和民丰人(已经可以进一步确认不属于柯尔克孜族群)都带有某种特殊种族基因。法伊扎巴德和柯尔克孜群落的ΣΔ大于8,这说明它不一定属于柯尔克孜族群,再考虑到它和和田群落有某种联系,因此它很可能是夹在后者和沙漠族群的中间。

从测量数据中得出的结论

前面的测量结果似乎给出这样一个事实:此次测量所涉及的各种人群可以分成四个族群:第一个是山地族群,都聚在我们所涉及的区域的最西部。其核心群落包括萨里库勒、马斯图吉、帕赫铺以及往东伸入沙漠地区的巴格吉格代群落。其近亲是吉德拉尔和卡菲尔群落,它们和前者有一定疏离性,但又不和其他任何群落表现出亲近性,因此,它们的血缘关系中一定是掺入了本区域以外的外来因素。第二个是沙漠族群,其核心成员有吐鲁番、和田、库尔勒和若羌群落。有一个西部山区的远亲瓦罕群落,它与沙漠族群的核心成员有一定亲近性,又和它本地的邻居库克牙人、杂居群落喀让古塔格和尼萨人有相关性,因而表现为介于二者之间。沙漠族群里还应该包括普罗人和居民成分相当混杂的哈密人;和它的某些成员关系较近的还有民丰人和于田人,但后两者似乎也掺入了其他种族成分,不过,它们之间的疏离性可能主要是由于可用的测量数据太少造成的。第三个很明显的族群是由柯尔克孜、柯坪、多浪和阿克苏群落构成的。它与沙漠族群虽然有点关系，但关系不大。法伊扎巴德群落可以看成是两个或者三个族群（帕米尔、沙漠和突厥族群）的混合。第四个汉族族群实际上是孤立的，不过它和罗布人的关系，使其和沙漠族群有点关系。关于汉族人的值得玩味的一点是，他们和柯尔克孜人之间的明显疏离性，而一般认为后者是突厥族群中最接近蒙古人种的。不过这一点似乎不难理解，我们看看德尼克在《人类种族》中提供的资料，会发现他所引用的关于中国北方人的数据和这里收集的南湖和敦煌汉族人的资料是相对应的，而柯尔克孜人和多浪人的数据除身长以外，都和南蒙古人的数据非常相近，因此柯尔克孜人很可能是南蒙古人和"突厥人"的混血儿。

描述性特征

下面对各族群的描述性特征作一番考察，不过与精确的测量数据相比，这些资料不是太精确，不易把握。首先，观测者的眼睛肯定会不自觉地参照前面的研究结果而有先入为主的印象；其次，把资料换算成百分数，是使资料具有可比性的唯一办法，但像法伊扎巴德、库尔勒、巴格吉格代、阿克苏和尼萨这些群落的受测者很少的情况下，这种办法很容易引起误导。

肤色　表 12。绝大多数受测者都是"白—玫瑰红色"，只有两个例外，一个是多浪人，有 75% 是"白褐色"，另一个是汉族人，有 65% 是"黄色"。柯尔克孜人、柯坪人、法伊扎巴德人和阿克苏人分别有 42%、26%、25% 和 23% 是"白褐色"，柯坪人和阿克苏人也分别有 7% 和 15% 是"白黄色"。有纯"褐色"受测者人群中，卡菲尔人占 22%，喀让古塔格人占 8%，马斯图吉人占 4%（另有 4% 的"黄褐色"）。其中两个群落根据数据资料的划分是属于一个族群，另一个和该族群有亲近性。其他的群落或者全是"白—玫瑰红色"（除上面涉及的以外，其余的山地群落全是这一类），或者主要是"白—玫瑰红色"，但杂有一定比例的"白褐色"和"白黄色"。库尔勒和吐鲁番人受汉族人影响，有少量的"黄色"。

发色 表 13。所有受测者可以分为以下三种发色:(a)黑色;(b)棕褐色;(c)中间色和浅色。有 6 个群落的居民主要是黑发:汉族人(75%),柯尔克孜人(50%),柯坪人(47%),库尔勒人(46%),尼萨人(44%)和罗布人(40%)。多浪人中有相当比例(44%)是黑发和棕褐色发。因此可将汉族人和柯尔克孜族群(特别是其中的柯尔克孜人)划入黑发类;罗布人自然是受了汉族人的影响。尼萨群落的受测者只有 9 人,这抵消了把该群落归入黑发的可信度。只有民丰一个群落的主要发色是中间色(47%);其他趋于浅色发的有:帕赫铺群落(32%为中间色或浅色,无黑色),瓦罕群落(32%),喀让古塔格群落(31%,无黑色),萨里库勒群落(30%),卡菲尔群落(28%),库克牙群落(26%)和罗布群落(26%,不过其主要发色是黑色)。剩下的部分,总的来说,其余的帕米尔族群有很高比例的人是棕褐色,沙漠族群的棕褐色发比例低而黑发比例高,还有一部分中间发色。

发型 表 13。分三类:直发型、波浪型和鬈发。这次得出一个有意思的结果:汉族人的 95%是直发。卡菲尔群落在肤色和发色方面都和汉族人相差甚远,却有 28%的直发型,和田群落只有一个受测者是直发,可以忽略。阿克苏、柯坪、多浪和柯尔克孜群落几乎完全是波浪型发,法伊扎巴德群落有 83%是波浪发,其余的是鬈发。除了和田群落有一例波浪发,剩下的帕米尔族群和沙漠族群几乎全是鬈发。这一结果有力地支持了从测量数据得出的结论,显示出汉族群落的孤立无亲,帕米尔和沙漠族群有某种亲缘,卡菲尔群落有某种域外的、很可能是来自西方的血缘关系,柯尔克孜族群的独有的特性,以及法伊扎巴德群落是处于柯尔克孜族群和帕米尔、沙漠族群两大块之间。

发密度 表 13。分两类:(a)浓发和适中发;(b)稀发和无发。剃光头的当然不能算。这次帕米尔山民落进了第一类,只有帕赫铺群落有 8%的稀发者。汉族人再次处于极端位置上,有 70%在第二类(其中 50%是"秃子")。柯尔克孜人与他们接近,有 71%是第二类(其中 11%是"秃子")。剩下的柯尔克孜族群成员的头发生长情况显示出受其邻居沙漠族群的影响,在第二类的比例分别是:阿克苏 46%,多浪 25%,柯坪 14%,法伊扎巴德 8%。然而,沙漠族群偶尔也会呈现出无发的倾向,特别明显地表现在哈密群落(47%)和吐鲁番群落(54%)身上,从中也可见汉族人对他们的人种的影响。而法伊扎巴德群落的相对多发特征则很可能是由于前面已经发现的它和帕米尔族群的某种亲缘关系。罗布人与汉族人相近,有63%的人有无发倾向。而若羌人第二类的比例竟占到67%,是很令人吃惊的。库克牙人也有31%属第二类,它已经被划入了沙漠族群,但与山地族群有某种特殊渊源。

眼睛颜色 表14。分三类:黑色、中间色和浅色(包括蓝色)。沙漠族群总体上看眼睛颜色最深,不过发色偏淡的民丰人相应地有30%是浅色眼睛。在阿克苏、普罗、哈密、库尔勒和吉德拉尔、多浪群落中,绝少浅色眼睛,并且除多浪人有很小比例以外,这些群落中占50%以上的是黑色。另一方面,在帕米尔族群中,吉德拉尔和巴格吉格代群落没有黑色眼睛,其余成员中黑眼比例最高的是马斯图吉,仅有14%。在柯尔克孜和柯坪群落中,主体是中间色,其余的黑色比例大,浅色比例小。汉族人眼睛的主要颜色是黑色(45%),但其中居然也发现了少量的蓝眼睛(15%)。在尼萨和吐鲁番群落中的大多数是黑色,但其他沙漠族群(除民丰和其他已提到的以外)则以中间色居多,其次比重较大的是黑色,而浅色占的比重小。

"蒙古褶" 表14。在泪阜上是否有"蒙古褶"这一项中,汉族人以44%居第一,受汉族人影响较大的吐鲁番人以19%居第二,与吐鲁番人关系紧密的库尔勒人居第三(15%)。罗布人为10%,哈密群落和于田群落中也发现有"蒙古褶"。柯尔克孜群落中虽无"蒙古褶",但据说其37%的受测者是"蒙古眼"。总的来说,这个描述性特征说明了汉族人对本区域人种的影响不大。

其他的"描述性特征",脸形和鼻形的资料没有得出什么结果。

与其他民族的比较

为了更明确地确定本文讨论的这些群落的种族归属,我们可以挑出一两个群落的形态特征来和本区以西、以南的群落加以比较。为此我把上述提到的所有群落和下面的群落之间的 $\Sigma\triangle$ 算出来(见表15、16):58名盖尔查

(Golcha)人(居住在喀喇泰金山区的一个古老的伊朗族群落)①;80名帕山
(Pathan)人(典型的印度—阿富汗人种)②;60名比劳奇(Biloch)(也是印度—
阿富汗人种,但和伊朗人有很近的亲缘关系)③;44名达德(Dard)人(使用杂
有达德斯坦土话的叶西干语,德尼克指出它的族源是印度—阿富汗族,但比多
夫发现叶西干语和突厥语很相近)④;31名拉达克(Ladakhi)人(在西藏边缘);
38名西藏的藏族人。Σ△是从下面的测量数据和指数中算出来的:头长、头
宽、头部指数,鼻长、鼻宽、鼻部指数,身高。由于乌齐发维没有给出盖尔查群
落的鼻宽资料,所以,这里也就不包括盖尔查人的鼻宽和鼻部指数数据。

盖尔查群落 表16给出了盖尔查群落和其他所有群落之间的Σ△;表17
列出的是盖尔查与它们之间的相关度。以斜体字印刷的群落名和数据表示其
Σ△包含一个大于或等于1的△因子。于是我们马上可以看出,盖尔查群落与
两个截然不同的族群很亲近,一个是沙漠族群和瓦罕群落,一个是柯尔克孜族
群。遗憾的是,乌齐发维没有给出他的受测者的颧骨宽数据,但从其发色和眼
色资料中已足以看出盖尔查人与瓦罕人非常相近,与帕米尔族群的相关性也
比与柯尔克孜人要强。其百分数如下(可与表13和表14相对照):发色:黑色
9.4%;棕褐色50.2%;红色1.9%(仅一例);中间色和浅色37.7%。眼色:黑色
11%;中间色60.3%;淡色20.7%。从Σ△值则可看出盖尔查与汉族人、拉达克
和印度—阿富汗人明显疏离。其与卡菲尔人之间的Σ△是4.97,这一点表明
后者与帕米尔族群不同的基因不是来自伊朗人。

帕山群落 帕山群落的亲密关系见表16、18和19。从Σ△值可以看出,
它和3个印度—阿富汗群落最相近;此外,它和卡菲尔群落的Σ△低于3.50,
从表18又进一步看出它可以从柯尔克孜族群和沙漠族群的核心中排除出来。
根据这些事实,我们自然会得出这样的结论,使卡菲尔人与帕米尔和沙漠族群

---

① 乌齐发维(Ujfalvy):《俄罗斯、西伯利亚和新疆科学考察》,第一卷。
② 瑞斯莱(Risley):《本格尔的部落和城堡》。
③ 乌齐发维:《走出西喜马拉雅》。
④ 卡菲尔人、吉德拉尔人与达德人的语言总体上十分相近,这是自不待言的。

不同的是它与印度—阿富汗族群的血缘关系。

比劳奇群落　在同样的三张表上,比劳奇人的短头特征显示出它与萨里库勒人和马斯图吉人是近亲。而我们已知马斯图吉人和卡菲尔人关系亲近,以及萨里库勒人和马斯图吉人关系亲近,因此可以断定比劳奇人有伊朗血统,而且马斯图吉和萨里库勒人可能有一点,仅仅稍微有一点印度—阿富汗血统。后一种推断还不太肯定,但从以下事实可得到一点支持,这两个群落的头发总体上要比瓦罕人更黑,而正如在讨论盖尔查群落时所印证的,瓦罕人最接近于纯种的伊朗人。

达德群落　在讨论这个群落时最值得注意的是它和吉德拉尔群落关系亲近,但和卡菲尔人之间 3.10 的 $\Sigma\triangle$ 值是无效的,因为鼻长因子 $\triangle$ 值为1.40。现在,我们再回想一下,卡菲尔人和吉德拉尔人的 $\Sigma\triangle$ 仅为 5.92,但鼻长因子 $\triangle$ 是1。由此我们可以发现,达德人与卡菲尔人的不同点和吉德拉尔人是一样的,只是程度更深。绝对数的平均值:达德人 53;吉德拉尔人 51;帕山人 50;卡菲尔人 46。显然是印度—阿富汗人种的某种血缘渗入了吉德拉尔群落。但似乎很难理解卡菲尔人的短鼻特征,该特征萨里库勒人和马斯图吉人也有一点。鼻子短肯定不是来自盖尔查群落的影响,因为后者的平均值只有 52。在找到答案以前还必须考察周围的群落的数据。达德人与柯尔克孜和沙漠族群的差异是相当大的。

拉达克群落　显然我们迫切需要面部数据来明确拉达克群落和所涉及的群落的关系。从已获得的数据来看,这个群落与帕米尔族群、沙漠族群、汉族人和罗布人都存在某种程度的相关性。而和柯尔克孜族群却有明显的区别。它很可能是一个混血群落,有印度—阿富汗人、藏族人,很可能还有帕米尔等种族的血统。

藏族群落　藏族群落最明显的一点是它与所有上述群落的 $\Sigma\triangle$ 都很低。相对而言,$\Sigma\triangle$ 值最高的是与民丰群落,后者居于沙漠南缘,是沙漠族群的外围成员,按说应该受藏族的影响特别多一些才是。另一方面,藏族人似乎和沙漠族群的核心成员显示出更进一步的相关性,在我们前面对和田人的讨论中已经暗含了这一点。

最后结论

总体上来看,上述资料显示出塔克拉玛干沙漠周围的居民有着共同的血统。这个血统最纯粹地保存在瓦罕人身上。而瓦罕人与盖尔查人的相近性说明塔克拉玛干居民的血统渊源是伊朗人。在沙漠西北边缘,渗入了一个和伊朗人截然不同的种族因素——突厥血统。除此之外,沙漠居民和藏族人又有着血缘纽带。这很可能意味着伊朗血统渗透到了西藏北部,当然也可能是藏族人种(蒙古人种的变种)在较轻微的程度上渗入了沙漠地区。不过不管是哪一种情况,藏族人与沙漠诸群落的关系需要更多的测量数据来确认。帕米尔族群中的主流血统是伊朗血统,但也有一点印度—阿富汗血统的痕迹,在至少一个群落——卡菲尔群落,这些迹象表现较强。与其他帕米尔群落相比,吉德拉尔人和印度—阿富汗的一支(但是相当特殊的一支)有很近的亲缘关系。突厥人的血统也一定程度地混入了沙漠居民中。在阿克苏群落中,突厥血统就占优势。民丰人和于田人是沙漠族群中最离心的成员,这种脱离正常标准的疏离很可能归因于它们身上的突厥血统。法伊扎巴德人表现为所有三个族群即帕米尔族群、突厥人和沙漠族群的混合,这也是可以理解的,该群落本是伊朗人,虽然在印度—斯基泰时代受到了突厥人的影响,从而形成了变种。在东部,汉族人的影响是明显的,但地域范围很有限。哈密、吐鲁番和库尔勒的居民都受到了这种影响,但说沙漠族群影响了(尽管是轻微地)南湖和敦煌的汉族人也并不是没有可能。罗布人的位置很难确定,我倾向于把他们看成是早期的蒙古人种的后代,他们在有汉族血统的人群进入南湖和敦煌地区以前很早就已经到了罗布泊了,由于长期定居在这里,在与沙漠群落的接触中,血缘上受到了后者的影响。另一种解释是,他们本属沙漠族群,在与汉族人的接触中受到了后者的影响,但考虑到哈密人和吐鲁番人的汉族血统很少,尽管与之接触的时间很长(这大大地改变了他们的人种),因此我认为这个解释不大可能成立。由于一般认为汉族和突厥人同属蒙古人种,当看到二者之间存在的较大的差异就很有意思了。显然,他们是蒙古人种中的两个差别甚远的分支,而且必须肯定突厥人属于南蒙古人种,南湖和敦煌的汉族人(很可能还包括测量数据的藏族群落)属于北蒙古人种。如果事实如此,突厥人实际上确实有很强的南蒙古血统,在其民族大迁徙过程中,很可能是与伊朗人的混合,身材逐渐变高。那么这就把我们引向这样几个问题:在什么程度上我们可以把突厥人看作是蒙古人中的一个独特的分支? 是否应该把划在同一人种名下的不同族群仍看成是原初的人种? 蒙古血统和伊朗血统在突厥人身上的比例消长到什么时候达到了稳定状态? 最后我们从上面的一大堆数据和形态资料中得出以下结论:帕米尔高原和塔克拉玛干大沙漠的原初居民,包括现在已经埋在沙子下面的城镇居民是被拉普格(Lapouge)称为阿尔卑斯人的人种,其中西部地区杂有印度—阿富汗血统;蒙古人种对其几乎没有影响。这里我要说明的是,我使用"阿尔卑斯人种"只是为了要用这个已被定义过的概念为之命名,并没有表示真正的阿尔卑斯人和中国新疆人有什么血缘关系的意思。

最后,我在以前的文章中用过的对各个人种的描述引述如下:

1."皮肤为白—玫瑰红色,头很短,身材偏高,鼻子瘦挺,鼻形从鹰钩鼻到直形鼻都有,长圆脸,头发为棕褐色,褐色居多,发密而有波浪(我认为现在应该改为卷曲),眼睛主要是中间色。"这是拉普格描述的"阿尔卑斯人"。

2."白色皮肤,但稍有点偏褐色,短头,身材较高,鼻子较宽,一般是直鼻梁,下颌骨宽,头发较直、较黑、不密,黑眼睛。"此为突厥人。

3."褐色皮肤,长头,身材高,瘦而挺的鹰钩鼻,长圆脸,黑而卷的头发,黑眼睛。"此为印度—阿富汗人。

4."褐色皮肤,短头,身材偏矮,鼻子直、厚、宽,波浪形黑发,脸部几乎无毛发,褐色眼睛。"此为藏族人(我现在很怀疑藏族人是否应该被称为一个种族;居住在藏南和藏北的人有很大的差异,就像南蒙古人和北蒙古人的差异一样大,所以藏族人很可能是由藏南和藏北两个人种构成,其中藏北人有来自沙漠的伊朗人的变种的血统。不管怎么说,要说藏族是一个整体,还需更多的证据)。

5."黄皮肤,短头,身材偏矮,短而平的鼻子,宽鼻孔,平或凹、短而宽的面部,发黑而直,脸部少发,三角眼,泪阜上有褶子。"此为(南)蒙古人。

表1 中国新疆人和帕米尔人个体测量数据

	编号	名字	年龄	地点	1	2	3	4	9	9a	U.F.L.	H.Cir.	16	20
卡菲尔人	22	Samer	30	Padamuk	183	143	42	34	99	102	58	546	1580	1650
	23	Kunmin	25	Shudgol	196	151	50	31	119	119	66	590	1700	1790
	24	Koli	38	Ludde	195	155	52	29	114	120	69	585	1750	1760
	25	Chandlu	50	”	195	159	50	30	123	120	65	560	1670	1740
	26	Barmokh	38	Bombrad	199	148	54	30	114	118	71	558	1700	1710
	27	Matong	20	Ludde	192	149	38	33	111	101	60	556	1680	1740
	28	Marak	35	”	194	145	45	28	112	96	62	560	1670	1800
	29	Shash	47	”	195	154	51	30	123	116	69	590	1640	1750
	30	Maliki	45	”	191	152	49	34	113	104	61	570	1730	1740
	31	Faush	45	Rumbur	185	142	44	34	115	108	63	540	1610	1620
	32	Razck	49	Bombrad	186	145	44	33	117	114	61	540	1610	1620
	33	Maghyai	43	”	195	144	46	37	121	116	69	552	1820	1840
	34	Sashar	45	Rumbur	195	155	46	39	120	109	58	565	1750	1780
	35	Urus		”	196	147	45	33	128	128	67	550	1650	1600
	36	Chundurwek	44	Bombrad	191	132	44	34	115	117	59	510	1610	1630
	38	Dawan	50	Rumbur	186	144	45	39	117	117	63	530	1660	1640
	39	Khan		Bombrad	180	142	42	34	116	114	63	526	1590	1620
	45	Kaidar Jan	26	Ashreth	182	132	44	31	112	110	66	526	1600	1650
吉德拉尔人	3	Muggaddas	46	Yasin	194	155	43	36	122	113	64	560	1640	1720
	4	Nur Ahmad	30	Chitral	187	141	48	30	124	113	69	535	1710	1790
	4a	Ghulam	42	Ayum	194	156	55	32	124	131	76	570	1580	1680
	5	Muhd. Kabir Khan	35	Kusht	180	152	52	33	129	113	70	550	1740	1730
	6	Niyat Shah	60	Ayum	189	147	49	32	116	116	65	545	1670	1720
	7	Shaurs Panah	37	Kusht	194	162	52	31	127	120	72	580	1790	1840
	8	Bilwar	25	Chitral	187	151	56	32	114	121	72	560	1730	1770
	9	Gul Azam Khan	25	Mulkho	187	128	49	30	122	120	68	550	1670	1630
	10	Ji	30	Sart	182	151	51	31	121	122	69	570	1760	1850
	11	Shahdoni Khan	37	Shagram	199	150	52	34	124	132	75	570	1710	1740
	12	Md. Yusuf Khan	17	Yaghur	185	150	48	33	108	108	66	540	1730	1710
	13	Mir Salam Khan	50	Barog	174	157	51	33	116	114	66	540	1710	1740
	14	Ashraf	60	Kurkashan	184	149	52	34	115	125	68	530	1630	1690
	15	Md. Sharif Khan	17	Drosh	183	147	50	25	118	118	71	560	1680	1660
	16	Mir Afyum Khan	37	Uyhum	200	150	55	31	124	113	67	576	1670	1660
	17	Motahir Shah	18	Drosh	182	150	49	33	105	102	57	543	1570	1610
	18	Musanif Khan	22	”	177	148	49	31	124	112	68	545	1640	1670
	19	Mirya	48	Kori	184	149	52	35	128	113	62	530	1760	1800
	20	Kamil	48	Ayum	190	153	50	36	129	109	63	545	1760	1810
	21	Khan	37	”	186	151	48	33	126	109	64	560	1620	1590
	72	Qurban	48	Kushum	181	150	51	37	139	123	67	533	1670	1700
	73	Taighun	22	Rukut	187	145	50	30	121	123	69	547	1620	1620

指数					肤色	眼睛		头发			面部			职业
C.	N.	F.	U.F.	S.S.		颜色	蒙古褶	发色	发形	密度	面形	侧面	鼻形	
78	81	103	59	104	玫瑰色	中间色	无	栗褐色	鬈发	浓	长椭圆形	凸形	直形	农民?
77	62	100	55	105	”	”	”	黑褐色	”	”	”		”	牧民
79	56	105	61	101	”	蓝色	”	”	”	”	”		鹰钩形	农民
83	60	98	53	104	”	中间色	”	”	直发	”	短椭圆形	”	直形	”
74	56	104	62	101	”	蓝色	”	”	”	”	长椭圆形	”	”	”
78	87	91	54	104	”	”	”	”	”	”	”	”	凹形	”
75	62	86	55	108	”	中间色	”	”	”	”	短椭圆形	”	鹰钩形	”
70	59	94	56	107	白褐色	”	”	黑色	”	”	长椭圆形	”	直形	”
80	69	92	54	101	”	”	”	”	鬈发	”	”			”
77	77	94	55	101	玫瑰色	蓝色	”	淡褐色	”	”	短椭圆形	”		农民兼牧羊人
78	75	97	52	101	”	”	”	”	”	”			”	农民兼牧羊人
74	80	96	57	101	”	中间色	”	黑褐色	”	”	长椭圆形	”	”	农民
79	85	91	48	102	”	黑褐色	”	淡褐色	”	”	阔形	”	”	”
75	73	100	52	101	”	中间色	”	”	”	”	长椭圆形	”	”	”
69	77	102	51	101	白褐色	”	”	黑色	”	”	阔形	”	”	”
77	87	100	54	99	玫瑰色	黑褐色	”	淡褐色	”	”	短椭圆形	”	”	”
79	81	98	54	102	”	中间色	”	黑褐色	”	”	”	”	”	”
73	70	98	59	103	白褐色	”	”	”	”	”	阔形	”	”	农民兼牧羊人
80	84	93	52	105	玫瑰色	”	”	黑色	”	”	长椭圆形	”	”	士兵
75	63	91	56	105	”	”	”	黑褐色	”	”	”	”	”	”
80	58	106	61	106	”	”	”	”	”	”	”	”	”	仆人
84	64	88	54	99	”	”	”	”	”	”	”	”	”	地主
78	65	100	56	103	”	”	”	”	”	”	”	”	鹰钩形	农民
84	60	95	57	103	”	”	”	”	”	”	”	”	直形	”
81	57	106	63	102	”	”	”	”	”	”	”	”	”	仆人
68	61	98	56	98	”	”	”	”	”	”	”	”	”	农民
83	61	101	57	105	”	”	”	”	”	”	”	”	”	”
75	65	106	60	102	”	”	”	”	”	”	”	”	”	”
81	69	100	61	99	”	”	”	”	”	”	”	”	”	”
90	65	98	57	102	”	”	”	”	”	”	”	”	”	”
81	65	109	59	104	”	”	”	”	”	”	”	”	”	”
80	50	100	60	99	”	”	”	褐色	”	”	”	”	”	”
75	56	91	54	99	”	”	”	黑褐色	”	”	”	”	”	”
82	67	97	54	103	”	”	”	”	”	”	短椭圆形	”	”	”
84	63	90	55	102	”	”	”	”	”	”	”	”	”	”
81	67	88	48	102	”	”	”	”	”	”	长椭圆形	”	”	”
81	72	84	49	103	”	蓝色	”	”	”	”	”	”	”	”
81	69	86	51	98	”	中间色	”	”	”	”	”	”	”	”
83	73	88	48	102	”	”	”	”	”	”	”	”	”	”
78	60	102	57	100	”	蓝色	”	”	”	”	”	”	”	农民
80	89	89	50	104	”	中间色	”	”	”	”	短椭圆形	”	”	”

续表

	编号	名字	年龄	地点	1	2	3	4	9	9a	U.F.L.	H.Cir.	16	20
	44a	Shirman	44	Awi	198	159	44	39	125	111	63	590	1740	1810
	45a	Nur Akbar Shah	25	Mastuj	190	158	48	28	114	107	66	570	1630	1730
	46	Khuda Nazar Beg	38	Chuinj	187	152	42	33	118	106	62	580	1640	1680
	47	Sayad Yahya	22	Ghoru	181	156	44	34	113	109	60	568	1610	1610
	48	Sahib Imran	25	Parkusap	187	147	48	34	121	111	67	578	1680	1760
	49	Mlakat Shah	30	Kurgh	171	141	44	32	111	103	64	550	1530	1700
	50	Mairam Beg	22	Chinar	180	143	42	33	123	99	59	543	1590	1610
	51	Nurulla Khan	48	”	173	144	46	34	106	114	64	543	1650	1620
	52	Fasil Khan	35	Parkusap	187	145	45	36	116	119	69	562	1710	1800
	53	Halawat Shah	30	Ghoru	188	137	42	33	115	99	54	550	1550	1560
	54	Munawar Khan	44	Parkusap	190	159	48	33	122	118	70	575	1640	1760
马斯图吉人	55	Fasil Khan	35	Nissur	172	147	35	32	119	96	55	560	1650	1680
	56	Niyat Shah	44	Chinar	192	143	51	33	121	117	68	588	1690	1640
	57	Khuda Madad	50	Chuinj	196	149	43	29	118	109	68	562	1560	1710
	58	Jana	34	Chinar	188	149	53	29	119	109	67	572	1680	1720
	59	Shokar Murad	30	Cguinj	191	154	48	33	126	113	69	588	1740	1800
	60	Durdana Shah	50	Ghoru	187	140	45	38	112	109	61	528	1660	1620
	61	Shapir	25	Sonoghor	181	149	42	33	110	101	62	550	1700	1650
	62	Ghulam Jan	46	Mastuj	186	151	44	34	123	109	69	581	1620	1630
	63	Bindochi	22	Sonoghor	189	145	44	34	108	108	65	572	1610	1680
	64	Momin Hayat	55	Chinar	193	157	51	33	133	128	72	576	1770	1750
	65	Jan Shukri	24	Sonoghor	181	151	48	32	122	109	68	575	1840	1860
	66	Masnavi	45	Chinar	182	152	50	29	116	121	68	552	1690	1680
	67	Rushmat Kabul	33	Mastuj	185	143	54	30	120	112	68	576	1660	1700
	71	Turghel	56	Shukhar	185	151	50	37	133	128	72	542	1650	1600
	74	Gul	45	Shusht	181	153	58	39	129	123	71	563	1660	1690
	75	Chirmali	43	Yo Shusht	185	154	51	41	139	128	67	550	1690	1750
	76	Qurban Mohammed	39	Kagdeh	192	154	50	36	126	121	67	556	1810	1780
	88	Mulabai	32	Tash-kurghan	192	162	52	30	138	123	72	575	1750	1760
	89	Jesaul	36	”	181	141	46	31	122	114	59	536	1620	1700
	90	Kulan	28	Tung	188	148	41	41	126	106	56	525	1610	1640
	91	Rajab	30	Baldir	181	143	48	34	128	112	72	526	1640	1660
	92	Aziz	32	Tung	186	142	46	30	125	116	70	536	1600	1630
	93	Dushembe	56	Wacha	183	150	53	38	127	111	59	533	1600	1600
萨里库勒	94	Md.Qurban	25	Armaligh	180	148	45	32	130	111	63	542	1700	1690
	95	Shaik Bai	46	Tash-kurghan	178	155	46	39	123	105	60	544	1620	1640
	96	Juma	20	Koghushlak	180	135	48	32	122	108	64	520	1630	1660
	97	Baba	68	Armaligh	182	150	46	38	125	106	61	530	1620	1630
	98	Akbar Aman	56	Tash-kurghan	173	152	46	35	121	103	56	516	1650	1660
	99	Niaz Akhun	25	Wacha	184	146	50	35	121	115	69	543	1600	1600
	100	Md.Alim	66	Koghushlak	176	148	46	29	123	121	72	525	1620	1660
	101	Niaz Md.	25	Wacha	183	136	50	28	116	105	67	540	1630	1640
	102	Qadir Kul	25	Tash-kurghan	186	152	56	37	125	112	71	555	1770	1830

指数						眼睛		头发			面部			
C.	N.	F.	U.F.	S.S.	肤色	颜色	蒙古褶	发色	发形	密度	面形	侧面	鼻形	职业
83	58	94	58	106	”	”	”	灰色	”	”	长椭圆形	”	”	”
81	79	90	52	102	”	”	”	”	”	”	短椭圆形	”	”	”
86	77	97	53	100	”	”	”	”	”	”	”	”	”	”
79	71	92	55	105	”	”	”	”	”	”	长椭圆形	”	”	”
82	73	93	58	111	”	”	”	”	”	”	”	”	”	”
79	79	80	48	101	”	”	”	”	”	”	阔形	”	”	”
83	74	108	60	98	”	”	”	”	”	”	短椭圆形	”	”	”
78	80	94	59	105	”	”	”	”	”	”	”	”	”	”
73	79	86	47	101	”	黑褐色	”	”	”	”	圆形	”	”	”
84	69	97	57	107	”	中间色	”	”	”	”	长椭圆形	”	鹰钩形	”
85	91	81	46	102	黑褐色	黑色	”	黑色	”	”	短椭圆形	”	凸形	”
74	65	97	56	97	玫瑰色	中间色	”	黑褐色	”	”	长椭圆形	”	直形	”
76	67	92	58	110	黑黄褐色	黑色	”	黑色	”	”	”	”	”	’
79	55	92	56	102	玫瑰色	中间色	”	中间色	”	”	”	”	”	”
81	69	90	55	104	”	”	”	黑褐色	”	”	长方形	”	”	”
75	84	97	54	98	”	”	”	”	”	”	短椭圆形	”	”	”
83	79	92	56	97	”	”	”	”	”	”	长椭圆形	”	”	”
81	77	89	56	101	”	”	”	黑色	”	”	短椭圆形	”	弯曲形	”
77	77	100	60	104	”	”	”	黑褐色	”	”	长椭圆形	”	直形	”
81	65	96	54	99	”	蓝色	”	”	”	”	”	”	”	”
83	67	89	56	101	”	中间色	”	”	”	”	短椭圆形	”	”	”
84	58	104	59	99	”	”	”	”	”	”	”	”	”	”
77	56	93	57	102	”	”	”	”	”	”	阔形	”	鹰钩形	”
82	74	96	54	97	”	”	”	黑色	”	”	长椭圆形	”	直形	”
85	67	95	55	102	”	”	”	黑褐色	”	”	”	”	”	”
83	80	92	48	104	”	蓝色	”	”	”	”	阔形	”	”	”
80	72	96	53	97	”	黑褐色	”	”	”	”	长椭圆形	”	”	”
84	58	89	52	101	玫瑰色	中间色	无	黑褐色	鬈发	浓	短椭圆形	凸形	直形	农民
78	67	93	48	105	”	蓝色	”	淡色	”	”	”	”	”	”
79	100	84	44	102	”	中间色	”	黑褐色	”	”	长椭圆形	”	凹形	”
79	71	88	56	101	”	”	”	”	”	”	”	”	直形	”
76	65	93	56	102	”	黑褐色	”	淡色	”	”	短椭圆形	”	”	”
82	72	87	46	100	”	中间色	”	黑褐色	”	”	长椭圆形	”	”	”
82	71	85	48	99	”	”	”	”	”	”	短椭圆形	”	”	”
87	85	85	49	101	”	”	”	”	”	”	”	”	”	”
75	67	89	52	102	”	”	”	”	”	”	长椭圆形	”	”	”
82	83	85	49	101	”	”	”	”	”	”	”	”	”	”
88	76	85	46	101	”	”	”	”	”	”	短椭圆形	”	”	”
79	70	95	57	100	”	”	”	淡色	”	”	长椭圆形	”	”	”
84	63	98	59	102	”	”	”	黑褐色	”	”	”	”	”	”
74	56	91	58	101	”	”	”	”	”	”	短椭圆形	”	”	”

续表

	编号	名字	年龄	地点	1	2	3	4	9	9a	U.F.L.	H.Cir.	16	20
	103	Kuz Md.	23	″	178	147	45	36	121	116	61	535	1720	1750
	104	Rustam	43	Tiznaf	184	150	42	39	125	104	59	550	1630	1630
	105	Hashur Bai	27	″	189	140	46	36	120	113	73	540	1680	1710
	106	Charik Bai	38	Armaligh	181	162	47	38	136	108	63	554	1720	1720
	107	Md. Ashur	23	Chushman	187	147	44	31	124	120	69	533	1600	1640
	108	Tabaldi	52	Tiznaf	180	149	49	35	130	114	66	540	1600	1640
	109	Samak	23	Armaligh	189	151	44	35	131	105	57	552	1680	1650
	110	Md.Tukhta	25	Baldir	177	153	50	32	121	119	72	534	1540	1550
	111	Md.Niaz	28	Tash-kurghan	182	155	48	34	130	121	74	550	1620	1640
萨里库勒	112	Md.Shafi	40	Kuzghan	191	154	53	37	135	121	65	560	1600	1630
	113	Pansad	28	″	193	154	52	31	135	132	79	557	1760	1800
	114	Bai Hassan	35	Tiznaf	188	150	45	35	125	117	69	550	1600	1640
	115	Dalim Bai	43	″	183	154	50	34	129	124	70	545	1660	1680
	116	Palik	34	Kuzghan	177	152	46	34	124	108	65	534	1650	1710
	117	Khwaja	31	Tash-kurghan	185	160	45	32	123	112	63	550	1550	1570
	118	Ramzan	55	Kuzghan	190	155	49	32	127	111	65	560	1530	1600
	119	Mufti	35	Baldir	186	140	51	33	121	115	69	540	1700	1730
	120	Kashik	60	Tash-kurghan	182	150	57	35	126	114	71	535	1760	1780
	121	Takik	35	Kuzghan	182	144	50	34	125	113	65	530	1700	1710
	122	Baba	50	Tar	180	154	46	35	126	116	68	540	1640	1660
	123	Tukhta	22	″	173	157	45	34	125	116	70	525	1630	1660
	124	Md. Charib	40	Tiznaf	189	174	51	38	129	108	66	550	1550	1640
	125	Kurban Qul	20	Kuzghan	186	150	40	30	121	111	62	545	1620	1660
	126	Tahir Qul	25	Wacha	184	150	46	32	123	99	64	536	1560	1560
	127	Sharif	17		180	138	44	30	126	107	66	545	1550	1580
	128	Rahim Akhun	22	Bagh-jigda	182	146	46	28	124	120	62	540	1660	1740
	129	Hushim	39	″	184	150	46	37	125	97	67	550	1630	1670
	130	Sayudun	17	Karghlik	178	139	45	31	120	104	68	530	1590	1660
	131	Hosho	38	Bagh-jigda	181	146	45	31	130	110	63	540	1700	1710
巴格吉格代人	132	Khuliawai	45	″	188	153	49	36	126	117	69	540	1610	1640
	133	Musa Akhun	25	″	194	140	42	35	124	114	64	533	1700	1800
	134	Metim	18	″	174	145	43	37	116	108	65	510	1590	1580
	135	Roza Akhun	23	″	188	141	47	37	118	110	70	524	1590	1600
	136	Tokhta	25	″	189	148	40	34	123	108	59	540	1570	1670
	137	Md.Saut	39	″	191	152	45	38	130	128	70	565	1730	1750
	138	Yusuf	38	″	174	158	50	37	125	122	68	520	1580	1690
	139	Turda Akhun	28	″	190	150	47	38	134	110	69	560	1820	1910

指数					肤色	眼睛		头发			面部			职业
C.	N.	F.	U.F.	S.S.		颜色	蒙古褶	发色	发形	密度	面形	侧面	鼻形	
82	66	90	57	103	"	蓝色	"	淡色	"	"	长椭圆形	"	"	"
83	80	92	50	102	"	中间色	"	黑褐色	"	"	"	"	"	"
82	93	83	47	100	"	"	"	黑色	"	"	短椭圆形	"	"	"
74	78	94	61	102	"	"	"	黑褐色	"	"	"	"	"	"
90	81	79	46	100	"	"	"	淡色	"	"	"	"	"	"
79	70	97	56	102	"	"	"	"	"	"	"	"	"	"
83	71	88	51	102	"	"	"	黑色	"	"	长椭圆形	"	"	"
80	80	80	43	98	"	"	"	黑褐色	"	"	短椭圆形	"	"	"
86	64	98	59	101	"	"	"	淡色	"	"	"	"	鹰钩形	"
85	71	93	57	101	"	蓝色	"	黑褐色	"	"	长椭圆形	"	直形	"
81	70	92	48	102	"	中间色	"	"	"	"	短椭圆形	"	"	"
80	60	98	59	102	"	蓝色	"	淡色	"	"	长椭圆形	"	"	"
80	78	94	55	102	"	中间色	"	黑褐色	"	"	"	"	"	"
84	68	96	54	101	"	蓝色	"	"	"	"	"	"	"	"
86	74	87	52	104	"	"	"	淡色	"	"	短椭圆形	"	"	"
86	71	91	51	101	"	"	"	黑褐色	"	"	"	"	"	"
82	65	87	51	104	"	中间色	"	"	"	"	"	"	"	"
75	65	95	57	102	"	"	"	"	"	"	长椭圆形	"	"	"
82	61	90	56	101	"	蓝色	"	"	"	"	"	"	"	"
79	68	90	52	101	"	"	"	"	"	"	短椭圆形	"	"	"
86	76	92	54	101	"	中间色	"	"	"	"	阔形	"	"	"
91	76	93	56	102	"	蓝色	"	淡色	"	"	长椭圆形	"	"	"
90	75	84	51	106	"	中间色	"	黑褐色	"	"	短椭圆形	"	"	"
81	75	92	51	102	"	蓝色	"	淡色	"	"	长椭圆形	"	"	"
82	70	80	52	100	"	中间色	"	黑褐色	"	"	"	"	"	"
77	68	85	52	102	"	"	"	淡色	"	"	"	"	"	"
80	61	97	50	105	"	"	"	黑褐色	"	"	"	"	"	"
82	80	78	54	102	"	"	"	"	"	"	阔形	"	凹形	小贩
78	69	87	57	104	"	"	"	"	"	"	短椭圆形	"	直形	农民
81	69	85	48	101	"	"	"	"	"	"	"	"	凹形	"
81	73	93	55	102	"	"	"	"	"	"	阔形	"	直形	"
72	83	92	52	106	"	"	"	"	"	"	长椭圆形	"	"	"
83	86	93	56	99	"	"	"	黑色	"	"	短椭圆形	"	凹形	"
75	79	93	59	101	"	"	"	黑褐色	"	"	长椭圆形	"	直形	"
78	85	88	48	106	"	"	"	"	"	"	短椭圆形	"	"	"
80	84	98	54	101	"	"	"	黑色	"	"	长椭圆形	"	"	"
86	74	98	54	107	"	蓝色	"	黑褐色	"	"	短椭圆形	"	"	"

续表

	编号	名字	年龄	地点	1	2	3	4	9	9a	U.F.L.	H.Cir.	16	20
帕赫铺人	140	Musa Akhun	43	Kukda	186	158	50	31	126	114	72	550	1560	1600
	141	Md.Hussain	42	Kishloghuz	184	153	44	32	128	104	62	535	1540	1600
	142	Mullah Akhun	32	Bek-yailak	187	152	40	37	124	112	60	550	1650	1650
	143	Kamal	38	Sarik-adhiz	181	144	47	37	123	118	63	527	1590	1660
	144	Md.Tokhta	39	Yinchighiz	184	149	47	40	126	111	66	540	1670	1660
	145	Ahmad	34	Otman-yagach	178	151	47	37	122	110	62	533	1610	1640
	146	Hafiz	40	Sarik-aghiz	188	146	45	36	123	110	61	548	1560	1570
	147	Supüghe	30	Sugetlik	189	147	49	38	130	115	69	538	1660	1640
	148	Turdakhun	25	Kawaklik	181	151	50	33	131	110	64	530	1570	1610
	149	Md.Sayit	25	Yagho	181	142	45	36	122	106	60	530	1520	1490
	150	Baba Uza	47	Pakhpu	181	147	51	38	122	112	69	530	1630	1650
	151	Küchak	30	”	195	149	50	37	128	110	67	560	1670	1700
	152	Isa	36	”	178	148	51	35	133	117	67	526	1610	1650
	153	Hassain	44	”	193	148	50	33	122	122	66	555	1600	1620
	154	Kuwan	25	”	184	146	45	34	121	110	65	526	1550	1610
帕赫铺人	155	Muhammad	39	Pakhpu	184	150	45	33	130	108	67	537	1640	1660
	156	Sultan	39	”	188	150	54	35	129	123	67	533	1580	1600
	157	Ali	32	”	200	150	47	41	133	123	74	567	1710	1730
	158	Aman Sofi	41	”	177	147	44	37	127	114	64	521	1570	1620
	159	Risht	40	”	185	143	49	33	125	123	70	531	1670	1700
	160	Qadir	20	”	186	145	51	34	123	114	67	535	1620	1610
	161	Kepek	46	”	196	145	56	38	120	123	73	548	1580	1630
	162	Abdul Rasul	38	”	189	150	53	35	124	121	69	542	1520	1550
	163	Shāshim	56	”	191	148	55	37	123	122	77	535	1590	1550
	164	Zaid	49	”	196	155	52	35	126	113	69	552	1630	1650
尼萨人	202	Alip-shah	30	Nissa	185	144	51	31	125	113	70	542	1540	1510
	203	Baida Akhun	25	”	187	150	55	40	136	118	73	550	1610	1610
	204	Almusa Akhun	22	”	192	144	45	36	127	115	67	545	1590	1590
	205	Mamat Akhun	35	”	189	148	47	37	120	116	71	552	1560	1580
	206	Md.Nure	40	”	184	149	50	36	134	110	64	542	1590	1590
	208	Hasan Md.	24	”	193	151	54	41	135	114	70	558	1650	1590
	209	Khuda-berde	18	”	189	148	44	36	129	103	61	550	1540	1530
	210	Supe	75	”	200	155	46	38	140	115	62	580	1650	1670
	211	Akhun	70	”	187	150	58	38	122	114	68	535	1690	1690

指数					肤色	眼睛		头发			面部			职业
C.	N.	F.	U.F.	S.S.		颜色	蒙古褶	发色	发形	密度	面形	侧面	鼻形	
79	81	83	51	105	”	中间色	”	”	”	”	长椭圆形	”	”	
85	62	91	57	103	”	淡色	”	淡色	”	”	短椭圆形	”	鹰钩形	农民兼牧羊人
83	73	81	48	104	”	”	”	黑褐色	”	”	长椭圆形	”	直形	头人
81	92	90	48	100	”	中间色	”	”	”	”	”	”	”	农民兼牧羊人
80	79	96	51	104	”	淡色	”	”	”	”	”	”	”	头人
81	85	88	52	99	”	中间色	”	”	”	”	”	”	”	”
85	79	90	51	102	”	”	”	栗褐色	”	”	”	”	”	”
78	80	89	50	101	”	”	”	黑褐色	”	”	”	”	”	”
78	78	89	53	99	”	”	”	”	”	”	短椭圆形	”	”	”
83	66	84	49	103	”	淡色	”	栗褐色	”	”	长椭圆形	”	”	”
78	80	87	49	98	”	”	”	淡色	”	”	短椭圆形	”	”	”
81	75	92	57	101	”	”	”	黑褐色	”	”	长椭圆形	”	”	”
76	74	86	52	102	”	中间色	”	栗褐色	”	”	”	”	”	”
83	69	88	50	102	”	”	”	黑褐色	”	”	”	”	”	”
77	66	100	54	101	”	黑色	”	”	”	”	”	”	”	”
79	76	91	54	104	”	中间色	”	栗褐色	”	”	”	”	”	”
82	73	83	52	101	玫瑰色	中间色	无	栗褐色	鬈发	浓	长椭圆形	凸形	直形	牧羊人
80	65	95	52	101	”	”	”	黑褐色	”	”	”	”	”	”
79	87	92	56	101	”	”	”	”	”	”	”	”	”	”
83	84	90	50	103	”	”	”	”	”	”	”	”	”	”
77	67	98	56	102	”	”	”	”	”	”	”	”	”	”
78	67	93	54	99	”	”	”	”	”	适中	”	”	”	”
74	68	102	61	103	”	”	”	栗褐色	”	浓	”	”	”	”
79	66	98	56	102	”	淡色	”	黑褐色	”	”	”	”	”	”
77	67	99	63	97	”	”	”	灰色	”	”	”	”	鹰钩形	”
79	67	90	55	101	”	”	”	黑褐色	”	”	”	”	直形	”
78	61	90	56	98	”	黑色	”	黑色	”	”	”	”	”	农民
80	73	87	54	100	”	”	”	黑褐色	”	”	短椭圆形	”	”	牧羊人
75	80	91	53	100	”	中间色	”	淡色	”	”	”	”	”	农民
78	79	97	59	101	”	黑色	”	黑色	”	”	”	”	”	牧羊人
81	72	82	48	100	”	”	”	黑褐色	”	”	”	”	”	农民
78	76	84	52	96	”	”	”	”	”	”	长椭圆形	”	”	牧羊人
78	82	80	47	99	”	”	”	黑色	”	”	短椭圆形	”	”	”
78	83	81	44	101	”	蓝色	”	淡色	”	”	长方形	”	凹形	”

续表

编号	名字	年龄	地点	1	2	3	4	9	9a	U.F.L.	H.Cir.	16	20
165	Heisil Akhun	35	Kök-yar	175	158	46	37	123	115	66	524	1580	1640
166	Said	48	”	167	154	59	32	123	125	76	510	1650	1640
167	Sitakhun	30	”	176	153	50	38	130	122	73	531	1620	1670
168	Supe	38	”	180	150	51	38	133	122	71	528	1600	1650
169	Azim Bai	53	”	178	155	56	39	126	121	71	538	1580	1650
170	Daud	24	”	174	155	51	37	133	117	72	520	1640	1710
171	Abdul Rasul	57	”	175	145	49	34	125	108	64	518	1530	1620
172	Aisa	30	”	189	160	53	38	133	117	71	565	1610	1660
173	Kuwan	38	”	175	153	53	43	135	124	69	532	1600	1650
174	Ahmad	26	”	175	146	53	36	130	113	67	524	1740	1860
175	Amin	40	”	173	142	50	37	129	115	68	505	1640	1770
176	Kurban	44	”	180	151	53	34	128	130	78	543	1630	1730
177	Osman	41	”	194	159	50	38	132	117	68	565	1610	1630
178	Khizakhun	20	”	182	158	51	39	130	118	71	550	1660	1670
179	Daulat	38	”	172	151	47	33	129	115	70	525	1590	1600
180	Osman	36	”	170	155	53	40	130	120	71	525	1630	1730
181	Almasu	30	”	179	159	45	36	124	115	68	545	1600	1620
182	Mohman	48	”	179	149	47	36	118	110	69	526	1640	1670
183	Mollim Bai	51	”	178	150	49	37	128	113	63	522	1550	1530
185	Hazrat	44	”	193	165	52	41	138	123	69	580	1780	1850
186	Said	39	”	183	160	49	37	132	113	70	558	1610	1620
187	Nauroz	50	”	180	148	53	30	123	121	69	528	1780	1780
188	Ahmad	24	”	188	160	50	38	134	120	71	561	1680	1680
189	Muhammad	26	”	181	145	41	36	135	108	62	529	1670	1710
190	Yusuf	36	”	186	141	48	37	127	120	72	538	1580	1620
191	Tudakhun	27	”	185	157	51	35	125	116	71	550	1610	1540
192	Kadir	30	”	182	155	44	33	125	112	63	537	1580	1580
193	Musa	36	”	185	141	53	38	122	125	75	537	1690	1720
194	Chuwar	27	”	183	155	47	35	133	110	70	541	1580	1620
195	Tokhtakhun	20	”	177	155	55	36	130	121	75	540	1640	1630
196	Kadir	20	”	176	152	49	40	133	115	70	533	1700	1710
197	Yirek	40	”	177	147	48	38	120	116	67	520	1550	1520
198	Kuwan	54	”	172	148	52	40	132	116	68	515	1550	1520
199	Yusuf	30	”	178	160	56	40	139	121	73	540	1700	1750
200	Tukhta	38	”	178	153	51	37	135	113	65	535	1570	1590
201	Bai Ghuja	43	”	179	159	54	34	135	126	74	545	1650	1690
184	Aziz	50	”	186	165	53	33	130	132	75	563	1660	1700

库克牙人

指数					肤色	眼睛		头发			面部			职业
C.	N.	F.	U.F.	S.S.		颜色	蒙古褶	发色	发形	密度	面形	侧面	鼻形	
80	66	93	56	100	"	黑色	"	黑色	"	"	长椭圆形	"	直形	劳工
90	80	93	54	104	红褐色	"	"	"	"	"	阔形	"	"	农民
92	54	102	62	99										
87	76	94	56	103	玫瑰色	中间色	无	黑褐色	鬈发	适中	阔形	凸形	直形	农民
83	75	92	53	103	"	"	"	蓝褐色	"	浓	长方形	"	"	"
87	70	96	56	104	"	"	"	"	"	"	短椭圆形	"	"	"
89	73	88	54	104	"	"	"	黑色	"	稀	"	"	"	"
83	69	86	51	106	"	蓝色	"	栗褐色	"	浓	长椭圆形	"	"	"
85	72	88	53	103	"	中间色	"	"	"	稀	阔形	"	"	"
87	81	92	51	103	"	淡色	"	"	"	浓	短椭圆形	"	弯曲形	"
82	68	87	52	107	"	黑色	"	黑褐色	直发	稀	"	"	直形	"
83	74	89	53	108	"	"	"	"	鬈发	"	长方形	"	弯曲形	商人
84	64	102	61	106	"	中间色	"	"	"	浓	短椭圆形	"	直形	农民
82	76	89	52	101	"			栗褐色						
87	76	91	55	101								凸形	直形	农民
88	70	89	54	101	玫瑰色	中间色	无	黑褐色	鬈发	浓	阔形	"	"	"
91	75	92	55	106	"	黑色	"	"	"	适中	"	"	"	"
89	80	93	55	101	"	中间色	"	"	"	稀	"	"	"	"
83	77	93	58	102	"	"	"	灰色	"	浓	"	"	"	"
84	76	88	49	99	"	黑色	"	黑褐色	"	"	长椭圆形	"	"	"
85	79	89	50	104	"	"	"	"	"	"	"	"	"	"
87	76	86	53	101	"	中间色	"	栗褐色	"	"	短椭圆形	"	"	"
82	57	98	56	100	黄白色	"	"	黑色	"	"	长椭圆形	"	"	"
85	76	90	53	100	玫瑰色	"	"	黑褐色	"	稀	短椭圆形	"	"	"
80	88	80	46	102	"	黑色	"	黑色	"	"	阔形	"	"	"
76	77	94	57	103	"	中间色	"	黑褐色	"	密	短椭圆形	"	"	"
85	69	93	57	102	"	黑色	"	"	"	"	阔形	"	"	"
85	75	90	50	100	"	中间色	"	栗褐色	"	"	短椭圆形	"	"	"
76	72	102	61	102	"	黑色	"	黑色	"	"	长椭圆形	"	"	"
85	74	83	53	103	"	中间色	"	栗褐色	"	稀	长方形	"	"	"
88	65	93	58	99	"	"	"	黑色	"	"	阔形	"	"	"
86	82	86	53	101	"	黑色	"	"	"	"	圆形	"	"	"
83	79	97	56	98	"	中间色	"	栗褐色	"	密	长椭圆形	"	"	"
86	77	88	51	98	"	黑色	"	黑褐色	"	"	阔形	"	"	"
90	71	87	52	103	"	中间色	"	栗褐色	"	稀	短椭圆形	"	"	"
86	73	84	48	101	"	"	"	黑褐色	"	浓	阔形	"	"	"

续表

	编号 名字	年龄	地点	1	2	3	4	9	9a	U.F.L.	H.Cir.	16	20
喀让古塔格	207 Iman Akhun	30	Karanghu-tagh	200	148	52	37	135	123	75	569	1720	1690
	212 Abdul Karim	50	”	183	146	53	37	132	113	68	530	1660	1670
	213 Azim Bai	40	”	198	146	50	37	128	115	67	555	1670	1580
	214 Sayit	50	”	189	150	53	36	132	108	63	545	1660	1650
	215 Yusuf	60	”	190	152	55	36	127	121	69	554	1640	1640
	216 Md.Yusuf	50	”	188	152	55	33	133	125	75	546	1590	1560
	217 Abdul Ghafur	54	”	181	160	52	37	132	119	65	558	1630	1600
	218 Turdi Bai	51	”	188	147	56	36	130	107	67	545	1650	1650
	219a Islam Niaz	45	”	185	153	50	38	130	113	70	541	1660	1670
	219 Azim	36	”	194	150	45	41	131	118	71	554	1620	1610
	220 Paiza	38	”	188	149	45	38	133	116	69	550	1680	1700
喀让古塔格人	221 Aisa	43	Karanghu-tagh	202	152	56	34	128	28	71	572	1710	1800
	222 Sipsük	63	”	198	149	53	35	135	22	70	564	1730	1750
	223 Talip Akhun	49	”	204	148	57	37	132	135	80	580	1680	1710
	224 Hayat Akhun	28	”	198	152	50	36	138	114	68	571	1700	1700
	225 Imid	42	”	181	140	55	30	125	121	76	520	1590	1580
	226 Tumur Akhun	26	”	200	147	53	36	132	118	62	562	1800	1830
	227 Fasu Niaz	23	”	197	144	48	42	132	113	62	540	1670	1680
	228 Shamshudulah	48	”	185	144	44	45	132	106	63	538	1650	1630
	229 Bäke	42	”	190	151	56	35	132	115	70	556	1580	1620
	230 Ayim Shah	18	”	186	150	42	33	124	112	62	542	1580	1560
库尔勒人	404a Khuda-berdi	38	Korla	190	160	48	39	137	123	71	560	1670	1720
	405a Sawud	26	”	190	153	50	40	136	116	64	561	1670	1720
	406a Yakub	38	”	175	156	38	39	126	105	56	540	1730	1710
	407a Turdi	39	”	184	157	48	35	133	124	69	553	1730	1780
	408a Tokhta	25	”	183	161	46	36	121	113	65	555	1740	1750
	409a Ela	30	”	183	162	52	42	129	123	67	556	1770	1700
	410a Ismail	30	”	188	159	53	40	140	132	76	565	1750	1800
	413a Sarib	30	”	175	156	49	37	131	111	70	540	1630	1630
	416a Ahmad	23	”	177	164	43	36	139	111	61	547	1580	1530
	417a Roza Akhun	32	”	186	152	49	35	131	114	73	555	1700	1690
	418a Asim	18	”	188	156	47	35	127	114	65	530	1650	1620
	419a Roza Akhun	40	”	186	155	54	35	133	133	75	555	1550	1500
	420a Abaile	22	”	189	161	43	40	136	113	65	565	1550	1520
	403a Hakim	35	”	184	163	48	36	126	118	70	552	1630	1650

指数					肤色	眼睛		头发			面部			职业
C.	N.	F.	U.F.	S.S.	肤色	颜色	蒙古褶	发色	发形	密度	面形	侧面	鼻形	职业
89	63	93	55	102	”	黑色	”	”	”	”	长椭圆形	”	”	”
89	62	101	58	102	”	中间色	”	灰色	”	”			弯曲形	
74	71	91	56	98	”	黑色	”	淡色	”	”	阔形	”	直形	百夫长
80	70	86	51	101							长椭圆形		”	
74	74	90	52	95							”		”	
79	68	82	48	99							”		”	
80	65	95	54	100							”		”	
81	60	94	56	98							短椭圆形		鹰钩形	
88	71	90	49	98							长椭圆形		直形	
78	64	82	51	100							”		”	
83	76	87	54	101									鹰钩形	
77	91	90	54	99	玫瑰色	中间色	无	淡色	鬈发	浓	短椭圆形	凸形	直形	牧羊人
79	84	87	52	101	”	”	”	淡褐色	”	”	”	”	”	牧羊兼务农
75	61	100	55	105	玫瑰色	蓝色	无	淡褐色	鬈发	密	阔形	凸形	直形	牧民
75	66	90	52	101	”	中间色	”	”	”	”	长椭圆形	”	”	农民
73	65	102	61	102	”	”	”	”	”	”	”	”	”	牧民
77	72	83	49	100	”	”	”	淡色	”	”		”	”	”
77	55	97	61	99	”	”	”	淡褐色	”	”	阔形	”	”	牧民兼农业
74	68	89	47	102	”	”	”	”	”	”	”	”	”	”
73	87	86	47	101	”	”	”	栗褐色	”	”	长椭圆形	”	”	牧民
78	102	80	48	99	黑红褐色	黑色	”	”	”	”	短椭圆形	”	”	农民
79	62	87	53	103	玫瑰色	中间色	”	淡褐色	”	密	阔形	”	”	”
81	79	90	50	99	”	蓝色	”	淡色	”	”	短椭圆形	”	”	”
84	63	90	52	103	”	中间色	”	栗褐色	”	”	”	”	”	”
81	90	85	47	103	”	”	”	黑褐色	”	”	长椭圆形	”	”	”
89	103	83	44	99	黄白色	黑色	有	”	”	”	长方形	”	直形	”
85	73	93	52	103	红褐色	”	无	黑色	”	稀	长椭圆形	”	凹形	”
88	78	89	15	101	黄白色	”	”	黑褐色	”	密	”	”	弯曲形	”
89	81	95	52	96	白褐色	”	”	”	”	”	”	”	直形	”
84	76	94	54	103	玫瑰色	”	”	”	”	”	”	”	”	”
89	76	85	53	100	”	中间色	”	”	”	”	短椭圆形	”	”	”
93	84	80	44	97	黄色	黑色	”	黑色	”	稀	阔形	”	”	”
82	71	87	56	99										
83	74	90	51	98	玫瑰色	中间色	无	黑色	鬈发	密	短椭圆形	凸形	直形	铁匠
83	65	100	56	97	红褐色	黑色	有	”	”	”	长椭圆形	”	弯曲形	农民
85	93	83	48	98	玫瑰色	中间色	无	”	”	稀	短椭圆形	”	凹形	”
89	75	94	56	101	”	黑色	”	”	”	密	”	”	直形	”

续表

编号	名字	年龄	地点	1	2	3	4	9	9a	U.F.L.	H.Cir.	16	20
68	Shabdul Qadir	30	Kala Paiyan	193	159	52	35	123	113	72	564	1660	1700
69	Jalib Shah	45	”	178	165	56	38	129	114	71	563	1700	1720
70	Rajab Md.	42	Nirs	186	159	51	40	134	114	75	550	1730	1800
77	Talmish Khan	30	Chihilkand	176	149	51	35	128	123	72	545	1820	1750
78	Moghot Beg	36	Tang	187	159	51	36	123	105	62	550	1700	1720
79	Ayim Khan	37	Usht	180	156	48	34	118	109	63	530	1630	1640
80	Hamani	36	Hiur	181	157	51	36	134	117	71	540	1720	1750
81	Maksud	55	Sarhad	176	157	47	36	127	121	69	522	1670	1650
82	Khan	33	Kirat	180	148	49	33	128	117	70	525	1660	1710
83	Halawat	28	Rahchao	175	154	54	34	126	120	73	524	1700	1710
84	Safar Ali	34	Kizgat	187	165	51	40	144	113	65	565	1820	1820
85	Bai Md.	44	Patkhu	187	159	47	38	140	108	63	565	1700	1720
86	Halif	40	Osht	181	151	50	33	124	118	69	540	1660	1730
87	Amir Shah	35	Chilkand	180	151	54	33	130	119	72	533	1630	1620
40	Hasanek	60	Lutcho	181	164	47	31	128	105	62	560	1580	1650
41	Yaqin Shah	62	”	190	151	49	45	122	118	78	570	1670	1690
42	Charshambe	32	”	189	154	53	32	125	112	62	565	1610	1640
43	Khairullah	35	”	199	154	55	36	122	122	73	574	1620	1650
44	Azam	54	”	185	146	47	36	127	117	61	555	1630	1660
323	Baka Niaz	52	Turfan	182	161	44	44	127	106	56	553	1540	1620
324	Yambar	51	”	179	168	52	40	125	124	67	536	1560	1600
325		30	”	189	154	47	35	142	114	65	550	1650	1640
326		35	”	188	153	47	38	126	119	69	553	1690	1700
327	Mehmed	30	”	180	146	43	38	138	118	60	527	1710	1650
329	Tayir	37	”	180	153	44	35	130	111	60	540	1620	1600
330		25	”	193	150	41	39	130	110	61	558	1610	1620
331		21	”	198	165	50	38	142	123	68	572	1820	1800
332		55	”	189	160	53	37	130	126	67	565	1820	1600
333		30	”	181	165	54	36	137	121	73	553	1620	1600
334	Hayat Akhun	20	”	188	155	42	34	134	110	65	555	1750	1720
335	Roze	18	”	175	146	46	33	126	111	66	514	1650	1670
336	Abdullah	19	”	194	155	45	34	131	122	71	570	1730	1750
337	Namat	25	”	185	160	48	35	136	120	63	553	1800	1870
338	Tokhtakhun	20	”	185	150	48	39	132	121	70	544	1730	1800
339	”	23	”	189	150	48	33	129	118	68	550	1640	1720
340	Tokhte	28	”	178	153	46	35	129	114	62	535	1540	1510
341	Roze Akhun	31	”	190	165	48	40	138	110	62	563	1660	1700
342	Md.Tadul	25	”	194	153	49	39	138	121	68	564	1690	1750
345	Ahmed	40	”	185	163	51	40	135	122	68	560	1740	1700
346	Koshur	30	”	185	159	48	40	132	120	65	548	1730	1740
347	Sayad Niaz	24	”	184	158	45	38	130	120	66	560	1640	1630
348	Tachuwak	45	”	180	158	48	33	129	112	65	543	1720	1710
349	Tokhta Niaz	25	”	176	157	46	40	134	111	70	545	1620	1600

瓦罕人

吐鲁番人

指数					肤色	眼睛		头发			面部			职业
C.	N.	F.	U.F.	S.S.		颜色	蒙古褶	发色	发形	密度	面形	侧面	鼻形	
82	67	92	59	102	”	中间色	”	黑褐色	”	”	长椭圆形	”	”	农民兼牧羊
93	68	88	55	101	”	”	”	”	”	”	”	”	”	农民
85	78	85	56	104	”	”	”	”	”	”	”	”	”	”
85	69	96	56	96	黑黄褐色	”	”	黑色	”	”	”	”	”	农民
85	71	85	50	101	玫瑰色	黑色	”	淡色	”	”	短椭圆形	”	”	”
87	71	92	53	101	中间色	”	”	”	”	”	”	”	”	”
87	71	87	53	102	”	”	”	黑褐色	”	”	长椭圆形	”	”	”
89	77	95	54	99	”	”	”	”	”	”	”	”	”	”
82	67	91	55	103	”	”	”	淡色	”	”	短椭圆形	”	”	”
88	63	95	58	101	”	”	”	”	”	”	长椭圆形	”	”	”
88	78	78	45	100	”	蓝色	”	”	”	”	短椭圆形	”	弯曲形	”
85	81	77	45	101	”	中间色	”	黑褐色	”	”	”	”	凹形	”
83	66	95	56	104	”	”	”	淡色	”	”	长椭圆形	”	直形	”
84	61	92	55	99	”	”	”	黑褐色	”	”	短椭圆形	”	凹形	”
91	66	82	48	104	”	”	”	”	”	”	”	”	直形	”
79	92	97	64	101	”	”	”	”	”	”	长椭圆形	”	”	”
81	67	90	50	102	”	”	”	”	”	”	短椭圆形	”	”	”
77	65	100	60	102	”	”	”	”	”	”	长椭圆形	”	”	”
79	77	92	48	102	”	”	”	”	”	”	短椭圆形	”	”	”
88	100	83	44	105	红褐色	黑色	?	”	”	”	阔形	”	”	”
94	77	99	54	103	”	中间色	有	”	”	”	长椭圆形	”	”	”
81	74	80	46	99										
81	81	94	55	101										
81	88	86	43	96	红黄色	黑色	微痕	黑色	鬈发	稀	短椭圆形	凸形	直形	农民
85	80	85	46	99	玫瑰色	中间色	无	淡色	”	密	长椭圆形	”	”	”
78	95	85	47	101										
83	76	87	48	99										
85	70	97	52	99										
91	67	88	53	99										
82	81	82	48	98	玫瑰色	中间色	无	黑色	鬈发	稀	短椭圆形	凸形	直形	农民
83	72	88	52	101	”	黑色	”	黑褐色	”	”	”	”	”	”
80	76	93	54	101	”	”	”	”	?	”	长椭圆形	”	”	”
86	73	88	46	104	”	”	”	”	?	”	”	”	”	铁匠
81	81	92	53	104	”	”	”	”	?	”	”	”	”	农民
79	69	91	53	105	”	”	”	”	鬈发	密	”	”	”	”
86	76	88	48	98	红黄色	”	”	”	?	稀	方形	”	”	”
87	83	80	45	102	玫瑰色	”	”	”	?	”	长椭圆形	”	”	”
79	80	88	49	104	黄红色	”	”	黑色	鬈发	适中	”	”	”	”
88	78	90	50	98	黄色	”	?	黑褐色	”	稀	阔形	”	弯曲形	纺织工
86	83	91	49	101	玫瑰色	”	无	”	”	密	长椭圆形	”	直形	农民
86	84	92	51	99	”	中间色	”	黑色	”	稀	长椭圆形	”	”	”
88	69	87	50	99	黄红色	黑色	”	”	”	密	”	”	”	”
89	87	83	52	99	玫瑰色	”	”	黑褐色	”	”	”	”	”	”

续表

编号 名字	年龄	地点	1	2	3	4	9	9a	U.F.L.	H.Cir.	16	20
350 Niaz Akhun	26	Turfan	180	158	42	33	126	111	65	545	1670	1650
351 Musa	35	"	173	160	49	37	130	115	61	540	1700	1720
353 Sawut	40	"	183	163	49	35	127	111	68	557	1640	1640
354 Metake	20	"	185	152	45	36	137	112	67	551	1630	1650
355 Khilakhun	25	"	181	158	41	35	132	113	64	550	1580	1580
360 Kayid	20	"	190	159	49	35	132	116	68	560	1650	1700
361 Tokhta Niaz	24	"	184	150	47	39	131	122	72	541	1710	1650
362 Barat	30	"	183	155	51	34	127	121	73	544	1690	1730
363 Muhd.Akhum	25	"	185	156	49	34	134	120	67	553	1670	1660
364 Mukayid	20	"	187	157	49	38	142	114	67	560	1690	1730
365 Tokhtang	37	"	185	148	54	35	139	116	72	544	1720	1720
366 Osman	30	"	190	159	49	35	135	121	71	565	1720	1720
367 Sadir	18	"	182	152	46	39	130	122	65	540	1700	1690
368 Kurban	25	"	180	156	53	36	133	126	74	543	1620	1640
369 Isup	19	"	183	159	47	38	133	123	71	560	1640	1670
370 Choruk	23	"	182	145	46	37	128	123	67	526	1690	1700
371 Kabul	18	"	184	151	44	35	124	106	63	541	1690	1720
372 Adil	35	"	188	154	49	36	136	116	64	548	1660	1690
373 Mahid	37	"	185	153	48	34	129	120	70	545	1710	1750
374 Tokhta Niaz	46	"	180	161	54	37	127	120	70	560	1770	1720
375 Niaz	38	"	187	152	53	37	118	117	69	553	1660	1710
376 Muhammad	19	"	180	155	47	42	132	111	65	537	1700	1780
377 Yakub	35	"	180	162	50	34	131	128	76	548	1600	1630
378 Muhammad	20	"	178	158	47	38	130	113	68	550	1660	1700
379 Khalil	23	"	179	166	48	35	141	123	71	561	1720	1700
380 Muhammad	26	"	186	155	46	40	135	128	71	550	1740	1730
381 Kurban Niaz	22	"	179	156	43	34	128	113	63	542	1640	1680
382 Hoshur	20	"	188	155	43	39	132	124	69	555	1690	1700
383 Arib	37	"	190	157	51	42	140	127	70	562	1640	1660
384 Hamdul	22	"	187	155	46	40	137	122	69	550	1660	1720
385 Talib	28	"	187	151	43	39	125	126	71	535	1660	1680
386 Haja	40	"	180	170	50	42	137	120	66	555	1630	1600
387 Muhd.Zait	50	"	180	160	54	37	130	124	73	540	1660	1710
388 Niaz Akhun	36	"	185	157	44	35	131	121	66	557	1630	1600
389 Ghazil	38	"	187	162	51	40	130	124	73	555	1600	1630
390 Habil	30	"	184	152	45	38	128	124	68	540	1640	1610
391 Abdul Majid	20	"	175	153	45	36	128	115	66	533	1600	1590
392 Matiaz	55	"	188	148	51	38	126	123	70	550	1780	1780
393 Hashim	26	"	188	160	47	39	130	122	70	568	1680	1700
394 Nait	20	"	176	145	48	35	124	111	64	520	1560	1550
395 Mutub	20	"	176	146	47	32	124	117	66	529	1720	1820
396 Super	21	"	174	165	43	36	135	114	64	545	1620	1650
397 Tokhta Niaz	23	"	177	160	49	35	135	125	71	540	1620	1650
398 Karim Niaz	28	"	179	161	47	35	137	115	70	550	1610	1630
399 Muhammad	20	"	176	153	48	35	135	112	66	536	1580	1590
400 Yusuf	22	"	185	153	43	40	135	109	60	554	1620	1690
401a Hussain	25	"	188	158	49	49	137	121	72	565	1680	1760
402a Pazil	38	"	187	155	49	36	133	120	68	554	1580	1650

吐鲁番人

| 指数 | | | | | 肤色 | 眼睛 | | 头发 | | | 面部 | | | 职业 |
C.	N.	F.	U.F.	S.S.		颜色	蒙古褶	发色	发形	密度	面形	侧面	鼻形	
88	79	88	52	99	玫瑰色	黑色	无	黑色	鬈发	稀	长椭圆形	凸形	直形	农民
92	76	88	47	101	黄红色	"	"	黑褐色	"	浓	"	"	"	"
89	71	87	54	100	玫瑰色	"	"	"	"	适中	短椭圆形	"	"	"
82	80	82	49	101	黄红色	"	"	黑色	"	稀	阔形	"	"	"
87	85	86	48	100	玫瑰色	"	"	"	"	"	短椭圆形	"	"	"
84	71	88	52	103	"	淡色	"	黑褐色	"	"	长椭圆形	"	"	铁匠
82	83	93	55	96	"	中间色	"	黑色	"	"	"	"	"	农民
85	67	95	60	102	"	黑色	"	栗褐色	"	浓	"	"	"	"
84	69	90	50	99	"	"	"	黑色	"	"	"	"	"	"
84	78	80	47	102	红褐色	蓝色	"	黑褐色	"	稀	短椭圆形	"	"	"
80	65	83	52	100	"	黑色	"	黑色	"	浓	阔形	"	"	"
84	71	90	53	100	玫瑰色	"	有	"	"	稀	短椭圆形	"	"	"
84	85	86	50	99										
87	68	95	56	101	玫瑰色	中间色	无	黑褐色	鬈发	稀	短椭圆形	凸形	直形	农民
87	81	92	53	102	红褐色	"	"	黑色			"	"	"	"
80	80	96	52	101										
82	80	85	51	102	玫瑰色	黑色	无	黑褐色	鬈发	"	短椭圆形	凸形	直形	农民
82	73	85	47	102	"	"	"	"		浓	长椭圆形	"	"	"
83	71	93	54	102	"	蓝色	"	淡色	"	"	"	"	"	"
89	68	94	55	103	"	中间色	"	黑褐色	"	"	"	"	"	"
81	70	99	58	103	黄红色	"	"	黑色	"	"	"	"	"	"
86	89	84	49	105	玫瑰色	黑色	有	黑褐色	"	稀	短椭圆形	"	"	"
90	68	98	58	102	红褐色	"	无	"	"	浓	长椭圆形	"	"	"
89	81	87	52	102	玫瑰色	"	"	"	"	稀	短椭圆形	"	"	"
93	73	87	50	99	红褐色	"	"	黑色	"	"	"	"	"	"
83	87	95	53	99	"	"	"	"	"	"	长椭圆形	"	"	"
87	79	88	50	102	玫瑰色	"	有	"	"	"	阔形	"	"	"
82	91	94	52	101	"	中间色	无	黑褐色	"	"	长椭圆形	"	"	"
83	82	91	50	101	"	黑色	"	"	"	浓	短椭圆形	"	"	"
83	87	89	50	104	"	"	有	"	"	稀	长椭圆形	"	"	"
81	91	101	57	101	"	"	无	淡褐色	"	浓	"	"	"	"
94	84	88	48	98	"	蓝色	"	黑褐色	"	适中	阔形	"	"	"
89	68	95	56	103	"	黑色	有	"	"	浓	长椭圆形	"	"	"
85	80	92	50	98	"	中间色	无	"	"	"	"	"	鹰钩形	"
87	78	95	56	102	"	"	"	"	"	"	"	"	"	"
82	84	97	53	98	"	黑色	"	"	"	稀	阔形	"	"	"
87	80	90	52	99	"	中间色	"	"	"	"	长椭圆形	"	直形	"
79	74	98	56	100	"	"	"	栗褐色	"	浓	"	"	鹰钩形	"
85	83	94	54	101	"	"	"	黑褐色	"	"	"	"	"	"
82	73	90	52	99	"	黑色	"	"	"	稀	短椭圆形	"	"	"
83	68	94	53	106	"	"	"	"	"	"	长椭圆形	"	"	"
95	84	84	47	102	"	"	"	"	"	"	圆形	"	"	"
90	71	93	53	102	"		有	"	"	"	阔形	"	直形	"
90	74	84	51	101	白褐色	"	"	"	"	浓	短椭圆形	"	"	"
87	73	83	49	101	玫瑰色	"	无	"	"	稀	"	"	"	"
83	91	81	44	104	"	"	有	"	"	"	短椭圆形	"	鹰钩形	"
84	100	88	53	105	"	中间色	"	黑色	"	"	阔形	"	直形	"

续表

编号	名字	年龄	地点	1	2	3	4	9	9a	U.F.L.	H.Cir.	16	20
231	Ahmad Akhun	40	Lop	192	155	53	41	134	129	75	564	1740	1730
232	Niaz	24	”	184	150	45	40	128	125	72	552	1670	1660
233	Latif	50	”	187	155	50	40	132	117	67	557	1670	1710
234	Khuda-berdi	24	”	185	153	47	42	134	108	65	547	1610	1750
235	Roze	32	”	195	151	44	39	124	113	65	560	1640	1650
236	Muhd.Sharif	25	”	173	161	44	40	133	115	63	533	1640	1650
237	Tokhta	42	”	187	152	43	38	130	117	72	560	1740	1750
238		36	”	187	158	48	33	125	122	72	555	1680	1690
239	Muhammad	42	”	185	146	50	38	130	118	69	535	1710	1770
240		29	”	190	158	47	37	130	115	69	557	1650	1720
241	Khudakhun	38	”	172	166	48	36	155	115	69	537	1730	1680
321	Tursun	32	Khotan	176	157	49	38	135	124	51	533	1680	1700
412a	Tursun	44	”	188	158	43	37	141	120	66	560	1720	1730
414a	Bake	37	”	187	155	46	36	126	116	67	548	1700	1680
506	Khuda-berdi	42	Alama	183	159	51	40	135	112	67	595	1730	1830
507	Kabul	35	Yoktan	185	159	51	35	137	113	70	550	1650	1640
508	Niaz	32	”	187	154	51	28	141	122	69	550	1755	1750
509	Habibullah	45	”	189	157	55	39	155	127	72	560	1730	1810
510	Abdullah	50	”	189	156	55	39	137	113	64	555	1630	1690
511	Kurban	55	Yotkan	199	152	54	40	141	118	60	560	1690	*
512	Kasim	50	”	183	148	48	39	131	115	68	535	1620	1660
513	Mamatiz	35	”	175	153	50	37	140	118	69	535	1590	1590
514	Roze	24	”	175	156	45	37	133	93	55	528	1630	1580
515	Sope	51	”	182	145	50	41	135	112	66	540	1630	1660
516	Kaism	32	”	182	156	42	30	138	105	64	550	1610	1630
517	Sadik	40	”	182	157	57	35	136	137	75	550	1660	1710
518	Sadik	22	”	174	145	52	36	139	120	70	535	1620	1630
519	Aziz	36	”	187	161	52	34	144	124	71	550	1740	1790
520	Ziyauddin	45	”	184	155	51	36	145	107	67	540	1610	1610
521	Tokhtak	65	”	184	140	50	41	130	113	58?	525	1640	1605
522	Aziz	72	”	185	148	51	39	132	118	51	540	1540	1530
523	Turdi	55	”	192	146	49	41	136	110	57	555	1620	1580
524	Turfan	25	”	191	160	50	37	132	117	68	555	1685	1710
525	Tokhtak	54	”	176	156	53	40	143	118	66	540	1640	1680
526	Khoja Ahmad	20	”	165	159	46	35	136	116	68	528	1730	1700
527	Aisa	55	”	185	148	55	36	136	117	69?	530	1600	1560
528	Aisa	45	”	173	160	51	36	132	120	65	540	1650	1650
529	Hassan	55	”	178	156	49	40	139	114	66?	535	1640	1700
530	Mahmud	45	”	184	151	52	40	142	112	66	545	1700	1740
531	Hamdullah	26	”	172	152	45	40	136	110	66	535	1610	1630
532	Bahauddin	32	”	175	151	51	36	134	117	65	540	1620	1610
533	Alim	35	”	178	140	+	+	131	113	60	530	1620	1620
534	Niza	40	”	187	147	45	39	140	106	60	540	1570	1620
535	Ramatulla	26	”	180	152	54	31	134	122	74	525	1700	1710

和田人

指数					眼睛			头发			面部			职业
C.	N.	F.	U.F.	S.S.	肤色	颜色	蒙古褶	发色	发形	密度	面形	侧面	鼻形	
83	73	90	51	104	"	"	"	黑褐色	"	浓	"	"	"	"
81	77	96	56	99	淡色	"	无	"	"	"	长椭圆形	"	"	皮匠
82	89	98	56	99	"	黑色	有	"	"	"	"	"	"	向导
83	80	89	51	102										
83	89	81	48	109	玫瑰色	中间色		栗褐色	鬈发	浓	长椭圆形	凸形	直形	农民
77	89	91	52	101				栗褐色	鬈发	浓	长椭圆形	凸形	直形	
93	91	86	47	101	玫瑰色	黑色		栗褐色	鬈发	浓	长椭圆形	凸形	直形	向导
81	72	90	55	101	"	中间色		"	"	"	"	"	弯曲形	农民
84	69	98	58	101										
79	76	91	53	104										
83	79	88	53	104										
97	75	74	44	97										
89	78	92	51	101	玫瑰色	中间色	无	黑褐色	鬈发	浓	长椭圆形	Cx	直形	农民
84	86	85	47	101	"	黑色	"	"	"	"	"	"	"	"
83	78	92	53	99	"	"	"	栗褐色	"	"	"	"	"	"
87	78	83	50	106	"	"	"	黑褐色	"	"	"	"	"	百夫长
87	69	82	51	99	"	"	"	黑色	"	"	"	"	"	农民
82	55	87	49	100	"	淡色	"	黑褐色	"	"	"	"	弯曲形	"
83	71	82	46	105	"	黑色	"	"	"	"	阔形	"	"	"
83	71	82	47	104	"	中间色	"	"	"	"	短椭圆形	"	"	"
80	74	84	43	?	玫瑰色	淡色	无	灰色	鬈发	浓	长椭圆形	凸形	直形	农民
81	81	88	52	102	"	中间色	"	"	"	"	"	"	鹰钩形	"
87	74	84	49	100	"	黑色	"	栗褐色	"	"	"	"	直形	"
89	82	70	41	97	"	"	"	黑褐色	"	稀	短椭圆形	"	"	"
80	82	83	49	102	"	中间色	"	灰色	"	浓	长椭圆形	"	"	"
86	71	76	46	101	"	黑色	"	黑褐色	"	"	阔形	"	鹰钩形	"
86	61	101	55	103	"	中间色	"	"	"	"	长椭圆形	"	"	"
83	69	86	50	101	"	黑色	"	"	?	秃	"	"	直形	"
86	65	86	49	103	"	中间色	"	"	鬈发	浓	"	"	"	"
82	71	74	46	100	"	黑色	"	"	"	适中	阔形	"	"	"
77	82	87	45?	98	"	"	"	灰色	"	浓	方形	"	弯曲形	"
80	78	89	39 *	99	"	"	"	白色	"	"	短椭圆形	"	鹰钩形	"
76	84	81	42	98	"	中间色	"	灰色	"	"	"	"	"	"
84	74	89	52	101	"	黑色	"	黑色	"	"	长椭圆形	"	弯曲形	"
89	75	83	46	102	红褐色	"	"	"	"	"	长方形	"	直形	"
96	76	85	50	98	玫瑰色	"	"	"	?	秃	圆形	"	"	"
80	65	86	51?	97	"	"	"	灰色	鬈发	浓	长椭圆形	"	"	农民
92	71	91	49	100	"	"	"	栗褐色	"	"	"	"	"	"
88	82	82	47?	104	"	"	"	灰色	"	"	长方形	"	鹰钩形	"
82	77	79	46	102	"	中间色	"	黑褐色	"	"	长椭圆形	"	直形	百夫长
88	89	81	49	101	红褐色	黑色	"	黑色	"	适中	短椭圆形	"	"	"
86	71	87	49	99	玫瑰色	"	"	"	"	浓	长椭圆形	"	鹰钩形	农民
79		86	46	100	"	中间色	"	黑褐色	"	"	长方形	"		

续表

	编号 名字	年龄	地点	1	2	3	4	9	9a	U.F.L.	H.Cir.	16	20
哈密人	301 Sibir	50	Hami	195	153	50	37	126	120	67	564	1530	1530
	302 Muhd.Niaz	50	”	190	153	50	37	134	128	67	560	1610	1630
	303	60	”	192	142	50	36	130	120	70	553	1670	1660
	304	28	”	179	155	50	39	118	120	70	537	1650	1700
	305 Yolbash	18	”	179	159	46	34	127	118	73	544	1640	1730
	306 Usman Shah	30	Khomali	188	158	42	40	137	115	58	563	1660	1620
	307 Tokhte Md.	38	Hami	192	157	49	36	125	120	67	560	1590	1650
	308 Khwaja Nizah	38		189	163	54	36	120	122	70	550	1640	1570
	309 Sharif	56	Tashara	189	149	50	39	122	115	67	550	1520	1530
	310 Md.Sharif	60	”	183	160	54	41	123	120	70	547	1630	1640
	311 Yar Muhammad	31	”	192	143	47	38	125	120	67	548	1650	1680
	312 Abdul Md.	45	”	196	146	45	36	126	106	56	562	1650	1690
	313 Shamshe	53?	Hami	186	155	46	42	132	110	64	558	1630	1620
	314 Roze Md.	30	Tashara	192	147	47	39	133	120	60	552	1590	1600
	315 Rashiuddin	47	”	184	151	49	39	129	113	68	544	1600	1610
	316 Arshiuddin	25	”	184	155	49	37	124	116	70	548	1720	1780
	317 Gul Md.	28	”	188	151	45	35	127	104	67	557	1570	1540
	318 Md.Nur	36	”	190	142	53	35	126	116	71	544	1640	1640
	319 Abdul Khalik	22	”	179	155	45	36	126	110	61	545	1650	1690
	320 Tokhta Niza	37	”	193	150	49	42	141	116	68	562	1710	1730
	411 Ismail	22	Hami	189	160	48	40	129	121	69	558	1680	1700
若羌人	260 Aziz	25	Charkhlik	161	172	52	40	142	116	71	574	1740	1750
	261 Allakulla	29	”	197	159	47	39	137	118	67	580	1750	1870
	262 Islam	38	”	199	160	51	37	135	120	73	582	1760	1800
	263 Iman	30	”	200	155	52	44	140	129	77	581	1750	1730
	264 Islam	36	”	198	153	54	40	133	125	75	570	1720	1730
	265 Islam	38	”	200	156	43	39	134	111	68	581	1690	1690
	266 Roze	18	”	191	150	43	35	135	122	70	555	1720	1750
	267 Tulumkulla	60	”	190	156	47	44	134	111	69	560	1580	1600
	268 Ata Md.	40	”	194	156	51	37	137	122	75	561	1610	1650
	269 Sultan	30	”	190	155	49	39	143	123	74	568	1690	1750
	333a Khalpak	45	’	179	146	40	30	119	90	56	540	1530	1540
	334a Kepek	55	”	178	142	46	31	122	102	63	540	1600	1630
罗布人	300 Amer	40	Abdal	183	155	51	36	127	96	65	560	1730	1740
	301a Siddik	46	”	196	153	59	36	132	126	76	590	1760	1790
	303a Yakhan	35	”	198	145	41	30	126	109	67	575	1690	1660
	304a Abdullah	20	”	200	160	41	34	133	116	69	590	1760	1760
	305a Baki	20	”	181	145	50	34	126	106	63	540	1670	1690
	306a Otbaskan	37	”	189	144	50	35	126	108	73	560	1720	1750

注:*511号左臂折断,下巴凹陷,有甲状腺肿。

指数					肤色	眼睛		头发			面部			职业
C.	N.	F.	U.F.	S.S.		颜色	蒙古褶	发色	发形	密度	面形	侧面	鼻形	
79	87	76	43	103	红褐色	黑色	"	黑色	"	稀	阔形		直形	农民
84	57	91	55	101	玫瑰色	淡色	"	黑褐色	"	浓	长椭圆形	"	鹰钩形	
78	74	95	53	100	"	黑色	"	"	"	"	"	"	直形	毛拉
81	74	96	50	102	"	"	"	"	"	"	"	"	"	鞋匠
74	72	92	54	99										
87	78	102	59	103										
89	74	93	57	105	玫瑰色	黑色	无	黑褐色	鬈发	稀	短椭圆形	凸形	直形	商人
84	95	84	42	98										
81	74	96	54	104										
86	67	102	58	96										
79	78	98	55	101										
87	76	98	57	101	玫瑰色	中间色	无	黑褐色	鬈发	浓	长椭圆形	凸形	直形	农民
74	81	98	54	102	"	黑色	"	黑色	"	稀	"	"	凹形	"
75	80	84	44	102	"	中间色	"	黑褐色	"	浓	"	"	直形	伊玛目
83	91	83	48	99	"	"	"	"	"	"	"	"	"	农民
77	83	90	52	101	红褐色	黑色	"	"	"	"	"	"	"	"
82	80	88	53	101	"	"	"	"	"	"	阔形	"	"	"
84	76	94	56	104	玫瑰色	中间色	"	"	"	稀	"	"	"	"
80	78	82	53	98	红黄色	黑色	有	"	"	"	长方形	"	凹形	"
74	66	92	56	100	玫瑰色	中间色	无	栗褐色	"	浓	阔形	"	直形	"
87	80	87	48	102	"	黑色	"	黑色	"	稀	短椭圆形	"	"	"
78	85	82	48	101	"	"	"	"	"	"	"	"	"	"
85	83	94	53	101	"	"	"	黑褐色	"	"	"	"	弯曲形	"
94	77	82	50	101	"	"	"	"	"	"	"	"	直形	"
81	83	86	49	107	"	"	"	"	"	"	倒卵形	"	"	"
80	75	89	54	102	"	中间色	"	"	"	"	"	"	"	"
78	85	92	55	99	"	"	"	"	"	浓	长椭圆形	"	"	"
77	74	94	56	101	"	黑色	"	"	"	稀	"	"	"	"
78	91	83	51	100	"	中间色	"	"	"	"	"	"	凹形	"
79	81	91	52	102	"	黑色	"	"	"	"	短椭圆形	"	直形	"
82	94	83	51	101	"	"	"	灰色	"	"	长方形	"	"	"
80	73	89	55	102	"	"	"	黑色	"	浓	长椭圆形	"	弯曲形	"
82	80	86	52	104	"	中间色	"	黑褐色	"	稀	圆形	"	直形	"
87	75	76	47	101	"	"	"	黑色	"	浓	短椭圆形	"	"	"
80	67	84	52	102	"	"	"	"	"	"	"	"	"	织工
85	71	76	51	101	"	"	"	"	"	稀	"	"	"	农民兼牧羊人
78	61	95	58	102	"	"	"	黑褐色	"	浓	长椭圆形	"	"	农民兼猎人
73	73	86	53	98	"	"	"	黑色	"	稀	阔形	"	"	农民兼渔夫
80	83	87	52	100	"	"	"	"	"	"	短椭圆形	"	"	"
80	68	84	50	101	"	"	"	"	"	"	"	"	"	仆人
76	70	86	58	102	"	"	"	黑褐色	"	"	长椭圆形	"	"	农民

续表

编号	名字	年龄	地点	1	2	3	4	9	9a	U.F.L.	H.Cir.	16	20
307a	Niaz	25	”	198	159	44	37	148	114	64	600	1800	1780
308a	Osman	30	”	190	151	46	36	133	111	61	570	1740	1760
309a	Asan	30	Abdal	202	151	43	37	124	94	61	570	1710	1730
310a	Abek	35	”	195	144	42	41	124	115	73	570	1610	1660
311a	Sahib	40	”	201	154	48	39	136	119	71	590	1700	1720
312a	Niaz	30	”	188	148	44	39	123	118	77	550	1720	1760
313a	Mohammad	20	”	190	154	43	33	127	109	63	550	1550	1570
314a	Mulla	22	”	195	154	46	31	126	118	60	570	1660	1690
315a	Ataullah	20	”	201	151	48	34	131	105	67	580	1670	1690
316a	Musa	39	”	207	153	44	35	133	117	67	610	1630	1660
317a	Nurullah	22	”	180	152	45	37	124	115	68	560	1640	1660
318a	Niaz	45	”	200	156	42	38	137	107	71	575	1690	1690
319a	Ataullah	40	”	194	148	52	38	134	122	73	590	1770	1800
320a	Tokhtasun	43	”	195	155	45	45	130	121	75	570	1650	1630
321a	Tapalde	18	”	181	148	49	36	124	102	64	570	1610	1610
322a	Mohammad	25	”	184	140	42	33	123	108	62	540	1670	1690
323a	Md.Tokhta	45	”	192	149	46	34	132	118	73	580	1700	1730
324a	Atekelgan	40	”	200	146	49	37	132	118	79	565	1850	1850
325a	Kechikula	35	”	196	141	49	29	132	111	72	570	1650	1690
326a	Kurban	39	”	195	152	55	36	127	114	71	580	1710	1730
327a	Use	23	”	194	149	45	32	133	102	66	570	1540	1560
328a	Aghebergen	43	”	193	149	47	32	131	117	73	570	1650	1670
329a	Kasim	33	”	189	160	39	38	126	96	61	570	1610	1640
330a	Tamir Akhun	40	”	190	151	52	37	128	110	71	560	1790	1810
331a	Ataullah	40	”	198	153	45	37	136	122	77	575	1640	1660
332a	Niaz	45	”	195	152	47	35	135	104	74	560	1780	1780
335a	Nimat Beg	68	”	162	207	49	36	144	109	73	610	1620	1620
336a	Mulla Shah	56	”	151	194	50	35	131	112	67	550	1780	1810
337a	Tokhtasun	25	”	146	186	49	30	126	96	64	550	1770	1750
338a	Niza Baki	68	”	154	205	52	36	131	107	64	590	1770	1700
339a	Tukhti Akhun	47	”	155	195	52	34	136	109	68	570	1640	1650
340a	Islam	36	”	152	194	49	35	143	122	74	570	1760	1800
347a	Hsing-ling	22	Nan-hu	187	143	41	44	117	109	62	565	1590	1640
348a	Hsing-yung	36	”	188	145	45	35	130	116	68	580	1640	1740
349a	Lo-yeh	27	”	186	144	44	31	122	113	70	580	1640	1640
350a	Hsing-fang		”	192	145	40	37	134	112	67	590	1620	1650
351a	Hsing-fang	54	”	187	148	48	33	118	115	68	550	1690	1650
352a	Hsing-fang	36	”	192	140	50	31	132	124	72	570	1670	1720
353a	Wang-chiang	37	”	200	143	43	31	128	114	68	610	1700	1680
354a	Sha-suan	40	”	183	143	52	37	126	127	72	550	1630	1640

罗布人

汉族人

指数					肤色	眼睛		头发			面部			职业
C.	N.	F.	U.F.	S.S.		颜色	蒙古褶	发色	发形	密度	面形	侧面	鼻形	
80	84	77	43	99	"	"	"	黑色	"	"	短椭圆形	"	"	"
79	78	83	46	101				黑褐色						
75	86	76	49	101	红黄色	中间色	无	淡色	鬈发	稀	短椭圆形	凸形	直形	农民兼捕鱼
74	98	93	59	103	玫瑰色	"	"	黑褐色	"	浓	"		鹰钩形	农民
77	81	87	52	101	"	"	"	"	"	"	"		直形	"
79	89	96	63	102	"	"	"	苍白色	"	稀	"		"	"
81	77	86	50	101	"	"	"			"	短椭圆形		"	"
78	67	94	48	102	"	"	"	黑褐色	"	"	长椭圆形	"		牧民
75	71	80	51	101	"	"	"	淡色			短椭圆形			农民
74	80	88	50	102	"	"	"	苍白色	"		"			"
84	82	93	55	101	"	"	"	黑褐色	"		"			"
78	90	78	52	100	"	"	"	"	"	浓	长椭圆形			"
76	73	91	54	102	"	"	"	"			"			"
79	100	93	58	99	"	蓝色	有	淡色	"		短椭圆形	"	鹰钩形	"
82	73	82	52	100	"	中间色	无	苍白色	"	稀	"		直形	"
76	79	88	50	101	"	"	"	"	"	秃	长椭圆形	"	"	"
78	74	89	55	102	"	"	"	黑褐色	"	稀	短椭圆形	"	"	"
73	75	89	60	100	"	"	"	"	"		长椭圆形	"	"	"
71	59	84	55	102	"	"	不明显	淡色	"		"	"	"	"
78	65	90	56	101	"	"	无	"	"	浓	"	"	"	"
77	71	77	50	101	"	"	"	黑褐色	"	稀	短椭圆形	"	"	农民兼牧羊
77	68	89	56	101	"	"	不明显	淡色	"		长椭圆形	"	"	渔民
85	97	76	48	101	"	"	无	"	"		短椭圆形	"	"	农民
79	71	86	55	101	"	"	"	黑褐色	"	浓	长椭圆形	"	"	农民兼打猎
77	82	90	57	101	"	"	"	淡色	"		"	"	"	农民
78	74	77	55	100	"	"	"	黑褐色	"	"	宽形	"	"	"
78	73	76	51	100	"	"	"	"	"		长椭圆形	"	"	乞丐
77	70	85	51	102	"	"	"			稀	短椭圆形	"	"	农民兼打猎
78	61	76	51	99	"	"	"	苍白色	"		"	"	"	渔民兼打猎
75	69	82	49	96	"	蓝色	有	淡色	"		长椭圆形	"	"	乞丐
79	65	80	50	101	"	中间色	无	黑褐色	"		短椭圆形	"	"	渔民兼打猎
78	71	85	52	102	"	黑色	"	淡色	"		"	"	"	渔民兼纺织
76	107	93	53	103	"	"	"	苍白色	直发	秃	长椭圆形	"	鹰钩形	农民
78	73	89	52	106	黄白色	"	有	"	"		短椭圆形	"	直形	"
77	70	93	57	100	"	中间色	"	"	"		长椭圆形	"	"	"
76	93	84	50	102	玫瑰色	"	无	"	"	稀	"	"	"	"
79	69	97	58	98	黄白色	黑色	有	黑褐色	"	适中	"	"	"	"
73	62	94	55	103	"	中间色	无	苍白色	"	秃	"	"	"	"
72	72	89	53	99	玫瑰色	蓝色	有	"	"		"	"	"	"
78	71	101	57	101	黄白色	中间色	无	"	"	适中	"	"	"	"

续表

	编号	名字	年龄	地点	1	2	3	4	9	9a	U.F.L.	H.Cir.	16	20
汉族人	355a	Hsing-fang		"	202	147	47	27	132	127	69	590	1750	1740
	356a	Hsing-mung	41	"	189	153	41	29	118	113	59	570	1660	1680
	357a	Hsing-huang	45	"	192	153	47	42	127	118	64	580	1600	1550
	358a	Hsing-fu	41	"	196	152	47	40	137	116	72	570	1730	1720
	341a	Wu-chung	28	Tun-huang	196	152	46	39	134	119	75	590	1780	1700
	342a	Tang-shuan	45	"	194	149	51	32	124	135	72	570	1710	1690
	343a	Shang-ti-fu	20	"	190	141	42	39	123	107	69	550	1580	1580
	344a	Tu-fu-huang	34	"	194	152	45	32	127	119	72	570	1650	1640
	345a	Shu-shu-li	44	"	190	142	50	41	122	131	80	550	1720	1750
	346a	Kua-yü-chang	46	"	189	146	47	38	126	117	77	570	1660	1640
	359a	Li-chi-hsing	18	"	189	148	35	32	122	98	57	530	1650	1670
	360a	Hsing-sun	48	Nan-hu	200	150	43	32	134	114	64	570	1670	1670
于田人	408b	Islam	35	Keriya	177	155	46	39	128	105	58	533	1620	1660
	409b	Rustam	27	"	188	155	48	40	132	116	65	550	1630	1610
	410b	Roza Akhun	25	"	179	150	49	35	131	120	67	537	1680	1680
	411b	Kurban	55	"	191	162	48	43	135	112	63	571	1770	1700
	412b	Ibrahim	25	"	188	151	47	37	125	116	67	540	1710	1710
民丰人	242	Niaz	28	Niya	182	158	50	37	137	122	68	543	1550	1530
	243	Tümür	22	"	171	156	41	37	133	108	59	529	1600	1630
	244	Pasa	21	"	180	154	40	36	128	112	64	544	1630	1690
	245	Abdullah	25	"	185	160	44	41	138	109	62	562	1680	1730
	246	Hasan	18	"	173	156	50	33	135	112	71	536	1530	1590
	247	Tokhta	30	"	179	157	43	39	128	106	59	545	1640	1580
	248	Islam	36	"	182	162	45	40	140	117	67	559	1620	1610
	249	Rustam	36	"	183	152	53	39	130	120	62	543	1690	1720
	250	Tokhtash	36	"	175	156	45	34	132	113	60	540	1570	1650
	251	Pasa	27	"	179	145	45	36	123	113	63	534	1620	1660
	252	Roze Md.	50	"	178	166	50	42	131	118	69	550	1630	1650
	253	Ibrahim Akhun	36	"	174	151	50	38	122	109	58	528	1600	1610
	254	Sale Mullah	30	Niya	186	147	48	37	132	116	73	555	1680	1710
	255	Tursun	18	"	183	144	45	36	130	116	64	537	1690	1760
	256	Kurban	16	"	170	144	40	34	119	108	58	520	1610	1650
	257	Khuda-berdi	29	"	181	155	41	40	126	109	61	543	1690	1660
	258	Yusuf	20	"	181	155	49	37	128	107	65	550	1670	1650
	259	Niaz	16	"	170	152	44	36	120	109	59	529	1550	1610
普罗人	536	Tare	28	Polur	189	144	54	41	143	112	65	542	1690	1680
	537	Yusuf	32	"	174	161	46	37	140	126	69	545	1670	1690
	538	Sayid	22	"	186	149	50	39	136	102	64	540	1720	1725
	539	Ahmad	26	"	194	147	40	31	133	110	61	565	1710	1670
	540	Tokhta	32	"	197	152	47	39	135	108	72	575	1710	1740

C.	N.	F.	U.F.	S.S.	肤色	颜色	蒙古褶	发色	发形	密度	面形	侧面	鼻形	职业
73	57	96	52	99	"	黑色	有	"	"	稀	"	"	"	"
81	71	96	50	101	"	"	无	黑褐色	"	"	"	"	"	"
77	89	93	50	97	"	中间色	"	苍白色	"	"	短椭圆形	"	鹰钩形	"
78	85	85	53	93	玫瑰色	黑色	有	淡色	鬈发	适中	长椭圆形	"	直形	裁缝
78	85	89	56	96	黄白色	"	无	苍白色	直发	稀			"	士兵
77	63	109	58	99	玫瑰色	中间色	"	黑褐色	"	"			"	衙门听差
74	93	87	56	100	"	蓝色	有	"	"	秃	短椭圆形		"	士兵
78	71	94	57	99	黄白色	黑色	"	"	"	"			鹰钩形	衙门听差
75	82	107	66	102	"	"	"	"	"	"	长椭圆形			士兵
77	81	93	61	99	玫瑰色	蓝色	有	"	"	浓	短椭圆形		直形	"
80	91	80	47	101	"	中间色	无			秃				"
75	74	85	48	100	黄白色	"	"	苍白色	"	适中	长椭圆形		鹰钩形	农民
88	85	82	45	102	玫瑰色	黑色	"	黑褐色	鬈发	稀	短椭圆形		直形	牧民
82	83	88	49	99	"	"	"	"	"	"	长椭圆形		"	"
84	71	92	51	100	"	"	"	"	"	"	短椭圆形		"	农民
85	90	83	47	96	红黑色	中间色	"	"	"	浓	长椭圆形		"	"
80	79	93	54	100	玫瑰色	"	"	"	"	稀	"		"	牧民
87	74	89	50	99	"	"	"	"	"	浓	短椭圆形		"	农民
91	90	81	44	102	"	"	"	苍白色	"	"	"		"	"
86	90	88	50	104	"	淡色	"	黑褐色	"	"	"		"	"
86	93	79	45	103	"	"	"	淡色	"	适中	方形		"	"
90	66	83	53	104										
88	91	83	46	96	玫瑰色	中间色	无	黑褐色	鬈发	浓	宽形	凸形	直形	农民
89	89	84	48	99	"	黑色	"	淡褐色	"	"	短椭圆形	"	弯曲形	"
83	74	92	48	102	"	中间色	"	栗褐色	"	"	长椭圆形	"	直形	"
89	76	86	45	105	"	"	"	黑褐色	"	"	宽形	"	"	"
81	60	92	51	102	"	"	"	淡褐色	"	适中	长椭圆形	"	"	"
93	84	90	53	101	"	蓝色	"	栗褐色	"	浓	"	"	弯曲形	"
87	76	89	48	101	"	中间色	"	黑褐色	"	"	"	"	"	农民兼磨坊主
79	77	88	55	102	玫瑰色	黑色	无	栗褐色	鬈发	浓	长椭圆形	凸形	直形	农民
79	80	90	49	104	"	中间色	"	黑褐色	"	适中	短椭圆形	"	"	"
85	85	91	53	102	"	黑色	"	黑色	"	"	圆形	"	"	"
86	98	87	48	98	"	蓝色	"	淡褐色	"	浓	长椭圆形	"	凹形	"
86	76	84	51	99	"	"	"	淡色	"	"	短椭圆形	"	直形	"
89	82	91	49	104	"	中间色	"	黑褐色	"	稀	阔形	"	"	"
76	76	78	45	99	"	"	"	栗褐色	"	浓	长椭圆形	"	"	"
93	80	90	49	101	"	黑色	"	黑褐色	"	稀	长方形	"	弯曲形	木匠
80	78	75	47	100	"	"	"	"	"	"	短椭圆形	"	直形	农民
76	77	83	46	98	"	"	"	栗褐色	"	浓	长椭圆形	"	"	"
77	83	80	53	102	"	"	"	黑褐色	"	适中	阔形	"	弯曲形	"
78	68	88	53	101	"	"	"	"	"	浓	长方形	"	"	"
79	67	78	52	101	"	"	"	黑色	"	"	菱形	"	"	"

续表

	编号	名字	年龄	地点	1	2	3	4	9	9a	U.F.L.	H.Cir.	16	20
	541	Fasa	52	"	187	145	62	42	135	119	71	550	1680	1700
	542	Md.Shah.	28	"	184	146	50	33	139	108	72	540	1630	1640
	543	Tursun	28	"	183	156	55	37	135	125	74	540	1700	1690
	544	Kasim	27	"	194	158	52	37	150	119	75	570	1720	1770
	545	Karim	40	"	171	153	50	36	132	115	62	525	1540	1520
	546	Yusuf	27	"	190	145	48	40	132	111	65	530	1680	1640
	547	Saiyid	33	"	184	157	60	32	139	129	78	560	1700	1690
	548	Tursun	34	"	190	147	51	34	144	120	61	560	1610	1590
	549	Kurban	49	"	187	150	49	36	138	129	71	550	1590	1610
	550	Ibrahim	47	"	182	152	52	44	141	117	67	550	1680	1670
	551	Yunus	28	"	185	147	48	33	142	111	68	555	1630	1630
普罗人	552	Tokhta Roze	45	"	192	146	50	41	139	126	69	550	1670	1660
	553	Pasa Niaz	40	"	178	153	52	34	136	119	73	545	1575	1580
	554	Muhammad	25	"	184	139	51	39	130	115	66	530	1580	1580
	555	Isman	20	"	178	145	43	35	129	119	63	530	1560	1560
	556	Aman	40	"	171	150	51	39	135	119	67	525	1530	1530
	557	Tursun	26	"	181	155	45	30	142	105	67	550	1660	1660
	558	Roze	40	"	180	144	50	32	133	111	64	525	1580	1540
	559	Tokhtash	60	"	192	144	51	40	138	115	54	550	1650	1640
	560	Tinur Shah	60	"	185	152	53	39	138	106	64	514	1565	1540
	561	Karin	40	"	187	150	46	35	142	114	63	550	1700	1660
	562	Kurban	50	"	177	150	50	31	146	115	70	520	1630	1690
	563	Roze	25	"	189	147	50	33	140	117	72	505	1690	1690
	564	Muhammad	25	"	190	150	44	39	140	109	67	555	1650	1650
	565	Md.Sope	45	"	198	156	50	35	138	117	65	570	1710	1710
	566	Niaz	36	"	190	161	48	37	145	111	67	570	1570	1620
	414b	Nuruilah	42	Ak-su	189	164	64	33	139	131	72	575	1680	1650
	415b	Mullah Tatlik	40	"	175	166	58	33	145	125	78	560	1720	1770
	416b	Saiyid	25	"	163	152	50	33	140	109	67	533	1700	1710
	417b	Islam	48	"	174	148	52	35	135	109	67	533	1640	1710
	418b	Muhammad	35	"	171	144	49	38	141	114	62	540	1630	1710
阿克苏人	419b	Kasim	47	"	174	154	56	33	139	110	64	535	1520	1580
	420b	Tümür	36	"	175	154	49	39	127	104	71	550	1630	1680
	421b	Sidik	40	"	175	165	45	44	153	102	66	550	1630	1740
	422b	Sipurghe	56	"	167	155	55	37	140	110	65?	545	1650	1730
	423b	Md.Aziz	47	"	182	158	49	41	142	112	71	550	1620	1640
	424b	Sabir	50	"	162	150	54	32	132	105	65	525	1580	1650
	425b	Ibrahim	43	"	172	148	50	41	138	103	62	530	1670	1750
	457	Hussain	27	"	182	157	56	36	137	118	69	550	1620	1670

| 指数 | | | | | | 眼睛 | | 头发 | | | 面部 | | | |
C.	N.	F.	U.F.	S.S.	肤色	颜色	蒙古褶	发色	发形	密度	面形	侧面	鼻形	职业
85	67	93	55	99	"	"	"	黑褐色	"	适中	长椭圆形	"	直形	"
81	71	79	50	103	"	"	"	"	"	"	阔形	"	"	裁缝
89	72	87	47	98	"	"	"	"	"	稀	短椭圆形	"	弯曲形	农民
76	83	84	49	98	"	"	"	"	"	"	菱形	"	直形	"
85	83	93	56	99	"	"	"	"	"	浓	长椭圆形	"	鹰钩形	"
77	67	83	42	99	"	"	"	淡色	"	"	短椭圆形	"	直形	"
80	73	93	51	101	红褐色	"	"	黑褐色	"	"	长方形	"	凹形	"
84	85	83	48	99	玫瑰色	"	"	"	"	"	长椭圆形	"	直形	"
79	69	78	48	100	"	"	"	"	"	"	短椭圆形	"	"	"
76	82	91	50	99	"	"	"	"	"	适中	长椭圆形	"	弯曲形	牧民
86	65	87	54	100	"	"	"	栗褐色	"	浓	短椭圆形	"	直形	农民
76	77	88	51	100	红褐色	"	"	黑色	"	"	"	"	"	"
81	81	92	49	100	"	"	"	"	"	?非常稀少	圆形	"	直形	"
88	76	88	50	100	"	"	"	"	鬈发	浓	短椭圆形	"	弯曲形	"
86	67	74	47	100	"	"	"	"	"	"	"	"	直形	"
80	64	83	48	97	玫瑰色	"	"	"	"	"	长椭圆形	"	"	牧民
75	78	83	39	99	"	中间色	"	黑褐色	"	"	"	"	鹰钩形	"
82	74	77	46	98	"	"	"	"	"	"	短椭圆形	"	直形	农民
80	76	80	44	98	"	黑色	"	黑色	"	"	长椭圆形	"	"	"
85	62	79	48	104	红褐色	中间色	"	黑褐色	"	"	阔形	"	"	"
78	66	84	51	100	玫瑰色	黑色	"	黑色	"	稀	长椭圆形	"	"	"
79	89	78	48	100	"	"	"	"	"	秃	短椭圆形	"	"	牧民
79	70	85	47	100	红褐色	中间色	"	"	"	浓	长椭圆形	"	"	农民
85	79	77	46	103	玫瑰色	黑色	"	"	"	"	圆形	"	弯曲形	千夫长
87	52	94	52	98	红褐色	"	"	黑褐色	波发	稀	长椭圆形	"	鹰钩形	毛拉
95	57	86	54	103	玫瑰色	中间色	"	"	"	适中	"	"	直形	"
93	66	78	48	101	"	"	"	栗褐色	"	稀	阔形	"	"	农民
85	67	81	50	104	"	黑色	"	黑色	"	"	长方形	"	"	小贩
84	78	81	44	105	黄红色	"	"	"	"	浓	长椭圆形	"	"	补鞋匠
89	59	80	46	104	玫瑰色	中间色	"	黑褐色	"	"	长方形	"	"	农民
88	80	82	56	103	"	黑色	"	淡色	"	稀	阔形	"	"	"
94	98	67	43	107	红褐色	"	"	黑褐色	"	浓	短椭圆形	"	凹形	"
93	67	79	46	105	玫瑰色	"	"	"	"	"	长椭圆形	"	弯曲形	补鞋匠
87	84	79	50	101	黄红色	"	"	黑色	"	"	短椭圆形	"	直形	向导
93	59	80	49	104	红褐色	"	"	"	"	"	长椭圆形	"	"	向导兼农民
86	82	75	45	105	玫瑰色	"	"	黑褐色	"	稀	阔形	"	"	农民
86	64	86	50	103	"	"	"	"	"	浓	长椭圆形	"	"	"
92	74	80	48	104	红褐色	中间色	"	"	鬈发	"	短椭圆形	"	"	"
78	69	92	53	102	玫瑰色	"	"	灰色	波发	"	长椭圆形	"	"	商人
88	79	81	45	102	"	"	"	栗褐色	"	"	"	"	"	"

续表

	编号	名字	年龄	地点	1	2	3	4	9	9a	U.F.L.	H.Cir.	16	20
法伊扎巴德人	322	Kurban	20	Faizabad	179	164	47	35	136	108	65	553	1580	1640
	496	Safar Md.	56	”	185	145	54	37	137	126	72	565	1730	1770
	497	Rajab Bai	45	”	177	155	56	44	145	118	65	535	1670	1700
	498	Shah Md.	35	”	176	158	56	31	140	122	78	540	1670	1680
	499	Md. Ghafur	34	Bailakhshan	193	155	57	34	140	128	72	565	1670	1780
	500	Harkesh Bai	42	”	176	158	58	38	147	116	69	540	1600	1720
	501	Muhd. Karim	38	”	172	152	55	33	140	114	61?	515	1620	1730
	502	Ashur Muhd.	35	”	190	158	49	35	146	126	70	565	1670	1760
	503	Sang Muhd.	36	”	178	154	51	40	140	125	60	535	1700	1770
	504	Barat Muhd.	36	”	188	152	50	36	153	119	55	550	1660	1680
	505	Ibrahim Khan	42	”	187	154	62	35	145	136	78	550	1760	1840
	413b	Tokhta	20	kashgar	182	155	49	36	134	120	70	556	1700	1720
柯坪人	465	Ibrahim	45	Kelpin	182	161	52	37	135	120	70	570	1670	1730
	466	Tokhta	35	”	175	145	47	33	125	110	62	525	1625	1650
	467	Tokhta	45	”	179	155	54	39	147	112	71	550	1640	1740
	468	Osman	58	”	173	150	42	39	143	101	55?	540	1650	1745
	469	Kurban	18	Kelpin	173	164	46	38	138	116	60	540	1620	1700
	470	Alakele	36	”	183	158	50	35	146	116	65	545	1700	1800
	471	Kadir	19	”	170	156	46	35	139	98	59	545	1550	1580
	472	Abdulla	49	”	198	157	52	43	155	129	74	585	1740	1770
	473	Kasim	25	”	189	151	47	40	137	117	67	535	1690	1700
	474	Yolboldi	45	”	184	157	51	44	145	109	70	560	1640	1700
	475	Muhd. Kule	59	”	192	167	45	42	151	127	72	580	1660	1730
	476	Yunus	46	”	178	164	48	43	134	115	67	545	1630	1670
	477	Hakul	45	”	177	178	51	41	141	106	64	530	1680	1740
	478	Niaz	39	”	173	152	46	38	142	111	64	530	1670	1760
	479	Khuda-berdi	37	”	181	160	52	36	145	115	69	550	1590	1710
多浪人	480	Moshur	52	Tumshuk	182	150	48	38	138	119	72	535	1570	1640
	481	Niaz	60	”	192	159	57	44	149	115	78	570	1640	1650
	482	Niaz	55	”	176	162	53	44	150	116	62	570	1600	1640
	483	Muhammad	30	”	181	161	50	41	141	109	61	550	1620	1680
	484	Mahmad	35	”	196	156	50	42	149	120	67	570	1730	1750
	485	Kanje	58	”	178	155	51	40	147	112	55	540	1610	?
	486	Mahmud	33	”	181	161	52	44	148	123	69	550	1590	1620
	487	Barat	50	”	186	146	50	39	140	117	71	530	1630	1760
	488	Bakhtiyar	62	”	178	155	55	38	143	113	70	535	1620	1650
	489	Aziz	31	”	185	151	47	37	137	115	65	545	1620	1700
	490	Muhd. Said	18	”	197	148	50	38	140	117	56	?	1690	1750
	491	Iman	50	”	180	161	46	33	143	105	63	540	1700	1710
	492	Yoldash	22	”	181	160	47	40	147	114	67	570	1660	1730
	493	Yunus	17?	”	180	161	52	37	145	128	77	550	1660	1760
	494	Abdul Hussain	62	”	180	161	55	45	153	127	69	555	1600	1660
	495	Danlat Beg	42	Charbagh	212	154	56	39	160	124	67	595	1720	1830

| 指数 | | | | | 肤色 | 眼睛 | | 头发 | | | 面部 | | | 职业 |
C.	N.	F.	U.F.	S.S.		颜色	蒙古褶	发色	发形	密度	面形	侧面	鼻形	
90	55	87	56	101	″	″	″	黑褐色	″	″	″	″	鹰钩形	″
80	60	91	51	107	″	″	″	″	″	″	″	″	直形	″
90	66	79	47	107	红褐色	黑色	″	″	″	″	″	″	弯曲形	″
88	60	81	44	107	玫瑰色	中间色	″	″	″	″	阔形	″	直形	″
83	71	86	48	105	红褐色	黑色	″	″	″	″	长椭圆形	″	″	″
87	78	89	43	104	玫瑰色	″	″	黑色	″	″	″	″	″	″
81	72	78	36	101	″	″	″	栗褐色	″	″	短椭圆形	″	″	″
82	57	94	54	105	V.florid	蓝色	″	黑色	″	″	长椭圆形	″	鹰钩形	士兵
85	73	90	52	101	玫瑰色	中间色	″	″	鬈发	稀	″	″	直形	农民
88	69	89	52	104	″	黑色	″	黑色	波发	浓	″	″	弯曲形	″
83	70	88	50	102	″	″	″	黑褐色	″	″	长方形	″	直形	″
87	72	76	48	106	″	淡色	″	栗褐色	″	″	长椭圆形	″	″	″
87	93	71	38	106	″	蓝色	″	黑褐色	″	″	″	″	弯曲形	″
95	83	84	43	105	红褐色	黑色	无	黑色	直发	适中	短椭圆形	凸形	直形	农民
86	70	79	45	106	黄红色	″	″	″	″	浓	长椭圆形	″	″	集市管理员
92	76	71	42	102	红褐色	″	″	″	″	稀	短椭圆形	″	″	农民
79	83	83	48	102	玫瑰色	中间色	″	黑褐色	″	浓	长椭圆形	″	″	″
80	85	85	49	101	″	″	″	″	″	适中	阔形	″	″	″
85	86	75	48	104	″	″	″	″	″	浓	长椭圆形	″	″	″
87	93	84	48	104	″	″	″	栗褐色	″	″	″	″	鹰钩形	″
92	83	86	50	102	红褐色	″	″	黑色	″	″	阔形	″	弯曲形	″
84	80	75	45	104	″	″	″	″	″	稀	长方形	″	直形	″
88	83	78	45	105	玫瑰色	黑色	″	″	″	浓	短椭圆形	″	″	″
88	69	79	48	108	″	″	″	黑褐色	″	″	长椭圆形	″	凹形	向导
82	80	86	52	104	红褐色	″	″	白色	″	″	短椭圆形	″	?	农民
83	77	77	52	101	″	″	″	灰色	″	″	长椭圆形	″	直形	″
92	83	77	41	102	玫瑰色	中间色	″	栗褐色	″	适中	短椭圆形	″	″	″
89	82	77	43	104	″	黑色	″	黑褐色	″	浓	″	″	弯曲形	″
80	84	81	45	101	红褐色	″	″	黑色	″	″	阔形	″	直形	″
87	78	76	37		玫瑰色	中间色	″	黑褐色	″	″	圆形	″	″	″
89	85	83	47	102	″	黑色	″	黑色	″	适中	长椭圆形	″	″	″
78	78	84	51	102	红褐色	中间色	″	灰色	″	浓	″	″	弯曲形	″
87	69	79	49	102	″	″	″	″	″	″	″	″	直形	″
82	79	84	47	105	″	″	″	黑色	″	稀	短椭圆形	″	″	″
75	76	84	40	104	″	黑色	″	″	″	″	长椭圆形	″	″	″
89	72	73	44	101	″	中间色	″	黑褐色	″	浓	短椭圆形	″	″	″
88	85	78	46	104	″	黑色	″	黑色	″	稀	″	″	弯曲形	″
89	71	88	53	106	″	″	″	黑褐色	″	″	长椭圆形	″	″	″
89	82	83	45	104	″	中间色	″	栗褐色	″	浓	″	″	直形	村长
73	70	78	42	106	″	″	″	黑褐色	″	″	阔形	″	″	乞丐
86	81	90	48	104	″	″	″	″	″	″	长椭圆形	″	凹形	头人

续表

编号	名字	年龄	地点	1	2	3	4	9	9a	U.F.L.	H.Cir.	16	20
426	Kusup-aldi	50	Kulan-sarik	187	160	52	42	139	125	67	580	1675	1750
427	Umur	45	Kara-bulak	181	168	53	33	141	129	75	560	1670	1700
428	Mulla Kurban	36	Soma-tash	182	167	53	40	147	112	61	550	1670	1715
429	Mulla Yakub	24	Akchik	189	164	48	35	156	113	65	555	1760	1760
430	Tilad-aldi	27	”	183	156	55	34	130	122	75	550	1610	1730
431	Sarbargish	56	Kulan-sarik	183	165	55	43	156	122	70	570	1630	1670
432	Mambet	37	Kizil-gumbaz	189	161	57	42	136	115	71	570	1640	1710
433	Kuchuk	40	Kulan-sarik	183	165	53	39	138	119	71	570	1690	1780
434	Khoja Bai	60	Akchik	173	168	47	41	137	112	66	570	1800	1880
435	Kadir Ali	26	”	178	157	46	37	137	108	67	550	1615	1630
436	Choman	33	”	185	157	58	38	147	122	68	580	1550	1570
437	Sayid	63	Kulan-sarik	185	161	44	40	135	106	67?	565	1630	1680
438	Kalabeg	45	Kungrach	180	157	51	33	147	116	69	560	1630	1700
439	Suranche	55	Yalanche	187	164	44	40	149	106	66	580	1625	1690
440	Ibrahim	27	Akchik	186	158	53	36	149	115	74	570	1675	1680
441	Alim Beg	59	Aktala	174	164	51	34	150	115	65	565	1520	1550
442	Turdali	28	Safarbai	183	166	49	40	140	108	64	565	1590	1630
443	Turdakhun	27	Kurban-sarik	184	157	42	36	157	118	65	570	1590	1670
444	Turde-ala	27	Kara-bulak	181	165	54	40	147	120	63	560	1620	1700
445	Yusunali	25	Safarbai	188	160	52	40	149	121	65	570	1630	1660
446	Borbash	26	Akchik	180	161	45	36	149	111	67	555	1690	1765
447	Karabeg	73	Kizil-gumbaz	198	163	48	41	152	115	64	595	1690	1770
448	Topbash	40	Akchik	190	162	58	40	156	122	72	580	1700	1850
449	Jinali	25	Hasabai	167	161	47	40	140	113	65	532	1620	1720
450	Mangush Bai	38	Kongtai	180	161	43	36	147	103	65	560	1700	1790
451	Moman Bai	65	”	180	164	49	42	147	111	71	565	1580	1730
452	Ata Asam	39	”	180	154	46	32	146	105	61	550	1570	1710
453	Nurbeg	67	”	182	158	52	47	146	124	72	550	1660	1770
454	Haji	23	”	175	153	40	35	144	95	50	545	1590	1655
455	Chiranna	26	”	173	161	46	33	145	101	60	545	1520	1550
456	Ruwat	27	”	189	156	44	35	141	120	55	550	1550	1630
458	Tawalde	29	Sarbel	184	160	46	39	147	107	69	570	1680	1720
459	Tungatur	52	”	194	161	43	34	129	115	68	565	1680	1710
460	Shalpak	22	”	180	159	45	40	153	110	65	550	1700	1780
461	Kölaki	27	”	186	154	49	43	153	112	57	570	1760	1810
462	Kider	24	”	187	165	52	40	147	126	71	580	1720	1750
463	Tokhtasun	22	”	182	155	52	37	141	109	68	550	1550	1620
464	Musa	20	”	175	161	50	39	140	116	70	555	1610	1600

柯尔克孜人

指数						眼睛		头发			面部			
C.	N.	F.	U.F.	S.S.	肤色	颜色	蒙古褶	发色	发形	密度	面形	侧面	鼻形	职业
93	62	91	53	102	"	"	"	"	"	稀	"	"	鹰钩形	
92	76	76	41	103	"	黑色	"	"	"	"	短椭圆形	"	直形	牧民
87	73	72	42	100	"	"	"	黑色	"	稀	阔形	"	凹形	"
85	62	94	58	107	"	"	"	"	"	"	"	"	直形	
90	78	78	45	102	玫瑰色	中间色	"	黑褐色	"	适中	长椭圆形	"	弯曲形	"
85	74	85	52	104	"	黑色	"	黑色	"	浓	短椭圆形	"	"	"
90	74	86	51	105	红褐色	"	"	"	"	稀	长椭圆形	"	直形	"
97	87	82	48	104	玫瑰色	中间色	"	黑褐色	"	适中	短椭圆形	"	"	"
88	80	79	49	101	"	黑色	"	黑色	"	"	"	"	"	"
85	66	83	46	101	红褐色	"	"	黑褐色	"	稀	阔形	"	"	"
87	91	79	50?	103	玫瑰色	中间色	"	黑色	"	"	长椭圆形	"	"	"
87	65	79	47	104	"	淡色	"	淡色	"	适中	短椭圆形	"	"	"
88	91	71	44	104	"	中间色	"	黑色	"	浓	长椭圆形	"	弯曲形	农民兼侍者
85	68	77	50	100	红褐色	黑色	"	黑褐色	"	稀	"	"	直形	牧民
94	67	77	43	102	"	中间色	"	黑色	"	"	阔形	"	弯曲形	"
91	82	77	46	103	玫瑰色	"	"	黑褐色	"	"	长椭圆形	"	直形	"
85	86	75	41	105	红褐色	黑色	"	黑色	"	"	短椭圆形	"	"	"
91	74	82	43	105	玫瑰色	中间色	"	"	"	"	"	"	"	"
85	77	81	44	102	红褐色	"	"	黑褐色	"	适中	"	"	"	"
89	80	75	45	104	玫瑰色	黑色	"	?	"	秃	圆形	"	"	"
82	85	76	42	105	"	中间色	"	灰色	"	稀	阔形	"	"	"
85	69	78	46	109	"	"	"	黑褐色	"	适中	长椭圆形	"	"	"
96	85	81	46	106	红褐色	黑色	"	黑色	"	秃	长方形	"	凹形	"
89	84	70	44	105	玫瑰色	"	"	黑褐色	"	稀	短椭圆形	"	直形	头人
91	86	75	48	110	红褐色	"	"	?	"	稀	阔形	"	弯曲形	牧民
86	70	72	42	109	"	"	"	黑色	"	"	"	"	凹形	"
87	90	85	49	101	"	"	"	黑褐色	"	"	长椭圆形	"	?	"
87	87	66	35	103	玫瑰色	中间色	"	黑色	"	秃	长方形	"	弯曲形	"
93	72	70	41	102	红褐色	"	"	"	"	稀	阔形	"	直形	"
83	80	85	39	105	玫瑰色	黑色	"	黑褐色	"	适中	长椭圆形	"	"	"
87	85	73	47	102	"	中间色	"	"	"	"	阔形	"	"	"
83	79	89	53	102	"	"	"	"	"	浓	长椭圆形	"	"	"
88	89	72	42	105	"	"	"	"	"	稀	圆形	"	鹰钩形	"
83	88	73	37	103	"	"	"	"	"	"	"	"	凹形	"
88	77	86	48	102	"	"	"	黑色	"	"	长椭圆形	"	弯曲形	"
85	71	77	48	105	"	"	"	"	"	秃	阔形	"	直形	"
92	78	83	50	99	"	"	"	"	"	稀	短椭圆形	"	"	"

表 2

群落	编号	头长						头宽						头部指数			
		M.	EM.	σ.	Eσ.	C.	EC.	M.	EM.	σ.	Eσ.	C.	EC.	M.	EM.	σ.	Eσ.
1. 卡菲尔	18	190.72	0.87	5.48	0.62	2.87	0.32	146.61	1.13	7.10	0.80	4.84	0.54	76.88	0.49	3.08	0.35
2. 吉德拉尔	22	186.64	0.92	6.42	0.65	3.51	0.36	149.64	0.91	6.33	0.64	4.23	0.43	80.26	0.60	4.20	0.43
3. 马斯图吉	28	185.64	0.83	6.50	0.59	3.50	0.32	149.39	0.75	5.89	0.53	3.88	0.35	80.57	0.43	3.39	0.31
4. 萨里库勒	40	183.23	0.52	4.85	0.37	2.65	0.20	149.95	0.79	7.44	0.56	4.96	0.37	81.88	0.46	4.32	0.33
5. 巴格吉格代	12	184.42	1.24	6.38	0.88	3.46	0.48	146.67	0.88	4.50	0.62	3.07	0.42	79.62	0.68	3.50	0.48
6. 帕赫铺	25	186.88	0.75	5.72	0.53	3.06	0.29	148.56	0.49	3.60	0.34	2.42	0.23	79.88	0.37	2.75	0.26
7. 尼萨	9	189.56	1.04	4.62	0.73	2.44	0.39	148.78	0.72	3.22	0.51	2.16	0.34	78.44	0.37	1.64	0.26
8. 库克牙	37	179.19	0.63	5.69	0.45	3.18	0.25	153.22	0.67	6.08	0.48	3.97	0.31	85.44	0.39	3.56	0.28
9. 喀让古塔格	21	191.67	1.07	8.72	0.91	4.55	0.47	149.00	0.59	4.02	0.42	2.70	0.28	77.85	0.54	3.69	0.38
10. 库尔勒	14	184.21	0.91	5.06	0.65	2.74	0.35	158.21	0.65	3.61	0.46	2.28	0.29	85.96	0.60	3.31	0.42
11. 瓦罕	19	184.74	0.95	6.15	0.67	3.33	0.36	155.68	0.91	5.44	0.60	3.49	0.38	84.81	0.60	3.90	0.43
12. 吐鲁番	72	183.64	0.41	5.13	0.29	2.79	0.16	156.15	0.44	5.50	0.31	3.52	0.20	85.07	0.31	3.92	0.22
13. 和田	67	182.50	0.52	6.24	0.37	3.42	0.20	153.47	0.45	5.41	0.32	3.53	0.21	84.21	0.36	4.38	0.26
14. 哈密	21	187.70	0.72	4.80	0.51	2.56	0.38	152.85	0.88	5.84	0.62	3.82	0.41	85.01	0.68	4.51	0.48
15. 若羌	12	190.67	1.78	9.11	1.25	4.78	0.66	154.08	1.05	5.39	0.74	3.50	0.48	81.42	0.87	4.46	0.61
16. 罗布	38	193.97	0.74	6.78	0.52	3.50	0.27	151.11	0.55	5.00	0.39	3.31	0.26	77.92	0.32	2.91	0.23
17. 汉族	20	192.45	0.78	5.18	0.55	2.17	0.23	145.55	0.57	3.77	0.40	2.59	0.28	76.54	0.36	2.38	0.25
18. 于田	21	179.95	1.07	7.25	0.75	4.03	0.42	154.81	0.88	5.97	0.62	3.89	0.40	86.13	0.65	4.58	0.46
19. 民丰	18	178.44	0.79	4.96	0.56	2.78	0.31	153.83	0.94	5.90	0.66	3.84	0.43	86.30	0.61	3.86	0.43
20. 普罗	31	185.45	0.83	6.83	0.59	3.14	0.28	150.00	0.64	5.25	0.45	3.50	0.30	81.02	0.54	4.43	0.38
21. 阿克苏	13	173.92	1.35	7.25	0.96	4.17	0.55	155.00	1.24	6.62	0.88	4.27	0.56	89.20	0.68	3.65	0.48
22. 法伊扎巴德	12	181.92	1.23	6.30	0.87	3.46	0.48	155.08	0.85	4.25	0.60	2.81	0.39	85.37	0.80	4.12	0.57
23. 柯坪	15	180.47	1.32	7.58	0.93	4.20	0.52	156.33	1.06	6.10	0.75	3.90	0.48	86.73	0.72	4.13	0.51
24. 多浪	16	182.20	1.12	6.24	0.79	3.52	0.44	156.47	0.91	5.23	0.64	3.34	0.41	85.39	0.84	4.83	0.59
25. 柯尔克孜	38	180.50	0.70	6.48	0.50	3.59	0.28	160.84	0.42	3.86	0.30	2.40	0.49	88.18	0.39	3.59	0.28

表 3

群落	编号	鼻长						鼻宽						鼻部指数			
		M.	EM.	σ.	Eσ.	C.	EC.	M.	EM.	σ.	Eσ.	C.	EC.	M.	EM.	σ.	Eσ.
1. 卡菲尔	18	46.17	0.59	3.94	0.41	8.5	0.9	32.94	0.48	3.05	0.34	9.3	0.9	72.06	1.34	10.38	0.94
2. 吉德拉尔	22	50.55	0.53	2.74	0.38	5.4	0.8	32.36	0.43	2.52	0.30	7.8	0.8	64.27	1.21	6.78	0.85
3. 马斯图吉	23	46.79	0.47	4.62	0.33	9.9	0.7	33.61	0.38	3.12	0.27	9.3	0.7	72.54	1.07	9.10	0.76
4. 萨里图库勒	40	47.60	0.39	3.67	0.28	7.7	0.6	34.02	0.32	3.04	0.23	8.9	0.6	71.95	0.90	8.70	0.63
5. 巴格吉格代	12	45.42	0.72	2.68	0.51	5.9	1.1	34.92	0.61	3.11	0.41	8.9	1.1	77.25	1.63	7.40	1.16
6. 帕赫铺	25	48.68	0.50	3.78	0.35	7.8	0.7	35.68	0.40	2.40	0.29	6.7	0.8	73.80	1.13	7.82	0.80
7. 尼萨	9	50.00	0.83	4.61	0.59	9.2	1.2	37.00	0.67	2.69	0.48	7.3	1.3	74.67	1.89	7.02	1.34
8. 库克牙	37	50.59	0.41	3.53	0.29	7.0	0.6	36.73	0.33	2.59	0.23	7.1	0.6	73.00	0.93	6.81	0.66
9. 喀让古塔格	21	51.43	0.54	4.28	0.38	8.3	0.8	36.76	0.44	3.07	0.31	8.3	0.9	71.95	1.24	11.10	0.87
10. 库尔勒	14	47.71	0.67	4.10	0.47	8.6	1.0	37.50	0.54	2.30	0.38	6.1	1.0	78.00	1.51	10.00	1.07
11. 瓦罕	19	50.42	0.57	2.74	0.40	5.4	0.8	35.84	0.46	3.22	0.33	9.0	0.9	71.32	1.30	7.44	0.92
12. 吐鲁番	72	47.43	0.29	2.99	0.21	8.1	0.4	36.99	0.24	3.31	0.17	7.0	0.5	78.29	0.67	7.84	0.47
13. 和田	67	49.91	0.31	3.81	0.22	7.6	0.4	36.89	0.25	3.08	0.18	8.4	0.5	74.70	0.64	7.83	0.46
14. 哈密	21	48.48	0.54	2.99	0.38	6.2	0.8	37.81	0.44	2.26	0.31	6.0	0.9	78.90	1.24	6.22	0.87
15. 若羌	12	47.92	0.72	4.14	0.51	8.5	1.1	37.92	0.58	4.14	0.41	10.9	1.1	79.42	1.63	7.55	1.16
16. 罗布	38	47.11	0.40	4.18	0.29	8.9	0.6	35.45	0.33	3.03	0.23	8.5	0.6	75.76	0.92	9.84	0.65
17. 汉族	20	45.20	0.56	4.08	0.39	9.0	0.8	35.10	0.45	4.62	0.32	13.1	0.9	78.20	1.27	12.18	0.90
18. 于田	21	45.71	0.43	2.92	0.30	6.4	0.7	37.00	0.39	2.62	0.27	7.1	0.7	81.24	0.98	6.64	0.69
19. 民丰	18	45.72	0.59	3.84	0.41	8.4	0.9	37.39	0.48	2.38	0.34	6.4	0.9	82.28	1.34	8.06	0.91
20. 普罗	31	49.90	0.45	4.31	0.32	8.6	0.7	36.45	0.37	3.53	0.26	9.7	0.7	73.39	1.03	7.72	0.73
21. 阿克苏	13	52.85	0.69	4.79	0.49	9.1	1.0	36.54	0.56	3.68	0.40	10.1	1.1	70.23	1.57	12.68	1.11
22. 法伊扎巴德	-2	53.67	0.72	4.28	0.51	8.0	1.1	36.17	0.58	3.22	0.41	8.9	1.1	67.83	1.63	7.79	1.16
23. 柯坪	-5	48.60	0.64	3.25	0.45	6.7	0.9	38.67	0.52	3.01	0.37	7.8	1.0	79.67	1.63	7.98	1.03
24. 多浪	16	51.19	0.62	3.23	0.44	6.3	0.9	39.94	0.51	3.14	0.36	7.9	1.0	78.19	1.42	5.18	1.00
25. 柯尔克孜	38	49.26	0.40	4.56	0.29	9.3	0.6	38.21	0.33	3.40	0.23	8.9	0.6	78.13	0.92	8.22	0.65

表 4

群落	No.	面长						面宽						面部指数			
		M.	EM.	σ.	Eσ.	C.	EC.	M.	EM.	σ.	Eσ.	C.	EC.	M.	EM.	σ.	Eσ.
1. 卡菲尔	18	112.72	1.06	7.88	0.75	7.1	0.7	116.06	0.92	6.04	0.65	5.2	0.5	97.17	0.92	4.94	0.65
2. 吉德拉尔	22	116.92	0.96	7.27	0.68	6.2	0.6	121.95	0.84	6.47	0.59	5.3	0.5	96.23	0.83	7.12	0.59
3. 马斯图吉	28	112.04	0.85	8.65	0.60	7.7	0.5	119.93	0.74	7.65	0.52	6.4	0.4	93.25	0.74	5.74	0.52
4. 萨里库勒	40	112.67	0.71	6.58	0.50	5.8	0.4	125.75	0.62	4.65	0.44	3.7	0.3	89.62	0.62	5.01	0.44
5. 巴格吉格代	12	112.33	1.30	8.06	0.92	7.2	0.8	124.58	1.13	4.92	0.80	3.9	0.6	90.42	1.12	6.03	0.79
6. 帕赫铺	25	114.60	0.90	5.71	0.64	5.0	0.6	125.64	0.78	3.68	0.55	2.9	0.4	91.28	0.78	5.26	0.55
7. 尼萨	9	113.11	1.50	4.11	1.06	3.6	0.9	129.78	1.31	6.45	0.92	5.0	0.7	87.33	1.30	5.45	0.92
8. 库克牙	37	117.97	0.74	5.61	0.52	4.8	0.5	129.38	0.64	4.94	0.46	3.8	0.4	92.70	0.64	5.22	0.45
9. 喀让古塔格	21	117.24	0.98	6.89	0.70	5.9	0.6	131.20	0.86	3.21	0.61	2.4	0.5	89.48	0.85	5.66	0.60
10. 库尔勒	14	118.00	1.21	8.12	0.85	6.9	0.7	131.79	1.05	5.34	0.74	4.1	0.6	89.14	1.04	5.43	0.74
11. 瓦罕	19	115.00	1.04	5.24	0.73	4.6	0.6	128.00	0.90	6.19	0.64	4.8	0.5	89.47	0.89	5.98	0.63
12. 吐鲁番	72	117.93	0.53	5.56	0.38	4.7	0.3	131.89	0.46	4.90	0.33	3.7	0.3	89.47	0.46	5.04	0.32
13. 和田	67	117.45	0.51	6.20	0.36	5.3	0.3	136.00	0.57	6.96	0.41	5.1	0.3	86.31	0.53	6.48	0.38
14. 哈密	21	116.67	0.98	5.51	0.70	4.7	0.6	127.62	0.85	5.37	0.61	4.2	0.5	91.71	0.85	6.08	0.60
15. 若羌	12	115.75	1.30	10.45	0.92	9.0	0.8	134.25	1.13	5.89	0.80	5.1	0.6	86.25	1.12	4.82	0.79
16. 罗布	38	111.13	0.73	7.94	0.52	7.1	0.5	130.79	0.64	5.82	0.45	4.4	0.3	85.00	0.63	6.01	0.45
17. 汉族	20	117.20	1.01	8.31	0.71	7.1	0.6	127.35	0.88	5.77	0.62	4.5	0.5	92.70	0.87	7.11	0.62
18. 于田	21	112.48	0.90	6.10	0.63	5.4	0.6	134.43	0.94	6.37	0.66	4.7	0.6	83.60	0.78	5.46	0.55
19. 民丰	18	112.44	1.06	4.61	0.75	4.1	0.7	129.56	0.92	5.84	0.65	4.5	0.5	87.05	0.92	3.80	0.65
20. 普罗	31	115.45	0.82	6.78	0.58	5.9	0.5	139.77	0.72	4.74	0.51	3.4	0.4	83.58	0.71	5.57	0.50
21. 阿克苏	13	111.69	1.25	8.26	0.88	7.4	0.8	139.08	1.08	5.95	0.77	4.3	0.6	80.62	1.08	6.00	0.76
22. 法伊扎巴德	12	121.50	1.30	7.04	0.92	5.8	0.8	141.92	0.13	5.16	0.80	3.6	0.6	85.67	1.12	5.38	0.79
23. 柯坪	15	113.47	1.16	8.11	0.82	7.1	0.7	141.53	1.01	7.11	0.72	5.0	0.6	80.20	1.01	5.65	0.71
24. 多浪	16	117.12	1.13	6.07	0.80	6.9	0.7	145.62	0.98	5.82	0.69	4.0	0.5	80.50	0.97	4.05	0.69
25. 柯尔克孜	38	114.18	0.73	7.38	0.52	6.5	0.5	145.00	0.64	6.89	0.45	4.8	0.3	78.95	0.63	6.38	0.45

表 5

群落	No.	上面长 M.	EM.	σ.	Eσ.	C.	EC.	上面指数 M.	EM.	σ.	Eσ.	头水平周 M.	EM.	σ.	Eσ.	C.	EC.
1. 卡菲尔	13	63.89	0.74	3.93	0.52	6.2	0.8	55.06	0.63	3.43	0.44	555.6	2.20	22.0	1.55	4.0	0.3
2. 吉德拉尔	22	67.64	0.67	4.21	0.48	6.2	0.7	55.68	0.57	4.11	0.40	555.0	1.99	15.1	1.41	2.7	0.3
3. 马斯图吉	23	65.54	0.60	4.55	0.42	6.9	0.6	54.64	0.50	3.80	0.36	566.4	1.76	15.5	1.25	2.7	0.2
4. 萨里库勒	40	66.05	0.50	5.32	0.35	8.1	0.5	52.45	0.42	4.48	0.30	543.0	1.48	12.4	1.04	2.3	0.2
5. 巴格吉格代	12	66.17	0.91	3.37	0.64	5.1	1.1	53.17	0.77	3.30	0.54	542.7	2.69	14.6	1.90	2.7	0.4
6. 帕赫铺	25	66.80	0.63	4.27	0.45	6.4	0.7	53.20	0.53	3.73	0.38	540.6	1.87	11.3	1.32	2.1	0.3
7. 尼萨	9	67.33	1.05	3.93	0.74	5.8	1.1	52.11	0.89	4.60	0.63	552.8	3.11	12.8	2.20	2.3	0.4
8. 库克牙	37	69.86	0.52	3.66	0.37	5.2	0.6	54.08	0.44	3.48	0.31	537.4	1.53	16.9	1.08	3.2	0.2
9. 喀让让古塔格	21	68.71	0.69	4.85	0.49	7.1	0.7	52.62	0.58	3.89	0.41	553.6	2.04	13.9	1.44	2.5	0.3
10. 库尔勒	14	67.64	0.84	5.28	0.60	7.8	0.9	51.14	0.71	3.90	0.50	554.3	2.50	8.4	1.76	1.5	0.3
11. 瓦罕	19	68.58	0.72	5.02	0.51	7.3	0.8	53.68	0.61	4.90	0.43	551.8	2.14	16.0	1.51	2.9	0.1
12. 吐鲁番	72	67.35	0.37	3.95	0.26	5.9	0.4	51.31	0.31	3.48	0.22	550.6	1.10	11.7	0.78	2.1	0.1
13. 和田	44	66.86	0.46	4.50	0.33	6.7	0.5	49.47	0.44	4.28	0.31	544.2	1.12	11.0	0.79	2.0	0.3
14. 哈密	21	67.10	0.69	4.09	0.49	6.1	0.7	52.57	0.58	4.36	0.41	553.6	2.04	8.4	1.44	1.5	0.4
15. 叶城	12	69.83	0.91	5.88	0.64	8.4	1.0	52.00	0.77	2.53	0.54	569.2	2.70	14.1	1.90	2.5	0.2
16. 罗布	38	68.87	0.51	5.17	0.36	7.5	0.5	52.71	0.43	3.98	0.31	576.1	1.51	16.3	1.07	2.8	0.3
17. 汉族	20	68.85	0.70	5.54	0.50	8.1	0.7	54.45	0.59	4.47	0.42	575.5	2.09	18.3	1.47	3.2	0.5
18. 于田	5	64.00	0.68	3.35	0.48	5.2	1.1	49.20	0.94	3.94	0.67	546.2	4.10	13.6	2.95	2.6	0.3
19. 民丰	18	64.56	0.74	4.44	0.52	6.9	0.8	49.22	0.63	3.00	0.44	542.2	2.20	18.0	1.55	3.3	0.2
20. 普罗	31	67.74	0.58	4.19	0.41	5.2	0.6	48.68	0.49	3.58	0.34	550.5	1.70	14.7	1.20	2.7	0.4
21. 阿克苏	13	67.62	0.87	4.33	0.62	6.4	0.9	48.69	0.74	3.72	0.52	547.3	2.59	13.4	1.83	2.5	0.4
22. 法伊扎巴德	12	67.92	0.91	6.71	0.64	9.9	1.0	48.08	0.77	5.35	0.54	549.2	2.70	14.1	1.90	2.6	0.4
23. 柯坪	15	65.93	0.81	5.15	0.58	7.8	0.9	46.60	0.69	3.49	0.49	551.0	2.41	17.8	1.70	3.2	0.3
24. 多浪	16	68.06	0.97	5.73	0.56	8.4	0.8	45.87	0.66	4.53	0.47	557.0	2.41	17.3	1.70	3.1	0.3
25. 柯尔克孜	38	66.42	0.51	5.19	0.36	7.8	0.6	45.87	0.43	4.61	0.30	566.5	1.51	12.8	1.07	2.3	0.2

表6

群落	No.	上面长						上面指数						头水平围			
		M.	EM.	σ.	Eσ.	C.	EC.	M.	EM.	σ.	Eσ.	C.	EC.	M.	EM.	σ.	Eσ.
1. 卡菲尔	18	166.78	0.90	6.33	0.64	3.8	0.4	170.78	1.00	7.00	0.71	4.1	0.4	102.56	0.34	2.27	0.24
2. 吉德拉尔	22	168.45	0.81	5.93	0.58	3.5	0.3	171.50	0.90	7.17	0.64	4.2	0.4	101.82	0.31	2.33	0.22
3. 马斯图吉	28	166.61	0.72	7.04	0.51	4.2	0.3	169.93	0.80	7.29	0.57	4.3	0.3	102.00	0.27	3.66	0.19
4. 萨里库勒	40	163.77	0.60	4.43	0.43	2.7	0.3	166.40	0.67	6.25	0.47	3.8	0.3	101.55	0.23	1.42	0.16
5. 巴格吉格代	12	164.75	1.10	7.32	0.78	4.4	0.5	168.33	1.22	5.94	0.86	3.5	0.5	103.25	0.42	2.44	0.29
6. 帕赫铺	25	160.40	0.76	4.95	0.54	3.1	0.3	162.60	0.85	5.05	0.60	3.1	0.4	101.32	0.29	1.80	0.20
7. 尼萨	9	160.22	1.27	4.95	0.90	3.1	0.5	159.56	1.41	5.43	1.00	3.4	0.6	99.44	0.48	1.47	0.34
8. 库克牙	37	162.92	0.63	5.89	0.44	3.6	0.3	166.30	0.70	7.89	0.49	4.8	0.3	102.22	0.24	2.35	0.17
9. 喀让古塔格	21	166.05	0.83	5.29	0.59	3.2	0.4	166.10	0.92	7.09	0.65	4.3	0.4	100.05	0.31	2.04	0.22
10. 库尔勒	14	166.79	1.02	7.06	0.72	4.2	0.4	167.29	1.13	8.39	0.80	5.0	0.5	99.86	0.39	2.40	0.27
11. 瓦罕	19	168.00	0.88	6.18	0.62	3.7	0.4	170.16	0.97	5.35	0.69	3.1	0.4	101.32	0.33	1.87	0.23
12. 吐鲁番	72	166.26	0.45	5.70	0.32	3.4	0.2	168.00	0.50	6.58	0.35	3.9	0.2	100.99	0.17	2.17	0.12
13. 和田	67	165.52	0.46	5.55	0.32	3.4	0.2	167.81 *	0.68	6.59	0.48	3.9	0.3	101.05 *	0.25	2.47	0.18
14. 哈密	21	163.00	0.83	4.95	0.59	3.0	0.4	164.57	0.92	6.61	0.56	4.0	0.4	100.95	0.31	2.11	0.22
15. 若羌	12	167.83	1.10	7.46	0.78	4.4	0.5	170.75	1.22	8.69	0.86	5.1	0.5	101.83	0.42	1.93	0.29
16. 罗布	38	169.50	0.62	7.03	0.44	4.1	0.3	170.89	0.69	6.81	0.49	4.0	0.3	100.82	0.23	1.28	0.17
17. 汉族	20	166.70	0.85	5.17	0.60	3.1	0.4	166.95	0.95	5.02	0.67	3.0	0.4	100.20	0.32	2.21	0.23
18. 于田	21	161.25	0.93	6.29	0.65	3.9	0.3	167.20†	1.07	3.54	0.76	2.1	0.4	99.40†	0.59	1.96	0.42
19. 民丰	18	162.50	0.90	5.04	0.64	3.1	0.4	164.94	1.00	5.61	0.71	3.4	0.4	101.50	0.34	2.37	0.24
20. 普罗	31	164.42	0.70	5.83	0.49	3.5	0.3	164.39	0.77	6.15	0.35	3.7	0.3	99.87	0.26	1.55	0.19
21. 阿克苏	13	163.77	1.06	5.85	0.75	3.6	0.5	169.15	1.17	5.07	0.83	3.0	0.5	103.31	0.40	2.18	0.28
22. 法伊扎巴德	12	166.92	1.10	4.92	0.78	3.0	0.5	173.25	1.22	5.22	0.86	3.0	0.5	103.83	0.42	2.29	0.29
23. 柯坪	15	165.00	0.98	4.46	0.70	2.7	0.4	171.47	1.09	5.14	0.77	3.0	0.4	104.07	0.37	1.89	0.26
24. 多浪	16	164.12	0.95	4.61	0.67	2.8	0.4	170.20‡	1.09	5.89	0.77	3.5	0.4	103.20‡	0.35	1.66	0.26
25. 柯尔克孜	38	164.08	0.62	6.46	0.44	3.9	0.3	170.34	0.69	7.52	0.49	4.4	0.3	103.63	0.23	2.40	0.17

* 只测量了 34 例。　† 只测量了 5 例。　‡ 只测量了 15 例。

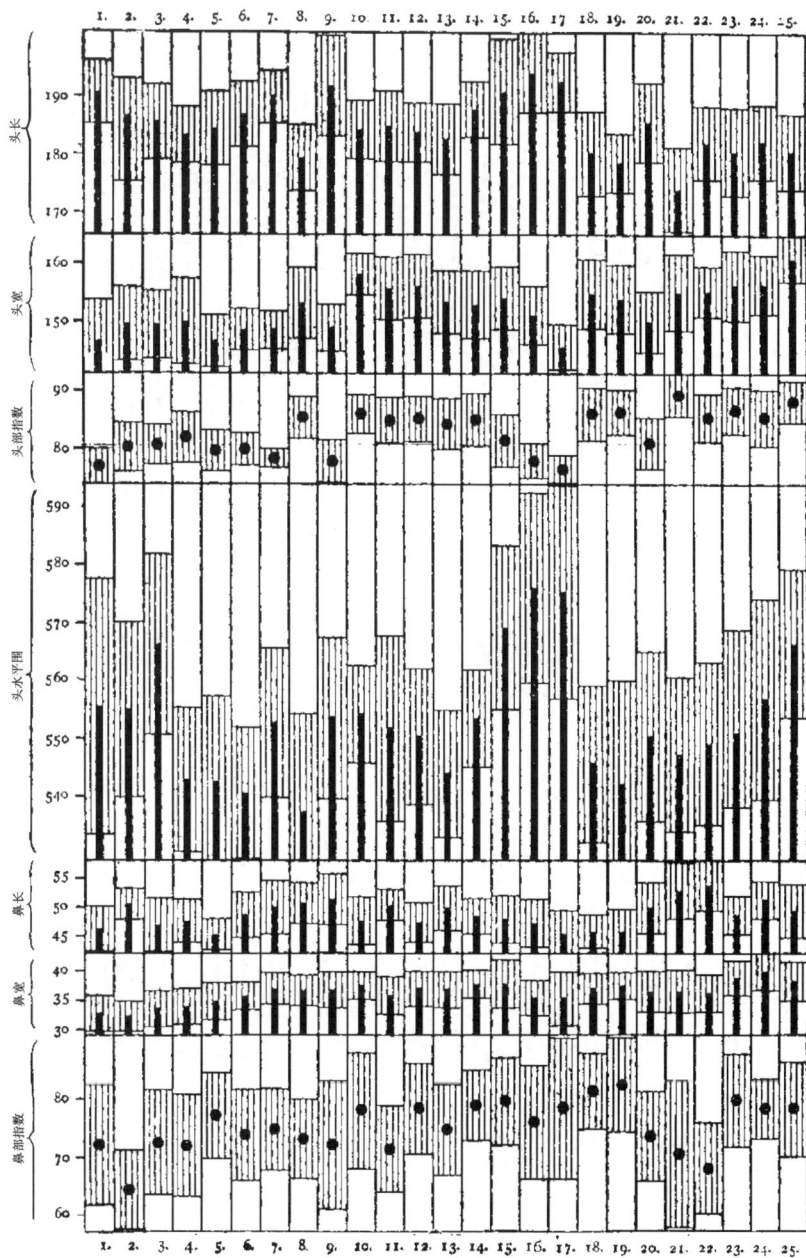

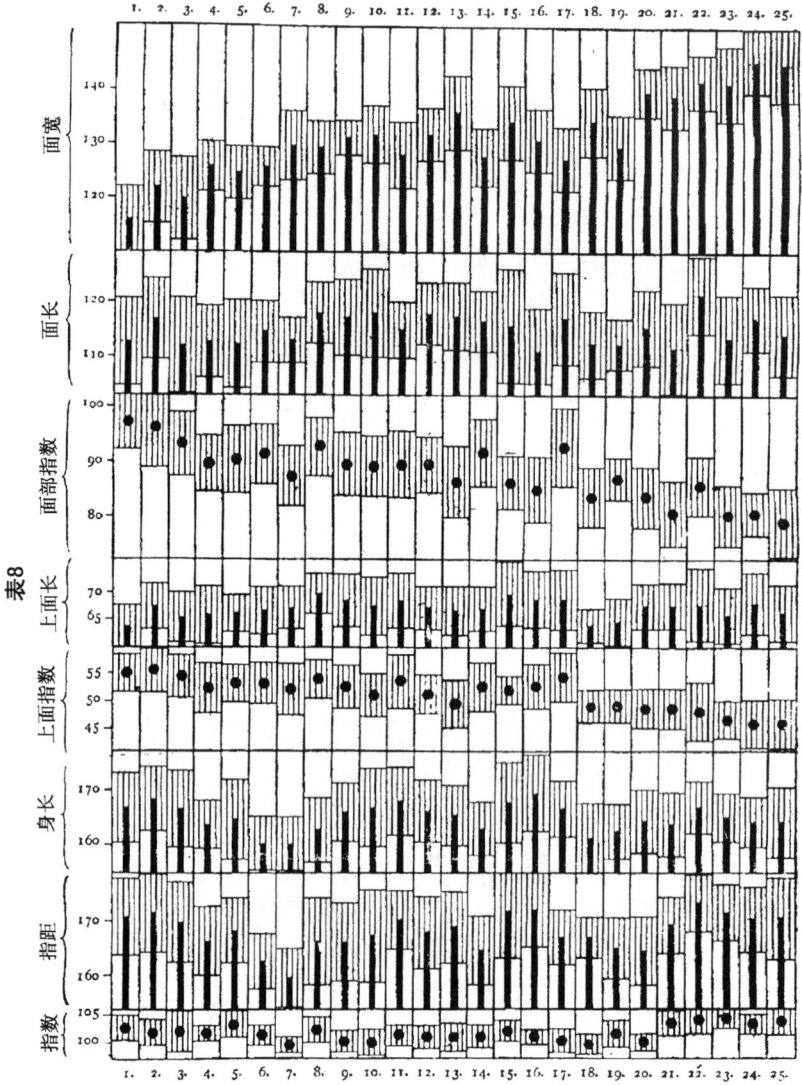

表8

面宽　面长　面部指数　上面长　上面指数　身长　指距　指数

1.卡菲尔	6.帕赫甫	11.瓦罕	16.罗布	21.阿克苏
2.吉德拉尔	7.尼萨	12.吐鲁番	17.汉族	22.法伊扎巴德
3.马斯图吉	8.库克牙	13.和田	18.于田	23.柯坪
4.萨里库勒	9.喀让古塔格	14.哈密	19.民丰	24.多浪
5.巴格吉格代	10.库尔勒	15.若羌	20.普罗	25.柯尔克孜

表 9

地点	卡菲尔尔	吉德拉尔	马斯翌吉	萨里库勒	巴格吉格勒代	帕赫甫	尼萨	库克牙格	喀让古塔格	库尔勒	瓦罕	吐鲁番	和田	哈密	若羌	罗布	汉族	于田	民丰	普罗	阿克苏	法伊扎德	柯坪	多浪
吉德拉尔	5.92	—	—	—	—	—	—	—	—	—	—	—	—	—	—	—	—	—	—	—	—	—	—	—
马斯翌吉	4.18	4.84	—	—	—	—	—	—	—	—	—	—	—	—	—	—	—	—	—	—	—	—	—	—
萨里库勒	7.91	6.75	4.71	—	—	—	—	—	—	—	—	—	—	—	—	—	—	—	—	—	—	—	—	—
巴格吉格勒代	6.48	8.44	5.94	3.66	—	—	—	—	—	—	—	—	—	—	—	—	—	—	—	—	—	—	—	—
帕赫甫	9.42	8.11	6.27	4.10	4.78	—	—	—	—	—	—	—	—	—	—	—	—	—	—	—	—	—	—	—
尼萨	10.49	11.73	7.31	6.70	9.13	5.36	—	—	—	—	—	—	—	—	—	—	—	—	—	—	—	—	—	—
库克牙	11.82	8.21	8.03	5.63	8.28	6.58	9.27	—	—	—	—	—	—	—	—	—	—	—	—	—	—	—	—	—
喀让古塔格	8.72	7.13	7.43	6.93	8.51	5.47	4.61	6.02	—	—	—	—	—	—	—	—	—	—	—	—	—	—	—	—
库尔勒	12.55	10.99	8.67	7.19	8.86	8.52	8.48	6.76	7.02	—	—	—	—	—	—	—	—	—	—	—	—	—	—	—
瓦罕	8.99	6.76	5.76	6.31	7.62	6.39	8.57	5.00	5.51	4.50	—	—	—	—	—	—	—	—	—	—	—	—	—	—
吐鲁番	9.98	10.11	6.64	5.93	6.90	7.45	8.30	6.28	6.14	2.03	3.94	—	—	—	—	—	—	—	—	—	—	—	—	—
和田	12.39	9.19	8.47	5.80	7.28	6.96	7.32	4.91	5.77	4.62	4.80	2.98	—	—	—	—	—	—	—	—	—	—	—	—
哈密	9.34	8.68	6.34	5.46	6.98	4.55	5.68	6.04	4.93	4.61	5.57	4.71	6.62	—	—	—	—	—	—	—	—	—	—	—
若羌	9.79	8.69	7.08	6.12	7.54	8.30	7.89	7.95	6.33	5.82	5.71	5.97	5.78	4.92	—	—	—	—	—	—	—	—	—	—
罗布	8.71	8.97	6.59	6.47	8.42	8.22	7.52	10.69	5.54	9.27	7.92	8.21	6.96	6.77	4.30	—	—	—	—	—	—	—	—	—
汉族	6.32	8.17	6.47	6.44	8.59	8.67	6.88	9.91	4.84	10.66	8.63	9.30	9.90	6.96	6.73	5.20	—	—	—	—	—	—	—	—
于田	12.85	14.88	10.55	9.77	9.06	9.71	8.67	9.43	6.31	10.54	9.09	8.24	9.29	6.84	7.10	8.24	6.59	—	—	—	—	—	—	—
民丰	13.67	13.50	10.02	8.55	5.87	5.79	8.12	8.67	5.48	10.68	8.86	6.28	4.06	7.90	7.53	8.16	10.07	3.64	—	—	—	—	—	—
普罗	11.97	9.92	8.44	5.79	7.15	7.15	8.05	10.50	6.76	10.50	7.44	6.50	6.20	6.77	7.96	9.25	15.25	7.10	8.30	—	—	—	—	—
阿克苏	13.95	12.11	11.77	9.29	11.76	11.88	8.05	10.50	6.20	11.48	8.21	7.66	6.59	6.77	9.25	12.00	11.32	6.84	6.35	6.46	—	—	—	—
法伊扎德	14.58	11.03	11.64	9.89	12.19	13.19	8.95	11.63	6.59	12.00	7.92	7.24	6.51	6.20	10.22	10.76	13.30	10.09	7.32	7.32	6.73	—	—	—
柯坪	14.65	13.81	11.62	12.00	12.60	13.18	10.15	10.91	6.51	10.76	8.04	6.89	7.77	7.44	10.62	11.16	14.60	6.82	13.18	7.68	5.05	7.16	—	—
多浪	16.28	13.24	11.82	13.17	13.11	13.11	9.52	10.91	7.44	11.32	7.44	7.44	9.13	8.04	8.04	11.16	14.24	9.01	9.99	7.83	5.99	6.99	3.41	—
卡菲尔尔	15.72	15.22	12.39	11.34	12.39	11.94	13.39	13.42	14.81	12.08	8.72	8.72	9.89	8.93	9.13	12.08	15.46	8.75	9.76	10.80	6.20	8.80	2.84	3.35

表 10

群落	Σ△小干 3	Σ△小干 4	Σ△小干 5	Σ△小干 6
卡菲尔			马斯图吉	吉德拉尔
吉德拉尔			马斯图吉	卡菲尔
马斯图吉			卡菲尔,吉德拉尔,萨里库勒	瓦罕,巴格吉格代,吐鲁番,库克牙,和田,哈密,马斯图吉
萨里库勒		巴格吉格代	马斯图吉,帕赫铺	喀让古塔格,尼萨,普罗
巴格吉格代			帕赫铺	哈密,帕赫铺,普罗
帕赫铺		萨里库勒	萨里库勒,巴格吉格代,哈密	萨里库勒,瓦罕
尼萨			喀让古塔格	罗布,库克牙,瓦罕,和田
库克牙			和田	若羌
喀让古塔格			尼萨,哈密,汉族	马斯图吉,若羌,哈密,库克牙,喀让古塔格,
库尔勒			瓦罕,和田,库尔勒	萨里库勒,若羌,于田,民丰
瓦罕	吐鲁番	吐鲁番	和田,库尔勒	若羌,于田,萨里库勒,库尔勒,喀让古塔格
吐鲁番	和田,库尔勒	瓦罕	哈密	尼萨,瓦罕,萨里库勒,库尔勒,汉族
和田	吐鲁番		瓦罕,普罗,库克牙,库尔勒,吐鲁番,若羌,库尔勒,喀让古塔格,和田	瓦罕,吐鲁番,和田,库尔勒
哈密			罗布,哈密	喀让古塔格,库尔勒
若羌			若羌	罗布
罗布			喀让古塔格	吐鲁番
汉族			和田	吐鲁番
于田		民丰		帕赫铺,尼萨
民丰		于田		柯坪,多浪
普罗				
阿尔苏				阿克苏
法伊扎巴德		多浪		阿克苏
柯坪	柯尔克孜	柯坪,柯尔克孜		
多浪	柯坪	多浪		
柯尔克孜				

表 11

群落	ΣΔ大于5 多浪，柯尔克孜 柯尔克孜	ΣΔ大于14 柯坪，法伊扎巴德	ΣΔ大于13	Δ大于12	Δ大于11	Δ大于10	ΣΔ大于9
卡菲尔						尼萨	帕赫铺，吐鲁番，若羌，哈密
吉德拉尔	柯尔克孜	于田	阿克苏，民丰	和田，于田，库尔勒	普罗，库克牙	吐鲁番，库尔勒	普罗，和田
马斯图吉			柯坪，多浪，民丰	阿克苏	法伊扎巴德，尼萨，多浪，柯坪，阿克苏	民丰，于田	法伊扎巴德，克苏，尼萨
萨里库勒 巴格代 帕赫铺				柯尔克孜	柯尔克孜，多浪	柯坪	柯坪
尼萨		柯尔克孜，多浪	柯尔克孜，多浪	多浪，柯尔克孜，巴德	法伊扎巴德	阿克苏，柯坪	阿克苏，柯坪
库克牙 喀喇让古 塔格	柯尔克孜			法伊扎巴德	阿克苏	罗布	罗布
库尔勒			柯尔克孜		吉德拉尔，阿克苏，卡菲尔	卡菲尔	卡菲尔
瓦罕				卡菲尔	柯尔克孜，卡菲尔	罗布，柯坪	罗布，柯坪
吐鲁番						法伊扎巴德，阿克苏，多浪	法伊扎巴德，阿克苏，多浪
和田				卡菲尔		吉德拉尔，汉族	吉德拉尔，汉族
哈密					法伊扎巴德		卡菲尔，汉族，柯尔克孜
若羌				阿克苏，柯尔克孜	法伊扎巴德，多浪	多浪，柯坪，阿克苏	卡菲尔
罗布	柯尔克孜，柯坪，阿克苏	法伊扎巴德		民丰	法伊扎巴德，多浪	帕赫铺，柯坪，库尔勒，库克牙	库尔勒，民丰
汉族					于田	法伊扎巴德，图吉，普罗	吐鲁番，和田，库克牙，普罗 多浪，喀让古塔格，帕赫铺
于田				卡菲尔	汉族	库尔勒	罗布

续　表 11

群落	Σ△大丁15	Σ△大丁14	Σ△大丁13	△大丁12	△大丁11	△大丁10	Σ△大丁9
民丰			卡菲尔,吉德拉尔	汉族		法伊扎巴德,图昔	柯尔克孜,帕赫铺,罗布,喀让古塔格,尼萨,多浪,吉德拉尔,汉族
普罗					卡菲尔	柯尔克孜改	
阿克苏	汉族		卡菲尔	吉德拉尔,罗布	马斯图昔,帕赫铺尼萨	喀让古塔格,巴格吉格代,哈密	萨德里库勒,若羌
法伊扎巴德		卡菲尔	汉族,尼萨	帕赫铺	吉德拉代,巴格吉格代,马斯图昔,罗布,哈密	喀让古塔格,民丰,于田	萨里库勒
柯坪		卡菲尔,汉族	吉德拉尔,尼萨	帕赫铺	马斯图昔,喀让古塔格	萨里库勒,巴格格代,罗布,哈密,库克牙	萨里库勒
多浪		汉族	吉德拉尔,尼萨,帕赫铺,喀让古塔格	巴格吉格代	萨里库勒,马斯图昔,罗布	喀让古塔格,哈密	库车牙,民丰,于田
柯尔克孜	卡菲尔,吉德拉尔,汉族	卡菲尔,吉德拉尔,尼萨,汉族	帕赫铺	马斯图昔,巴格吉格代	萨里库勒,库克牙	普罗,哈密	瓦罕,和田,民丰

表 12　肤色 (%)

	褐色	玫瑰红褐色	玫瑰色	玫瑰黄色	黄色	褐黄色
卡菲尔	22	—	78	—	—	—
吉德拉尔	4	—	100	—	—	4
马斯图吉	—	—	93	—	—	—
萨里库勒	—	—	100	—	—	—
巴格吉格代	—	—	100	—	—	—
帕赫铺	—	—	100	—	—	—
尼萨	—	—	100	—	—	—
库克牙	8	8	92	—	—	—
喀让古塔格	—	—	92	—	—	—
库尔勒	—	23	54	15	8	—
瓦罕	—	—	95	—	—	5
吐鲁番	—	14	73	11	2	—
和田	—	3	94	3	—	—
哈密	—	13	80	7	—	—
若羌	—	—	100	—	—	—
罗布	—	—	97	3	65	—
汉族	—	—	35	—	—	—
于田	—	5	95	—	—	—
民丰	—	—	100	—	—	—
普罗	—	23	74	3	—	—
阿克苏	—	23	62	15	—	—
法伊扎巴德	—	25	75	7	—	—
柯坪	—	26	67	7	—	—
多浪	—	75	25	—	—	—
柯尔克孜	—	42	58	—	—	—

表 13

	发 色（%）			发 形（%）			发密度（%）	
	黑色	黑褐色	淡色和中间色	直发	波浪发	鬈发	浓密，中间	稀，秃
卡菲尔	17	56	28	28	—	72	100	—
吉德拉尔	5	91	5	—	—	100	100	—
马斯图吉	14	82	4	—	—	100	100	—
萨里库勒	18	53	30	—	—	100	100	—
巴格古格代	25	75	—	—	—	100	100	—
帕赫铺	—	68	32	—	—	100	92	8
尼萨	44	33	22	—	—	100	100	—
库克牙	35	38	26	—	—	100	69	31
喀让古塔格	—	69	31	—	—	100	100	—
库尔勒	46	46	8	—	—	100	77	23
瓦罕	5	63	32	—	—	100	100	—
吐鲁番	25	70	5	—	—	100	46	54
和田	24	56	20	2	—	98	94	6
哈密	20	73	7	—	—	100	53	47
若羌	27	73	—	—	—	100	33	67
罗布	40	34	26	—	—	100	37	63
汉族	75	20	5	95	—	5	30	70
于田	33	57	10	—	10	90	62	38
民丰	12	41	47	—	—	100	94	6
普罗	32	55	13	—	—	100	81	19
阿克苏	31	54	16	—	100	—	54	46
法伊扎巴德	10	72	19	—	83	17	92	8
柯坪	47	40	13	—	100	—	86	44
多浪	44	44	13	—	100	—	75	25
柯尔克孜	50	47	3	—	100	—	29	71

表 14：眼睛（%）

	黑色	中间	淡色	蒙古褶	微褶
卡菲尔	11	61	28	—	—
吉德拉尔	—	91	9	—	—
马斯图吉	14	79	7	—	—
萨里库勒	3	70	28	—	—
巴格吉格格代	—	92	8	—	—
帕赫赫铺	4	68	28	—	—
尼萨	78	11	—	—	—
库克牙	34	60	6	—	—
喀让古塔格	23	69	8	—	—
库尔勒	62	38	—	15	—
瓦罕	5	89	5	—	—
吐鲁番	67	28	5	19	7
和田	44	49	7	—	—
哈密	67	33	—	—	—
若羌	50	50	—	5	—
罗布	16	79	5	—	5
汉族	45	40	15	44	—
于田	29	57	14	—	5
民丰	18	53	30	—	—
普罗	68	32	—	—	—
阿克苏	77	23	—	—	—
法伊扎巴德	33	58	8	—	—
柯坪	40	47	14	—	—
多浪	44	56	—	—	—
柯尔克孜	43	55	3	*	—

＊据描述有 37% 的柯尔克孜受测者有"蒙古眼"。

表 15

群落	编号	HL.	σ	HB.	σ	Cl.	σ	NL.	σ	NB.	σ	NL.	σ	St.	σ
盖尔查	58	185	6.34	158	5.99	86	4.11	52	3.69	—	—	—	—	167	5.77
帕山	80	185	6.75	142	4.12	76	3.20	50	2.80	34	1.87	68	5.17	169	6.04
比劳奇	60	179	7.36	144	4.67	80	4.51	49	2.73	34	2.25	69	4.85	166	5.05
达德	44	190	6.77	145	5.14	75	3.00	53	3.56	34	3.31	64	7.05	164	8.08
拉达克	31	194	4.26	148	4.74	77	2.99	49	3.31	37	4.10	76	11.43	163	4.57
藏族	38	189	6.25	153	5.92	80	3.75	52	3.82	39	2.90	75	8.06	164	6.22

表 16

	盖尔查 *	帕山	比劳奇	达德	拉达克	藏族
卡菲尔	4.97	3.19	3.61	3.10	2.71	4.78
吉德拉尔	2.31	3.56	3.63	2.91	4.86	3.67
马斯图吉	3.07	3.60	2.40	3.97	3.63	3.53
萨里库勒	2.05	3.85	2.23	4.36	4.31	3.68
巴格吉格代	4.50	4.27	3.25	5.34	3.70	3.99
帕赫铺	4.18	5.26	3.80	4.66	2.69	2.76
尼萨	4.87	4.68	4.88	3.46	2.17	2.28
库克牙	2.12	6.24	4.33	6.17	5.00	3.24
喀让古塔格	3.55	3.86	3.76	2.90	1.65	2.38
库尔勒	0.79	7.23	6.43	8.55	6.38	4.02
瓦罕	0.98	4.76	4.37	5.88	5.74	3.78
吐鲁番	2.71	6.91	5.19	7.35	5.14	4.02
和田	1.71	5.55	4.20	7.07	4.19	2.48

续表 16

	盖尔查*	帕山	比劳奇	达德	拉达克	藏族
哈密	3.13	6.74	5.84	6.03	3.11	2.37
若羌	2.66	5.78	4.93	6.04	3.09	2.10
罗布	3.14	4.59	4.88	4.90	2.27	3.68
汉族	5.91	3.77	4.49	4.01	2.44	4.67
于田	2.74	8.54	6.35	8.90	5.62	4.78
民丰	3.58	9.19	6.35	9.11	6.44	5.76
普罗	2.54	3.82	3.02	4.01	2.77	2.02
阿克苏	2.58	7.34	5.11	6.72	6.94	4.42
法伊扎巴德	1.26	5.85	4.75	5.40	6.24	4.09
柯坪	1.77	7.98	5.38	8.19	5.57	3.58
多浪	1.83	7.64	6.33	7.02	5.13	3.74
柯尔克孜改	2.11	8.77	6.54	8.90	6.48	4.63
帕山	4.94	—	1.87	1.87	4.59	5.15
比劳奇	4.24	1.87	—	3.70	4.45	3.57
达德	4.68	1.87	3.07	—	3.61	4.37
拉达克	5.20	4.59	4.45	3.61	—	3.05
藏族	2.44	5.15	3.57	4.37	3.05	—

* 其 ∑ 仅有 6 个 △ 因子.

539

表 17

群落	Σ△小于 1	Σ△小于 1.5	Σ△小于 2	Σ△小于 2.5
盖尔查	于田，瓦罕	法伊扎巴德，多浪	和田，柯坪	库克牙，柯尔克孜，吉德拉尔，藏族

群落	Σ△大于 5.50	Σ△大于 5	Σ△大于 4.5
盖尔查	汉族	拉达克	卡菲尔，巴格吉格代，尼萨，德，帕山

表 18

群落	帕山	比劳奇	达德	拉达克	藏族
Σ△小于 2	帕山	帕山	喀让古塔格		
Σ△小于或等于 2.5	萨里库勒，马斯图吉	罗布，汉族，尼萨，喀让古塔格，若羌，普罗，哈密，和田，尼萨			
Σ△小于或等于 3	吉德拉尔，喀让古塔格	卡菲尔，普罗，帕赫铺	帕赫铺		
Σ△小于或等于 3.5	卡菲尔	普罗，巴格吉格代	卡非尔，尼萨	若羌，藏族，哈密	拉达克，库克牙

表 19

群落	帕山	比劳奇	达德	拉达克	藏族
Σ△大于 9	民丰	民丰	民丰		
Σ△大于或等于 8	于田，柯尔克孜				
Σ△大于或等于 7	柯坪，阿克苏，多浪，库尔勒				
Σ△大于或等于 6	柯尔克孜，于田，库尔勒，民丰，多浪	吐鲁番，多浪，和田	阿克苏，若羌，哈密，库克牙	阿克苏，库尔勒，柯尔克孜，法伊扎巴德，民德，民丰	（民丰，5.76）

附录 D

壁画和灰泥样品的检测
（取自阿克铁热克、喀拉萨依、喀达里克、米兰、明屋和敦煌）
（摘译）　　　　阿·丘奇

一、米兰样品 i 和 ii（2 件）

样品为普通苇叶和苇秆衬以黄土，外施一薄层含杂质石膏，此石膏乃用水混合成浆，几近白色，再涂以淡红色颜料。此粉红颜料为氧化铁，外层加施硫酸钙（此系分离所得，并非灰泥与颜料混合）。颜料层未见任何胶质或浆质加固物。石膏层中的有机物系从苇秆中分离而得，且不多见。

粉红底层之上则为三色（淡绿、淡黄褐色和灰色）图案。绿色为碳酸铜即孔雀石，淡黄褐色为含杂质黄土，灰色则出自中国炭墨（黑烟灰加浆制成）。此种彩绘很像普通的蛋彩画法，与欧洲壁画不同。

二、喀达里克样品 iii（1 件）

材料为黏性黄土掺以纤维，再施薄层灰泥（似帕里斯灰泥）。表层涂以粉红色含铁质颜料。白色层溶于水，遇酸亦溶，但无气泡产生。所用纤维物质即苇叶、苇秆和菜蔬纤维，材料微含石灰盐，非特意所加。无明显证据表明曾用加固黏料（胶，浆等）。

三、喀达里克样品 iv（标明在 kha.i 壁画 3 所出）

材料为纤维和以黄土加灰泥。

四、喀达里克样品 v(iv 号样品有"纤维质"标签,v 号样品有"灰泥质"标签)

材质似为轻微烧焦黄土。

五、喀拉萨依样品 vii(有"石膏灰泥质"标签)

灰泥相当坚硬,不含钙氧化硫,含水比例正常(100 度时比例为 21.98%,损失 12.21%),此样品颇具特点,其硬度强于其他颇难解释,下列数字表示与石膏之比较。

	喀拉赛灰泥	石膏
CaO	32.16	32.56
SO$_3$	45.25	46.5
H$_2$O	21.78	20.93
二氧化硅、氧化铁	0.71	

其间差别在喀拉赛样品所含硫酸微缺,其坚硬原因就在经过轻微烧焦(成型前特意烧制)。样品上有 6 瓣小花,其灰色表面有一层白色灰泥,可能是因为制作者认为烧焦后呈暗色,故加涂石膏以增白。

六、阿克铁热克样品 viii[有"红色(烧焦的?) 硬灰泥"标签]

此件极似纯粹的无釉赤陶,实为烧焦黏土,几乎不含硫酸钙和石灰石,但富含氧化铁。

七、明屋样品 x(有"部分烧焦纤维灰泥"标签)

此件为纯粹的细质黄土,部分烧焦。

八、明屋样品 xi(有"烧硬纤维灰泥"标签)

此件主要为烧焦黄土。

硫酸钙	1.83%
碳酸钙	0.62%

$$\left(\begin{array}{l}\text{假定所含硫酸全为硫酸钙,其他钙质}\\\text{则为碳酸钙,此碳酸钙呈细小结晶状}\end{array}\right)$$

九、敦煌样品 xii

此件为纤维灰泥,以黏性黄土掺动物毛和蔬菜纤维制成。

附录 E(摘译)

敦煌千佛洞佛教绘画分析

R.彼得鲁奇　　L.宾勇

一、关于出版初步计划的建议

L.彼得鲁奇

I

下面是作者 1911 年 11 月 16 日来信所提建议：

1.1　应着重研究铭文和文书写卷,特别是要研究还愿铭文提供的人物姓氏、家庭构成及官衔,可资研究当年中国佛教的发展情况。

1.2　应从宗教角度加以研究,以明了有关神祇和菩萨类型。

1.3　应按年月日期排序,以利究明中国和新疆地区佛教通史及佛教艺术史。

II

其次,应从佛像角度研究绘画,并加以分类。

1. 从佛陀开始,研究其本生画,可借助铭文识别何者为犍陀罗艺术中所无。本生画可供研究身着中国服饰的佛陀形象,以填补犍陀罗系本生画的空白。

其次,应研究北传佛教的虚构,携来考古资料可供明了对阿弥陀佛崇拜的发展和定型,以及西方净土思想的最初形成和发展。

2. 继佛陀之后应研究菩萨。我们知道北传佛教有各种类型的观音,且其化身越来越多,派生的菩萨则有药师和地藏。我们可以看出其整个发展过程:先是化成印度的僧侣,后来作为欲界之主发展到成为灵魂的保护者,并与阿弥陀佛并重。地藏菩萨如此变化,见于公元 10—11 世纪的日本佛教,地藏在日本的化身就是阿弥陀佛和观音。那完全是由敦煌发展出来的,至少可以上溯到公元 8 世纪。

3. 要探讨佛教的护法神。可以探索密宗佛像的可怕形式如何进入北传佛教。

4. 要探讨有关地狱的绘画。

5. 要探讨绘画中的非佛教成分。

III

1. 研究佛像年代学,应以有纪年的绘画为中心加以类比,得出不同风格的连续性,以阐明远东佛画史。

2. 应探讨新疆的佛教艺术发展及其与中国唐代艺术和公元 7—8 世纪日本艺术的关系。

IV

其他特殊主题包括:

1. 从木刻的角度研究远东木刻史。

2. 研究千佛的神秘特点,所见两幅千佛画之一年代为公元920年,另一千佛画则残缺。研究时可与新疆、云冈、龙门或日本的千佛加以对比。

3. 研究画卷表现的各种神秘手势及其含义。

4. 研究画卷提供的人体造型。

二、敦煌绘画——供养人物

R.彼得鲁奇

[本文初稿是彼得鲁奇1913年提出的,作者逝世后,曾由大英博物馆怀利先生负责修改补充,他查证了所有榜书题记,提出了若干修改意见,并得到沙畹先生首肯。此次发表者即修正稿——斯坦因附识。]

斯坦因携归的许多佛画,在绘画艺术和佛像史方面是很珍贵的。画上的许愿文更为我们提供了确切的年代——从公元804年到983年之间,还提供了有关供养人的资料,展示了他们的宗教情感。在我看来,研究这些绘画和佛像之前,首先应当通过榜书研究这个地区的情况。

有一件太平兴国八年七月十七日的佛画是一位敦煌官员所施观音像(见Ch.lvii.004,图版.LXVI)。其人祈求儿孙满堂、长命百岁,祈求荣华富贵,祈保国土安定、人民平安。这是一种中国传统渗入了佛教。祭祖和祈求后代昌盛是纯粹的中国理想。这位敦煌官员名叫米资(?)德。他全家入画,本人身穿官服,手拿香炉进香,香烟缭绕,三个儿子和两个孙子陪侍,都穿官服,还有三个孙子和曾孙都是小孩,跟随着官员的妻子、女儿和外孙女。

此人之妻为曹氏;儿子名愿昌,儿媳为阴氏;次子名盈某,其妻王氏;三子名百长,其妻康氏。女儿嫁与李姓,也在女性供养人行列。长孙名丑达,其妻张氏,携子在旁。还有孙儿丑定和丑儿,着童装,孙长典及曾孙着罩衣,这就是他们全家。

另一佛画 Ch.00101 的供养人有一串官衔:节度押衙、银青光禄大夫,守左迁牛卫中郎将、检校国子祭酒,殿中侍御史。但是不明其实职为何。发愿文称此人名张和荣,妻彭氏,欲求药师佛保佑他们平安回家。从绘画特点和衣着看来,此画出自唐代,其时敦煌与中原交通中断频繁,故有祈求返乡之举。

还有一幅佛画 Ch.00167(图版 LXI)是为超度亡者,也是一个张姓成员献给观音的。供养人为悼念亡父母,愿常烧香拜佛、点长明灯。其亡父为张贞住,子为敦煌步军队头,还有一位兄弟,均穿官服,余者为各自妻子。母亲李姓,儿媳一个姓宋,一个姓范。年代为开宝四年(公元 971 年)壬申九月六日。

Ch.00205 是一件粗糙的木刻,上刻普贤像,施主为杨洞芊。此人身份为敦煌归义军节度押衙,他在愿文中表示祈求边界安宁,人民安居;祈求确保安全,祈求国泰民安,祝愿太保寿比仙鹤。据此我们可以设想当时敦煌并不安宁,官吏生活不稳定而常告警。

有一件木刻 Ch.00185(见图版 CIII)的施主是另一位官员,他的头衔是归义军节度使瓜沙等州观察、处置管内营田、押蕃落使、特进检校、太傅、谯郡开国侯,此人名叫曹元忠。所刻图像为观音,刻工名雷延美。施主祈愿城隍慈悲,保护境内繁荣,少病少灾,人民和睦相处,东西交通流畅无阻,南(吐蕃)北(鞑靼)不掠不叛、警报永消。此件日期为开运四年七月十五日(公元 947 年 8 月 2 日)。当年 2 月契丹掠开封,掳宋帝北去沈阳,他们自占领皇宫、杀掠无度,致使国土荒芜。后因人民反叛,契丹带着俘虏和战利品撤走,同年 3 月 10 日宋高宗在开封即位,敦煌人在 8 月对此事并无所知,但祈求观音保佑道路平安则是正确的。

Ch.00224 则绘药师佛居中,手执木钵,右为普贤,左为文殊。施主持莲花,两个幼童相随,后为其妻携一女,此女手抱丝绢,似为敬献礼物。榜书甚残,仅见天福四年三月初八字样,其干支为己亥。

Ch.lviii.003(见图版 LXVII;又见 Th.B.图版 XXV)所绘为施主祈求药师佛保佑他恢复健康,药师佛披头巾,右手执棒,左手有摩尼珠,两菩萨侍于侧。施主为康清奴(译音),似为献给亡父母,残存榜书可以看出施主心愿,说到"他的身体如在火中"(法释文如此),他长期遭受病痛,祈求六界之主保其康复,免堕五道。榜书提到亡母阴氏、子幸通及次女,列名者无施主本人,推断其子女皆为死者,此件年代为建隆四年癸亥,五月二十二日。

Ch.lvii.001(见图版LXVIII)观音图无年款。榜书不清,仅见其人姓张,有六个子女,官衔剩一"史"字,其父左眼已盲,母亡故,似为其夫及子女替亡人请求观音保佑。

Ch.00102(见图版LX)为大幅观音图,施主全家位于观音图像下方,父名光案携子及一亲属,母及儿媳在旁侧,男者着官服。

Ch.xxxiii.001亦无年款,画面有一官人及其妻儿均拜在阿弥陀佛脚下。

Ch.xxi.001为观音画,年代为宋建隆四年十月,两官人携其妻儿供养。

Ch.xlvi.008阿弥陀佛画。似为死者而施。亡父梁进通持香炉,旁有一儿童执扇。亡岳母令狐氏手持莲花,其旁亦有一儿童作献祭状。发愿人似为死者之孙及其妻。残存榜书年款只能猜测为建德二年七月。

Ch.liv.006(见图版LXIX;另见Th.B,图版XXII)观音画,观音持净瓶。画的正反面均有题记,似乎女尼名法流(译音)者为亡弟(试殿中监)所施,其弟名张永真(译音,查图版应为张有成——译者),画面所见似孩童。两段发愿文一为四言诗,一为七言诗,皆为观音颂。施主祈求死者安升西天,生者长命百岁,此外还祈愿国家安宁。年款为天复十年七月十五日,即公元910年8月22日,但早在公元904年5月27日即已改元,公元907年六月初一尚有新帝(唐朝)登基,这些情况,看来敦煌地区对此一无所知。

Ch.xx.005佛画施主有僧侣,标明年代公元892年12月25日,似有错误。僧智刚和尼胜明都出现在供养人名单中,可能是兄妹,其身旁还出现僧普净、僧朗津、尼妙真,还有一个名叫和子。分不清他们之间的亲属关系,尼妙真是祖母、母亲或姐姐? 和子是兄弟还是子侄? 不过他们肯定是一家人,六位供养人中就有四位入了佛门。

Ch.xx.004为十一面六臂观音画,榜书有僧元惠和留通。愿文的另一侧则为弥勒像。

Ch.xlvi.0013 观音画中供养人僧俗均有,一僧一尼旁有儿童,此童有两官员陪伴,远处是金刚手菩萨,一僧名愿成手执香炉在菩萨脚下,还有一位持念珠的俗人。

Ch.i.0012(见图版 LXII)药师像脚下一僧一俗,俗者着官服,另一女尼引领一盛装妇女。

Ch.lv.0023(见 Th.B,图版 XVI)为特大型佛画,年款称咸通五年,画面中普贤和文殊前行,一骑狮、一骑六牙大象。各有两尊菩萨撑三层伞陪同。上面则画四尊不同名称的观音俯视。底部画供养人像,僧尼均有。可以看出,父为神威和尚及其三子唐晟、唐小晟和唐□,另一方面则为托钵长姐(?)女尼和女尼福,还有两位妇人是前述唐姓兄弟之妻,其中一位还是第十三儿媳。

可见此一家父母都已入佛门,长姐似为母亲,其称姐为尊称,不能按字面理解(此说不妥——译者),一女儿似追随父母,此即女尼福。三个儿子则为俗人,两个已婚。

Ch.lxi.008 为 Ch.lii.004(见图版 LXII)之左侧,其供养施主皆为俗人,反映了小人物的简单生活。

另有一残画似为阿弥陀佛,其下有慈母刘氏字样。

Ch.xliii.004(见图版 CII)为木刻,施主为李知顺,刻工为王文沼,从年款可知为太平兴国五年(公元 980 年)六月二十五日。此画实为护身画,非关积德还愿。

Ch.ixvi.002 为十一面观音像,纸质,以裁成的金彩纸作为花饰。画面一妇人行氏,感谢观音送生女儿。此妇人对面则画一孩童跪地弹琴。阿弥陀佛和观音菩萨的大型画卷常见神界孩童或弹或舞,即此图蓝本。或为剪自此类画卷贴在自己的画面,以表心愿。

Ch.00184 也是纸画,画面为十一面六臂观音,年代约为公元 955 年。施主为再儿,为求国家平安而施。观音左侧绘一儿童跪地祈祷,似为在无量光天再生的灵魂,象征在净土永远欢舞的赤身小儿。

Ch.0084(见图版 LXX;又见 Th.B,图版 XI)地藏画像施主是儿童,其人画成半身,双手合十,两侧有花。无榜书。日本将地藏菩萨视为儿童灵魂保护者,则此佛画似作为保护神供旅行者使用。

Ch.liv.0011 为小彩画,一鞋匠索章三供养观音菩萨。

上述佛画多为祈求长寿、长生,祈求城隍保护,以佛画作护身符等等,表明敦煌地区佛道思想与民间迷信混入了佛教。斯坦因在藏经洞发现的非佛教文献也证实此一看法,如发现物有占卜书等抄本,其中一抄本(Ch.00214)有一幻画人头,可能用于避灾免疾。

我发现 Ch.00206 为占星术,Ch.00164(见图版 C)为占星历书片段,Ch.00209 为有关美人痣的抄本(见图版 XCVI),察痣以占吉凶。

由此可见,当时当地的佛教信仰并未免除杂质,千佛洞的僧侣宽容地收藏了这类异说,他们似也怀有不确知的梦想和迷信。

三、敦煌千佛洞绘画曼荼罗

R.彼得鲁奇

[本文原拟单独在杂志上发表,后因 1914 年爆发战争无法安排。1917 年原作者逝世,文稿曾由沙畹、富歇、烈维等人修订,现遵原作者遗孀和沙畹夫人的愿望附在本书刊出。那时,修订本文无法对照原始材料,自不可能完全符合原作者希望。引言为修订者所加——斯坦因附识]

引 言

彼得鲁奇撰写本文多次使用“曼荼罗”一词有其特定含义,在此需加以说明。他实际上没有采用此词的本义:圆环式几何形状,内分众多对称小格,中央为佛像,周围为众神。他认为曼荼罗仅为日本所理解,实为表示阿弥陀佛西方净土的图案,中央为中心人物,四周为其辅佐。

序 说

斯坦因携来众多佛画,可供研究中亚和北传佛教的佛像学的形成。伯希和所得绘画,以及德国、俄国、日本等国考古队所得绘画和壁画,使研究材料更为丰富。因此必须结合起来进行研究。这些材料既有共同的发展,也有相互影响,但是它们都出自远方,经过大夏、萨珊王朝的波斯和印度,自古代世界伸展到中国的土地。其意义重大,故撰写此文。我承蒙斯坦因和印度事务部的委托研究敦煌绘画,费时三年,深感问题复杂,必须分成专题来研究,本文仅就敦煌曼荼罗提出我的研究结论。

I 曼荼罗的年代和起源

在斯坦因所获敦煌绘画中,曼荼罗自成一类。我们从伯希和所见敦煌壁画可以看出,大量壁画都是围绕一个中心绘出一组佛像,形成一幅佛陀天国的情景。大量佛画均如此重复。例如勒柯克在高昌所获壁画描绘的是愿变(praṇidhi)或本愿。敦煌绘画则描绘西方极乐世界。

但不能就此得此结论说,新疆和高昌没有曼荼罗画。因为大量佛画遭到破坏,残存不全,不过也偶有所见,例如图版 8、32、45(残片 1、c);还有图版 46(残片 f)。图版 32 为观音净土,图版 45 和 46 则为十一面千手观音净土。

敦煌曼荼罗的年代是可以确定的。例如 Ch.00224 药师佛的曼荼罗年代为 939 年,是所见最早的一件。Ch.xlvi.0013 为观音曼荼罗,年代为 957 年,Ch.xxi.001 亦为观音曼荼罗,年代为公元 963 年。另外两件一为地藏曼荼罗(Ch.lviii.003),公元 963 年,一为阿弥陀佛曼荼罗(Ch.xlvi.008),公元 952 年。还有一件 Ch.00167 则为观音曼荼罗,公元 972 年。从敦煌绘画的总体而言,其年限为公元 864—983 年,可以肯定敦煌曼荼罗最晚当在公元 9 世纪下半叶,不会晚于公元 10 世纪之末。显见曼荼罗图在公元 9 世纪的敦煌已成风气,其始当在公元 7—8 世纪。

Ch.xxii.0023 佛画(见图版 LXX;又见 Th.B,图版 XIV)出自敦煌,显见其佛陀像和菩萨像具有犍陀罗风格。此画可能依据印度文献所作，或为香客在当地摹画而归，总之印度—希腊的风格保存在中国画中。

一些佛画有榜书，一些佛画则无榜书。有一幅画仅存配角形象，即日光菩萨，据此可知当与月光菩萨相配，且中央佛像当为观音菩萨，因此可以肯定这是大慈大悲观音曼荼罗。

其实在公元 5 世纪，云冈和龙门石窟已有四面佛像，讨论曼荼罗的年代必须考虑这一点。

II　曼荼罗的一般性质

曼荼罗表现的是阿弥陀佛的西方净土世界。此种曼荼罗在公元 8 世纪中叶传入日本，今存日本最古者属于公元 10—11 世纪，最晚者属于公元 17—18 世纪。画面的中央部分至此已有发展，除附以榜书外，多涉及阿阇世王和频毗娑罗王的故事。此种特点也反映在敦煌壁画和斯坦因携归的绘画中。

曼荼罗的一般布局总是以佛陀或菩萨居中，旁侍两尊菩萨，中央的佛像有时还加两位侍者。配侍的菩萨也可能有两尊菩萨相陪，曼荼罗的布置也可能分层。大型曼荼罗上层多为佛陀或菩萨，其下为金刚（金刚手），所表现的西方净土多为中国宫殿式，加上中国式装饰，但其衣着为纯印度式，建构则为纯中国式。大型曼荼罗中央主像之前常加舞者排列成行。两侧布置多为有关佛陀和菩萨的佛经故事。自新疆到日本，包括敦煌在内，曼荼罗的一般性质如此。

然则由于施主贫富不同，佛画也有繁简之分。不甚宽裕者常简缩曼荼罗，减少人物、布置和故事，结果仅剩佛陀或菩萨和两位侧侍，不成其为曼荼罗，甚至只画一尊佛像。但是观音菩萨和地藏菩萨的曼荼罗较为特殊。他们的独特性质使得人们单独处理。

III　曼荼罗的特点

根据佛教义理，曼荼罗分为佛陀曼荼罗和菩萨曼荼罗两大类。首先是阿弥陀佛西方净土曼荼罗,其次是弥勒佛、药师佛和释尊的曼荼罗。菩萨曼荼罗则有观音和地藏曼荼罗。其表现形式在中国内地及中国西藏和日本均有所不同。兹分述如下。

IV 阿弥陀佛曼荼罗

敦煌所出阿弥陀佛曼荼罗有三件,都是大型曼荼罗,两侧都有阿阇世王和频毗娑罗王的故事场面,但均无榜书,只能根据日本佛画来分析。此三件曼荼罗编号为 Ch.v.001,Ch.lv.0033 和 Ch.lvi.0018。

所见阿弥陀佛曼荼罗宫殿建筑为纯中国式,阿弥陀佛有莲花座,右有大势至菩萨、左有观音菩萨为胁侍,此两胁侍菩萨又各有两尊菩萨陪侍在侧,其名不详。Ch.lv.0033 在阿弥陀佛面前设有拜坛,还有歌舞乐伎。

但也有采取药王菩萨在左、药上菩萨在右为胁侍的佛画,此两菩萨于未来世成佛,分别称为净眼如来和净藏如来。见 Ch.00186。另一佛画 Ch.lvi.0018 甚残,但质量较佳,其绘僧侣皆光头。Ch.lv.0033 佛画则表现为唐代中国佛画风格,胁侍菩萨变得慈祥,印度式发髻,衣着和宝饰都有独特的艺术价值,可惜残缺太甚。Ch.v.001 的特点是,大势至和观音菩萨非胁侍,而是药上菩萨和药王菩萨陪侍阿弥陀佛左右。且风格与前述两种曼荼罗不同。

兹进而讨论布局简约的曼荼罗画,其一即 Ch.0051。此画高层为宫殿式净土世界,其下两见阿弥陀佛均有胁侍。拜坛下舞者有四位乐伎伴奏。中央巨像为阿弥陀佛、大势至和观音,阿弥陀佛侧侍药上、药王两菩萨,但大势至和观音无胁侍。画面人物虽减,但主题犹存。

另一佛画 Ch.xlvii.001(见 Th.B,图版 XI)纯为唐代风格。已无净土宫殿布局,且阿弥陀佛升莲花座,周边为宝树丛,胁侍亦缺药王、药上菩萨,只有大势至和观音保留,歌舞场景亦已取消,但见数小儿祈愿,代表在西方净土再生灵魂,下有一门供进入西天,数童子戏耍其间,一小童跪地即施主求佑者。

Ch.lii.004 佛画,虽经减缩,尚存特点。阿弥陀佛胁侍为药王、药上菩萨,一呈恐怖相,一呈慈悲相。分析见下文。

Ch.xlvii.001 所绘阿弥陀佛以大势至和观音菩萨为胁侍,在拜坛前两侧有两个菩萨在礼拜,其下两个菩萨一手结印,一手持莲花,似观音在莲座之上。

Ch.00186 佛画在胁侍大势至和观音之后尚有四天王布局。左侧大势至之后是南方增长天王,右侧观音之后是北方毗沙门天王。Ch.xlvi.008 佛画亦如此配置。

上文提到 Ch.lii.004(图版 LXII)曾改以药王菩萨和药上菩萨为胁侍,一作恐怖状,一呈慈悲相,象征阿弥陀佛特点。现藏大英博物馆,编号 Ch.liii.001(见 Th.B,图版 X)的佛画则为阿弥陀佛坐莲花台,环绕以净土宝树,大势至和观音为胁侍,还有两位作礼拜状。其下有门导入西方净土,右下角则为供养施主身着唐装,左下角人物已不存。

如何解释观音和大势至亦有恐怖和慈悲两相胁侍,我的看法是,Ch.00102(图版 LX)佛画即以舍利弗和须菩提为左右侍,前者呈慈悲相,后者呈恐怖相,且着红色。

最简单的阿弥陀佛曼荼罗为 Ch.i.0014,阿弥陀佛中坐,左观音,右大势至,前有拜台两菩萨作礼,下部则画供养施主。若无拜台和礼拜者,则此配置即为日本的阿弥陀佛、观音、大势至三位组合画。

V 弥勒佛曼荼罗

斯坦因仅携归一幅弥勒佛曼荼罗 Ch.lviii.001(见图版 LVIII;又见 Th.B,图版 IX),但其佛像结手印颇具特点。

以弥勒为佛极其少见。斯坦因所获绘画 400 多件,仅两见弥勒。Ch.xx.004 所见弥勒则作为菩萨与观音并列。人们似乎认为弥勒为佛仅在兜率天。

Ch.lviii.001 弥勒曼荼罗亦为阿弥陀佛曼荼罗。弥勒中坐,右手结手印,右侍作慈悲相,左侍作恐怖相。弥勒前有拜台,两个菩萨作呈献状,拜台下有歌舞者,此与阿弥陀佛曼荼罗相同,但尚有四个天王配置于上,左为北方毗沙门天王,右为南方增长天王,另有那罗延天和密迹金刚作为四个天王侍从(日本以此那罗延天和密迹金刚守卫寺门,中国唐代传统即如此)。榜书则出自《弥勒授记经》。

VI　药师佛曼荼罗

敦煌所出药师佛曼荼罗仅见两件：Ch.lii.003（见图版 LVII；又见 Th.B，图版 I、II）和 Ch.liii.002（见图版 LVI）。此药王居中，着红衣，手持钵外伸，左侍文殊，右侍普贤（另见 Ch.00224），前有拜台，两侧菩萨作献礼状，后面众多菩萨陪侍。Ch.liii.002 佛画尚有乐伎。Ch.lii.003 两侧则重见药师像。诸菩萨形状各异。下有两群武士代表药王十二神将，其名称如下：

毗羯罗大将	释尊化身	表示子鼠
招杜罗	金刚手化身	代表丑牛
真达	普贤化身	代表寅虎
摩虎	药师化身	代表卯兔
波夷	文殊化身	代表辰龙
因达	地藏化身	代表巳蛇
珊底	虚空藏菩萨化身	代表午马
皑你	摩利支天化身	代表未羊
安底	观音化身	代表申猴
迷企	无量寿化身	代表酉鸡
伐折	大势至化身	代表戌狗
宫毗	弥勒化身	代表亥猪

此十二神将各管七千夜叉，作为护法神。此外，还有日光菩萨和月光菩萨陪侍，表示东方净土。Ch.lii.003 佛画上部左右两角尚有两菩萨，左为千手千钵文殊，右为千手观音手托供物，其中有太阳和月亮。

此种药师佛的净土世界很像阿弥陀佛的西方净土，多见于大藏经，阿弥陀佛在西方，药师佛则在东方。宫殿用七宝严饰，以黄金铺地，放金色光，药师佛本身只呈金色。榜书可辨者出自《药师琉璃光如来本愿功德经》。

画面所绘涉及药师佛所发十二大愿。

VII　释迦牟尼佛曼荼罗

斯坦因从敦煌携来释迦牟尼佛曼荼罗仅见两件。

Ch.liv.004（见 Th.B,图版 V）。释迦牟尼居中,左有地藏,右有虚空藏菩萨为侍。前有乐伎在拜台前作乐。诸孩童在莲花上面跪拜,以示再生。下面一组菩萨有四小佛,代表三界十方佛。此外陪侍者尚有舍利弗（在左）、目犍连（在右）以及阿难和迦叶。

Ch.ZZZViii.004（见 Th.B,图版 VII）画面较完整,其下部为供养施主群。释迦牟尼居中,左为地藏,右为虚空藏。拜台两侧有两人作礼。亦有舞乐伎作乐。净土宫殿亦有四尊小佛,释迦牟尼左肩部为太阳,右肩部为月亮,相对于腹部则画须弥山,胁侍亦为左地藏,右虚空藏。此外尚有佛教传统中的动物布置于海岛和大洋。

Ch.xxxiii.001 佛画也有释迦牟尼曼荼罗,其下部为供养施主,中央墨书尚可读出释迦牟尼字样,其左右亦为虚空藏和地藏,右侧还有舍利弗呈祥和相,左侧目犍连则形状可怖。

佛画所见铭文则出自《大方便佛报恩经》。

VIII　观音曼荼罗

观音曼荼罗可分四类。首先是十一面千手观音,次为如意轮观音（如意轮菩萨）,再次为神异观音,最后为具有汉藏传文榜书的观音。

1

十一面千手观音曼荼罗甚多,有敦煌壁画,还有木刻（刻工王文沼,年代为公元 980 年）。

Ch.lvi.0019（见图版 LXIII；又见 Th.B,图版 XVII）所见观音中坐莲花座,左为地神,右为水神,其主头之上有十头,呈宝塔状,左右又有日光作红色,月光作白色,其下日光和月光菩萨坐于车上分列左右。此图左右角佛像坐于莲花之上,与 Ch.XLVii.001(见 Th.B,图版 XI)阿弥陀佛曼荼罗和 Ch.liv.004(见 Th.B,图版 VI)释迦牟尼曼荼罗相似,其意义为"千方化得",表示三界十方佛。

此佛画上部尚有菩萨四尊,左有降香,右有散花,均表示观音的不同形式,左为如意轮,右为不空碩索。

下面中央佛像之左有三跪像,铭文说明为"天帝□",此指因达罗;其右人物中国装束,由两侍者陪同,铭文说明为梵天王,即 brahmā。

下部其余两佛像则属密宗,即摩醯首罗天王、摩诃迦罗。前者骑白牛,后者以骷髅为饰。此两神即湿婆化身。此图下方还有一组图像。中央主尊之左一菩萨骑凤凰,右一菩萨骑孔雀,虽无铭文,可以认出右为大孔雀明王,左为摩利支天,在藏传佛教,此两明王以多罗为侍。

此两尊菩萨面前有两苦人伸手向观音乞讨,墨书铭文已不可读,仅甘露二字可辨。据此可知此乞讨者乃饿鬼。

在大孔雀明王和摩利支天之下尚有四天王,右为北方毗沙门天王,相对者当为南方增长天王,其余则为西方广目天王、东方持国天王。

此外还有两个密宗形象。其一即金刚手。在下述佛画中尤清晰可辨。

Ch.xxxviii.006(见图版 LXIV;又见 Th.B,图版 XLII)佛画仅为上述佛画的简化。画中有日光菩萨、月光菩萨,榜书有"婆薮光""火头金□大恐□""火头跋□大恐□"等字样,显见属于密宗瑜伽行派,因为我们发现下部有象头和龙头。

至于金刚手菩萨与观音菩萨发生关联,多流行于南方地区,其名为军荼利,此明王可摧一切阿修罗和恶鬼(参见《青龙疏》中摧伏一切阿修罗诸恶鬼神之说)。在北方地区,则此菩萨多与释迦牟尼发生关联,在《青龙疏》中名其为金刚夜叉,谓其能摧伏一切夜叉。金刚手本为释迦牟尼化身,为何又作观音随侍,这个问题也同四天王只用南北两天王一样(见 Ch.ii.004,图版 LXII,Ch.lviii.001,图版 LVIII;又 Th.B,图版 IX),可能是随意而为的。

画中有两跪者,据《青龙疏》当为鬼神,归金刚手所摄。沙畹先生曾在《亚洲艺术》(*Ars Asiatica*)第 11 期著文介绍一件公元 543 年的佛教雕刻(图版 XXV 和 XXIX),提到一本铭文涉及释迦牟尼曼荼罗(不过我认为是阿弥陀佛曼荼罗),其金刚手菩萨下方有 10 种精灵,即龙、凤、珍珠、火、树、山、毒(poissons)、象、鸟、狮子等,试将本节所讨论的观音曼荼罗加以对比,则知观音曼荼罗上所绘为象神王和龙神王,分列于金刚手的右侧和左侧。

Ch.lvi.0014 亦是观音居中,呈十一面千臂,其上左右为月藏和日藏菩萨,其下左右分列南无十方三世一切诸佛,再下面则为四大天王。

左侧榜书:南方毗楼勒叉天王时

　　　　西方毗楼传叉天王时

右侧榜书:东方提头赖吒天王时

　　　　北方毗沙门天王时

四天王以下还有四武士分列。其一榜书"地神时",与此相对者为"水神时",此外还有"土神时""水神时"(当为"火神时"——译者)。

再往下看还有榜书"大梵王时",据此可知左侧第二个人物为因达罗,Ch.lvi.0019(图版 LXIII;见 Th.B,图版 XVII)佛画所见榜书可为旁证。在犍陀罗艺术中,此两王常随侍释迦牟尼,今在观音曼荼罗中亦起同样作用。

此观音曼荼罗下部,在观音下面有拜台,一人作奉献状,左侧榜书"婆瘦仙时",右侧榜书不清,当为世亲之兄无著,因为是他宣扬西方净土学说的。

最后,左右角落还有两尊佛像,其一榜书"火头金刚时"。

从艺术观点而论,上述观音曼荼罗质量次于前述两图,但榜书较多,便于分辨人物。

Ch.00102(图版 LX)则为十一面八臂观音曼荼罗,观音坐莲花座,右有太阳,左有月亮,高处角落有十方佛。左右榜书有"南方比留勒叉天王""东方提头赖吒天王",在观音左右榜书"南无延寿命菩萨""南无常勒进菩萨"(当为常勤进——译者);右有榜书"南无如意轮菩萨""南无常举手菩萨"。此四尊菩萨皆为观音的不同形象。延寿命菩萨为观音三十二相之一,如意轮菩萨则为七观音之一。

最后,下部二金刚手榜书为:"南无大圣密迹金刚"(左部)、"南无护法圣大力金刚"。此二金刚均见于上文所述三件观音曼荼罗。

此外在观音左右尚有两侍者,左有榜书"舍利弗知惠第一",右有榜书"须菩须解空第一"。

Ch.lv.0023(Th.B,图版 XVI)观音曼荼罗年代为公元 864 年,其画颇具特色,有四观音各有墨书榜题图(自右向左):

大悲救苦观世音菩萨

大圣救苦观世音菩萨

大悲十一面观世音菩萨

大圣如意轮菩萨

下部可见普贤和文殊,文殊骑狮、普贤骑象,榜题为"大圣文殊师利菩萨""大圣文殊普贤菩萨"。此两菩萨原是释迦牟尼随从,收入观音曼荼罗亦可见出大悲观世音的普遍意义。

2

前云如意轮菩萨为七观音形式之一。此种如意轮菩萨曼荼罗乃是一种简约画。Ch.00167(图版 LXI)仅一观音执净瓶坐莲花座,拜台两侧两菩萨作奉献状。另有四菩萨以手合十致礼。

3

所见第一件神异观音曼荼罗即 Ch.xxi.001 佛画,其年代为公元 963 年。第二件即 Ch.lvii.001(图版 LXVIII),第三件即 Ch.xi.008(见 Th.B,图版 XXII),其年代不详,亦未见榜书。此第二件佛画观音为四臂执净瓶,第三件佛画观音为六臂结手印。第一件观音则立于莲花上,手持如意摩尼珠(此为如意轮菩萨特征,不当划归此类——译者)。

因无榜书铭记，故仅能根据佛经经文判断其内涵，汉译佛经多附雕像，稍加文字解说。本文即据此对观音神异加以分析。参见《妙法莲华经》卷二十五。1873 年 Puini 已将此卷以"观音经"为题译出，并附有原图，图上有解说。

画中两人判死罪临刑，榜书"刀寻段段坏"。此即《法华经》所云"或遭王难苦，临刑欲寿终，念彼观音力，刀寻段段坏"。

画中显现雨雹即降状，参考榜书"应时得消散"，则知出自经文"云雷鼓掣电，降雹澍大雨，念彼观音力，应时得消散"。

画中有人堕入山岩，参考榜书"不能损一毛"，则知出自经文"或被恶人逐，堕落金刚山，念彼观音力，不能损一毛"。

画中有人立于火中无损伤，参考榜书"火坑变成池"，则知出自经文"假使兴害意，推落大火坑，念彼观音力，火坑变成池"。

画中有人被从山巅推下，参考榜书"如日虚空住"，则知出自经文"或在须弥峰，为人所推堕，念彼观音力，如日虚空住"。

画中有人身戴枷锁，脚下镣铐已开。参考榜书"释然得解脱"，则知出自经文"或囚禁枷锁，手足被扭械，念彼观音力，释然得解脱"。

画中有人立于蛇蝎之中。参考榜书"寻声自回去"，则知出自经文"羱蛇及蝮蝎，气毒烟火燃，念彼观音力，寻声自回去"。

以上所述，即《法华经》所载观音神异。不管画观音有何种神力，我们都能从《法华经》的经文中找到根据。

4

最后一类观音曼荼罗即具有汉藏文双语榜书的佛画。此种佛画并有北魏、唐代及吐蕃两种风格。

Ch.xxxvii.004（图版 LIX；Th.B，图版 III）佛画中有千手观音，仅一头。有两菩萨侧侍，即如意轮菩萨和不空硬索观音（Ch. lvi. 0019，图版 LXIII；Th.B，图版 XVII）。其顶部在观音曼荼罗之上，则有阿弥陀禅定佛（Dhyāni-Buddha），亦有两菩萨陪侍。其头冠和衣着皆为印度式，其他方面则显示北魏和唐代风格。两陪侍左为文殊，右为普贤，如前述佛画 Ch.lii.003（图版 LVII；Th.B，图版 1、II）

即药师佛曼荼罗所见。Ch.00224 佛画的药师佛榜书亦可为证。

药师佛陪侍菩萨甚多,有三位清晰可见。汉藏文榜书亦有痕迹,可认出药师和普贤字样。

药师和观音中央图像之右亦有榜书。但见文殊骑狮在左、普贤骑象在右,牵狮和象者为印度装束,每尊菩萨前亦有印度装束者手捧宝瓶作供奉状。此外还见四大天王及许多小菩萨,表示十方诸佛。

在 Ch.lv.0023(Th.B,图版 XVI)的观音曼荼罗上面,文殊和普贤分骑狮子和大象,既做药师配侍,也做观音配侍,据《青龙疏》在辩才天十六童子中,稻穄子为文殊化身为稻穄童子,普贤化身为官带童子。

观音持如意摩尼珠的曼荼罗则为北魏风格,而与唐风有异。此即 Ch.0074 所见。观音左右有八尊菩萨,藏文榜书可辨明中央四尊,中尊之左为除盖障菩萨,其右为地藏,下左为普贤,下右为文殊,此外不可识。不过我们发现文殊、普贤作为观音胁侍。此具有汉藏文榜书佛画可资肯定 Ch.lv.0023 佛画内容,且肯定有地藏作为配侍。

最后,还有一幅 Ch.lii.001(Th.B,图版 XXXI)为西藏风格,却发现有药师出现在观音的净土世界。此图像全为喇嘛,多见印度式而极少华风。金刚手菩萨坐于中央莲花座,其上药师有两喇嘛戴藏帽者配侍。中央佛像之左自上而下依次为白衣观音和黄衣观音,前者持净瓶,后者执莲花,此下则为红衣观音持莲花、褐衣观音持净瓶和莲花。

中央部分和下部,即密教图案——蓝色神祇骑马,以人皮为鞍。在陪侍的观音与中央金刚手菩萨之间,则为观音显灵场景。正如从佛画 Ch.xl.008(Th.B,图版 XXII)可见,这种神异场面均出自《法华经》。

上述西藏风格佛画,年代不晚于公元 10 世纪,其榜书用汉藏文字,颇具特色。毫无疑问这是最早的喇嘛教艺术品。

IX　地藏菩萨曼荼罗

所见此种曼荼罗可分两类:一类是以地藏为主尊;一类是以十王为中心。

Ch.lviii.003（图版 LXVII；Th.B，图版 XXV）地藏图即以六道主宰地藏菩萨为主尊者。地藏在莲花座上以右手持锡杖，左手执摩尼珠。左右有普门菩萨合十随侍。

左侧自下而上，依次为饿鬼道、天道、人间道，右侧自下而上则为地狱道、畜生道和修罗道。此六道曼荼罗之外又有十王图。

Ch.0021（图版 LXVII）佛画所示即地藏坐莲花台，左手持锡杖，右手执摩尼珠，脚下一僧正在祈祷，一大象正在吼叫。在另一佛画 Ch.XXViii.003 上则见有一拜台置于菩萨莲花座前，左右安排十王，左下侧设阎王座案，阎王以神镜照见犯人罪恶。十王名称如下：秦广、初江（楚江）、宋帝、五官（仵官）、阎魔、变成、太山、平等、都市、五道转轮。其中只有阎魔和转轮王有梵文名称。其余八王皆用汉名，但十王均着汉装，且流行于中国和日本。

佛画 Ch.lxi.009（Th.B，图版 XXXIX）所示地藏亦在莲花座上手执锡杖和摩尼珠，亦有六道场景，十王为中国装束，左右各十王排列于下部，拜案前亦有人礼拜，还有一头大象。

X　曼荼罗比较

以上所述几种曼荼罗的共同特征，都是以佛菩萨居中，两侧有胁侍，胁侍本身也有侧侍，天国配置在画的上方。居中的三世十方佛有阿弥陀佛（Ch.xlvii.001）、有释迦牟尼（Ch.liv.004）、有观音（Ch.lvi.0019 和 Ch.lvi.0014）。具有汉藏榜书的曼荼罗（Ch.xxxvii.004，图版 LIX；Th.B，图版 III）所示观音曼荼罗则有药师佛在上，十方菩萨改用神祇代替，如四大天王等，有时四大天王仅用其中两天王，多为毗沙门天王和毗琉璃王（前者为多闻天王，后者为增长天王）。四天王俱全者有阿弥陀佛曼荼罗（Ch.xlvi.008）、观音曼荼罗（Ch.lvi.0019 和 Ch.lvi.0014），仅画南北两天王者则有 Ch.lii.004，图版 LXII（阿弥陀佛曼荼罗）和 Ch.lviii.001，图版 LVIII（弥勒佛曼荼罗），后者还配有金刚手菩萨。此外，Ch.00102（图版 LX）所示观音曼荼罗也仅画两天王。但 Ch.lvi.0014 观音曼荼罗不但四天王俱全，而且还配有四位神祇。

至于主尊的胁侍,则观音和大势至常配阿弥陀佛,但弥勒佛曼荼罗中的胁侍难以辨认,因无榜书说明之故。药师佛的胁侍则为普贤和文殊(Ch.lii.003,图版LVII;Ch.liii.002,图版LVI),普贤和文殊亦用作观音胁侍(Ch.0074,Ch.xxxvii.004,Ch.lv.0023)。还发现虚空藏菩萨作为释迦牟尼胁侍,其伙伴即地藏。

药师佛曼荼罗和观音曼荼罗(Ch.lvi.0019)上面还有日光菩萨和月光菩萨。还发现释迦牟尼侍从护法配置有因陀罗(帝释天)和梵天。不过在犍陀罗石刻中,其状为印度王子,但在Ch.lvi.0014、0019中,则似中国皇帝。

佛画榜书有助于辨识画中人物。在阿弥陀曼荼罗中,我们知道有两尊分别为净藏如来和净眼如来的化身——药王菩萨和药上菩萨,在释迦牟尼和观音曼荼罗中,则为瘵菩提和舍利弗或阿难和迦叶。在观音和药师佛曼荼罗中,也有这些人物。

我在前文曾经指出,药师佛曼荼罗(Ch.lii.003,图版LVII)采用一善一恶形象作为神祇,具有密教特征。有一幅敦煌佛画(Ch.lvii.004,图版LXVI)也是如此,仅见一尊观音以两童子为侍者,但非曼荼罗图案。榜书明显为"善童子供养时"和"恶童子供养时"。此种纯密教配景源自印度教思想,后来盛传于西藏。

Ch.lvi.0019为观音曼荼罗,其上人物即有大黑天神和大自在天神。佛画Ch.00102、Ch.xxviii.006、Ch.lvi.0014、Ch.lvi.0019则用金刚手菩萨作恐怖状,其中第2幅佛画在金刚手脚下,还有象王和龙王跪拜。沙畹在《中国六件石刻》(见《亚洲艺术》,第二卷,15页)和《在中国考古》(图版CCLXXI,图406)已对此作过研究。此外在吐鲁番柏孜克里克壁画中,也可见到象王和龙王(见勒柯克《火州》,图版XXXII),那肯定是一幅观音曼荼罗。

XI 石刻所见曼荼罗

勒柯克在《火州》一书中(见该书图版XLV之e、c),曾发表一绢画即观音曼荼罗片段,此观音为十一面千手观音。还有一画(见该书图版XLVI之f)也是千手观音片段,所见陪侍有金刚手菩萨执棒,其后有一人物头戴萨珊冠,两侧各有一有翼侍者,其一可能为毗沙门天。显见此为观音曼荼罗,在图版 XXXII 中所示壁画中表现尤其明显。其左右角各有一金刚手,一黑一白,八臂伸向火光。两金刚手脚下有象王和龙王,此为观音曼荼罗中金刚手菩萨的布局。画中有一侍者作供奉状,其上有大自在天骑白牛,摩利支天骑凤凰。中央下部有龙支撑莲台,其坐台主尊无疑为观音。此地佛画风格与敦煌所见曼荼罗何其相似。

上述画风后来传到云冈和龙门。斯坦因在《沙漠契丹》(1921,第二卷)一书中,附有石刻照片,该书图 161 即雕刻释迦牟尼,其顶部则为曼荼罗上部,两侧石壁陪侍菩萨两尊,所雕菩萨六尊内有两尊为护世。该书插图 200 所示则见佛画多于雕像,图 201 在中央主尊之后则为净土世界树木。

石刻"四面佛"凿于开窟同时,所造曼荼罗亦易认出为释迦牟尼曼荼罗。立佛左右有阿难和迦叶,还有两尊未详,我倾向于认为是观音的两种形式。在基台两角则有两尊金刚手。此石后部尚有多宝如来和释迦牟尼。综而言之,这里的释迦牟尼曼荼罗的布局也同敦煌佛画相似。

另一件公元 551 年石刻现藏于京都大学,出自陕西西安府,也是释迦牟尼曼荼罗(见 1912 年第 270 期日本《国华》杂志),其正面为释迦牟尼,由两位菩萨和两位僧人陪侍,莲台左右有狮子,基台香炉两侧有两人上供,后面为两尊金刚手菩萨。因铭文不清,不能肯定台基底部是否为十王。但见右侧有普贤,左侧有弥勒。后面则为三尊燃灯佛(沙畹于《考古纪行》一书 427 页曾发表一件公元 570—571 年石刻为释迦牟尼曼荼罗),其中香炉两侧亦有狮子和两尊金刚手在下。释迦牟尼侍者有两沙门和菩萨四尊,其上部有两飞天像,即(印度婆罗门教女神阿布沙罗斯)。此石刻是否有多宝如来和释迦牟尼场景(如前述石刻中所见),云冈和龙门石刻可以回答这个问题。

将云冈和龙门石刻与绘画曼荼罗加以对比并非易事,其风格实大不相同。与敦煌绘画曼荼罗布局最相近的是龙门石窟 S 窟南壁(见沙畹前引书),其中央主尊释迦牟尼由两菩萨、两沙门和两尊金刚手作为陪侍,佛龛之上所雕四列佛像有净土世界诸佛菩萨，两个菱形区内有飞天，左右侧边有本生故事像。该窟北壁布局与上述相似，可见这里有两套释迦牟尼曼荼罗雕刻。

云冈石刻还有释尊在兜率天谈法授记曼荼罗。释尊坐于佛龛的狮子座上，内有四尊菩萨陪侍在侧，两侧共八尊，两侧光环中又各有三尊佛像。云冈还有由普贤和文殊作为左右侍者的释迦牟尼曼荼罗，均见于沙畹前引书。

在龙门石窟的S窟，也有一尊大佛即释迦牟尼坐于台基之上，其左右壁有两菩萨、两沙门和四大天王中的两王，布局为曼荼罗，毫无疑问龙门的平阳窟也一样，有一尊大佛释迦牟尼与敦煌曼荼罗相似。

由此可以得出结论，我们拥有相当充分的证据，说明敦煌绘画曼荼罗与龙门和云冈石刻的曼荼罗是有密切的亲缘关系的。不过要指出的是，石刻常见者则为释迦牟尼曼荼罗。敦煌佛画曼荼罗与此相反，以传说中的佛和神话中的菩萨居多，从公元5—6世纪到公元9—10世纪，佛像逐渐发展到神祇占居首位。

四、论敦煌绘画艺术

L.宾勇

在千佛洞中发现的绘画与其他在新疆发现的绘画作品（主要是壁画）的不同主要在于它糅合了某些中国内地的绘画传统。和田、吐鲁番和其他遗址中发现的绘画艺术残件极富感染力，对艺术家和宗教学家价值很大。这些残件虽有艺术价值和观赏性，但终究是有其地域局限性的。

但到了敦煌我们就进入了汉族文化区，而且中国艺术在唐代又处于最辉煌的时期（敦煌壁画的绝大部分被推定为是唐后期的作品）。如果能把吴道子和其同代人的作品放在我们面前，我们一定会把这个时期定为世界艺术史上最有创造性的时代。遗憾的是我们现在只能通过一点可怜的残件和复制品来竭力保存中国伟大艺术家的光辉。因此，敦煌绘画并不仅仅是研究大乘佛教的宝贵资料,其更大的价值——实际上是不可估量的——是在艺术研究上,它拥有一个伟大的艺术时代的作品,而那个时代的作品几乎全部消失了。实际上,只有两三件作品的处理和做工很优秀,不像是匠人的刷子刷出来的。其余的大部分在质量上只是相当于作坊里搞出来的东西,好比是归在伯提西里(Botticelli)那样的艺术家名下的那些质量低劣、充满匠气的作品,哪怕真的不是从他的画室里出来的,也让人感觉到他的大手笔。敦煌绘画正是这样,显现着其背后的伟大的设计和构思。我们可以通过它们来总体上把握公元9—10世纪中国佛像绘画艺术的精神。

敦煌位于中国偏僻的西部边陲,因此这里的绘画按理说应该是属于一种地方艺术品。但另一方面,敦煌的位置正处在横贯亚洲、连接中国和地中海的交通干道上,这里又是北部的蒙古和南部的西藏相互接触的交汇点,从而就有了接近各种风格熏陶的机会;而实际上,千佛洞里的壁画除主题单调外,画风却多姿多彩。

我们发现一组小画像,很可能是出自尼泊尔人的手笔,代表了纯粹的印度艺术风格;还有一些完全是中国画风。其余的绘画风格介于这两极之间,我们可以称之为是西域地方画派,或中国画派的一个地方分派。此外还有一些是藏族人画的。

尼泊尔人的画共有10幅,每一幅画一个菩萨或神,形成一个完整的系列。其处理手法是相当粗陋的;但它们的珍贵之处在于,除了阿旃陀(Ajaṇṭā)和其他几个遗址的壁画,早期印度绘画已经所剩无几了。

西域艺术源于成熟的犍陀罗艺术,兼有希腊和印度两种艺术风格,现在由于奥雷尔·斯坦因伯爵在和田和其他遗址、格伦威尔德和冯·勒柯克(Von le Coq)在吐鲁番以及其他探险者在这一地区的发现,我们对西域艺术已经很不陌生了。敦煌绘画进一步展示了上述混合风格的影响。典型的是一幅巨幅画作(复制品见图版LXIV),在巨大的火光中,莲花座上坐着观音菩萨,她有无数的眼睛和手,象征着她的大慈大悲。她的上面是太阳神和月亮神,下面的火焰中围着两个法王。整个画幅边框环绕着盛开的花朵,还有一些花朵正从空中

飘落。这是最受欢迎的佛教艺术题材。整个画面色彩热烈,构图奔放而又
庄严。

观音菩萨的旁边是一幅精灵的画像(图版 LXXI),这幅画像在色调、风格
和精神上都与前者完全不同。画面结构对称,线条柔顺,给人一种娴雅的动
感。画中的鲜花在空中飘飘欲下,浮云托着菩萨和她的信徒们缓缓飞升,一切
都好像是真的一样。从其对动感的领悟,对曲线的偏好和含蓄的空间布局,我
们可以感到中国画风的存在。没有人比中国人更能在画的边框上画花朵
了(图版 LXIV);构图中的某种静感给我们的感觉是这是一幅很有西洋味的作
品。但其中仍有中国画技法;实际上这两种画风不同比例地混合在绝大多数
的敦煌绘画里。有些巨幅绘画复制在丝绸上,画面宏大,这种场面在敦煌和其
他遗址的壁画中都能看到。我们注意到这些画和刚才谈过的绘画中共同存在
着一种以两种色调来凸显人物的生动和圆润的套式(即凹凸法——译者)。
这的确是受西方的影响,因为印度、中国和日本的画家都本能地避免如此。然
而宗教传统的力量是如此的强大,以致这种特征在中国、日本的佛像画和印度
阿旃陀壁画中仍偶尔能见到,虽然并不常见。我们应该想到,在唐代中国人普
遍地对刚刚重新纳入其有效控制内的西域怀有一种好奇心,对佛教也有着强
烈的热情,因此,对于任何从印度带来的东西都十分尊重,印度佛画技法也就
相随而来了。

这种猜测在一幅敦煌绢画(图版 LXX;《千佛洞》,图版 XIV)中得到了有
力的证明。这幅画很大,已经残缺不全了。上面画着全套的印度佛陀和菩萨
肖像,这份独一无二的珍贵的资料使我们联想到像玄奘和尚那样伟大的朝圣
者,他们肯定从其朝圣地带回了圣像,这些圣像就成了信佛的画师和雕塑家模
仿的蓝本。于是印度的佛画及其表现手法、审美观念就全被中国技师接受了
下来;结果中国的佛像画和世俗画形成了完全不同的风格;但正如敦煌绘画所
显示的,印度画派中糅进了中国画风,结果形成了佛像艺术的新时代。的确,
真正肯定是唐代的中国画已经留存很少了,但日本早期作品是紧跟唐代画风
的,而保存在日本寺庙里的绘画就给我们机会得以一窥唐代佛教艺术的风采。

现在敦煌则给了我们另一个机会：每一个熟悉日本佛画的人都一定会惊叹它与很多敦煌绘画风格如此相似，这种极端的相似性证明这些绘画正是传播到日本的中国主流佛教艺术。在日本早期的佛教艺术品（Butsu-ye）中，我们发现其中存在着艺术大师的个人影响，这些艺术大师在一般的艺术风格上加上了自己的痕迹。如果眼前有大量的中国佛教绘画，我们将肯定能立即感受到像吴道子这样的天才大师的力量，吴道子对佛教艺术发展，特别是在对某些典型题材的构思和具体设计方面起到了巨大作用。比如吴道子的"涅槃佛"为后来的中国和日本画师创立了一个典范，他们后来也画了同样的题材。所有这些都推动了佛教艺术向灵活多变的方向发展，远远不同于（印度佛画）那种呆滞的肃穆和单调的西域地方风格。

值得注意的是，正如彼得鲁奇首先指出的，一些原以为是源于日本的题材在敦煌绘画中出现了。比如有一幅佛画画的是一个朝圣者打扮的地藏，剃着光头，手里拿着一根带环的棒子。这样的题材看来在中国已是有传统的了。公元9—10世纪的敦煌看来很流行反映西天题材的绘画，对这个题材的同样处理手法只有在日本很晚近时期的佛教绘画中才能发现。

需要抓住的主要线索是，在犍陀罗已经程式化了的佛教艺术中，经过西域时吸收了少量的新血液（主要是伊朗的艺术成分），到了中国被这里的艺术天才改造了，然后又传到了日本。那些把着眼点完全定格在这种艺术的印度和希腊成分的人，很容易把中国和日本的佛教绘画传统看成是犍陀罗艺术的延续。而实际情况是，除了阿旃陀壁画，只有在中国和日本佛教绘画才达到了艺术高峰；而且所有从犍陀罗传出来的题材和套式都成了中国艺术家天才构思的附庸。

因为中国人在还没有听说过佛教的时候，就已经有自己的十分发达的世俗画艺术。甚至作为佛教艺术的敦煌绘画也借助于世俗素材。例如被复制在图版 LXXIV 上的这三面旗幡，中间的一面旗上画的是七宝；下面画的是妇女在给刚刚出生的佛陀洗身，这也是佛传故事的第一个场景，两边的旗子对称地画着佛传故事场景。画面上的一切摆设、服装、建筑、背景，都被中国化了。画在大型画《天国》的边框上的《本生经》故事画面也是一样中国化了,见图版 LVI。这种彻底的中国化说明了中国艺术的自信和强大的生命力。于是,我们也能够借以窥到唐代世俗画的风采了。

除此之外我们很难找到其他的机会。记载中,唐代有无数的艺术珍品,而现在能确定是那个时代的作品的少之又少,几乎全部毁于中国的连绵战火中了。而这少之又少的作品中,世俗题材画更是微乎其微。因此,那些画在很多敦煌绘画的边框上的《本生经》故事画和旗幡上的故事画是多么珍贵呀。而且我们还看到了供养人像(欧洲早期也有这种艺术形式)上的各种各样的施主的样子。当然这类题材数量很少,但已足以闪开一条缝隙使我们得以远远地一窥唐代世俗画的神采。一些画上还有纪年题记,这又增加了其档案价值。《佛陀与众神》(图版 LXXI)上的日期换算为公元纪年是公元 897 年;《四身观世音菩萨》(《沙漠契丹》,第二卷,图版 VIII)所载日期换算为公元纪年是公元 864 年。其他的日期是公元 9 世纪或 10 世纪初;再对照那些无日期的作品,我们得出的结论是敦煌绘画主要是公元 9 世纪的作品,可能有的早于此,有的晚一些。

关于唐代以前的作品我们知道得很少,只有顾恺之的现存大英博物馆的《女史箴图》和保存在美国佛雷尔美术馆的《洛神赋图》。即使这些画不可能真是 4 世纪的原作,但也毕竟展示了那个时代的风格和构图。复制在图版 LXXIV 中间的旗幡上的人物不难使人想到顾恺之画中那高贵典雅的女子和她们轻盈灵动的举止。但唐代的审美观毕竟不同,它追求丰腴而非苗条,线条讲求饱满。《本生经》的各种人物画含意甚为简单,但我们需注意的是其中对飞白的完美的运用,这是成熟期的中国艺术的独特的表现手法。在背景的风景中,我们似乎能看到一种特殊的处理手法,这种手法我们在日本的老式风景画里,如像托萨(Tosa)画派的卷轴画里,也发现了。这很有意思,因为这可能说明了这个一直被认为是日本独有的传统技法,也是源于中国的。

现在回到这些画的宗教方面,为此我们可以选出复制在图 104 上的漂亮的刺绣画作为代表。这幅刺绣画当然会与原作有一定差距。在构图的华丽和色彩的精美上它可称得上是这一类画中的上品,我们也可以通过它想象一下原作是多么的华丽。巨幅《双身观世音菩萨》(《千佛洞》,图版 XV)有着同样的华丽构图,不过画匠制作得却很生冷。但在几个曼荼罗的画像中(特别见《千佛洞》,图版 III 和图版 I、II),在线条和感光性上作了一些调整,使之与构图搭配得完美无瑕。有一幅小幅的手拿柳枝的观音菩萨画像(《千佛洞》,图版 XX),宝石一样的鲜艳的橘黄色和绿色在其昏暗的底色中像燃烧一样,光彩夺目。在一巨幅拱形画卷的残片中(《千佛洞》,图版 IV),有一种带有深厚宗教情怀的壮丽博大的气魄,这使我们联想到意大利早期壁画。小幅的《多闻子渡洋图》(图版 LXXII)则是另一种格调,布局协调流畅,色彩鲜艳夺目。诸如此类的作品让人感觉到佛教艺术在这些唐代艺术家的鬼斧神工下变得多么灿烂辉煌;而从敦煌绘画还可窥见唐代的世俗艺术也同样如此。

最后,我们来看看敦煌绘画中神秘的西藏艺术。其中有一幅画在亚麻布上的胶画(《千佛洞》,图版 XXXI),它和我们从西藏直接带回来的作品十分相似。由于公元 8 世纪中期到 9 世纪中期,敦煌正处在藏族人的控制范围内,我们可以假定这幅画是那个时期的作品;如果是这样,那么它即使不是我们已知的最古老的西藏绘画,也是最古老的之一。至于其他藏画是否能代表还处于不成熟不稳定时期的西藏艺术,就不得而知了。不过还有一些描图画(《千佛洞》,图版 XXXII),它们也属于西藏早期绘画。

附录 F

梵文、和田文与龟兹文写卷细目

编者:A.F.鲁道夫·霍恩雷(PH.D,C.I.E.),前印度教育司官员

注:出现在本细目中的资料,是 1918 年初从霍恩雷博士处收到的最后文稿。同年 11 月在他去世后,参照原稿,在托马斯博士的监督下,编写了印刷本。

由于各方面原因,核实霍恩雷博士从那些特殊的写卷上引用所有事实的准确含义(主要是和田文),遇到了一些困难。要达到那位最不辞劳苦的合作者力求的准确度,十分困难。因此,我认为删减一些重复含义狭窄的引证出现是明智的。为方便学者参阅,从霍恩雷博士处收到的原始细目稿,连同印刷后的版本,均保存在印度事务部图书馆。

——A.斯坦因

I. 喀达里克发现的写卷残片

（参见本书第五章第一节）

A. 梵文原稿和残片

［穆拉克瓦加（Mullah Khwāja）与其他一些人带来的写卷残片和木版印刷品］

Kha.0011. 菩提。几乎是完整的一张，约有 1 英寸从一端脱落，致使页码无存。整张的尺寸可能是 $16\frac{1}{2}$ 英寸×$5\frac{1}{4}$ 英寸，10 行。用笈多正体梵文书写。正文经巴尼特鉴定是出自《法华经》，与科恩（Kern）版第 15 章 319 页第 5 行到 327 页第 9 行相同，但也有些差异。霍恩雷博士著录第 515 号。$14\frac{1}{2}$ 英寸×$5\frac{1}{4}$ 英寸。

Kha.0012.b. 菩提。5 张残片，出自连贯的五张写卷上，用笈多正体梵文书写。纸张微白，薄而软，破损严重。大小约为 6 英寸×3 英寸，是整张纸中间的三分之一部分。完整的宽度应为 3 英寸，共 6 行，小字体。

《经集》的梵文版本，与佛经（Sutta）7～9 行、《义品解》（*Aṭṭhaka Vagga*）中的 814～847 节相同。巴利圣典学会（PTS）（新版）160～166 页。霍恩雷著录第 517 号。

Kha.0012.c. 菩提。一整张的右端残片，11 行。用笈多正体梵文书写，破损严重。正文无法辨认，但对话者是须菩提。霍恩雷著录第 518 号。

Kha.0013.a. 11 张菩提残片。3 张大字体，8 张小字体。都是整张的中间部分，2 张有绳眼，均无页码。显然它们是出自几卷（至少 4 卷）不同的菩提。其中一些破损严重，字迹难以辨认。1906 年购于巴德鲁丁。所有残片似乎都为《般若波罗蜜多经》中的内容。霍恩雷著录第 519 号。

Kha.0013.b.　四卷菩提中的残片。用笈多正体梵文书写：

（1）完整的一张，稍有破损，$16\frac{1}{2}$ 英寸×$3\frac{1}{2}$ 英寸，共 5 行，页码不存。但从正文来看，它肯定是第 2 张。实际上是《法华经》原文的开始，并与科恩版的第 1 章第 1 页的第 8 行到第 2 页的第 8 行一致。

（2）一小残片，$3\frac{1}{2}$ 英寸×$4\frac{3}{8}$ 英寸，有 8 行。《法华经》的另一种菩提中的左边部分。与科恩版中第 21 章的第 261~262 页一致。霍恩雷著录第 520 号。

Kha.0013.c.　菩提中的 2 张残片。用笈多正体梵文书写。

（1）大约一整张的 $\frac{2}{5}$，$5\frac{1}{2}$ 英寸×$2\frac{1}{2}$ 英寸，第 2 页，4 行。《大阿弥陀经》（?）的一部分佛经。

（2）约为一整张的 $\frac{3}{4}$，$9\frac{1}{2}$ 英寸×$2\frac{1}{2}$ 英寸，4 行。系原书的写卷，都是佛教术语的目录。霍恩雷著录第 521 号。

Kha.0014.a、b.　19 张菩提残片。

（1）Kha.0014.a，8 张小残片，字迹模糊，难以辨认。

（2）Kha.0014.b，8 张《般若波罗蜜多经》中的小残片。

（3）Kha.0014.b，一小张《法华经》中第 2 章第 29~31 页的残片。

（4）Kha.0014.b，一张残片，7 英寸×$3\frac{1}{2}$ 英寸，共 7 行。宽度完整，为一整张的中部，正文难以辨认。也许是《宝积经》，内容是讨论魔罗和佛陀的感官对象（Viraya）的区别。

（5）Kha.0014.b，一张残片，页码是 3，有绳眼，几乎难以辨认。霍恩雷著录第 524 号。

Kha.0015.a、b.　3 卷菩提中的 4 张残片。用笈多正体梵文书写。

（1）大字体的菩提写卷中的两张残片，有 2 行，整张宽 $8\frac{1}{2}$ 英寸，属于《般若波罗蜜多经》。

（2）Kha.0015.b 小字体写卷残片，$5\frac{1}{2}$ 英寸×$2\frac{1}{2}$ 英寸，有 6 行，正文难以辨认。

（3）Kha.0015.b 小字体写卷残片，$2\frac{3}{4}$ 英寸×2 英寸，有 5 行，取自页码为 104 页的左端。正文难以确认。霍恩雷著录第 525 号。

Kha.0015.c. 大量菩提中的 69 个小的和许多细碎的残片。用笈多正体梵文书写。霍恩雷著录第 526 号。

Kha.0042.a~c. 3 卷菩提中的 14 张残片。1906 年 9 月购于巴德鲁丁，都是用笈多正体梵文写的《般若波罗蜜多经》。

（1）大写的菩提写卷中的两张大的和两张很小的残片。一张较大的残片上有两个同心圆表示本部分的结束。圆圈的前后有 69 行异文 Dāṃnapatti Altucasya；ɕ Athâyuṣmāṃ Subhūti。这种标志表明第 69 部分的结束和编写菩提赞助者的名字，后者是和田文。

（2）一大块残片，取自一整张的左半边，有绳眼但无页码，共有 13 行小的字体。完整宽度为 9 英寸，现存长度 $13\frac{1}{2}$ 英寸，完整长度约 24 英寸。霍恩雷著录第 527 号。

Kha.0043. 一卷菩提中的一堆腐烂的残片。部分可以辨认，用笈多正体梵文写成。霍恩雷著录第 528 号。

Badr.0044. 木版画。上有用笈多正体梵文写的四条咒文和佛教教义，几乎难以辨认。还有三个人，一男两女，几乎看不清。经巴尼特博士鉴定过。1906 年 9 月购于巴德鲁丁。霍恩雷著录第 529 号。$15\frac{1}{2}$ 英寸×11 英寸。

在 Kha.I. 佛寺遗址出土的菩提写卷和残片

Kha.i.1. 4 张菩提碎片。保存有 2~4 行笈多正体梵文字母。霍恩雷著录第 161 号。

Kha.i.2. 9 张菩提残片。一张 2 英寸×3 英寸,保存有 4 行笈多正体梵文。其余为另外一种菩提碎片。霍恩雷著录第 162 号。

Kha.i.3. 4 张菩提小残片。大约 2 英寸或 $2\frac{1}{2}$ 英寸见方。有 2~4 行,用笈多正体梵文书写。还有 10 张小碎片,都是佛教经典。霍恩雷著录第 163 号。

Kha.i.5. 完整的 3 张和 1 张菩提残片。前者的页码号(正面的)126,127、128(6、7、8 不太肯定);残片上的第 129 号页码清楚,有 9 行,用笈多正体梵文写成。部分字母磨损严重,难以看懂。菩提中似乎含有《般若波罗蜜多经》的部分章节。完整的 3 张详细阐述了空性的教义,正如《翻译名义大集》126b 页中第 3~7 行的第 37 号。霍恩雷著录第 165 号。

Kha.i.6. 几卷菩提中的 8 张小残片。用笈多正体梵文写成。霍恩雷著录第 166 号。

Kha.i.7. 几卷菩提中 2 张小的和 5 张碎的残片。用笈多正体梵文写成。前者中的一张大约 2 英寸×3 英寸,残存 5 行,页码号为 131,且肯定属于一些佛教经书中范围广泛的写卷。霍恩雷著录第 167 号。

Kha.i.II.a. 4 卷菩提中的 4 张碎片。用笈多正体梵文书写。霍恩雷著录第 168 号。

Kha.i.II.b. 2 卷菩提中的 2 张残片。用笈多正体梵文书写。霍恩雷著录第 169 号。

Kha.i.14. 2 卷菩提中的 9 张残片。用笈多正体梵文书写。霍恩雷著录第 171 号。

Kha.i.15. 几卷菩提中的 9 张碎片。用笈多正体梵文书写。霍恩雷著录第 172 号。

Kha.i.17. 几卷菩提中的 16 张碎片。有三种纸张,不同的手迹,笈多正体梵文。霍恩雷著录第 173 号。

Kha.i.19. 2 卷菩提中的 2 张小碎片。用笈多正体梵文书写。一张是微白的纸张,$2\frac{1}{2}$ 英寸×$2\frac{1}{2}$ 英寸,字母大。残存 3 行,是《般若波罗蜜多经》当中的一些内容。另一张是柔软而微白的纸张,2 英寸×$2\frac{1}{4}$ 英寸,字母小。残留 3 行佛教经文。霍恩雷著录第 174 号。

Kha.i.21. 几卷菩提中的 23 张残片。用笈多正体梵文写成。为各种手迹和不同的纸张。霍恩雷著录第 176 号。

Kha.i.24、33、35、36. 实际上是两张完整的菩提。页码号是 4 和 5,11 行。大约还有 4 张与《法华经》有关的菩提残片,这是一种字体小但书写优美的笈多正体梵文写卷。页码号为 4 的那张内容在科恩版中第 12 页第 15 行,页码号为 5 的那张内容在此版本的第 17 页第 11 行。霍恩雷著录第 178 号。$17\frac{1}{2}$ 英寸×$5\frac{1}{4}$ 英寸。

Kha.i.26. 《金刚经》的 4 张菩提残片。用笈多正体梵文书写。一张大的残片是一整张的右部,5 英寸×$4\frac{3}{4}$ 英寸,宽度完整。有 8 行小字体,正文与牛津版的《牛津逸书》相一致,42 页,14~19 行。3 张碎片,霍恩雷著录第 179 号。

Kha.i.27.b. 2 张菩提中的残片。$3\frac{3}{4}$ 英寸×$1\frac{3}{4}$ 英寸,用笈多正体梵文写成。一张是右上角的,一张是右下角的。2 英寸×$1\frac{1}{8}$ 英寸。纸色微白,分别残存 4 行和 2 行。内容是一些佛经中的故事。霍恩雷著录第 181 号。

Kha.i.27.c. 不同的菩提中的 7 张小残片。用笈多正体梵文写成。霍恩雷著录第 182 号。

Kha.i.28. **7 张菩提残片**。薄而软的暗褐色纸张。残留有 4~5 行大的笈多正体梵文字母，还有一些是关于佛经内容的。一张残片宽度完整，为 $5\frac{1}{4}$ 英寸。另一张为一整张的中间部分，长 $10\frac{1}{4}$ 英寸，通长不少于 20 英寸。霍恩雷著录第 183 号。

Kha.i.32. **几张菩提中的 24 张碎片**。用笈多正体梵文写成。霍恩雷著录第 184 号。

Kha.i.36. **几卷菩提中的 5 张残片**。用笈多正体梵文写成。霍恩雷著录第 185 号。

Kha.i.39. **菩提中一张大的左下角残片**。粗糙的暗褐色纸。有 7 行笈多正体梵文，是一些佛教修行的内容。还有两张软而微白的碎纸片，上写笈多正体梵文。霍恩雷著录第 187 号。

Kha.i.39. **菩提中的小残片**。残留 8 行，用笈多正体梵文书写。内容取自《金刚经》与《牛津逸书》42 页 14 行，iti…tad ucyate 到 44 页 17 行，sa ced。霍恩雷著录第 187 号。

Kha.i.40. **2 张菩提残片**。形状不规则，有 6 行和 4 行用笈多正体梵文写成。还有 6 张残片取自同一菩提，内容为一些佛教经典著作。霍恩雷著录第 188 号。

Kha.i.41. **13 张菩提残片**。用笈多正体梵文写成。霍恩雷著录第 189 号。

Kha.i.45.a. **一张菩提残片**。可能是整张右端的三分之一部分，残存 6 行笈多正体梵文。内容选自《金光明经》中第 14 章第 11~18 节。参看巴利圣典学会（BTS）中的第 65~66 页。霍恩雷著录第 190 号。

Kha.i.45.b. **两卷菩提当中的两张小残片**。用笈多正体梵文书写。一张 3 英寸×$1\frac{3}{4}$ 英寸，粗糙且厚的纸，形状为小而窄的长方形，宽 $1\frac{3}{4}$ 英寸，残留

3 行,题名为如来。霍恩雷著录第 190 号(续)。

　　Kha.i.46.a.　　35 张菩提残片。用笈多正体梵文写成。霍恩雷著录第 191 号。

　　Kha.i.48.b.　几卷菩提中的大约 33 张残片。用笈多正体梵文写成。霍恩雷著录第 194 号。

　　Kha.i.49.b.　2 卷菩提中的两张残片。还有 6 张碎片用笈多正体梵文写成,都是佛教经文。霍恩雷著录第 196 号。

　　Kha.i.52.b.　几卷菩提中的 17 张碎片。用笈多正体梵文写成。霍恩雷著录第 198 号。

　　Kha.i.54.　菩提中的小残片。残留有 4 行《般若波罗蜜多经》,用笈多正体梵文写成。还有另一卷菩提中的两张碎片,字体较大。霍恩雷著录第 200 号。

　　Kha.i.55.　几卷菩提中的大量碎片。用笈多正体梵文写成。霍恩雷著录第 201 号。

　　Kha.i.57.　两卷菩提中的 2 张残片。用笈多正体梵文写成。霍恩雷著录第 203 号。

　　Kha.i.58.b.　一卷很大的菩提中的 2 张或是多张上的许多残片。用笈多正体梵文写成。每张呈长而窄的长方形,宽度仅存 $3\frac{1}{2}$ 英寸,有 5 行字迹。有两张是一整张左端的部分,页码分别为 148 和 544,内容是一些佛教经文。还有另外一卷菩提中的 7 张残片。霍恩雷著录第 205 号。

　　Kha.i.59.a.　四卷菩提中 11 张小残片。用笈多正体梵文写成。有一张残片为 $2\frac{1}{4}$ 英寸+3 英寸,有 5 行,保存的页码号为 104。另一张残片有很大的字迹,保存的页码号为 200。霍恩雷著录第 206 号。

　　Kha.i.60.　4 卷菩提中的 9 张残片。纸张的种类不同,用笔迹不同的笈多正体梵文写成。一张残片大约 6 英寸×$5\frac{1}{2}$ 英寸,有 8 行大字母,出于《般若波罗蜜多经》书中。霍恩雷著录第 207 号。

Kha.i.61. 几卷菩提中的许多残片。用笈多正体梵文写成。霍恩雷著录第 208 号。

Kha.i.62. 菩提中的一张小残片。有 3 行大的笈多正体梵文。字母以及梵文出自《般若波罗蜜多经》书中，很可能同属于 Kha.i.60。霍恩雷著录第 209 号。

Kha.i.64. 可能是几卷菩提中的许多碎片。用笈多正体梵文写成。霍恩雷著录第 211 号。

Kha.i.66. 六卷不同菩提中的 3 张大的和 4 张小的残片。用笈多正体梵文写成。一张大残片，$6\frac{1}{2}$ 英寸×$2\frac{1}{4}$ 英寸，为右边部分，有 4 行。对话者为文殊师利，出自《法华经》。另一张大残片，$5\frac{1}{2}$ 英寸×$2\frac{3}{4}$ 英寸，是一整张的中间部分，残留 5 行，出自《般若波罗蜜多经》。还有一张大残片。5 英寸×2 英寸，整个内容难以辨认。霍恩雷著录第 212 号。

Kha.i.67. 两卷不同菩提的两张残片。一张大残片，另一张小残片有笈多正体梵文字迹，两者均写有梵文。大的写卷下端空白处有一行小的草体笈多文字，可能是和田文。霍恩雷著录第 213 号。

Kha.i.69.b. 几卷菩提中的大量残片。用笈多正体梵文书写。霍恩雷著录第 215 号。

Kha.i.73.a. 3 卷菩提中的许多小残片和碎片。用笈多正体梵文书写。还有小木块粘在第一卷菩提中的小碎片上，上有佛经。霍恩雷著录第 217 号。

Kha.i.74.b. 2 卷菩提中的 2 张残片。用笈多正体梵文写成。最大一张残片有 7 行很大的字迹，上有绳眼。保存完整，宽 9 英寸。也许是《般若波罗蜜多经》的内容。参见 Kha.i.75。残片为 2 英寸×4 英寸，残存 9 行小的字体，有章节序号，可能是《法华经》。霍恩雷著录第 219 号。

Kha.i.74.c. 几卷菩提中的 29 张残片。用笈多正体梵文书写。霍恩雷著录第 221 号。

Kha.i.75. 大的菩提中的残片。整张用大写体,以中间开始有 12 行,也许与 Kha.i.74.b(第 220 号)一样属于同一卷菩提。从字体和尺寸判断,内容是一些《般若波罗蜜多经》。霍恩雷著录第 222 号。

Kha.i.76. 3 卷菩提中的 5 张残片。用笈多正体梵文写成。3 张小残片,用了一种类似于 Kha.i.75 但又比它大一些的字体,也许是《般若波罗蜜多经》中的一张。霍恩雷著录第 223 号。

Kha.i.77. 几卷菩提中的 26 张残片。用笈多正体梵文书写。霍恩雷著录第 224 号。

Kha.i.78.a. 一张残片。有 6 行,用笈多正体梵文书写。上有绳眼,通宽可能是 $3\frac{1}{2}$ 英寸。霍恩雷著录第 225 号。

Kha.i.78.b. 几卷菩提中的 16 张碎片。用笈多正体梵文书写。霍恩雷著录第 225 号。

Kha.i.79.b. 5 张菩提碎片。用笈多正体梵文写的《般若波罗蜜多经》。霍恩雷著录第 228 号。

Kha.i.79.c,Kha.i.131. 完整的 1 张(5)和 1 卷菩提中另一张上的 3 张小残片。书写的是一种奇怪的拼写错误的笈多正体梵文,如名称,唱歌写成 u,eku,utpalu 等;aghi 写成 agni 或 aghni;莲花(padma)写成 patuma;用 prāturbhavanti 代表 prādur。,用 tillasya 表示 tīrthasya 等。

正文是一个关于瞻波城和苏希拉仙人或者希拉王阇国王的故事。霍恩雷著录第 229 号。

Kha.i.80.a. 几卷菩提中的许多碎片。用笈多正体梵文书写。霍恩雷著录第 230 号。

Kha.i.80.b. 几卷菩提中的 11 张残片。用笈多正体梵文写成。霍恩雷著录第 231 号。

Kha.i.81.a. 菩提残片(宽度完整)。4 英寸×$3\frac{13}{16}$英寸。是一整张的中间部分,用笈多正体梵文书写,类似于 Kha.i.199.a(第 232、242、356 号),8 行。内容是一些《大乘经》瓦莱·普桑,里面有取输末底(Yaśomatī)的题名。霍恩雷著录第 232 号。

Kha.i.81.b.　10 张菩提中的残片。3 张大残片,7 张小残片,是尺寸和字体较大的同一卷菩提中的一张或多张残片。最大残片 $6\frac{1}{2}$ 英寸×3 英寸,残存 9 行,用笈多正体梵文书写。纸张极薄,内容可能是《般若波罗蜜多经》。霍恩雷著录第 233 号。

Kha.i.81.c.　小的菩提残片。是一整张的中部,有 3 行,用笈多正体梵文书写,内容为一些佛经。霍恩雷著录第 234 号。

Kha.i.81.d.　3 张菩提残片。粗糙的薄纸,有 5 行,笈多正体梵文。实际上字迹已难以辨认,内容是一些佛教经文。一张残片 $8\frac{3}{4}$ 英寸×$3\frac{5}{8}$ 英寸,上有绳眼,宽度完整,约 14 英寸。霍恩雷著录第 234 号(续)。

Kha.i.82.b.　几卷菩提中的许多碎片。用笈多正体梵文书写。霍恩雷著录第 236 号。

Kha.i.85.　来自一两张大尺寸的菩提中的 23 张碎片。笈多正体梵文。没有一张宽度完整,但有一张尺寸为 5 英寸×$8\frac{1}{4}$ 英寸,有 11 行,因此完整的宽度可能是 10 英寸。另一张左边空白部分显示的页码号为 394,是一部很好的菩提,内容也许是《十万颂般若波罗蜜多经》。霍恩雷著录第 237 号。

Kha.i.86.b.　3 卷菩提中的 10 张残片。用笈多正体梵文写成。霍恩雷著录第 239 号。

Kha.i.88.　两整张菩提当中两张很不规则的残片。用笈多正体梵文书写。两张都是左边部分,空白处有页码号 3[9]4 和 3[9]5。这两张可能属于两卷不同的菩提。霍恩雷著录第 240 号。

Kha.i.89.b.　菩提残片。是一张的右边部分,有 7 行,用笈多正体梵文书写，很类似于 Kha.i.81.a 和 Kha.i.199.a 中的残片。从纸的尺寸和字迹来看，很像 Kha.i.206.b 中的残片。是一些大乘佛教的内容，其中有辛哈格尔吉德波热柯（Siṃhagarjita-pramukhāḥ），熙连若婆底河（Hiranyava-tī），拘尸那揭 kuśinagarī 罗等地名。霍恩雷著录第 242 号，$4\frac{1}{2}$ 英寸×$3\frac{5}{8}$ 英寸。

Kha.i.89.c.　**4 卷菩提中的 7 张残片**。用笈多正体梵文写成。其中 4 张残片属于一张很大的菩提，最大残片 6 英寸×5 英寸，有 7 行文字。通宽约 10 英寸，应有 11 行或 12 行。整张的页码残缺不全，可能是 2--，属于一卷很大的菩提，也许是《般若波罗蜜多经》。还出现了秋犊子的题名。霍恩雷著录第 243 号。

Kha.i.90.　**四卷菩提中的 11 张残片**。用笈多正体梵文书写。其中三张残片是一张很大的菩提中的（最大 $10\frac{3}{4}$ 英寸×$3\frac{1}{2}$ 英寸，残片是整张的中间部分，但没有绳眼的痕迹，共 5 行），内容是属于《般若波罗蜜多经》。纸张粗糙，呈暗黑色。霍恩雷著录第 244 号。

Kha.i.91.b.　**大量菩提中的许多小残片和碎片**，用笈多正体梵文书写。霍恩雷著录第 246 号。

Kha.i.92.b.　**菩提残片**。是一整张的左边，正面有 6 号页码，完整宽度为 $3\frac{1}{2}$ 英寸。有 5 行，用笈多正体梵文写成。内容是出自《法华经》中，与科恩版的 22 页，第 2~12 行相同（瓦莱·普桑）。霍恩雷著录第 248 号。

Kha.i.93.a.　**几卷菩提中的许多小残片和碎片**。用笈多正体梵文书写。霍恩雷著录第 249 号。

Kha.i.93.b.　**三角形菩提残片**。是一整张的中间部分。有 6 行笈多正体梵文，是一些佛教修行的内容。霍恩雷著录第 250 号。$3\frac{1}{4}$ 英寸×$3\frac{1}{4}$ 英寸。

Kha.i.94.a.　**几卷菩提中的 23 张残片**。用笈多正体梵文写成。霍恩雷著录第 251 号。

Kha.i.94.b. 2 卷菩提中的 4 张小而又非常不规则的残片。用笈多正体梵文写成。霍恩雷著录第 252 号。

Kha.i.94.c. 一卷菩提中的 4 张小残片。为中间部分,有 4 行笈多正体梵文。霍恩雷著录第 253 号。

Kha.i.94.d. 5 张菩提小残片。有一张属于《金光明经》第 5 章;用笈多正体梵文书写。霍恩雷著录第 254 号。

Kha.i.95.b. 3 卷菩提中的 5 张残片。纸张硬且粗糙,用笈多正体梵文写成。其中三张内容可能出自《陀罗尼》中。完整宽度分别是 2 英寸、3 英寸、$4\frac{1}{2}$ 英寸。霍恩雷著录第 256 号。

Kha.i.95.c. 3 卷菩提中 5 张很不规则的残片。用笈多正体梵文书写。其中 3 张是出自《般若波罗蜜多经》中。霍恩雷著录第 257 号。

Kha.i.96. 5 卷不同菩提中的 5 张小残片。写有笈多正体梵文。一张小残片 $2\frac{1}{2}$ 英寸×$2\frac{1}{2}$ 英寸,残存有 6 行,出自《首楞严三昧经》中,题名为坚固意菩萨。霍恩雷著录第 258 号。

Kha.i.97.b. 2 卷不同的菩提中的 3 张残片。用笈多正体梵文写成;都是属于《般若波罗蜜多经》中的部分。霍恩雷著录第 260 号。

Kha.i.97.c. 6 卷菩提中的 10 张残片。用笈多正体梵文书写。霍恩雷著录第 261 号。

Kha.i.98. 4 卷菩提中的 9 张残片。用笈多正体梵文写成。霍恩雷著录第 262 号。

Kha.i.100.b 或 108.b. 7 卷菩提中的 29 张小残片。用笈多正体梵文书写。霍恩雷著录第 265 号。

Kha.i.102. 3 卷菩提中的 3 张残片。一张 $4\frac{1}{2}$ 英寸×3 英寸,是整张的右边部分,有 5 行,出自《法华经》,同科恩版的第 52～54 页相同。而残存的第

51~70 节,在科恩版中被标作 98~107 节。霍恩雷著录第 267 号。

Kha.i.105.b.　8 卷菩提中的 15 张小残片和碎片。用笈多正体梵文书写。霍恩雷著录第 270 号。

Kha.i.106.　一卷用桦树皮写成的菩提中的 12 张碎片。用笈多正体梵文书写。霍恩雷著录第 271 号。

Kha.i.108.b.　两卷菩提中的 6 张残片。用笈多正体梵文书写。一张大残片($8\frac{1}{2}$ 英寸×$4\frac{1}{2}$ 英寸,出自右角)和 4 张小残片属于一卷大的菩提。字体很大,内容为《般若波罗蜜多经》。霍恩雷著录第 274 号。

Kha.i.109.b.　很小的一卷残片。用两种字母大小不同的笈多正体梵文写成。霍恩雷著录第 276 号,$2\frac{1}{2}$ 英寸×$1\frac{1}{2}$ 英寸。

Kha.i.112.　4 卷菩提中的六张残片。用笈多正体梵文书写。霍恩雷著录第 279 号。

Kha.i.116.　5 卷不同的菩提中的 15 张残片。用笈多正体梵文书写。霍恩雷著录第 281 号。

Kha.i.117.b.　大卷菩提中的 12 张小残片。用笈多正体梵文书写。霍恩雷著录第 283 号。

Kha.i.118.　2 卷菩提中的 8 张残片。用笈多正体梵文书写,略有烧焦。霍恩雷著录第 284 号。

Kha.i.120.121.a.　两卷菩提中的 5 张小残片。用笈多正体梵文书写。霍恩雷著录第 286 号。

Kha.i.121.b.　5 卷菩提中的 18 张小残片。用笈多正体梵文书写。霍恩雷著录第 287 号。

Kha.i.122.　2 卷菩提中的 3 张残片。用笈多正体梵文书写。霍恩雷著录第 288 号。

Kha.i.123.　6 张碎片。其中有 3 张,2 张和 1 张分别出自 3 卷菩提,用笈多正体梵文书写。霍恩雷著录第 289 号。

Kha.i.125. 一大卷菩提中一大张上的小残片。用笈多正体梵文书写。残片是一张窄条,为一整张的右上角,页码号是 351,残存宽度 5 英寸,通宽约 8 英寸或 $8\frac{1}{2}$ 英寸,残存 10 行。也许出自《般若波罗蜜多经》中。霍恩雷著录第 291 号。

Kha.i.127.b. 右边只存一半的菩提残片。破损严重。纸张硬且粗糙,呈暗褐色。共 9 页,其上残存 4 行,笈多正体梵文。一页上有章节号,在正面是 34、35、36,反面是 37、38;另一页的章节号为 54、55、63、64、65;是一篇医学或与医学有关的文章。霍恩雷著录第 293 号,$4\frac{3}{4}$ 英寸×$1\frac{3}{4}$ 英寸。

Kha.i.127.c. 3 卷菩提中的 7 张残片。用笈多正体梵文书写。其中 5 张字迹较大,内容出自《般若波罗蜜多经》中。霍恩雷著录第 294 号。

Kha.i.128.a. 3 卷菩提中的 4 张残片。用笈多正体梵文书写。霍恩雷著录第 295 号。

Kha.i.128.b. 6 张菩提残片。纸张微白,腐烂严重,用笈多正体梵文书写。最大残片 5 英寸×6 英寸,可知它们是很大一页纸上的残片,可能是《般若波罗蜜多经》中的(瓦莱·普桑)。霍恩雷著录第 296 号。

Kha.i.129.b. 菩提残片。第 22 张的四分之三部分,有 9 行,用笈多正体梵文书写。正面:4~9 行是残存的五个三赞短句,可知完整的长度为 15 英寸,每行约有 45 个音节(Akṣaras)。反面是准陀童子给佛陀的一封信。可能是出自《般若波罗蜜多经》中;诸如 Kha.i.206.b,还有第 232、242、256 号均是。霍恩雷著录第 298 号。$11\frac{3}{4}$ 英寸×$4\frac{1}{2}$ 英寸。

Kha.i.130. 大的菩提中的残片。是用笈多正体梵文写的《般若波罗蜜多经》中某一大张的四分之一部分。离绳眼不到 9 英寸处有 12 行,宽度完整,完整长度可能是 24 英寸。霍恩雷著录第 299 号。

Kha.i.131.b.　3 卷菩提中的 5 张碎片。用笈多正体梵文书写。有一张被烧焦。霍恩雷著录第 301 号。

Kha.i.131.c.　6 张菩提碎片。笈多正体梵文写卷。霍恩雷著录第 302 号。

Kha.i.131.d.　4 张菩提碎片。用笈多正体梵文书写。霍恩雷著录第 303 号。

Kha.i.132.　菩提残片。是一大张的中间部分,残存有 9 行笈多正体梵文。或许是出自《般若波罗蜜多经》。霍恩雷著录第 304 号。5 英寸 $\times 5\frac{1}{2}$ 英寸。

Kha.i.134.a.　一张菩提上的右半张。有 5 行,破损严重,用笈多正体梵文书写。还有 5 张小残片,属于另 3 卷菩提,也是笈多正体梵文。霍恩雷著录第 306 号。

Kha.i.134.b.　一整张和 2 卷菩提中的 6 张残片。用笈多正体梵文书写。一张是完整的一张,序号为 54,$20\frac{5}{8}$ 英寸 $\times 5\frac{3}{8}$ 英寸,有 7 行,是《法华经》中的第 2 章,第 84b～94a 节,与科恩版的第 2 章的第 120b～129a 节(55 页的 xiv～57 页的 iv)相同。但在结构上有所不同,如第 93 节在科恩版中没有。另一张是一整张的右端 $\frac{1}{4}$ 部分,$12\frac{1}{2}$ 英寸 $\times 6$ 英寸,残存有 7 行,完整的宽度可能是 10 英寸,应有 10 行或 11 行,大字体。还有 5 张碎片,可能是属于同一整张;由于墨迹的作用,纸上有许多洞,破损严重,字迹难以辨认;也许是出自《法华经》。霍恩雷著录第 307 号。

Kha.i.135.b.　一大张菩提中的 3 张残片。用笈多正体梵文书写。最人残片是一张上端的中间部分,$8\frac{1}{2}$ 英寸 $\times 5\frac{1}{4}$ 英寸,有 8 行,是一些与佛教修行有关的内容。霍恩雷著录第 309 号。

Kha.i.136.　5 卷或更多卷菩提中的许多(约 34 张)小而碎的残片。上有梵文和各种字迹的笈多正体梵文。霍恩雷著录第 310 号。

Kha.i.137.a、138.a. 约 8 卷菩提中的大约 44 张碎片。用笈多正体梵文书写。还有一张小残片。霍恩雷著录第 311 号。

Kha.i.150. 5 卷菩提中 16 张小或碎的残片。用笈多正体梵文书写。霍恩雷著录第 314 号。

Kha.i.151. 菩提。一卷菩提中某一张的两块小残片。用笈多正体梵文书写。内容出自《般若波罗蜜多经》。霍恩雷著录第 315 号。

Kha.i.152. 一卷中的 6 张残片。$2\frac{1}{4}$ 英寸 × $2\frac{1}{2}$ 英寸,系菩提中连贯的 6 张的中间部分,用笈多正体梵文书写,有 5~6 行。

文中的韵律与佛陀一赞歌相符,可能出自摩咥里制吒,但因太杂乱无章而难以确认。霍恩雷著录第 316 号。

Kha.i.153. 7 卷菩提中的 18 张碎片。用笈多正体梵文书写。霍恩雷著录第 317 号。

Kha.i.154. 3 卷菩提中的 12 张碎片。用笈多正体梵文书写。8 张残片中有一张是一种很薄的、柔软而微白的纸。霍恩雷著录第 318 号。

Kha.i.155. 3 卷菩提中的 4 张小残片。用笈多正体梵文书写。霍恩雷著录第 319 号。

Kha.i.156. 完整的一张。编号为 4,$9\frac{1}{2}$ 英寸 × $1\frac{7}{8}$ 英寸,还有一张小残片,是整张的左边部分,编号为 8。还有两张小残片,是某一整张的中间部分,用笈多正体梵文书写。内容出自《大佛顶陀罗尼》(*Mahāpratyaṅgira-dhāraṇī*)。霍恩雷著录第 320 号。

Kha.i.157. 不规则的小残片。是某一整张上端的左边部分,残存有 5 行,笈多正体梵文。内容出自一些佛教经文。霍恩雷著录第 321 号。

Kha.i.159. 几卷菩提中的 15 张碎片。用笈多正体梵文书写。霍恩雷著录第 323 号。

Kha.i.161.　约 10 卷菩提中的 27 张残片和碎片。其中一张有号码 437，都是笈多正体梵文。霍恩雷著录第 325 号。

Kha.i.169.　3 张大尺寸的菩提残片。大字体，一页上有 12 行。最大的残片破损严重，也许是某张残片右端的 $\frac{2}{3}$ 部分，$14\frac{1}{4}$ 英寸×9 英寸。无绳眼，正文出自《般若波罗蜜多经》中。霍恩雷著录第 326 号。

Kha.i.171.b.　3 卷菩提中的四张残片。用笈多正体梵文写成。有 3 张残片可能出自《法华经》中。霍恩雷著录第 329 号。

Kha.i.174.b.　小菩提残片。有 2 行，笈多正体梵文。霍恩雷著录第 331 号。$2\frac{1}{2}$ 英寸×$1\frac{1}{2}$ 英寸。

Kha.i.174.c.　一张大菩提残片。无绳眼，有 8 行笈多正体梵文，宽度完整。据巴尼特教授鉴定，正文是出自《法华经》第 2 章，与科恩版的 56~57 页相同。霍恩雷著录第 332 号。9 英寸×$4\frac{3}{8}$ 英寸。

Kha.i.175.　2 张大尺寸的菩提残片。大字体，有 12 行笈多正体梵文，最大残片为中间部分，1 英尺 $2\frac{3}{4}$ 英寸×$9\frac{1}{2}$ 英寸。内容出自《般若波罗蜜多经》，也许与 Kha.i.169（No.326）相同，属于同一卷菩提，霍恩雷著录第 333 号。

Kha.i.176.b.　约五卷菩提中的 22 张小残片。用笈多正体梵文书写。霍恩雷著录第 335 号。

Kha.i.177.　两张菩提中的小残片。是两整张的中间部分，有绳眼，有 8 行笈多正体梵文。据瓦莱·普桑教授鉴定，内容是出自《法华经》第 24 章以下的章节中，与科恩版的 444 页 xii~446 页 x 和 456 页 i~458 页 v 相同。在第 24 章正面第 5 行结束。参见著录第 405 号。霍恩雷著录第 336 号。6 英寸×$4\frac{3}{4}$ 英寸。

Kha.i.178.　一卷菩提中的许多残片。用笈多正体梵文写成。纸张陈旧，字迹可见,但很难看懂。由于纸很容易碎,分离和数出这些残片是不可能的。一页有 8 行,大字体,属于 5 卷大尺寸的菩提。霍恩雷著录第 337 号。

Kha.i.179. 6 卷菩提中的 10 张残片。用笈多正体梵文写成。霍恩雷著录第 338 号。

Kha.i.180. 小而不规则的菩提残片。用笈多正体梵文写成。残存有 6 行。霍恩雷著录第 339 号。

Kha.i.182.b. 5 卷菩提中的 21 张小残片。用笈多正体梵文写成。霍恩雷著录第 341 号。

Kha.i.183. 两张分开的菩提残片。是同一张右边中间的部分,用笈多正体梵文写成,有 7 行被保存下来。

经瓦莱·普桑教授鉴定,其内容出自《佛所行赞》(*Buddhacarita*)中,参看《皇家亚洲学会会刊》,770 页,1911 年。右边残片的反面第 7 行的内容是第 9 品(Sarga)的结尾;第 5 行有章节号 84。霍恩雷著录第 342 号。

Kha.i.185. 39 张菩提小残片。是一整张的右边部分,用笈多正体梵文写成。大小不超过 2 英寸×$2\frac{3}{4}$英寸,残存有 4 行 6 音节。内容似乎是散文和诗歌的混合体,在两张残片上有连贯的章节号,可知通宽不超过 3 英寸。上面失去了 4 行,所以不知宽度,但长度很可能为 12 英寸。由于潮湿,残片字迹很模糊,简直难以辨认,内容无法确定。霍恩雷著录第 344 号。

Kha.i.185.c,186. 3 张菩提残片。用笈多正体梵文写成。其中两张各$6\frac{1}{4}$英寸×$2\frac{1}{4}$英寸,是连续的两整张的中间部分。两张中的一张有绳眼和环,正对第 3 行和第 4 行。从保存的部分或残存的 6 行字迹可知一页的内容共 11 行。因此,整张纸的完整宽度为$2\frac{1}{2}$英寸,完整的长度可能是 11 英寸或 12 英寸。内容是出自早期修订过的《法华经》,但与科恩版第 10 章 224~226 页上的正常内容有很大不同。参见著录第 405 号。霍恩雷著录第 345 号。

Kha.i.187.b.　4卷菩提中的40张残片。用笈多正体梵文写成。霍恩雷著录第347号。

Kha.i.188.　一包腐烂的菩提残片。是用笈多正体梵文写成。霍恩雷著录第348号。

Kha.i.189.　8卷菩提中的27张残片。用笈多正体梵文写成。其中有3张残片出自《首楞严三昧经》(Śūraaṅgmasamādhi)坚固意菩萨,8张残片出自《般若波罗蜜多经》。霍恩雷著录第349号。

Kha.i.191.　大的三角形菩提残片。有9行,是整张的中间部分,用笈多正体梵文写成,可能出自《般若波罗蜜多经》。参见著录第351号。霍恩雷著录第350号。8英寸×$5\frac{1}{2}$英寸。

Kha.i.192.　用笈多正体梵文写的大菩提残片。残存11行,只有一边有题记,要么是首张,要么是末张。可能与著录第350号一样,出自同一卷菩提。霍恩雷著录第351号。$5\frac{1}{2}$英寸×6英寸。

Kha.i.196,199.c.　用笈多正体梵文写成的两张大的《般若波罗蜜多经》残片。尺寸为8英寸×9英寸和$5\frac{1}{2}$英寸×$5\frac{1}{4}$英寸。是整张的中间部分,残存13行大的字体,完整宽度为9英寸。霍恩雷著录第353号。

Kha.i.197.　一卷菩提中大约10张中的大量碎片。破碎而腐烂,用笈多正体梵文写成,粘在一起,但如果小心分开它们也许可以看懂。霍恩雷著录第354号。

Kha.i.199.a.　一张完整的菩提。第242号,用笈多正体梵文写成,有8行。还有一小片,$4\frac{3}{4}$英寸×1英寸,是同一菩提中另一张的右下角部分。字迹很像Kha.i.81.a;但又是一种不同类的菩提,宽$3\frac{13}{16}$英寸。参见霍恩雷著录第232、242号。

最后一张菩提仅有两行,反面标有玫瑰花饰。正文的名字是《能夺聚集经》,对话者是文殊师利(原文如此——译者)。霍恩雷著录第 356 号。图版 CXLIV。

Kha.i.199.b.　用笈多正体梵文写的一整张菩提上的两张残片。左边部分 $6\frac{1}{4}$ 英寸×$2\frac{3}{8}$ 英寸,右边部分 $3\frac{1}{2}$ 英寸×$2\frac{3}{8}$ 英寸。有页码号为 12,共 4 行,是式哈里尼[Śikhariṇi,韵律(4×17 音节)名称——译者]的诗句,可看出在两部分之间失去 9 或 10 个音节。通长约 1 英尺。

据瓦莱·普桑教授鉴定,是出自《功德无边赞》中。参见《皇家亚洲学会会刊》,1064 页,1911(在正面的第 4 行°klebśabda 被写成°kleśśaśca)。霍恩雷著录第 357 号。

Kha.i.199.c.　大卷的菩提中的 2 张残片。可能是同一张的中间部分,现存 6 行,最上面一行有数字"5"。霍恩雷著录第 358 号。

Kha.i.200.a.　3 卷菩提中的 4 张小残片。用笈多正体梵文写成。霍恩雷著录第 360 号。

Kha.i.200.b.　一大卷菩提中的 2 张残片。一张大残片 15 英寸×$5\frac{1}{2}$ 英寸。两张碎片,用笈多正体梵文写成,有 7 行,内容出自《般若波罗蜜多经》。霍恩雷著录第 361 号。

Kha.i.200.c.　一张菩提残片。5 英寸×$3\frac{3}{8}$ 英寸,是一整张的左边部分,有绳眼,页码号为 4,共有 7 行。笈多正体梵文。关于内容,瓦莱·普桑教授认为是佛陀和阿难陀(在谈论)关于施舍食物和寺主(Viharasvāmin)。霍恩雷著录第 362 号。

Kha.i.201.　4 张小残片。一大张的中间部分,大字体,有 3 或 4 行,其中一张有绳眼和环,纸张硬且易碎,呈棕色。霍恩雷著录第 363 号。

Kha.i.202.　大残片。纸张薄且已腐烂,颜色呈暗褐色,是一整张的左端,有绳眼,但没有边缘部分和页码,$7\frac{1}{4}$英寸×$3\frac{5}{8}$英寸(宽度完整),有 6 行笈多正体梵文。

正文分节,没有一节完整,但出现章节号 44、47 和 50。霍恩雷著录第 364 号。

Kha.i.203.b. **不同的 4 卷菩提中的 4 张小残片。**是一整张的中间部分(其中两张有绳眼圈),用笈多正体梵文写成。还有 6 张碎片,是硬而易碎的棕色纸,有 5 行,为早期的一种梵文,出自较早的经书。霍恩雷著录第 366 号。

Kha.i.203.c. **732 页上的两张小残片。**用笈多正体梵文写成。可能是出自《般若波罗蜜多经》中。这可能是此书的最后一张,因为它有一个以功德成就者为开头的明显的结语。霍恩雷著录第 367 号。

Kha.i.204. **25 张小残片。**属于 3 卷菩提,用笈多正体梵文写成。霍恩雷著录第 368 号。

Kha.i.205.b. **3 卷菩提中的 9 张残片。**用笈多正体梵文写成。6 张是大的菩提中的小残片,大字体,出自《般若波罗蜜多经》。其中一张,$3\frac{1}{4}$英寸×3 英寸,有 5 行,页码号为 258。两张碎片,残留两行。一张残片,$4\frac{3}{4}$英寸×$3\frac{3}{4}$英寸,是左边部分,有绳眼和页码号 10,共 6 行,每行为一个音节。整张 $9\frac{1}{2}$英寸或 10 英寸×$3\frac{1}{4}$英寸,绳眼像通常一样在左半张的中间。霍恩雷著录第 370 号。

Kha.i.206.b. **4 卷菩提中的 34 张残片。**用笈多正体梵文写成。其中 6 张是两整张上的残片,最大 $6\frac{3}{4}$英寸×$2\frac{1}{4}$英寸,左边半张有绳眼和页码号 169,可知它是属于很大的一卷菩提,共 7 行。另一张残片,$1\frac{1}{2}$英寸×$3\frac{1}{2}$英寸

（宽度完整）。这两张残片的内容是碛陀、准陀童子与佛陀谈话的故事。如同 Kha.i.89.b，129.b.。16 张是一大卷（《般若波罗蜜多经》）菩提的残片。大字体。霍恩雷著录第 372 号。

Kha.i.207. **2 张碎片**。是一卷文书上的，一边有题记，共两行，用笈多正体梵文字母写成，在另一张上残留有两行中文。在 Kha.i.305.a 中有类似的残片，但笈多文字体较小，还有和田文。霍恩雷著录第 373 号。

Kha.i.209. **7 卷菩提中的 16 张残片**。用笈多正体梵文写成，包括 7 张大字体的残片，有富楼那弥多罗尼子的名字，可能是出自《般若波罗蜜多经》。霍恩雷著录第 375 号。

Kha.i.210. **一大卷菩提中的 2 张小残片**。大字体，用笈多正体梵文写成，出自《般若波罗蜜多经》中。霍恩雷著录第 376 号。

Kha.i.211.b. **8 张碎片**。其中 6 张和 2 张分别出自 2 卷菩提，用笈多正体梵文写成。霍恩雷著录第 378 号。

Kha.i.212. **2 卷菩提中的 4 张残片**。用笈多正体梵文写成。其中两张大残片中，一张 $6\frac{1}{4}$ 英寸×$6\frac{1}{2}$ 英寸，有 10 行，被酸性墨水严重侵蚀。一张 7 英寸×5 英寸，共 7 行大字体，可能出自《般若波罗蜜多经》，有须菩提和秋犊子的名字。霍恩雷著录第 379 号。

Kha.i.213. **9 卷菩提中的 45 张小残片和碎片**。用笈多正体梵文写成，其中四张是大字体的《般若波罗蜜多经》残片。另 11 张三角形残片，多数张页都是连贯的，可能是出自《法华经》。霍恩雷著录第 380 号。

Kha.i.214.b. **完整的一张**。上有 39 号页码，有 5 行优美的字体，是《法华经》第 2 章的开始，与科恩版 30 页第 3 行到 31 页第 5 行相同。但有许多不同的解释。霍恩雷著录第 382 号。$16\frac{3}{4}$ 英寸×$3\frac{3}{4}$ 英寸。

Kha.i.215.a. **一整张菩提右端的残片**。有 9 行，出自《法华经》，笈多正体梵文书写，现存的正文在科恩版中是从第 18 章 361 页第 13 行开始，到 364

页第 12 行结束;这些诗句在我们的文章中被编为 1～20 号,而不是像科恩版中的 22～40 号。在残片正面第 5、6 行中有数字 4、5,反面第 1 行和第 6 行有数字 10 和 16。相应的数字在科恩版中是 25、26、36、37。文中还有一些醒目的异体字。

现存的音节平均为 20,失去了 57,整张总共是 77 音节。现存长度 5 英寸,通长应为 1 英尺 7 英寸,整张尺寸为 1 英尺 7 英寸×5 英寸,因此现存的残片约是整张的四分之一部分。霍恩雷著录第 383 号。$5\frac{1}{4}$ 英寸×$4\frac{3}{8}$ 英寸。

Kha.i.215.b,216、217. 几卷菩提中的许多残片。用笈多正体梵文写成。霍恩雷著录第 384 号。

Kha.i.219. 5 卷菩提中的 8 张小残片。用笈多正体梵文写成。其中一张残片,$5\frac{3}{8}$ 英寸×$2\frac{3}{8}$ 英寸,是边缘较窄的一整张的中间部分,残存有 3 行,出自《法华经》第 21 章的开始,与科恩版 395 页第 2 行相同。两张用非常大的字体写的残片,可能出自《般若波罗蜜多经》。霍恩雷著录第 388 号。

Kha.i.222.a. 6 卷菩提中的 23 张残片。其中有 7 张大字体的残片是出自《般若波罗蜜多经》;有 8 张出自《宝星陀罗尼经》(*dhāraṇī*)。霍恩雷著录第 390 号。

Kha.i.222.b. 大约一页菩提中的三分之一。出自左端,有绳眼,页码号为 2,有 5 行。用笈多正体梵文写成。系陀罗尼经。霍恩雷著录第 391 号。5 英寸×$2\frac{1}{2}$ 英寸。

Kha.i.223.b. 约 7 卷菩提当中的 40 张碎片。用笈多正体梵文写成。霍恩雷著录第 392 号。

Kha.i.223.b. 4 张菩提残片。约 $1\frac{1}{2}$ 英寸×3 英寸,是四整张的右角部分,有 5 行笈多正体梵文,是一种优美的、黑而粗的字体。其中两张残片,沿边缘有数码 2、4、6、8,正对文中的每一行。还有一张碎片,可能是出自同一卷菩提。霍恩雷著录第 393 号。

Kha.i.224.　用笈多正体梵文写成的 5 卷菩提中的 7 张残片。霍恩雷著录第 394 号。

Kha.i.300.b.　用笈多正体梵文写成的 3 卷菩提中的 13 张残片。有无垢阗浮纱的题名和如来的来世。是关于如来的故事。霍恩雷著录第 396 号。

Kha.i.301.b.　一张菩提右边的四分之三部分。$1\frac{3}{4}$ 英寸×$3\frac{3}{4}$ 英寸,有绳眼,共 6 行,用笈多正体梵文写成。正文出自《金光明经》,题名在第 5 行上。参见 Kha.i.306.c,还有另一卷菩提中的 4 张碎片,大字体。霍恩雷著录第 398 号。

Kha.i.302.b.　小的菩提残片。有 8 行,用笈多正体梵文写成。出自《般若波罗蜜多经》。霍恩雷著录第 400 号。$5\frac{3}{4}$ 英寸×4 英寸。

Kha.i.303.b.　6 卷菩提中的 10 张残片。用笈多正体梵文写成。包括一张小残片,$3\frac{1}{2}$ 英寸×$2\frac{1}{2}$ 英寸,有绳眼,页码号为 55,共 6 行,出自《首楞严三昧经》,有坚固意菩萨的名字。一张残片,$4\frac{1}{2}$ 英寸×$4\frac{1}{4}$ 英寸,硬纸,有 8 行,也许是出自《法华经》。霍恩雷著录第 402 号。

Kha.i.304.　3 卷菩提中的 3 张残片。用笈多正体梵文写成,还有许多碎片和大字体的残片,粘在一起。在前者中:(1)小残片,3 英寸×$2\frac{1}{2}$ 英寸,有 9 行,正文出自《宝积经》。(2)大字体的残片,是一大张的中间部分,有绳眼,共 9 行,出自《般若波罗蜜多经》。霍恩雷著录第 403 号。

Kha.i.305.b.　5 卷菩提中的 14 张残片。用笈多正体梵文写成。6 张、3 张、3 张和 1 张残片分别出自 4 卷菩提。一张小残片,$3\frac{1}{4}$ 英寸×$2\frac{1}{2}$ 英寸,是一张的左上角,有 5 行,此张在反面有页码号 209,正对第 4、第 5 行的空白处,完整的宽度一定是 5 英寸,共 8 行。相应完整的长度可能是 1 英尺 3 英寸。现存的正文是《法华经》第 24 章的结束和第 25 章的开始,与科恩版 456 页第 8 行到 457 页第 9 行相近,但其中也有明显差异。参见著录第 336 号,其中两篇经文有一致的两个章节。而著录第 345 号中,两篇经文略有差异。霍恩雷著录第 405 号。

Kha.i.306.c. 用笈多正体梵文字体写的两卷菩提中的两张大残片。一张大字体的残片,是左半张的部分,宽度保存完整,有 9 英寸,共 12 行,可能是出自《般若波罗蜜多经》。一整张右端的四分之三部分,$11\frac{3}{4}$ 英寸×$3\frac{3}{8}$ 英寸,有 5 行是关于《金光明最胜王经》赞美的诗,是佛经中一卷菩提的末张。另一张菩提残片有 6 行。参见著录 398 号。霍恩雷著录第 408 号。

Kha.i.306.d. 易碎的棕色纸残片。残存 6 行,用笈多正体梵文写成,其中有陀罗尼中的方言。霍恩雷著录第 409 号。$6\frac{1}{2}$ 英寸×3 英寸(宽度完整)。

Kha.i.307.a. 完整的一张。在空白处有页码号 31,共 6 行,用笈多正体梵文写成,上有陀罗尼(dhāraṇī)经,开始是:一行 ṣiddham Namo buddha-dharma-saṃghāyā syād yathcdaṃ dumire bhūramire 等等,反面有 5 行结语,是puruṣa-gāthani puruṣabale piṃǵale naṅglāyane hili hili hilini pigale° 等等。

Kha.i.307.a.,i.316. 用笈多正体梵文写成的两张菩提残片。其中有一张接近完整,页码号为 5,$12\frac{1}{2}$ 英寸×$2\frac{1}{2}$ 英寸,有 4 行,通长约 14 英寸。另一张是整张的左边部分,$4\frac{1}{2}$ 英寸×$2\frac{1}{2}$ 英寸,17 页,上有一绳眼圈。内容是一些陀罗尼,17 页是结尾页。5 页是一系列对如来、金刚宝云,僧力持法界光等等的问候。霍恩雷著录第 410 号。

Kha.i.307.b. 4 卷菩提中的 8 张残片。用笈多正体梵文写成,包括一张大字体的残片,12 英寸×9 英寸,还有 230 页上的一些碎片,共 12 行。内容是一篇关于各种各样的入定(samādhi)的专题文章,出自《般若波罗蜜多经》,参见著录第 423 号。霍恩雷著录第 411 号。

Kha.i.309.a.2.　一大卷菩提写卷中的 3 张残片。笈多正体梵文。它们可能出自《般若波罗蜜多经》。霍恩雷著录第 413 号。

Kha.i.309.b.2.　一卷菩提的 2 张残片。残存有 7 行小字体的笈多正体梵文。其中一张上有如同《宝积经》(*Ratnarāśi-sūtra*) 内被称作迦叶尊者的名字。霍恩雷著录第 415 号。

Kha.i.309.b.3.　3 卷菩提中的 4 张残片。用笈多正体梵文写成。其中一卷菩提中的 2 张残片是出自《般若波罗蜜多经》。霍恩雷著录第 416 号。

Kha.i.311.a.　2 卷菩提中的 2 张残片。用笈多正体梵文写成。其中一张大残片，$10\frac{3}{4}$ 英寸×5 英寸，是分开的 3 片拼凑起来的，为一大张中间的部分，有绳眼圈，共 8 行，正文是《法华经》中第 19 章的结束和第 20 章的开始。与科恩版中 383 页第 5 行到 386 页第 4 行相同。在与后者的比较中可以看出，整张肯定有 48~50 个音节，整张大小约 1 英尺 10 英寸×5 英寸。霍恩雷著录第 418 号。

Kha.i.311.b.　2 卷不同的菩提中的 3 张残片。是两整张的中间部分，用笈多正体梵文写成。霍恩雷著录第 419 号。

Kha.i.314.　1 或 2 张菩提上的 7 张大字体的残片。用笈多正体梵文写成，其中一张有页码号 390，可能是出自《般若波罗蜜多经》。霍恩雷著录第 420 号。

Kha.i.315.　3 卷菩提中的 5 张残片。用笈多正体梵文写成。霍恩雷著录第 421 号。

Kha.i.316.a.　4 卷菩提中的 2 张小残片和 3 张碎片。用笈多正体梵文写成。其中一张小残片是一整张的中间部分，用一种优美的小字体写成，残存 6 行诗句。罗睺罗的名字出现在第 6 行，阿僧祇亿劫在第 5 行。霍恩雷著录第 422 号。

Kha.i.316.b、317.a.　2 张残片。约 4 英寸×7 英寸（宽度完整），是一张的中间和左边部分,号码为352,共11行,是《般若波罗蜜多经》中第55章中的结束,参见著录第411号。霍恩雷著录第423号。

Kha.i.317.b.　一卷菩提中的2张残片。约 $5\frac{1}{4}$ 英寸×$3\frac{3}{4}$ 英寸,大小一样,是连续两张的中间部分,用笈多正体梵文写成。2张均有绳眼圈,残存5行。纸张柔软且薄,字迹难以辨认。正文是《法华经》中的第19章,与科恩版的380页第3行到381页的第12行相同,但看起来有很大不同。正文更短,明显是更早的修订本;与著录第345号文书相似。霍恩雷著录第424号。

Kha.i.319.c.　菩提。6卷菩提中的10张小残片,用笈多正体梵文写成。4张残片,是连续4张上端的中间部分,残存共4行,提到有 Māraḥ pāpīmāṃ vyākṛto,上面2行有 māreṇa pāpimata;在另一张残片的第3行有 sarvajña-ratnadvīpe。2张大字体的残片,上有与须菩提进行对话者。一张残片,是有关医学方面的文字,有酥酪(dadhi-ghṛtam)。3卷菩提的3张中的3片残片。霍恩雷著录第427号。

Kha.i.0033　一卷菩提中的6张碎片。用笈多正体梵文写成,字迹模糊。霍恩雷著录第428号。

Kha.II 寺庙发掘的写卷、文书残片和桦树皮菩提文书

Kha.ii.i.　小三角形残片。共5行,是菩提中某一张的中间部分,用笈多正体梵文写成。霍恩雷著录第430号。

Kha.ii.8.　许多小的烧焦的菩提残片。字迹模糊,可能是笈多正体梵文。

Kha.ii.9.　一包粘满泥浆且腐烂的菩提残片。粘在一起,字迹模糊,可能是笈多正体梵文。霍恩雷著录第433号。

Kha.ii.10.　菩提中一张棕色纸张中间部分的碎片。有4行,用笈多正体梵文写成。霍恩雷著录第434号。

Kha.ii.13.b、18.a.　一张大字体的菩提上的一张小残片和一张碎片。用笈多正体梵文写成。霍恩雷著录第436号。

Kha.ii.20、25. 4 张小的和许多碎的桦树皮菩提残片。用笈多正体梵文写成。霍恩雷著录第 438 号。

Kha.ii.26. 菩提。几张腐烂的菩提残片，上有笈多正体梵文，字迹模糊。霍恩雷著录第 439 号。

Kha.ii.28. 2 张菩提残片。一张小残片，另一张是碎片，上有笈多正体梵文，被沙土腐蚀得极其严重而难以辨认。霍恩雷著录第 440 号。

Kha.ii.30.a. 5 张小菩提残片。上有笈多正体梵文，纸张微白且腐烂。霍恩雷著录第 442 号。

Kha.ii.30.b. 一卷菩提中的 5 张小残片。用笈多正体梵文写成。棕褐色薄纸。霍恩雷著录第 443 号。

Kha.ii.30.c. 2 卷或更多卷菩提中的 7 张小残片。用笈多正体梵文写成。霍恩雷著录第 444 号。

喀达里克小遗址中发掘的菩提写卷和残片

Kha.iv.1. 3 张狭窄的菩提残片。是连续 3 张的左边部分，写有大字体的笈多正体梵文。霍恩雷著录第 446 号。

Kha.vi.1.a. 2 张菩提中的小残片。仅在一边有题名，写有笈多正体梵文；系陀罗尼。霍恩雷著录第 447 号。

Kha.vi.1.b. 3 卷菩提中的 6 张小残片和许多碎片。写有笈多正体梵文。霍恩雷著录第 448 号。

Kha.vi.2. 3 卷菩提中的 4 张残片。写有笈多正体梵文，其中 2 张 28 页上的残片有绳眼，$6\frac{1}{4}$ 英寸 $\times 5\frac{7}{8}$ 英寸。另一残片是一张的中间部分，也许是 28 页上的右半张。有 5 行，通宽 $5\frac{7}{8}$ 英寸，总长约 14 英寸，字迹被沙土侵蚀，难以辨认。第 28 页讨论的是裂裟。霍恩雷著录第 450 号。

Kha.vi.3. 7 卷菩提中的 13 张小残片和碎片。写有笈多正体梵文，其中有 3 张残片是一张的中间部分，共 5 行，完整的宽度为 $2\frac{3}{4}$ 英寸，正文是比丘的规章；在第 2 行有小节号 3。霍恩雷著录第 451 号。

　　Kha.vi.1、4. 半张菩提和可能是另半张上的一张碎片。用笈多正体梵文写成，半张的尺寸为 7 英寸×$2\frac{7}{8}$ 英寸，号码是 4，有绳眼，共 5 行。文体华美而考究，可知是用诗体写的，大约有 6 英寸缺失，通长约 1 英尺 2 英寸。正文没有辨识，在正面 1~2 行有 Śardūlavikrīḍita（一种韵律形式的名称——译者）的 14 句诗，后面有 Vasantatilaka（一种韵律的名称——译者）的 15~20 句诗；但在正面第 4 行中有 15 句诗无意中丢失了。经巴尼特博士辨读过。霍恩雷著录第 452 号。

　　Kha.vi.12、13 3 卷菩提中的 12 张小残片。仅有两三行，用笈多正体梵文写成。霍恩雷著录第 454 号。

　　Kha.vi.15. 一张大菩提残片。左半张，$6\frac{1}{2}$ 英寸×$3\frac{1}{2}$ 英寸（宽度完整），有 7 行，是不规范的粗俗正体笈多梵文，纸张坚硬，是一些陀罗尼。霍恩雷著录第 455 号。

　　Kha.vi.19. 另一卷菩提中的残片。与 Kha.vi.15 的大意及字体相似，但纸张柔软。霍恩雷著录第 456 号。

　　Kha.vi.002，viii.2. 4 包腐烂的、布满泥土的菩提残片。用笈多正体梵文写成，字迹可辨。其中 3 包由 Kha.viii.2 来说明。霍恩雷著录第 457 号。

　　Kha.viii.2.a. 残缺不全的一包文书和随后的两包文书（共 9 张）。属于同一卷菩提，用笈多正体梵文写成。字体相同，纸质，大小一样。正文可能是《圣宝幢大乘经》（*Āryaratnkctu Mahāyàna-sūtra*）（参见著录第 461 号）。残片现存长度从 $8\frac{3}{4}$ 到 $9\frac{3}{4}$ 英寸不等，宽度从 $4\frac{1}{4}$ 到 $6\frac{1}{2}$ 英寸不等，行数从 9 到 13 行不等。有绳眼，无号码。通宽约 7 英寸，共 13 行，从现存长度的大小看，残片疑为整张的一半，通长约 2 英尺 1 英寸，纸很薄，软而易碎。由瓦莱·普桑教授识读。

第 4 张残片的内容出自《宝幢陀罗尼经》(*Ratnaketu-dhāraṇī*)，结尾是在第 4 张反面下端的一行中：imāṁ Ratnaketu-dhāraṇī bhāṣati sma ‖ 霍恩雷著录第 460 号。

Kha.viii.2.b. 参看著录 460 开始的注释。著录 461 中的这三张残片是整张的右端部分，约 $9\frac{3}{4}$ 英寸 ×$4\frac{3}{4}$ 英寸，有 10~11 行。其中有第二品的部分内容，讲的是本生事或是"往昔历史"。名字出现在第 3 章反面最下面一行：idaṁ Ratnaketo（for °tou）mahāyāne sūtre dvitīya-pūrvayoga-sarga（°gah）samāptaḥ ‖ 文中的梵文不规范；对话者是须菩提。霍恩雷著录第 461 号。

Kha.viii.2.c. 注录 462 中的两张残片是整张的中间部分，$9\frac{1}{2}$ 英寸 ×$6\frac{1}{2}$ 英寸，无绳眼和右端部分，有插页，共 13 行。对话者是须菩提，讨论的是空性。霍恩雷著录第 462 号。

Kha.viii.2.d. 6 整张上的 8 张大残片和 5 张小残片。可能是出自同一卷菩提，用笈多正体梵文写成，与著录 460~462 号同属一类。大残片长 5~$9\frac{1}{2}$ 英寸，宽 $3\frac{3}{4}$~5 英寸，有 8~10 行。纸质和字迹相同；对话者是须菩提。梵文不规范。例如 parigṛhṇāti 被写成了 parigṛṣṇati。霍恩雷著录第 463 号。

Kha.viii.3.a. 一卷菩提中的 14 张碎片。用很大的笈多正体梵文写成（音节平均为 $\frac{3}{4}$ 英寸高）。霍恩雷著录第 464 号。

Kha.viii.4. 2 卷菩提中的 2 张碎片。用笈多正体梵文写成。一张上有很大的字体，也许与前面的一样属于同一卷菩提。

另一张号码为 37 的碎片出自另一卷菩提，有 2 行。反面是草写的笈多字体。霍恩雷著录第 465 号。

Kha.viii.6. 一张菩提上的右半张。约 $5\frac{1}{2}$ 英寸×$2\frac{1}{8}$ 英寸。有 4 行,优美的笈多正体梵文写成;出自陀罗尼。霍恩雷著录第 467 号。

Kha.viii.7. 一大张菩提写卷上的小残片。用笈多正体梵文写成,共两行,有三分之一的字迹浸在污迹斑斑且粗糙的纸上。霍恩雷著录第 468 号。 $4\frac{3}{4}$ 英寸×$2\frac{1}{4}$ 英寸。

Kha.viii.8. 一大张菩提写卷残片。用笈多正体梵文写成;有号码248,共 7 行。正文也许出自《般若波罗蜜多经》其中的一种修订本。霍恩雷著录第 469 号。

Kha.ix.1.3. 一大卷菩提写卷上的 3 张残片。用笈多正体梵文写成。两张较大的残片,约 5 英寸×$3\frac{1}{4}$ 英寸,各有 4 行和 3 行。分别是连续两张残片的中间部分。

正文出自《法华经》;两大张残片上的正文,与科恩版的 360 页第 18 章相同;第 3 张残片上的正文,与 430 页第 23 章相同。属于一种早期的修订本,类似于著录 345、405 号。霍恩雷著录第 470 号。

Kha.ix.2. 一卷菩提中的 7 张残片(2 张小残片,5 张碎片)。用笈多正体梵文写成。霍恩雷著录第 471 号。

Kha.ix.4. 两大张写卷上的 4 张碎片。用笈多正体梵文写成。霍恩雷著录第 472 号。

Kha.ix.5. 大卷的菩提写卷中的 5 张碎片。用笈多正体梵文写成。霍恩雷著录第 473 号。

Kha.ix.6. 大卷的菩提写卷中的 12 张小残片。用笈多正体梵文写成。霍恩雷著录第 474 号。

Kha.ix.12. 一整张上的小残片。有 4 行,用笈多正体梵文写成;字迹难以辨认。霍恩雷著录第 476 号。

Kha.ix.13.b.　残片。有 6 行,是整张的中间部分,周围残缺不全,用笈多正体梵文写成。正文出自一卷《般若波罗蜜多经》。霍恩雷著录第 478 号。$6\frac{1}{2}$ 英寸×$3\frac{1}{2}$ 英寸。

Kha.ix.15.　几乎完整的一张。左端残缺不全,但有绳眼,共 5 行。用笈多正体梵文写成。整张宽度是 1 英尺 $4\frac{1}{2}$ 英寸。

由瓦莱·普桑教授鉴定,原文是出自《法华经》的第 23 章;但与科恩版第 427 页的第 4 行到 15 行上的内容有很大不同。霍恩雷著录第 479 号。1 英尺 1 英寸×$3\frac{3}{4}$ 英寸。图版 CXLIV。

Kha.ix.16.a、b.　大卷的菩提写卷中的 2 张大残片和 5 张小残片。内容出自《法华经》,用笈多正体梵文写成。它们总的尺寸为 1 英尺 $9\frac{1}{2}$ 英寸×$8\frac{1}{2}$ 英寸,共 8 行,参见著录第 485 号。

(1)残缺不全但连贯的两张,号码不存。正文是科恩版第 15 章第 320 页第 12 行到 322 页第 7 行的内容。

(2)小残片,约 6 英寸×$3\frac{1}{2}$ 英寸,是整张中间下端的部分,无号码。文中的 3 行内容与科恩版第 15 章 319 页第 3 行到第 7 行相同。

(3)小而窄的残片,2 英寸×$4\frac{1}{2}$ 英寸,为 307 页上的左边部分,仅有 2 音节;无法确定。

(4)三张碎片,正文中的两行文字无法确定。霍恩雷著录第 480 号。

Kha.ix.17.　同一卷菩提中的 13 张残片(一张小残片和 12 张碎片)。同前面一样,内容出自《法华经》。霍恩雷著录第 481 号。

Kha.ix.18.　号码为 332 上的两张大残片。1 英尺 3 英寸×$8\frac{1}{2}$ 英寸,破损

严重,但在左边空白处有号码 332 和绳眼圈;右端缺失约 $6\frac{1}{2}$ 英寸。这是出自
《法华经》的大卷菩提写卷中的一张。在著录第 480、481 号中已有描述。正文
与科恩版第 17 章 347 页各行相同。霍恩雷著录第 482 号。

Kha.ix.20. **大卷菩提写卷中的两张小残片和一张碎片。**用笈多正体梵
文写成,无法辨认。但可能与著录第 485 号相同。霍恩雷著录第 484 号。

Kha.ix.21. **大卷菩提写卷中的两张残片。**用笈多正体梵文写成。有一
张号码为 401 的破损残片,约 $7\frac{1}{2}$ 英寸×5 英寸,有绳眼,共 5 行,总行数可能是 7,
通宽约 7 英寸。残片不属于著录 480 号中的菩提,但它们属于《法华经》中的
另一卷菩提,也许是著录 506 号。另一残片只有号码 471 和几个字母。霍恩
雷著录第 485 号。

Kha.ix.22. **17 张菩提残片。**包括 15 张碎片,用笈多正体梵文写成。纸
张薄而软,呈微白色。一张较大的残片,8 英寸×$3\frac{3}{4}$ 英寸,有 4 行。上端有绳
眼圈,在第 4 行上端,由此可见,通宽约 $7\frac{1}{2}$ 英寸,共 7 行。在左上角有用漂亮
的草体字体书写的页码号 145。

正文是诗歌(slokas),但无法确定。霍恩雷著录第 486 号。

Kha.ix.23. **残缺不全的一张。**1 英尺 $7\frac{1}{2}$ 英寸×$8\frac{1}{2}$ 英寸,有绳眼圈,但左
边空白部分无页码。共 8 行,同著录第 480~482 号中描述的一样,它属于《法
华经》中的同一大卷菩提写卷。正文与科恩版第 1 章第 21 页的第 19 行到第
22 页的第 9 行相同。霍恩雷著录第 487 号。

Kha.ix.24. **两张残片。**用笈多正体梵文写成,同著录第 480~482、487 号
中描述的一样,均出自《法华经》。

(1)残片,约 6 英寸×$8\frac{1}{2}$ 英寸,是整张的中间部分,正文与科恩版的第 16

章第 330、331 页的内容相同。

（2）一张小残片，3 英寸×4$\frac{1}{4}$英寸，是整张中间的下端部分，共 4 行，与科恩版的第 8 章第 203 页内容相同。霍恩雷著录第 488 号。

Kha.ix.26.　一大卷菩提写卷中的两张残片。用笈多正体梵文写成。也许是属于著录第 480 号中的菩提，或是著录第 485 号中的菩提。霍恩雷著录第 490 号。

Kha.ix.27.　大卷的菩提写卷中的 13 张残片（包括 6 张碎片）。用笈多正体梵文写成，被沙土严重磨损，刚发现时是折在一起的。在第 3 张残片上有章节号，似乎表明这 13 张残片是同一页上的。章节内容在《法华经》中未能找到。霍恩雷著录第 491 号。

Kha.ix.28.　3 张残片。用笈多正体梵文写成，也许出自《法华经》中。其中一张与著录第 480 号中的描述一样属于同一卷菩提；另一张与著录第 485 号中的一样，属于同一卷菩提。霍恩雷著录第 492 号。

Kha.ix.29.　10 张很小的菩提残片。用笈多正体梵文写成。参看著录 486 号。霍恩雷著录第 493 号。

Kha.ix.30.b.　大卷菩提写卷中的 5 张小残片和 8 张碎片。用笈多正体梵文写成。它们也许是属于著录第 480 号中的菩提或是著录第 485 号中的菩提。参见著录第 492 号。霍恩雷著录第 495 号。

Kha.ix.31.　大卷的菩提写卷中的许多碎片。用笈多正体梵文写成。霍恩雷著录第 496 号。

Kha.ix.32.　大卷的菩提写卷中的 7 张残片。用笈多正体梵文写成。也许像著录第 480 号一样，出自《法华经》中的同一部分，但无法确定。霍恩雷著录第 497 号。

Kha.ix.33.　几整张上的许多碎片。粘在一起，无法分开，属于大卷的菩提写卷，用笈多正体梵文写成。霍恩雷著录第 498 号。

Kha.ix.34.　一大卷菩提写卷中的 12 张碎片。用笈多正体梵文写成。也许与著录第 480 号或第 485 号中的菩提相同。霍恩雷著录第 499 号。

Kha.ix.35.　大卷的菩提写卷中的许多碎片。用笈多正体梵文写成,也许与著录第 480 号或第 485 号中的菩提相同。霍恩雷著录第 500 号。

Kha.ix.36.　《法华经》中的 5 张菩提残片。用笈多正体梵文写成。其中有两张是著录第 480 号中提到的菩提写卷中 33 页的左端和右端部分。第 3 张是第 65 页上的左端部分;第 4、5 张是出自同一卷菩提中的碎片。第 33 页上的正文与科恩版第 1 章第 24、25 页相同;但章节有所不同。霍恩雷著录第 501 号。

Kha.ix.37.　许多碎片。布满污泥,用笈多正体梵文写成。霍恩雷著录第 502 号。

Kha.ix.38、42.　许多大残片。用笈多正体梵文写成,出自《法华经》中的大卷菩提写卷,它们是从第 17~23 章上的内容。纸张薄且呈暗褐色,腐烂严重,粘在一起。其中有些是大的整张残片,与如下的科恩版的内容相同:(1)第 17 章第 345 页第 19 行到第 349 页第 7 行;(2)第 18 章第 367 页第 1 行到第 10 行;(3)第 19 章第 377 页第 6 行到第 378 页第 5 行;(4)第 19 章第 378 页第 6 行到第 379 页第 4 行;(5)第 19 章第 379 页;(6)第 19 章第 379 页第 5 行到第 13 行;(7)第 19 章第 380 页第 1 行到第 10 行;(8)第 19 章第 380 页第 2 行到第 381 页第 10 行;(9)第 21 章第 397 页第 9 行到第 399 页第 4 行;(10)第 23 章第 435 页第 9 行到第 436 页第 6 行;另 9 张残片(11~19)还没确定。另外还有许多碎片。

最大的一张 1 英尺 8 英寸×7 英寸,几乎是完整的一张。完整尺寸约 1 英尺 10 英寸×7 英寸。

所有这些残片也许与著录第 485 号中描述的一样同属一卷菩提。还可参见著录第 492、499、500、504、506、507 号。霍恩雷著录第 503 号。

Kha.ix.39.　大卷的菩提写卷中的 13 张碎片。用笈多正体梵文写成,也许与著录第 480 号或第 485 号一样同属一卷菩提。霍恩雷著录第 504 号。

Kha.ix.41.　大卷的菩提写卷中的 4 张碎片。用笈多正体梵文写成,也许与著录第 480 号或第 485 号一样同属一卷菩提。霍恩雷著录第 506 号。

Kha.ix.47. **一卷菩提中的许多碎片**。可能写有笈多正体梵文。纸张硬而易碎,字迹模糊。霍恩雷著录第 507 号。

Kha.ix.48. **一卷菩提中的许多碎片**。有一些粘在一起,用笈多正体梵文写成,属于著录第 507 号中的同一卷菩提。霍恩雷著录第 508 号。

Kha.ix.57.a. **几卷菩提中的 24 张残片**。用笈多正体梵文书写。其中 20 张残片属于《般若波罗蜜多经》,包括几乎完整的两张,但略有破损。发现时是折起来的一捆。参见本书第五章第一节。霍恩雷著录第 509 号。

Kha.ix.57.b. **实际上是完整的一张**。破损的地方,字迹难以辨认。有 9 行笈多正体梵文。纸上标有页码 2,参见正面 4 行可知是菩萨藏中的内容。这张纸是属于 Kha.ix.57.a 提到的折起来的一捆纸当中的。霍恩雷著录第 510 号。$9\frac{1}{8}$英寸×$2\frac{7}{8}$英寸。

Kha.ix.57.c. **七张小残片**。破损。几乎难以辨认上面的笈多正体梵文。霍恩雷著录第 511 号。

Dar.001. **(取自达拉布赞墩。参见本书第五章第四节)一堆腐烂的菩提残片**。用笈多正体梵文写成。大字体,一部分字迹可以辨认。霍恩雷著录第 543 号。

B. 和田文写卷和文书

(由穆拉克瓦加和其他一些人带来的写卷残片)

Kha.0012.a. **完整的一张菩提**。有页码号 135,右上角稍有破损。正文用正体笈多字体的和田文写成,每边分成 3 栏,每栏有 6 行,每行有 9~10 个音节。其中还夹杂有梵文文字。因沙土磨损而无法辨识。$15\frac{1}{2}$英寸×4 英寸。

还有一张右端的小残片,为整个宽度的 $3\frac{5}{8}$英寸,页码号 10 在第 5 行上。

$4\dfrac{1}{4}$ 英寸×$3\dfrac{5}{8}$ 英寸。霍恩雷著录第 516 号。

Kha.0013.d.　10 卷菩提中的 15 张残片。用正体笈多和田文写成。其中包括：

（1）半张，页码号为 18，有绳眼，共 5 行，$8\dfrac{1}{4}$ 英寸×$2\dfrac{7}{8}$ 英寸。

（2）四分之一张，有绳眼，共 5 行，页码已磨损掉，字迹难以辨认，5 英寸×$3\dfrac{1}{2}$ 英寸。

（3）四分之一张，页码号为 4，共 5 行，正面第 5 行有 Salye drai-māśta，意思是每年的 3 月，3 英寸×$2\dfrac{5}{8}$ 英寸。

（4）整张中间部分的残片，共 4 行；6 英寸×$2\dfrac{1}{2}$ 英寸。

（5）破损的半张，有绳眼，共 5 行，但页码号已脱落，在正面第 2 行有数字 4，反面第 2 行有数字 6；$5\dfrac{3}{4}$ 英寸×$2\dfrac{3}{4}$ 英寸。霍恩雷著录第 522 号。

Kha.0013.e.　4 张官方文书的残片。用笈多草体字体的和田文写成，其中：

（1）右上角残片，正面 5 行，反面 3 行；以 gausi byaudä kūsa 13 结束。6 英寸×$3\dfrac{1}{2}$ 英寸。

（2）开头有两行字迹，结尾的第 2 行是 naladä bhāga 4 ‖ kuṣṭe bhāga 4 ‖。反面空白。$7\dfrac{3}{4}$ 英寸×$1\dfrac{1}{4}$ 英寸。霍恩雷著录第 523 号。

Kha.I 佛寺发掘的菩提写卷和公文残片

Kha.i.4.　整张的右下角残片。有 4 行。用正体笈多字体的和田文写成。霍恩雷著录第 164 号。

Kha.i.13. **14 整张和一张残片**。用正体笈多字体的和田文写成。前者页码为 134~147;后者损失了左边一直到绳眼的部分,可能是 148 页,它是菩提中的最后一页。所有页的上边缘和右边缘或多或少都有破损;字迹磨损严重,几乎难以辨认。页码在正面左边空白处。

内容:根据一种比霍恩雷保存的第 144 号写卷内容更丰富的版本,将梵文的《首楞严三昧经》译成的和田文,与在甘珠尔译成的藏文明显一致,参看《佛教文献的写卷残片》,125 页。

首楞严这个名字出现在 144b^{i,iii}、145b^{iii}、146a^{iv}b^{i} 页。谈话者有:坚固意陀,在 134b^{i}、135a^{v} 页。长老或(āsívī)阿难陀在 136b^{iii}、137a^{iv} 页。月净并(Sa sívimalagarbha),在 136a^{iii,v} 和 137a^{v} 页。文殊师利(Manyusrī)或 Maṃñusrī,在 144a^{iii}b^{ii} 页。舍利佛(Sariputra)在 140b^{i}、141a^{iii,v}、143a^{iv}b^{ii} 页。霍恩雷著录第 170 号。$16\frac{1}{2}$ 英寸×$3\frac{1}{2}$ 英寸。

Kha.i.20. **2 卷菩提中的 3 张小残片**。用正体笈多字体的和田文写成。

(1)棕褐色的软纸,窄条,$7\frac{3}{4}$ 英寸×2 英寸,残存上部边缘部分和绳眼,共三行。整张一定是 4 英寸宽,共 5 行。

(2)纸张白而软,$2\frac{3}{4}$ 英寸×3 英寸,上有页码号 19。另一张 2 英寸×$1\frac{1}{4}$ 英寸。霍恩雷著录第 175 号。

Kha.i.22. **大菩提写卷残片**。用正体笈多字体的和田文写成。暗褐色薄纸;左边完整宽度为 $5\frac{3}{4}$ 英寸,正面有页码号 457。系最后一张,共 8 行,大字母。

均是一些佛经的残片,可能是出自《首楞严三昧经》。霍恩雷著录第 177 号。$1\frac{5}{8}$ 英寸×$5\frac{3}{4}$ 英寸。

Kha.i.27.a. **两张菩提残片**。纸张软且极薄,用正体笈多字体的和田文写成。

（1）一整张，有5行，是一些关于佛经的内容。6英寸×3英寸；（2）另一残片，有3行，1英寸×$1\frac{1}{2}$英寸。霍恩雷著录第180号。

Kha.i.38. 14张碎片。出自同一卷菩提，用正体笈多字体的和田文（大字体）写成。是一些佛家经典。霍恩雷著录第186号。

Kha.i.45.a. 两张小菩提残片。用正体笈多字体的和田文写成，粗糙的棕褐色纸。较大残片有3行，系最后一张，反面空白。霍恩雷著录第193号。最大残片4英寸×$2\frac{1}{4}$英寸（宽度完整）。

Kha.i.49.a. 菩提写卷中的小残片。为右半张，绳眼周围有线痕，共4行，用正体笈多字体的和田文写成。也许是出自陀罗尼。霍恩雷著录第195号。3英寸×2英寸（宽度完整）。

Kha.i.52.a. 菩提残片（右侧边缘部分）。共4行，用正体笈多字体的和田文写成。还有另一些可能是同一张上的碎片，字迹相同。霍恩雷著录第197号。$3\frac{1}{2}$英寸×$2\frac{3}{4}$英寸。

Kha.i.53、66、91. 3张官方文书残片。53页正面有题记，共8行，用草体笈多字体的和田文写成，反面空白。66页正面有相似的3行，反面空白。91页反面有汉文。霍恩雷著录第199号。最大$2\frac{1}{4}$英寸×$5\frac{1}{4}$英寸。

Kha.i.56. 两张大菩提残片。有绳眼，共4行，用正体笈多字体的和田文写成。内容是一些佛教经典。

有两个菩萨被提及：在第2张正面第4行，有śubhā dhimuktä bodhisatvä tta hvate；在第1张正面第3行有śaṃ nhä bodhisatvä tta hvate。霍恩雷著录第202号（每一张）$7\frac{3}{4}$英寸×3英寸。

Kha.i.58.a. 两卷菩提中的残片。有2张大残片和4张碎片，用正体笈多字体的和田文写成。

(1)实际上是完整的一张,但破损严重。页码无存,共 5 行。7 英寸×3 英寸。

(2)整张的中间部分残片,共 4 行;字迹与菩提(1)中的相似。霍恩雷著录第 204 号。

Kha.i.63. 两张菩提残片。都是正体笈多字体的和田文,但两者不是出自同一卷菩提,字迹也不相同:

(1)破损严重的大残片,有绳眼,共 5 行,大字体。正文无法确定。$8\frac{3}{4}$ 英寸×$2\frac{1}{2}$英寸。

(2)碎片,有 4 行。$1\frac{1}{2}$英寸×$1\frac{3}{4}$英寸。霍恩雷著录第 210 号。

Kha.i.69.a. 菩提残片。用正体笈多字体的和田文书写,有 5 行,正文不明。霍恩雷著录第 214 号。3 英寸×$2\frac{1}{4}$英寸。

Kha.i.70. 12 张菩提碎片。用正体笈多字体的和田文写成。纸软且有点腐烂。霍恩雷著录第 216 号。

Kha.i.73.b. 四张小而窄的长方形菩提残片。用正体笈多字体的和田文书写,共 3 行,都是左边部分残片,页码号是 15、40(或 60?),第三张页码号模糊难辨(10?)。霍恩雷著录第 218 号。宽 $1\frac{7}{8}$英寸。

Kha.i.73.b. 有题文的残木片。系覆盖在菩提上的木板残片,发现时与著录第 217 号中的残片在一起。大字体的菩提写卷残片仍与此残片粘在一起。霍恩雷著录第 218 号。

Kha.i.74.a. 4 卷菩提中的 4 张小残片。四种大小不同的字体,用正体笈多字体的和田文书写。霍恩雷著录第 219 号。

Kha.i.79.a. 5 卷菩提中的 13 张残片。用字体大小不同的正体笈多字体的和田文书写。霍恩雷著录第 226 号。

Kha.i.82.a. 6 卷菩提中的 13 张残片。用正体笈多字体的和田文书写。6 张中的每一张纸质和颜色都不同。另外 7 张是碎片。霍恩雷著录第 235 号。

Kha.i.86.a. **两卷菩提中的两张残片**。用正体笈多字体的和田文书写。一张是整张的底部，共 3 行，有小节号 6 和 8。$3\frac{1}{4}$ 英寸×$1\frac{1}{2}$ 英寸。另一张也是整张的底部，有 2 行，纸质和颜色都不同。2 英寸×1 英寸。霍恩雷著录第 238 号。

Kha.i.89.a. **菩提中的第一张**。实际上是完整的一张，有 6 行。用笈多正体梵文写成，反面空白处有题记，共 5 行，是笈多草体和田文。由于潮湿，多数字迹已漫漶不清，难以辨认。纸质粗糙，坚硬。梵文内容指的是般涅槃。霍恩雷著录第 241 号。11 英寸×$3\frac{1}{4}$ 英寸。

Kha.i.91.a. **5 张菩提的左边部分残片**。有连贯的页码号 427、428、429、430、431；还有两张中间部分的碎片，有 5 行。用正体笈多字体的和田文写成。现存宽度是 $3\frac{1}{2}$ 英寸，通宽 7 英寸，共 8 行。纸很薄，很粗糙。还有一张残片是另一卷菩提上的中间部分，粗糙但较厚的纸，有 4 行。霍恩雷著录第 245 号。

Kha.i.92.a. **3 卷菩提中的 5 张残片**。用正体笈多字体的和田文书写，其中一张左端残片，有页码号 88，5 行。暗黑色的粗糙厚纸。3 英寸×$3\frac{3}{4}$ 英寸（宽度完整）。霍恩雷著录第 247 号。

Kha.i.95.a. **3 卷菩提中的 6 张残片**。用正体笈多字体的和田文书写，纸张和尺寸均不相同。霍恩雷著录第 255 号。

Kha.i.97.a. **一张菩提残片**。薄纸，共 6 行，用大字体的正体笈多字体的和田文书写。每行只有一两个音节。霍恩雷著录第 259 号。$1\frac{1}{4}$ 英寸×$4\frac{3}{4}$ 英寸。

Kha.i.99.　2卷菩提中的2张小残片。用正体笈多字体的和田文书写。霍恩雷著录第263号。

Kha.i.100.a、105.a.180.　2卷菩提中的4张小残片。用正体笈多字体的和田文书写。霍恩雷著录第264号。

Kha.i.101.　2张菩提小残片。用正体笈多字体的和田文书写。霍恩雷著录第266号。

Kha.i.103.　2卷菩提中的5张小残片。用正体笈多字体的和田文书写。霍恩雷著录第268号。

Kha.i.103、104.　菩提大残片（2张相连）。共7行,用正体笈多字体的和田文书写。硬而脏且很粗糙的纸。霍恩雷著录第269号。$6\frac{1}{4}$英寸×$6\frac{1}{4}$英寸。

Kha.i.107.　2张菩提小残片。用正体笈多字体的和田文书写。大写的字体之间有很宽的空行。一张残片是左端部分,有四行,另一残片是下端部分,共5行,尽管实际上不是相连的两部分,但可能有连贯的内容,两张残片却缝在一起。霍恩雷著录第272号。

Kha.i.108.a.　大卷菩提张页上的2张残片。用正体笈多字体的和田文写成,都是左边部分。一张页码号是13,有绳眼,共5行,另一张页码号是77(很模糊),有4行。霍恩雷著录第273号。$8\frac{3}{4}$英寸×$3\frac{1}{2}$英寸和$3\frac{3}{4}$英寸×$2\frac{1}{2}$英寸。

Kha.i.109.a.　2卷菩提中的16张残片。用正体笈多字体的和田文写成。(1)15张残片,很薄且粗糙的纸,破损严重,字迹几乎难以辨认。(2)另一卷菩提中的一张残片,纸较厚。霍恩雷著录第275号。

Kha.i.110.　一张菩提右端残片。有四行正体笈多字体的和田文。大片已撕掉。霍恩雷著录第277号。$5\frac{1}{4}$英寸×$2\frac{1}{2}$英寸。

Kha.i.111、112.a.　3张官方文书残片。用草体笈多字体的和田文书写。

第一张正面有 3 行,第二张有 6 行,第三张有一行,反面空白。霍恩雷著录第 278 号。最大 $5\frac{1}{2}$ 英寸×3 英寸。

Kha.i.115. **3 卷菩提中的 4 张残片**。用正体笈多字体的和田文书写,其中两张残片是两整张的中间部分,有 5 行;绳眼已失;因此完整长度约为 12 英寸。$5\frac{3}{4}$ 英寸×$3\frac{1}{2}$ 英寸(完整宽度)。霍恩雷著录第 280 号。

Kha.i.117.a. **菩提张页上的右下角残片**。正面仅有数字 4 和 5,反面有 6 和 7,是每一页的最终行数号。霍恩雷著录第 282 号。

Kha.i.119. **一整张菩提写卷和 4 张残片**。用直体笈多字体的和田文书写。其中:

(1)一整张,页码号为 29,共 5 行,正页 2~4 行写着一系列的 8 gyasta(或是 jasta);$11\frac{5}{8}$ 英寸×$2\frac{5}{8}$ 英寸。

(2)几乎完整的一张,两端稍有残缺,页码无存;粗糙的棕褐色纸,共 5 行,磨损严重,字迹难以辨认;12 英寸×$3\frac{1}{2}$ 英寸。

(3)整张的左边部分,页码号为 71,有绳眼,共 6 行;$4\frac{1}{2}$ 英寸×$2\frac{1}{2}$ 英寸。

(4)页码为 33 页上的左边半张残片,有绳眼,共 5 行,大字体;8 英寸×$3\frac{1}{2}$ 英寸。

(5)薄的碎纸片,共 2 行,上有难以辨认的大字体。霍恩雷著录第 285 号。

Kha.i.124. **2 或 3 卷菩提中的 4 张小残片**。用正体笈多字体的和田文书写,其中两张残片一面是空白,另一面都有 5 行。霍恩雷著录第 290 号。

Kha.i.127.a. **菩提张页上的右端残片**。共 6 行。用大字体的正体笈多字体的和田文书写。另一张碎片有两行,两张都严重破损。霍恩雷著录第 292 号。最大残片 $4\frac{1}{4}$ 英寸。

Kha.i.129.a. 菩提张页上的中间部分小残片。绳眼周围有圈线,共 6 行小字体的正体笈多字体的和田文。还有一张碎片属另一卷菩提。霍恩雷著录第 297 号。

Kha.i.131.a. 2 卷菩提中的 2 张小残片。用正体笈多字体的和田文书写。霍恩雷著录第 300 号。

Kha.i.133.a~f. 很大一卷菩提中的 6 张残片。大字体。是一整张上端的中间部分,纸张薄且微白,有 6~8 行正体笈多字体的和田文。正文摘自一佛教著作。霍恩雷著录第 305 号。

Kha.i.135.a. 4 卷菩提中的 4 张残片。用正体笈多字体的和田文书写。大小分别为:11 英寸×4 英寸,$7\frac{1}{4}$ 英寸×$3\frac{1}{2}$ 英寸,7 英寸×3 英寸和 2 英寸×4 英寸。4 张残片内容都出自佛教经典。霍恩雷著录第 308 号。

Kha.i.137.b. 2 张菩提左端部分的小残片。页码号为 44 和 48,用正体笈多字体的和田文书写。霍恩雷著录第 312 号。$2\frac{1}{2}$ 英寸×3 英寸。

Kha.i.138.b. 18 张菩提碎片。用正体笈多字体的和田文书写。霍恩雷著录第 313 号。

Kha.i.158. 有点卷边,是完整的一张纸。纸质粗糙且呈褐色。顶端残破,正面有汉文题记,两处空白有吐蕃文注释;反面是陀罗尼,很模糊,用几乎难以辨认的草体笈多字体的和田文书写。霍恩雷著录第 322 号。$12\frac{3}{8}$ 英寸×$10\frac{1}{4}$ 英寸。

Kha.i.160. 5 张菩提小残片。有 5 行正体笈多字体的和田文,微黄的软纸。霍恩雷著录第 324 号。

Kha.i.170. 菩提上的中间部分残片。无绳眼,棕褐色硬纸;有 5 行正体笈多字体的和田文。出自一些佛教经书。霍恩雷著录第 327 号。8 英寸×$3\frac{1}{2}$

英寸。

Kha.i.171.a.　**菩提残片**。用正体笈多字体的和田文书写。有一面空白，表明此残片是首张或是末张。有 5 行相当大的字体，出自一些佛教经书。霍恩雷著录第 328 号。最大残片 $2\frac{5}{8}$ 英寸（宽度完整）。

Kha.i.173、174、174.a、175、176.　**4 卷菩提中的 5 张小残片**。用正体笈多字体的和田文书写。霍恩雷著录第 330 号。

Kha.i.176.a.　**官言文书的残片**。正面字体潦草，是草体笈多文体和田文；还有一些签名。霍恩雷著录第 334 号。$6\frac{1}{4}$ 英寸×$2\frac{1}{2}$ 英寸。

Kha.i.182.a.　**5 卷菩提上的 11 张残片**。用正体笈多字体的和田文写成。最大残片有绳眼，共 4 行。8 英寸×$2\frac{1}{2}$ 英寸。霍恩雷著录第 340 号。

Kha.i.184.　**4 张菩提残片**。用华丽的正体笈多字体和田文书写。纸张腐烂且呈暗色。最大残片是整张的中间部分，有绳眼；共 5 行，字迹难以辨认。霍恩雷著录第 343 号。最大残片 $6\frac{1}{2}$ 英寸×$4\frac{1}{4}$ 英寸。

Kha.i.185.a.　**2 卷菩提中的 4 张残片**。上写正体笈多字体的和田文。其中三张是同一卷菩提，还有一张（没有颜色）属另一卷菩提。前者中最大残片有 6 行，是整张的左边部分，无绳眼。霍恩雷著录第 343 号。最大残片 11 英寸×$3\frac{3}{4}$ 英寸。

Kha.i.187.a.　**7 卷菩提中的 12 张小残片**。上写正体笈多字体的和田文。有 5 张残片是暗褐色的纸，有一半烧焦。霍恩雷著录第 346 号。

Kha.i.193.　**2 卷菩提中的 2 张残片**。上写正体笈多字体的和田文。

（1）一整张的左端部分一直到绳眼，有 4 行，4 英寸×$2\frac{1}{2}$ 英寸。

（2）一整张的中间部分，有 5 行，约 3 平方英寸。霍恩雷著录第 352 号。

Kha.i.198. 12 张菩提残片。上写正体笈多字体的和田文。半腐烂的褐色软纸,最大残片几乎是完整的一张左边部分,有绳眼,但页码难以辨认,有 5 行字迹相当模糊。出自一本诗文。另一些是小残片。还可参见 i. 160、171、173。霍恩雷著录第 355 号。最大残片 $12\frac{1}{2}$ 英寸×$3\frac{1}{2}$ 英寸。

Kha.i.199.d、200. 3 卷菩提中的 3 张小残片。用正体笈多字体的和田文书写,分别为 $4\frac{1}{2}$ 英寸×4 英寸,$3\frac{7}{8}$ 英寸×3 英寸,2 英寸×$1\frac{1}{2}$ 英寸。霍恩雷著录第 359 号。

Kha.i.203.a. 菩提残片。是顶端的中间部分,有 4 行,用正体笈多字体的和田文书写。霍恩雷著录第 365 号。

Kha.i.205.a. 3 卷菩提中的 5 张残片。用正体笈多字体的和田文书写。其中:大残片(约为半张)页码号是 35,有绳眼,共 6 行。霍恩雷著录第 369 号。

Kha.i.206.a. 3 卷菩提中的 5 张残片。用正体笈多字体的和田文书写。其中两张残片,是两大张写卷的中间部分,有 6 行。最大残片 7 英寸×4 英寸。霍恩雷著录第 371 号。

Kha.i.208. 用正体笈多字体的和田文写成的四卷菩提中每一卷里的一张小残片。霍恩雷著录第 374 号。

Kha.i.211.a. 5 张菩提残片。用正体笈多字体的和田文书写,其中半张有绳眼,页码号 113,有 4 行。小残片,有 5 行。正面是梵文,反面是和田文。霍恩雷著录第 377 号。

Kha.i.214.a. 2 卷菩提中的 6 张残片。用正体笈多字体的和田文书写,其中一张残片是整张的中间部分,有 5 行。系《金光明经》译文。参看著录第 425 号,霍恩雷著录第 381 号。

Kha.i.215. 菩提小残片。用正体笈多字体的和田文书写。有两个同心圈标明是第 24 张的结束。霍恩雷著录第 385 号。

Kha.i.217.　2 张菩提小残片。用正体笈多字体的和田文书写。霍恩雷著录第 386 号。

Kha.i.218、219.a.　不同卷的菩提中的 6 张残片。用正体笈多字体的和田文书写,其中半张,有页码 2[7]7。$9\frac{1}{4}$ 英寸×$3\frac{5}{8}$ 英寸。霍恩雷著录第 387 号。

Kha.i.221.　实际上是一整张呈深褐色的卷边硬纸。正面有汉文题记,反面有 38 行难以辨识的佛教经文,是草体笈多体和田文。霍恩雷著录第 389 号。

Kha.i.223.a.　8 卷菩提中的 11 张小残片。用正体笈多字体的和田文书写。霍恩雷著录第 392 号。

Kha.i.300.a.　5 卷菩提中的 6 张残片。用正体笈多字体的和田文书写,其中有两张音节表残片。霍恩雷著录第 395 号。

Kha.i.301.a.　2 卷菩提中的 2 张残片。用正体笈多字体的和田文书写,其中一张残片是 44 页上的左边部分,有 4 行。6 英寸×$2\frac{1}{4}$ 英寸。霍恩雷著录第 397 号。

Kha.i.302.a.　2 张菩提残片。有 4 行,用正体笈多字体的和田文书写。霍恩雷著录第 399 号。最大残片 5 英寸×2 英寸。

Kha.i.303.a.　用和田语和笈多正体梵文写成的两卷菩提中的 4 张小残片。霍恩雷著录第 401 号。

Kha.i.305.a.　一边有题记的卷轴小残片。正文用正体笈多字体的和田文写成,其他是汉语。卷轴的另一个残片可能在《皇家亚洲学会会刊》(1906) 696 页有描述。霍恩雷著录第 404 号。

Kha.i.306.a.　一张菩提写卷。页码号是 5。有 5 行正体笈多字体的和田文。正面 4 行写有 (upāya-kauśalyä),反面两行写的是 hvāṣti pātcä dharma-samgittā-sūträ virä,意思是"再一次在《结集经大法》中很好地保存下来"。这些是两部佛教经文中的名称,参见《翻译各义大集》的注释 65,20 和 21;还有《集菩萨学论》(本达尔发表)的索引。正面第 5 行是 baudhisatva-carya-haṣkāmithina,意思是"通向菩萨的最高境界"。

这也许指的是寂天的《菩提行经》译本。它肯定是些教义的概要,像《集菩萨学论》中的一样;但在我们这张写卷上似乎没出现。在写卷最后一行下端空白处,有用草体笈多字体写的 10 个字母,标有一个"十"字号,表明原文的省略。霍恩雷著录第 406 号。1 英尺 3 英寸×$2\frac{1}{2}$英寸。

Kha.i.306.b. 一张菩提残片。是右端完整的$\frac{3}{4}$部分,有六行正体笈多字体的和田文,其中夹杂着梵文词语。

这是原始的梵文本的译稿,不能等同看待。对话者是舍利弗,和在《法华经》中的一样。霍恩雷著录第 407 号。1 英尺 2 英寸×$3\frac{3}{4}$英寸。

Kha.i.309.a. 几乎完整的菩提写卷。右端稍有残缺;页码号为 43,有 4 行,用正体笈多字体的和田文写成。文中有一长串疑问,与梵文原稿不一致。霍恩雷著录号第 412 号。$15\frac{1}{2}$英寸×3 英寸。

Kha.i.309.b.1. 13 卷菩提中的 14 张残片。用正体笈多字体的和田文写成。霍恩雷著录号第 414 号。

Kha.i.310. 2 张官方文书残片。用草体笈多字体的和田文写成。(1)暗黑而粗糙的软纸;正面有 14 行,反面有 10 行;$9\frac{1}{2}$英寸×3 英寸。(2)粗糙的硬纸;正面有五行,反面有空白;$4\frac{1}{2}$英寸×$2\frac{3}{8}$英寸。霍恩雷著录号第 417 号。

Kha.i.318,319.a. 3 张几乎完整的菩提写卷。页码号分别为 211、214 和 226,还有一张四分之一张上的碎片;有 5 行,用正体笈多字体的和田文书写。右端约有 2 英寸的纸片已缺失。现存部分因沙土而磨损严重,残缺不全。第

214 张和正面有一系列问候语,还有对《金光明经》的赞美,可能是答谢本写卷的译者。

第 226 张上有一组诗句,正面有数字 2、3、4,反面标着 5、6、7、[8、9]、20。霍恩雷著录第 425 号。$13\frac{3}{4}$ 英寸×$3\frac{1}{2}$ 英寸。

Kha.i.319.b. 2 卷菩提中的 2 张小残片。用正体笈多字体的和田文写成。霍恩雷著录第 426 号。

Kha.i.0034. 菩提碎片。薄纸;有 3 行。用正体笈多字体的和田文写成。霍恩雷著录第 429 号。

喀达里克 II 佛寺和小废址中的菩提写卷和官方文书残片

Kha.ii.1.2. 3 张菩提小残片。用正体笈多字体的和田文写成。霍恩雷著录第 431 号。最大残片 3 英寸×3 英寸。

Kha.ii.3. 木质书版。右端已损坏,两面都有题记,上有草体笈多字体的和田文。正面有 4 行与长边平行。

反面是三个说明。第一个在左边,有五短行,与长边平行。第二和第三个说明在右边,有六短行。每一行都与宽边平行。霍恩雷著录第 432 号。10 英寸×$1\frac{7}{8}$ 英寸。

Kha.ii.12、13.a. 2 张菩提上的许多残片。腐烂,上有许多泥土,用正体笈多字体的和田文写成,字迹难以辨认。霍恩雷著录第 435 号。

Kha.ii.18.b. 2 张菩提残片。有连贯的页码号 15 和 16,共 5 行。用正体笈多字体的和田文书写。暗褐色,厚而软的纸,与著录 426 号中的残片很相似。霍恩雷著录第 437 号。4 英寸×$3\frac{1}{4}$ 英寸。

Kha.ii.29. 3 张菩提写卷。用正体笈多字体的和田文书写。其中两张接近完整,页码号为 8 和 9。第 3 张约是整张的四分之三部分,页码号可能是

10,因为在此张上有最后的致谢。题记有 5 行,混杂了许多梵文词语。很薄的软纸,被沙土严重磨损。许多字迹都难以辨认。霍恩雷著录第 441 号。$12\frac{3}{4}$ 英寸×$2\frac{5}{8}$ 英寸。

Kha.ii.31. **3 块菩提残片。** 2 张小残片,一张碎片,有 4 行,通宽约 $4\frac{1}{2}$ 英寸,用正体笈多字体的和田文书写。破损严重,字迹难以辨认,可能是同一张上的残片。霍恩雷著录第 445 号。

Kha.vi.l.c. **用笈多正体梵文书写的菩提写卷中的 7 张小残片。** 其中混杂着和田文。它们是 7 整张上的左边部分,其中 3 张有绳眼圈,页码号为 8、9、10,共 4 行。霍恩雷著录第 449 号。

Kha.vi.12.b、13. **许多卷菩提中的残片。** 3 张大的残片和许多碎片,用正体笈多字体的和田文书写,其中:

(1)一整张右边部分的残片,有 6 行诗句,6 英寸×$3\frac{1}{4}$ 英寸。

(2)整张右端的残片,破损严重,有 5 行标有数字 5~7 的诗句,$5\frac{1}{4}$ 英寸×3 英寸。

(3)残片,有 5 行诗句,3 英寸×$2\frac{3}{4}$ 英寸。霍恩雷著录第 453 号。

Kha.vi.14.b. **9 张官方文书残片。** 粗糙的褐色薄纸,两面都有草体笈多字体的和田文题记。

(1)文书下端的残片,正面的题文是对医药重要性的说明,反面亦有大约连续 10 段的说明,字迹难以辨认。12 英寸×$8\frac{1}{2}$ 英寸。

(2)8 张小碎片,字迹难以辨认,同属上面文书。霍恩雷著录第 455 号。

Kha.vii.l. **页码号为 43 的半张菩提残片。** 有 6 行模糊的字迹,用正体笈多字体的和田文书写。纸质坚硬。霍恩雷著录第 458 号。8 英寸×3 英寸。

Kha.viii.l.　**几乎完整的一张菩提。**右端残缺不全,有 5 行正体笈多字体的和田文。字迹模糊,薄而微白的软纸,无张页号。正文似乎是在讨论各种戒律。霍恩雷著录第 459 号。$9\frac{1}{2}$ 英寸×$2\frac{1}{2}$ 英寸。

Kha.viii.5.　**菩提中的小残片。**题记有 3 行,用正体笈多字体的和田文书写。微白的薄纸。霍恩雷著录第 466 号。

Kha.ix.8.　**木头裂片。**系书版中部残片,仅在一面有不明显的题记,用草体笈多字体的和田文写成,字迹模糊难辨。霍恩雷著录第 475 号。3 英寸×$1\frac{1}{4}$ 英寸。

Kha.ix.13.a.　**2 卷菩提中的 6 张残片。**用正体笈多字体的和田文书写,包括两张大残片,可能同属一张,有 6 行。还有两张碎片,发现时与著录 512 号的纸张捆在一起。最大残片 7 英寸×4 英寸。霍恩雷著录第 477 号。

Kha.ix.19.　**有题记的正方形木棒残片。**两端破损。四面都有题记,用草体笈多字体的和田文书写,仅有部分可以辨认。霍恩雷著录第 483 号。

Kha.ix.25.　**文书残片。**微白的软纸,正面有一行草体笈多字体的和田文。霍恩雷著录第 489 号。

Kha.ix.30.a.　**2 卷菩提中的 6 张残片。**用正体笈多字体的和田文写成。发现时与著录 512 号捆在一起。霍恩雷著录第 494 号。

Kha.ix.40.　**木头裂片。**系书版的左端部分,两面都有草体笈多字体的和田文写的题记说明。霍恩雷著录第 505 号。$4\frac{3}{4}$ 英寸×$\frac{3}{4}$ 英寸。

Kha.ix.57.d.　**官方文书残片。**正面有吐蕃文题记,并有签名和两个红色的圆章印迹。反面空白。发现时与注著录 509 号捆在一起。霍恩雷著录第 512 号。7 英寸×$3\frac{1}{4}$ 英寸。

Kha.ix.67.　**书版左端的木头裂片。**题记有 2 行,用正体笈多字体的和田文书写，字迹模糊难辨。霍恩雷著录第 513 号。2 英寸×$\frac{3}{4}$英寸。

Kha.ix.75. **菩提写卷上的右半张残片。**有 4 行，用正体笈多字体的和田文书写，可见小节号 1、4、5。霍恩雷著录第 511 号。6$\frac{3}{4}$英寸×2$\frac{3}{8}$英寸。

II. 麻扎托格拉克遗址发现的和田文木质官文和文书

（参见上文第五章第五节内容 M.T.i.1～0028 中的文书

最初是以 M.tagh 这样错误的遗址标志而出现的）

M.T.30. **3 块像木棒一样的木质书版。**题记是正体笈多字体的和田文。

（1）木棒裂片，一端有穿孔并有三个坑（未穿透）。一行题记在有坑的一边。11$\frac{3}{4}$英寸×1 英寸。

（2）一侧有松弛的树皮的木棒，另一侧有短的模糊不清的题文。7 英寸×$\frac{1}{2}$英寸。

（3）一端有穿孔的木棒，一侧有题记和不清楚的题文，系笈多字体（chars 字母?）。霍恩雷著录第 542 号。4$\frac{1}{2}$英寸×$\frac{3}{4}$英寸。

M.T.i.1. **木质书版残片。**带三个音节（Akṣaras）的题记，用草体笈多字体书写，可能是和田文。霍恩雷著录第 76 号。1 英寸×$\frac{5}{8}$英寸。

M.T.i.2. **木质书版残片。**很小，无题记。霍恩雷著录第 77 号。1$\frac{3}{4}$英寸×$\frac{1}{2}$英寸。

M.T.i.3. **木质书版残片。**长方形，为右边部分，一面有 3 行题记，另一面有 2 行，用草体笈多字体的和田文书写。霍恩雷著录第 78 号。3 英寸×1 英寸。

M.T.i.5. **木质书版的右端残片**。一面有 2 行题记,另一面有一行,用草体笈多字体的和田文书写。霍恩雷著录第 79 号。6 英寸×1 英寸。

M.T.i.7. **官方文书残片**。浅黄色纸,正面有带日期的题记 15myi ksaṃṇi a…,意思是"在第 15 个时期内",用草体笈多字体写成,反面空白。还有 5 张碎片,有汉文字迹和潦草的签名。霍恩雷著录第 80 号。$4\frac{1}{4}$英寸×$1\frac{1}{2}$英寸。

M.T.i.8. **2 张官方文书残片**。浅黄色薄纸,正面有题记,分别为 7 行和 3 行,用草体笈多字体的和田文书写。反面空白。霍恩雷著录第 81 号。$3\frac{1}{2}$英寸×$9\frac{1}{2}$英寸和 $2\frac{1}{2}$英寸×$1\frac{3}{4}$英寸。

M.T.i.10. **官方文书的残片**。正面开头有两行题记,用草体笈多字体的和田文书写。反面空白。霍恩雷著录第 82 号。$4\frac{1}{2}$英寸×$2\frac{1}{2}$英寸。

M.T.i.13. **官方文书残片**。粗糙的纸,正面有一行带日期的题记,用草体笈多字体的和田文写成。反面空白。霍恩雷著录第 83 号。10 英寸×2 英寸。

M.T.i.15. **官方文书残片**。微白的软纸,用草体笈多字体的和田文写成。反面空白。霍恩雷著录第 84 号。15 英寸×$2\frac{1}{2}$英寸。

M.T.i.16. **官方文书的 6 张残片**。浅黄色极薄的纸,正面有 2~4 行和田文和草体笈字体的书写。反面空白。霍恩雷著录第 85 号。

M.T.i.17. **官方文书中间部分的残片**。浅黄色薄纸,上有两个符号的一部分说明,每个都是 4 行,用草体笈多字体的和田文写成。反面空白。还有 5 张小残片,属于另一份官文,微白的薄纸,用草休笈多字体写成。霍恩雷著录第 86 号。$6\frac{1}{2}$英寸×8 英寸。

M.T.i.17.a. **官方文书残片**。微白的薄纸;正面有一行草体笈多字体的和田文。反面空白。霍恩雷著录第 86 号。5 英寸×2 英寸。

M.T.i.20. **官方文书的五张残片**。微白的薄纸;底边空白处有大字体的模糊不清的潦草签名。还有小字体汉文的对应签名。霍恩雷著录第 87 号。

M.T.i.0028. **一整张小的官方文书**。粗糙的,带褐色的长方形条纸,题文有 2 行半,用草体笈多字体的和田文书写,还有潦草的签名。反面空白。霍恩雷著录第 88 号。10 英寸×3 英寸。

III. 米兰、亚尔和图、硕尔楚克、霍拉遗址
发现的梵文、龟兹文、和田文写卷残片

(参见本书第十三章第一节,第二十八章第四节和第二十九章第四节的内容)

Mi.II.0011. **棕榈叶状的菩提残片**。一张残缺不全和另外一张碎片,用笈多正体梵文书写。文字属于一种相当早的印度笈多体。残片每一面有 5 行,小残片有 2 行。大残片左端和顶部残缺,距右端 $4\frac{1}{2}$ 英寸处有绳眼。正文是语法内容,比如第四行。霍恩雷著录第 530 号。最大 $6\frac{1}{2}$ 英寸×2 英寸。图版 CXLIII。

Y.K.009. **9 张菩提残片**。用斜体笈多字体的和田文写成,还无法看懂或识读。4 张大残片,5 张碎片。霍恩雷著录第 538 号。

Mi.ii.a. **14 张菩提残片**。用笈多正体梵文写成。4 张较大的残片同属一张,完整尺寸约为 $20\frac{3}{4}$ 英寸×$3\frac{3}{8}$ 英寸,上有页码 51,共 7 行,宽度完整,为 $3\frac{3}{8}$ 英寸。三张小残片属于另一整张,也许是 52 页。另外 7 张残片可能是属于第三张。

所有残片由瓦莱·普桑教授翻译整理在 1913 年版的《皇家亚洲学会会刊》中 850 页都有详细的描述。它们都属于破僧义,讲述了佛陀与两个商人特雷普沙和跋利卡会谈的故事。霍恩雷著录第 532 号。

Mi.xiii.006. 3 张菩提残片。用斜体笈多字体龟兹文写成。还无法看懂或识读。残片小且损坏严重,微白的硬纸。霍恩雷著录第 533 号。

Mi.xiv.1. 菩提写卷上的左端部分残片。页码号为 939,有 6 行,斜体笈多梵文。由瓦莱·普桑教授翻译整理,发表在 1913 年的《皇家亚洲学会会刊》855 页中。霍恩雷著录第 534 号。$4\frac{5}{8}$ 英寸 ×3 英寸。

M.E.001. 3 张菩提残片。上书斜体笈多字体的龟兹文。一张是整张左端的残片页码显示的是 8(?)。霍恩雷著录为 535 号。

Mi.vii.1. 带题记的木版画残片。是有菩萨形象的木版画上的残片,还有那些有菩萨像的 6 个莲花座。在它们的下面有一行清晰的龟兹文字迹,把莲花座分隔成五个区块,与上面的 5 座莲花相对应,并清楚地显示出这些人物的名字。第一个区块的字迹已模糊不清。霍恩雷著录第 536 号。1 英尺 $9\frac{1}{2}$ 英寸 ×2 英寸。

Mi.xxi.002. 有一端固定八边形木柱。上有题记,虫蛀严重,裂纹较多。题记有 8 行,用大字体的笈多正体梵文(字母 chars?)和和田文写成,从头到固定点一直与长边平行。由于裂纹和墨迹不清晰,大多数字迹已难以辨认。霍恩雷著录第 537 号。高 2 英尺 $5\frac{1}{2}$ 英寸,直径 4 英寸。

Khora.005.a、b. 2 卷菩提中的 2 张残片。微白的硬纸,破损严重,用斜体笈多梵文书写,还有摩咥里制吒的赞美诗。

(1)《四百赞》(*Catuḥśataka-stotra*)中的残片,包括其中第 1 章,第 1~12 小节部分,共五行。$9\frac{2}{5}$ 英寸 ×2$\frac{4}{5}$ 英寸,完整的宽度约为 15 英寸。

(2)《百五十赞佛颂》(*Śatapañcāśatika-stotra*)中的小残片,$4\frac{1}{8}$ 英寸 ×1$\frac{3}{4}$ 英寸。包括其中的 146~150 小节,而在我们的写卷中的,是 10~14 小节。完整

尺寸约为 9 英寸×$1\frac{3}{4}$英寸。

霍恩雷的《新疆的佛教文献》一书中的第 1 章第 73~80 页,有这两张残片的整理译文和描述。霍恩雷著录第 540 号。

Khora.005.c. 菩提写卷中上边缘的中间部分小残片。微白的硬纸,有两行,第三行在另一页,用斜体笈多字体的和田文书写。页码已失,内容不明。霍恩雷著录第 541 号。

IV. 敦煌千佛洞的佛堂内
发现的梵文、和田文和龟兹文写卷
(参看本书第二十四章第四节)

Ch.0041. 完整的一卷。暗褐色的纸,沿边缘稍有破损。反面有题文 151 行,多是讹误的草体笈多字体梵文,正面是汉文。

内容:两种混合的《陀罗尼经咒》(*Uṣṇīṣa-vijaya*),第一种在第 10 行的中间部分结局,参见《牛津逸书》,第三部分,第 9、22、35、36 页;第二种大佛顶尊白伞盖总持,参见 1911 年版《皇家亚洲学会会刊》中 460、461 页。可以看出,梵文的讹用有助于和田语语音的理解。霍恩雷著录第 1 号 10 英尺 10 英寸×$10\frac{1}{2}$英寸。图版 CXLVII。

Ch.0042. 完整的一卷。暗褐色纸,沿边缘稍有破损。正面是汉文题文,反面是一系列分开的草体笈多字体的和田文词条,但要从卷轴两端相反的方向来看。

内容:(1)从顶端看有五六个短词条和残缺的和田文字母。(2)底端有六七个很短的词条,带有日期 asa salya hadyaja māśte kṣausimya haḍe 等,意思是"马(梵文是 aśva)年,第 Hadyaja 月,第六天";还有印戳。霍恩雷著录第 2 号。6 英尺 5 英寸×10 英寸。

Ch.0043.　卷轴。完整。暗褐色的纸,顶部边缘有破损。正文有汉文题文,反面约有 48 行很粗拙的草体笈多字体的和田文。内容无法确定。霍恩雷著录第 3 号。4 英寸×10 英寸。图版 CXLVII。

Ch.0044.　**实际上是完整的一卷**。污迹斑斑的暗褐色纸,顶部(约 10 英尺)直到中部以及右边缘破损严重。正面是汉文题文,反面有 70 行草体笈多字体梵文;约有 18 英尺余出的空白。

内容:憍尸迦《般若波罗蜜多经》。参见《皇家亚洲学会会刊》,473 页,1911。霍恩雷著录第 4 号。23 英尺 10 英寸×10 英寸。图版 CXLVII。

Ch.0045.　卷轴。不完整,暗褐色纸,被扯掉的一卷的残片。反面有 12 行草书笈多文(chars,字母?)和和田文。霍恩雷著录第 5 号。$15\frac{1}{2}$英寸×$4\frac{3}{4}$英寸。

Ch.0046.　卷轴。三套小残片,出自不同的三卷。

(1)三张撕破的残片,污浊的棕褐色纸,反面是草书笈多文(chars,字母?)和和田文。

(2)三张撕破的残片,暗褐色纸;每一张的反面都有完全相同的内容,用草体笈多字体的和田文写成。

(3)一张大的和一张小的残片,反面是草体笈多字母表,但不按正常顺序书写。1911 年版《皇家亚洲学会会刊》第 458 页有引用的图版(IV)。出处同上。霍恩雷著录第 5 号(续)。

Ch.0047.　**实际上是完整的一卷**。但底端破损,反面题文有 35 行,用清晰的草体笈多字体写成,部分是和田文,还有一部分是多讹误的梵文。

内容:义中开始 14 行是和田文,无法鉴定。接下来是 10 小节讹误的梵文,最后的短句子是和田文。霍恩雷著录第 6 号。2 英尺 $3\frac{1}{2}$英寸×$12\frac{1}{4}$英寸。

Ch.0048.　卷轴。完整,暗褐色纸,沿左边像稍有破损;正面是汉文题文,反面上边部分有 71 行粗劣的草体笈多字体和田文,底部约有 15 英寸空白。

沿最上端一行有两个不清楚的印戳,但肯定是汉文印戳。

内容:文中是和田文,有日期,1911 年版《皇家亚洲学会会刊》470 页有摘录。接下来是带简介的佛经故事,在上书同一出处的第 474 页也有摘录。霍恩雷著录第 7 号,7 英尺 11 英寸×$12\frac{3}{8}$英寸。

Ch.0049. 卷轴。从一较大卷轴上撕落的不规则的残片,底部有一粘上去的纸条,$9\frac{3}{4}$英寸×$1\frac{1}{4}$英寸。题文有 7 行,用草体笈多字体的和田文书写。

最上一行有日期。还有另一张小残片,霍恩雷著录第 8 号。$8\frac{1}{2}$英寸×5~6英寸。

Ch.0079.a. 69 张贝叶菩提残片。左边和右边空白处有用墨水画的边线。在距左端 6.5 英寸处(或是整页的三分之一处),从上到下贯穿整页的两条墨水边线之间,有绳眼。边线之间的部分被分隔成带有题文的两栏,而其中的内容是连贯的。正面左边空白处有张页码号。总的来看,写卷保存完好,除一些残缺外,例如 62 页右端破损约 6 英寸。有五张的左边空白处连同页码已损失。共六行。

文字是一种早期的那不勒斯字体,而不是后来的正体印度笈多字体。一个引人注目的特色是粘在写卷角处的花结,还有右边顶端处的一些字母,诸如 ga,śa,dha,tha 等(参见《本达尔字母表》中的著录第 1702 号和第 1049 号,还有《佛教梵文写卷目录》)。这指的是公元八九世纪的菩提写卷。

这些现存的写卷,按世纪排列,顺序如下:

世纪	总数
1 世纪:12、25、41、57、60、62、63、82、85、94、97 ……………	11 张
2 世纪:101、102、120、124、129、140、160、167、169、180、182、195 …………………………	12 张

3 世纪:205、221、242、273、279、284、291、295 ················· 8 张

4 世纪:310、317、343、364、373、395 ····················· 6 张

5 世纪:404、405、407、460、461、463、465、468、492、493 ········ 10 张

6 世纪:524、553、560、564、575、599 ····················· 6 张

7 世纪:无 ······································· 0 张

8 世纪:721、771 ·································· 2 张

9 世纪:811、813、860、865、866、893、894、895 ·············· 8 张

10 世纪:913 ····································· 1 张

总共:64 张

在现存的这 4 张中(310b^{ii}、395b^{vi}、895a^{i}、c^{iv}),出现了数字,表明是一个小节的结束,但未提及著作名称。

从这些顺序不连贯的数字(28、77、65)来看,很明显,它们指的不是段落或章节,而是段落中的小节或小节数。本达尔(在上述引文中第 2 页 l.21)说参见《八千颂》,认为这些数字指的是每一章的小节数。毫无疑问,《八千颂》的修订本也是同一说法,数字总共有 8 164 个。《般若波罗蜜多经》所有的修订本都是用散文写的。而印度人估算散文字数的方法就是数其中所含的颂数(一颂总共有 32 个音节)。另一方面,本达尔的文中还有一类似的说法(在上述引文中 146 页 l.6),认为这些数字是否指的是段落或是段落中的小节数还值得怀疑。这种怀疑只有在看了《十万颂》的真正的全部写卷后才能肯定,这对我来说是难以做到的。

从没有页码号(c^{iv})的书末题注中可以看出,现存的写卷出自《般若波罗蜜多经》的一种修订本。这或许从许多其他页上也能看出,例如,在第 25a^{i} 中。

我们看到,最后一栏的页数是 913,第一张有 12 行,每一行约有 96 个音节(或是 3 个颂),也就是说,每一张有 36 个颂,那么 913 页上就会有 32 868 个颂。现在 5 种《般若波罗蜜多经》的修订本,分别有 125 000、100 000、25 000、

10 000 和 8 000 个颂。32 868 的总数不包括在最后三种修订本中。它可能仅属于 125 000 或是 100 000 个颂的修订本中的一种。后者是一种众所周知的修订本,而我们的写卷可能就属于这一种。由此可知,约有三分之二菩提写卷在丢失;而 32 863 的三倍就是 98 604 个颂。按照拉津陀腊拉密特罗的《那不勒斯佛教文献》一书 177 页记载,《十万颂》(*Śtasāhastrikā*)由 72 章组成,分成四段(khāṇḍas)。我们现存的菩提写卷约为全部的三分之一,应该包含了第一个段和第二个段的一部分。这个结论是根据上面引用的数字(28、77、18、65)得出的。因为我们有这样的事实,310 页上有数字 28,395 页上有数字 77,而在第 6**(或是 7**)页上出现了数字 18,在 895 页上有数字 65,表明数字 28 和 77 是第一段段落中的,而数字 18 和 65 是第二段段落中的。理由当然是基于这些数字的确指的是段落,而不是段落中的小节这一假设;同时,这种假设是有极大可能的,因为这些数字太小了而与颂无关。霍恩雷著录第 9 号。1 英尺 8 英寸×2 英寸。图版 CXLII。

Ch.0079.b. **菩提**。一张贝叶佛经。完整,沿顶端空白破损,正面有页码号 292,共 7 行,用笈多正体梵文写成。

由瓦莱·普桑教授摘录在 1911 年版《皇家亚洲学会会刊》第 1077 页上。霍恩雷著录第 10 号。$16\frac{5}{8}$英寸×$1\frac{7}{8}$英寸。图版 CXLII。

Ch.0092. **卷轴**。完整:黄色而粗糙的薄纸,正面题文有 79 行,早期的天成体(梵文字体和名称,全称为 Deva Nāgarī——译者)和粟特文字体交替出现。最后一行被较淡的红墨水浸泡过。题文部分占整卷轴的 3 英尺 9 英寸,其余是空白。反面也是空白。

内容:《青颈观自在菩萨心陀罗尼经》的梵文本,带有粟特文的译本对照。详细的描述参看瓦莱·普桑和戈蒂奥写的 1912 年版《皇家亚洲学会会刊》第 1060 页的第 14 条。被红墨水浸泡过的最后一行是《般若波罗蜜多经》中的开始部分,但不连贯。

年代约在公元 700 年,S.烈维教授在 1912 年版《皇家亚洲学会会刊》第

1066 页有记载。由于 ya(**य**)这种现代形式的普遍使用使这一事实可以肯定，这种字体是公元 600 年以后出现的，属于后笈多文和早期的天城体。霍恩雷著录第 11 号。4 英尺 3 英寸×5$\frac{3}{4}$英寸。

Ch.00120. **实际上完整的一卷。**仅是顶端的两行脱落了，暗褐色纸。正面题文是汉文，反面有 93 行草体笈多字体的和田文。

意思不明。在不规律的间隔中以数字一(**य**)这一形式为记号，并有一个接一个的某组字母或音节被删掉。在每一组中，较小组的音节还标有昆莎鲁迦［梵文以罗马字拼音时，以ḥ（∶）表示止音，则称为 Visarga，音译昆莎鲁迦，悉昙字表示止音的符号（∶）称为涅槃点——译者］（∶）。参见卷轴 Ch.00265。霍恩雷著录第 12 号。7 英尺 10 英寸×10 英寸。

Ch.00262.a~c. **三张大小不同、笔迹不同的菩提残片。**均为斜体笈多梵文，由瓦莱·普桑教授摘录在 1913 年版《皇家亚洲学会会刊》第 843~850 页上。

（1）菩提中的两部分，沿上边空白处和左端均残缺，每张有 4 行。（a）包括 6 张，有清楚的页码号 44、45、93 和模糊不清的数字：90、91、92，还有一连串的戒(Śikṣās)，数字从 1~15、14~41。（b）由 3 张组成，页码号为 123~125，出自《羯磨说》(*Ka rmā vā cā*)。7 英寸×2$\frac{3}{8}$英寸。

（2）另一卷菩提中的两部分，沿下边缘残缺；每张有 4 行。（a）一张，页码号 25 在正面，反面有 4 行，是《圣社四支经》(*Caitya-causka-sùtra*)的结束部分。和另一佛经的开始部分。（b）还是一张，无页码，是一张衬页。两边均有题文，字体粗劣，有一行短的《陀罗尼》(*dhāraṇī*)。6$\frac{1}{8}$英寸×2 英寸。

（3）第三卷菩提中的三张残片，上边空白残缺。一张页码号是 6，清晰可见。另两张页码难辨；每张有五行。根据瓦莱·普桑教授的看法，认为它们出自一本《选集》。霍恩雷著录第 13 号。7 英寸×2$\frac{1}{4}$英寸。

Ch.00263. **完整的一卷**。厚且呈暗褐色的硬纸。正面有汉文题文,反面有 25 行优美的笈多草体和田文,最后 8 行用直的黑墨线框起来。

意思和拼写与 Ch.00267 相似。霍恩雷著录第 14 号。3 英尺 4 英寸×$10\frac{1}{4}$ 英寸。

Ch.00264. **完整的一卷**。但底端稍有破损,正面有汉文题文。反面空白,除了底端约 9 英寸处有三行不清楚的草书字体和五行保存完好的笈多正体梵文字,文中还有不完整的字母和数字的根音和音节表。霍恩雷著录第 15 号。15 英尺 2 英寸×$10\frac{1}{2}$英寸。

Ch.00265. **卷轴**。不完整,顶部和下端缺失,长度不明。正面有中文题记;反面是和田文,现存 42 行,用草体的笈多字母写成,但它是一种优美的书法字体。

内容:一组医学配方,被符号∷(4 个圆点)与另一些配方隔开。每一个配方的成分和范围,被一个圆点(.)隔开。霍恩雷著录号第 16 号。3 英尺 1 英寸×$10\frac{1}{4}$英寸。

Ch.00266. **卷轴**。完整;薄而泛黄的纸,上部边缘损坏,下部边缘被扯掉。正面有中文题记,反面有草体笈多字体的和田文,有三部分:

第一部分:43 行,后面有 2 英尺的空白处。

第二部分:44~223 行,后面有大约 6 英寸的空白处。

第三部分:224~382 行。

第二部分是一些佛教故事。第三部分是一些佛经。霍恩雷著录号第 17 号。26 英尺 4 英寸×10 英寸。

Ch.00267. **卷轴**。完整;发黄的纸。正面有中文题记,反面有 65 行,草体笈多字体和田文。

内容是一些用诗写成的佛教文书。在第 14 行、26 行、43 行、50 行有五节做有记号。大量的梵文词语被装饰。

第二节提到许多的菩萨。正文拼写规则,将通常的 gyasta-beysa 拼写成 jasta-baysa;将通常的 mistä 拼写成 miṁsta(第 1 行)或 maista(第 35、39 行)或 mesta(第 47、51 行),很多。霍恩雷著录第 18 号。7 英尺 5 英寸×10 英寸。

Ch.00268. **卷轴。**实际上完整;纸张相当易碎,顶部边缘有破损。正面是汉文题文,反面是漂亮的草体笈多梵文,从距离顶部边缘 1 英尺 7 英寸处开始,在距离底部边缘 $11\frac{1}{2}$ 英寸处结束,还有和田文。共 228 行,分成两部分:

第一部分,从第 1~131 行,正文类似于那个巨大的卷轴(Ch.c.001)中的内容,开始是对高尚的人中的几个种姓(Kula)的问候,例如最胜宝(Ratnottama),最胜光(Ratnāvābhāsa),等等,一直到第 40 行;接下来是一连串的套语,一直到第 70 行、第 80 行和第 126 行。

第二部分,从第 132 行开始,到第 228 行一个没写完的句子的中间部分结束,留下了 $11\frac{1}{2}$ 英寸的空白,上有淡红色的墨迹标线。与保存下来的菩提 Ch.00277 一样,有相同的宗教诗句(53 首诗,还有半首)也许是摩篗里制吒的梵文本《百五十赞佛颂》中的和田文译本。值得注意的是正如 baysa 中所示,通常的半圆形标记在此卷轴中却是角形的 baysa。霍恩雷著录第 19 号。27 英尺 6 英寸×10 英寸。

Ch.00269. **实际上是完整的一卷。**但上端约有 6 英寸破损,暗褐色硬纸。正面是汉文,反面约 8 英尺 4 英寸长的纸面上写有 120 行(从破损处以下开始数)草体笈多字体的和田文。用两个点(..)划分成几段。最长一段从第 24 行到第 108 行,但其中有四行(第 66~69 行)是横向书写的。最后一段从第 111 行开始,提到 haudiṛispūra 或"七个土子",字迹用另一种钢笔书写,墨迹比其他部分轻。

在最长的段落中,谈到了几个"王子",如第 25 行、第 40 行等。霍恩雷著录第 20 号。30 英尺 9 英寸×$10\frac{1}{2}$ 英寸。

Ch.00270. **卷轴**。仅剩残片,暗褐色纸。正面题文是汉文,反面有 14 行草体笈多字体的和田文。字迹很淡,几乎难以辨认,无法识读。霍恩雷著录第 21 号。1 英尺 $4\frac{1}{2}$ 英寸×10 英寸。

Ch.00271. **卷轴**。仅剩残片,纸张厚而硬,呈暗褐色。顶端和底部残缺不全,写有草体笈多梵文,字迹都很淡,大多数已难以辨认。

开始只是草书,接下来是用漂亮的黑体字书写的数字根音表,从 1 到 100 000。接下来是日期,仅有部分清楚,即 lye Cvātaji masti 24mye haḍai……下面还有 25mye haḍai。意思是:"年? Cvātaji 月,第 24 天和 25 天。"接下来是小学生的笔迹写的一连串不完整的数字根音。省略了 1、2、3、9。见最后 10 行,一部分已难以辨认。参见 Ch.c.002,霍恩雷著录第 22 号,3 英尺11 英寸×10 英寸。

Ch.00272. **完整的一卷**。微黄色的薄纸,顶端修补过,粘在木质卷轴上。正面是汉文,反面是草体笈多字体的和田文。一部分内容是字母和音节表,另一部分是一些佛教文书。有些地方,由于无顺序的乱写乱画已被弄糟,好像是个孩子或是无学问者的所为。第 1~5 行是用淡墨单独写的评语,6~10 行,是字母和数字的根音表,分解了 g 和 h,j~h,d~h,b~h,省略了齿音 s;第 11、17、34 和 35 行,是一些不认识的潦草的字。第 12~16 行,重复了上文表格。第 18~33 行,是分成三部分的音节表。第 36~62 行,是很长的说明,开始和结束都有日期;第 37 行是 mārīja māśtai dasamye haḍai,意思是"Mārija 月,第十天";第 60 行是 caulasamyi kṣauṇa pvaisa salya kaja māśtai haṣṭa-ḇestamyi haḍai,意思是"14 世纪,pvaisa 年,kaja 月,第 28 天"。第 63~67 行,墨迹较淡。第68~78 行,是字母和数字根音以及音节的常用表,后者不完整。第 79~86 行,是另一说明,但无日期,接下来的几行潦草难识。霍恩雷著录第 23 号。10 英尺 2 英寸×10 英寸。

Ch.00273. **卷轴**。完整;纸张厚且硬,呈微黄色。正面是汉文,反面有 19 行草体笈多梵文。仅占纸面的 1 英尺 10 英寸,其余处空白。开始 5 行是字母和数字根音表。后面 14 行均是音节。

字母是以一种特殊形式组合的,它分解了浊音的送气音,如 g～ha,j～ha,同 Ch.0046、00272 卷一样。音节表不完整,仅写到 da dā 组,同时"siddham"一词随每一品(Varga)或类别不断重复。霍恩雷著录第 24 号。25 英尺 3 英寸×10 英寸。

Ch.00274.　是一卷完整的菩提。 粗糙的厚纸,保存得整洁,完好。有 4 行的边线和指示线都是黑线;还有一个小环,直径 $\frac{7}{8}$ 英寸。左端脱落 $3\frac{3}{8}$ 英寸。页码号在正面左边空白处。共保存了 39 张。

均用正体笈多字体的和田文书写,但最后一张,即第 39 张的正面两行和反面 4 行是草书笈多字体的和田文。内容是一些佛教经文,还无法确定。霍恩雷著录第 25 号。$14\frac{1}{4}$ 英寸×$2\frac{1}{4}$ 英寸。图版 CL。

Ch.00275、xlvi.0012.a.　完整的菩提。 用正体笈多字体的和田文书写。纸张粗糙且厚,不易磨损。其上有 4 行黑体字,边线和指示线是淡淡的红线。还有一个小环,直径 $\frac{7}{8}$ 英寸,用黑线画成,有 $\frac{3}{4}$ 英寸从左边脱落,被水弄脏毁坏。其中有 33 张,即 1～10 页、15 页、20～38 页、40 页、42 页、44 页在著录号 Ch.00275 中,另 8 张,即 15～19 页,39 页,41 页,43 页在 Ch.xlvi.0012.a 中。每页页码号均在正面左边空白处。

第一张正面是无序的草书笈多字母,其中出现了经名《金刚经》《般若波罗蜜多经》。在左边底角处,有长方形黑印戳,第一张反面的中间,是用线条勾勒的一个释迦牟尼坐像,在两同心圈之间。左卜角有一个装饰性的彩色小环状物或是轮子。第三张反面,正对第二行,也有同样的环状物或轮子,表示简介的结束和神圣的经文的开始。第 42 张正面的中间也有两个大同心圈,还有一片空白,可能打算画佛陀像,但还是留下了空白。最后一张(第 44 张)反面的中间,也有一类似的大圈,周围画满了佛祖坐像;左下角还有一个装饰性的小圈(像第一张中的一样),环绕着一个小佛的坐像。

内容:出自《金刚经》,附有诗文的简介和结语,由科诺教授编入《佛教文献的写卷残片》第一卷中。

霍恩雷著录第 26 号,$10\frac{1}{8}$ 英寸×$2\frac{7}{8}$ 英寸。图版 CXLIX。

Ch.00276. 菩提。笈多正体梵文,仅有一些对菩萨的问候语。不完整,粗糙的厚纸,有些被水弄脏;有两行大黑体字。无指示线,也没有内部的小圈。在左边大片空白处。宽约 $1\frac{5}{8}$ 英寸,有两个画得很好的佛祖像,坐在狮子座上,都画在两页的正面。第 3、4、9 页的反面也有画像,但第 11、12、14 页是空白。第 12 页的反面和第 14 页的正面,在两行之间有花卉图案。现存的张数总共 7 张,即:第 3、4、9、11、12、14、18 页;失落了第 1~2 页第 5~8 页第 10 页第 13 页第 15~17 页。第 18 页的反面是空白,它是菩提的最后一张。霍恩雷著录第 27 号。$10\frac{7}{8}$ 英寸×$2\frac{1}{4}$ 英寸。图版 CLII。

Ch.00277. 菩提。不完整,用草体笈多字体的和田文书写。纸质很好,保存下来的整洁、完好。上有 3 行黑体字,但边线和指示线都是淡淡的红线;内部还有小圈,直径 $\frac{3}{4}$ 英寸。有 $2\frac{1}{2}$ 英寸从左边缘脱掉,文中还标有诗节数。菩提的开始(第一张反面),有两个小同心圆圈,里面是红色的,外部是黑色的。其中的 baysa 一词也是红色的。现存张数是 12 页;即第 1~11 页,还有被去掉的第 10 页。12 个页码号都损失无存。

内容:是一些佛教的梵赞,还无法确定,可能是摩咥里制吒(Mātṛceṭa)的一种译本。每 4 个诗节的开始都是:Siddham | Drabādva namasū baysa avarūṣyi baysua da。baysa 一词是红墨。第 11 张以第 39 颂的第三个诗节(pāda)的前 3 个音节(karma bai)而结束。在第 10 张,抄写者删去了第 32 颂的第 4 个词节和第 33 颂的前两个诗节,因此这一页被去掉了(此页反面空白)。抄写者因删去了诗节而重新抄写了第 10 页,但被去掉的第 10 页并没有被毁掉。从 1~38

的颂数都是红色的。整个写卷也许再也不可能完整了。这部佛赞的另一本登记在残片 Ch.xlvi.0013.a.（著录第 51 号）中，另一较完整的抄本在卷轴 Ch.00268（著录第 19 号）中。后两个抄本在内容上比较接近一致。而与我们现在讲的这一菩提稍有不同。而且，从我们对菩提和卷轴中的内容比较可以看出，我们这卷菩提中的诗颂号有弄错的，第 11 颂出现了两次，而第 15 颂又被省去了。还有第 28、29 颂的数字也省去了。事实上，我们的菩提只有 37 颂，而不是 39 颂诗。卷轴上的内容一直延续到第 53 颂，另外还有半颂诗。霍恩雷著录第 28 号。$7\frac{1}{8}$英寸×$2\frac{7}{8}$英寸。图版 CLII。

Ch.00316.a. 完整的一张菩提和另一张的四分之三部分。页码号分别是 22 和 99，反面空白处有绳眼；共有六行斜体笈多字体的龟兹文。文中是医学方面的内容，在整张上讲的是各种各样的食物，在那张残片上，讲的是肿瘤以及它们的症状和治疗方法。由 S.烈维教授确认。霍恩雷著录第 29 号。$12\frac{1}{4}$英寸×$3\frac{1}{2}$英寸。图版 CLII。

Ch.00316.b. 实际上是完整的一张菩提。两端有损坏，页码无存，有六行龟兹文和斜体笈多文。"内容是一首短诗中的一部分，表达了对《赞叹经》《法句经》的每一部分的祝愿。由 S.烈维教授确认。"霍恩雷著录第 30 号。1 英尺 2 英寸×$3\frac{1}{2}$英寸。图版 CLII。

Ch.00327. 卷轴。不完整；浅黄色硬纸。上端损失的长度无从知晓；正面有汉文题文，反面是 10 行支离破碎的草体笈多字体的和田文。霍恩雷著录第 31 号。3 英尺 $6\frac{1}{2}$英寸×$12\frac{1}{4}$英寸。

Ch.00328、00329. 两张卷轴残片。一张正面是汉文题文，反面有 5 行佛教经文，用草体笈多字体的和田文写成。是卷轴的顶端部分。$5\frac{3}{4}$英寸×10 英寸。另一张正面 5 行题文是草体笈多字体的和田文。也是些佛经，反面空白。

霍恩雷著录第 32 号。7 英寸×10 英寸。

Ch.00330.　**卷轴**。不完整；浅黄色较好的硬纸，被折叠起来（六角手风琴的样子），折成 18 折，每折约 $3\frac{1}{4}$ 英寸，但有两折（有折的一端）已丢失。

正面是汉文题文，反面是《般若波罗蜜多心经》，和汉文的直译文一起，交替地抄写在垂直栏内，从右往左看。类似于霍瑞兹（Horiuzi）中的写卷《牛津逸书》牛津版第 3 章，表格 4,1、2、3，但后者是交替的水平线。正文从 mita-caryaṃ caramāṇo 开始，以 svāha 结束，书末题注已失。两者偶尔稍有不同，但总的来说文中内容和译文在两个写卷中都是一致的。

我们卷轴中的字体是吐蕃文中一种很漂亮的正体笈多字体。年代不是早于公元 17 世纪末；因为它通篇都使用了这种现代词（ **य** ）ya。特别的是，也许人们已注意到了，文中偶尔用 ntt 代替 tt，甚至代替 t；比如用 cintta（心）代替 citta，把 pāramitā 写成 pāraminttā。霍恩雷著录第 33 号。4 英尺 4 英寸×$10\frac{1}{4}$ 英寸。

Ch.00331.　**卷轴**。很小的不规则残片。正面题文是 4 行草体笈多字体的和田文；反面空白。霍恩雷著录第 34 号。$4\frac{1}{2}$ 英寸×$6\frac{1}{4}$ 英寸。

Ch.00456.　**菩提小残片**。是整张的中间部分，有 5 行斜体笈多梵文。

也许是出自某本佛教著作，由 S.烈维教授鉴定。霍恩雷著录第 59 号。$1\frac{1}{4}$ 英寸×$2\frac{1}{2}$ 英寸。

Ch.i.0019.　**卷轴**。不完整，暗褐色的薄纸。顶部残缺的尺寸不明。正面是汉文，反面是 38 行草体笈多字体的和田文：（1）草写的字母表，10 行，不完整；（2）陀罗尼，23 行；（3）不完整的佛教经文，无法确认，5 行。霍恩雷著录第 35 号。3 英尺 $4\frac{1}{2}$ 英寸×$9\frac{7}{8}$ 英寸。

Ch.i.0021.a.　**卷轴**。大部分不完整；浅黄色，粗糙的厚纸，由大小不同的两部分组成,它们沿窄边被缝在一起。

(1)上边部分,顶部不完整,一面有三个汉文题记,分别在第 3、8、9 行,又被 6 英寸和 9 英寸见方的空白隔开了,文中记录了谷物的账目等,另一面是空白。在底端与(2)缝在一起。

(2)下边部分,一端不完整,宽度较窄;两面都有题文,是难以确定的佛教经文,用草体笈多字体的和田文写成。顶部留有 6 英寸的空白,可与上边部分缝在一起,题文是 11 行大字体的汉文。霍恩雷著录第 36 号。5 英尺 1 英寸×12 英寸(上边部分),$10\frac{1}{4}$ 英寸(下边部分)。

Ch.i.0021.b. **卷轴**。完整,顶端被撕去的小空白处除外。两面都是草体笈多字体的和田文。由两篇难以确定的佛经组成,从相反的方向写起,一篇占了一整面和另一面的一半,另一篇占了后面一半,从该面的底部写起,因此两篇经文的结束都是在中间部分。霍恩雷著录第 36 号。3 英尺 $4\frac{1}{4}$ 英寸×$6\frac{3}{4}$ 英寸。

Ch.i.0021.c. **卷轴**。不完整。正面题文是难以确定的佛教经文,反面是不同字体、不同笔迹且被分开的评论。还有一红色方形大印戳,戳文为草书笈多文。反面文中是粗劣的梵文和诗行(Indravajra),共 14 行。第一行是正确的梵文,这样写道:

Devāsurā yakṣabhujaṃgasiddhās takṣasuparṇakaṭapūtanāśca | gandharvaya-kṣā grahajātayaśca ye keci(d) bhūmiṃ nivasaṃti daivāḥ ‖ .

霍恩雷著录第 36 号。1 英尺 $1\frac{1}{4}$ 英寸×$6\frac{1}{4}$ 英寸。

Ch.ii.001. **卷轴**。顶端和底部不完整;浅黄色且粗糙易碎的纸,中间和右边缘破损严重。两面都有题文,正面 24 行,反面 10 行,都是难以确认的佛经,用草体笈多字体的和田文写成。霍恩雷著录第 37 号。1 英尺 $6\frac{3}{4}$ 英寸×

12 英寸。

Ch.ii.002.　不完整的菩提。是 156 张中的一部分。粗糙的硬纸,有五行正体笈多字体的和田文,顺指示线写下去,被墨线划分出左右空白。张页号在正面,在为绳眼而划的墨圈内,并无绳眼,但却有圆规尖戳出的孔状接缝。

现存的张数是 65 张。它们的页码号是 1~20、100~108、121~156(但 154 页丢失),所以总共 64 张。其中第一张正面除了如下用草书笈多文写的短语:$\frac{50}{6}$ patra sedasāraṃ,其余均为空白。反面正文的开始是:Saddhaṃ Aurga(致意)tsuṃ raṃnāṃ drrim nä(triratna) ṣadi-jsa (śraddha) bodya,在此之前有两圆圈,随后(在第二行)是书名:《功德论》(*Siddhasārä śāsträ*)。除这 64 张外,还有一张页码也标着 1,但却包含了书末的内容,在反面第 3~5 行写有如下的书末题注:hi(iti) dvāṃgye vijeukrre hīvī Siṃdhasārä nāṃnan Śāsträ ‖ 等等 ‖ kṣaya。在第156 张反面左边空白处的黑墨字和第 100 张、101 张正面左边空白处的红墨字,以及第 135 张反面贯穿第五行的文字,均是闪米特文字(Semitic script)(Uigur? 回鹘语)的短句。这些都说明了文字和抄写者所属的民族。因此,书末题署(在附加的第一张上)以词 kṣaya 而结束的这种情况,体现了闪米特语著作的结束形式,而且,缺少绳眼进一步表明所有的张页并不是用绳子穿起来的,而是与印度人通常装订菩提的形式一样装订起来的。

写卷是关于治疗学的医学论著,《功德论》作者日藏(Ravigupta)。12~26章(piṣkala)似乎保存得最好,谈到了 arśas, bhagandara, pāṇḍu-roga, hikkā, śvāsa, kāsa, mūtra-kṛcchra, udāvarta, unmāda, apasmāra, vātavyādhi, visarpa krimi, metra-roga。

在第一张正面空白上有这样的记录 56patra Sedasāraṃ,意思是《功德论》中的 56 张;这就表明,当时写这一记录时,这卷菩提就已经是目前这种残缺的状况了。也许这就是残缺的原始写卷,现在的写卷就是从中翻译过来的。不管怎么说,"56 张"的记录是誊抄中的大错,毫无疑问,写卷应是"156 张",因为那才是实际的张数号,其中不包括带题著的那额外的一张。霍恩雷著录第

38 号。$19\frac{1}{2}$ 英寸×4 英寸。图版 CXLI X。

Ch.ii.003. **菩提**。不完整,71 张,用草体笈多字体的和田文写成。质地好的硬纸,保存下来的整洁、完好。共五行,边线和指示线都是淡淡的黑墨线,内有小圆圈,直径 1 英寸,有 3 英寸已从左边缘脱落。页码号的标记用了四种不同的形式:

(1)普遍型:把页码写在正面左边的空白处,这是从第 44 张开始,一直到第 115 张。最后一张无页码,它应该是第 116 张,但它内部的小圈里有个"3"的标记。第 115 张里有个类似的标记是"1",由此可见,无页码的这一张实际上是第 117 张,第 116 张已丢失。

(2)把页码写在内部的小圆圈里,从第 44 张上的 1 开始,一直到第 99 张上的 54,不知是何原因,第 100 张上,重新从 1 开始,接下来第 101 张上是 2,随后这种标记形式就停止了。

(3)在正面左上角边缘处有一连串的小点,第一个点是从第 100 张开始。一直到最后无页码号的那一张,第 101 张上有两个点,第 109 张上则有 10 个点。从第 110 张就开始出现错误,110 张又有 10 个点,第 111 张上有 11 个点而不是 12 个,第 112 张上又有了正确的 13 个点,但第 113 张上又错了,只有 13 个点,还有第 114、115 张分别有 14、15 个点,而不是 15、16 个点。在最后没有页码号的那一张上,有 17 个点,这就肯定了前面的结论:真的有一张遗失了,无页码的这一张就是第 117 张。

(4)在内部的小圈里画短横。第一笔是从第 115 张上开始的,一直到最后无页码的那一张。共有三笔短横。

在普遍型的左边空白处标号的方式中,有一错误。即第 69 张上标有 69 和 71 两个号,第 70 张的页码被省略了。但正如其他的标号形式所显示的那样;第 70 张并未遗失;在一些张上,还有抄写者修改过的单纯的错误。在第 86 张反面左边顶端空白处,标有数字 3。类似地,在第 87 张和 93 张上,分别有数字 7 和 17,8 和 18。

内容：是一些医学处方，类似于鲍尔（Bower）写卷中的 Nāvanītaka 处方；保存下来的写卷中有含药的被澄清的黄油（ghṛta）药方和混合药粉（cūrṇa）药方。迄今为止，有两三个已被鉴定是出自《恰拉卡本集》（*Caraka-saṃhitā*），还有一个是出自《波德萨枪德》（*Bheḍa-saṃhitā*）。霍恩雷著录第 39 号。$14\frac{3}{4}$英寸×$3\frac{1}{4}$英寸。图版 CL。

Ch.ii.004.　小型菩提。完整，文中有书写得很好的草体笈多字体，但有些行间的字写得很糟，还有和田文，质地好的硬纸，黑墨字共四行。边线和指示线都是淡淡的红墨线。内部有红色小圈，直径 1 英寸，有 $4\frac{1}{4}$英寸从左边缘处脱落。在第一张的反面，第二张的正面和第三张的反面上，有很多行间字。共有四张，页码在正面左边空白处。至于说到第一张的页码，它是在内部的小圈里。第四张的反面是文中的空白处，但有两行大字体的吐蕃文印章，用黑墨写成。

内容：是一些陀罗尼，还无法确定。霍恩雷著录第 40 号。1 英尺 $2\frac{3}{8}$英寸×$2\frac{3}{4}$英寸。图版 CLII。

Ch.vii.001.a.　分开的 12 张菩提。两端或多或少有些破损；页码缺失，有六行，是斜体笈多梵文。字的大小和笔迹与著录第 42、43、44 号中写卷上的字体相同。

内容是《法集要颂经》（*Udānavarga*）中的一部分：（1）Anityavarga（第 1 章）的第 24~42 节在第一张和第 2b 上；（2）Kāmavarga（第 2 章）的第 1~19 节在第 2b 和第 3 张上；（3）Mārgavarga（第 12 章）的第 18~20 节在第 4a 上；（4）Satkāravarga（第 13 章）的 1~12 小节在第 4 张上；（5）Tathāgatavarga（第 21 章）的 8~18 小节在第 5 张上；（6）Śrutavarga（第 22 章）的 1 和 2 节在第 5b 上；（7）Yugavarga（第 29 章）的 39~54 小节在第 6 张上；（8）Sukhavarga（第 30 章）

的 26~39 小节在第 7、8、9a 张上；（9）Cittavarga（第 31 章）的 1~38 小节在 9a、第 10、11 张上；（10）Bhikṣuvarga（第 32 章）的 14~28 小节在第 12 张上。

　　由瓦莱·普桑教授摘录在 1912 年版《皇家亚洲学会会刊》第 355 页以下各页上。参见皮思尔（Pischel）的《〈法句经〉的吐鲁番本》*S. B. A. W*，柏林，1908，968 页和柔克义（Rockhill）的《法救的〈伏陀那品〉的起源》，吐蕃文译本，伦敦，1883。霍恩雷著录第 41 号。1 英尺 $2\frac{1}{4}$ 英寸×$3\frac{1}{2}$ 英寸。图版 CXLIII。

　　Ch.vii.001.b.　**菩提**。不完整，用斜体笈多梵文写成。有三张实际上是完整的，但其中两张的右边和第三张的左边稍有破损。前者页码号好像是 6 和 7，后者页码无存。虽然字的大小和笔迹都跟著录第 41 号一样，共有 6 行。

　　内容是摩咥里制吒的《百五十赞》中的第 48~74 节和第 117~131 节。由瓦莱·普桑教授鉴定收录在 1911 年版《皇家亚洲学会会刊》第 762 页以下各页中。也可参见《佛教文献的抄本残片》一书的第一卷第 64~75 页。霍恩雷著录第 42 号。1 英尺 $2\frac{1}{4}$ 英寸×$3\frac{1}{2}$ 英寸。

　　Ch.vii.001.c.　**实际上是一张完整的菩提**。尽管两端稍有破损。内容是一本无法确定的梵赞中的第 41~51 节，用斜体笈多梵文写成，有 6 行，字的大小和笔迹同著录第 41 号。由瓦莱·普桑教授鉴定。霍恩雷著录第 43 号。1 英尺 $2\frac{1}{4}$ 英寸×$3\frac{1}{2}$ 英寸。

　　Ch.vii.001.d.　**一张完整的菩提**。字体和笔记都与著录第 41~43 号页上的相同，有 6 行斜体笈多梵文。第 108 页的页码（很淡）在反面。

　　属于《十万经》，描述了 10 个（balas）中的前六个。正如西尔文·烈维教授在 *J.As*，*S.x*，第十六卷的 440 上所记载的一样。这卷佛经中的最后一张在伯希和的收集品中。看看《增一阿含经》第 33 页。由瓦莱·普桑教授鉴定并记载在 1911 年版《皇家亚洲学会会刊》第 1063 页。霍恩雷著录第 44 号。1 英尺 $2\frac{1}{4}$ 英寸×$3\frac{1}{2}$ 英寸。

Ch.xviii.001. **菩提**。正体笈多字体的和田文,是一大张上的小残片,上存 5 行。内容:可能是佛教有代表性的经文。霍恩雷著录第 45 号。约 4 英寸×6 英寸。$\frac{1}{2}$~$\frac{3}{4}$ 英寸 Akṣaras 高。

Ch.xl.002. **完整的卷轴**。暗褐色的纸张,有一处长的和两处短的破裂。正面题文是汉文和左边空白处长行的草体笈多字体的和田文,反面是 65 行草书笈多文。

内容:第 1~53 行是字母和音节表,第 54~65 行是一段指导或是说明。第一个不完整音节的开始表明这个卷轴是另一卷轴(Ch.Lviii.007)的继续。参见《皇家亚洲学会会刊》第 452 页,图版 II,1911。霍恩雷著录第 46 号。6 英尺 5 英寸×10$\frac{1}{2}$英寸。

Ch.xl.003. **卷轴**。完整。暗褐色的纸,保存完好,整洁。正面全是汉文,反面除了底端 4~5 英寸处的字母和数字表,其余均是空白,这在 1911 年版《皇家亚洲学会会刊》第 455 页中有记载。霍恩雷著录第 47 号。22 英尺 1 英寸×10 英寸。

Ch.xliii.001. **3 张完整的菩提**。尽管保留有页码号 130、131、132(总数无法确定),但两端已因水侵蚀而损坏,有 6 行梵文和斜体笈多文。字的大小和笔迹与著录第 41~44 号相同,因此所有这些写卷似乎都属同一卷菩提,属于几卷佛经的文集。

内容包含了《城喻经》(或是《毗伽罗论》)的结尾和诅咒毒蛇(魔鬼)的咒文的开始,参看《小品》,v.6.1,等。由瓦莱·普桑教授鉴定摘录在 1911 年版《皇家亚洲学会会刊》第 772 页 ff。霍恩雷著录第 48 号。1 英尺 2$\frac{1}{4}$英寸×3$\frac{1}{2}$英寸。

Ch.xlvi.0012.b. **残片**。只有一张,用和田文和正体梵多文写成,有 3 行大黑墨字,无内部的圆圈和页码。内容无法确定。霍恩雷著录第 49 号。$9\frac{3}{8}$ 英寸×$2\frac{3}{8}$英寸。图版 CLII。

Ch.xlvi.0012.c.　　菩提残片。用正体笈多字体的和田文写成。仅有一张,纸质好且厚,上有 3 行红墨字,边线和指示线都是淡淡的红墨线,内有圆圈,直径 1 英寸,有 $2\frac{1}{2}$ 英寸从左边缘脱落。页码号是 3,在左边空白处。

内容无法确定,系部分《般若波罗蜜多经》。霍恩雷著录第 50 号。9 英寸×$2\frac{1}{4}$英寸。图版 CLII。

Ch.xlvi.0013.a.　　菩提残片。用草体笈多字体的和田文写成。为菩提第一张,题文在正面,后来丢失了。纸质很好,纸张薄且呈微黄色。与 Ch.xlvi.0013.b 的纸质一样。上有 3 行大的黑墨字,边线和指示线也是淡淡的黑墨线,内部也有圆圈。直径 $\frac{3}{4}$ 英寸,有 $3\frac{1}{4}$ 英寸已从左边缘脱落。内容是一些佛教佛赞。真正的开始在 Ch.00277 中的菩提上。霍恩雷著录第 51 号。$10\frac{7}{8}$ 英寸×$2\frac{1}{2}$ 英寸。

Ch.xlvi.0013.b.　　一张菩提残片。用草体笈多字体的和田文写成。反面空白,正面是四行大黑墨字。微黄色质好的薄纸,边线和指示线也是淡淡的黑墨线,内部无圆圈,也无页码。反面虽空白,但有类似的边线和指示线,好像准备写字。

内容:《大阿弥陀经》中的一部分。正文确实与 Ch.xlvi.0015 中的第七张菩提的正面内容相同。那张菩提是笈多正休梵文,但因它的第七、第八张遗失了,又用草书笈多字体写的新的第七、第八张代替。这也许可以看出,目前这一张开始很可能是用来替代的,但不知什么原因又被丢弃了。霍恩雷著录第 52 号。12 英寸×$2\frac{1}{2}$英寸。图版 CLII。

Ch.xlvi.0015. **完整的菩提**。用正体笈多字体的和田文写成。粗糙的硬纸,有四行黑墨字。边缘$\frac{1}{2}$英寸的空白处,被淡淡的垂直红墨线画出来,小圈直径$\frac{7}{8}$英寸。有 3 英寸从左边缘脱落,指示线也是淡淡的红墨线。页码在正面左边空白处。

有 20 张页码,除了第七、第八张,其余都是笈多正体文字;第七、第八张为草体笈多文字,用来替补原来丢失的那两张,大小仅有 12 英寸×2$\frac{1}{2}$英寸。左上角有一红绿彩的佛祖小坐像,上有一黑墨圆圈。

内容:《大阿弥陀经》,由斯滕·科诺教授编辑收录在《佛教文献的写卷残片》一书中第 289~329 页。霍恩雷著录第 53 号。13$\frac{5}{8}$英寸×2$\frac{1}{2}$英寸。图版 CL。

Ch.lviii.007. **卷轴**。完整,暗褐色硬纸,下端修补过。正面题文是汉文,反面 71 行是漂亮的草体笈多文字,写的是一连串的音节,这在 1911 年版《皇家亚洲学会会刊》第 452 页及以下各页和图版 I 中有记载。霍恩雷著录第 54 号。10 英尺 9 英寸×10$\frac{3}{8}$英寸。图版 CXLV。

Ch.lxviii.001. **菩提**。不完整,用正体笈多字体的和田文写成。仅有一张完整,微黄粗糙的纸,有 12 行黑墨字,字母在$\frac{1}{2}$英寸到$\frac{3}{4}$英寸处,大小不等。边线和指示线是淡淡的黑墨线,线内也有圆圈,直径 2$\frac{3}{8}$英寸。有 9 英寸已从左边缘脱落。上端一小片已被撕去。第 255 张的页码在反面左边空白处。

内容:是一些佛教有代表性的经文,还无法确定。霍恩雷著录第 55 号。30$\frac{1}{2}$英寸×12$\frac{3}{4}$英寸。图版 CXLVIII。

Ch.c.001. **巨大尺寸的卷轴**。完整。厚的暗褐色硬纸,有一小部分,也许是 3～4 英寸从顶端撕落。里面写满了字,大多数是直体的,偶尔也有草体笈多字体(chars 字母?),还有多讹误的梵文或和田文。外面空白,除了顶端斑驳的画像,画中还有两只鹅面对面站在两朵缠绕在一起的莲花上,嘴里叼着正在发芽的枝茎。

内容:三篇佛教经文,是用正体笈多梵文写成。讹误的地方比较多。还有三个说明是用草体笈多字体的和田文写成。最后,是一系列简短的致辞,用笈多正体梵文和讹用的梵文写成。详细内容请参看 1911 年版《皇家亚洲学会会刊》第 471 页以下。霍恩雷著录第 56 号。70 英尺 10 英寸×10$\frac{1}{2}$英寸。图版 CXLVI。

Ch.c.002.　**卷轴**。完整。普通的暗褐色纸,顶端和其他一些地方有破损。正面题文是汉文,反面是笈多正体梵文的字母和音节表。

有趣的是这个卷轴展示了在一佛教寺院学校里学习的过程。古代汉文卷轴被用来作为初学写字的人的一种练习本。共有 113 行字体,开始的 35 行是难以辨认的潦草文字,接下来是一系列很杂乱无序的字母根音,省略了 cerebrals(舌根后音),但渐渐有所改进,第 36～40 行,是一完整的所谓的"Siddham"(悉昙字)或者叫作字母和数字根音表,接下来到第 41～49 行是一音节表,尽管不太完整,只是从 ka、kā 等开始,到 jha、jhā 等结束。这一部分整个都是很认真的书法式的字体,没有样行,是学生按照老师的范例而抄写的。

接下来,第 50～90 行是学生写的 17 个抄写的字体,有样行,看得出写字技法的进步。刚开始,或多或少有些不整齐,后来(从第 64 行)就很整齐了。但这些抄写仅是字母根音,从 ka 到 kha。接下来,第 92、93 行有练习的日期:thyeni hvī ji naumye kṣanna(第 9 世纪)asa salya(马年)ntain Jara māṣte(Jara 月)da śamye haḍe(第 10 天)。接下来,第 93～104 行,又是另一个一系列的五处抄写,字体不太好,也许是另一个学生写的。接下来,第 105～109 行,是字母和数字根音表的完整的抄写,但有些地方不太整齐。最后,第 110 行,是老师写的一句话的样式:Sidham ntanta majsa vā pyūṣṭi,意思是"这样它就已经被我听见了",接下来的 110～113 行是学生对这句话的四遍抄写。

古代汉文卷轴被以这种方式使用,可以看出这样的情况,从学生在抄写中不得不回避纸上的一些洞来看,这个卷轴在当时已被损坏。参见第 60、63、70 行等。霍恩雷著录第 57 号。9 英尺 9 英寸×10 英寸。

Ch.cvi.001. **官方文书**。完整,微黄而粗糙的厚纸。正面题文是 31 行草体笈多字体,反面有八行也是草体笈多字体,接下来的 15 行是大字体的吐蕃文,从反方向写起。随后的九行是稍微小一些的吐蕃文,但又是从另一反方向开始,即与此页顶端的草体笈多字体方向一致。

草体笈多字体写得不认真,难以译解,比如,m 很像 p,写的是和田文,开始是一日期:madala salya Cvāvaja māśte bestimye haḍai,意思是:"在 Madala 年,Cvāvaja 月,第 20 天。"

底部一行的第 8 个字是一短语,被擦掉了,代替它的是另一个吐蕃文(字母),由此可见,草体笈多字体和吐蕃文是同一时期的文字。霍恩雷著录第 29 号。2 英尺 $\frac{1}{2}$ 英寸×1 英尺 3 英寸。图版 CXLVIII。

V. 法哈特伯克亚依拉克和喀拉央塔克发现的梵文、和田文文书和菩提残片

(参见本书第三十一章第一、二、三节)

F.I.a.1. **木质书版**。两面题文都是用大写的正体笈多字体写的梵文咒语(mantra),颂(chars 字母?)。每一面都有 5 行,其中有些几乎难以辨认。咒语是一种错误的语言和韵律。霍恩雷著录第 60 号。1 英尺×4 英寸× $\frac{1}{4}$ 英寸。图版 CLI。

F.II.i.1. **木质书版**。完整,长方形,一端可固定,两面都有 3 行题文,用正体笈多字体的和田文书写。是一个名单。霍恩雷著录第 61 号。$8\frac{3}{4}$ 英寸×

$1\dfrac{3}{4}$英寸。

　　F.II.i.006. **木质书版。**完整,但有许多小块已脱落。只有一面有 7 行题文,用正体笈多字体的和田文写成。意思还无法确定。霍恩雷著录第 62 号。

9 英寸×$3\dfrac{1}{4}$英寸。

　　F.II.i.007. **木质书版。**完整,但有许多小块已脱落,仅有一面有 5 行正体笈多字体的和田文的题文。意思还无法确定。霍恩雷著录第 63 号。7 英寸×$2\dfrac{3}{4}$英寸。

　　F.III.ii.001. **木质书版。**实际上是完整的,但有许多小块已脱落,有些地方已腐烂,仅有一面有 3 行不清楚的,几乎难以辨认的笈多正体梵文和和田文的题文。霍恩雷著录第 65 号。1 英尺 3 英寸×3 英寸。

　　F.III.i.001. **一张菩提残片。**有 3 行笈多正体梵文的题文,破损严重,意思无法确定。霍恩雷著录第 64 号。不足 $1\dfrac{1}{2}$英寸见方。

　　F.x.I. **一小张菩提残片。**也许是第一张的左端一直到绳眼部分。有 5 行笈多正体梵文题文,可能是陀罗尼。霍恩雷著录第 66 号。$1\dfrac{3}{4}$英寸×$1\dfrac{7}{8}$英寸。

　　F.XII.1. **一张菩提。**完整,稍有破损,由相连的两块组成。有 9 行笈多正体梵文题文。页码号在正面,但已难以辨认。属于《金光明经》(*Suvarṇaprabhāsottama-stotra*)中的菩提。可能是最后一张。霍恩雷著录第 67 号。1 英尺 $3\dfrac{3}{4}$英寸×$4\dfrac{5}{8}$英寸。

　　F.XII.2. **同一页上的 3 张菩提残片。**一张大的,两张小的,也许是属于同一张菩提。有 9 行笈多正体梵文题文,均是一些佛经。

　　大残片的左边,是第 10 章的结束,但名字已脱落,还有第 10 章的开始,其余失去。霍恩雷著录第 68 号。最大残片 $9\frac{1}{4}$ 英寸×$4\frac{5}{8}$ 英寸。

F.XII.3. **一张菩提残片。**有 9 行笈多正体梵文,是一些佛经《法华经》。

书写有些特别之处,如音节(Akṣaras)中 ma 和 a 是一种相当早的用语,薄伽梵(bhagavat)中的 bha 总是被写成 ba,等等。这与 F.XII.9(著录第 75 号)中的残片的特别之处相同。霍恩雷著录第 69 号。$4\frac{1}{2}$ 英寸×4 英寸。

F.XII.4. **小张中的 6 张菩提残片。**三角形,粘在一起,保存有 2 行笈多正体梵文字母的题文。意思无法确定。霍恩雷著录第 70 号。$1\frac{1}{4}$ 英寸×$1\frac{1}{2}$ 英寸。

F.XII.5. **菩提。**一片窄条状的张,有 3 行笈多正体梵文,是一些出自佛经的字句。霍恩雷著录第 71 号。6 英寸×$1\frac{1}{2}$ 英寸。

F.XII.6. **菩提《金光明经》中的 6 张残片。**4 张大的残片,2 张碎片,用笈多正体梵文书写。它们的宽度约为 $4\frac{3}{4}$ 英寸,长度分别是 $5\frac{1}{2}$ 英寸、$2\frac{3}{4}$ 英寸、3 英寸和 $1\frac{3}{4}$ 英寸,有 10 行。一张有 47 号页码,另一章是第 13 章的结束和第 73 小节的内容。还有一张(最大的一张)是第 15 章的结束,另有一张(第 11 章中的内容)将不完整的名字写了两遍[Suvarṇa-prabhāso] ttamasya sūtrendra-rāja [sya]。霍恩雷著录第 72 号。

F.XII.7. **菩提。**《法华经》中的第 35 章,用笈多正体梵文写成。其中 33 张页码号从 5 到 37 都完整;第 38 和 39 张破损相当严重,每一张都写有字。尤其是靠近绳眼的地方,破损更严重,页码号在正面左上角。

5a[i] 页上的正文是从第 11 章开始,在科恩版 247 页第六行被写作 te ca sarvasattvā。结尾是在 37b[viii] 页上,在科恩版 316 页第 4 行被写作 bodhim abhisaṃbuddhā,但内容与印刷本有相当大的不同。前者的样本已由瓦莱·普桑教授摘录在 1911 年版的《皇家亚洲学会会刊》的 1067 页及其以下各页。

写卷似乎是两张很薄的且粗糙呈暗褐色的纸,粘在一起,每一页有 8 行。霍恩雷著录第 73 号。图版 CXLIV。

F.XII.8. **菩提**。4 张小残片,相当大的一张菩提的右上角部分,有 3 行笈多正体梵文。出自一些佛经。还有另一张上的一张碎片,有绳眼和周围的圈线,但没有文字。霍恩雷著录第 74 号。5 英寸×2 英寸。

F.XII.9. **菩提**。两张上的三片残片,用正体笈多梵文书写。出自一些佛经。一张大残片 $4\frac{1}{2}$ 英寸×$4\frac{1}{4}$ 英寸。是一整张的左边部分,页码已失;属于《法华经》中的内容,其特点与 F.XII.3(著录第 69 号)中的残片相同,例如 bagavān。

两张很小的残片,$2\frac{1}{4}$ 英寸×1 英寸和 1 英寸×$1\frac{3}{4}$ 英寸,字体不同,是不同卷菩提中张页上的残片。霍恩雷著录第 75 号。

K.Y.i.1. **木质菩提封皮**。木头很轻,距左端 $3\frac{3}{4}$ 英寸处有绳眼,也许是封面,因为它的题文是字母表的开始 siddhaṁ a ā i,有笈多正体梵文字母。霍恩雷著录第 531 号。$9\frac{1}{2}$ 英寸×$1\frac{7}{8}$ 英寸。

VI. 麻扎塔格遗址发现的主要是和田文的官方文书和菩提残片

(参看本书第三十二章第一节)

M.Tagh.ii.004. **木质书版**。小残片,题文只剩一部分字母和数字根音。霍恩雷著录第 89 号。$2\frac{1}{2}$ 英寸×$1\frac{1}{4}$ 英寸。

M.Tagh.iv.001. **木质书版残片**。右端有为悬挂而钻的洞;仅一面有一行题文,用草体笈多字体的和田文书写。霍恩雷著录第 90 号。$3\frac{7}{8}$英寸×$\frac{5}{8}$英寸。

M.Tagh.a.8. **官方文书中间部分的纸条**。纸张粗糙,正面有两行草体笈多字体的和田文。反面空白。霍恩雷著录第 91 号。7 英寸×1 英寸。

M.Tagh.a.I.0033. **官方文书**。浅黄色粗糙的纸,完整,但由于中间有洞而略有破损,正面题文是 13 行草体笈多字体的和田文。内容可能是医学方面的。最后一行有日期 māñiji māśte 16mye haḍai,意思是"Mānīja 月,第 16 天",随后有签名。反面有空白。霍恩雷著录第 92 号。$14\frac{1}{4}$英寸×$10\frac{3}{4}$英寸。图版 CLI。

M.Tagh.a.I.0034. **一页官方文书下端的残片**。纸张薄而微白。正面有部分的日期和潦草的签名。反面空白。霍恩雷著录第 93 号。$3\frac{1}{2}$英寸×2 英寸。

M.Tagh.a.I.0035. **官方文书的残片**。淡褐色很粗糙的薄纸,两边的题文(很明显)是一串名字,是对记录的签名,只有结论部分的内容较为广泛。都是草体笈多字体的和田文。霍恩雷著录第 94 号。11 英寸×$10\frac{1}{2}$英寸。

M.Tagh.a.I.0036. **一张官方文书顶端的残片**。纸张薄且已损坏。正面有 4 行题文,是残缺不全的草体笈多字体的和田文,开头是可部分辨认的日期,反面空白。霍恩雷著录第 95 号。$4\frac{1}{2}$英寸×$10\frac{3}{4}$英寸。图版 CLI。

M.Tagh.a.I.0037. **官方文书的残片**。浅黄色粗糙的薄纸,正面有 7 行草体笈多字体的和田文。反面空白。霍恩雷著录第 96 号。$4\frac{1}{2}$英寸×6 英寸。

M.Tagh.a.I.0038. **官方文书的残片**。浅褐色粗糙的薄纸,在正面保存有 3 行草体笈多字体的和田文,反面空白。霍恩雷著录第 97 号。2 英寸见方。

M.Tagh.a.I.0039. **官方文书右边部分的残片。**浅褐色粗糙的薄纸。正面部分有 5 行草体笈多字体的和田文。反面空白。霍恩雷著录第 98 号。$3\frac{3}{4}$ 英寸×5 英寸。

M.Tagh.a.I.0040. **官方文书左边部分的残片。**淡黄色,粗糙且很薄的纸,正面是两个说明,分别有 3 行和 4 行。用草体笈多字体的和田文写成。霍恩雷著录第 99 号。4 英寸×7 英寸。

M.Tagh.a.I.0041. **官方文书右边部分的残片。**浅黄色的薄纸,正面 4 行草体笈多字体的和田文。有一大滩被洗掉的墨迹。反面空白。霍恩雷著录第 100 号。4 英寸×$4\frac{1}{2}$英寸。

M.Tagh.a.I.0042. **官方文书残片。**浅黄色粗糙的薄纸。正面有 5 行草体笈多字体的和田文。霍恩雷著录第 101 号。$4\frac{1}{2}$英寸×$3\frac{1}{2}$英寸。

M.Tagh.a.I.0043. 官方文书左边部分的残片,淡黄色粗糙的薄纸。正面有五行草体笈多字体的和田文。反面空白。霍恩雷著录第 102 号。不足 5 英寸见方。

M.Tagh.a.I.0044. **几乎完整的官方文书。**浅褐色粗糙的薄纸,两面各有两行相当难以辨认的草体笈多字体的和田文,正面第一行有一可看得清的名字 āśirī-Prajñendra-bhadra,即阿阇梨慧根贤。霍恩雷著录第 103 号。$8\frac{3}{4}$英寸×2 英寸。

M.Tagh.a.I.0045. **官方文书右边部的残片。**浅黄色粗糙的薄纸。正面有 8 行草体笈多字体的和田文题文。反面还有一行大字体的吐蕃文。霍恩雷著录第 104 号。7 英寸×3 英寸。

M.Tagh.a.I.0046. **官方文书左边部分的残片。**污浊而粗糙的薄纸,正面有 3 行草体笈多字体的和田文,反面有 9 行紧密的小字体的吐蕃文字母。另一张残片是同一张官方文书上的。参见 M.Tagh.b.II.0066。霍恩雷著录第 105

号。$3\frac{1}{4}$ 英寸×$3\frac{1}{2}$ 英寸。

M.Tagh.a.II.0094. **官方文书的残片**。纸张粗糙,破损严重,有 6 行草体笈多字体的和田文。反面空白。霍恩雷著录第 106 号。$10\frac{1}{2}$ 英寸×4 英寸。

M.Tagh.a.II.00106. **官方文书的残片**。微白而薄的纸,正面有两行草体笈多字体的和田文。反面空白。霍恩雷著录第 107 号。5 英寸×1 英寸。

M.Tagh.a.II.00110. **官方文书残片**。纸张粗糙,正面有两行草体笈多字体的和田文,反面空白。霍恩雷著录第 108 号。$2\frac{3}{8}$ 英寸×$1\frac{5}{8}$ 英寸。

M.Tagh.a.II.00112. **官方文书的残片**。粗糙的薄纸,破损严重,正面仅有一行草体笈多字体的和田文。反面空白。霍恩雷著录第 109 号。7 英寸×$2\frac{1}{2}$ 英寸。

M.Tagh.a.II.00117. **官方文书残片**。正面(2 音节)有一行草体笈多字体的和田文。反面空白。霍恩雷著录第 110 号。$2\frac{1}{2}$ 英寸×$\frac{1}{2}$ 英寸。

M.Tagh.a.III.0080. **官方文书的残片**。纸张粗糙,正面(3 音节)有一行草体笈多字体的和田文。反面空白。霍恩雷著录第 111 号。$1\frac{1}{2}$ 英寸×$1\frac{3}{4}$ 英寸。

M.Tagh.a.III.0084. **官方文书的残片**。正面(5 音节)有一行草体笈多字体的和田文。反面空白。霍恩雷著录等 112 号。3 英寸×$1\frac{1}{4}$ 英寸。

M.Tagh.a.IV.00157. **官方文书残片**。纸张粗糙残破,正面有 4 行(明显完整)草体笈多字体的和田文题文。反面空白。霍恩雷著录第 113 号。$4\frac{3}{4}$ 英寸×$4\frac{1}{2}$ 英寸。

M.Tagh.a.IV.00162. **官方文书的残片**。纸张粗糙。正面(6 音节)有一行草体笈多字体的和田文。反面空白。霍恩雷著录第 114 号。$2\frac{3}{4}$ 英寸×$1\frac{1}{2}$ 英寸。

M.Tagh.a.IV.00163. 官方文书下端的一窄纸条。正面有一行草体笈多字体的和田文。反面也有字迹。霍恩雷著录第 115 号。11 英寸×$\frac{1}{2}$ 英寸。

M.Tagh.a.IV.00165. 官方文书残片。纸张粗糙。两面各有两行草体笈多字体的和田文。霍恩雷著录第 116 号。$1\frac{1}{2}$ 英寸×$2\frac{1}{4}$ 英寸。

M.Tagh.a.IV.00166. 官方文书残片。纸张粗糙,有 5 行字迹,显然是粟特文。霍恩雷著录第 117 号。$7\frac{1}{4}$ 英寸×3 英寸。

M.Tagh.a.IV.00167. 官方文书残片。正面有 3 行草体笈多字体的和田文。反面空白。霍恩雷著录第 118 号。$3\frac{1}{4}$ 英寸×$2\frac{1}{2}$ 英寸。

M.Tagh.a.IV.00168. 官方文书残片。微白而粗糙的薄纸,正面是 6 行或 8 行杂乱的草体笈多字体的和田文的题文,反面空白。霍恩雷著录第 119 号,$6\frac{1}{2}$ 英寸×$4\frac{1}{2}$ 英寸。

M.Tagh.a.IV.00169. 官方文书右边部分的残片。浅黄色粗糙的薄纸,正面有 4 行草体笈多字体的和田文题文,反面空白。霍恩雷著录第 120 号。3 英寸见方。

M.Tagh.a.IV.00170. 官方文书的中间部分残片。微白很薄的纸,正面有大字体的草体笈多字体的和田文,反面空白。霍恩雷著录第 121 号。$10\frac{1}{2}$ 英寸×$4\frac{1}{2}$ 英寸。

M.Tagh.a.V.0026. 官方文书上较大部分的残片。浅黄色粗糙的纸,左上角已脱落,正面有 6 行草体笈多字体的和田文,结尾是日期 Jere 10mye haḍai,意思是"在 Jere 月,第 10 天",还有大字体的潦草的签名。反面空白。霍恩雷著录第 122 号。11 英寸×7 英寸。

M.Tagh.a.V.0027. **官方文书左上角残片**。可能是文书上被撕去的部分,正面有三行或四行草体笈多字体的和田文。反面空白。霍恩雷著录第 123 号。3 英寸见方。

M.Tagh.a.IV.0081.c. **官方文书残片**。浅黄色的软纸,正面有几个用和田文写的草书笈多文字母。反面空白。霍恩雷著录第 124 号。

M.Tagh.a.IV.0083. **官方文书的上边部分**。粗糙的薄纸,正面有 5 行相当淡的草体笈多字体的和田文。反面空白。还有两个大洞。霍恩雷著录第 125 号。$10\frac{3}{4}$ 英寸×6 英寸。

M.Tagh.a.IV.0084. **官方文书左上端残片**。浅黄色粗糙的薄纸。正面有 7 行草体笈多字体的和田文;反面有 2 行类似的字体,还有日期 Kaja,māś ti...26mye(haḍai),意为"在 Kaja 月,第 26 天"。霍恩雷著录第 126 号。$6\frac{3}{4}$ 英寸×$5\frac{1}{2}$ 英寸。

M.Tagh.b.I.00105. **官方文书残片**。正面有日期,用草体笈多字体的和田文书写。反面空白。霍恩雷著录第 127 号。$5\frac{1}{2}$ 英寸×$1\frac{1}{2}$~$\frac{1}{2}$ 英寸。

M.Tagh.b.I.00114. **卷轴中间部分的残片**。浅黄色的纸,有两行很大的字体,是一系列数字的根音。霍恩雷著录第 128 号。$3\frac{3}{4}$ 英寸×3 英寸。

M.Tagh.b.I.00122. **官方文书残片**。像毛毡一样的软纸,上有五行不清楚的草体笈多字体的和田文。反面空白。霍恩雷著录第 129 号。2 英寸×$3\frac{1}{2}$ 英寸。

M.Tagh.b.I.00125.a~e.　4 张官方文书上的 5 张残片。用草体笈多字体的和田文书写。最大残片 6 英寸×$3\frac{1}{2}$英寸。霍恩雷著录第 130 号。

M.Tagh.b.II.0057.　**官方文书残片**。正面有 2 行草体笈多字体的和田文。反面空白。霍恩雷著录第 131 号。$2\frac{1}{2}$英寸×$2\frac{1}{4}$英寸。

M.Tagh.b.II.0061.　**官方文书残片**。脏而破损,两面都有 3 行几乎难以辨认的草体笈多字体的和田文。霍恩雷著录第 132 号。4 英寸×$2\frac{1}{2}$英寸。

M.Tagh.b.II.0063.b.　**两张官方文书残片**。薄纸,两面各有 2 行草体笈多字体的和田文。霍恩雷著录第 133 号。2 英寸×$1\frac{1}{2}$英寸。

M.Tagh.b.II.0064.　**官方文书残片**。粗糙的纸,正面有一行草体笈多字体的和田文,还有一残缺的日期。反面空白。霍恩雷著录第 134 号。$7\frac{1}{4}$英寸×$1\frac{3}{4}$英寸。

M.Tagh.b.II.0065.　**完整的官方文书**。浅黄色长方形纸条,粗糙而薄。正面有 5 行用草体笈多字体的和田文,是 5 句还无法确定的诗。反面空白。霍恩雷著录第 135 号。$4\frac{1}{2}$英寸×11 英寸。图版 CLI。

M.Tagh.b.II.0066.　**官方文书中间部分残片**。浅黄色粗糙的硬纸,很脏,正面有 3 行草体笈多字体的和田文,反面是 7 行挤在一起的小体吐蕃文。整个残片很类似于 M.Tagh.a.I.0046 中的残片,可能属于同一张官方文书。霍恩雷著录第 136 号。8 英寸×3 英寸。

M.Tagh.b.II.0067.　**两张官方文书残片**。脏而粗糙的硬纸,正面有 3 行相当不清楚的草体笈多字体的和田文。反面空白。霍恩雷著录第 137 号。8 英寸×4 英寸。

M.Tagh.b.II.0068.a、b. **两张菩提小残片。** 浅黄色硬纸,有 2 或 3 行黑墨写的书法体的正体笈多字体的和田文。

内容:系一些佛教经文,还无法确定具体细节。霍恩雷著录第 138 号。$1\frac{5}{8}$英寸见方和 $1\frac{5}{8}$英寸×$1\frac{1}{8}$英寸。

M.Tagh.b.II.0068. **官方文书左上角的两张残片。** 褪色粗糙的纸,有 3 行草体笈多字体的和田文。反面空白。霍恩雷著录第 138 号。5 英寸×$3\frac{1}{2}$英寸。

M.Tagh.c.0013. **官方文书的左边部分残片。** 浅黄色硬纸,正面有 6 行草体笈多字体的和田文。反面空白。霍恩雷著录第 139 号。$5\frac{1}{2}$英寸×7 英寸。

M.Tagh.c.0014. **官方文书右边部分的残片。** 浅黄色硬纸,正面有 6 行草体笈多字体的和田文。反面空白。霍恩雷著录第 140 号。4 英寸×$5\frac{1}{2}$英寸。

M.Tagh.c.0015. **官方文书残片。** 浅黄色硬纸,正面有两行题文,与上、下其他一些行数相比,是完整的两行写的草体笈多和田文。反面空白。霍恩雷著录第 141 号。$7\frac{1}{2}$英寸×2 英寸。

M.Tagh.c.0016. **官方文书顶部的残片。** 浅黄色硬纸,正面是相当模糊的草体笈多字体的和田文。反面空白。霍恩雷著录第 142 号。$8\frac{1}{2}$英寸×$3\frac{1}{2}$英寸。

M.Tagh.c.0017. **官方文书的顶部残片。** 浅黄色硬而薄的纸,有完整的一行和残缺不全的四行草体笈多字体的和田文,相当不清楚。反面空白。霍恩雷著录第 143 号。$3\frac{1}{2}$英寸×11 英寸。

　　M.Tagh.c.0018.　　**官方文书残片**。硬而褪色的薄纸,正面是两行草体笈多字体的和田文的题文,开始是一不完整的可以辨认的日期。霍恩雷著录第 144 号。2 英寸×11 英寸。图版 CLI。

　　M.Tagh.c.0019.　　**官方文书左边部分的残片**。浅黄色硬而薄的纸。正面有 7 行草体笈多字体的和田文。反面空白。霍恩雷著录第 145 号。$6\frac{1}{2}$英寸见方。

　　M.Tagh.c.0020.　　**官方文书残片**。结实的硬纸,正面是 4 行残缺不全的草体笈多字体的和田文文。反面是 5 行残缺不全的吐蕃文。霍恩雷著录第 146 号。$3\sim2\frac{1}{2}$英寸×11 英寸。图版 CLI。

　　M.Tagh.c.0021.　　**官方文书右上角残片**。浅黄色脏而硬的纸,正面是 5 行残缺不全的草体笈多字体的和田文,几乎难以辨认,反面是 3 行残缺不全的吐蕃文字。霍恩雷著录第 147 号。6 英寸见方。

　　M.Tagh.c.0022.　　**官方文书右上角残片**。浅黄色硬而薄的纸,正面有 5 行草体笈多字体的和田文。反面空白。霍恩雷著录第 148 号。$5\frac{1}{2}$平方英寸。

　　M.Tagh.c.0023.　　**两张官方文书残片**。浅黄色脏而硬的纸,正面题文有 8 行,用草体笈多字体的和田文书写。反面空白。破损严重。霍恩雷著录第 149 号。最大 $6\frac{1}{2}$英寸×4 英寸。

　　M.Tagh.c.0024.　　**官方文书残片**。微白的薄纸,正面题文有 2~3 行,草体笈多字体的和田文。反面空白。霍恩雷著录第 150 号。6 英寸×$2\frac{1}{2}$英寸。

M.Tagh.c.0025. **官方文书的顶部残片**。微白的薄纸,正面题文是一行优美的黑体字,用草体笈多字体的和田文书写。反面空白。霍恩雷著录第151号。$6\frac{1}{2}$英寸×$1\frac{1}{4}$英寸。

M.Tagh.c.0026. **官方文书左上角残片**。浅黄色硬纸,有一行轻微的字迹,用草体笈多字体的和田文书写。反面空白。破损严重。霍恩雷著录第152号。$5\frac{1}{4}$英寸×1英寸。

M.Tagh.c.I.0064. **官方文书残片**。两面都有3行不清楚的草体笈多字体的和田文字。霍恩雷著录第153号。

M.Tagh.c.I.0074. **5张官方文书残片**。很粗糙的薄纸,正面从第一行到第五行是草体笈多字体的和田文字。反面空白。霍恩雷著录第154号。最大$4\frac{1}{2}$英寸×2英寸。

M.Tagh.c.II.0066. **官方文书残片**。暗褐色软而薄的纸,正面有6行漂亮的草体笈多字体的和田文字。反面空白。霍恩雷著录第155号。$4\frac{1}{2}$英寸×$4\frac{1}{4}$英寸。

M.Tagh.c.III.0068. **官方文书残片**。脏而薄的纸,正面有两行字迹相当模糊的草体笈多字体的和田文字。反面空白。霍恩雷著录第156号。$6\frac{1}{2}$英寸×$3\frac{1}{4}$英寸。

M.Tagh.c.III.0079. **官方文书残片**。微白的薄纸,正面有3行草体笈多字体的和田文字。霍恩雷著录第157号。4英寸×2英寸。

M.Tagh.c.III.0081. **官方文书顶端的条状残片**。正面是两行和田文字,开始是笈多正体,从第二行变为笈多草体。反面是不清楚的笈多草体字迹。

霍恩雷著录第 158 号。4 英寸×$\frac{5}{8}$英寸。

M.Tagh.c.III.0083.　**官方文书残片**。粗糙的薄纸，正面是 3 行草体笈多字体的和田文字。反面是空白。霍恩雷著录第 159 号。$1\frac{1}{4}$英寸×3 英寸。

M.Tagh.c.III.0094.b.　**3 张官方文书碎片**。纸张粗糙。正面是 2 或 3 行草体笈多字体的和田文字。反面空白。霍恩雷著录第 160 号。

附录 G

奥雷尔·斯坦因在中国新疆
搜集的吐蕃文书的注释

编者:REV.A.E.弗兰克,哲学博士

(摘自弗兰克博士文章 1914 年版《皇家亚洲学会会刊》第 37~59 页,并参看本书第十二章第五节。所加注释和参考都写在括号内——A.斯坦因)

在印度政府的准许和安排下,我一直都在致力于把搜集来的近 2000 件古代吐蕃文书编成目录,其中大概没有一件文书晚于公元 9 世纪,并且毫无疑问这些文书对吐蕃的考古、历史、语言、文化、宗教和民俗都给予了新的、更充分的阐释。大多数文书都是在以下两个遗址中发现的,即米兰和麻扎塔格……

由于当时一支吐蕃军队的长期驻扎,因此在以上两处遗址中发现了散布在大量废弃物堆积处的文书。从某种意义上说,它们也许是古代档案馆最后遗物的代表。公元 7—8 世纪的吐蕃人保存档案也许会用到这样的词 yig-dkar-cag,即"文书目录",这一词在文书中也出现过。

尽管许多文书,尤其是木质文书,都保存完好,但其中有完整、连贯内容的

却为数不多。至于大部分纸质文书,仅有一半被保存下来。正如大英博物馆的巴尼特博士所注意到的,根据记账的木块被分成两半,且每一方各拿木块的一半这一事实,使人联想起了古代欧洲的一种习俗。大多数的木质文书是一些写有地址的标签。这些标签也许是被固定在运送粮食和其他物品的各类包裹上。另一些短的木质文书显然是收税人在前往纳税者住处途中使用的,这是最简单的一种:除了人名和地名,它没有更多的内容。而所有这些文书使我们获取了大量古代吐蕃语的名称,包括地名和人名,要证实所有这些地名或是把所有这些人名恰当地进行分类,我们将要花费很长的时间。当然,无论如何我们还不能断定一个现在不为人知的名字是否就是当时的人名或地名。

乍一看这些名字,给人的印象是吐蕃人一定经历了有史以来最大的变故。现在的吐蕃人的名称大都是佛教名,这也许是人们对一个初见的名字的含义无一例外的理解。人们惊讶地发现在《斯坦因集录》中大量的名字没有给出现成的意思。这些名字部分是由在最近的 1 200 年间吐蕃语中已经消失的音节组成的。

尽管在《斯坦因集录》中还没有发现一个王室的名字①,但有几个名字是具有历史意义的,因为它们与写进拉萨(lHasa)古老的石质诏书(stone-edicts)中的大臣们的名字是一致的(参见 1910—1911 年版《皇家亚洲学会会刊》中的陆军中校瓦德尔的文章)。因此公元 730 年的布达拉(Potala)铭文中这些著名的大臣的名字 rJe-blas 和达扎(sTag-sgra)在《斯坦因集录》的文书中被多次提到。同样地,还提到了公元 764 年的布达拉铭文中的大臣赤协(Khri-bzher)和达协(sTag-bzher),还有公元 783 年的铭文中几个大臣的名字。至于说到石质诏书上的名字,总的来说它们都是由个人的名和家族名组成的。另一方面,在斯坦因的文书中,所有被记录下来的出名的和众所周知的大臣,都只有个人的名字。基于此种原因,对在《斯坦因集录》中和拉萨的石柱上所找到的名字的鉴别还不能算是完满,但这两者都谈到了同样的人物,是很有可能的。

---

① 穆赤(赞普)是作为一个大臣的名字出现的。

在《斯坦因集录》中尽管没有发现王室的名字,但有几个名字似乎指的是王侯,或许是整个吐蕃的王侯,或者是(某个)诸侯国的王臣。在那时与近代一样,"祝愿陛下的王位永存"这种祝福的话都是致函给国王时用的。

至于说到宗教方面的问题,许多的名字都具有本波(Bonpo)教的特征。这些名字的一部分都是由这些词"拉"lha,god(从前的佛教徒们信奉的神)和Klu(Nāga,即龙)、"巫觋"(gSas)、"愤怒"(Khro)组成的。在几个人名中已发现了本(Bon)教始创者名字辛绕(gShen-rab)的主要组成部分,如在辛松布(gShend-sum-bu),古辛(sKu-gshen),辛班勒(gShen-phan-legs)等这些名字中。有几个名字还使我们想起了出现在《格萨尔》(*Kesar-saga*),即吐蕃人古老的叙事诗中的名字。

妇女的名字在文书中极少。rGya-mo 是一个女奴的名字;嘉莫(mNā-ma)作为一封信的作者在文书中只出现了一次,但这个词的意思是"儿媳"。

佛教名也很少出现。在进入寺庙时,一个人会得到一个新的佛教名字。这样我们就能理解了一个人从前叫"俄敦色琼"('U-tung-gsas-chung),而在他入寺以后就叫作"降曲扎西"(Byang-chub-bkra-shis)的原因。另一些佛名是:gZhon-nu-dpal-grub,可能是(sPyan-ras),Byang-chub,Yon-tan-seng-ge,优婆塞(dGe-bsnyen),舍利弗(Sha-ri-bu),提婆达多(lHa-sbyin),金刚(rDo-rje),rDo-rje-dgyangs,'aJam-dpal(Mañjuśrī),薄迦梵(Com-ldan-'adas),dGe-mtsho。

正如人们所观察到的,在拉达克(Ladakh)的文书和另一些文献中,有几个名字很有趣。《斯坦因集录》中看到的名字"宇扎"(gYu-sgra),在《王后传记》(*bTsun-mo-bkai-thang-yig*)中也出现了,它是由 B.劳弗(B. Laufer)博士校订的,表示始于莲花生上师(Padmasambhava)的日期。在《斯坦因集录》中,sMer-zhang 这个名字的音节构成部分,还有几个带有这同一音节的名字在卡拉孜(Khalatse)①桥附近的圆石上被发现。

在很多情况下,我们发现人名都与头衔有关。文书最常见的头衔也许是

---

① 弗兰克:《卡拉特斯的历史文书》,*Z.D.M.G*,Bd.lxi,583 页以下。

一个大臣的名字，或是"论波"（blon-po），缩写成"论"（blon）。然而有各种各样的大臣，比方说，"杰论"（rJe-blon），指的是高级大臣，"特论"（The-blon），是指掌玺大臣，"甲论"（dGra-blon），是指军事部长，也许是"战事大臣"；"索论"（So-blon），是警卫大臣；"赤论"（Khri-blon），指御使大臣；"齐论"（Phyi-blon）指外事大臣；还有"尚论"（Zhang-blon），是叔伯大臣……

　　其他的头衔还有："囊杰波"（Nang-rje-po），内部的最大权力者，我通常都译为"内务大臣"；"卡葛"（现代的 Ga-ga），指贵族觉却（Jo-cho）或是中心（Jo-co）（现代的 Jo-bo），指君主。我还注意到，现代西部的吐蕃人，Jo-jo 这一形式通常都用来表示贵族妇女，但在《斯坦因集录》中 fo-co 这一头衔似乎指的是男性；节儿（rTse-rje）指高级官员（这种官员的工作范围还不清楚，也许是地方法官）；Yi-ge-pa，秘书；sPyii-yi-ge-pa，秘书长；gNyer，管家；sDe-po，酋长；mKhar-pa，城堡的首领；Khams-kyi-dbang-po 似乎是 major domus 这样的头衔，在古代吐蕃起着重要的作用。这个头衔一般是授予 Blon-rgyal gSum-bzher，皇室大臣 gSum-bzher 的。

　　另一组头衔是由"本"（dpon）（长官）这个词构成的，在《斯坦因集录》中可看到如下各种"本"："如本"（Ru-dpon），也许是"族长"（rus）；"俄本"（'Og-dpon），下级长官，副官；"辛本"（Zhing-dpon），农田水利官（这个头衔现在仍在用："辛本"是必须规划农田灌溉的官员）；"东本"（sTong-dpon），几千人的官，上校；"马本"（dMag-dpon），军队的军官；"颇本"（dPhung-dpon），旅馆老板；"齐本"（Chibs-dpon），马倌；"克本"（Khral-dpon），税官；"鄂本"（dNgos-dpon），也许是"边防军官"；"楚本"（Thsugs-dpon）这个头衔还没有确切的解释，它也许是一个地方法官的头衔。而"空达"（Khong-ta）这个头衔则还没有译出。

　　关于地名，我们找出了许多。较大一部分地名似乎指的是新疆和吐蕃的行政区或村落。其他的国家似乎没有如此频繁地被提到。"嘉"（rgya）一词与重量有关，也许指的是印度和中国的重量单位。我们在文书中看到了 Bod-bre 和 rGya-bre。而 Bod-bre 一词肯定指的是吐蕃人的重量单位藏升，我们还不知道是否 rGya-bre 的意思是"中国的重量单位"（rGya-nag,即"中国"）或"印度的重量单位"（rGya-gar,即"印度"）。文书中提到的另一些国家有如下这些：Hirad 也许是波斯的赫拉特；sNa-nam 按照 Jäschke 的解释是撒马尔罕市的名字；Sog-po 可能是指蒙古；Ho-peng 也许在中国；"门"（Mon）是吐蕃人对印度喜马拉雅地区的称呼。这一名称是在几个人名中发现的,如"门琼"（Mon-chung）,"门古琼"（Mon-khyi-gu-chung）。

关于与新疆有关的地名,最重要的鉴别是（斯坦因博士所作的）区别 Nob 和 Lob 或 Lop。他在 1910 年 10 月的一封信中这样写道："Nob-chen,'大 Nob'也许是吐蕃人在米兰的驻地名。地形和考古的原因迫使我相信 Nob 是吐蕃人重编一个古代地名的尝试。这同一名字在唐宋时期念作 Na-fu-po,而马可·波罗念做 Lop。Nob-chung,'小脑袋'也许是指 Charkhlik（米兰西部的西南方约 50 英里处）。"……让我再加上一点,在文书中还有另一个名字是指'Nob',这就是 Nob-shod,或"较低的脑袋"。偶尔还提到了"三个 Nob 城堡名",坐落在小 Nob 的一个城堡名叫 Nob-chung-ngu-g Yung-drung-rtse"罗穷俄玉仲孜"。

另一个与新疆有关的地名也许是"Li"（李）。按照字典的解释,"Li"是和田的吐蕃人名。我推测在文书中它是指国家的一片较大的土地。这个名字不常单独出现；多数情况下,我们看到它常跟另一些也许是人名的词连用。这些合成名是：Li-snang, Li-mngan, Li-bu-god, Li-gos-de, Li-shir-de　Li-hir-bod, Li-gchig-chad, Li-rje, Li-sa-bdad。在《斯坦因集录》中,对于新疆人来说还可常看到吐蕃人名 Hor（霍尔）。

吐蕃地名从出现在文书上的吐蕃地理中已经获知。值得一提的是如下这些：郭藏（rGod-tsang）,洛扎（lHo-brag）,那秀（Nag-shod）,康（Khams）,阿仲（'aBrom）,卫（dBus）,属庐（Chog-ro）,Bu-srang-gi-sde（也许就是 Bu-hrangs,现代的普兰）,巴尔提斯坦（Nang-gong）,东德（sTong-sde）（也许在象噶）,Gle（很可能是拉达克的首府,Leh 在古代编年史的章节中,Gle 这种拼写与 Sle 一样都是指 Leh）。阿里（mNgaris）似乎是指吐蕃西部的一个地名。在古代编年史的章节中它被用作西部吐蕃王国的一个名字。"羌波"（Byang-po）是拉萨（lHa-sa）

区的名字。'A-Zha，是莲花生上师文献中常看到的一个名字，可能与现在的
Gar-zha 噶尔夏或 Ga-zha 葛夏，Lahul 拉霍尔相同。在斯坦因搜集的文书中，
'A-zha 曾被叫作 rGya-la-gtogs-pa 嘉拉多巴，属于嘉，嘉村在古时候似乎是西吐
蕃的首府……

　　一般情况下，地名和人名常常是混杂在一起的，经验告诉我，在这种情况
下，第一个名字通常是地名，第二个名字是人名。第一个名起做地名是代表随
后提到的这个人的出生地。Lang-myi-sde-zhims-stag 意思是"Lang-myi 省的
Zhims-stag"。'A-zha-yang-bre 意思是"'A-zha 的 Yang-bre"。

　　湖泊和河流似乎不常提到。但我已注意到如下这些：mKhar-'athso 可能代
表 mKhar-mthso，即"城堡中的湖"；Mye-long，镜子，是一个湖的名字；还有
sPrul-gyi-mye-long，即"迷人的镜子"；Khyung-byi-tsa-mthso-gong 意思是
"Khyung-byi-tsa 的上游湖"。Sho-rtsang-'agram-du 这个词的意思是"Sho-rtsang
的岸边"。

　　《斯坦因集录》中的文书上写有大量的日期，虽然它们普遍都注有年、月、
日，但对历史学家来说作用并不大，因为年代的划分不都是按十二年一循环。
然而这些文书还是用史料给我们提供了这样的事实——证明了吐蕃拉达克
（Ladakhi）编年史的真实性，从中我们看到了一个具有影响的记述，即中国的
日历传到吐蕃是在松赞干布（Srong-btsan-sgam-po）时期（公元 7 世纪）。十二
年一周期制在当时已为吐蕃人所知，而且我们感到疑惑的是，那时的吐蕃编年
史，在描述公元 600 年到 1000 年这段时期时，却使用了六十年一周期的算法。
这一点在《卫藏》（*Central Tibet*）的编年史中尤为突出，而拉达克的编年史使用
十二年循环制一直到 15 世纪。众所周知，《卫藏》中用六十年一周期的方法计
算统治时期与中国史学家的推算是不一致的，而中国史学家陈述的准确性是
没有人怀疑的。在吐蕃，当用六十年为一周期的方法被知晓后，我们参考早期
的年代和《卫藏》编年史的年代，只能相信晚期的年代就是根据这一方法编定
的。摆脱了这种错误的年代制定方法的拉达克编年史，读起来可能远比《卫
藏》这本书可信得多。

那时的吐蕃人是十二个月制(一年),分成四个季节:dpyid,春季;dbyar,夏季;ston,秋季;和 dgun,冬季。每一季有三个月,叫作初月,中月和晚月。……但每个月有多少天我们还不知道。

文书中有几段似乎说的是一种与此不同的、也许是更古老的日历,像如下所示:gYui-lo,天蓝色的年;gShol-'abor-bai-sla,农闲月;'aTron-kong-gi-sla,农忙月;sKyald-gyi-sla,播种月。

在所有的文书中,我们发现有许多是出自收税人之手。它们有两种形式。其中一种是长 30~40 厘米的木块,断面是正方形。木块边缘有刻痕,显然是打算记下不同纳税人所交的谷物数。其中我们也发现刻痕旁写着这样一些词,诸如"几乎不""小麦""黍""草""马饲料"等。而农民的名字和所付款额则写在木块的另一端。收税人写的另一种文书是短木块,表面呈红色。一般右下角都有目的地空出,用以作某些特殊的标记之用。像其他文书一样,这种木块上也有刻痕和短的注示,这样我们会看到:"约 6 升(bre)还未收到",接下来写着"以后再收"或"后来收到约 4 升"。有时,我们看到在同一木块上除了"税"(bab)和"自由的"(thar)这样两个词,什么也没有,那么我们推测持有这种文书的人一定是免税的。

另外还有一种文书,在中间有一大片红色的痕迹,我还没发现这样的文书具有普遍性。考虑到大多数都是官文性质的文书,可以说它们是属于政府的公文,其中一张文书上的红色痕迹是血染所致。

关于保存较好的纸质和木质文书内容总的特点,我们发现有诉讼状,财产目录,公发粮食和赠品的清单,请求兵援和更多的粮食援助,哨兵和警卫的安排,抱怨俸禄或酬劳不发,疾病的报告,要求药品,债务账目,派任某个职位,武器装备运输单,等等。在最后这种清单上,我们看到有:盾、弓和箭、箭镞、箭羽、头盔、剑、武器套。有一些文书是些诸如战斗的记录。然而这些内容对历史学家来说作用不大,因为它们内容太简单,而且无法推算日期。像"绒林(Rong-lings)国被攻破"这样的记录对我们现阶段对吐蕃历史的研究一点帮助都没有。有趣的是出售一个名叫杰普察（rGyal-phu-tsab）的奴隶的诉讼案（参见 M.i.xliv.7），其售价总共是八个重量单位的小麦（dMar）（＝dmar-gro，红麦?），万一这个奴隶逃跑了，前主人就必须再提供一个同等能力的奴隶。在该文书和许多其他文书的下端，记录了 44 个主要见证人（dpang-rgya）的名字和印戳。这 44 人组成了一个证人庭，而且有趣的是，在拉达克的编年史的聂赤赞普（gNya-khri-btsan-po）的账目中，人们还发现 44 这个数字是固定的官吏数。

为数不少的文书记载有 so-pa（看守者、侦探、哨兵），也就是指那些必须在前线或（可能）在不安全的地区服兵役的士兵。这样兵役必须轮流进行，它不仅要求每个人轮流执行，而且包括部落之间也如此。不管何时，只要"服役期"这一字眼针对个人，那么我们就可以肯定它同样也包括官员。有一张文书提到两个官员，他们交换了服役期，并在各自的服役期内做了对方要做的事。

除了 so-pa，文书中还多次提到了 'adrul-ba，即"跑腿者"。我确信这些"跑腿者"是信差。古代吐蕃和新疆似乎都拥有类似于目前印度的一种机构，信差在那里得做大部分的邮政工作。像如下内容的句子在文书中重复出现："当信差就要离开时，我赶紧给你写了如下的话。"除了 'adrul-ba，偶尔也用 bang-chen（信使）或 bang-ka-pa（驿使）代表信差。在一个谈及信使（pho-nya）或"信差"的文书上附有一个表示迅速运送的印章的痕迹，看上去很像一个确保快速服务的邮票。

有几封信是写给非常亲密和熟悉的人的，几乎没有一封信完全出自本人口气。都是问候健康，表达对好消息的高兴之情和期望再次看到某人"好脸色"的心情（曾有"他的脸看上去像太阳和月亮"的话）。常以祝愿健康或长命百岁的话来作为信的结尾。我们注意到其中许多短语都很陈旧。有些信除了这样一些陈旧的语句，什么也没有。然而，我们一定记得，在大多数信中，有许多是高级官员的信，他们除了与皇室家族有关系，也许他们彼此之间也有亲密的关系。在拉达克，"赞"（btsan）、"藏布"（btsan-po）这样的名字或头衔中就显示出某个人是皇室的后裔。我怀疑文书中提到的所有带 btsan 这个音节的大臣的名字都与皇室有关。但总的来说,我们的印象是,不仅是高级官员,而且大多数普通人都会读会写。在收信人中有厨师,还有面包师,也有农民写给法院希望起诉某人的信。

在文书中用于表达礼貌的特殊词语有如下这些:作者在谈到自己时用"我,一个糟糕的人"达岸巴(bdag-ngan-pa);写信人把自己的信放在收信人(zha-sngar 好像是 zhabs-sngar 的缩写形式)的脚前;人们逢迎统治者会说"祝愿陛下的江山万古永存!"

有趣的是,许多文书都是吐蕃语的字母残片,它们也许是初学者在练习读写时的手抄本的一部分。当然,它们是很重要的,因为它们属于吞弥桑布扎(Thon-misambhota)宣称发明吐蕃语字母后不久的时期。我们从残片中可以看出,旧的字母与现在通用的 36 个字母几乎没有什么不同。……《斯坦因集录》中的其中两张文书似乎是一个音节表的残片,上面都是用一辅音与四个元音以及 Anusvāra 的重复抄写。

关于土地分布的文书大概要算是一种特殊的文书了,也许是在一个新的地区被征服后才会出现这样的文书。在文书上我们发现,个人的名字或称号后都有一个表示"土地的 dor"的数字。"dor"这个词在其他的吐蕃文献中还未见到,但是很显然,在《斯坦因集录》收集的文书中,它是丈量一个地方土地数目的名称。关于农业,文书中提到如下这些职业:zhing-pa 似乎是普通的田间劳动者,chun-pa 是指灌溉农田的人。其中还多次提到犁地和打谷。对使河水干涸的人(chab-rkam-bgyid-pa)制定了惩罚措施。然而最引人注目的发现是在其中一张文书上画有"农田图"(参见 M.I.iv.93)。

一些木制文书的一端都有一个精心凿制的小孔,正如我们从一些保存完好的样本中所知道的那样,这些深孔都塞满了黏土,也许下面就盖有一个印戳。至于盖有印章的这些文书的内容,除了地址什么也没有,这不能不使我相信现在的残片绝不是完整的文书。这些木块也许本来只是作为将纸质文书夹在它们之间的封面。① 由于书写材料在新疆很少,因此木质文书被用过多次。旧的字迹被擦掉以便有空余处再写新内容。这些带有颜色发暗的印戳的文书,还会被用作书写不太重要的文件,其中有一些看上去像普通的标签。

纸一定是一种相当缺乏的物品,因为我们发现文书中偶尔提及把纸作为一件小礼物赠给职位较高的收信人。这种没有小礼物就不能接近高职位的人的习俗,在那时是一种时尚。大多数的纸制文书两面都有不同的字体。在搜集物中还有一些文书是将原有文字刮去后重新书写的羊皮纸。

至于度量单位,我们从文书中收集了以下一些:"克"(khal)是一匹马的负载量,"两"(srang)似乎是一种表示很少的重量单位,但可能比一盎司多,因为我们发现这一点在杰其克(Jäschke)的字典中有描述。A bre 仍是一种较小的重量单位,按照杰其克字典上的描述应是 4 品脱。如上文所述,有两种"升"(bre):藏升(bod-bre)和印度升(rgya-bre),也就是吐蕃和印度(或中国)的"升"。rdo-gram 这个词似乎也是一个重量单位。白银的度量单位可能是dbyam 或 bars,而黄金和珠宝则是以钱(zho)(1 钱=0.1 两)来度量的。最有趣的是在一张文书上发现有如下这个等式:0.5 钱黄金=3 钱白银。②

在后来用于商贸、纳税和战争损耗的物品中,我们发现文书中提到如下这些物品:谷物类有 gro,即小麦;nas,即青稞;khre 和 chi-thse,两种粟类。rta-bra-bo,指喂马的荞麦;'abras 是指"稻米",尽管它有时也被译作"水果";'abras-skam 就是指"干稻米"或"干果";rtsa,是指草或饲料,在文书中多次被提到。"黑的","白的"或"红的",这类词与谷物连起来用,可能是指黑色的或白色的大麦或小麦,或是指红米等等。人们喜爱的菜园里的产品有:la-phug,小萝卜;rgun,葡萄;kham,杏干;可能还会有红萝卜。兽类产品有:mar,酥油;thud,奶酪;zhun-mar,软化的酥油,也许是印度的 ghī? 干牦牛肉。我要提一下的是储

---

① 根据这些小木块的形状类似于沿古敦煌边境所发现的汉文文书来判断,这种书信似乎很可能只是为了表明人们持木块传递的是口头上的信息和命令。

② 马可·波罗确切地记录了在公元 13 世纪末,西部云南也使用同等价值的黄金和白银。参见马可·波罗的《圣诞节》一文,第二章,79,95 页。——斯坦因

存大量的"老肉"和"老酥油"在 Kesar-saga 人生活中是很重要的内容。sPod，
即香料，是用于烹饪的佐料。sKyems，饮料，可能是用绿大麦酿制的普通吐蕃
啤酒名。它只是在庆祝婚宴和新年时才饮用。同样还用于制作 thul（skyems-
thul），皮包。一种 sog-skyems 也许是一种特殊的啤酒，即蒙古啤酒。说到织
物，我听说的至少有两种：snam，吐蕃普通的羊毛织物；men-thri，一种至今都无
明确记载的织物。Pha-thsa 似乎是指 phad-thsa，粗麻布。Thsos-bal 也许是染
了色的毛织物；gtan 是指毛毯，可能是指新疆的毡毯。至于矿产品，文书中提
到如下这些：苏打、铜（zang-bu，就是指铜壶）、黄金、白银、绿松石、珍珠、珊瑚。
rDzeu 似乎是指陶器，但 skyogs 尚不知道是指什么，它可能是瓢或长柄勺子。

在观察动物世界时，我们注意到实际上所有的动物都曾被用作运输，这在
文书中被提到过。文书中还提到一些安多（Amdo）的特殊驯养的马。这是非
常有趣的，因为这种驯养方式甚至在今天还非常有名。骡子和驴可租用，但是
驴会不听使唤。山羊，或是绵羊不得不驮运物品，实际上，那是羊毛。骆驼、牦
牛和牛不是如此经常提及。看起来牦牛和马一样，只是偶尔作为祭品来使用。
至于说到马，当地称作 mchibs-yon-gyi-sde，从这便能表示出该地区将马当作了
祭品。从一些文书中我们知道那些马由于患流行病而死亡。

尽管这些文书的内容是佛教文学而不包括我的目录里的搜集品，但我们
还是可以看到公元 8 世纪宗教在吐蕃的地位。从个人的名称判断可知在文书
提到的时代里，佛教尚未兴起，佛法大师只是偶尔提到，但"喇嘛"（bla-ma）一
词（带有阴性冠词"玛"）从未发现。虽然像"杰拉"（rje-bla）或"古拉"（sku-
bla）的称号可以指僧人，但我们不能肯定。对僧人使用了许多普通的称号，如
"班第"（ban-de），但还发现有"僧伽"（dge-ṛadun）和"圣者"（btsund-pa）或
"尊"比丘尼（Nuns）被叫作"班第莫"（ban-de-mo）或"赞莫"（btsun-mo）。对
地位比较高的佛法大师使用的其他称号有"堪布"（mkhan-po）、"寺院主持"、
"法王"（chos-rje）和"宗教大师"等。佛教徒的寺院被称作"珠拉康"（gTsug-
lag-khang）。Theg-khang-r nying，意思是"乘的旧房子"，好像是寺院的名称。

本波（Bonpo）僧人是作为 Bon-po，lha-myi，mngan（巫师）而被知晓，也可能

是作为 gYon-len,即"左侧之人"。后者的称呼可能与他们的风俗有关,即当人们在值得崇拜的人或物周围时,要让他或它在他们的左边。Svastika 的形式 Bonpo(本波)也在文书中被多次发现。

　　尽管有几个宗教符咒出现在搜集物中,但"六字真言"(ōṃ maṇi padme hūṃ)这种套语却尚未发现。Ōṃ ā hūṃ很普遍,并且也可以追溯 vadzra paṇi phaṭ 的由来。

　　谈到宗教仪式,我们尚不知是否它们中的每一件事情都有佛教徒和本波僧人来执行。敬事、奉事(sku-rim)这个词(一种宗教仪式在某人有病期间,实际上被用来驱除疾病中的鬼怪)被发现过几次。药供(sman-yon)似乎是一种提供给一个 sman 或有害鬼怪的祭祀品,chab-yon 则是一种"水祭祀品"。根据上文的情况,依照一页文书的记载可知,牦牛曾被作为祭祀品,并且从一个地名可以看出马也可能成为祭祀品。人们在旅行出发前,都要请求一个占星者占卜吉日。有一些文书似乎谈到了宗教迫害,它们可能指的是公元 8 世纪佛教与本波(Bonpo)教之间的斗争。

　　"门巴"(sMan-pa)可能是个医生的称呼。在这些文书当中的一件,提到了一个被认为是一种用于涂抹在尸体上的药方,这可能是为了保存尸体。药方的成分有:用一点水煮过的羊粪和奶油,以及大麦等。文书中还出现了一些疾病的名称,但我们还不知道它是什么病,这些疾病的名字是:传染病 yams,grums,gcong,'abring-nad。

　　这些文字和非宗教文书的风格绝对不同于我们熟悉的出自佛教文献的古典语言。实际上后者中的语言已经保持不变,在新疆古代遗址中所发现的佛教文献的残片,表明了这种语言与现代的《甘珠尔》(bKā-'agyur)版和《丹珠尔》(bsTan 'agyur)版中的语言相同。另一方面,公元 8 世纪时的非宗教文书中的语言都带有 mchis 这种辅助成分的语言结构,这种语言结构在古典文献中很少使用。由此可见,当佛教文献的语言第一次被翻译,它就很可能已经成为一种宗教语言。本波文献中的宗教语言很可能是经口述而流传的。另外斯坦因汇集的非宗教文书,也许反映了公元 8 世纪日常生活中的语言。

至于文书中的拼字法，它是固定不变的，现在的这种不发音的字首是否写出要根据作者的意愿，像我们看到的"gzigs"写成"zigs"，"dgra"写成"gra"，"mchod"写成"chod"，"bkā"写成"kā"，"mkhar"写成"k(h)ar"等。送气的清爆破音总是与不送气的清爆破音相混淆。

无论如何，我们都不应该忘记，多数文献是在异国写成的，鉴于此种情况，文书中大量拼字法的错误便可得到解释。但有一点也许很重要：虽然在大多数情况下字首并未写出，但我们几乎很难发现拼写错误的字首。这一方面，古代的文献不同于我们现今发现的由一般人书写的藏文字母。

这里有许多单词的意思仍然很不确定。仅举一个例子，我们还不知道当地名 Bod、吐蕃、Li 和和田与数字相连时该如何解释，如 bod-gnyis、li-bzhi 等，这是一些常见的例子。

附录 H

关于奥雷尔·斯坦因搜集的有代表性的乐器的注释

卡萨林·施莱辛格(KATHARINE SCHLESINGER)著

I. 敦煌千佛洞绘画中有代表性的乐器

A　大型丝绸绘画

Ch.lii.003.　管弦乐队，分成左、右两部分。图画的左边从顶部开始，有一鼓，一竖琴，一琵琶，一八弦琴，一琵琶；图画的右边有，大响板，横笛，琴(chong或 chin)，口琴，带哨头或舌簧的吹管，很可能是前者(管)。

鼓：两个杯子形状的物品倒置，其底部连在一起，在每一端的洞上蒙着一张展开的皮纸或兽皮，演奏者正通过手用很大力气击打，发出高低不同的声音。(这种乐器不同的演奏法，见下面 Yo.02.b)

竖琴：与 Ch.lv.0011 的相似。声音孔可以在音箱的一侧见到；拉伸的弯弓及所附的音弦显示出其琴弦的演奏体系。

琵琶：两把琵琶是一样的；用镶嵌物、雕刻以及绘画装饰得很漂亮。有四根弦固定在一个桥形尾部，在声板一端伸出一个雕刻和镶嵌的指板，指板的尾部呈鸢尾花形或叶形，并连接在梨形指板的颈部。带有涡卷形装饰的琴栓盒外观很时髦，琴栓通过两侧被固定。在这里有两个 C 形的声音孔。（在琴栓盒的）一端有一大的扇形的琴拨，由演奏者拿着，当第二个演奏者调音和固定琴栓时，第一个演奏者似乎已在盒上弹出了音符。

八弦琴：是一个长三角形乐器，由一个音箱和其上拉升出的八道两根琴弦（依稀可见是八根琴弦），以及可移动的一排排琴桥组成。演奏者双手拨动琴弦。在声板上有一些小的圆形的声孔。同样类型的乐器，如果演奏时用小锤击打琴弦，则被称为扬琴。前者当提供了键盘，就属大键琴类，后者为钢琴类。

响板：这类乐器前文已经提到，P.1051（Ch.xlix.005）。响板上的绘画很精细，可看出五或者可能是六块用黑木削成帆形的薄片。

横笛：一种圆筒状的笛子，外表由三或四节连接而成。吹口在一侧可见，恰好指明嘴唇吹奏的位置。笛子横向右边，右手操作低音部。（竖笛见 Yo.02.a）

琴：中国口琴，脚踏式小风琴的祖先，这种乐器的形状像一把茶壶，布满长度不同的簧管。它由一个风箱（通常是一个葫芦），一个吹气管（壶嘴）和作为共鸣器的管子组成。每个管脚的上部镶入独立的簧管，以加强音调。几个没有簧管的模型通常被嵌入以增加对称（效果）。悬空的芦苇管里有一个芦苇制的、皮制的或是薄而精致的黄铜薄片，被固定在一小孔处，使其对压缩的空气流产生反应，并随着小孔处的空气流有弹性地来回颤动，自由工作。与我们提供的敲击簧管比较，这一原理有特殊的方面，它在两面都有一个固定的吹口，增加了风的压力。就自由簧管来说，产生了声音动态的变化。其次就打击簧和单簧管而言，音列的和声就有可能产生。演奏者堵住管上的指孔，就可演奏出他想要的音符。

吹管：管子很像我们通常称的便宜哨子，一种比演奏横笛容易得多的乐器。演奏者演奏后者要学会将其呼吸压缩成均匀的气流,对着吹口锐利的边缘吹奏;演奏吹管,演奏者只是与吹口机械地对应,(他)利用这条狭窄的孔道吹奏。

响板(?):可能是在演奏者正上方有一个拿着拍板的小人,与其相对有一个类似的鼓手正在演奏响板。

Ch.IV.0033. 与 Ch.lii.003 类似的管弦乐队分成左、右两组,各有一舞者,在绘画的左边,从顶部开始,正好是一把相同类型的琵琶,结构特点和装饰都相同。一把笛子,画得比 Ch.lii.003 的更粗糙,响板是同一类。在右边的顶部,同类的一把竖琴没有弦,一把琴画得很粗糙,一支横笛举向左边,并用左手捏住了低音孔。这支笛子在吹口上方有一个挂钩,置于笛子侧端,方便其挂于腰带处。

Ch.xxxviii.004. 管弦乐队分成左、右两组,左边由一张琴、一把琵琶组成;右边由一长形八弦琴和响板组成;这些乐器与那些已经描述过的类似。演奏琵琶时要利用朱红色的琴拨来演奏,也见有头部弯曲呈直角的波斯类型(琵琶)(见 Ch.lii.003,liv.007,lv.0033)。

Ch.0051. 演奏者在右边,左边是舞者,左边的人正在演奏四个一套的响板和一支笛子,右有一支举向左边的横笛和一张带有大风箱和相对较短的管的琴。(见与 Ch.0051 同样的绘画)

Ch.liv.007. 独奏者正在用一个很长的、可以延伸到琵琶扇形突起端的琴拨,弹奏着一个大琵琶。这种琵琶,不管是低音还是高音,除了那种头部弯曲呈直角的波斯类型的琵琶(它能增强弦的张力),都与以前丝绸上描绘的那些有代表性的琵琶相似。画中有三个小的琴桥或许被画家错放在指板的末端,可能做共鸣弦使用。战车前头有一个人正在演奏铁摇子。

B 丝绸制横幅绘画

Ch.xlix.005. 在绘画的上半部有两个演奏者,一个正在演奏一种带有笛孔的,类似于六弦竖笛的乐器,它大概是用放置在荑膜的一个簧通过空气进入荚膜顶部的缺口或开口,产生振动来演奏的。第二个人正在演奏一套大型木质响板,响板上通过其顶部的孔装有一直拉到底部的肠线或鞭梢。

Ch.lv.0011. 一个演奏员拿着无柱的竖琴,通常在底部靠一颗长钉支撑。(这个)乐器的左边是弯曲的木质音箱,作用与弦板一样,声板穿入洞中,弦通过该洞,靠内部的一个结固定住。而张力则是不规则圆形的水平竹竿通过各种装置产生的。

II. 赤红陶土雕像上的有代表性的乐器

Yo.02. 两个演奏者:

(a)一个在右边,演奏一支横笛。跟现在的一样,在一侧通过吹口吹奏。塑造雕像者为保留演奏者的胡子,舍去了演奏乐器的写实性,因为胡子会遮盖住吹口。笛子有圆筒状的孔,从手拿的位置开始至少出现八个孔,它们准确地排列着,右边控制低音孔,左边是高音孔。参看类似的乐器,它与大英帝国博物馆收藏的来自阿玛拉瓦提的平面雕像上的乐器相似。

(b)演奏员在左边,正演奏一副钟形的铙钹,这副铙靠一根丝带或皮带连在一起,它就是我们熟悉的古代的铙钹,能奏出确定的音乐曲调。这种乐器是通过两只铙相对打击发音的,就像是现代片形铙的音箱,它不是通过相互摩擦而发出叮当声,这样不能产生有确定音高的任何音乐声。

Yo.0021. 演奏者在跳舞,并演奏一种外观几乎为椭圆形、靠一个短的颈部连接椭圆形头部的弦乐器。这种类型的乐器与公元11世纪的欧洲乐器相似,与埃及奈夫制造的椭圆形(乐器),以及一类由摩尔人介绍到欧洲的椭圆形波斯低音鼓关系都很密切。演奏者用手指在弹拨三根或四根弦。

Yo.003.1. 猴子在一个大的梨形的琵琶或拉巴布琴(Rabāb,疑与今维吾尔乐器热瓦普相似——译者)上用三根弦演奏。这种琵琶与从犍陀罗佛堂楼梯间的起步板上发现的琵琶(保存在大不列颠博物馆)以及一只萨珊王朝银盘上的琵琶(保存在大不列颠博物馆)相似。这种乐器是价值很高的古物,最早被发现的例子是在勾神(Goshen)遗址(在埃及?)中希腊后期迈锡尼(文化)的赤红陶土小雕像上。年代被定在公元前 1 000 年(弗林德斯·皮特里)。它是琵琶的原型,当它配上琴弓时,它就成了通常所说的拉巴卜。

Yo.003.m. 　猴子拿着与上述相似的琵琶。

Yo.003.d. 　演奏者正在演奏有八根管的排箫,它含有一个八音度的音域。低音区被置于右边,这种笛子的实际情况同 Yo.02。

Yo.003.c. 　猴子正在演奏一种设计和塑造很原始的四个或六个音符的牧笛,可能靠一个自由簧管演奏,就像今天的口琴的音色。

Yo.003.e. 　猴子正在演奏一种我们现在的铜鼓原型的乐器。它是在空容器的口的顶部拉紧一张羊皮纸,打鼓者不是击打鼓,而是靠敲击鼓的顶部以及用手指在上面敲击,改变力度,来获得微妙而有韵律的效果。

Yo.0032.e. 　猴子正在演奏一种有四根管子的乐器,这四根管子长短一致,且安放在盒子里。它可能是牧笛,但更可能是一种原始的口琴,上面安有自由的簧片。(另见 Yo.003.c 和 Yo.0032.6)

Yo.0032.b. 　猴子正演奏一套排箫或自由簧管,它们被安放在盒中排成两排,像今天的口琴一样。

Yo.0035.u. 　猴子正演奏一种粗糙的仿制的管状乐器,与 Yo.0032.e 的一样。

Yo.0032.a. 　猴子正在演奏原始的琵琶,用右手在拨弦;琵琶为伸长的梨形(见 Yo.003.1)。琵琶的尾部倚靠在下颌处。

Yo.01.b. 　猴子正演奏比前面提到的更古老的原始类型的琵琶,它为弯曲的梨形,稍有一点颈或没有颈,该乐器的头部不明确。琵琶被倾斜放于颈和左肩之间的演奏。

Yo.0047.a. 　猴子正演奏原始琵琶,拿成水平位置,右手拨弦,左手按住颈部附近的弦。

Yo.0032.b. 　猴子正演奏或调试琵琶,拿成水平位置。

Yo.0047.b.　猴子正搬运大的低音琵琶,这种琵琶有三根弦已坏。

Khot.0089.　演奏者正在打鼓,鼓为圆柱形,两头宽,中间窄,两端用皮纸绷紧,皮条被用来紧固顶端。鼓是用指关节或手指敲击,靠轻柔、有韵律的轻敲或用指尖轻抚,就能在音调和效果上得到绝妙的变化。

Khot.01.b.　猴子在演奏原始的弯曲类型的琵琶,与 Yo.01.b 的相似。

Khot.01.e.　猴子在演奏原始琵琶,拿成水平位置。

Khot.01.d.　猴子在演奏原始的排箫或口琴(见 Yo.003.c ,0032.e ,0035.u)。

III. 有关乐器的遗物

N.xxii.003.　尾部装五根弦的木质乐器残片。

L.B.iv.0010.　小的木柄槌,可能用来敲击小的金属钟或一些由薄的木键或金属键组成的乐器,像现代的木琴。

M.I.iv.0026.　用骨质拨子是为了使琵琶及低音鼓类乐器的拨弦音获得非常明亮的音调,在琴弦中使用拨子比通过一般的停顿来表示乐器的旋律所获得的音乐要好得多。

M.I.viii.0013.　木质琴桥的残片,用来支撑一些乐器上纤细的共鸣弦。乐器上的那些弦不是被弄弯就是弹奏的声音不悦耳。

附录 I

出自敦煌千佛洞的吐蕃文抄本的样本注释
（在图版 CLXXIII、CLXXIV 中转载）

F.W.托马斯（文学硕士,哲学博士,印度国立图书馆馆长）

目录由根特大学教授瓦莱·普桑先生编制

图版　CLXXIII

Ch.01.a、b.（94、95 页）　　菩提（Pōthī）。Ch.01.a：楷书（Dbu-can）；共 52 页。尺寸 73 厘米×20.4 厘米,有 12 行文字,是一卷《十万颂般若波罗蜜多经》的第 507~534 张。包括第二 Kānda(Dum-bu),第 66~70Khaṇḍa(Bam-po)。每一个 Khaṇḍa 作为规则,后面都跟有写在底页的抄者之姓名。

Ch.01.b.　楷书。146 张无页码,尺寸为 73 厘米×20.4 厘米,有 12 行文字,属于《十万颂般若波罗蜜多经》的内容,开始的 Kānda 和第 51~70Khaṇḍa,以及第 8 和第 9Parivartas。抄写者的名字在底页。

Ch.05.(310 页) 卷轴。楷书;有 6 或 7 张,尺寸为 30.7 厘米×22 厘米,有 19 行文字。可能是第 6 张,尺寸为 31 厘米×24.8 厘米,有 21 行文字。内容为《大乘无量寿经》(*Aparimitāyur-nāma-mahāyānasūtra*)(《甘珠尔》,密宗部十四品,320 页;15 筴,337 页)。

Ch.011.(86 捆中的一部分,卷一至卷四;99 页)。卷轴的采集品,内容是《十万颂般若波罗蜜多经》。

图版 CLXXIV

Ch.03.a.(121 页) 菩提。楷书,尺寸为 42.8 厘米×8.2 厘米,有两行文字,字里行间写有注释草书(dbu-med)。有一些是开头写有 Buddha-anusmṛti 的书页搜集品,薄伽梵的一系列品德(功德)就表现在他的称号中。

这部著作发现于《甘珠尔》(显宗部,22 品,79~80 页,24 筴 71~72 页)和《丹珠尔》[显宗部,33 品,56(158~159 页);Cordier,349 页]。作者 deest。这部著作是一部佛经;根据我们在字里行间的注释说明,vṛtti(显宗部,34 品,2,14~15 页)被认为是无著(Asaṅga),而不是世亲(Dbyig-gñen)。

Ch.03.b.(203 页) 菩提。草书,共 3 页,尺寸为 46.3 厘米×11.8 厘米,有 32~35 行文字。《贤愚经》(*Ḥdzaṅs blun paḥi mdo*)即"愚者和智者的佛经"中的摘记和概要,其中第二部分的摘记出自第二十三章。

Ch.04.(73 页) 小册子。楷书,1~64 无页码,尺寸为21.9 厘米×15.3 厘米,有 8 行文字。对"Sés rab kyi pka rol tu phyin"的描述在反面。内容是:

(1)《最圣成就经》(*Ārya-Jinaputrasiddhi-sūtra-nāma-prathamaḥkhaṇḍaḥ*)标题在底页(45a 页)。这部著作发现于《甘珠尔》,显宗部,30 品,85(只有吐蕃文的标题),32 筴,71(Jinaputrasiddhi)。结尾是对一些字母的识别。(参见正文 919 页以下)

(2)(*Pradīpapraṇidhāna*)。标题在底页(45a~45b 页)。另一种笔迹。

(3)《如意观音菩萨经》(*Avalokiteśvarabodhisattvacintācakra-stotra*),标题在底页(46a~48a 页)。包含有 13.5 个Ślokas。

（4）《宇宙智慧》（*Lokaprajñā*），48b~63a 页。

（5）（*Mantroddhṛtanāmāni?*），另一种笔迹。在某种程度上 dbu-med。是密宗（Tantric）单词的词汇，开头没有标题，在 63b 页第 2 行的结尾不连贯。

（b）佛经的开头：如是我闻（Evam mayā śrutam），64b 页（背面）。

Ch.08.（579 a 页） 菩提。共 5 页，编号为 1~5 号（字母）。尺寸为 45.5 厘米×7.6 厘米，有 6 行。*Kamsadeśīyārhadvyākaraṇa*，即《和田宗教历史的传说集》。（发现于《丹珠尔》，显宗部 XCIV.44）

Ch.011.（Ch.86.iv,99 页小册子的一部分）。在棍上的卷轴，包含有《十万颂般若波罗蜜多经》一部分内容。

Ch.07.（549 页） 卷轴，草书（Dbu-med），尺寸为 139 厘米×35 厘米，文字有 80 行在纸张的正面，有 30 行在反面。内容是关于捐赠的仪式（bali），akṣaras（bīja），符咒，和一些对正统大乘佛教服从的表述以及大乘佛教对一般的教化和福乐的"应用价值"的表述。一些部分被毁。

Ch.010.（507 页） 卷轴，楷草书（Dbu-can-med），共 9 张；页码为 3~11 号。尺寸为 19 厘米×6.5 厘米，有 7 行文字。是一篇密宗论文，开头是关于 Jñānasattvakāya 的描述，结尾完整。

Ch.02.（201 页） 菩提。楷书，尺寸为 23.4 厘米×4 厘米，有 2 行文字，共 11 页，页码（字母和数字）为 2~12。*Ḥtsho ba r nam par dag pa*，即《素食经》。完整的书名可能是 *Zas kyi ḥtsho ba*…（《甘珠尔》），显宗部，16（，153~155 页，18 笈，123~125 页，没有梵文书名），开头不完整。仅在底页有书名。内容是薄迦梵关于某一 Pretas 以前的作用而给目犍连（Maudgalyāyana）的教诲。

Ch.09.（75 页） 菩提。草书，共 66 页。尺寸为 32.2 厘米×11 厘米，共 9 行。前 30 页无页码，其后的 31 页有页码（字母和数字），其余 5 张又无页码。*Ārya-daśabhūmaka*，不完整。《甘珠尔》，*Phal-chen*，（31 品，Nanjio 105,110）。

附录 K

关于出自敦煌千佛洞佛教壁画的吐蕃文题献的记录

L.D.巴尼特著(文学硕士,文学博士)
大英博物馆中东方书籍和写卷的管理者

纸质绘画:Ch.00376
(参见本书第二十五章第二节和《千佛洞》图版 XXXII)

神像下的空余处被两条垂直线分成三部分,每一部分都写有一行短的吐蕃文句子,用工整的 dbu-can 字体写成。在左边的空余处有如下的文字,这些文字的前面通常有"om"的符号:

°P'ags pa ñan t'o[s] C'en po°①

Dus ldan ‖ °kor stoṅ c'ig brgya

---

① 写作 **ᡪᡪᢕ**,参见《古代和田》第一卷,549 页 F。

"光荣的伟大信徒(mahā-śrāvaka)卡里卡(Kālika),随从(即信徒)一千一百人。"

在佛教文献中,卡里卡以宗教信仰的热心倡导者之一而闻名,在文献中他通常被当作第四个继承者。① 值得注意的是他在这里被描述成右手拿着一只碗的形象(而长老中的另一个是 Piṇḍola Bharadvaja,他也拿着一只碗,但是在左手),而在关于长老更现代的图画中,他被固定地描绘成手中拿着两只耳环的形象。②

在中间空余处的底部有两个音节,在此之前有一或两个字母可能被擦掉。它们是 go bži。如果把第一个音节写成 mgo,那么这个意思就是"四个主要人物",对于那些还未被证实的绘画和传说的某些细节来说可作为参考。但音节"go"本身很可能是完整的音节,它的意思是"四个头衔"。如果把这个词曲解为"第四个职位",也就是使徒继承主权的顺序,这几乎是不可能的,同样令人费解。

右手空白处是画家的署名,是一种较大的草书字体:

Do-kʻoṅ legs kyis

bris ‖

"Do-kʻoṅ-legs 作此画。"

纸质绘画:Ch.00377

(参见本书第二十五章第二节和《千佛洞》图版 XXXII)

神像下的空余处被两条垂直竖线分成三部分,每一部分都有尚好的楷书吐蕃文字。左边空余处的字体是以 st 字母组合开始,穿过一条垂直的竖线,接

---

① 参见 E.潘德(E. Pander)《呼图克图》(*Das Panthcon des Tschangtscha Hutuktu*)84 页 f。A.格伦威德尔《神话学》(*Mythol.d.Buddhismus*),7、37、204 页。

② 参见 E.潘德 ut supra,85 页;格伦威德尔,*ut supra*,7 页。S.奥登堡 *Sbornik Izobrazhenii 300 Burkhanov* (S.Oldenburg)(*Bibliothcca Buddhica*,V),附图 66,196 页。

下去是如下的文字：Bla ma p'yogs kyi mgon po steṅ。这句话真正的含义是：
"上天之神在宇宙中。"这就是众所周知的将天际分成 10 个区域的印度分法。
宇宙系统中的"顶点"就是天顶，梵语的说法是"brāhmī dik"，并且"上天之神"
是天顶的保护神，通常与地界的婆罗门①神相提并论。正如人们所看到的图
中的两个圆雕图案用于象征太阳和月亮。在印度的天文学中，人们想象中的
太阳和月亮总是在天空中环绕，仅仅在升起和落下时才能被看到。在右手的
圆雕图案显示的是和通常所表现的太阳属性相同的形状，而左手的圆雕图案，
如果有人曾经画过，也已经被擦掉了，但是我们可以联想图中所画的是象征月
亮的图案。

紧接着在这些话的下面是这些音节：gi haṃ t'sags t'ams c'ad（sic）。这是
令人费解的，很可能 gi haṃ 与神话中的 gi-waṅ 有些联系（参见 Jäschke 和 Sarat
Chandra Das），也被称作"gi-haṅ"。

在中间空余处的音节是"k'a so brgyad"。人们很自然就会把它译为"38
k'a"，如果将"so brgyad"放在一起理解为"38"，那么"k'a"的意思难以确定，
"k'a"除了它的本意为"嘴"，它可能还有其他解释。但把"k'a so"联系在一起
也是可能的，它的意思是"嘴和牙齿"（参见 *Jäschke*36 页），因此它可能被翻译
成"有牙齿的八张嘴"。无论哪种情况，这些内容，如同前文的句子，对于神的
特征来说都是一些模糊的，不重要的细节。

在右手的空余处有画者用较大的字体签署的名字：

T 'e god za leg② mos bris

即"T'e-god-za 有德之人（sādhu）作此画"。

---

① 参见萨拉特·柴德拉·达斯（Sarat Chandra Das）《藏英词典》（*Tib-English Dictionary*），参见 tiaṅs-
pa 词条，1021 页。

② 正确的是 legs（善、美）。

丝绸上的绘画：Ch.xxii.0015

（参见本书第二十五章第二节）

在此画上，由中央部分到外部边缘，以螺旋式，而不是同心圆的形式题写有吐蕃文字。字体是相当优美的楷书，总的来说，很类似于在第一次探险（参见《古代和田》，第一卷，548 页以下；第二卷，图版 CXVII）中发现的Śālistamba-sūbra 的手抄本。古体的 drag 或结尾的 d 没有出现，但右边标有一小耳状的"ꞧ"字母重复出现，而 myi 在使用上代替了现代的 mi。元音字母有三种书写形式，即：现代通用形式，带波浪线形式和现代通用形式的反写（参见《古代和田》第一卷，549 页）。最后这种形式总是用于某些固定字母的连接，比如在梵文词语中像 amrita（即 amṛia），bimale，bilokini，尽管这些用法不一致，我已经在 i 字母上加两点以示注明。①

正文是如下的内容：

Om② ‖ bcom ldan °das ma °pʼags pa spyan ras gzigs dbaṅ la pʼyag °tʼsal lo ‖ bcom ldan °das ma °pʼags pa so sor °braṅ ba cʼen mo la pʼyag °tʼsal lo ‖ °pʼags pai tʼugs rjei byï（n）gyi rlabs kyis ‖ an lha skyes la bsruṅ žïṅ byin gyis brlab（t）u gsol | bcom ldan °das ma glaṅ po cʼei③lba sta*s④kyis gzigs ma tʼmas cad du kun nas pʼyogs tʼams cad bci（ṅ）*（da）ṅ rdo rjei žags pas bciṅ bas| bdag° jigs pa cʼen po brgyad las bsgral du gsol ‖ badzra dzvala biśuddha |（ka）ra kara| b（h）ū（r）i

---

① 元音字母"i"的左边或右边标曲线的写法与其他两种形式的写法截然不同，这种写法在现今大英博物馆编号为 Ch.00183 或 8212（77）的写卷中很普遍。该写卷属于一著名人物写的《般若波罗蜜多 hrdaya》的吐蕃文译本内容中的一部分，此人命名为 Ling-hi Lha-°dus，并用右边标曲线拼写 Ling，左边标曲线拼写 hi。如果他的意思是为了说明前者是个长元音，那么这与汉语的语言学规则截然不同。文中前五行中的 gyi，左右两边标曲线的各有两处，gyis 右边标曲线的有一处，ñid 右边标曲线的有三处，左边标曲线的有一处，myi 右边标曲线的有一处，左边标曲线的有三处。这里的两种标法没什么太大的关系。

② 用常见符号表示。

③ 所写的 divisim 有两个音节，在它们之间有一个圆点。

④ 可能是 staṅs。

bhūri ｜ bhagabati｜ garbhabati garbhabati ｜ garbha-bïśodhani｜ kukśï-sampurani①｜

dzvala dzvala｜tsala tsala｜ dzvalani ‖ haï cʻu sa kun tu cʻar dbab tu gsol ‖ amrita-

barśani②｜debata｜ abataraṇi ‖ bde bar gśegs pai gsuṅ rab bdud rtsi mtʻso＊＊sku

daṅ ldan ba ‖ lha skyes la dbaṅ bskur du gsol ｜ ʻtʻab pa daṅ ｜tʻab mo③ daṅ ｜rtsod

pa daṅ ｜ °gyed（ pa da ）ṅ ｜rmyi lam ṅan pa daṅ｜ ltas ṅan pa daṅ｜ bkra myïśis pa

daṅ｜ sdig pa tʻams cad rnam par sbyoṅ ba｜gnod sbyin daṅ｜ srin po daṅ｜ klu tʻams

cad °jom ba｜… bs④°jigs skrag pa｜lha skyes °jigs pa tʻams cad daṅ ｜gnod pa tʻams

cad daṅ｜nad °go ba tʻa(m)s cad daṅ｜ nad tʻams cad las tʻams cad tu rtag par bsru

ṅ du gsol ｜bsruṅ du gsol⑤ ‖（ ba ）la bala ｜ balabati dzaya dzaya ‖ om amrïte⑥｜

amrïta＊ne bara prabara⑦（ b)iśuddhe huum⑧phaṭ phaṭ svāhā ‖ amrïta-bïlokïni

garba-saṅrakkśani⑨｜ akarśani⑩huum huum phaṭ svāhā ‖ om⑪bïmale dzaya bare ｜

amrïte huum huum⑫phaṭ phaṭ svāhā ‖ om bhara bhara ｜ sambhara sambhara ｜

indrïya-bïśodhani huum huum phaṭ phaṭ ruru tsala svāhā ‖ om maṇïdharï … hum

phaṭ svāhā ‖

　　这些可以大概地翻译成如下内容：

　　尊敬的般若圣善观世音（Bhagavatī Ārya-Avalokiteśvarī）!⑬ 尊敬的般若随

---

① 读作 kukṣi-sampūraṇi。

② 即梵语中的 amṛta-varṣiṇi。

③ 字典中表示为°tʻab mo。

④ 非常不确定。

⑤ bsruṅ du gsol 的重复出现可能是由于失误造成的。

⑥ 这个词在这里和在别处的拼写应该是 amṛte，等等。

⑦ ne 和 prabara 这些词有点不明确。

⑧ 在这里或别处（除末尾的分句外）均写作ᠪᡬ᠌。

⑨ 读作 garbha-saṃrakṣiṇi。

⑩ 读作 ākarṣiṇi。

⑪ 这里写的和接下来的带有长元音的两种情况，其长音用写在下面的"ᠫ"表示。

⑫ 写在这里的"ᠫ"在右边没有做记号。

⑬ 按字义解释为：女神，可敬的、眼色有威力的女神。

求即得大自在陀罗尼神咒经(Bhagavatī Mahā-pratisarā)！依靠尊敬的观音菩萨仁慈的赐福,我祈求她能将祝福赠给神和人们,以保护他们。我祈求有着如像神般凝视的方式,完全统治着整个宇宙并且用恐吓的羁绊束缚着众生的世尊(Bhagavatī)能够给予保护以避免她拥有的八种巨大的恐惧。[1] Vajra jvala viśuddha,kara kara,bhūri bhūri,bhagavati,garbhavati garbhavati,garbha-viśodhani,kukṣi-sampūraṇi,jvala jvala,cala cala jvalani。我祈求观世音菩萨能够降雨露给神界。Amṛta-varṣiṇi,神灵(devata),avataraṇi。我祈求观音菩萨用含有Sugata圣洁教化的这种湖中神酒能够给神和人们带来力量。我祈求她能够完全化解争斗、冲突、战争、倾轧、噩梦、凶兆、不幸以及一切罪恶的行为,能够战胜所有的夜叉,罗刹天(Rākṣasas)和龙王(Nāgas),她忧虑……她完全可以保护众神和人们,以使他们免于所有的恐惧、伤害、瘟疫和疾病。Bala bala,balavati jaya jaya.Om amṛte,amṛta**ne bhara prabhara,viśuddhe huum phaṭ phaṭ svāhā,amṛta-vilokini,garbha-saṃraksini,ākarṣni huum huum phaṭ svāhā.Om vimale jaya vare,amṛte huum huum phaṭ phaṭ svāhā.Om bhara bhara,sambhara sambhara,indriya-viśodhani huum huum phaṭ phaṭ ruru cala svāhā.Om maṇidhari …hum phaṭ svāhā。

值得注意的是上文的祈祷者称呼的这个女神 Avalokiteśvarī,即中国的观音(Kuan-yin),她是与观世音菩萨(Bodhisattva Avalokieśsvara)[2]相似的一位女性,而后者被刻画在圆雕的中间部分。并且这幅带有题文的画是这两个神被崇拜的历史中的重要写卷。

---

① 《法集名数经》(Dharma-saṅgraha)lxxi 中列举了五种恐惧(°jigs)。不管怎样,这里提到的这些恐惧似乎很有可能象征着八个陪胪或是在佛教神话中与它们相对应的八种事物。但是对于陪胪吐蕃语中固有的词语是°jigs byed,如果是这样,那么它就能帮助搞清楚对观世音菩萨和他的来自湿婆天的女性同伴的信仰之来源(参见格伦威德尔《佛教中的神话》,132 页 f。),因为这八个陪胪(Bhairavas)是属于湿婆天范围内的,而且就是他的形象。

② 尤其参见《呼图克图》(Das Pantheon des Tschangtscha Hutuktu)75 页及以下。

丝绸字幅:Ch.lvi.002

(参见本书第二十章第二节,图版 LXXXVII)

正文的上部写有吐蕃语特征的词"gcen"。在吐蕃语中,这个词的一般含义是"兄长",但在目前这种情况下,它的意思如何解释是不清楚的。在字幅的左边下部(右边很规范整齐)写有粗糙的吐蕃文字迹,与其他的题文不同。ba-ca-ra-baṅ-ne,这些字似乎是试图仿写的一种不规范的金刚波尼(Vajrapāṇi)的名字。这种变化听起来很有趣,它暗示着受蒙古语的影响。

附　图

英尺

比例

完整的砖石建筑 ⋯⋯⋯⋯⋯
已残的砖石建筑 ⋯⋯⋯⋯⋯

北

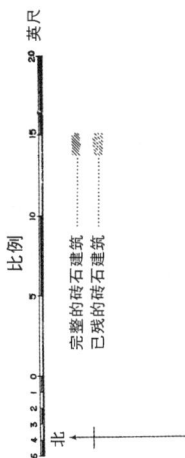

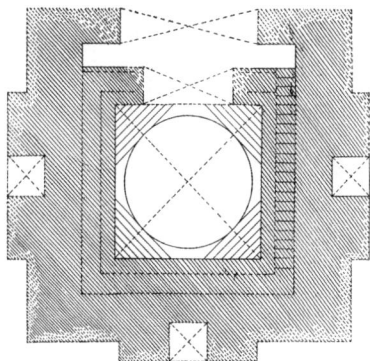

奥雷尔·斯坦因和奈克·拉姆·辛格绘

塔拉什古木巴特废寺地表平面图

10 英尺

比例

木板覆盖物 ⋯⋯⋯⋯
木柱 ⋯⋯⋯⋯
主要顶梁 ⋯⋯⋯⋯

木泥墙 ⋯⋯⋯⋯
土石墙 ⋯⋯⋯⋯
黏土台 ⋯⋯⋯⋯

米拉格拉木的哈克木奥拜都都拉家的房屋，
平面图展现了具有藻井结构的房间设计

查伦和马斯图吉石刻佛塔造型

一2英尺1英寸一

8英寸

1英尺3分寸
1英尺3分寸

7英寸

5英寸

2英寸

10½英寸

3英寸

4½英寸

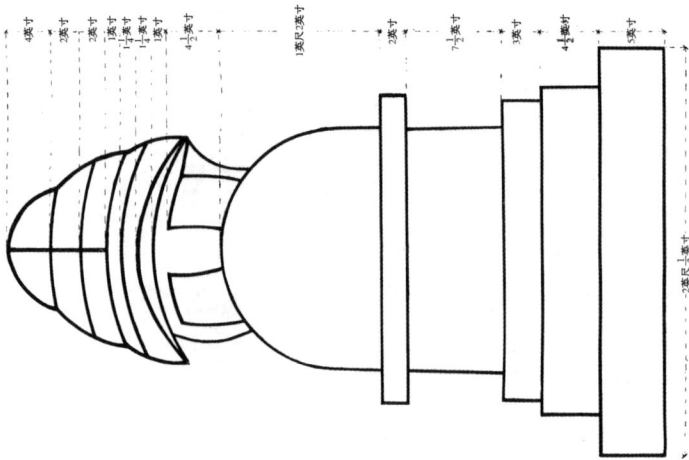

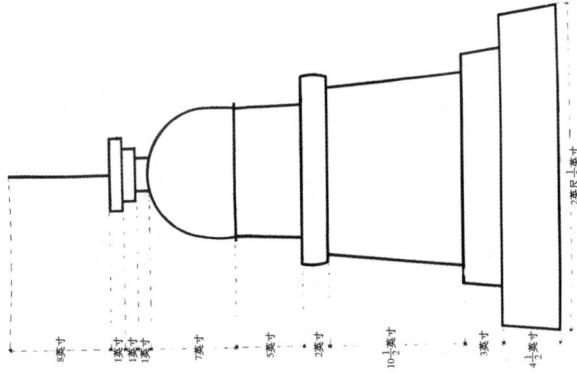

奥雷尔·斯坦因绘

帕霍托日底尼和吉德拉尔石刻佛塔造型

比例

1英尺

4英寸
2英寸
2英寸
1英寸
1英寸
1¼英寸
1英寸

1英寸½英寸

2英寸

7½英寸

3英寸

4½ 地寸

5英寸

一2英尺2英寸一

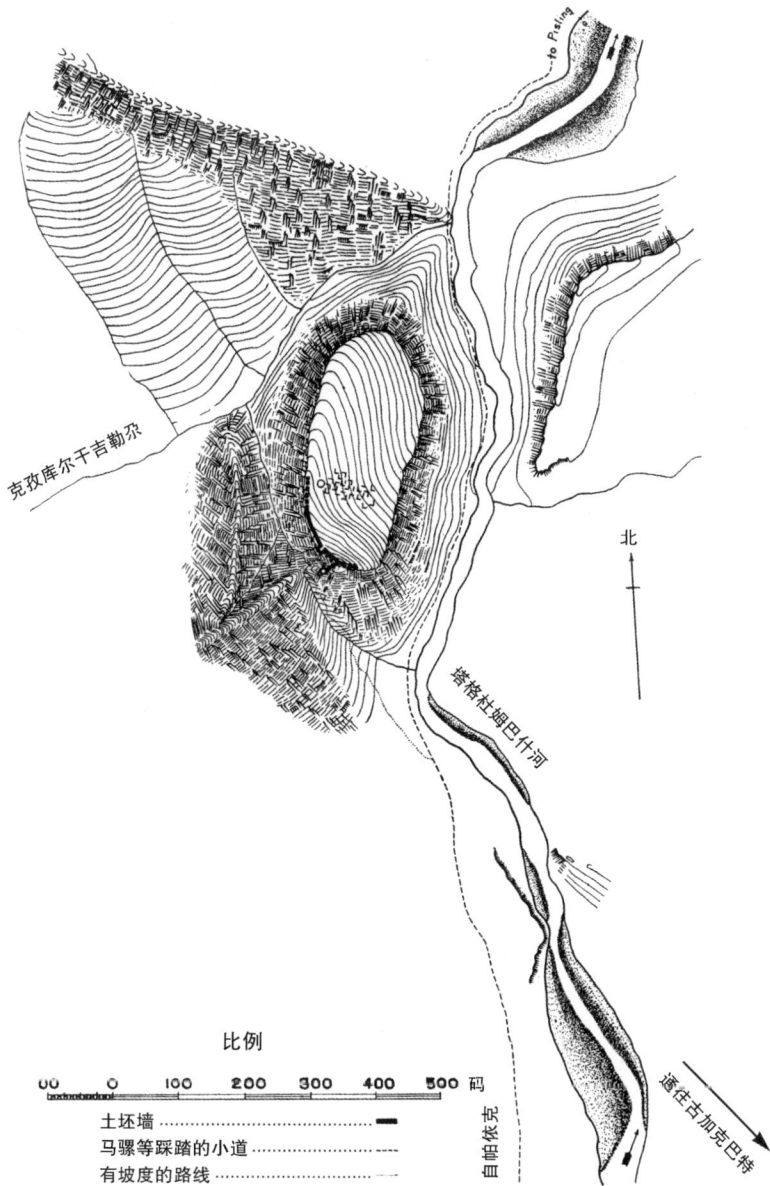

比例

土坯墙 ⋯⋯⋯⋯⋯⋯⋯⋯⋯⋯⋯⋯⋯⋯⋯⋯

马骡等踩踏的小道 ⋯⋯⋯⋯⋯⋯⋯⋯⋯⋯⋯

有坡度的路线 ⋯⋯⋯⋯⋯⋯⋯⋯⋯⋯⋯⋯⋯⋯

奥雷尔·斯坦因和R.S.拉姆·辛格绘

克孜库尔干遗址平面图

北

有陶器的被侵蚀地表

碎 陶 片

被侵蚀的地表低于
AT.1水平地面$3\frac{1}{2}$英尺

A.T.iii

A.T.v

A.T.i

沙丘高度+8英尺

可见范围3~4英尺

A.T.ii

A.T.iv

比例

| 10 | 0 | 10 | 20 | 30 | 英尺 |

基础完好的夯土墙 ......

基础被毁的夯土墙 ......

推断出的夯土墙 ......

风蚀洼地 ......

奥雷尔·斯坦因和奈克·拉姆·辛格绘

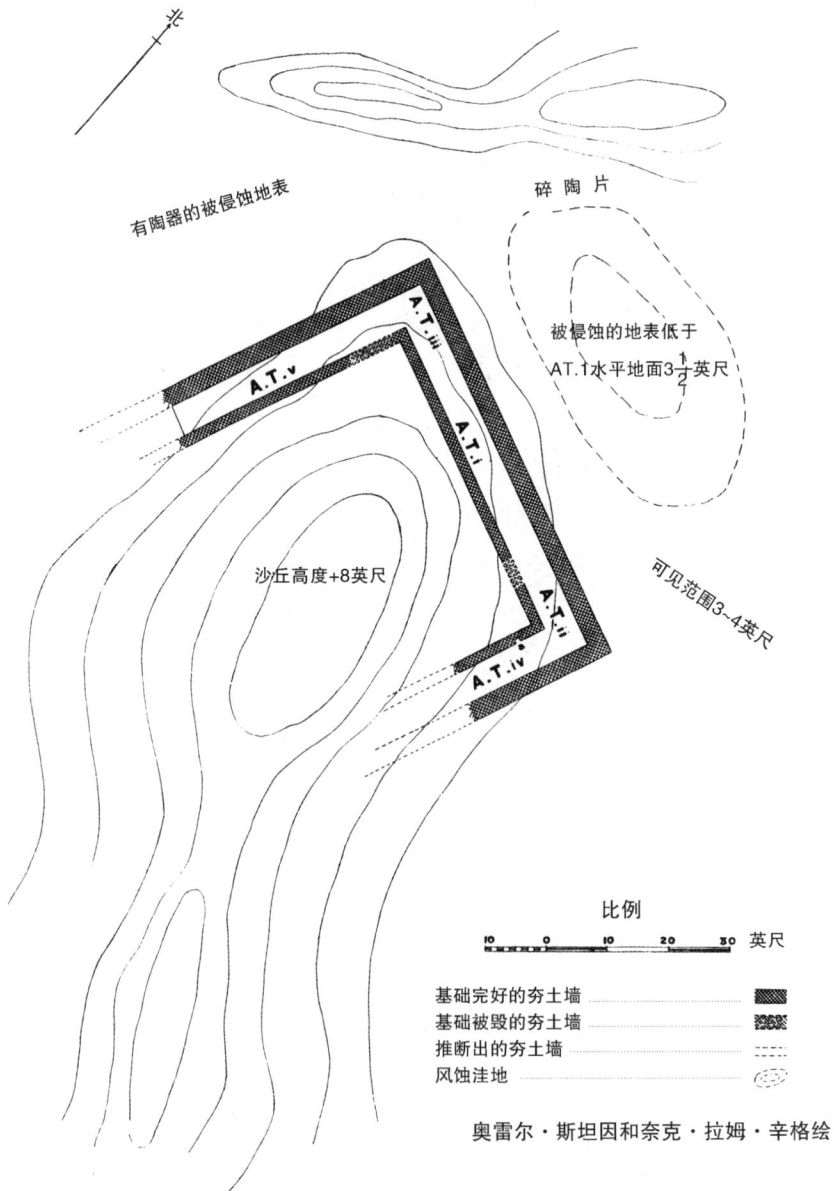

和田杭桂的阿克铁热克附近佛殿遗迹平面图

北

vii

比例

25　0　25　50　75　100 英尺

ix

x　viii

土坯墙

被损坏或几乎不留痕迹的土坯墙

v　泥木结构墙

iv　被损坏或几乎不留痕迹的泥木墙

i　黏土台

vi　草泥墙

毁坏的草泥墙

篱笆

ii

iii

xi

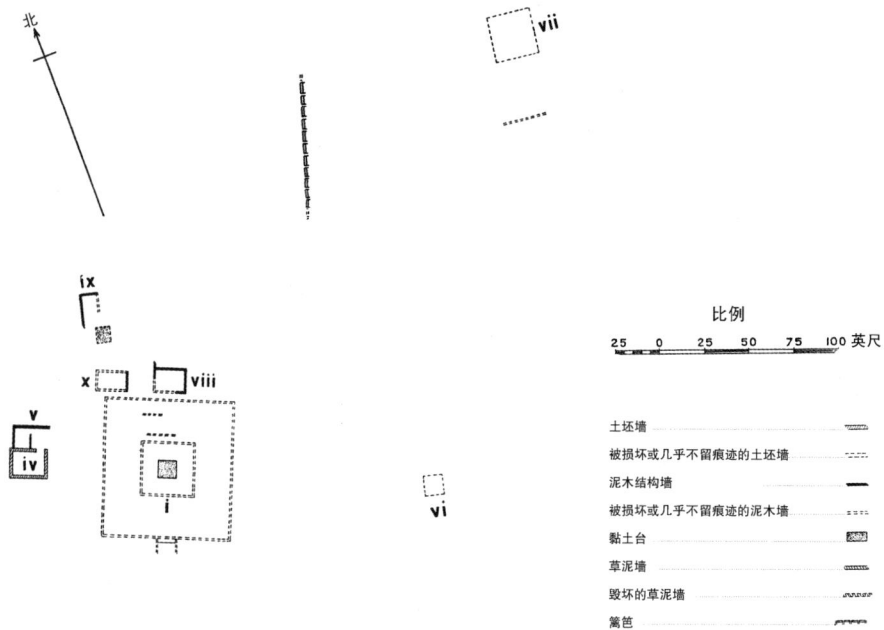

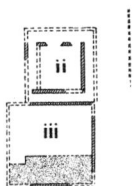

奥雷尔·斯坦因和奈克·拉姆·辛格绘

喀达里克佛殿遗址平面图

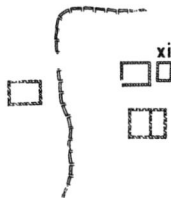

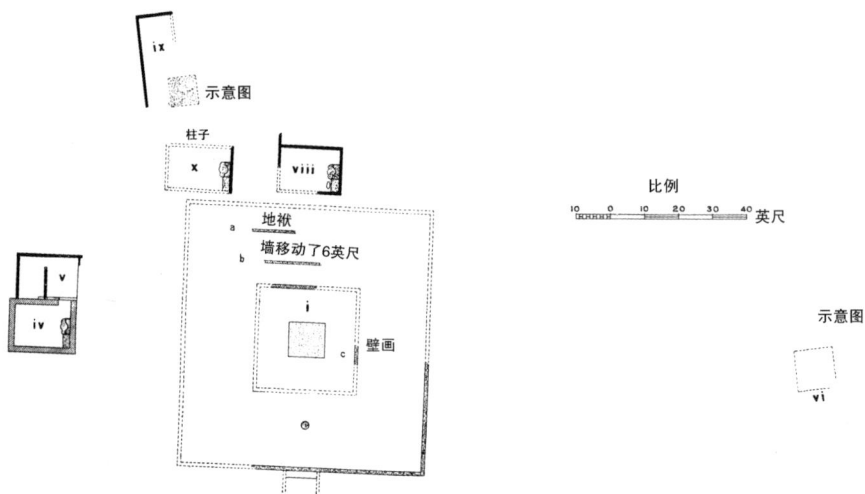

比例

10 0 10 20 30 40 英尺

示意图

ix

示意图

柱子

x

viii

地狱

a

墙移动了6英尺

i

c 壁画

v

iv

vi

北

土坯墙
同上，被毁
同上，几乎不留痕迹
泥木结构的墙
同上，被毁
同上，几乎不留痕迹
土台

a
壁画
b
ii

iii

奥雷尔·斯坦因和奈克·拉姆·辛格绘

喀达里克主要的佛殿遗址群落平面图

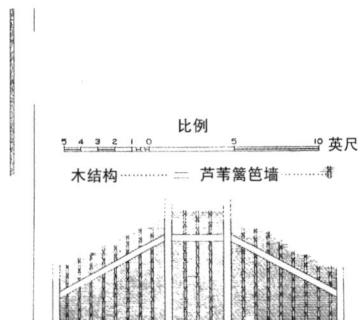

比例

5 4 3 2 1 0   5   10 英尺

木结构   芦苇篱笆墙

喀达里克佛殿遗址VIII
的木柱与篱笆墙剖面图

1901年调查者的探察路线

广袤的无植被沙丘区

比例

英里

孤立的红柳堆

无植被的沙丘

新枯死的胡杨

古代蓄水池

红柳堆

牲口棚

枯死的胡杨

古代墓地

小沙丘之间剥蚀的黄土地

稀疏的小片红柳灌木丛生地

极少量活着的胡杨树

三角测量点

1901年的探察路线

牲口棚

枯死的胡杨

古代水渠

佛搭

大片的沙丘和常见的红柳包

沙丘10~20英尺

北

棚架

密集的红柳包

死森林中的活胡杨

沙丘15英尺

棚架

可见的小遗址

密集的红柳包

活的和死的胡杨树

活着的红柳丛林

古代泥木结构
建筑物

古代蓄水池

古代杨树(和
胡杨树)

古代果树

活着的野杨树

散见有古代碎陶
片的地区等

古代河床

活红柳与灌木丛
的界线

营地位置

1901年的路线

1906年的路线

无植被的小块土地
及8~10英尺的沙丘

稀疏的活胡杨树

活胡杨和红柳灌木丛

奥雷尔·斯坦因和R.S.拉姆·辛格绘

修订后的尼雅河尽头古遗址平面图

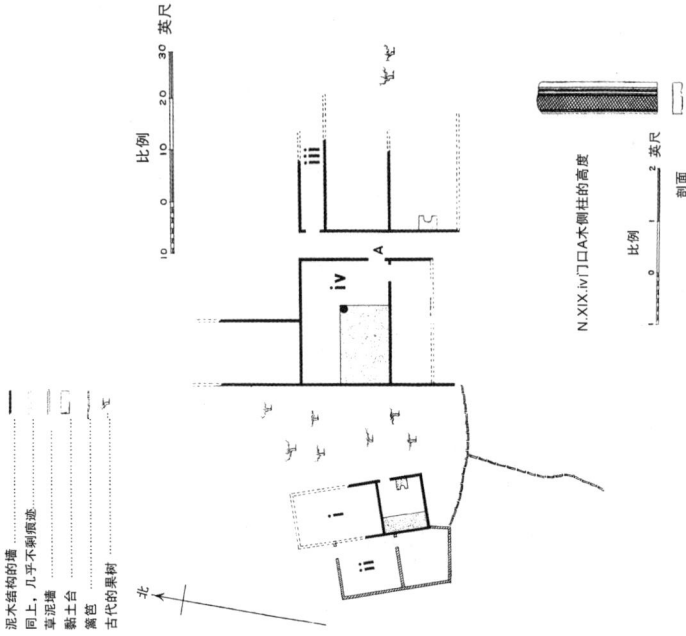

尼雅遗址N.XIX房址平面图

奥雷尔·斯坦因和奈克·拉姆·辛格绘

N.XIX.iv门口A木侧柱的高度

剖面

泥木结构的墙
同上，几乎不剩痕迹
草泥墙
黏土台
篱笆
古代的果树

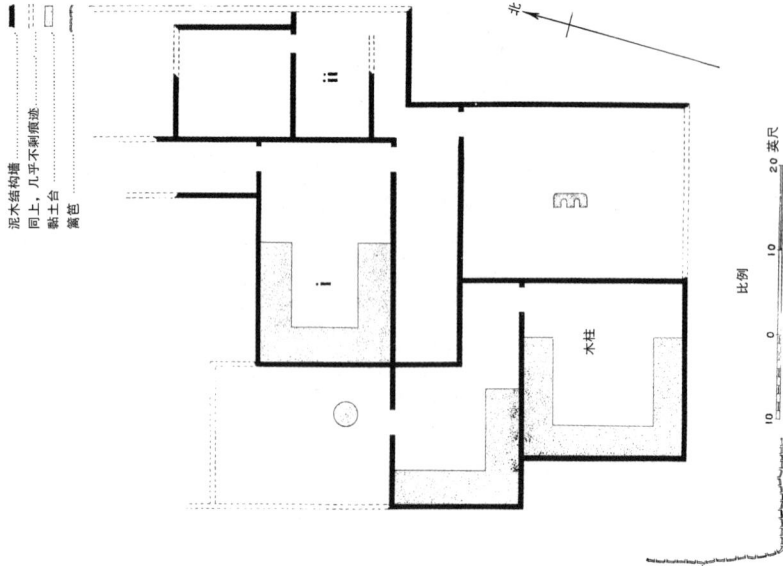

尼雅遗址N.XII房址平面图

木柱

泥木结构墙
同上，几乎不剩痕迹
黏土台
篱笆

比例

英尺

-15英尺

-2英尺

北

+10英尺

+8英尺

泥木结构的墙
几乎不剩模造的泥木墙
木板
风蚀洼地
木柱

iii
地面—7英尺
垃圾上的土还遭侵蚀

ii

i

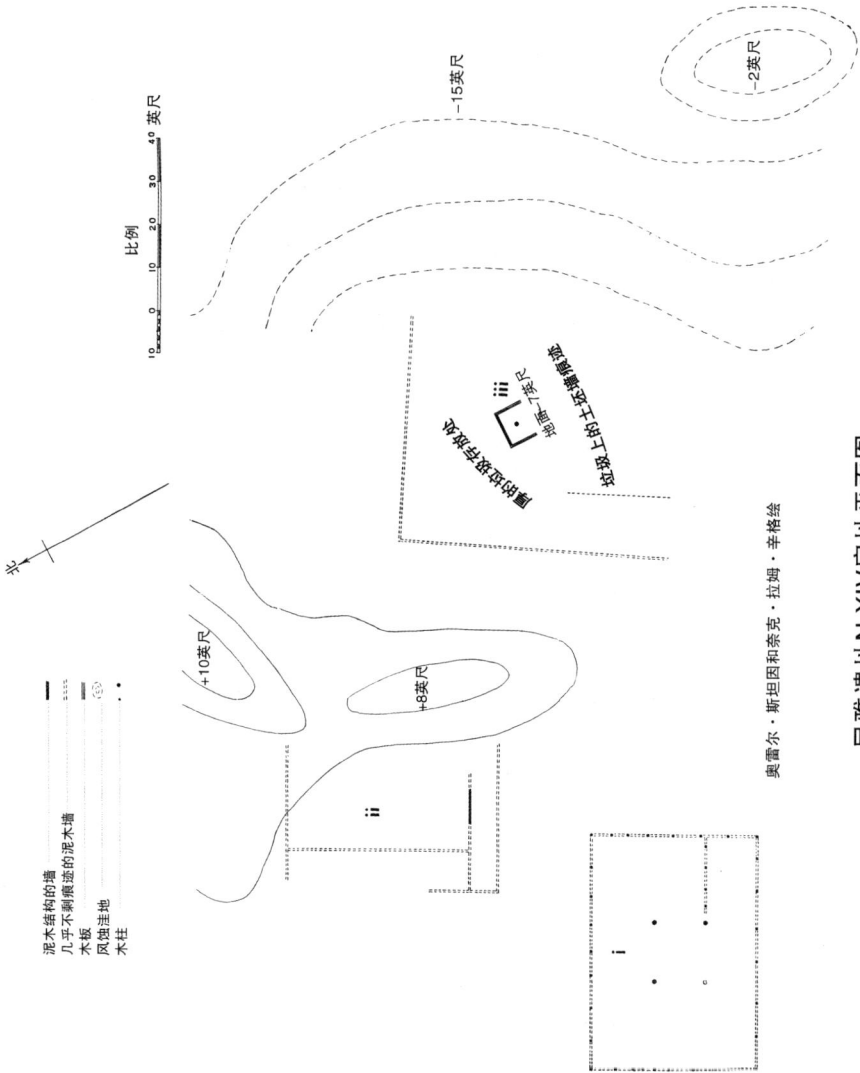

尼雅遗址N.XIV房址平面图

奥雷尔·斯坦因和奈克·拉姆·辛格绘

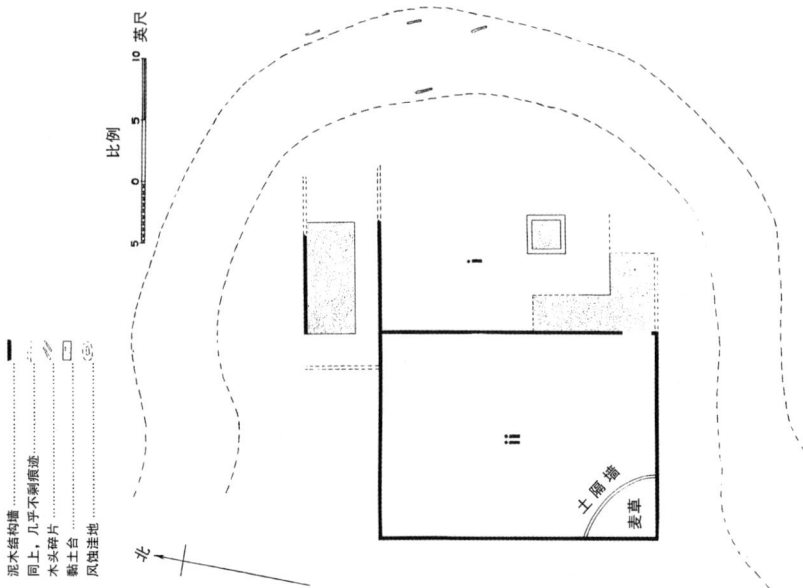

比例

10 英尺

北

泥木结构墙 ……
同上，几乎不剩痕迹 ……
木头碎片 ……
黏土台 ……
风蚀洼地 ……

尼雅遗址N.XV房址平面图

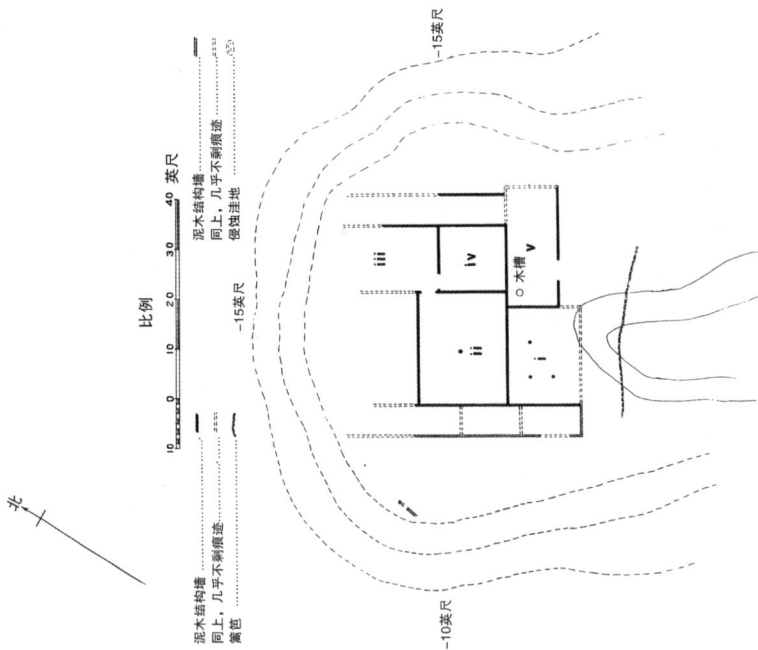

北

比例

40 英尺

泥木结构墙 ……
同上，几乎不剩痕迹 ……
侵蚀洼地 ……

泥木结构墙，几乎不剩痕迹 ……
篱笆 ……

-15英尺

-15英尺

-10英尺

尼雅遗址N.XIII房址平面图

奥雷尔·斯坦因和奈克·拉姆·辛格绘

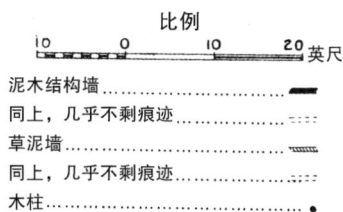

比例

10　　0　　　10　　20　英尺

泥木结构墙…………………………

同上，几乎不剩痕迹…………………

草泥墙………………………………

同上，几乎不剩痕迹…………………

木柱…………………………………　●

N.XVIII

i

北

北

N.XVI

比例

5 4 3 2 1 0　　　　5 英尺

奈克·拉姆·辛格绘

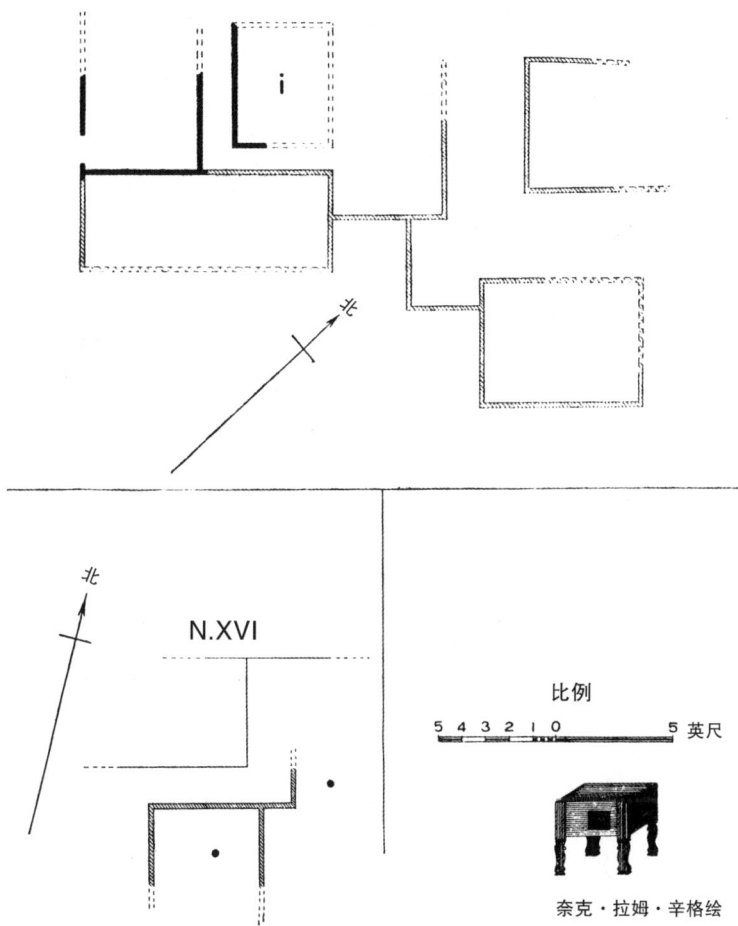

尼雅遗址N.XVI与N.XVIII房址平面图　　N.XXII.iii出土的木质碗橱略图

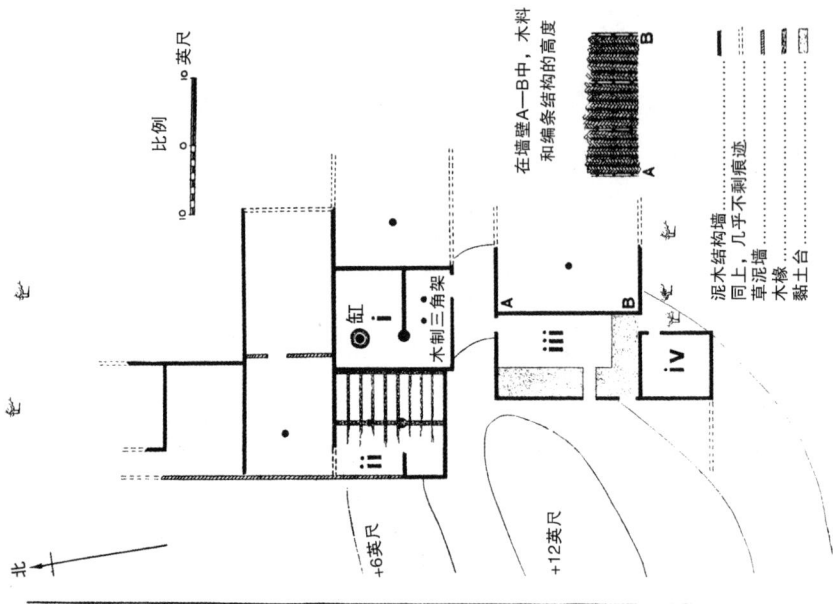

尼雅遗址N.XX房址平面图

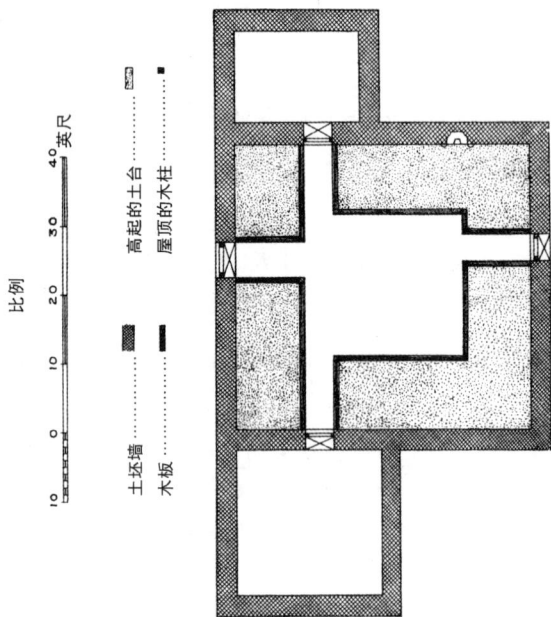

在墙壁A—B中，木料
和编条结构的高度

泥木结构墙⋯⋯⋯⋯
同上，几乎不剩痕迹⋯⋯⋯
草泥墙⋯⋯⋯⋯
木椽⋯⋯⋯⋯
黏土台⋯⋯⋯⋯

比例

北

+6英尺

+12英尺

缸

木制三角架

比例

沙车马格吉格代的穆沙达罗尔家阿依旺式房屋平面图

奥雷尔·斯坦因和奈克·拉姆·辛格绘

比例

高起的土台⋯⋯⋯⋯
屋顶的木柱⋯⋯⋯⋯

土坯墙
木板

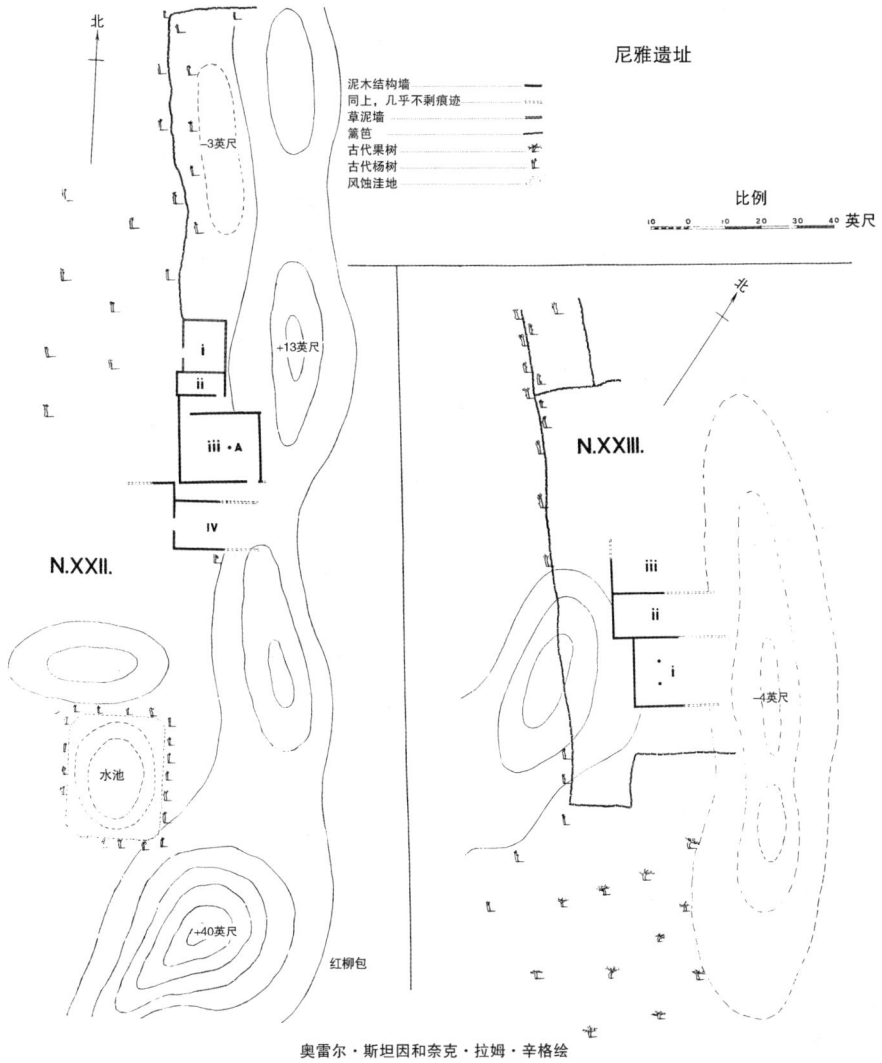

北

尼雅遗址

泥木结构墙
同上，几乎不剩痕迹
草泥墙
篱笆
古代果树
古代杨树
风蚀洼地

比例
10　0　10　20　30　40 英尺

-3英尺

+13英尺

i
ii
iii ·A
IV

N.XXII.

N.XXIII.

iii
ii
i

-4英尺

水池

+40英尺

红柳包

奥雷尔·斯坦因和奈克·拉姆·辛格绘

尼雅遗址N.XXII与N.XXIII房址平面图

泥木结构墙
同上，几乎不剩痕迹
草泥墙
黏土台
篱笆
木头碎块
古代杨树
风蚀洼地

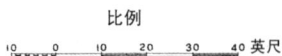

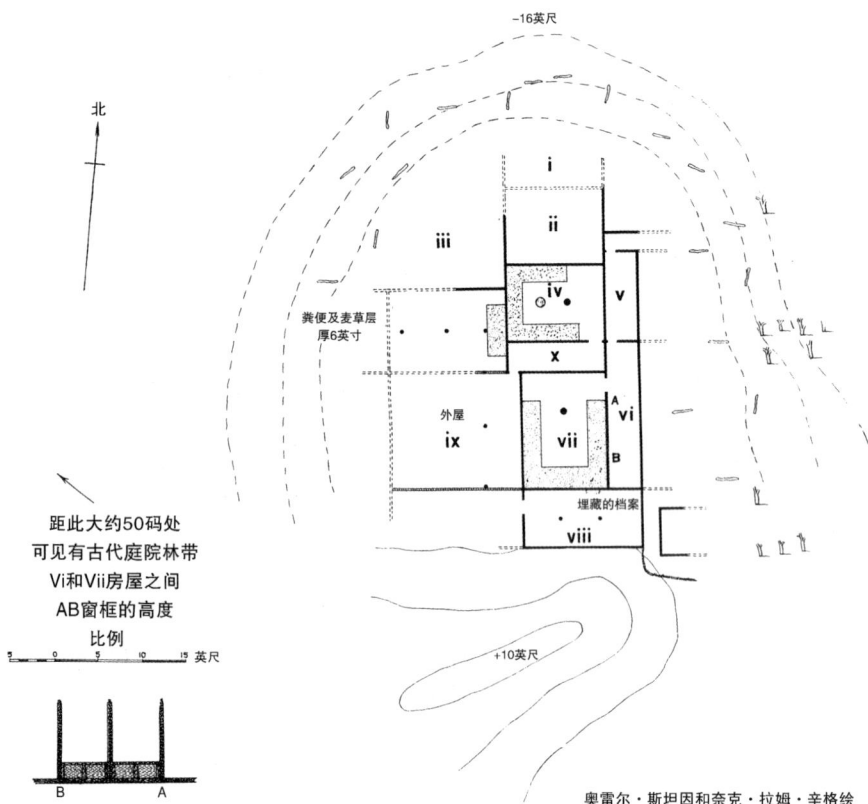

比例

10 0 10 20 30 40 英尺

−16英尺

北

i

ii

iii

iv

v

x

粪便及麦草层
厚6英寸

外屋

ix

vii

A

vi

B

埋藏的档案

viii

+10英尺

距此大约50码处
可见有古代庭院林带
Vi和Vii房屋之间
AB窗框的高度
比例

5 0 5 10 英尺

B A

奥雷尔·斯坦因和奈克·拉姆·辛格绘

尼雅遗址N.XXIV房址平面图

泥木结构墙

同上，几乎不剩痕迹

土坯墙

黏土台或生火处

木板

篱笆

古代果树

风蚀洼地

木头碎片

比例

10　　0　　10　　20　　30 英尺

北

−7英尺

i

ii　　iii　　iv

A

B

ix

vii

v

viii

vi

112英尺

奥雷尔·斯坦因绘

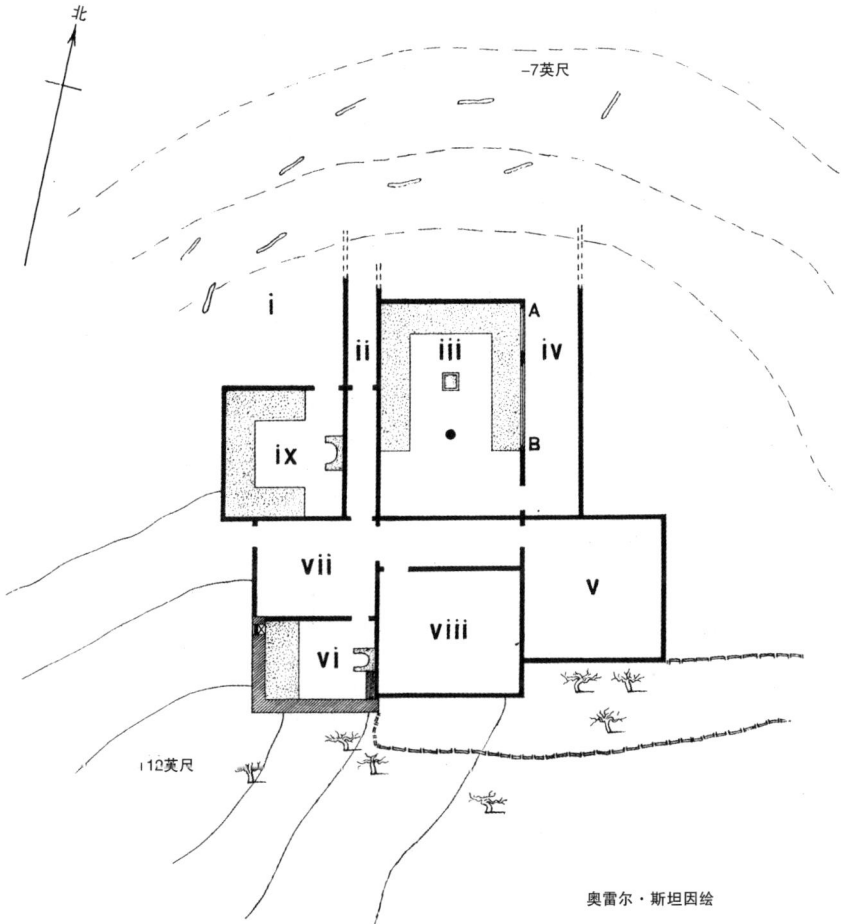

尼雅遗址N.XXVI房址平面图

泥木结构墙
同上，几乎不剩痕迹
草泥墙
同上，被毁
土灶
古代果树
古代杨树
篱笆
风蚀洼地

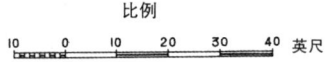

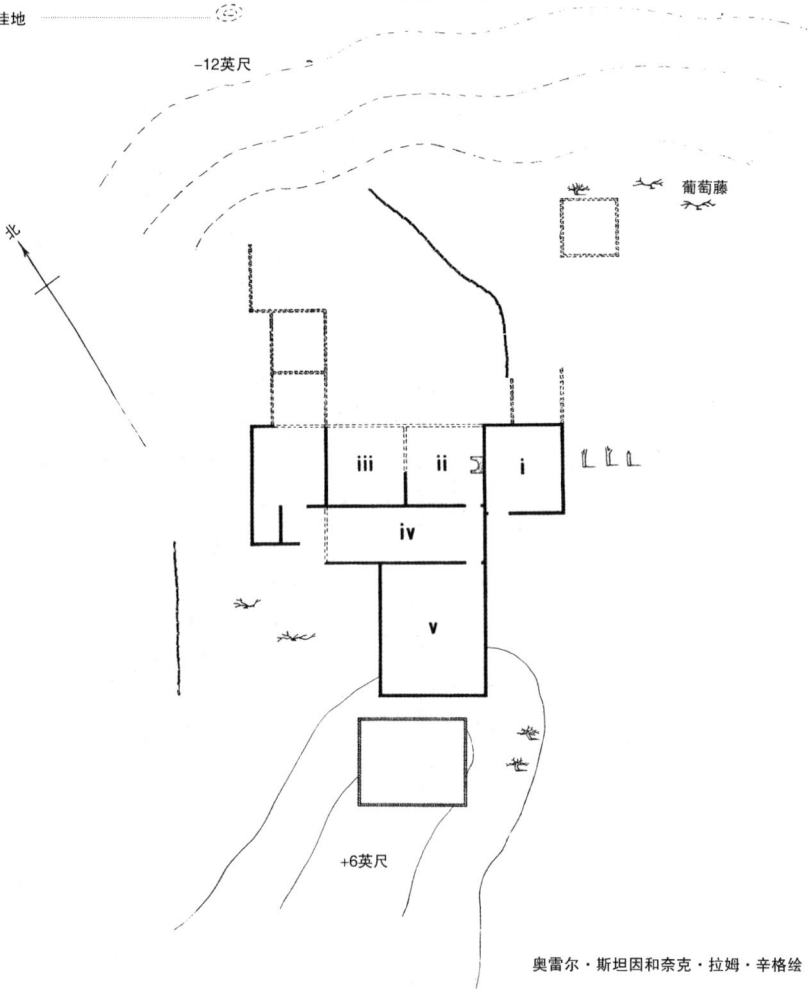

比例

10   0   10   20   30   40   英尺

−12英尺

北

葡萄藤

iii   ii   i

iv

v

+6英尺

奥雷尔·斯坦因和奈克·拉姆·辛格绘

尼雅遗址N.XXIX房址平面图

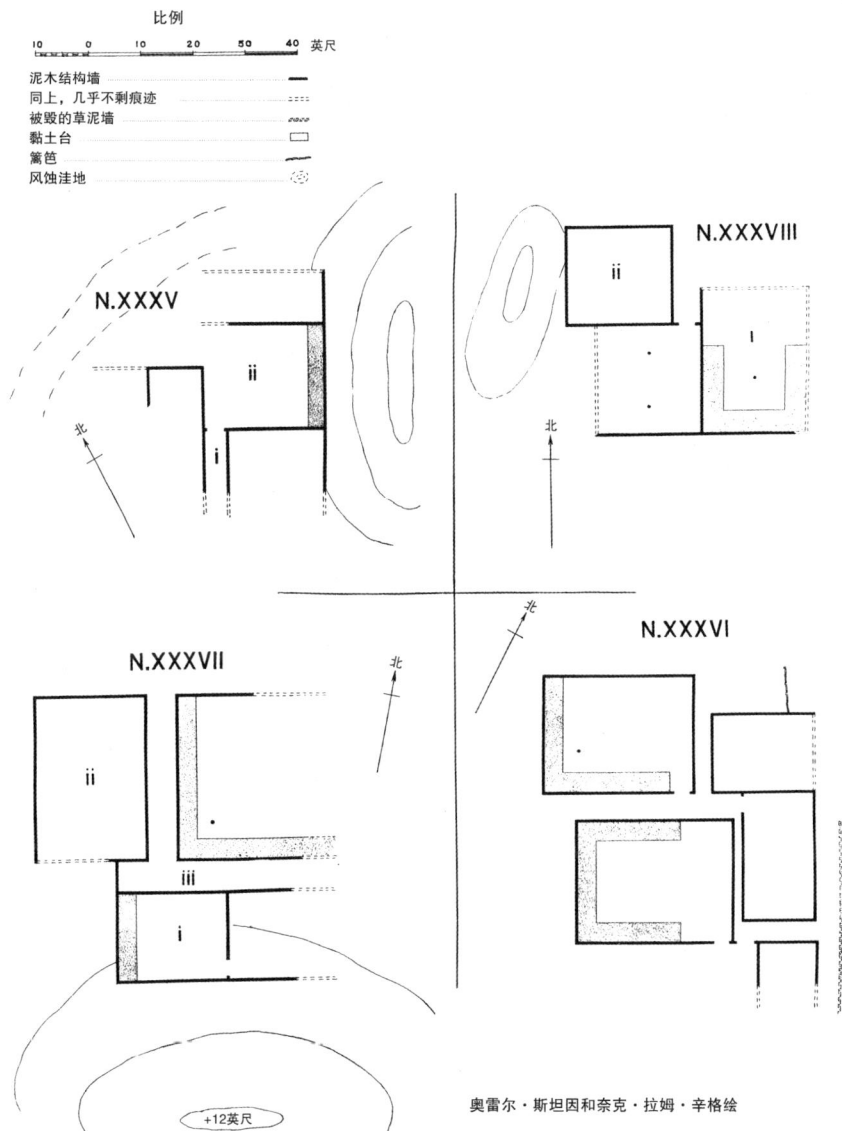

比例

泥木结构墙
同上，几乎不剩痕迹
被毁的草泥墙
黏土台
篱笆
风蚀洼地

N.XXXV
N.XXXVIII
N.XXXVII
N.XXXVI

奥雷尔·斯坦因和奈克·拉姆·辛格绘

+12英尺

尼雅遗址N.XXXV、XXXVI、XXXVII、XXXVIII房址平面图

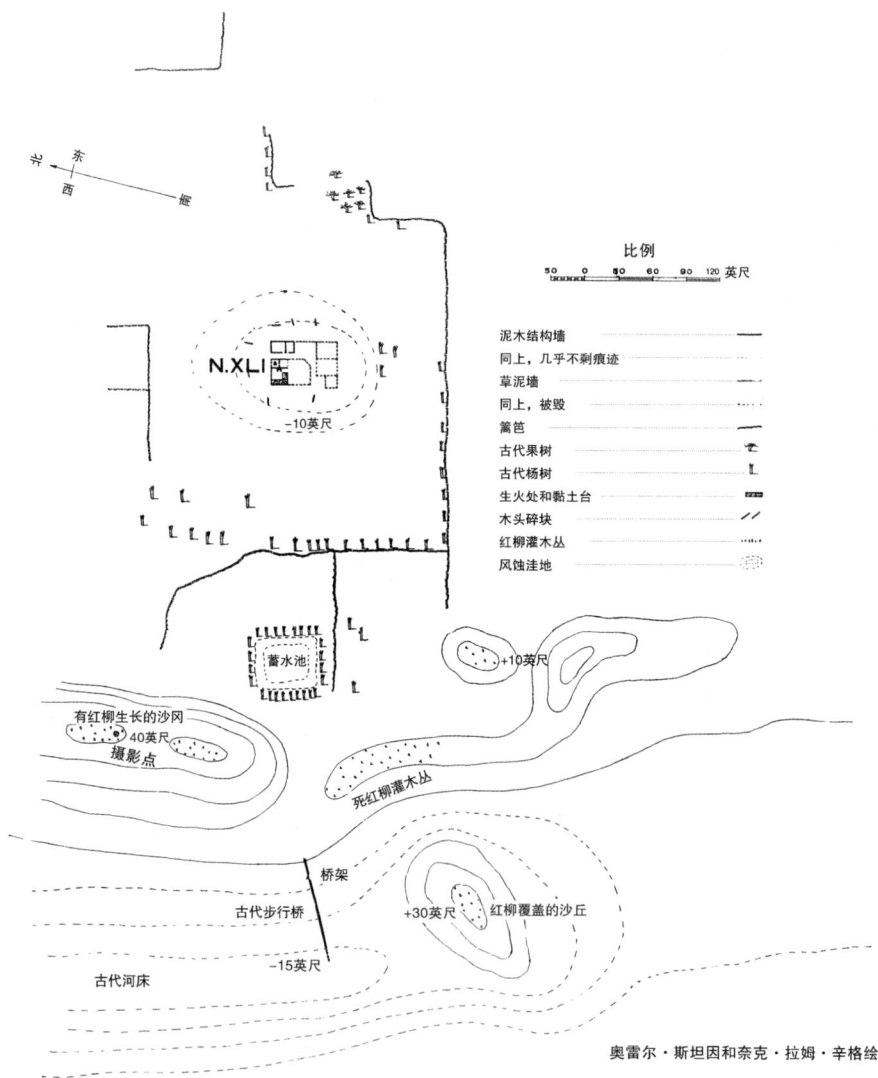

比例

泥木结构墙

同上，几乎不剩痕迹

草泥墙

同上，被毁

篱笆

古代果树

古代杨树

生火处和黏土台

木头碎块

红柳灌木丛

风蚀洼地

N.XLI

-10英尺

蓄水池

+10英尺

有红柳生长的沙冈

摄影点

40英尺

死红柳灌木丛

桥架

古代步行桥

+30英尺

红柳覆盖的沙丘

古代河床

-15英尺

奥雷尔·斯坦因和奈克·拉姆·辛格绘

尼雅遗址N.XLI房址及周围地面与河床平面图

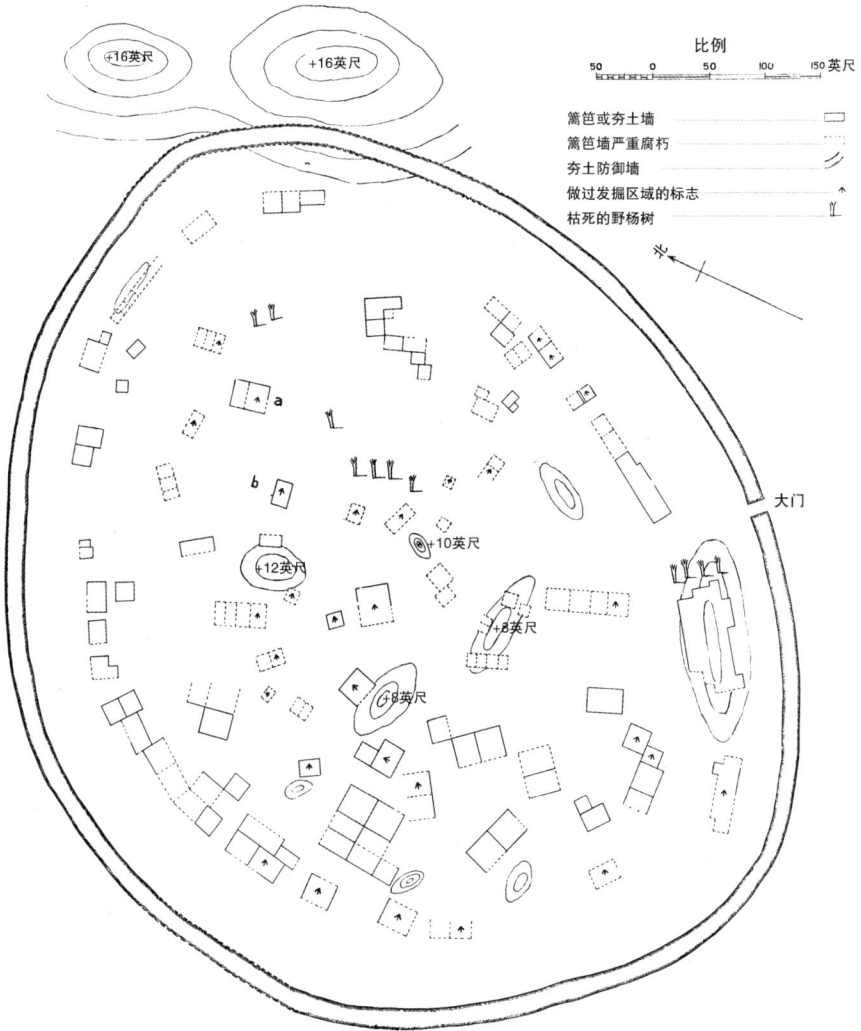

安迪尔河附近比勒尔孔汗村庄废址平面图

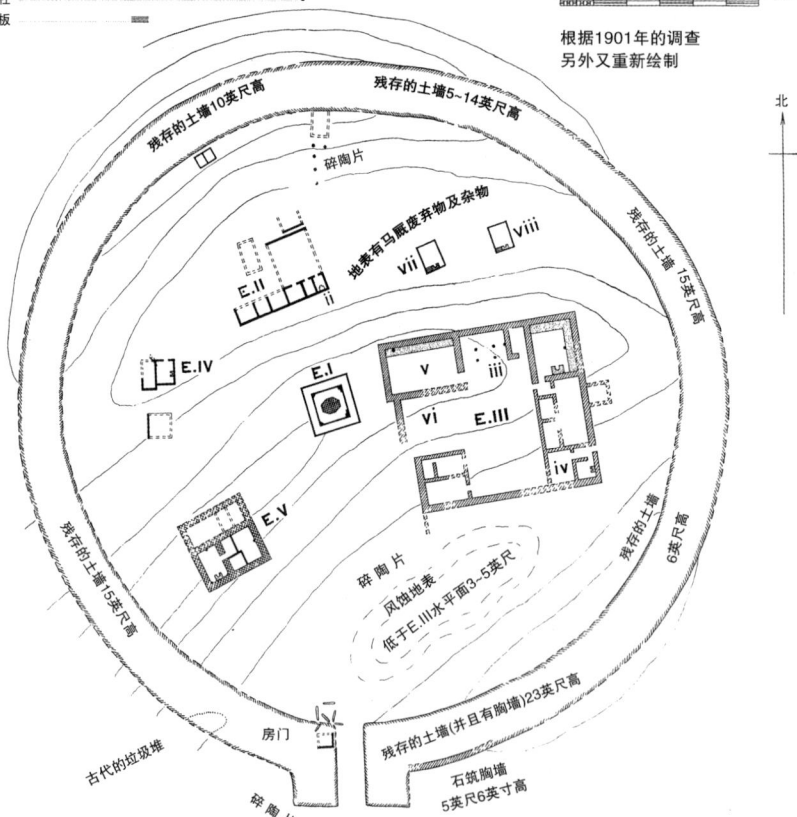

夹有土坯的石建筑
同上，被毁
泥木结构墙
同上，几乎不剩痕迹
夯土墙
同上，被毁
夯土筑的防御墙
灰泥的雕像底座
高起的土台(生火处)
木柱
木板

比例
20　0　20　40　60　80　100 英尺

根据1901年的调查
另外又重新绘制

北

残存的土墙10英尺高
残存的土墙5~14英尺高
碎陶片
残存的土墙15英尺高
地表有马鞍皮弃物及杂物
E.II
ii
vii
viii
v
iii
E.IV
E.I
vi
E.III
iv
E.V
碎陶片
风烛地表
低于E.III水平面3~5英尺
残存的土墙6英尺高
残存的土墙15英尺高
古代的垃圾堆
房门
碎陶片
残存的土墙(并且有胸墙)23英尺高
石筑胸墙
5英尺6英寸高

奥雷尔·斯坦因和R.S.·拉姆·辛格绘

安迪尔遗址唐代古堡遗迹平面图

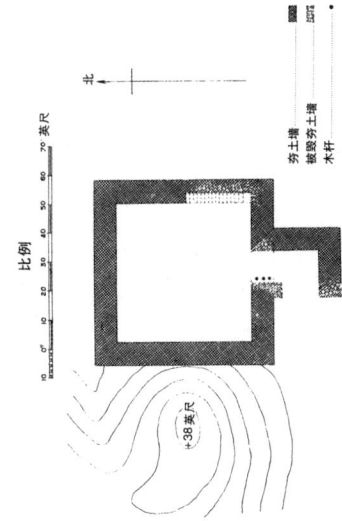

安迪尔遗址南部古堡遗迹平面图

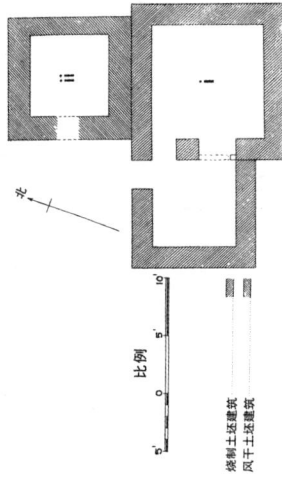

比例

北

夯土墙
被毁夯土墙
木杆

+38英尺

瓦石峡北部的古建筑遗址群平面图

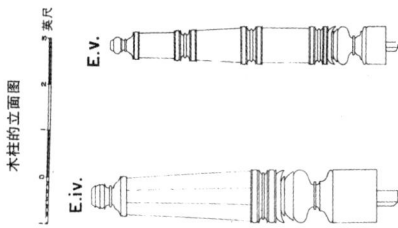

奥雷尔·斯坦因和奈克·拉姆·辛格绘

北

比例

烧制土坯建筑
风干土坯建筑

木柱的立面图

英尺

E.v.

E.iv.

房间E.viii泥制火炉的立面图与地表平面图

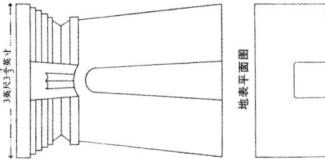

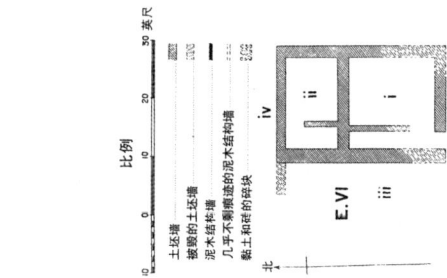

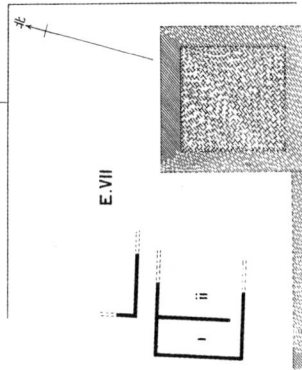

地表平面图

3英尺3英寸

比例

E.VII

北

土坯墙
被毁的土坯墙
泥木结构墙
几乎不辨痕迹的泥木结构墙
黏土和砖的碎块

比例

英尺

E.VI

iv

ii

i

iii

北

安迪尔遗址古建筑遗迹平面图

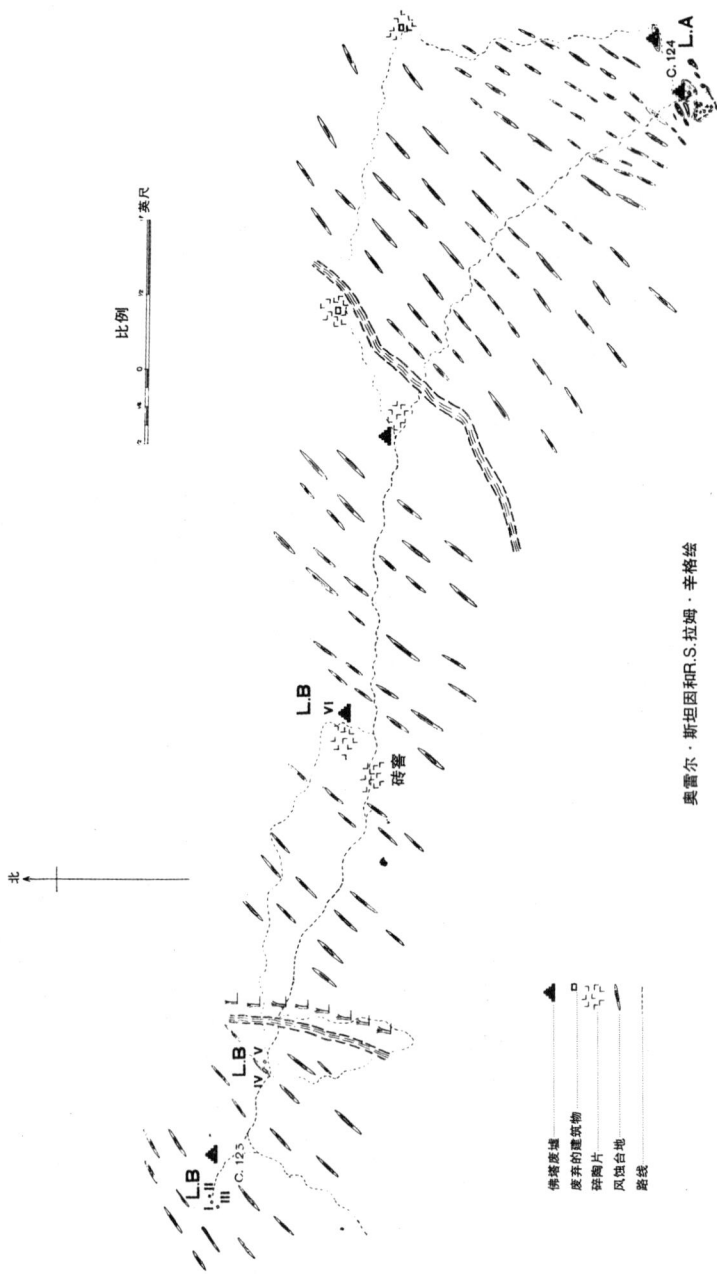

北

比例

英尺

L.A

C.124

L.B
VI
砖窑

L.B
IV·V

L.B
I·II·
III
C.123

佛塔废墟
废弃的建筑物
碎陶片
风蚀台地
路线

奥雷尔·斯坦因和R.S.拉姆·辛格绘

楼兰L.A与L.B遗址平面图

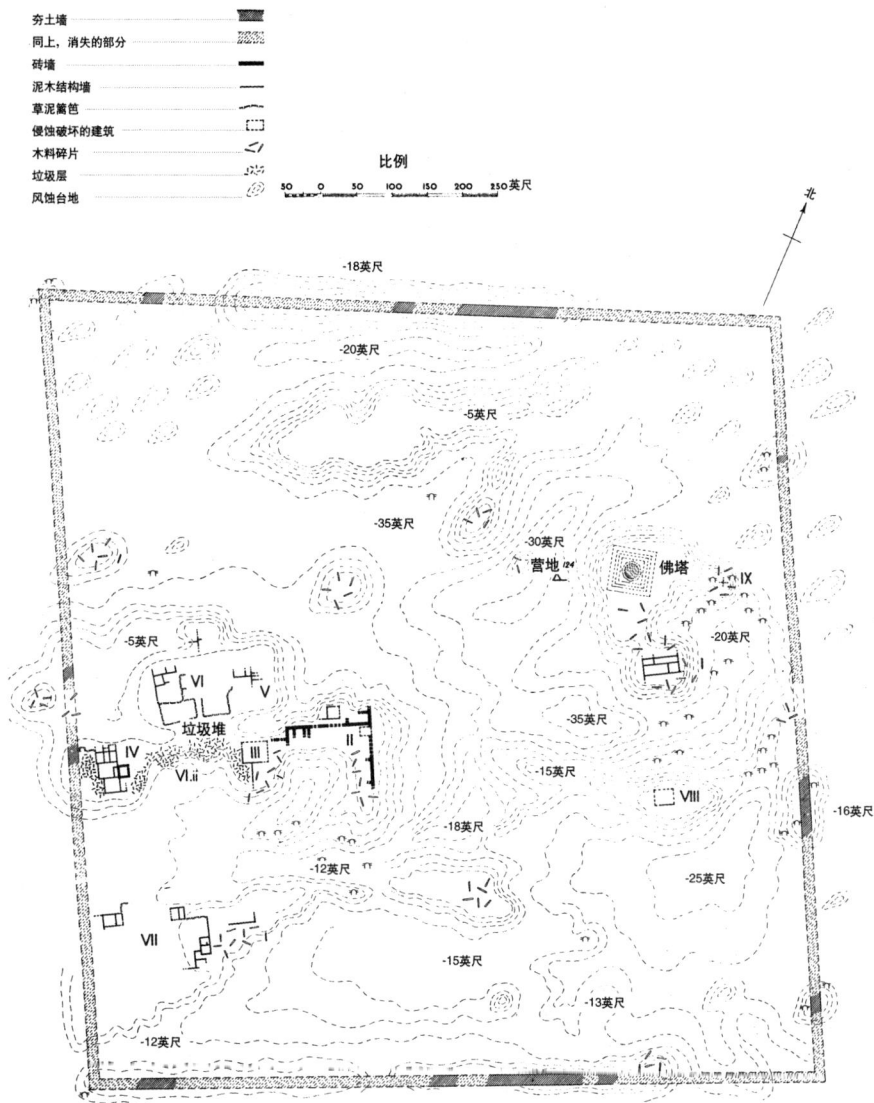

夯土墙
同上，消失的部分
砖墙
泥木结构墙
草泥篱笆
侵蚀破坏的建筑
木料碎片
垃圾层
风蚀台地

比例

50　0　50　100　150　200　250 英尺

北

奥雷尔·斯坦因和阿夫拉兹古尔汗绘

楼兰遗址L.A古驿站遗迹平面图(在1914年的平面图上增加了一部分)

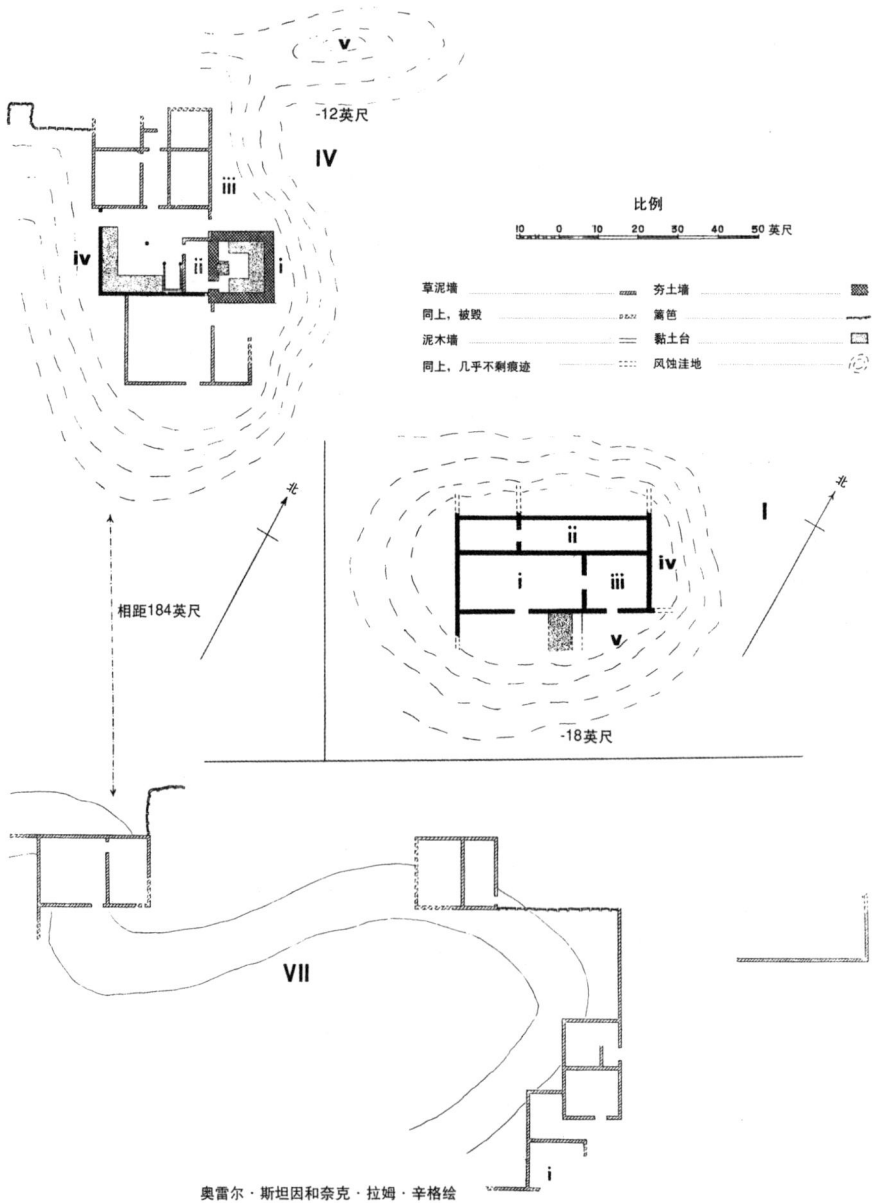

比例

草泥墙 —— 夯土墙
同上,被踩 —— 篱笆
泥木墙 —— 黏土台
同上,几乎不剩痕迹 —— 风蚀洼地

-12英尺

IV

ⅲ

ⅳ ⅱ ⅰ

相距184英尺

北

I

ⅱ

ⅰ ⅲ ⅳ

ⅴ

-18英尺

VII

ⅰ

奥雷尔·斯坦因和奈克·拉姆·辛格绘

楼兰遗址L.A.I、IV与VII房址平面图

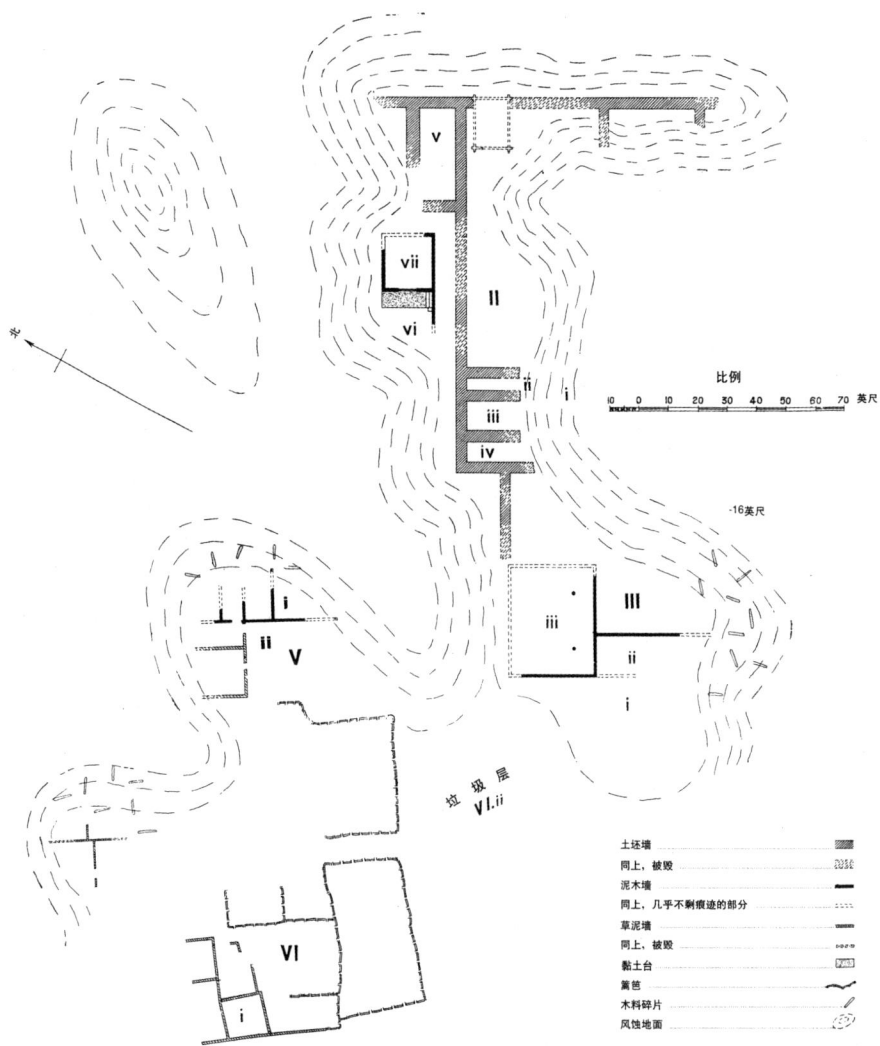

比例

10 0 10 20 30 40 50 60 70 英尺

-16英尺

北

垃圾屋
VI.ii

土坯墙	
同上，被毁	
泥木墙	
同上，几乎不剩痕迹的部分	
草泥墙	
同上，被毁	
黏土台	
篱笆	
木料碎片	
风蚀地面	

奥雷尔　斯坦因和奈克，拉姆，辛格绘

楼兰遗址L.A.II、III、V与VI建筑遗址平面图

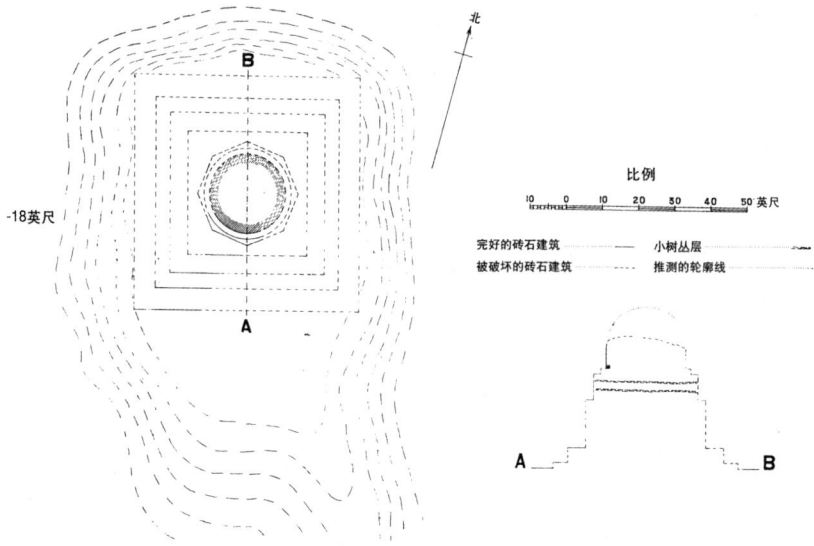

楼兰遗址L.A建筑群的佛塔平面图与剖面图

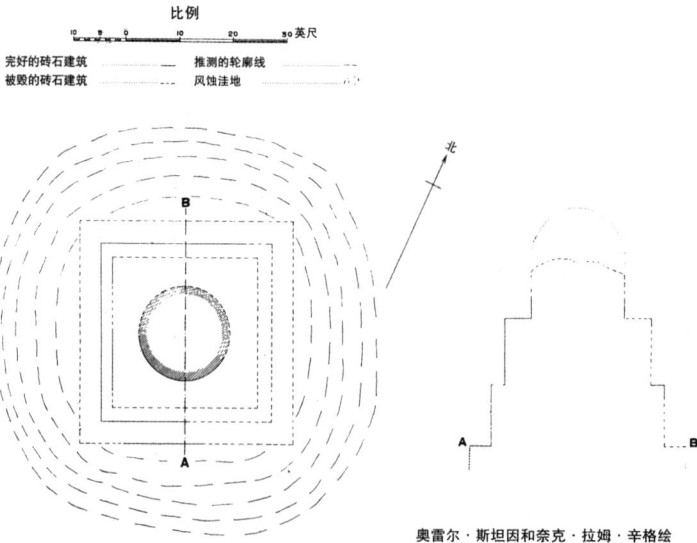

奥雷尔·斯坦因和奈克·拉姆·辛格绘

楼兰遗址L.A与L.B之间的建筑群中佛塔平面图与草图

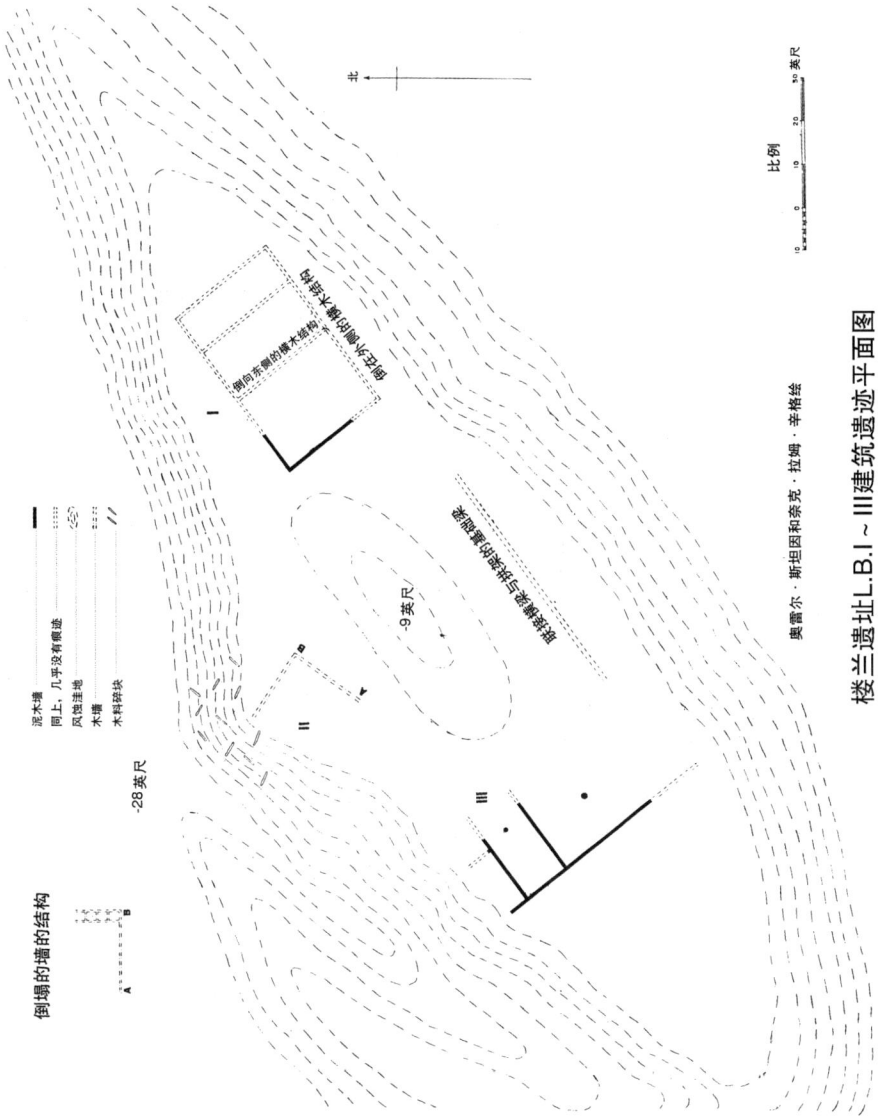

北

比例

10　　0　　10　　20　　30　　50 英尺

楼兰遗址 L.B.I～III建筑遗迹平面图

奥雷尔·斯坦因和奈克·拉姆·辛格绘

-28 英尺

-9 英尺

墙向东侧的横木结构
墙以圆木柱排列

后墙横梁与转角基柱

泥木墙
同上，几乎没有痕迹
风蚀洼地
木墙
木料碎块

倒塌的墙的结构

A　B

比例　英尺

木柱的高度
a

北

V

vii
viii

vi
v
ii
iv
i
IV

iii

-17英尺

-8英尺

-6英尺

比例
10　0　10　20　50　英尺

泥木墙	▬
几乎不剩痕迹的泥木墙	
黏土台	
木头碎块	
篱笆	
风蚀陡坡	
木柱	•
木板	

奥雷尔·斯坦因和奈克·拉姆·辛格绘

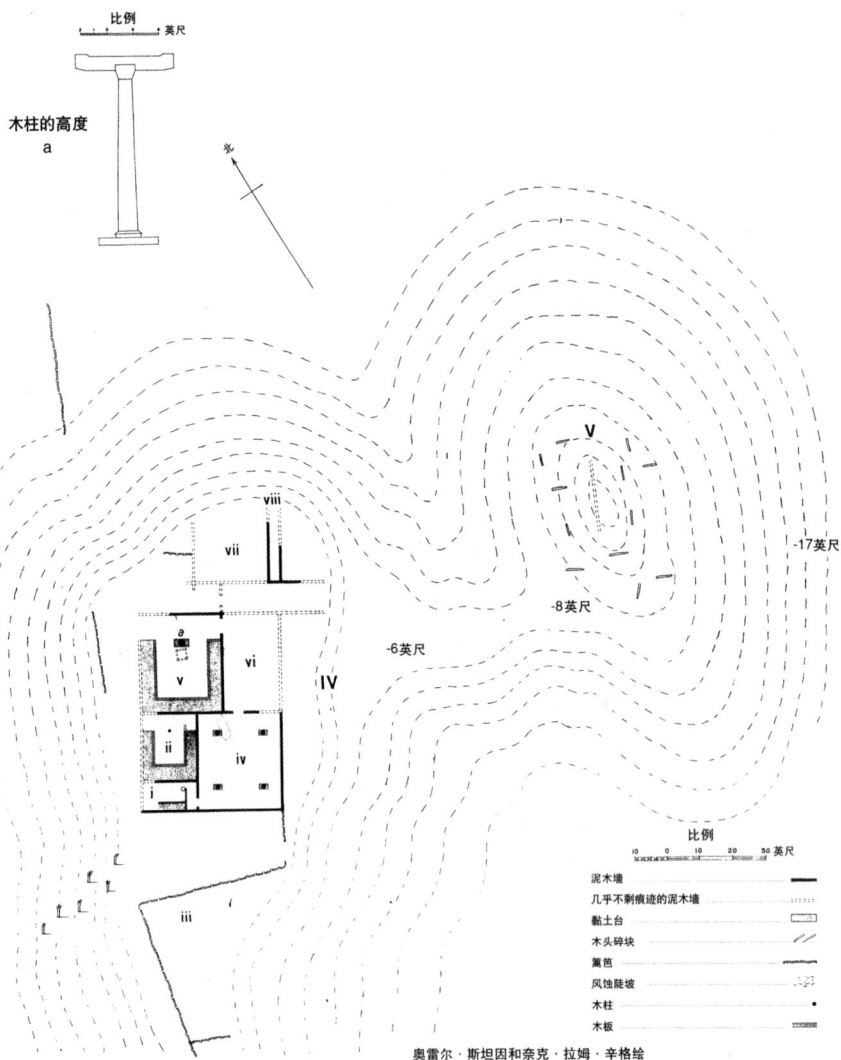

楼兰遗址L.B.IV与V房址平面图

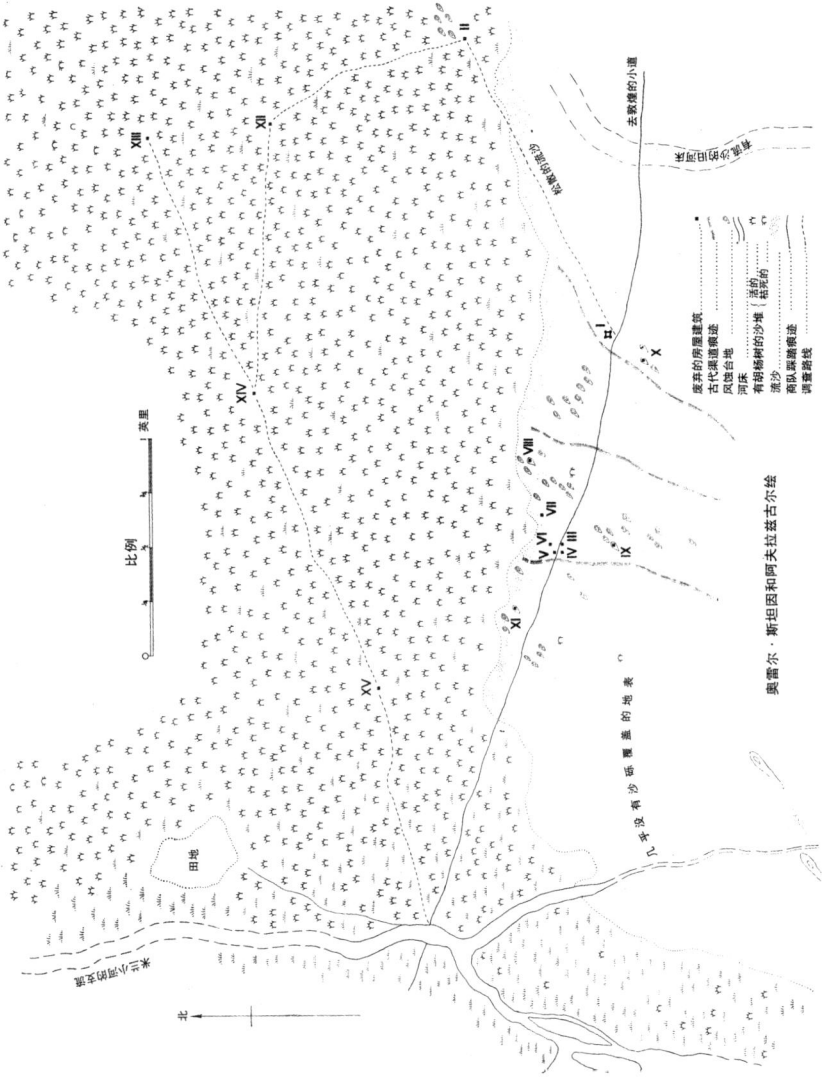

米兰遗址平面图(在1914年平面图上增加了一部分)

奥雷尔·斯坦因和阿夫拉兹古尔绘

比 例

20　0　20　40　60 英尺

夯土城堡墙 ————————————
贮藏室和起居室的墙 ————————
同上，几乎不剩痕迹 ————————
黏土台 ————————————

北

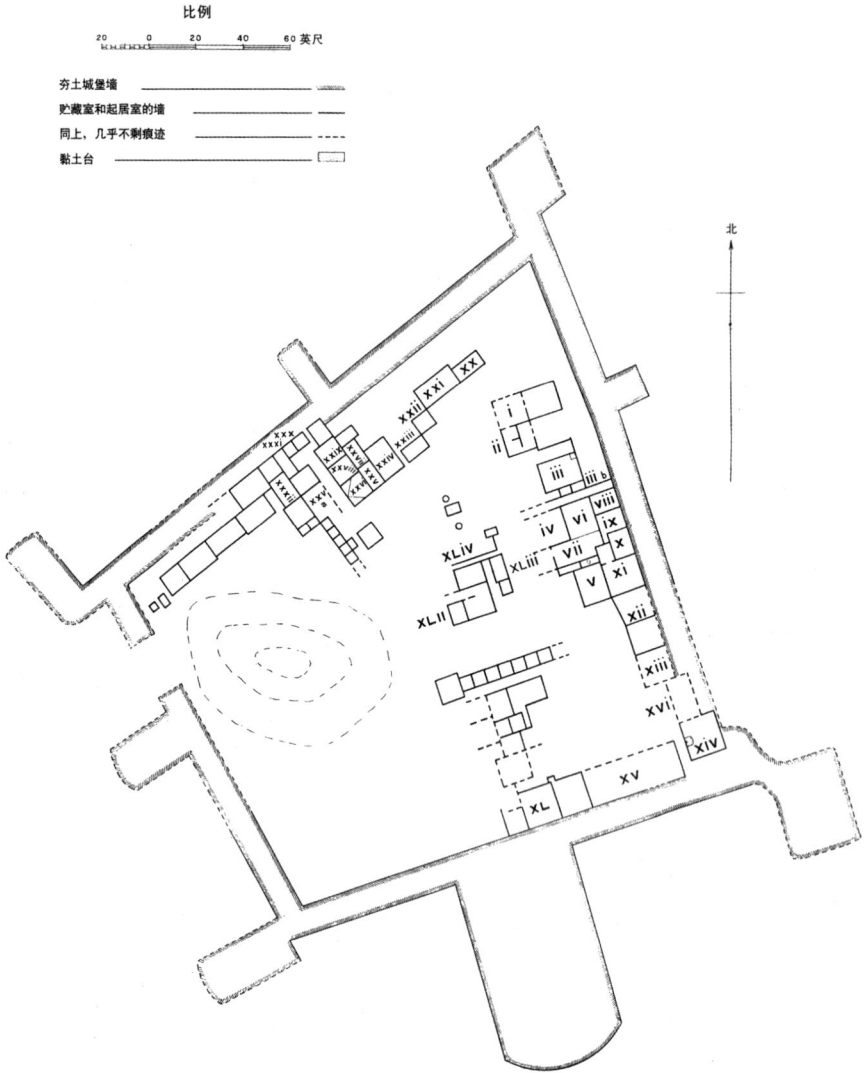

奥雷尔·斯坦因和奈克·拉姆·辛格绘

米兰M.I吐蕃戍堡平面图

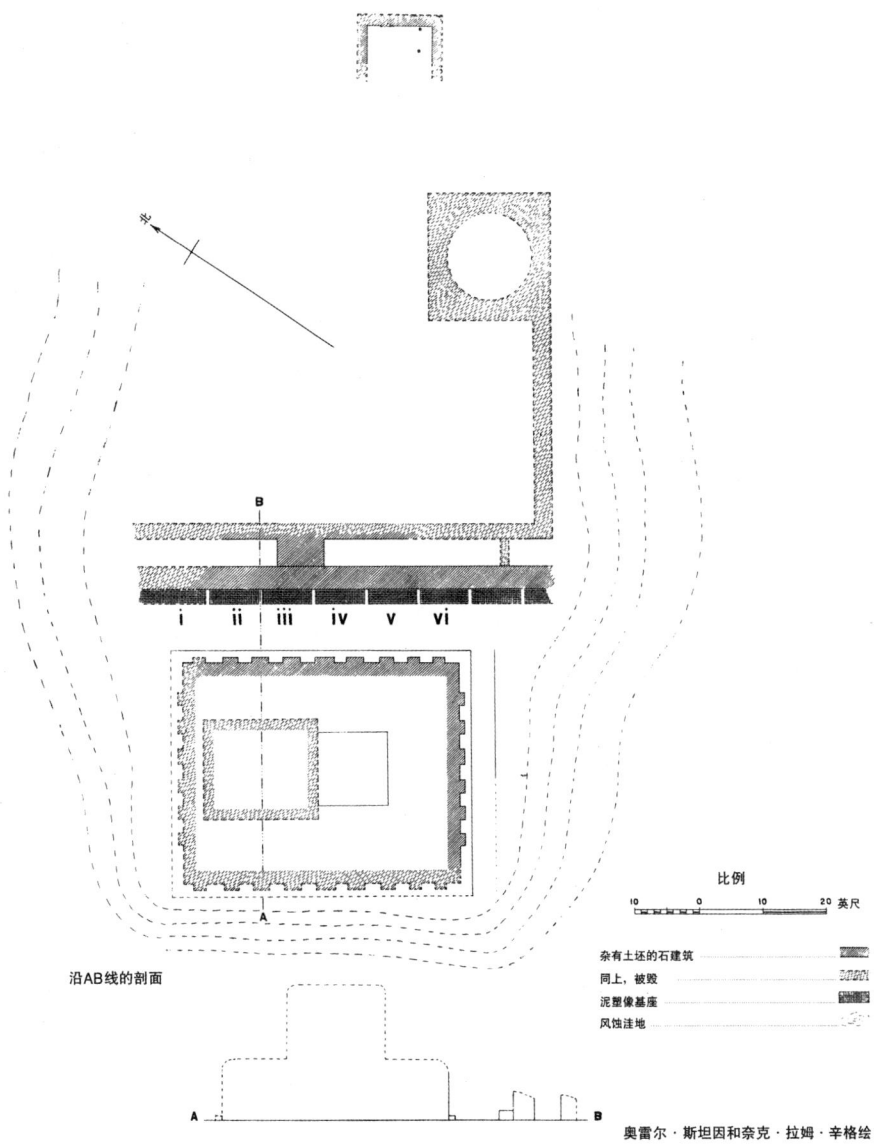

i ii iii iv v vi

比例

10 0 10 20 英尺

杂有土坯的石建筑

同上，被毁

泥塑像基座

风蚀洼地

沿AB线的剖面

奥雷尔·斯坦因和奈克·拉姆·辛格绘

米兰M.II佛寺平面图

米兰M.V佛堂遗址立面图和平面图

米兰M.III佛堂遗址立面图和平面图

杂有土坯的石建筑⋯⋯⋯⋯⋯⋯

同上，被毁⋯⋯⋯⋯⋯⋯⋯⋯⋯

M.III.佛塔上的
灰泥装饰图案
比例
英尺

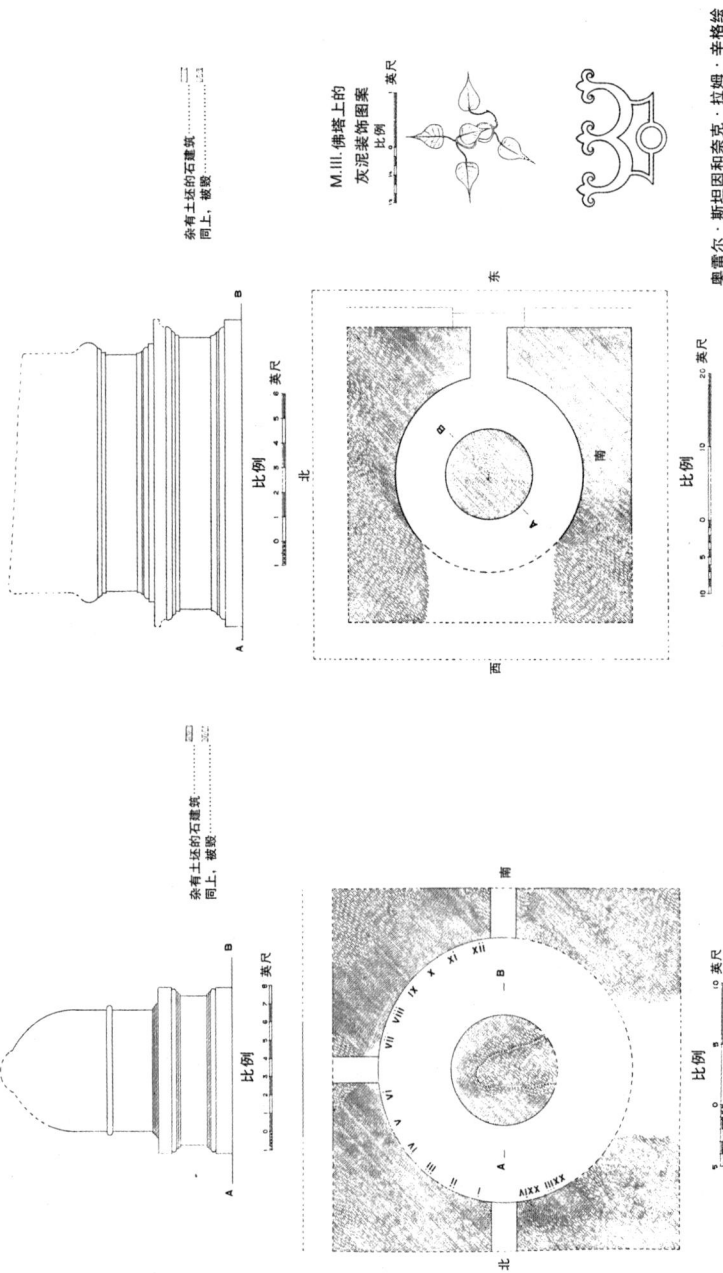

奥雷尔·斯坦因和奈克·拉姆·辛格绘

杂有土坯的石建筑⋯⋯⋯⋯⋯⋯

同上，被毁⋯⋯⋯⋯⋯⋯⋯⋯⋯

比例
英尺

北

东

南

西

比例
英尺

比例
英尺

南

北

北

T.XXVII

A　　B

挖去土用来攀登的斜坡

实心的石筑台

平面图比例

剖面图比例

夹有土坯的石建筑
同上，被毁
生土层
有树枝的土城墙

北

T.XXV

T.XXIX

比例

20　0　20　40　60 英尺

距窗156英尺

北　东
　　　　南
西　　佛堂

比例

20　0　20　40　60 英尺

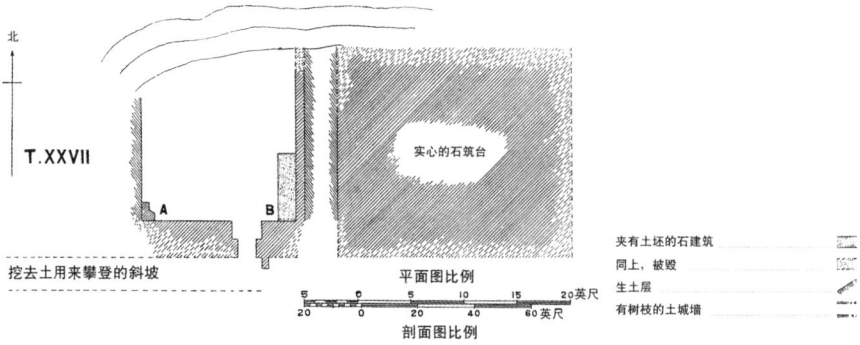

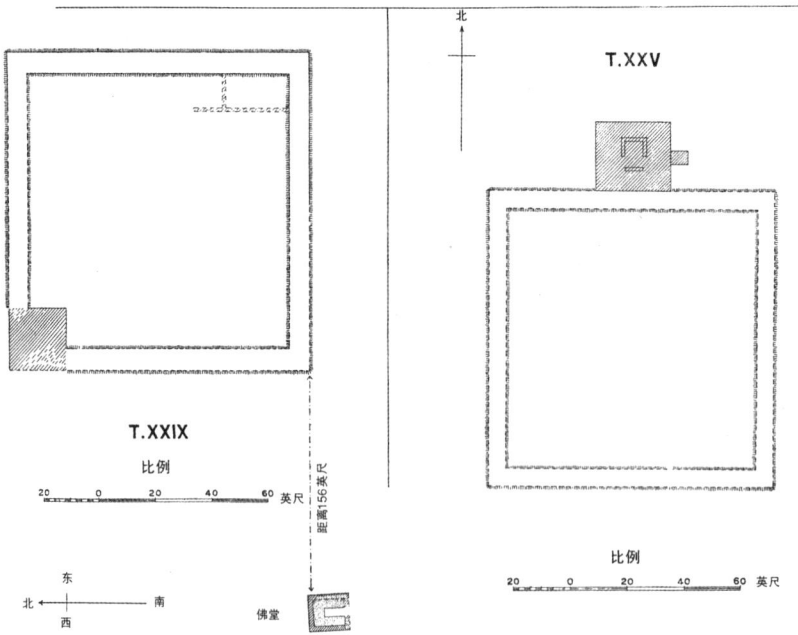

奥雷尔·斯坦因和奈克·拉姆·辛格绘

古代敦煌北部地区T.XXV、XXVII、XXIX烽燧平面图

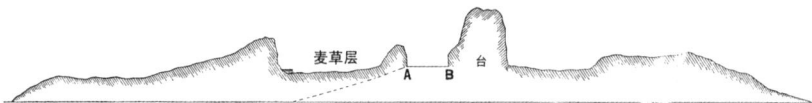

麦草层　　台
　　　A　B

T.XXVII烽燧与土冈关系的剖面图

附 图

夯土墙 ....

同上，已毁 ....

比例

100 0 100 200 300 英尺

北

-20 英尺

墙的现存高度18英尺

+38 英尺

地表水平面低于墙基12 英尺

墙的现存高度 +21英尺

奥雷尔·斯坦因和R.S.拉姆·辛格绘

碑文

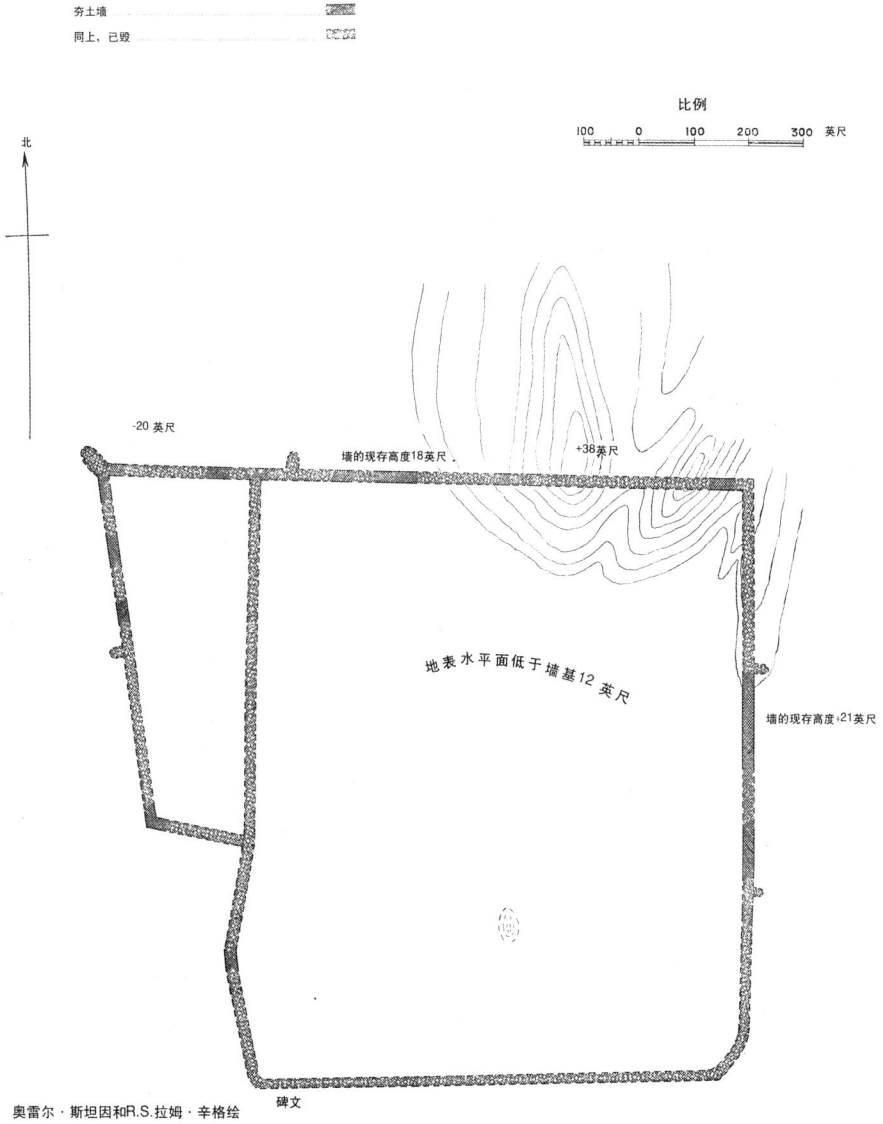

南湖古城平面图

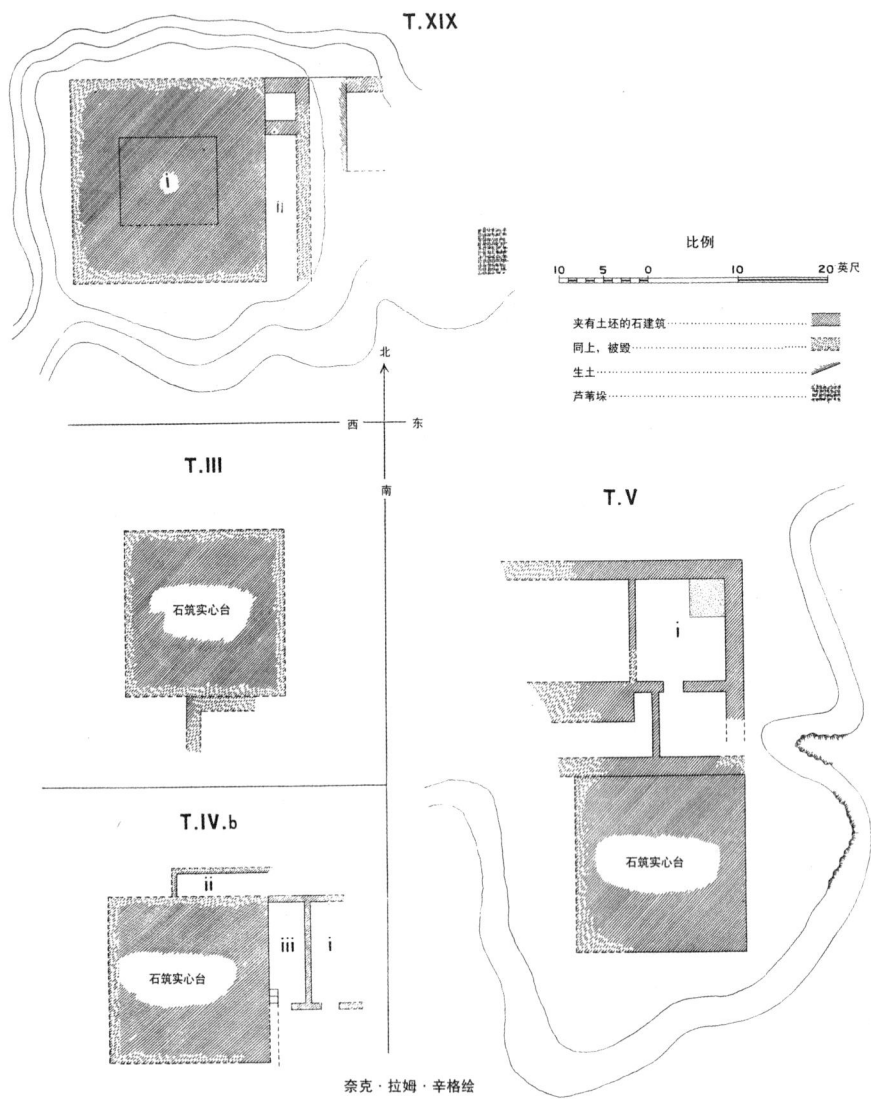

T.XIX

比例

10　5　0　　　　10　　　　20 英尺

夹有土坯的石建筑 ……………
同上，被毁 …………………
生土 ………………………………
芦苇垛 ……………………………

北

西　东

南

T.III

T.V

石筑实心台

i

T.IV.b

ii

iii　i

石筑实心台

石筑实心台

奈克·拉姆·辛格绘

古代敦煌西部T.III、IV.b、V、XIX烽燧平面图

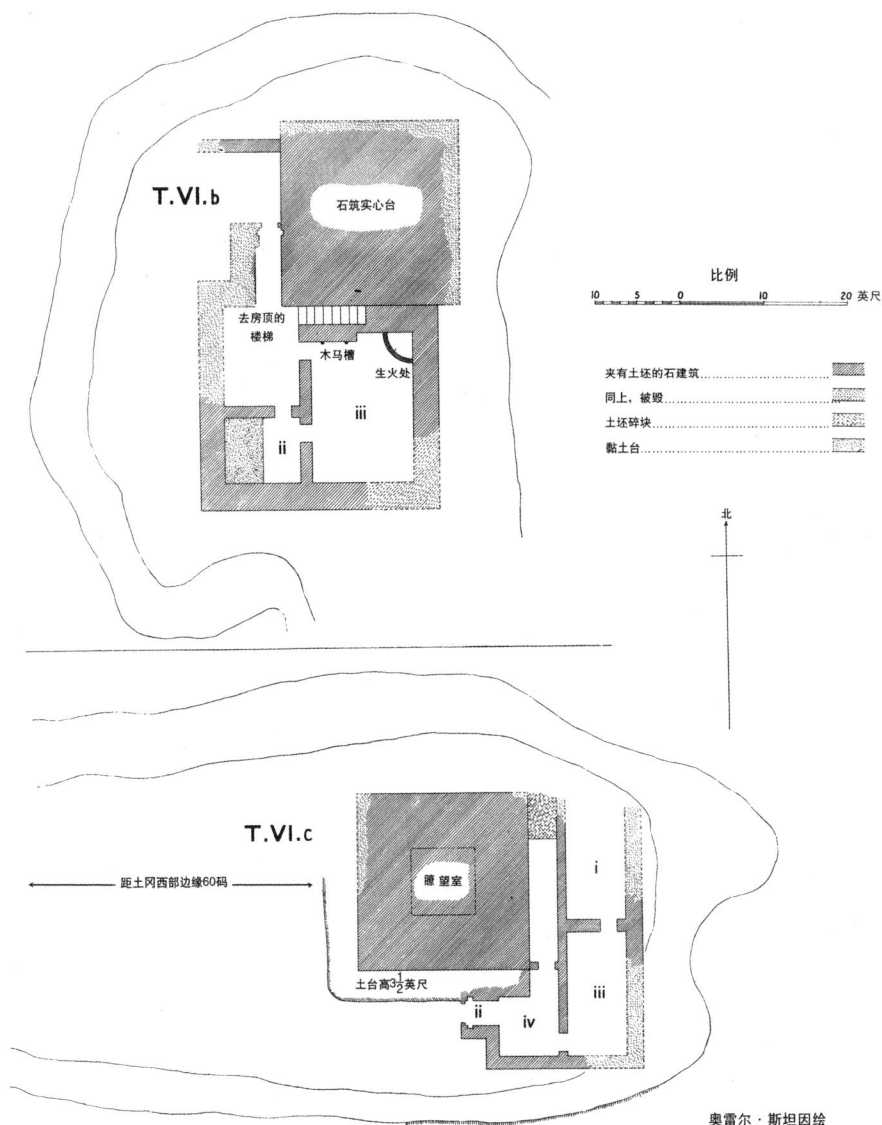

古代敦煌最西端T.VI.b、c烽燧平面图

夹有土坯的石建筑

同上，被毁

夯土墙

芦苇垛

T.VIII

北

楼梯

i

ii

石筑实心台

门

比例
4 2 0 4 8 12 16 英尺

北

T.XII

比例
8 4 0 8 16 24 英尺

T.XIII南部70码处的柴垛

北

比例
20 10 0 20 40 60 80 英尺

T.XIII

北

石筑实心台

i

ii

iv

iii

比例
6 3 0 6 12 18 24 英尺

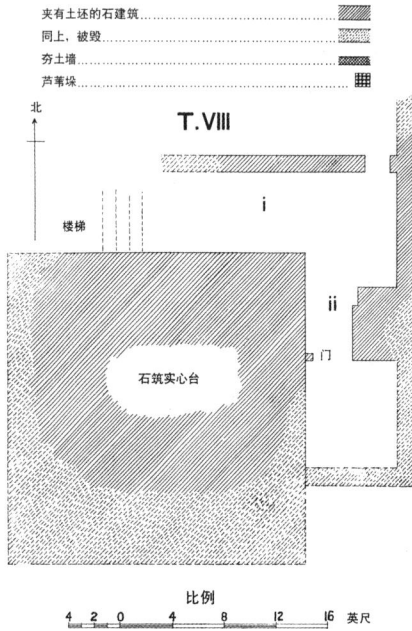

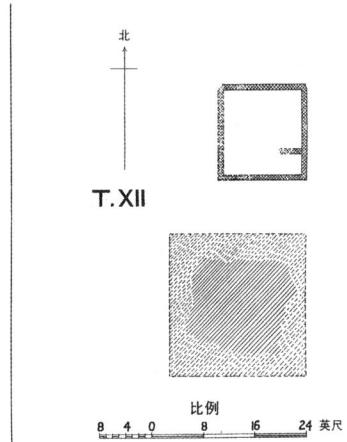

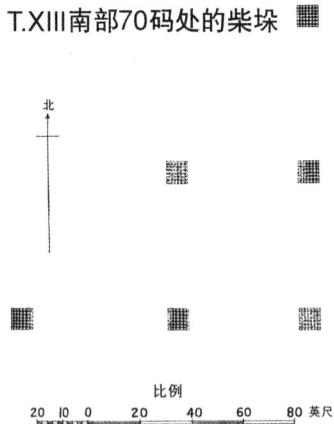

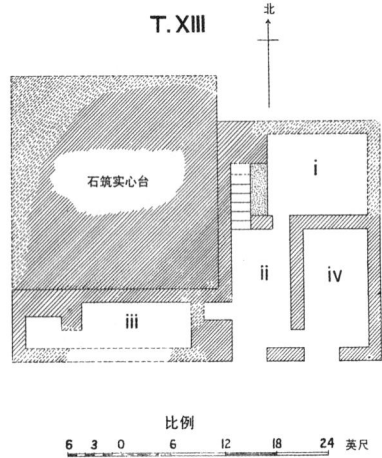

奥雷尔·斯坦因和奈克·拉姆·辛格绘

古代敦煌西部T.VIII、XII、XIII烽燧平面图

附　图

夹有土坯的石建筑 ....
同上，被毁 ....
含有沙砾和杂柴的隔墙 ....
芦苇垛 ....

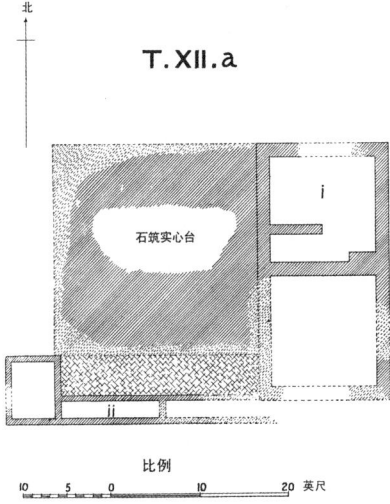

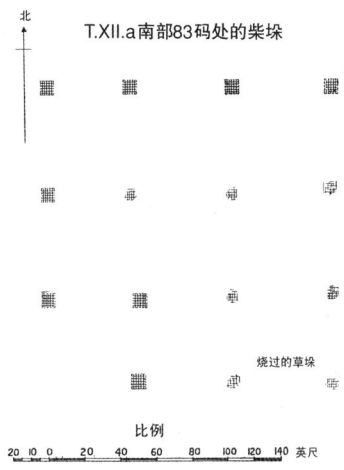

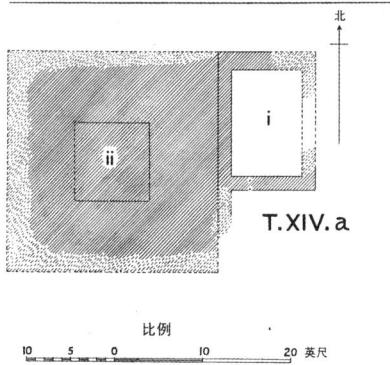

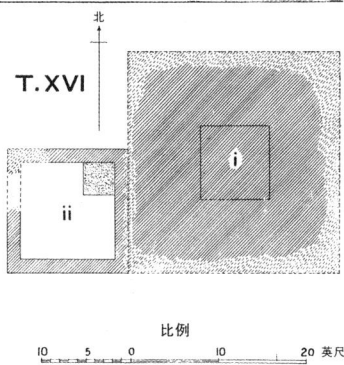

隔墙

北

T.XII.a

石筑实心台

i

ii

比例
10　5　0　　　　10　　　　　20 英尺

北

T.XII.a南部83码处的柴垛

烧过的草垛

比例
20 10 0　　20　40　60　80　100 120 140 英尺

北

i

ii

T.XIV.a

比例
10　5　0　　　　10　　　　　20 英尺

北

T.XVI

i

ii

比例
10　5　0　　　　10　　　　　20 英尺

奥雷尔·斯坦因和奈克·拉姆·辛格绘

古代敦煌西部T.XII.a、T.XIV.a、T.XVI烽燧平面图

古代敦煌西部T.XIV
古堡与房址平面图

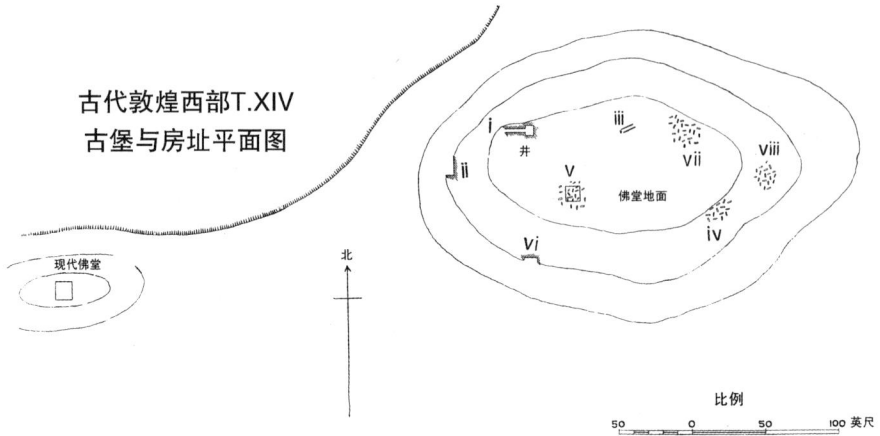

现代佛堂

佛堂地面

井

北

比例

50　　0　　50　　100 英尺

古代敦煌西部
T.XV.a房址遗迹平面图

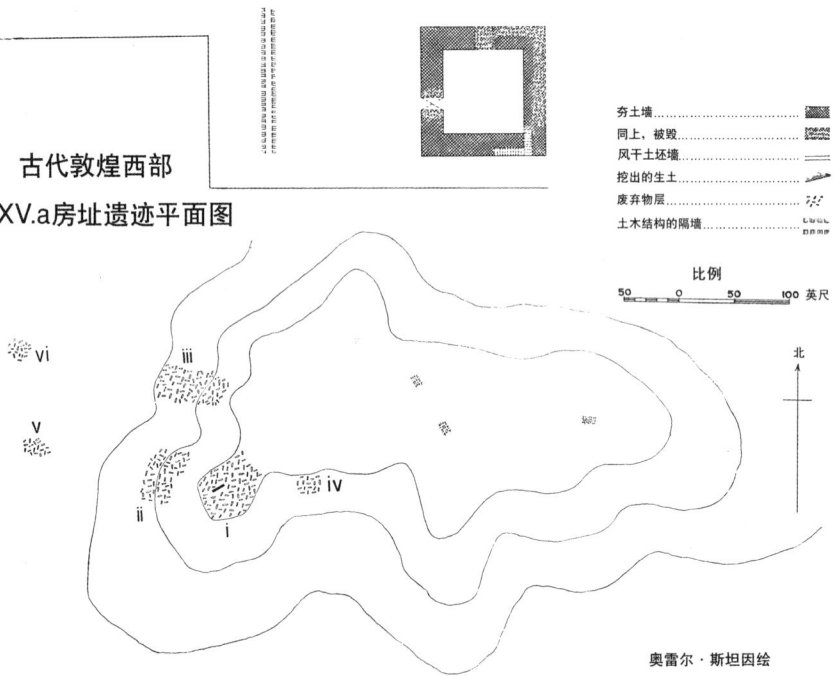

夯土墙.............
同上，被毁.............
风干土坯墙.............
挖出的生土.............
废弃物层.............
土木结构的隔墙.............

比例

50　　0　　50　　100 英尺

北

vi

v

现代佛堂

iii

ii

i

iv

陌园

奥雷尔·斯坦因绘

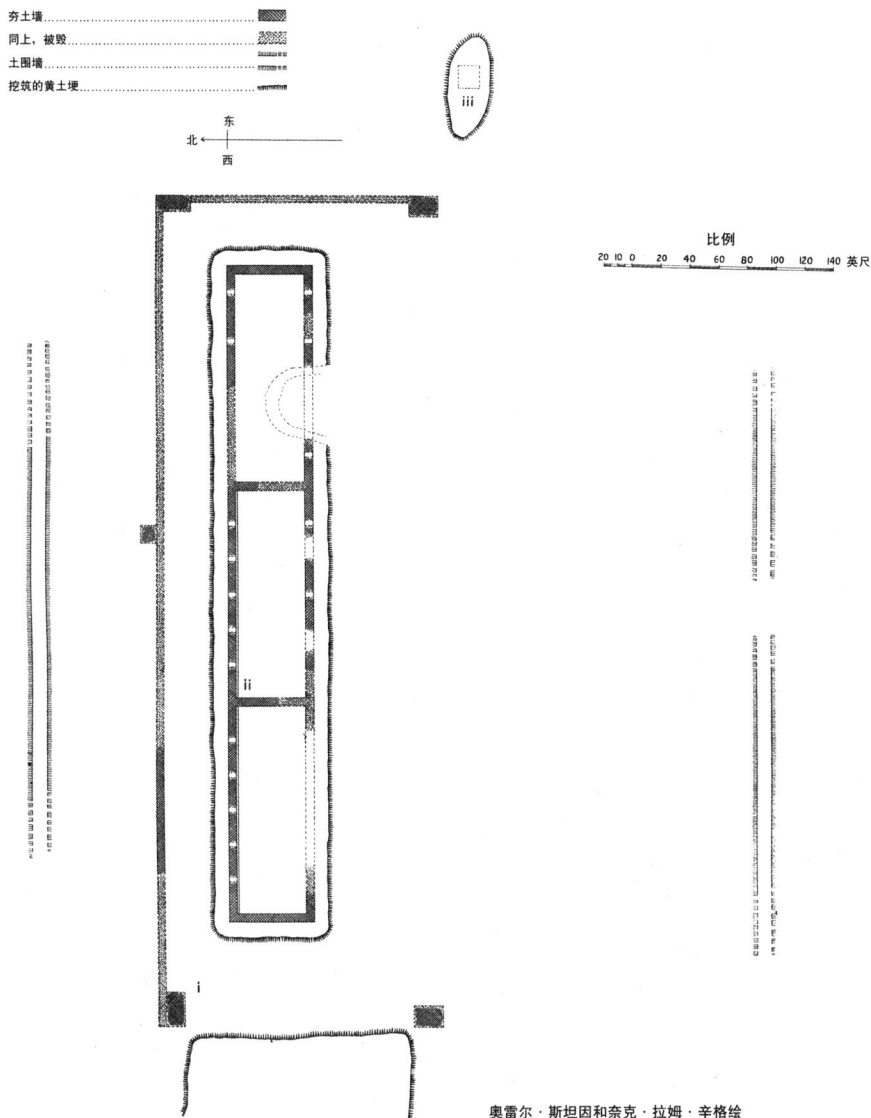

夯土墙..

同上，被毁..

土围墙..

挖筑的黄土埂..

北

东

西

比例

20　10　0　　20　　40　　60　　80　　100　120　140　英尺

奥雷尔·斯坦因和奈克·拉姆·辛格绘

古代敦煌西部T.XVIII古仓库平面图

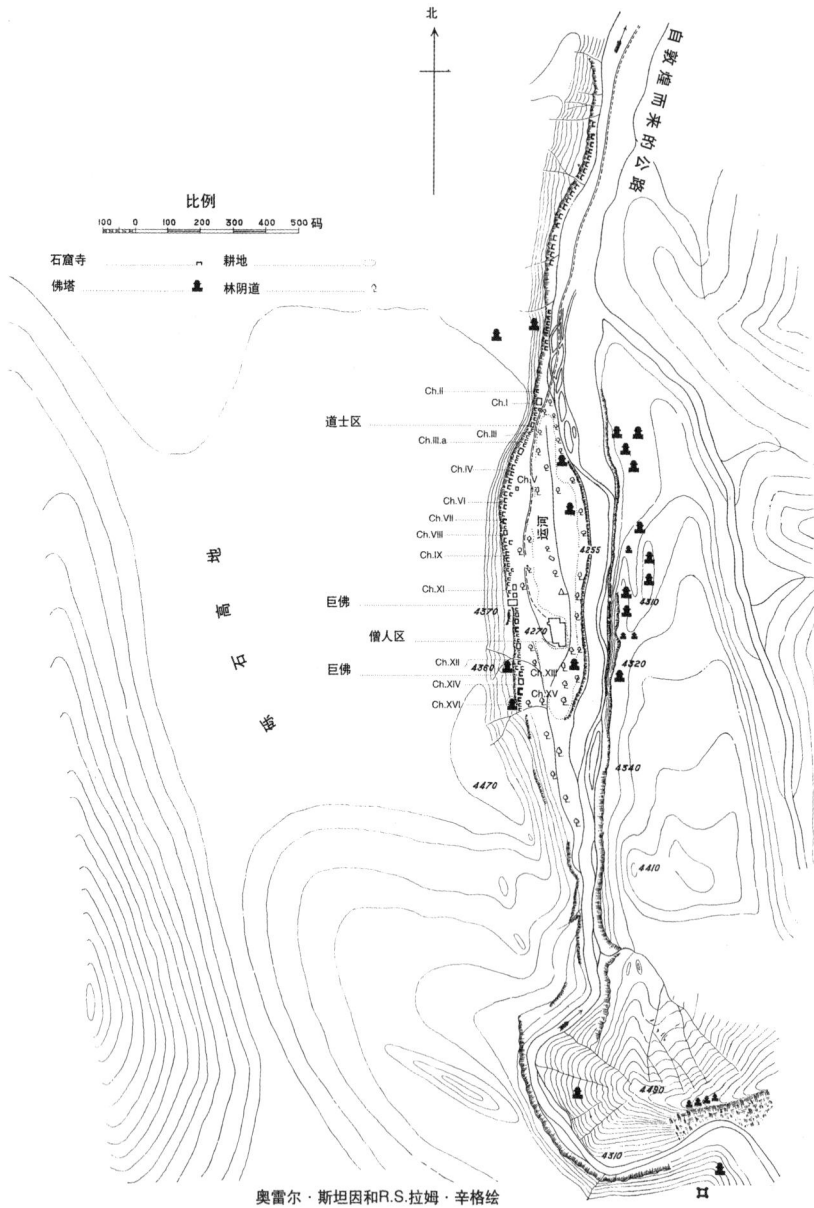

比例

石窟寺　　　　　　　耕地

佛塔　　　　　　　　林阴道

北

自敦煌而来的公路

我 高 石 窟

道士区

僧人区

巨佛

巨佛

Ch.i
Ch.ii
Ch.III.a　Ch.III
Ch.IV
Ch.V
Ch.VI
Ch.VII
Ch.VIII
Ch.IX
Ch.XI
Ch.XII
Ch.XIV
Ch.XVI
Ch.XV
Ch.XIII

宕 河

4255

4310

4320

4360

4370

4270

4470

4540

4410

4480

4310

奥雷尔·斯坦因和R.S.拉姆·辛格绘

敦煌千佛洞石窟遗址平面图

CH.I

有围墙的佛堂

镶嵌的铭刻

四个修复的泥塑像

台座上的大佛

四个修复的泥塑像

比例

8　4　0　　　8　　　16　　24 英尺

有雕刻的岩墙..............

塑像底座..............

黏土台..............

北

CH. II

四个塑像底座，
现已毁坏

大佛的
底座

四个塑像底座，
现已毁坏

CH. III

刻版

巨大的佛塑像

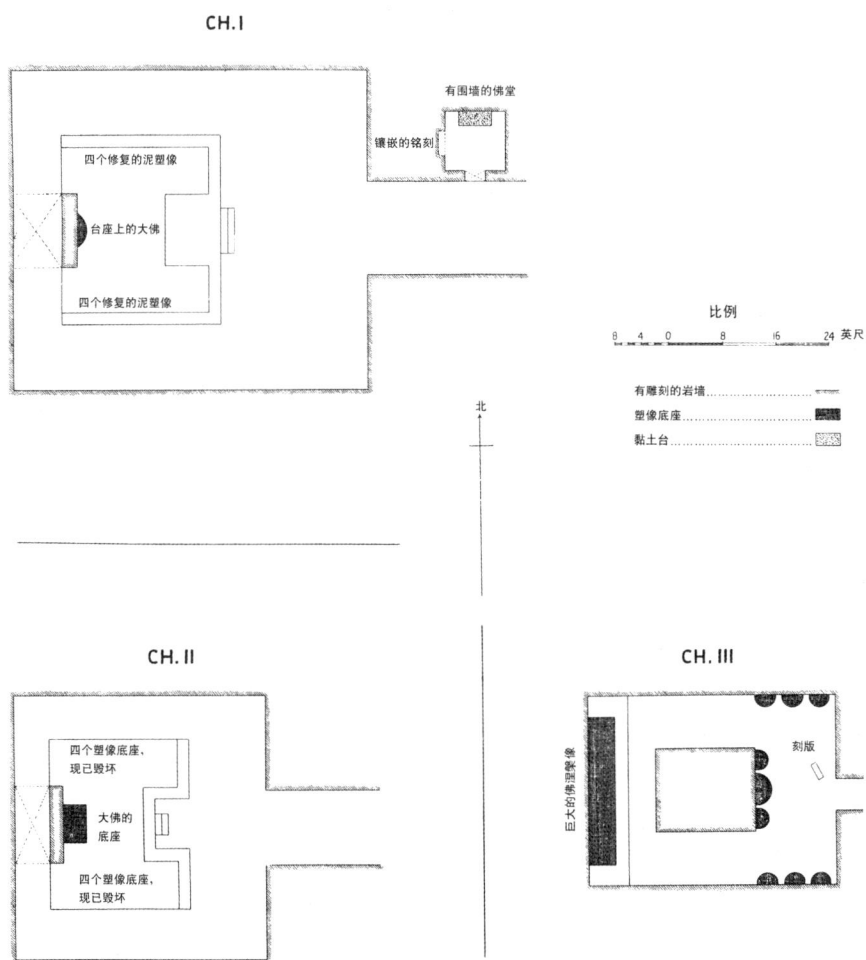

奥雷尔·斯坦因和R.S.拉姆·辛格绘

敦煌千佛洞CH.I、II、III石窟佛殿平面图

CH. VII

比例

10 5 0   10   20 英尺

有雕刻的岩墙......................

塑像基座..........................

北

南

X   xi   xii   xiii   xiv

ix   xv

塑像基座的痕迹

佛塔

塑像基座的痕迹

xvi

CH. V

佛堂高处

viii   ii

vii   vi   v   iv   iii

i

CH. VIII

CH. VI

佛堂高处

R.S.拉姆·辛格绘

敦煌千佛洞CH.V、VI、VII、VIII石窟佛殿平面图

CH. IX

新塑群像

新塑群像

比例

10　5　0　　10　　20 英尺

有雕刻的岩墙 ……………

塑像基座 …………………

北

CH. XV

CH. XII

佛堂高处

CH. X

佛堂高处

R.S.拉姆·辛格绘

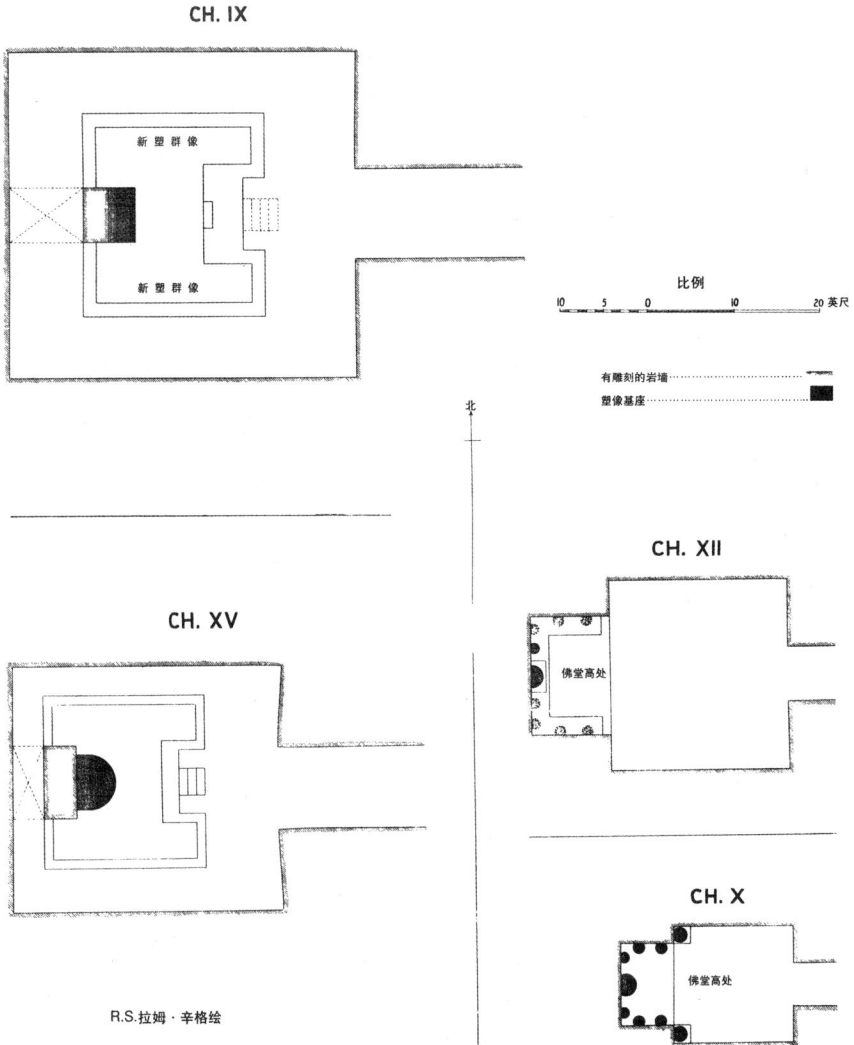

敦煌千佛洞CH.IX、X、XII、XV石窟佛殿平面图

墓地

夯土墙⋯⋯⋯⋯⋯⋯⋯⋯⋯⋯

同上，被侵蚀⋯⋯⋯⋯⋯⋯⋯

整个墙因侵蚀被破坏⋯⋯⋯⋯

北

比例

100　0　　200　　400　　600　英尺

奥雷尔·斯坦因和奈克·拉姆·辛格绘

敦煌千佛洞石窟桥子古城平面图

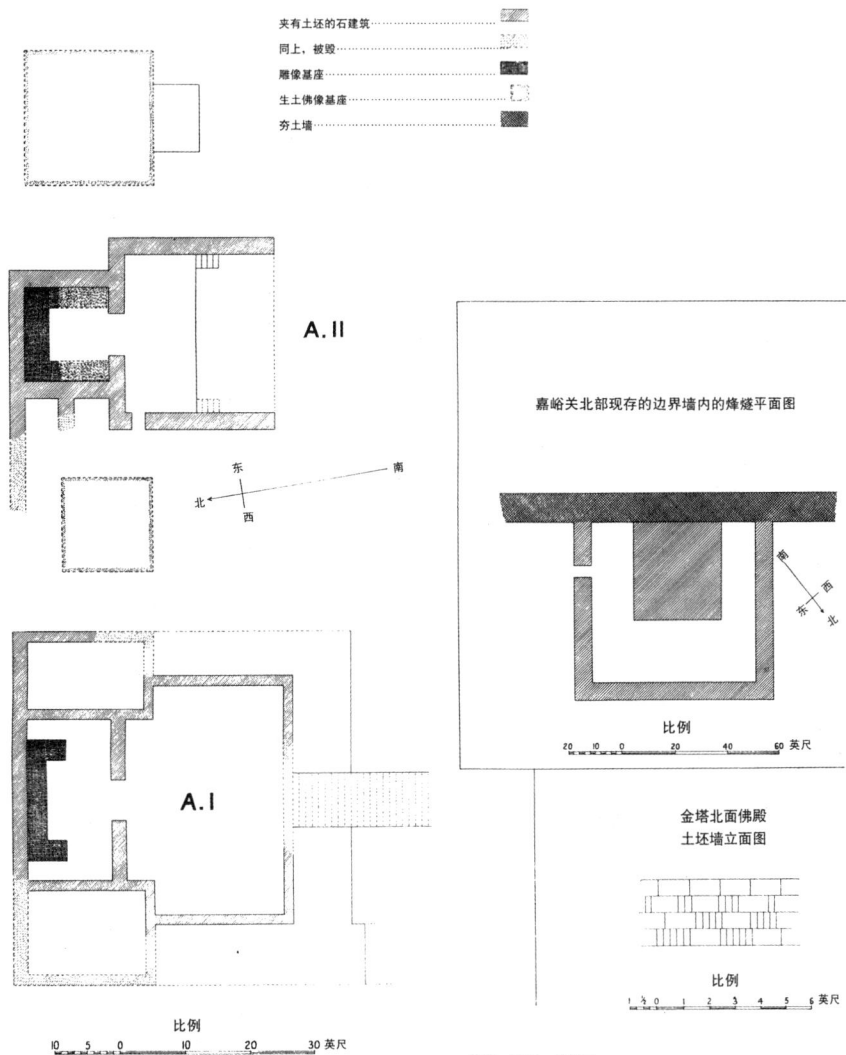

夹有土坯的石建筑

同上，被毁

雕像基座

生土佛像基座

夯土墙

A.II

东

北　　　　　南

西

A.I

嘉峪关北部现存的边界墙内的烽燧平面图

南

东　西

北

比例

20　10　0　　　20　　　40　　　60 英尺

金塔北面佛殿
土坯墙立面图

比例

1 ½ 0　1　2　3　4　5　6 英尺

比例

10　5　0　　　10　　　20　　　30 英尺

奈克·拉姆·辛格绘

哈密阿拉塔木佛殿A.I、II平面图

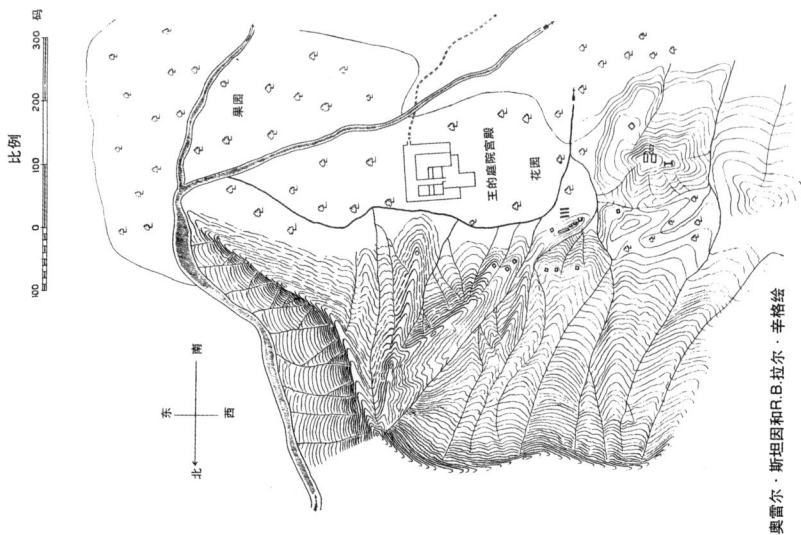

哈密阿拉塔木佛殿群平面图

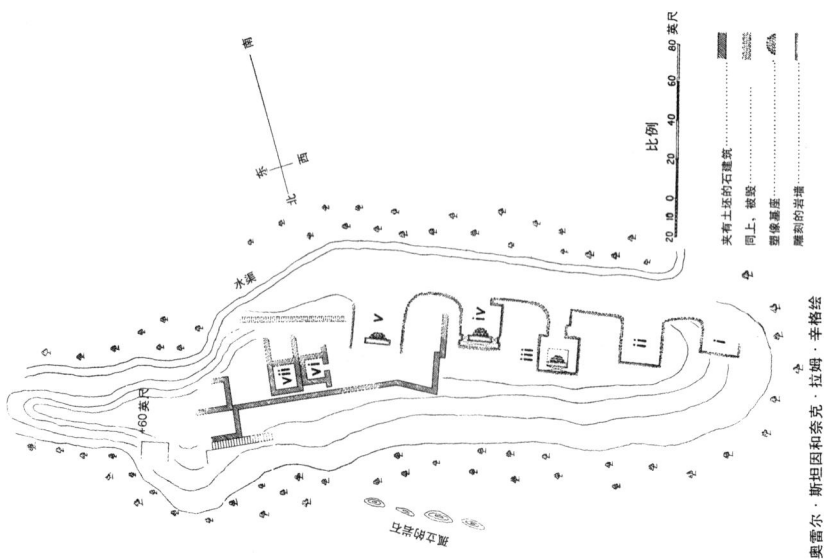

奥雷尔·斯坦因和R.B.拉尔·辛格绘

哈密阿拉塔木佛殿A.III平面图

奥雷尔·斯坦因和奈克·拉姆·辛格绘

比例

夹有土坯的石建筑………………
同上，被毁………………………
塑像基座………………………
雕刻的岩壁………………………

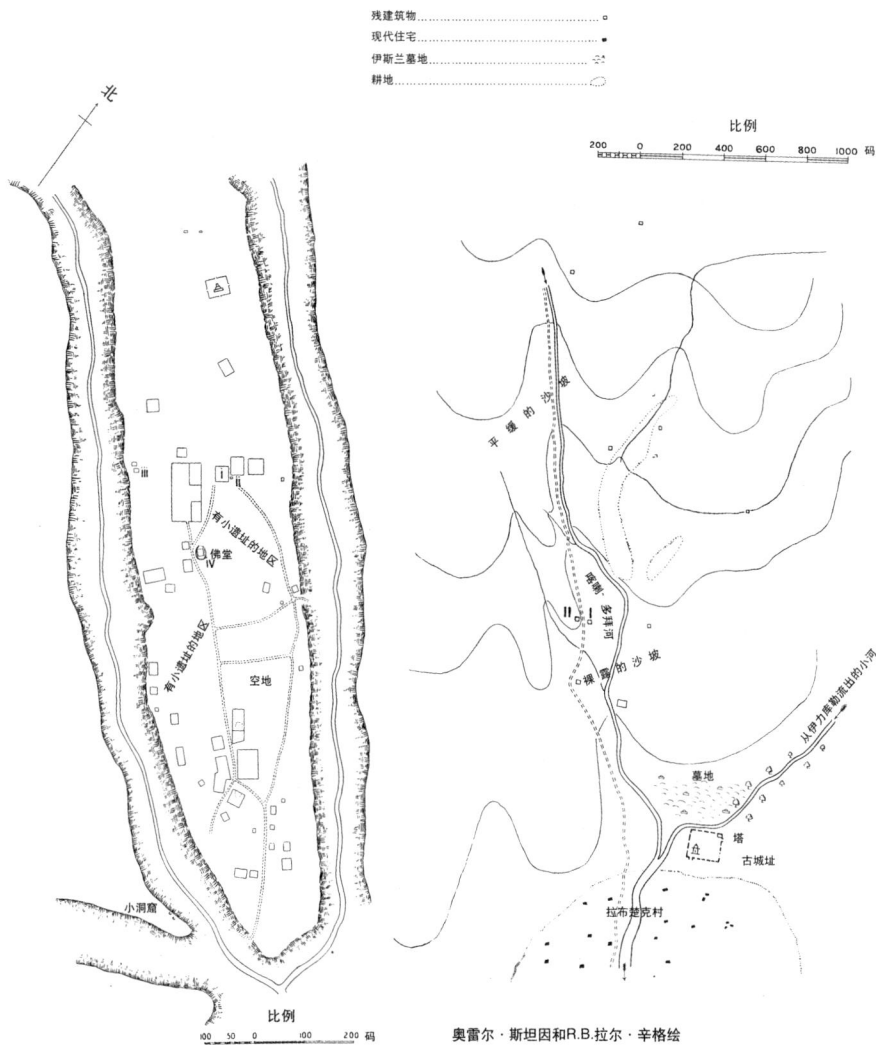

残建筑物............................□
现代住宅............................■
伊斯兰墓地..........................
耕地...............................

北

有小遗址的地区

佛堂

有小遗址的地区

空地

小洞窟

比例
100　50　0　　　100　　　200　码

吐鲁番交河古城平面略图

比例
200　0　200　400　600　800　1000　码

平缓的沉积

裸露的沙坝

墓地

塔　古城址

拉布楚克村

奥雷尔·斯坦因和R.B.拉尔·辛格绘

拉布楚克附近的遗址平面略图

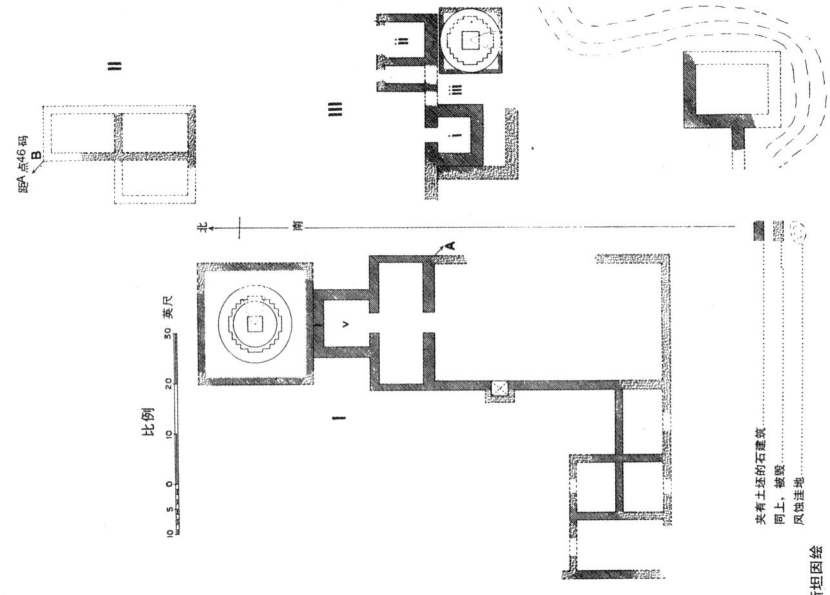

鲁克沁小阿萨佛殿平面图

奥雷尔·斯坦因绘

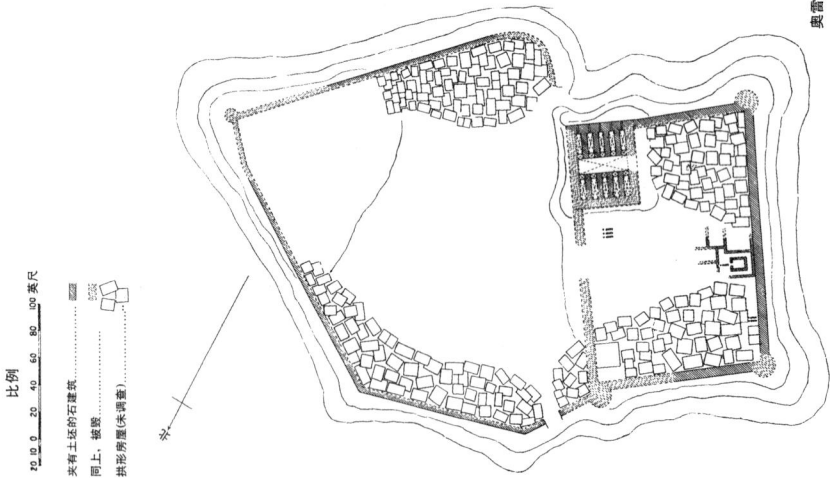

鲁克沁大阿萨古堡平面图

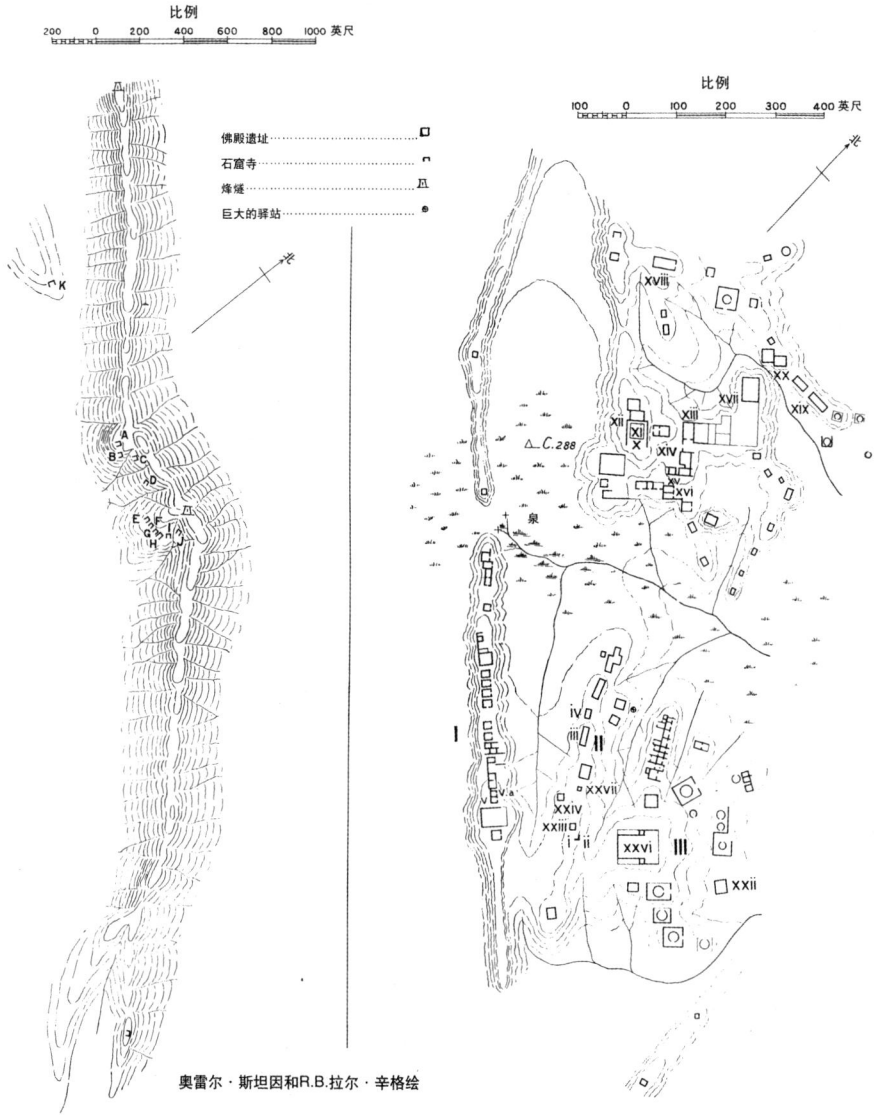

比例

200　0　200　400　600　800　1000 英尺

佛殿遗址‥‥‥‥‥‥‥‥

石窟寺‥‥‥‥‥‥‥‥

烽燧‥‥‥‥‥‥‥‥

巨大的驿站‥‥‥‥‥‥

比例

100　0　100　200　300　400 英尺

△C.288

泉

奥雷尔·斯坦因和R.B.拉尔·辛格绘

明屋遗址北部石窟平面图　　　　焉耆七个星明屋遗址平面图

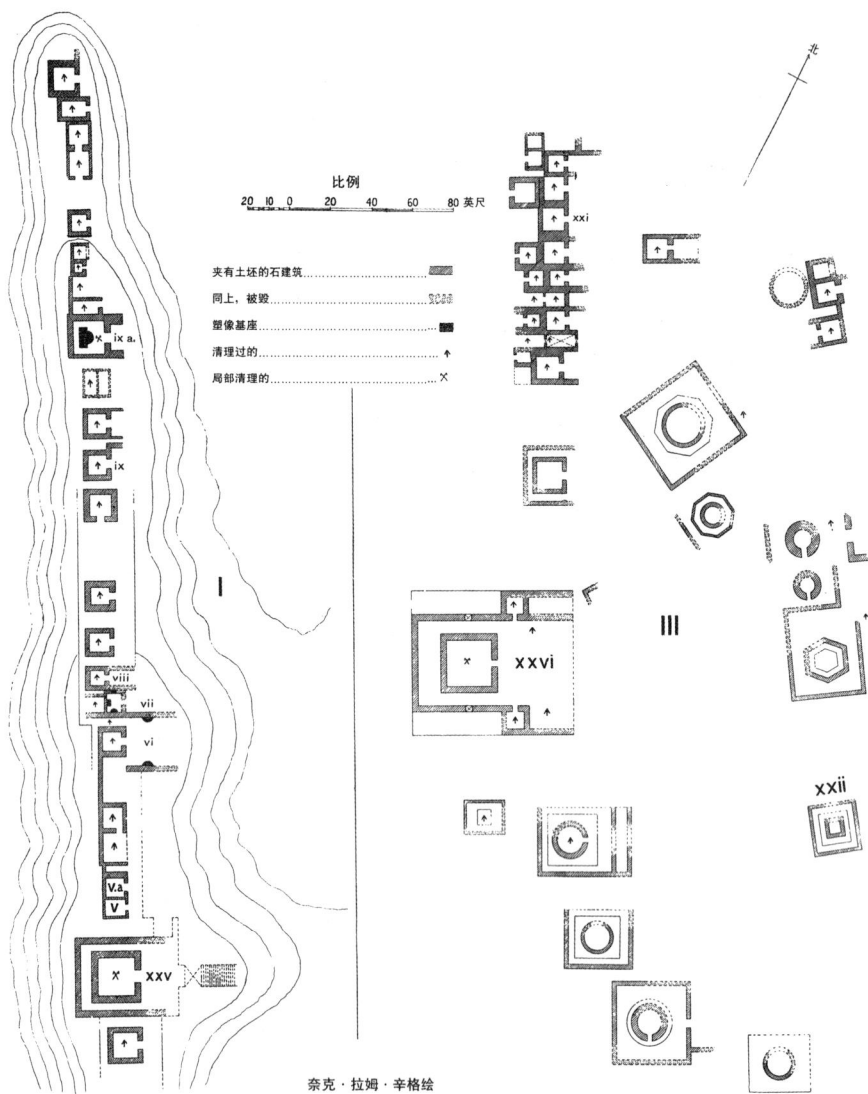

比例

20 10 0   20   40   60   80 英尺

夹有土坯的石建筑..............
同上，被毁..............
塑像基座..............
清理过的.............
局部清理的..............

奈克·拉姆·辛格绘

焉耆七个星明屋南面遗址群平面图

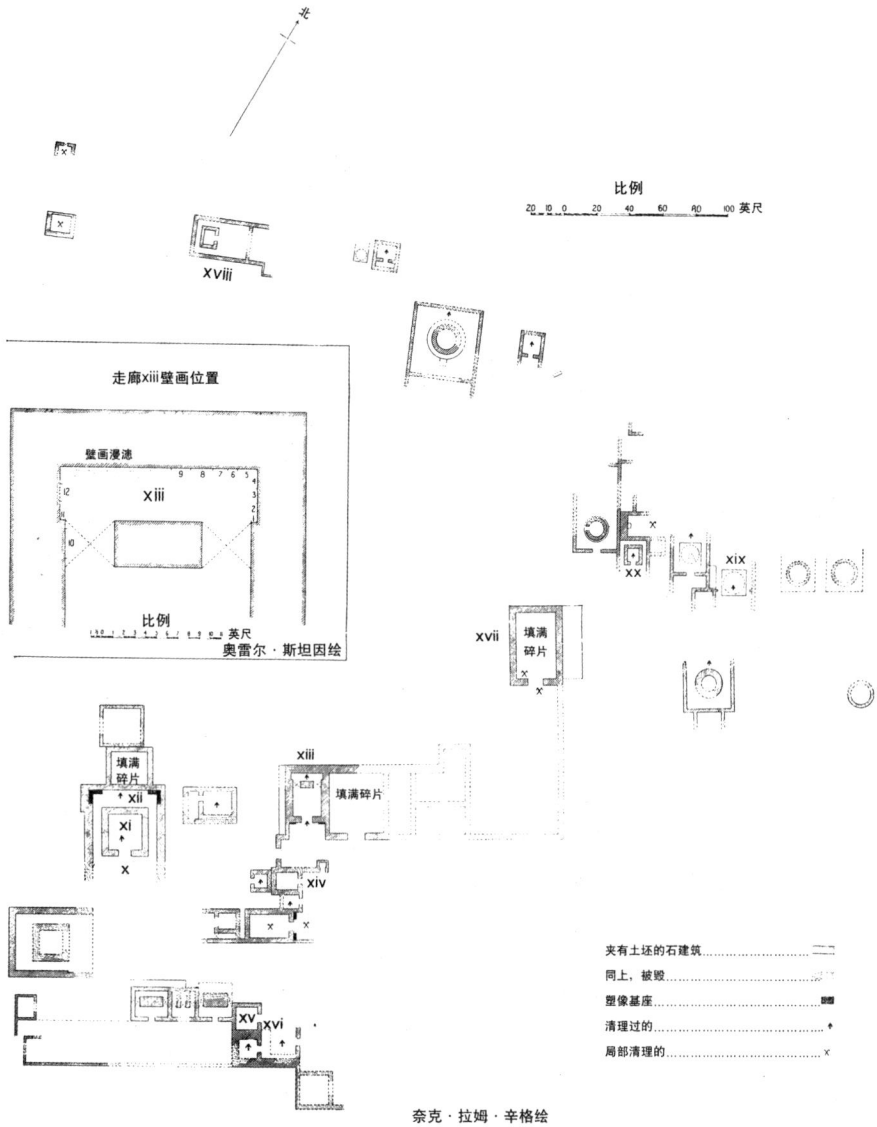

北

比例
20 10 0 20 40 60 80 100 英尺

走廊xiii壁画位置

壁画漫漶

xiii

9 8 7 6 5

比例
英尺

奥雷尔·斯坦因绘

xviii

xix

xx

xvii

填满
碎片

填满
碎片

xii

xi

x

xiii

填满碎片

xiv

夹有土坯的石建筑 ....

同上，被毁 ....

塑像基座 ....

清理过的 ....

局部清理的 ....

xv xvi

奈克·拉姆·辛格绘

焉耆七个星明屋北面遗址群平面图

残土坯建筑..................□
残塔..................🏯

北

比例
100　0　100　200　300　400　500 码

东
北　　南
西

比例
10 5 0　10　　20　　30 英尺

夹有土坯的石建筑..................
同上，被毁..................

i

ii

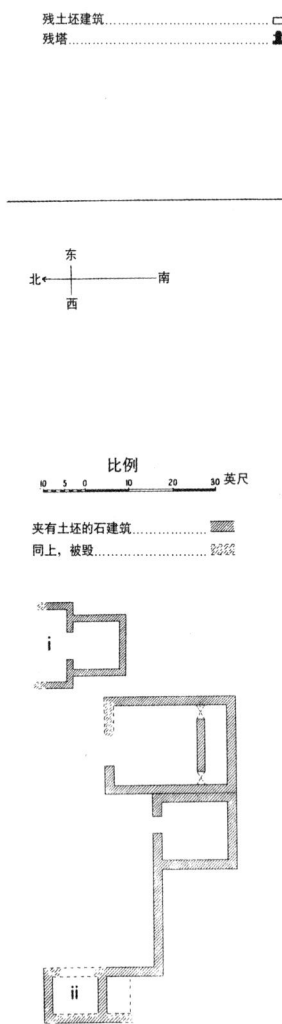

奥雷尔·斯坦因和R.B.拉尔·辛格绘

古灌溉遗迹

圯塔

灌溉渠

耕地遗迹

现代耕地

灌溉渠

泉

IV

III

II

I

霍拉佛殿遗址群IV平面图　　　　　**开都河谷霍拉佛殿遗址平面图**

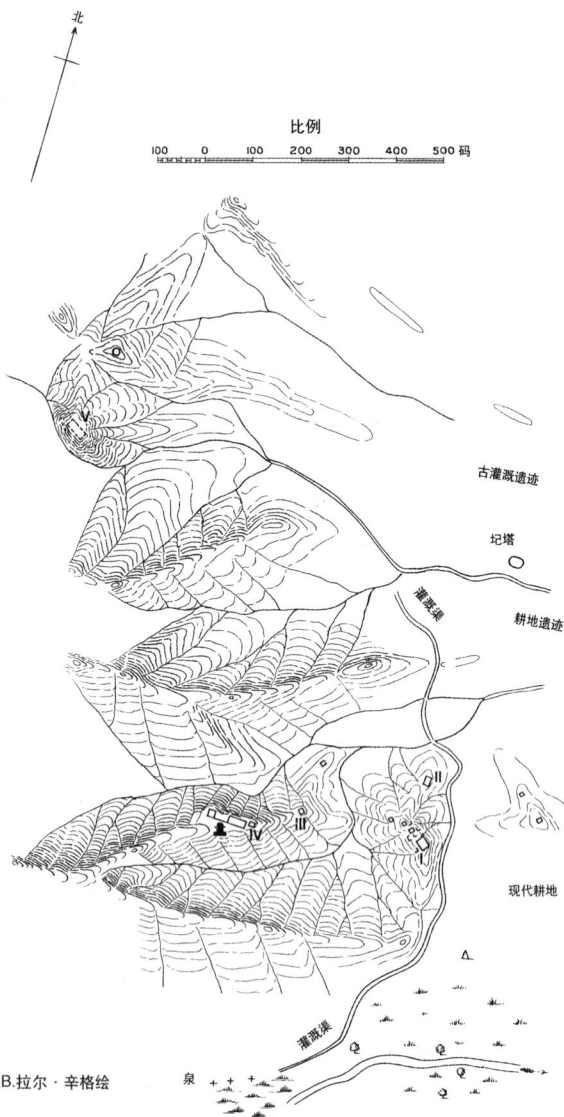

泥木墙

同上，被毁

有柱草泥墙

同上，被毁

平台

夹有土坯的石建筑

草泥墙的高度

Ka. III

Ka. II

Ka. I.

比例
10 5 0 10 20 30 40 50 英尺

北

挖掘深120英尺

被侵蚀地面上的碎陶片

残屋建筑

1901年的营地

沙丘高20~40英尺

红柳包与60~70英尺沙丘

残四方形建筑物

裸露的沙丘高于被侵蚀地面15~30英尺

活胡杨

II

沙丘高10英尺

被侵蚀地面上的碎陶片

沙丘高12英尺

成排枯死的胡杨

333

III

低矮的红柳包

Line of canal

比例
1000 500 0 1000 2000 英尺

杜

猫路

奥雷尔·斯坦因和R.B.拉尔·辛格绘

奥雷尔·斯坦因和奈克·拉姆·辛格绘

喀拉墩房址平面图

北

比例

½　¼　0　　½　　1 英里

薄芦苇和灌木层

Route from Shivul marsh

古代耕地

20～30英尺高的红柳包

佛塔　VI

胡杨林

V

幼小的胡杨

枯萎的胡杨

古河床

IV

近代的田地痕迹

III

C 343

古渠

II

道路痕迹

IX

被侵蚀的地表

VIII

VII

达玛沟

红柳包的冈

Cemetery of
Cholpang-ata

XI

前往老达玛沟

X

C 344

建筑物遗址...............□

塔堤碎片...............

枯白杨树和果树...............

活胡杨...............▲

宗教墓地...............

奥雷尔·斯坦因和R.B.拉尔·辛格绘

XII

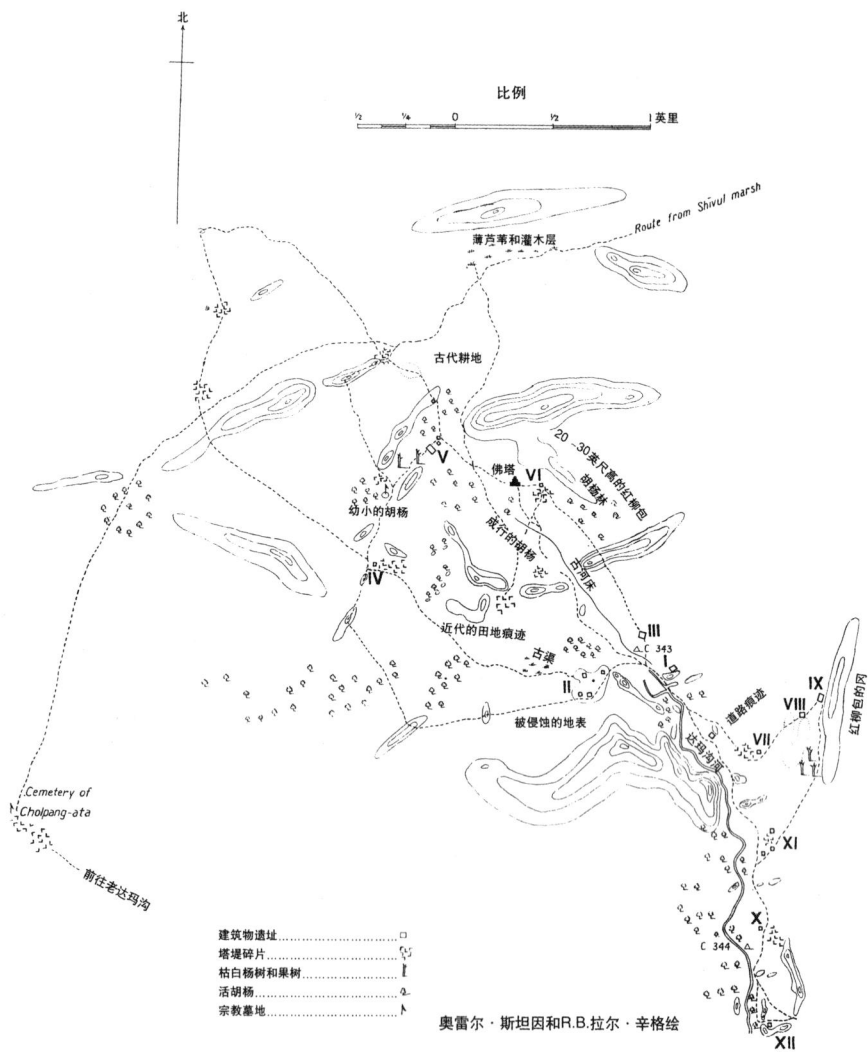

达玛沟法哈特伯克亚依拉克古遗址平面图

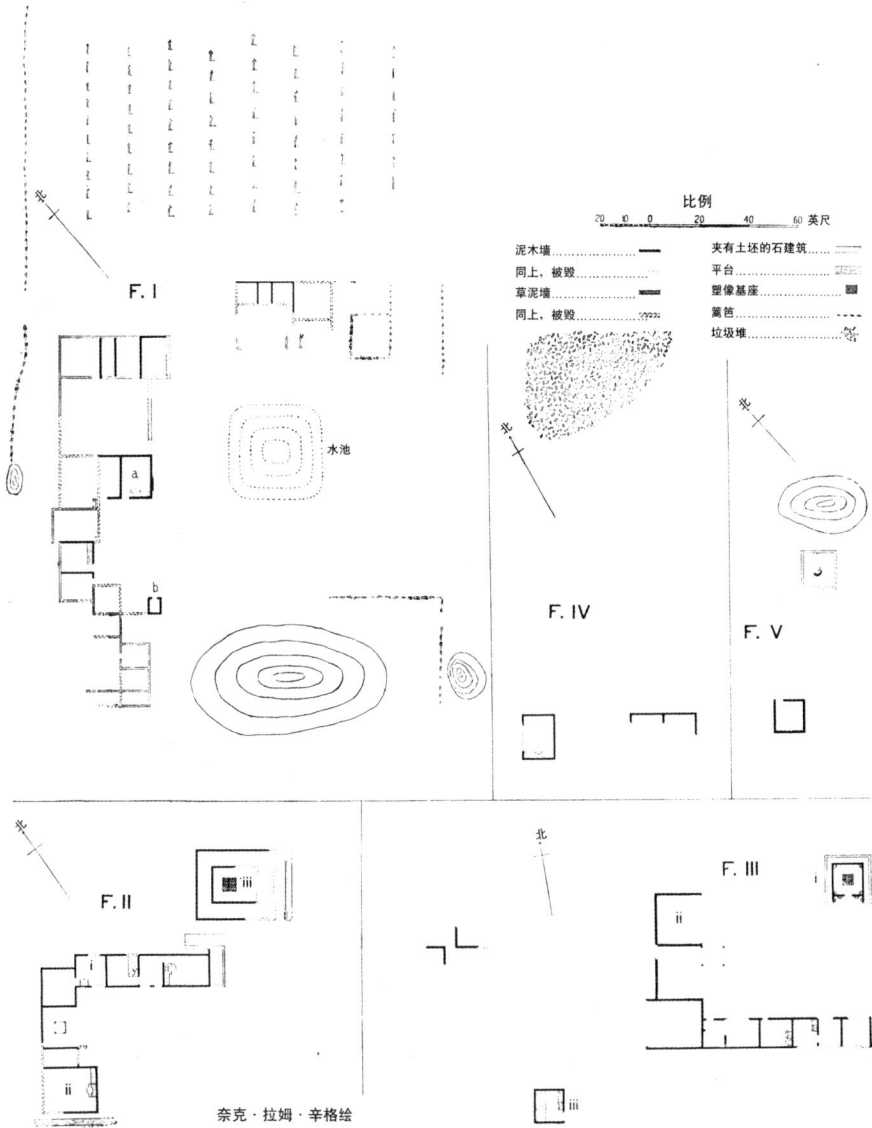

比例

泥木墙............

同上，被毁............

草泥墙............

同上，被毁............

夹有土坯的石建筑............

平台............

塑像基座............

篱笆............

垃圾堆............

水池

F.I

F.IV

F.V

F.II

F.III

奈克·拉姆·辛格绘

达玛沟法哈特伯克亚依拉克F.I～V建筑遗迹平面图

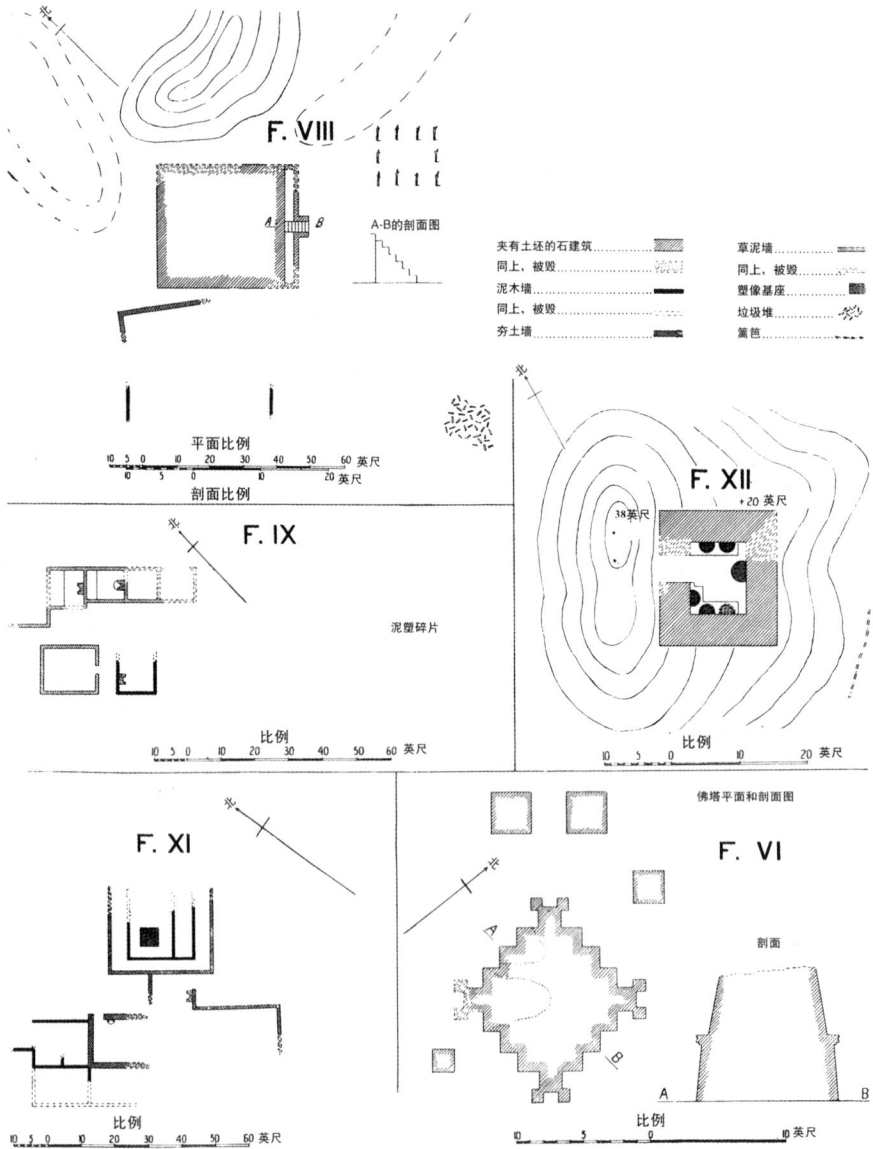

图例：
夹有土坯的石建筑.........
同上，被毁.........
泥木墙.........
同上，被毁.........
夯土墙.........

草泥墙.........
同上，被毁.........
塑像基座.........
垃圾堆.........
篱笆

F. VIII
A-B的剖面图

平面比例
10 5 0 10 20 30 40 50 60 英尺
剖面比例
10 10 20 英尺

F. IX
泥塑碎片

F. XII
38英尺
+20 英尺

佛塔平面和剖面图

比例
10 5 0 10 20 30 40 50 60 英尺

比例
10 5 0 10 20 英尺

F. XI
比例
10 5 0 10 20 30 40 60 英尺

F. VI
剖面

比例
10 5 0 10 英尺

奥雷尔·斯坦因和奈克·拉姆·辛格绘

达玛沟法哈特伯克亚依拉克F.VI、VIII、IX、XI、XII建筑遗迹平面图

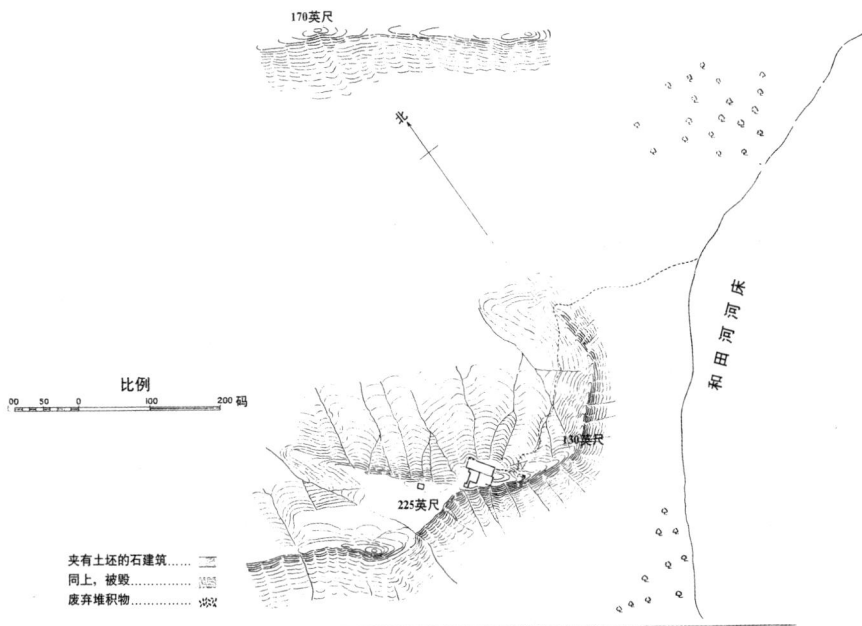

170英尺

北

比例

00　50　0　　100　　　　　200 码

和田河河床

130英尺

225英尺

夹有土坯的石建筑......
同上，被毁............
废弃堆积物............

麻扎塔格东端遗址平面图

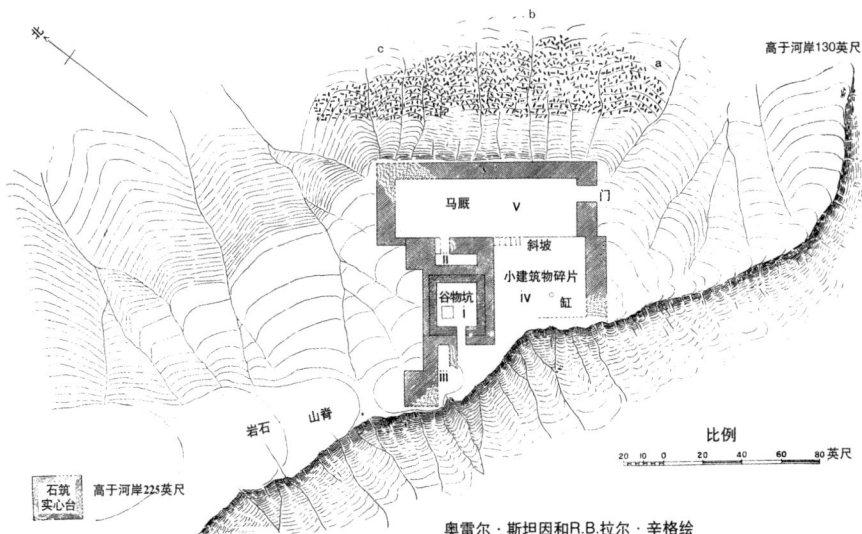

b

c　　　　　　　　　　　　a

高于河岸130英尺

北

马厩　　V　　门

斜坡

II

小建筑物碎片

谷物坑

I　　IV　缸

III

岩石　山脊

石筑
实心台　高于河岸225英尺

比例

20　10　0　　20　　40　　60　　80英尺

奥雷尔·斯坦因和R.B.拉尔·辛格绘

麻扎塔格古堡的平面详图